Wassermann   **Baurecht Baden-Württemberg**

JURIQ Erfolgstraining
Herausgegeben von JURIQ® Juristisches Repetitorium, Köln

Baurecht Baden-Württemberg

von

Ass. iur. Christoph Wassermann
Mitarbeiter in der Dienstleistungseinheit Hochschulrecht
und Akademische Angelegenheiten des Karlsruher Institut
für Technologie (KIT)

2., neu bearbeitete Auflage

Bibliografische Information der Deutschen Nationalbibliothek
Die Deutsche Nationalbibliothek verzeichnet diese Publikation in der
Deutschen Nationalbibliografie; detaillierte bibliografische Daten sind
im Internet über <http://dnb.d-nb.de> abrufbar.

ISBN 978-3-8114-7517-5

E-Mail: kundenservice@cfmueller.de
Telefon: +49 89/2183-7923
Telefax: +49 89/2183-7620

www.cfmueller.de
www.cfmueller-campus.de

© 2015 C.F. Müller GmbH, Waldhofer Straße 100, 69123 Heidelberg

Dieses Werk, einschließlich aller seiner Teile, ist urheberrechtlich geschützt. Jede Verwertung
außerhalb der engen Grenzen des Urheberrechtsgesetzes ist ohne Zustimmung des Verlages
unzulässig und strafbar. Das gilt insbesondere für Vervielfältigungen, Übersetzungen, Mikro-
verfilmungen und die Einspeicherung und Verarbeitung in elektronischen Systemen.

Satz: TypoScript, München
Illustrationen: Mattfeldt & Sänger, München
Druck: Kessler Druck+Medien, Bobingen

Liebe Leserinnen und Leser,

die Reihe „JURIQ Erfolgstraining" zur Klausur- und Prüfungsvorbereitung verbindet sowohl für Studienanfänger als auch für höhere Semester die Vorzüge des klassischen Lehrbuchs mit meiner Unterrichtserfahrung zu einem umfassenden Lernkonzept aus Skript und Online-Training.

In einem ersten Schritt geht es um das **Erlernen** der nach Prüfungsrelevanz ausgewählten und gewichteten Inhalte und Themenstellungen. Einleitende Prüfungsschemata sorgen für eine klare Struktur und weisen auf die typischen Problemkreise hin, die Sie in einer Klausur kennen und beherrschen müssen. Neu ist die **visuelle Lernunterstützung** durch
- ein nach didaktischen Gesichtspunkten ausgewähltes Farblayout
- optische Verstärkung durch einprägsame Graphiken und
- wiederkehrende Symbole am Rand

     = Definition zum Auswendiglernen und Wiederholen

    (P) = Problempunkt

    @ = Online-Wissens-Check

Illustrationen als „Lernanker" für schwierige Beispiele und Fallkonstellationen steigern die Merk- und Erinnerungsleistung Ihres Langzeitgedächtnisses.

Auf die Phase des Lernens folgt das **Wiederholen und Überprüfen** des Erlernten im **Online-Wissens-Check**: Wenn Sie im Internet unter **www.juracademy.de/skripte/login** das speziell auf das Skript abgestimmte Wissens-, Definitions- und Aufbautraining absolvieren, erhalten Sie ein direktes Feedback zum eigenen Wissensstand und kontrollieren Ihren individuellen Lernfortschritt. Durch dieses aktive Lernen vertiefen Sie zudem nachhaltig und damit erfolgreich Ihre baurechtlichen Kenntnisse!

Frage 1 (Punkte: 1)		
Welche Rechtsbehelfe stehen dem Bürger gegen einen Bebauungsplan zur Verfügung?		
Antwort		
Aussagen	Antwort	Aussagerichtigkeit und Kommentar
a) Keine. Der Bürger muss zunächst den Erlass bzw. die Verweigerung einer Baugenehmigung abwarten.	☐ ✓	Falsch.
b) Der Bürger kann einen Normenkontrollantrag stellen.	☑ ✓	Richtig, nach § 47 Abs. 1 Nr. 1 VwGO ist die Normenkontrolle gegen Bebauungspläne statthaft.
c) Der Bürger kann unmittelbar Verfassungsbeschwerde erheben.	☐ ✓	Falsch. Eine solche Verfassungsbeschwerde wäre mangels Rechtswegerschöpfung unzulässig.
d) Der Bürger kann Anfechtungsklage gegen den B-Plan erheben.	☐ ✓	Falsch. Der B-Plan ist kein Verwaltungsakt, so dass die Anfechtungsklage unmittelbar dagegen nicht statthaft ist.
e) Der Bürger kann allgemeine Feststellungsklage auf Unwirksamkeit des B-Plans erheben.	☐ ✓	Falsch. Eine solche Feststellungsklage ist unstatthaft, weil die Wirksamkeit eines B-Plans kein Rechtsverhältnis ist.
→ **Richtig** Punkte für diese Antwort: 1/1.		

Vorwort

Schließlich geht es um das **Anwenden und Einüben** des Lernstoffes anhand von Übungsfällen verschiedener Schwierigkeitsstufen, die im Gutachtenstil gelöst werden. Die JURIQ **Klausurtipps** zu gängigen Fallkonstellationen und häufigen Fehlerquellen weisen Ihnen dabei den Weg durch den Problemdschungel in der Prüfungssituation.

Das **Lerncoaching** jenseits der rein juristischen Inhalte ist als zusätzlicher Service zum Informieren und Sammeln gedacht: Ein erfahrener Psychologe stellt u.a. Themen wie Motivation, Leistungsfähigkeit und Zeitmanagement anschaulich dar, zeigt Wege zur Analyse und Verbesserung des eigenen Lernstils auf und gibt Tipps für eine optimale Nutzung der Lernzeit und zur Überwindung evtl. Lernblockaden.

Das Baurecht stellt einen äußerst prüfungsrelevanten Teil des öffentlichen Rechts dar. Es bietet sich durch die Möglichkeit der Kombination mit anderen Teilrechtsgebieten für Prüfungsarbeiten an. Lassen Sie sich nicht von der teilweise komplexen Normstruktur einiger Vorschriften abschrecken. Das öffentliche Baurecht ist, trotz der Komplexität einzelner Normen und der Vielzahl an umstrittenen Problemfeldern, ein strukturiertes Rechtsgebiet, dessen Bearbeitung mit der richtigen Herangehensweise Freude bereiten kann.

Frau ref. iur. *Marie Charlotte Grimm* und Herrn ref. iur. *Peter Stephan* danke ich für die Hinweise und Diskussionen während der Erstellung dieser Schrift.

In besonderer Weise gilt mein Dank Herrn Professor *Dr. Stephan Kirste*, Herrn Rechtsanwalt Professor *Dr. Jürgen Rath*, Herrn Richter am Verwaltungsgerichtshof Baden-Württemberg *Goar Michael Feldmann* sowie meinen weiteren juristischen Lehrern und Freunden.

Schließlich habe ich mich bei allen Leserinnen und Lesern zu bedanken, die mich auf Ungenauigkeiten oder Defizite in der ersten Auflage hingewiesen und auf diese Weise zur Verbesserung dieses Buches beigetragen haben. Dies möchte ich mit der Bitte verbinden auch in Zukunft Anmerkungen und Kritik zu äußern.

Auf geht's – ich wünsche Ihnen viel Freude und Erfolg beim Erarbeiten des Stoffs!

Und noch etwas: Das Examen kann jeder schaffen, der sein juristisches Handwerkszeug beherrscht und kontinuierlich anwendet. Jura ist kein „Hexenwerk". Setzen Sie nie ausschließlich auf auswendig gelerntes Wissen, sondern auf Ihr Systemverständnis und ein solides methodisches Handwerk. Wenn Sie Hilfe brauchen, Anregungen haben oder sonst etwas loswerden möchten, sind wir für Sie da. Wenden Sie sich gerne an C.F. Müller GmbH, Waldhofer Straße 100, 69123 Heidelberg, E-Mail: kundenservice@cfmueller.de. Dort werden auch Hinweise auf Druckfehler sehr dankbar entgegen genommen, die sich leider nie ganz ausschließen lassen.

Heidelberg, August 2015 *Christoph Wassermann*

JURIQ Erfolgstraining – die Skriptenreihe von C.F. Müller mit Online-Wissens-Check

Mit dem Kauf dieses Skripts aus der Reihe „**JURIQ Erfolgstraining**" haben Sie gleichzeitig eine Zugangsberechtigung für den Online-Wissens-Check erworben – ohne weiteres Entgelt. Die Nutzung ist freiwillig und unverbindlich.

Was bieten wir Ihnen im Online-Wissens-Check an?

- Sie erhalten einen individuellen Zugriff auf **Testfragen zur Wiederholung und Überprüfung des vermittelten Stoffs**, passend zu jedem Kapitel Ihres Skripts.
- Eine individuelle **Lernfortschrittskontrolle** zeigt Ihren eigenen Wissensstand durch Auswertung Ihrer persönlichen Testergebnisse.

Wie nutzen Sie diese Möglichkeit?

Online-Wissens-Check

Registrieren Sie sich einfach für Ihren kostenfreien Zugang auf **www.juracademy.de/skripte/login** und schalten sich dann mit Hilfe des Codes für Ihren persönlichen Online-Wissens-Check frei.

Ihr persönlicher User-Code: 377140140

Der Online-Wissens-Check und die Lernfortschrittskontrolle stehen Ihnen für die **Dauer von 24 Monaten** zur Verfügung. Die Frist beginnt erst, wenn Sie sich mit Hilfe des Zugangscodes in den Online-Wissens-Check zu diesem Skript eingeloggt haben. Den Starttermin haben Sie also selbst in der Hand.

Für den technischen Betrieb des Online-Wissens-Checks ist die JURIQ GmbH, Unter den Ulmen 31, 50968 Köln zuständig. Bei Fragen oder Problemen können Sie sich jederzeit an das JURIQ-Team wenden, und zwar per E-Mail an: info@juriq.de.

Inhaltsverzeichnis

	Rn.	Seite
Vorwort		V
Codeseite		VII
Literaturverzeichnis		XIX

1. Teil
Einführung 1   1

2. Teil
Grundlagen des öffentlichen Baurechts 4   2

	Rn.	Seite
A. Begriff des Baurechts	4	2
B. Unterscheidung zwischen privatem und öffentlichem Baurecht	5	2
I. Das private Baurecht	6	2
II. Das öffentliche Baurecht	9	3
1. Begriff	9	3
2. Funktion	10	3
3. Bauplanungs- und Bauordnungsrecht	11	4
a) Bauplanungsrecht	11	4
b) Bauordnungsrecht	12	4
c) Verhältnis des Bauplanungs- zum Bauordnungsrecht	14	5
III. Verhältnis des privaten zum öffentlichen Baurecht	17	5
1. Grundsatz	17	5
2. Ausnahmen	18	6
C. Verfassungsrechtliche Grundlagen	19	6
I. Eigentumsgarantie, Art. 14 Abs. 1 GG	20	6
II. Kommunale Selbstverwaltungsgarantie, Art. 28 Abs. 2 S. 1 GG	23	7
III. Gesetzgebungskompetenzen	24	8
D. Der vom Baurecht geschützte Personenkreis	26	9
I. Eigentümer und ihnen gleichgestellte dinglich Berechtigte	27	9
II. Obligatorisch Berechtigte	29	9
E. Bestandsschutz	32	11
I. Der Begriff des (baurechtlichen) Bestandsschutzes	32	11
II. Die zwei Arten des baurechtlichen Bestandsschutzes	35	12
1. Passiver Bestandsschutz	36	12
2. Aktiver Bestandsschutz	37	12
III. Grundlagen des Bestandsschutzes	38	12
IV. Voraussetzungen und Grenzen des passiven Bestandsschutzes	39	13
V. Voraussetzungen und rechtliche Zulässigkeit des aktiven Bestandsschutzes	41	14
1. Einfach-aktiver Bestandsschutz	42	15
2. Qualifiziert-aktiver Bestandsschutz	43	15

	Rn.	Seite
F. Einfach-gesetzliche Rechtsquellen	45	16
I. Das Raumordnungsgesetz (ROG)	46	16
II. Das Baugesetzbuch (BauGB)	47	16
III. Die Landesbauordnung (LBO)	51	17

3. Teil
Kommunale Bauleitplanung … 52 … 18

	Rn.	Seite
A. Überblick	52	18
I. Kommunale Bauleitplanung	52	18
II. Abgrenzung zur Raumordnung und zur Fachplanung	53	18
B. Bauleitpläne nach § 1 Abs. 2 BauGB	55	19
I. Die Funktionen der kommunalen Bauleitplanung	56	19
II. Das zweistufige System der Bauleitplanung	57	20
1. Der Flächennutzungsplan	58	20
2. Der Bebauungsplan	60	21
3. Die Verfahren zur Entwicklung des Bebauungsplanes	62	21
a) Der aus dem Flächennutzungsplan entwickelte Bebauungsplan, § 8 Abs. 2 S. 1 BauGB	63	22
b) Das Parallelverfahren, § 8 Abs. 3 BauGB	65	22
c) Der vorzeitige Bebauungsplan, § 8 Abs. 4 BauGB	67	23
d) Der selbständige Bebauungsplan, § 8 Abs. 2 S. 2 BauGB	70	24
III. Der Flächennutzungsplan	71	24
1. Funktionen	71	24
2. Inhalt	72	25
3. Form der Darstellungen	76	26
4. Räumlicher Geltungsbereich	77	26
5. Rechtsnatur	79	26
6. Rechtswirkungen des Flächennutzungsplans	80	27
a) Anpassungspflicht für öffentliche Planungsträger, § 7 BauGB	81	27
b) Rechtliche Bindung der Gemeinde (Entwicklungsgebot), § 8 Abs. 2 S. 1 BauGB	82	27
c) Rechtswirkungen gegenüber Dritten	83	28
IV. Der Bebauungsplan	87	29
1. Funktion	87	29
2. Inhalt	89	30
a) Numerus clausus der Festsetzungen	90	30
b) Planklarheit und Planbestimmtheit	91	30
c) Wesentlicher Inhalt, § 9 BauGB	92	30
d) Örtliche Bauvorschriften, § 9 Abs. 4 BauGB i.V.m. § 74 LBO	93	31
3. Rechtsnatur	97	32
4. Die inhaltlich unterschiedlichen Arten von Bebauungsplänen	98	32
a) Der qualifizierte Bebauungsplan, § 30 Abs. 1 BauGB	99	32
b) Der einfache Bebauungsplan, § 30 Abs. 3 BauGB	101	33
c) Der vorhabenbezogene Bebauungsplan, §§ 12 Abs. 1, 30 Abs. 2 BauGB	102	33
d) Der Bebauungsplan der Innenentwicklung, § 13a BauGB	103	33

	Rn.	Seite
V. Besondere Bedeutung, Inhalt und Systematik der BauNVO	104	34
1. Besondere Bedeutung und Inhalt	104	34
a) In Bezug auf Flächennutzungspläne	105	34
b) In Bezug auf Bebauungspläne	106	34
2. Systematik der Gebietsbeschreibungen der BauNVO	107	35
VI. Außer-Kraft-Treten von Bauleitplänen	108	36
1. Aufhebung von wirksamen oder unwirksamen Bebauungsplänen	108	36
2. Funktionslosigkeit eines Bebauungsplans	109	36
C. Die Rechtmäßigkeit eines Bebauungsplanes und die Folgen eines Verstoßes gegen Vorschriften des BauGB	111	37
I. Ermächtigungsgrundlage	112	39
II. Formelle Rechtmäßigkeit	113	39
1. Zuständigkeit	113	39
a) Verbandskompetenz, §§ 2 Abs. 1 S. 1, 1 Abs. 3 BauGB	114	40
b) Organkompetenz, § 2 Abs. 1 S. 2 BauGB i.V.m. § 24 Abs. 1 S. 1 GemO	115	40
2. Verfahren	116	41
a) Planaufstellungsbeschluss	116	41
b) Umweltprüfung und Umweltbericht	118	42
c) Öffentlichkeits-/Behördenbeteiligung, §§ 3, 4 BauGB	120	43
d) Planentwurf	138	49
e) Vollständige Ermittlung und Bewertung des Abwägungsmaterials, § 2 Abs. 3 BauGB	139	50
f) Satzungsbeschluss, § 10 Abs. 1 BauGB (i.V.m. den §§ der GemO)	155	56
g) Begründung des Bebauungsplans, § 9 Abs. 8 BauGB	157	57
h) (Soweit erforderlich) Genehmigung des Bebauungsplanes durch die höhere Verwaltungsbehörde, §§ 6 Abs. 2, 10 Abs. 2 BauGB	158	58
i) Ausfertigung	162	59
j) Ortsübliche Bekanntmachung, § 10 Abs. 3 BauGB	164	59
3. Form, § 10 Abs. 1 BauGB	166	60
III. Materielle Rechtmäßigkeit	167	60
1. Grundsatz der Erforderlichkeit, § 1 Abs. 3 BauGB	168	60
a) Planungsbefugnis	169	60
b) Erforderlichkeit der Planung, § 1 Abs. 3 BauGB	170	61
c) Verbotswirkung des § 1 Abs. 3 S. 1 BauGB	172	62
d) Gebotswirkung des § 1 Abs. 3 S. 1 BauGB	179	65
e) Keine planungsbezogenen Ansprüche des Bürgers	180	65
2. Gesetzliche Schranken	182	66
a) Entwicklungsgebot, § 8 Abs. 2 S. 1 BauGB	183	66
b) Anpassungspflicht, § 1 Abs. 4 BauGB	185	67
c) Bestimmtheitsgebot	188	68
d) Beachtung des Planungsrahmens (Vorgaben der BauNVO)	189	68
e) Interkommunales Rücksichtnahmegebot, § 2 Abs. 2 BauGB	192	69

	Rn.	Seite
3. Gebot der gerechten Abwägung	195	70
a) Allgemeine Planungsleitlinien, § 1 Abs. 5 BauGB	196	71
b) Besondere Planungsleitlinien, § 1 Abs. 6 BauGB	197	71
c) Ergänzende Vorschriften zum Umweltschutz, § 1a BauGB	198	72
d) Abwägungsgebot, § 1 Abs. 7 BauGB	199	72
D. Die Folgen von Verletzungen des BauGB bei der Aufstellung von Bebauungsplänen	210	75
I. Anwendungsbereich	212	77
II. Bei einer Verletzung von Verfahrens- und Formvorschriften des BauGB	213	78
1. Systematik des § 214 Abs. 1 BauGB	213	78
2. Beachtliche Verletzungen nach § 214 Abs. 1 S. 1 BauGB	214	78
3. Beachtliche Verletzung einer Form- oder Verfahrensvorschrift nach § 214 Abs. 1 S. 1 Nr. 1, Nr. 2 Hs. 1, Nr. 3 Hs. 1 oder Nr. 4 BauGB	215	79
a) Beachtliche Verletzung des § 2 Abs. 3 BauGB nach § 214 Abs. 1 S. 1 Nr. 1 BauGB	215	79
b) Beachtliche Verletzung nach § 214 Abs. 1 S. 1 Nr. 2 Hs. 1 BauGB	225	83
c) Beachtlichkeit gemäß § 214 Abs. 1 S. 1 Nr. 3 Hs. 1 BauGB	228	84
d) Beachtlichkeit gemäß § 214 Abs. 1 S. 1 Nr. 4 BauGB	229	84
4. Interne Unbeachtlichkeit, § 214 Abs. 1 S. 1 Nr. 2 Hs. 2, Nr. 3 Hs. 2 oder Hs. 3 BauGB	230	84
5. Planergänzendes Verfahren, § 214 Abs. 4 BauGB	231	85
6. Unbeachtlichkeit durch Zeitablauf gemäß § 215 Abs. 1 BauGB	234	85
III. Bei Vorliegen einer Verletzung des Entwicklungsgebots gemäß § 8 Abs. 2 BauGB	236	86
1. Unbeachtliche Verletzungen nach § 214 Abs. 2 BauGB	237	86
2. Behebung der beachtlichen Fehler nach § 214 Abs. 4 BauGB	238	86
3. Unbeachtlichwerden der nach § 214 Abs. 2 BauGB beachtlichen und nach § 214 Abs. 4 BauGB nicht behobenen Verletzung	239	86
IV. Bei einer Verletzung des Abwägungsgebotes gemäß § 1 Abs. 7 BauGB	240	87
E. Sicherung der kommunalen Bauleitplanung	241	87
I. Veränderungssperre, § 14 BauGB	242	88
1. Ermächtigungsgrundlage, § 14 Abs. 1 BauGB	243	88
2. Formelle Rechtmäßigkeit	244	89
a) Zuständigkeit	244	89
b) Verfahren	245	89
c) Form	246	89
d) Bekanntgabe	247	89
3. Materielle Rechtmäßigkeit	248	89
a) Vorliegen eines wirksamen Planaufstellungsbeschlusses	248	89
b) Ortsübliche Bekanntmachung des Planaufstellungsbeschlusses	250	90
c) Erforderlichkeit der Veränderungssperre zur Sicherung des Bebauungsplanes	251	90
d) Zulässiger Inhalt	252	91
e) Ermessen	253	91
4. Rechtsfolge	254	91

	Rn.	Seite
5. Einhaltung der Geltungsdauer, § 17 BauGB	257	92
6. Rechtsschutz im Falle einer Veränderungssperre	260	93
II. Zurückstellung von Baugesuchen, § 15 BauGB	261	93
F. Übungsfall Nr. 1	266	95

4. Teil
Bauplanungsrechtliche Zulässigkeit von Vorhaben

	Rn.	Seite
Bauplanungsrechtliche Zulässigkeit von Vorhaben	268	100
A. Überblick	268	101
B. Anwendbarkeit der §§ 30 ff. BauGB	269	102
I. Bauliche Anlage i.S.d. § 29 Abs. 1 BauGB	269	102
II. Die weiteren Vorhaben i.S.d. § 29 Abs. 1 BauGB	272	103
III. Ausnahmen von der Anwendbarkeit der §§ 30 ff. BauGB	273	104
C. Zulässigkeit des Vorhabens nach §§ 30 ff. BauGB	274	104
I. Zulässigkeit des Vorhabens nach §§ 30, 34, 35 BauGB	275	104
1. Bestimmung des maßgeblichen Bereichs	276	104
a) (Ganz oder teilweise) beplanter Bereich	277	105
b) (Gänzlich) unbeplanter Bereich	281	106
II. Vereinbarkeit des Vorhabens mit §§ 30, 34 und 35 BauGB	294	109
1. Vorhaben im Bereich eines qualifizierten Bebauungsplanes, § 30 Abs. 1 BauGB	295	110
a) Vereinbarkeit mit den Festsetzungen des Bebauungsplanes	296	110
b) Gebot der Gebietsverträglichkeit (betrifft die Art der baulichen Nutzung)	298	111
c) Gebot der Rücksichtnahme, § 15 BauNVO (betrifft die Art der baulichen Nutzung)	300	112
d) Gesicherte Erschließung	301	112
e) Ausnahmen und Befreiungen, § 31 BauGB	302	113
2. Vorhaben im Bereich eines einfachen Bebauungsplans im Innenbereich, §§ 30 Abs. 3, 34 BauGB	320	119
3. Vorhaben im unbeplanten Innenbereich, § 34 BauGB	322	119
a) Einfügen des Vorhabens in die Eigenart der näheren Umgebung	323	120
b) Sicherung der Erschließung, §§ 123 ff. BauGB	333	123
c) Wahrung der Anforderungen an gesunde Wohn- und Arbeitsverhältnisse, § 34 Abs. 1 S. 2 Hs. 1 BauGB	334	123
d) Keine Beeinträchtigung des Ortsbildes, § 34 Abs. 1 S. 2 Hs. 2 BauGB	335	124
e) Keine schädlichen Auswirkungen auf zentrale Versorgungsbetriebe, § 34 Abs. 3 BauGB	337	124
f) Abweichungsmöglichkeit vom Erfordernis des Einfügens, § 34 Abs. 3a BauGB	341	125
4. Vorhaben im unbeplanten Außenbereich, § 35 BauGB	342	126
a) Funktion des Außenbereichs und Struktur des § 35 BauGB	343	126
b) Zulässigkeit eines privilegierten Vorhabens	347	127
c) Zulässigkeit eines nicht privilegierten Vorhabens	373	136

Inhaltsverzeichnis

	Rn.	Seite
III. Zulässigkeit von Vorhaben während der Planaufstellung, § 33 BauGB	394	141
1. Überblick	394	141
2. Voraussetzungen	395	142
a) Formelle Planreife, § 33 Abs. 1 Nr. 1 BauGB	396	142
b) Materielle Planreife, § 33 Abs. 1 Nr. 2 BauGB	398	143
c) Schriftliches Anerkenntnis der Festsetzungen durch den Antragsteller für sich und seine Rechtsnachfolger, § 33 Abs. 1 Nr. 3 BauGB	399	143
d) Gesicherte Erschließung, § 33 Abs. 1 Nr. 4 BauGB	400	143
IV. Gemeindliches Einvernehmen, § 36 BauGB	400	143
1. Überblick	400	143
a) Allgemeines	400	143
b) Problematische Konstellationen	401	144
2. Anforderungen an das gemeindliche Einvernehmen, § 36 Abs. 2 BauGB	408	147
a) Formell-rechtliche Anforderungen	409	147
b) Materiell-rechtliche Anforderungen	410	148
3. Rechtsnatur des gemeindlichen Einvernehmens	411	148
4. Bindungswirkungen des (nicht) erteilten Einvernehmens	413	148
a) Keine positive Bindungswirkung	413	148
b) Negative Bindungswirkung	414	149
c) Ersetzung, § 36 Abs. 1 S. 3 BauGB und § 54 Abs. 4 S. 1 LBO	415	149
5. Zeitliche Bindungswirkung	416	150
D. Übungsfall Nr. 2	417	151

5. Teil
Präventive Bauüberwachung: Die Baugenehmigung

	Rn.	Seite
Präventive Bauüberwachung: Die Baugenehmigung	419	155
A. Überblick	419	155
I. Formelles und materielles Bauordnungsrecht	420	155
II. Präventive und repressive Bauüberwachung	423	155
B. Die Baugenehmigung als präventives Verbot mit Erlaubnisvorbehalt	425	156
C. Die Rechtsnatur und Rechtswirkungen der Baugenehmigung	426	157
D. Besondere Formen der Baugenehmigung	434	159
I. Bauvorbescheid	435	159
II. Teilbaugenehmigung	440	160
E. Anspruch auf Erteilung einer Baugenehmigung	441	161
I. Rechtsgrundlage, § 58 Abs. 1 S. 1 LBO	442	163
II. Formelle Voraussetzungen	443	163
1. Ordnungsgemäßer Bauantrag, § 53 LBO	443	163
2. Zuständigkeit	445	164
a) Sachliche Zuständigkeit, § 48 LBO	446	164
b) Örtliche Zuständigkeit, § 3 Abs. 1 Nr. 1 LVwVfG	447	165

	Rn.	Seite
3. Ordnungsgemäße Nachbarbeteiligung, § 55 LBO	448	165
4. Schriftform, § 58 Abs. 1 S. 3 LBO, und Begründung, § 58 Abs. 1 S. 5 LBO	453	167
III. Materielle Voraussetzungen	454	168
1. Genehmigungspflichtigkeit des Vorhabens	455	168
a) Eröffnung des Anwendungsbereichs der LBO, § 1 f. LBO	456	168
b) Vorhaben i.S.d. § 49 LBO	458	168
c) Kein verfahrensfreies Vorhaben, § 50 LBO	463	170
d) Kein kenntnisgabepflichtiges Vorhaben, § 51 LBO	467	171
e) Keine Konzentrationswirkung	469	172
2. Genehmigungsfähigkeit des Vorhabens	473	173
a) Umfang der von der Baurechtsbehörde zu prüfenden Vorschriften	474	173
b) Vereinbarkeit des Vorhabens mit dem Bauplanungsrecht, §§ 29 ff. BauGB	476	174
c) Vereinbarkeit des Vorhabens mit örtlichen Bauvorschriften	477	175
d) Vereinbarkeit des Vorhabens mit dem Bauordnungsrecht	478	175
e) Vereinfachtes Baugenehmigungsverfahren, § 52 LBO	479	175
f) Baugenehmigungsverfahren, § 58 LBO	486	177
F. Mögliche Entscheidungen der Baurechtsbehörde, Nebenbestimmungen, Baulasten	494	180
I. Ablehnende Entscheidung der Baurechtsbehörde	495	180
II. Erteilung der Baugenehmigung	496	180
III. Erteilung der Baugenehmigung unter Beifügung von Nebenbestimmungen	497	180
IV. Baulast	501	182
G. Übungsfall 3	503	183

6. Teil
Repressive Bauüberwachung: Bauaufsichtliche Eingriffsverfügungen

	Rn.	Seite
Bauaufsichtliche Eingriffsverfügungen	505	187
A. Überblick	505	187
B. Rechtmäßigkeit einer bauaufsichtlichen Verfügung	510	189
I. Ermächtigungsgrundlage	511	189
II. Formelle Rechtmäßigkeit	513	190
1. Zuständigkeit	513	190
2. Verfahren	514	190
3. Form	515	190
III. Materielle Rechtmäßigkeit	516	191
1. Vorliegen eines baurechtswidrigen Zustandes	517	191
a) Formelle Baurechtswidrigkeit	518	191
b) Materielle Baurechtswidrigkeit	519	192
2. Tatbestandsvoraussetzungen der Maßnahme der repressiven Bauüberwachung	523	193
a) Stilllegungsverfügung, § 64 Abs. 1 S. 1 LBO	523	193
b) Nutzungsuntersagung, § 65 S. 2 LBO	526	194

	Rn.	Seite
c) Abbruchsanordnung, § 65 S. 1 LBO	529	196
d) Baurechtliche Generalklausel, § 47 Abs. 1 S. 2 LBO	536	198
IV. Ermessen	537	198
1. Ermessensentscheidung	538	199
2. Ermessensfehler	541	200
3. Grenzen des Ermessens	542	200
a) Verhältnismäßigkeitsgrundsatz	543	200
b) Allgemeiner Gleichheitssatz, Art. 3 Abs. 1 GG	547	202
c) Behördliche Duldung oder Verwirkung	548	202
4. Richtiger Adressat	552	204
a) Stilllegungsverfügung, § 64 LBO	553	204
b) Nutzungsuntersagung, § 65 S. 2 LBO	554	204
c) Abbruchsanordnung, § 65 S. 1 LBO	555	205
C. Die Durchsetzung bauordnungsrechtlicher Verfügungen	556	205
I. Abgrenzung zwischen Verwaltungsvollstreckung und unmittelbarer Ausführung	557	205
II. Verwaltungsvollstreckung nach §§ 18 ff. LVwVG	558	206
III. Unmittelbare Ausführung, § 8 Abs. 1 PolG	561	208

7. Teil
Rechtsschutzfragen im Bereich der präventiven und repressiven Bauaufsicht

	Rn.	Seite
	562	210
A. Rechtsschutz gegen Flächennutzungspläne	563	210
I. Für die Gemeinde	563	210
II. Für Dritte	564	211
1. Grundsätzliche Unzulässigkeit eines Normenkontrollverfahrens	564	211
2. Ausnahmsweise Zulässigkeit eines Normenkontrollverfahrens gegen Flächennutzungspläne mit den Rechtswirkungen des § 35 Abs. 3 S. 3 BauGB	565	211
B. Rechtsschutz gegen Bebauungspläne	569	214
I. Verwaltungsgerichtliche Normenkontrolle, § 47 Abs. 1 Nr. 1 VwGO	570	214
1. Überblick	570	214
2. Zulässigkeit	572	216
a) Eröffnung des Verwaltungsrechtswegs, § 47 Abs. 1 VwGO i.V.m. § 40 Abs. 1 VwGO	572	216
b) Statthaftigkeit, § 47 Abs. 1 Nr. 1 oder Nr. 2 VwGO	573	216
c) Antragsberechtigung, § 47 Abs. 2 S. 1 und S. 2 VwGO	577	218
d) Antragsbefugnis, § 47 Abs. 2 S. 1 VwGO	578	219
e) Beiladung, § 47 Abs. 2 S. 4 i.V.m. § 65 Abs. 1 VwGO	584	223
f) Antragsfrist, § 47 Abs. 2 S. 1 VwGO	585	223
g) Keine Präklusion gemäß § 47 Abs. 2a VwGO	586	223
h) Rechtsschutzbedürfnis	587	223
3. Begründetheit	588	224
4. Inhalt der gerichtlichen Entscheidung	591	225
5. Entscheidungsfolgen	592	225

	Rn.	Seite
II. Verfassungsbeschwerde, Art. 93 Abs. 1 Nr. 4a GG i.V.m. § 13 Nr. 8a, 90 ff. BVerfGG	593	225
III. Inzidentkontrolle	597	226
C. Rechtsschutz im Bereich der präventiven Bauaufsicht	598	227
I. Rechtsschutz des Bauherrn	599	227
1. Rechtsschutzbegehren: Erteilung einer Baugenehmigung	599	227
a) Zulässigkeit	600	230
b) Begründetheit	607	236
2. Rechtsschutzbegehren: Feststellung der vormaligen Verpflichtung zur Erteilung einer Baugenehmigung	611	238
a) Überblick	611	238
b) Erledigung eines belastenden oder begünstigenden Verwaltungsakts vor oder nach Klageerhebung, § 113 Abs. 1 S. 4 VwGO analog	612	238
c) Begründetheit	614	240
3. Rechtsschutzbegehren: Aufhebung einer Nebenbestimmung	615	240
4. Rechtsschutzbegehren: Erteilung einer Baugenehmigung im Falle einer modifizierenden Genehmigung oder Auflage	621	241
5. Rechtsschutzbegehren: Erteilung einer Baugenehmigung im Verfahren des einstweiligen Rechtsschutzes gemäß § 123 Abs. 1 S. 2 VwGO	622	242
6. Rechtsschutzbegehren: Feststellung der Genehmigungsfreiheit	623	242
7. Rechtsschutzbegehren: Anfechtung einer Zurückstellung des Baugesuchs nach § 15 Abs. 1 BauGB	624	242
8. Rechtsschutzbegehren: Anfechtung einer Aufhebung der Baugenehmigung	625	243
II. Rechtsschutz des Nachbarn	626	243
1. Rechtsschutzbegehren: Aufhebung der dem Bauherrn erteilten Baugenehmigung	627	243
a) Zulässigkeit	628	245
b) Begründetheit	674	260
2. Rechtsschutzbegehren: Aussetzung der Vollziehung der Baugenehmigung	677	262
a) Keine aufschiebende Wirkung von Widerspruch und Anfechtungsklage, § 80 Abs. 2 S. 1 Nr. 3 VwGO i.V.m. § 212a Abs. 1 BauGB	678	262
b) Antragsbefugnis, § 42 Abs. 2 VwGO analog	681	264
D. Rechtsschutz im Bereich der repressiven Bauaufsicht	686	267
I. Rechtsschutz des Bauherrn gegen bauaufsichtliche Verfügungen	687	267
1. Rechtsschutzbegehren: Aufhebung der bauaufsichtlichen Verfügung	687	267
2. Rechtsschutzbegehren: Wiederherstellung der aufschiebenden Wirkung der Anfechtungsklage	688	267
3. Rechtsschutzbegehren: Aufhebung einer Vollstreckungsmaßnahme	689	267

	Rn.	Seite
II. Rechtsschutz des Nachbarn gegen bauaufsichtliche Verfügungen	691	268
1. Rechtsschutzbegehren: Erlass einer bauaufsichtlichen Verfügung	691	268
a) Zulässigkeit	692	268
b) Begründetheit	697	270
2. Rechtsschutzbegehren: Erlass einer einstweiligen Anordnung	698	271
E. Der maßgebliche Zeitpunkt für die Beurteilung der Sach- und Rechtslage	699	271
I. Der grundsätzlich maßgebliche Zeitpunkt	700	271
II. Der maßgebliche Zeitpunkt zur Beurteilung der Sach- und Rechtslage im Baurecht	701	272
1. Normenkontrollverfahren	702	272
2. Anfechtungsklage gegen eine Baugenehmigung	703	273
3. Verpflichtungsklage auf Erteilung einer Baugenehmigung	704	273
4. Anfechtungsklage gegen eine bauordnungsrechtliche Verfügung	706	274
F. Übungsfall Nr. 4	707	275
Sachverzeichnis		283

Literaturverzeichnis

Battis/Krautzberger/Löhr	BauGB. Kommentar, 12. Auflage 2014
Bader/Funke-Kaiser/Stuhlfauth/ v.Albedyll	Verwaltungsgerichtsordnung, 6. Auflage 2015
Belz/Mußmann	Polizeigesetz für Baden-Württemberg, 8. Auflage 2015
Bracher/Reidt/Schiller	Bauplanungsrecht, 8. Auflage 2014
Brenner (unter Mitwirkung von Hyckel)	Öffentliches Baurecht, 3. Auflage 2009
Brohm	Öffentliches Baurecht, 3. Auflage 2002
Dürr	Baurecht Baden-Württemberg, 14. Auflage 2013
Ennuschat/Ibler/Remmert	Öffentliches Recht in Baden-Württemberg, 1. Auflage 2014
Erbguth/Schubert	Öffentliches Baurecht, 6. Auflage 2015
Ernst/Zinkhahn/Bielenberg/ Krautzberger	BauGB. Kommentar, 116. Ergänzungslieferung 2015
Ferner/Kröninger/Aschke	Baugesetzbuch mit Baunutzungsverordnung, 3. Auflage 2013
Finkelnburg/Ortloff/Kment	Öffentliches Baurecht, Band I, 6. Auflage 2011
Finkelnburg/Urtloff/Otto	Öffentliches Baurecht, Band II: Bauordnungsrecht, Nachbarschutz, Rechtsschutz, 6. Aufl. 2010
Hoppe/Bönker/Grotefels	Öffentliches Baurecht, 4. Auflage 2010
Hufen	Verwaltungsprozessrecht, 9. Auflage 2013
Jäde	Bauaufsichtliche Maßnahmen, 4. Auflage 2012
Jäde/Dirnberger/Weiss	Baugesetzbuch, Baunutzungsverordnung. Kommentar, 7. Auflage 2013
Kintz	Öffentliches Recht im Assessorexamen, 8. Auflage 2012
Kenntner	Öffentliches Recht in Baden-Württemberg, 1. Auflage 2013
Kopp/Ramsauer	Verwaltungsverfahrensgesetz, 16. Auflage 2015
Kopp/Schenke	Verwaltungsgerichtsordnung, Kommentar, 21. Auflage 2015

Literaturverzeichnis

Kunze/Bronner/Katz	Gemeindeordnung für Baden-Württemberg, Kommentar, 4. Auflage 2014
Maunz/Dürig	Grundgesetz, 74. Ergänzungslieferung 2015
Palandt	Bürgerliches Gesetzbuch, 74. Auflage 2015
Redeker/v. Oertzen	Verwaltungsgerichtsordnung, 16. Auflage 2014
Sauter	Landesbauordnung für Baden-Württemberg, 46. Lieferung 2015
Schenke	Polizei- und Ordnungsrecht, 8. Auflage 2013
Schenke	Verwaltungsprozessrecht, 14. Auflage, 2014
Schmidt	Öffentliches Baurecht, 15. Auflage 2015
Schmidt/Kahl/Gärditz	Umweltrecht, 9. Auflage 2014
Schmitt Glaeser/Horn	Verwaltungsprozessrecht, 16. Auflage 2013
Stein	Die neue Landesbauordnung für Baden-Württemberg 2010, Synopse, 2010
Stollmann	Öffentliches Baurecht, 9. Auflage 2013
Tettinger/Erbguth/Mann	Besonderes Verwaltungsrecht, 11. Auflage 2012
Würtenberger	Verwaltungsprozessrecht, 3. Auflage 2011
Würtenberger/Heckmann	Polizeirecht in Baden-Württemberg, 6. Auflage 2005

Tipps vom Lerncoach

Warum Lerntipps in einem Jura-Skript?

Es gibt in Deutschland ca. 1,6 Millionen Studierende, deren tägliche Beschäftigung das Lernen ist. Lernende, die stets ohne Anstrengung erfolgreich sind, die nie kleinere oder größere Lernprobleme hatten, sind eher selten. Besonders juristische Lerninhalte sind komplex und anspruchsvoll. Unsere Skripte sind deshalb fachlich und didaktisch sinnvoll aufgebaut, um das Lernen zu erleichtern.

Über fundierte Lerntipps wollen wir darüber hinaus all diejenigen ansprechen, die ihr Lern- und Arbeitsverhalten verbessern und unangenehme Lernphasen schneller überwinden wollen.

Diese Tipps stammen von *Frank Wenderoth*, der als Diplom-Psychologe seit vielen Jahren in der Personal- und Organisationsentwicklung als Berater und Personal Coach tätig ist und außerdem Jurastudierende in der Prüfungsvorbereitung und bei beruflichen Weichenstellungen berät.

Wie lernen Menschen?

Die Wunschvorstellung ist häufig, ohne Anstrengung oder ohne eigene Aktivität „à la Nürnberger Trichter" lernen zu können. Die modernen Neurowissenschaften und auch die Psychologie zeigen jedoch, dass Lernen ein aktiver Aufnahme- und Verarbeitungsprozess ist, der auch nur durch aktive Methoden verbessert werden kann. Sie müssen sich also für sich selbst einsetzen, um Ihre Lernprozesse zu fördern. Sie verbuchen die Erfolge dann auch stets für sich.

Gibt es wichtigere und weniger wichtige Lerntipps?

Auch das bestimmen Sie selbst. Die Lerntipps sind als Anregungen zu verstehen, die Sie aktiv einsetzen, erproben und ganz individuell auf Ihre Lernsituation anpassen können. Die Tipps sind pro Rechtsgebiet thematisch aufeinander abgestimmt und ergänzen sich von Skript zu Skript, können aber auch unabhängig voneinander genutzt werden.

Verstehen Sie die Lerntipps „à la carte"! Sie wählen das aus, was Ihnen nützlich erscheint, um Ihre Lernprozesse noch effektiver und ökonomischer gestalten zu können!

Lernthema 5
Mentale Techniken und Entspannung

Im Folgenden finden Sie konkrete Anwendungs- und Übungsvorschläge, um Ihre Aufmerksamkeit so zu lenken, dass es Ihnen leichter fällt, sich zu entspannen oder sich nach Arbeitsphasen zu regenerieren. Jeder Mensch besitzt die Fähigkeit, das natürliche Phänomen der Alltagshypnose oder Trance gezielt zu nutzen. Sie haben es selbst schon erlebt, z.B. bei Tagträumen mit offenen Augen, wenn Ihre Aufmerksamkeit „wegdriftet"! Sie können auch absichtlich Ihre Gedanken und Aufmerksamkeit in bestimmte Richtungen lenken, so dass Sie sich entspannter, leichter, motivierter oder auch kompetenter fühlen. Ihre Aufmerksamkeitslenkung bestimmt also auch Ihr Erleben und die damit verbundenen Gefühle. Diese Trancefähigkeit von Menschen macht man sich bei Hypnoseverfahren in der Psychotherapie und Medizin zu Nutze (Ängste, Schlafstörungen, Depressionen oder starke Schmerzen). Im Führungskräftecoaching nutzt man mentale Techniken, die den Umgang mit Stress und Konflikten erleichtern. Warum sollten wir diese nicht auch zur Entspannung beim Prüfungslernen nutzen?!

Lerntipps

Nutzen Sie Ihre mentalen Möglichkeiten stärker als bisher aus!

Damit Sie sich in Trance „hypnotisieren", müssen Sie aktiv mitarbeiten und üben. Nur wenn Sie wollen, können Sie sich aktiv auf bestimmte für Sie vielleicht neue Vorgehensweisen, Gedanken und Innenbilder einlassen. Mit mentalen Techniken kann man durch relativ einfache Übungen schnell eine tiefe Entspannung erreichen. Entspannung dient der Erholung, dem Stressabbau und der Wiederherstellung körperlicher und seelischer Ausgeglichenheit. Mit viel Übung z.B. auch in einem „Selbsthypnosetraining" bei einem Coach können Sie innerhalb weniger Minuten, häufig manchmal sogar Sekunden sich tiefenentspannen oder akute Blockaden lösen. Weil wir in Trance für Anweisungen (Suggestionen) empfänglicher sind, können Sie geeignete Autosuggestionen sogar nutzen, um Ihr Lernverhalten positiv zu beeinflussen.

Mentale Techniken und Entspannung

Positive Innenbilder fördern!

Begünstigen Sie Ihre Innenbilder, indem Sie stets mehreren Sinneskanälen Beachtung schenken. Je komplexer und plastischer das Bild, umso stärker werden die an die Wahrnehmung gekoppelten Erlebenskomponenten aktiviert, also die Gefühle. Die Innenrealität wirkt am besten, wenn Sie sich von der Außenrealität und Außenreizen abschirmen. Halten Sie die Augen geschlossen – Sie können auch eine Augenbinde oder Augenmaske zu Hilfe nehmen (siehe auch unten den Lerntipp zur Augenfixierung).

Da unsere Innenbilder vielfältige innere Verarbeitungsprozesse hervorrufen und damit verbunden sind, können auch unangenehme Gefühle auftreten, die uns nicht erklärbar sind. Damit sollten Sie ganz gelassen umgehen, weil das normal ist und die Gelassenheit schon ein Abklingen bewirken kann.

Falls Bilder erscheinen, die unangenehm sind und sich „verfestigen", so brechen Sie abrupt ab und schalten bewusst auf ein schönes Bild, eine schöne Erinnerung um. Sie brauchen lernförderliche Bilder.

Finden Sie einen geeigneten Rahmen!

Schalten Sie vor der Entspannung mögliche Störgeräusche aus (Telefon, geöffnetes Fenster). Achten Sie darauf, dass Sie nicht gestört werden (Schild an die Tür ...). Benutzen Sie einen bequemen Sessel, Stuhl oder ein Sofa, auf dem Sie abschalten können. Achten Sie darauf, dass die Übungen räumlich in Ihrem Freizeitbereich, also nicht im Arbeitsbereich durchgeführt werden, wenn es Ihnen möglich ist. Legen Sie zu Beginn jeder Übung fest, wie lange sie dauern soll (Ruhebild in der Trainingsphase z.B. nach 15 Minuten die Augen öffnen). Verlassen Sie sich darauf, dass Sie nach Ihrer Zeitvorgabe, die Augen wieder öffnen, stellen sie sich eventuell einen leise summenden Wecker, den Sie bald aber entbehren können. Entspannung erreichen Sie natürlich nach viel Kaffee- oder Colakonsum nur schlecht. Bei Übermüdung oder nach Alkoholgenuss wird man wahrscheinlich nur durch eine Portion Schlaf frischer.

Es geht los mit einem Bild – wählen Sie Ihr Ruhebild aus!

In allen „Hypnosesitzungen" ist das „Ruhebild" zum Einstieg zentral. Es dient dazu, die Entspannung zu verbessern und so das innere Gleichgewicht leichter herzustellen. Das Bild sollte angenehm und mit Ruhe verbunden sein. Häufig werden als angenehm erlebte Szenen aus dem Urlaub gewählt, wie z.B. der Blick von einer Alpenwiese auf die Berge, oder man betrachtet die Hügel der Toskana, man liegt auf einer Wiese oder am Strand, schaut auf das Meer oder geht im Wald spazieren. In diesen Bildern sollten Sie ausreichend Zeit haben und länger dort verweilen können. Das Interessante ist, dass unser Gehirn in der Wirkung plastischer Innenbilder nicht von äußeren Gegebenheiten unterscheidet. Eine kleine Anmerkung: Das ist bei Problemen und Ängsten übrigens genauso. Wir sind es letztendlich selbst, die diese erzeugen und das können wir auch in förderlicher Weise nutzen.

Lassen Sie die Sinneseindrücke auf sich wirken!

Wenn Sie Ihre Augen schließen, können Sie die Sinneseindrücke noch besser auf sich wirken lassen. Die Eindrücke werden mit der Zeit plastischer und reichhaltiger. Auch wenn jeder von Ihnen ein anderes Bild und Erleben haben wird, lassen Sie sich von dieser Beschreibung animieren.

„Ruhe am Meer"

Sie sitzen am Meer und sehen die Wellen, den Horizont ... Sie spüren dabei die angenehme Wärme, die über Ihre Stirn und die Wangen streicht. Sie merken mitunter, dass ein angenehm frischer Luftzug Ihre Stirn kühlt. Sie hören dann die typischen Geräusche der Szenerie, das Kommen und Gehen der Wellen, vielleicht auch den Ruf der Möwen ... Sie fühlen die unterschiedlichen Berührungen an den Händen, den feinen Sand, den Sie vielleicht in die Hand nehmen und durch die Finger rieseln lassen. Sie nehmen auch die typischen Gerüche wahr, die würzig-salzige Meeresluft und spüren sogar etwas Salz auf den Lippen ... Vielleicht legen Sie sich jetzt hin und schließen die Augen ...

Lesen Sie die Zeilen noch einmal und achten Sie darauf, in Richtung welcher Wahrnehmungsqualitäten Sie Ihre Aufmerksamkeit gerichtet haben (Sehen, Fühlen, Hören, Riechen, Schmecken).

Mentale Techniken und Entspannung

Leiten Sie Ihre „Selbsthypnose" durch eine Augenfixierung ein!

Die Einleitung verschiedener mentaler Techniken besteht darin, die Aufmerksamkeit von äußeren Geschehnissen weg immer mehr zu innerem Erleben zu lenken. Das können Sie folgendermaßen leichter erreichen:

- Setzen Sie sich bequem hin und rücken Sie sich gemütlich zurecht.
- Suchen Sie sich einen kleinen Punkt im Raum in Augenhöhe vor möglichst ruhigem Hintergrund, damit Sie sich gut konzentrieren können.
- Sie können auch einen Papierschnipsel aus einem Aktenlocher nehmen und ihn an eine bestimmte Stelle kleben.
- Verwenden Sie in der Übungsphase möglichst den gleichen Stuhl und den gleichen Fixationspunkt.
- Sie beobachten den Punkt intensiv und werden feststellen, dass der Hintergrund und die Ränder verschwimmen, milchig werden, mal ist der Punkt scharf, dann wieder unscharf zu sehen.
- Betrachten Sie den Punkt mit Geduld, die Augen werden automatisch müder. Sie können die Augen dann schließen, wieder leicht öffnen, schließen …
- Beobachten Sie dann Ihre Atmung und bemerken, wie Sie ruhig ein- und ausatmen. Mit jedem Atemzug werden Sie und Ihr Körper lockerer und entspannter.
- Wenn Sie Umweltgeräusche zu Beginn lauter hören, arbeiten Sie nicht dagegen an.
- Richten Sie die Aufmerksamkeit dann verstärkt auf Ihren Körper, z. B. die Bauchdecke, die sich hebt und senkt, die Füße, Beine, das Gesäß … die Hände, die Arme … die Geräusche werden Ihnen gleichgültiger.
- Stellen Sie sich nun Ihr Ruhebild vor – so lange Sie wollen.
- Wenn Sie sich entspannt fühlen und die Augen öffnen möchten zählen Sie rückwärts von 3 bis 0.
- Stehen Sie dann auf und Sie werden sich frischer fühlen.

Jeden Tag das gleiche Ritual, nach einer Woche können Sie das!

Wahrscheinlich werden Sie feststellen, dass Sie die erlebten Prozesse auch aus dem Alltag kennen (Dösen, Tagträume, mit offenen Augen andere Inhalte sehen, während die Realität in den Hintergrund tritt …). Diese andere Welt des Alltags ist der menschliche Trancezustand und wird hier methodisch nutzbar gemacht. Folgende methodische Hinweise dazu:

- Üben Sie das Vorgehen der Augenfixierung und des Ruhebildes täglich möglichst zweimal.
- Planen Sie die Übungszeiten fest als Erholungszeit in größeren Zwischenpausen für ca. 15 Minuten ein, vielleicht nach einer Arbeitseinheit von 90 Minuten am späten Vormittag oder am Nachmittag (wenn das Lerntief naht).
- Manche setzen die Übung auch direkt nach dem Wachwerden, also vor Lernbeginn ein, manche werden dann müder.
- Auch wenn die Übung anfangs noch als unangenehme Pflicht erlebt wird, werden Sie 1 Woche täglichen Übens werden Sie die Übung als hilfreich erleben und sich darauf freuen.
- Nach ca. 2 Wochen und täglich zweimal üben können Sie schon die Kurzform der Autohypnose ausprobieren, es wird auf jeden Fall schneller gehen, sich zu entspannen

Falls Ruhebilder – selbst die schönsten – nicht mehr wirken, so ersetzen Sie diese durch andere.

Nutzen Sie die Entspannung auch für gezielte Autosuggestionen!

Nach ca. 1 bis 2 Wochen täglicher Übung werden Sie die Einleitung der Autohypnose zielgerichtet kombiniert mit „Selbstbeauftragungen" und „Autosuggestionen" einsetzen können, z. B. zu Beginn einer Lernphase. Nach einer Pause können Sie sich z. B. das wieder „Warmlaufen" erleichtern.

Beispiel „Gezielte Lernvorbereitung":

Verschaffen Sie sich einen kurzen Überblick über die gestellte Aufgabe, indem Sie sich orientieren, z. B.

- Definition einmal durchlesen, in einem Kapitel eines Buches Überschriften, Stichworte ansehen, ohne sie sich merken zu wollen.
- Aufbauschemata durchlesen.
- Bei schriftlichen Ausarbeitungen die Gliederung ansehen, Stichworte lesen.

Das dauert nur wenige Minuten. Durch diese Übersicht ist Ihr Arbeitsspeicher auf die zukünftige Arbeit vorbereitet. Das Gehirn hat Grobinformationen für den kommenden Auftrag und stellt seine Mittel bereit.

Mentale Techniken und Entspannung

Nun legen Sie eine Pause von einer knappen Minute mit einer Kurzentspannung mit geschlossenen Augen ohne Ruhebild ein und betrachten die anstehenden Aufgaben. Jetzt ist der Auftrag (Suggestion) erteilt und Sie können zügig mit der Weiterarbeit beginnen.

Überlegen Sie sich Ihre Autosuggestionen oder „Selbstbeauftragungen" vor der Entspannung. Es kann z. B. auch motivationsförderliches Selbstlob sein („Ich habe schon etwas länger arbeiten können, Pausen besser eingehalten, folgende Dinge erledigt ...") oder andere lernförderliche Übungen und Selbstverbalisierungen.

Diese Lerntipps helfen und haben ihre Grenzen!

Autohypnose hilft nur, wenn sie regelmäßig und konsequent, also in der Übungsphase auch mehrmals täglich angewendet wird. Wenn Sie sehr viele Tagträume haben, die eher in Richtung Angstphantasien, Schwarzmalereien oder Realitätsflucht gehen, sollten Sie vorsichtiger mit der Anwendung sein. Sie können natürlich auch einen Experten wie einen Coach zu Rate ziehen. Bei sehr starken Lern- und Leistungsstörungen oder Depressionen, Ängsten, Lebenskrisen sollten Sie einen Psychotherapeuten oder eine Beratungsstelle konsultieren. Unsere Übungen können kein Ersatz dafür sein, sind aber eine hervorragende Grundlage zur direkten Entspannung, aber auch um seine mentalen Techniken an anderer Stelle weiterzuentwickeln (durch Bücher, in Übungsgruppen).

1. Teil
Einführung

Das öffentliche Baurecht zählt zum **besonderen Verwaltungsrecht** und ist regelmäßig Gegenstand von Prüfungsarbeiten. Es ist Pflichtfach und damit Prüfungsstoff in der ersten juristischen Prüfung nach § 8 Abs. 2 Nr. 9 JAPrO sowie in der zweiten juristischen Staatsprüfung gem. § 51 Abs. 1 Nr. 9 JAPrO. Kenntnisse des Baurechts sind daher unverzichtbar.[1]

Fälle aus dem öffentlichen Baurecht bieten sich für Fallbearbeitungen an. Es ergehen regelmäßig gerichtliche Entscheidungen, die zur Grundlage eines Prüfungsfalles gemacht werden können. Weiterhin sind Fälle aus dem öffentlichen Baurecht häufig so gelagert, dass neben den baurechtlichen Problemen Fragestellungen aus anderen Gebieten des öffentlichen Rechts zu bearbeiten sind. Eine baurechtliche Klausur kann insbesondere mit dem allgemeinen Verwaltungsrecht, dem Kommunalrecht, dem Umweltrecht und aber auch mit dem Verwaltungsvollstreckungsrecht kombiniert werden. Regelmäßig werden daher mehrere Gebiete des öffentlichen Rechts in einer Klausur geprüft. Da baurechtliche Klausuren in der Regel prozessual eingekleidet sind, sind Kenntnisse des Verwaltungsprozessrechts unerlässlich.

Im Folgenden werden die klausurrelevanten Aspekte des öffentlichen Baurechts dargestellt. Auf die in der Fallbearbeitung regelmäßig nicht vorkommenden Aspekte wird zum Zweck einer gezielten Prüfungsvorbereitung nicht eingegangen. Diesbezüglich wird auf die im Literaturverzeichnis und in den Fußnoten genannte vertiefende Literatur verwiesen.

Einen ersten Klausurschwerpunkt kann die Prüfung der **Rechtmäßigkeit eines Bebauungsplanes** (s. hierzu Rn. 111 ff. BauGB) darstellen. Erforderlich sind Kenntnisse des grundsätzlich zweistufigen Systems der Bauleitplanung (s. hierzu Rn. 55 ff.).

Die **Zulässigkeit eines baulichen Vorhabens** stellt einen weiteren Schwerpunkt dar. In Klausuren ist oftmals zu erörtern, ob ein Vorhaben genehmigungsfähig ist. Hierbei ist die bauplanungsrechtliche (s. hierzu Rn. 268 ff.) und die bauordnungsrechtliche Zulässigkeit (s. hierzu Rn. 419 ff.) zu prüfen.

Häufig ist die **Rechtmäßigkeit von bauordnungsrechtlichen Maßnahmen**, wie die einer Abbruchsanordnung, einer Nutzungsuntersagung oder einer Baueinstellung, zu erörtern (s. hierzu Rn. 505).

Wegen der besonderen Klausurrelevanz ist dem **Rechtsschutz** (s. hierzu Rn. 562 ff.) ein gesondertes Kapitel gewidmet.

---

1 *Decker* JA 2007, 55 bezeichnet baurechtliche Kenntnisse als absoluten Standard.

2. Teil
Grundlagen des öffentlichen Baurechts

A. Begriff des Baurechts

4 Unter dem **Begriff des Baurechts im weiteren Sinn** werden diejenigen Vorschriften des Privat- und des Verwaltungsrechts verstanden, die Art und Ausmaß der baulichen Nutzung eines Grundstücks, die Ordnung der Bebauung und die Rechtsverhältnisse der an der Erstellung eines Bauwerkes Beteiligten regeln.[1]

B. Unterscheidung zwischen privatem und öffentlichem Baurecht

5 Das Baurecht im weiteren Sinn unterteilt sich in das private und das öffentliche Baurecht.

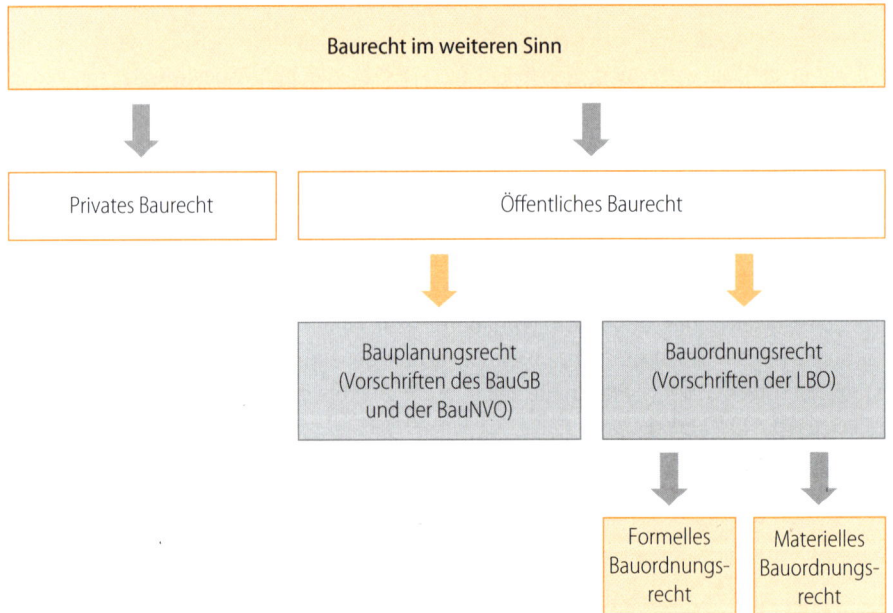

I. Das private Baurecht

6 Das **private Baurecht** regelt diejenigen **zivilrechtlichen Rechtsbeziehungen**, die insbesondere das **Baugeschehen**, die **Nutzung des Eigentums an Grund und Boden** und die Frage, ob und **in welchen Grenzen ein Grundstück privaten Dritten gegenüber baulich genutzt werden darf**, betreffen.[2]

---

1 *Stollmann* Öffentliches Baurecht § 1 Rn. 1.
2 *Brenner* Öffentliches Baurecht Rn. 1.

Rechtsgrundlagen des privaten Baurechts sind insbesondere Vorschriften des BGB, vgl. §§ 903 ff. BGB, das Nachbarrechtsgesetz (NRG) sowie die Honorarordnung für Architekten und Ingenieure (HOAI) und die Vergabe- und Vertragsordnung für Bauleistungen (VOB).

Dem privaten Baurecht liegt der aus § 903 BGB folgende **Grundsatz der bürgerlich-rechtlichen Baufreiheit** zugrunde. Dieser Grundsatz wird **wiederum durch das bürgerliche Recht begrenzt**, wie z.B. durch §§ 226, 906, 907, 909 BGB. Eine weitere Grenze enthält das Landesprivatrecht, namentlich das NRG.

》 Lesen Sie die §§ 226, 903, 906, 907, 909 und 1004 BGB. 《

> **Hinweis**
>
> Zum privaten Baurecht zählt auch das insbesondere in den §§ 631 ff. BGB geregelte dem Werkvertragsrecht zuzurechnende Bauvertragsrecht.[3]

Die private Baurechtsordnung ist eine **relative Ordnung**. Die dem privaten Baurecht durch das bürgerliche Recht gezogenen Schranken bedürfen der Durchsetzung des Berechtigten. Er darf entscheiden, ob er seine Rechte durchsetzt oder ob er ein privatrechtswidriges Vorhaben hinnehmen will. Dem Berechtigten stehen **nachbarrechtliche Beseitigungs- und Unterlassungsansprüche** gemäß § 1004 BGB i.V.m. § 906 BGB zu. Sofern der Berechtigte seine Ansprüche durchsetzen will muss er im Zivilrechtsweg auf Unterlassung der Nutzung und Beseitigung der Bebauung klagen.

II. Das öffentliche Baurecht

1. Begriff

Unter **öffentlichem Baurecht** wird die Gesamtheit der Rechtsvorschriften, die die Zulässigkeit und die Grenzen, die Ordnung und die Förderung der baulichen Nutzung des Bodens, insbesondere durch Errichtung, bestimmungsgemäße Nutzung, wesentliche Veränderung und Beseitigung baulicher Anlagen, betreffen, verstanden.[4]

2. Funktion

Das öffentliche Baurecht dient dem **Ausgleich zweier häufig widerstreitender Interessen**, der durch Art. 14 Abs. 1 GG und Art. 2 Abs. 1 GG geschützten Baufreiheit des Bauherrn[5] und des Grundstückseigentümers (s. Rn. 20 ff.) und dem Interesse der Allgemeinheit an einer möglichst sinnvollen Nutzung des nur beschränkt vorhandenen Baugeländes.[6] Die baurechtlichen Normen dienen dem Ausgleich zwischen der Privatnützigkeit gemäß Art. 14 Abs. 1 GG und der Sozialpflichtigkeit des Eigentums gemäß Art. 14 Abs. 2 GG.[7] Der Bauherr hat ein Interesse an einer möglichst uneingeschränkten Bebaubarkeit des Grundstücks, wohingegen die Allgemeinheit daran interessiert ist, dass hinreichend unbebauter Raum z.B. für Erholungszwecke, Verkehrsanlagen oder Wasser- und Landschaftsschutzgebiete vorhanden ist.[8]

Interessen

---

3 *Stollmann* Öffentliches Baurecht § 1 Rn. 7.
4 *Brenner* Öffentliches Baurecht Rn. 1.
5 Wird im Folgenden ein Begriff in der maskulinen Form verwendet, so erfolgt dies rein aus Gründen der sprachlichen Vereinfachung. Gedanklich sind solche Begriffe immer um die feminine Form zu ergänzen.
6 *Dürr* Öffentliches Baurecht Baden-Württemberg Rn. 1 m.w.N.
7 BVerwGE 101, 364.
8 *Dürr* Öffentliches Baurecht Baden-Württemberg Rn. 1.

3. Bauplanungs- und Bauordnungsrecht

Das öffentliche Baurecht gliedert sich in das **Bauplanungs- und Bauordnungsrecht** sowie die **sonstigen baurechtsrelevanten Vorschriften**.

a) Bauplanungsrecht

11 Das **Bauplanungsrecht** beschäftigt sich mit dem Einfügen eines Vorhabens in die Umgebung.[9] Ihm kommt die Aufgabe zu, die rechtliche Qualität des Bodens und seine Nutzbarkeit festzulegen.[10] Daher regeln bauplanungsrechtliche Normen die Vorbereitung und Leitung der baulichen und sonstigen Nutzung der Grundstücke, insbesondere durch Pläne, die die Rechtsqualität des Bodens festlegen.[11]

Gekennzeichnet ist das Bauplanungsrecht durch seine **Flächenbezogenheit**. Die einzelnen Bauvorhaben werden in einem größeren städtebaulichen Zusammenhang gesehen.

Die wesentlichen Regelungen des Bauplanungsrechts sind das Recht der Bauleitplanung (§§ 1–13a BauGB), die Sicherung der Bauleitplanung (§§ 13–28 BauGB) und die Regelung der baulichen und sonstigen Nutzung (§§ 29–38 BauGB).

Die BauNVO enthält die maßgeblichen Bestimmungen über Darstellungen und Festsetzungen in den Bauleitplänen. Für den Erlass der BauNVO, einer Rechtsverordnung, hat das Bundesministerium für Verkehr-, Bau- und Wohnwesen von der Ermächtigung des § 9a BauGB Gebrauch gemacht.

b) Bauordnungsrecht

12 Das **Bauordnungsrecht** normiert Anforderungen in baugestalterischer, baukonstruktiver und bauwirtschaftlicher Hinsicht und regelt die Ordnung des Bauvorgangs, die Unterhaltung und Instandsetzung baulicher Anlagen sowie die Verhinderung bzw. Bekämpfung der von ihnen ausgehenden Gefahren.[12] Es ist durch seine **Objektbezogenheit** gekennzeichnet.

13 Im Bauordnungsrecht ist zwischen formellem und materiellem Bauordnungsrecht zu unterscheiden. Das **formelle Bauordnungsrecht** betrifft die Grundlagen für das bauaufsichtliche Verfahren. Das **materielle Bauordnungsrecht** enthält Regelungen im Hinblick auf die Errichtung, Erhaltung, Änderung, Nutzung und den Abbruch baulicher Anlagen (zu den Einzelheiten s.u. Rn. 454 ff.). Es normiert die Anforderungen an einzelne bauliche Anlagen und dient primär Zielen der Gefahrenabwehr und ist daher ein Teil des Gefahrenabwehrrechts.[13]

> Das (materielle) **Bauordnungsrecht** regelt die ordnungsrechtlichen Anforderungen an eine konkrete bauliche Anlage.

---

9 *Dürr* Öffentliches Baurecht Baden-Württemberg Rn. 6.
10 *BVerfGE* 3, 407, 423 f.
11 *Stollmann* Öffentliches Baurecht Rn. 15.
12 *Stollmann* Öffentliches Baurecht Rn. 15.
13 *Brenner* Öffentliches Baurecht Rn. 15.

> **Hinweis**
>
> Soweit das Bauordnungsrecht Verfahrensregelungen enthält, verdrängt es als lex specialis das gemäß § 1 Abs. 1 S. 1 LVwVfG nur subsidiär anwendbare LVwVfG.

c) Verhältnis des Bauplanungs- zum Bauordnungsrecht

Bauplanungs- und **Bauordnungsrecht** lassen sich theoretisch klar voneinander trennen.[14] Praktisch lässt sich diese Trennung jedoch nicht immer durchführen, da Überschneidungen unvermeidbar sind.[15]

Der **Zusammenhang** zwischen Bauplanungs- und Bauordnungsrecht zeigt sich z.B. im Hinblick auf den Abstand von Gebäuden. So finden sich Regelungen zum Abstand von Gebäuden sowohl im Bauplanungsrecht – durch Festsetzungen der offenen Bauweise gemäß § 22 Abs. 1, Abs. 2 BauNVO sowie der seitlichen Baugrenzen, § 23 BauNVO – sowie im Bauordnungsrecht durch das Abstandsflächenrecht, §§ 5, 6 LBO. Bauplanungs- und Bauordnungsrecht sind sowohl materiell-rechtlich wie auch verfahrensrechtlich miteinander verknüpft.[16]

Die Verzahnung zwischen Bauplanungs- und Bauordnungsrecht zeigt sich auch bei der Erteilung einer Baugenehmigung. Zu den von der Baurechtsbehörde gemäß § 58 Abs. 1 S. 1 LBO zu prüfenden Vorschriften zählen die bauplanungsrechtlichen Vorschriften des BauGB und der BauNVO sowie die bauordnungsrechtlichen Vorschriften der LBO.

Beispiel Wenn der Grundstückseigentümer A im unbeplanten Innenbereich ein Einfamilienhaus errichten möchte, stellt sich insbesondere die bauplanungsrechtliche Frage, ob sich dieses bauliche Vorhaben i.S.d. § 34 Abs. 1 BauGB einfügt. Ferner ist zu prüfen, ob die bauordnungsrechtlichen Vorschriften, z.B. die Abstandsflächen gemäß § 5 LBO, eingehalten sind. ■

III. Verhältnis des privaten zum öffentlichen Baurecht

1. Grundsatz

Grundsätzlich stehen das private und öffentliche Baurecht **selbständig nebeneinander**.[17] Dies folgt aus § 58 LBO. Gemäß § 58 Abs. 1 S. 1 LBO ist die Baugenehmigung zu erteilen, wenn dem genehmigungspflichtigen Vorhaben keine von der Baurechtsbehörde zu prüfenden öffentlich-rechtlichen Vorschriften entgegenstehen. Die Baugenehmigung wird gemäß § 58 Abs. 3 LBO unbeschadet privater Rechte Dritter erteilt.

》 Lesen Sie § 909 BGB. 《

Stehen einem baulichen Vorhaben keine öffentlich-rechtlichen Vorschriften, sondern nur solche des privaten Baurechts, z.B. § 909 BGB, entgegen, so darf deswegen die Erteilung einer Baugenehmigung nicht versagt werden. Das Vorhaben ist genehmigungsfähig. Der Nachbar kann sich jedoch auf dem ordentlichen Rechtsweg gegen die geplante Maßnahme wehren.

---

14 *Dürr* Öffentliches Baurecht Baden-Württemberg Rn. 7.
15 *Dürr* Öffentliches Baurecht Baden-Württemberg Rn. 7 m.w.N.
16 *Brenner* Öffentliches Baurecht Rn. 16.
17 S. vertiefend *Dolderer* DVBl 1998, 19 ff.

2. Ausnahmen

18 Eine **Verbindung** zwischen dem privaten und dem öffentlichen Baurecht besteht nur **ausnahmsweise**.

Eine derartige Verbindung besteht ausnahmsweise dann, wenn eine **Vorschrift des öffentlichen Baurechts drittschützenden Charakter** hat (s.u. Rn 630 ff.). In derartigen Konstellationen stellen die drittschützenden öffentlich-rechtlichen Vorschriften **Schutzgesetze i.S.d. § 823 Abs. 2** BGB dar.[18]

Beispiel Bauherr B hat beim Bau vergessen, die vorgeschriebenen Brandschutzwände einzubauen. Durch den Defekt eines Küchengerätes gerät das Gebäude des B in Brand und greift infolge fehlender Brandschutzwände auf das Gebäude des Nachbars N über, wodurch das Gebäude des N erheblich beschädigt wird.

N kann von B Schadensersatz u.a. nach § 823 Abs. 2 BGB i.V.m. § 15 Abs. 1 LBO verlangen. Der Einbau von Brandschutzwänden zählt zu den Maßnahmen des Brandschutzes gemäß § 15 Abs. 1 LBO. Diese Vorschrift ist drittschützend (s.u. Rn. 648) ∎

Eine weitere Ausnahme von diesem Grundsatz ist dann gegeben, wenn von vorneherein feststeht, dass das Bauvorhaben wegen **entgegenstehender privatrechtlicher Gründe auf keinen Fall ausgeführt** werden kann. In diesem Fall kann die Baurechtsbehörde den Bauantrag wegen eines fehlenden Sachbescheidungsinteresses ablehnen.

C. Verfassungsrechtliche Grundlagen

» Wiederholen Sie Art. 14 GG anhand des Skriptes „Grundrechte". «

19 In verfassungsrechtlicher Hinsicht kommt der Eigentumsfreiheit, Art. 14 Abs. 1 GG, und der Planungshoheit der Gemeinde, Art. 28 Abs. 2 S. 1 GG, Bedeutung zu.[19]

I. Eigentumsgarantie, Art. 14 Abs. 1 GG

20 Der **Eigentumsgarantie** des Art. 14 Abs. 1 GG kommt die Aufgabe zu, dem Grundrechtsträger einen Freiheitsraum im vermögensrechtlichen Bereich zu sichern und ihm dadurch die eigenverantwortliche Gestaltung seines Lebens zu ermöglichen.[20]

Nach h.M. gewährleistet Art. 14 Abs. 1 GG eine grundrechtliche **Baufreiheit**, d.h. das Recht, Grund und Boden baulich zu nutzen.[21] Zum Inhalt des Eigentums zählt daher auch die Möglichkeit der baulichen Nutzung.[22] Hierfür lässt sich anführen, dass das verfassungsrechtlich geschützte Eigentum durch Privatnützigkeit gekennzeichnet ist.[23] Dies bedeutet zunächst, dass das Eigentum einem Rechtsträger zugeordnet ist, in dessen Hand es als Grundlage privater Initiative und eigenverantwortlichem privatem Interesse von Nutzen sein soll, sowie des Weiteren, dass eine grundsätzliche Verfügungsbefugnis über den Eigentumsgegenstand

---

18 Palandt-*Sprau* BGB § 823 Rn. 56a, 62.
19 S. vertiefend Ennuschat/Ibler/Remmert-*Remmert* Öffentliches Recht in Baden-Württemberg § 3 Rn. 14 ff.
20 *BVerfGE* 24, 267 ff.; *BVerfGE* 31, 229 ff.
21 Vgl. *Ehlers* VVDStRL 51 (1992), 211, 217 ff; *BVerfGE* 35, 263; *BVerwGE* 45, 309.
22 Maunz/Dürig-*Papier* GG Art. 14 Rn. 57.
23 *Brenner* Öffentliches Baurecht Rn. 46.

besteht.²⁴ Geschützt wird nicht nur der Bestand des Eigentums, sondern auch die Gewährleistung der grundsätzlich freien Nutzungs- und Verfügungsbefugnis.²⁵ Insbesondere das Grundeigentum lässt sich nicht losgelöst von der Möglichkeit den Boden zu nutzen und Erträge aus dem Eigentum zu ziehen sehen. Die bauliche Nutzbarkeit ist essentieller Bestandteil des Eigentums.²⁶

Bei dieser grundrechtlich gewährleisteten Freiheit handelt es sich jedoch nur um eine sog. **potenzielle Baufreiheit**: Bei Vorliegen der einfachgesetzlichen Voraussetzungen hat der Einzelne ein durch Art. 14 Abs. 1 GG geschütztes Recht, sein Grundstück zu bebauen (vgl. § 58 Abs. 1 S. 1 LBO).

Dies folgt aus Art. 14 Abs. 1 GG, einem Grundrecht mit normgeprägtem Schutzbereich. Grundrechte mit einem normgeprägten Schutzbereich sind dadurch gekennzeichnet, dass deren Schutzbereich einer einfachgesetzlichen Ausgestaltung und Konkretisierung bedarf (s. auch Rn. 38). Im Rahmen des Art. 14 Abs. 1 GG legt der einfache Gesetzgeber fest, was Inhalt und Schranken des Eigentums sind und definiert dadurch für die Zukunft das Eigentum neu. In dogmatischer Hinsicht handelt es sich um eine Inhalts- und Schrankenbestimmung i.S.d. Art. 14 Abs. 1 S. 2 GG. Die durch Art. 14 Abs. 1 GG gewährleistete Baufreiheit besteht somit **nur nach Maßgabe und im Rahmen der einfachgesetzlichen Ausgestaltung**.²⁴

> **JURIQ-Klausurtipp**
>
> Aus diesem Grund dürfen Sie im Rahmen der Klagebefugnis gemäß § 42 Abs. 2 VwGO, z.B. bei einer Klage auf Erteilung einer Baugenehmigung, nicht auf Art. 14 Abs. 1 GG abstellen. Im Baurecht kann sich die Klagebefugnis grundsätzlich immer nur aus einfachgesetzlichen Vorschriften ergeben (s. auch Rn. 663).

II. Kommunale Selbstverwaltungsgarantie, Art. 28 Abs. 2 S. 1 GG

Im Bereich der kommunalen Bauleitplanung ist **Art. 28 Abs. 2 S. 1 GG** von Bedeutung. Das **Recht der örtlichen Bauleitplanung** ist den Gemeinden durch die kommunale Selbstverwaltungs**garantie** verfassungsrechtlich garantiert. Nach dem Wortlaut des Art. 28 Abs. 2 S. 1 GG wird den Gemeinden das Recht gewährleistet, **alle Angelegenheiten der örtlichen Gemeinschaft in eigener Verantwortung** zu regeln. Hiermit wird das Prinzip der **Allzuständigkeit** für die Aufgaben der örtlichen Gemeinschaft normiert, ohne dass es hierfür einer besonderen Aufgabenzuweisung bedarf (sog. **Verbandskompetenz**).²⁷ Die zentrale Norm dieser Ausprägung ist § 2 Abs. 1 S. 1 BauGB, wonach die Gemeinden die Bauleitpläne (vgl. § 1 Abs. 2 BauGB) **in eigener Verantwortung** aufzustellen haben.

> **Aufgaben der örtlichen Gemeinschaft** sind alle Bedürfnisse und Interessen, die in der örtlichen Gemeinschaft wurzeln oder auf sie einen spezifischen Bezug haben.²⁸

---

24 *Brenner* Öffentliches Baurecht Rn. 46.
25 *BVerfGE* 31, 241.
26 Maunz/Dürig-*Papier* GG Art. 14 Rn. 57.
27 S. *Müller* Kommunalrecht Baden-Württemberg Rn. 20.
28 *BVerfGE* 79, 127.

Die Angelegenheiten der örtlichen Gemeinschaft lassen sich nicht abschließend festlegen. Die typischen Aufgaben der Gemeinden können jedoch unter den **Gemeindehoheiten** zusammengefasst werden. Eine dieser Gemeindehoheiten ist die **Planungshoheit**.[29] Diese gewährleistet den Gemeinden alle auf ihrem Gemeindegebiet anfallenden örtlichen Planungsaufgaben eigenverantwortlich im Rahmen ihrer Zuständigkeit wahrzunehmen.[30]

> **Hinweis**
>
> Einschränkungen der gemeindlichen Planungshoheit ergeben sich aus den §§ 203 ff. BauGB. Diese Vorschriften haben jedoch eine nur sehr geringe Prüfungsrelevanz, so dass auf diese nicht eingegangen wird.
>
> Wegen des Spannungsverhältnisses zwischen der Planungshoheit der Gemeinde gemäß Art. 28 Abs. 2 S. 1 GG einerseits und der Baufreiheit gemäß Art. 14 Abs. 1 GG sowie der Rechtsschutzgarantie des Bauherrn gemäß Art. 19 Abs. 4 GG andererseits, sind Abwägungsentscheidungen im Rahmen des Abwägungsgebotes des § 1 Abs. 7 BauGB auf Fehler im Abwägungsergebnis nur eingeschränkt gerichtlich überprüfbar (s.u. Rn. 146 ff., 199).

III. Gesetzgebungskompetenzen

Gesetzgebungskompetenzen im Bereich des öffentlichen Baurechts	
Bund	**Länder**
• Bauplanungsrecht: Gesetzgebungskompetenz gem. Art. 74 Abs. 1 Nr. 18 GG	• Bauordnungsrecht: Gesetzgebungskompetenz gem. Art. 70 Abs. 1, 30 Abs. 1 GG
• Raumordnungsrecht: Gesetzgebungskompetenz gem. Art. 74 Abs. 1 Nr. 30 GG	• Raumordnungsrecht im Übrigen: (Landesplanung) Gesetzgebungskompetenz gem. Art. 70 Abs. 1, 30 Abs. 1 GG

24 Seit dem von Rechtsprechung und Literatur grundsätzlich akzeptierten Baurechtsgutachten des Bundesverfassungsgerichts[31] wird die Zuständigkeit des **Bundesgesetzgebers** im Hinblick auf das **Bauplanungs- bzw. Städtebaurecht** als grundsätzlich geklärt angesehen. Einschlägig ist **Art. 74 Abs. 1 Nr. 18 GG** als Titel der konkurrierenden Gesetzgebungskompetenz des Bundes.

> Unter **Bodenrecht** sind sämtliche nicht privatrechtlichen Regelungen zu verstehen, nach denen sich die rechtlichen Beziehungen des Menschen zu Grund und Boden bestimmen.[32]

---

29 *Müller* Kommunalrecht Baden-Württemberg Rn. 26. Vgl. zu den Rechtsschutzmöglichkeiten im Falle einer Beeinträchtigung der Planungshoheit *Brenner* Öffentliches Baurecht Rn. 170.
30 *Müller* Kommunalrecht Baden-Württemberg Rn. 26.
31 *BVerfGE* 3, 407.
32 Ob es darüber hinaus eines vom *BVerfG* geforderten Unmittelbarkeitskriteriums bedarf ist str. Hiergegen Tettinger/Erbguth/Mann-*Erbguth* Besonderes Verwaltungsrecht § 24 Rn. 807.

Der Bund ist zuständig für die städtebauliche Planung, die Um- bzw. Zusammenlegung von Grundstücken, die Bodenbewertung, die Erschließung von Grundstücken sowie für den Bodenverkehr.[33]

Die **Landesgesetzgeber** sind daher nach dem Grundsatz der Länderzuständigkeit gemäß Art. 30, 70 Abs. 1 GG, wobei Art. 70 Abs. 1 GG im Verhältnis zu Art. 30 GG lex specialis ist,[34] zunächst für das **Bauordnungsrecht**, d.h. das Bodenrecht, das auf die Sicherheit und Gestaltung der Einzelanlage bezogen ist, sowie für das überörtliche und nicht bodennutzungsorientierte Raumordnungs- und Landesplanungsrecht zuständig. **25**

D. Der vom Baurecht geschützte Personenkreis

Der Frage, wer sich auf den durch baurechtliche Normen vermittelten Schutz berufen kann, kommt große Bedeutung zu. Relevant wird sie bei der Beurteilung, ob bei **Dritten**, also nicht dem Bauherrn, die **Antragsbefugnis** gemäß § 47 Abs. 2 VwGO (s.u. Rn. 578 ff.) bzw. gemäß § 42 Abs. 2 VwGO analog (s.u. Rn. 681) oder die **Klagebefugnis** gemäß § 42 Abs. 2 VwGO (s. Rn. 630) gegeben ist. Bezeichnet wird hierdurch der **Begriff des Nachbarn in persönlicher Hinsicht**. **26**

I. Eigentümer und ihnen gleichgestellte dinglich Berechtigte

Geschützt in diesem Sinn sind **Eigentümer**,[35] auch solche i.S.d. § 1 Abs. 2 WEG.[36] Baurechtlicher Nachbarschutz beruht auf dem Gedanken der **Grundstücksbezogenheit**. Aufgabe des Baurechts ist es, die einzelnen Grundstücke einer auch im Verhältnis untereinander verträglichen Nutzung zuzuführen. Es besteht ein **wechselseitiges Austauschverhältnisses der Grundstückseigentümer**. Weil und soweit der Eigentümer eines Grundstücks in dessen Ausnutzung öffentlich-rechtlichen Beschränkungen unterworfen ist, kann er deren Beachtung grundsätzlich auch im Verhältnis zu Grundstücksnachbarn durchsetzen. Es besteht eine **bodenrechtliche Schicksalsgemeinschaft**. **27**

Dem Eigentümer gleichgestellt ist, wer **in eigentumsähnlicher Weise** an einem Grundstück **dinglich berechtigt** ist.[35] Hier zählt der Inhaber eines **Erbbaurechts**, der **Nießbraucher** und der **Käufer** eines Grundstücks, auf den der Besitz sowie Nutzungen und Lasten übergegangen sind und zu dessen Gunsten eine **Auflassungsvormerkung** in das Grundbuch eingetragen ist.[35] **28**

II. Obligatorisch Berechtigte

Die Frage, ob lediglich **obligatorisch Berechtigte**, wie z.B. **Mieter oder Pächter**, in personeller Hinsicht vom Baurecht geschützt sind, wird uneinheitlich beantwortet. **29**

---

33 Tettinger/Erbguth/Mann-*Erbguth* Besonderes Verwaltungsrecht § 24 Rn. 807.
34 S. zum Grundsatz der Länderzuständigkeit vgl. *Peucker* Staatsorganisationsrecht Rn. 193.
35 *BVerwG* NJW 1989, 2766, 2767 m.w.N.
36 *Bayerischer VGH* BayVBl 2004, 664.

30 **Teilweise** wird dies bejaht und davon ausgegangen, dass auch obligatorisch Berechtigte durch das Baurecht geschützt werden.[37]

Hierfür spreche, dass das **Bundesverfassungsgericht**[38] das **Besitzrecht** eines Mieters an der gemieteten Wohnung **als Eigentum** i.S.d. Art. 14 Abs. 1 S. 1 GG angesehen habe. Daher besitze ein obligatorisch Berechtigter nicht nur abgeleitete, sondern **eigene Rechte** und sei daher **einem Eigentümer gleichzustellen**.[39] Der Wortlaut der Vorschriften des BauGB stünde dem nicht entgegen. Insbesondere werde in § 1 Abs. 6 Nr. 1 und Nr. 2 deutlich, dass gesunde Wohnverhältnisse und Bedürfnisse zu den Grundsätzen des Bauplanungsrechts zählten.[40]

Dies ergebe sich auch aus **einfachgesetzlichen Vorschriften**, etwa nach dem BImSchG und dem GastG.[39] Dort sei der Begriff der schädlichen Umwelteinwirkungen drittschützend. Da schädliche Umwelteinwirkungen häufig erst die Konsequenzen einer Baugenehmigung seien, müsse der obligatorisch Berechtigte im Rahmen des baurechtlichen Nachbarschutzes schon in diesem Stadium Klagerechte aufgrund einfachgesetzlicher Normen besitzen.[39] Obligatorisch Berechtigte treffe eine bauliche Veränderung auf dem Nachbargrundstück weiterhin häufig intensiver als den Eigentümer.

31 **Herrschend** wird dies verneint.[41] Lediglich obligatorisch Berechtigte seien nicht geschützt.

Hierfür wird angeführt, dass das Baurecht **grundstücks- und nicht personenbezogen** sei. Es werden die oben dargestellten Argumente (Rn. 27) vorgebracht.

Ein lediglich obligatorisch Berechtigter müsse hingegen seine Rechtsposition **gegenüber dem Eigentümer geltend machen**.[42] Könnte ein Mieter oder Pächter eine Verletzung bauplanungsrechtlicher Vorschriften gegenüber Dritten selbständig beispielsweise auch dann geltend machen, wenn der Eigentümer dies nicht will, so würde er damit in den Interessenausgleich der unmittelbar berechtigten Grundstückseigentümer einwirken.

In das Miet- bzw. Pachtrecht werde ebenso wenig eingegriffen, wie in das aus dem Miet- oder Pachtverhältnis folgende Besitzrecht.[43]

Es bestehe auch deshalb **kein Bedürfnis** für den baurechtlichen Schutz von obligatorisch Berechtigten, weil diese Gefährdungen von Leben und Gesundheit gestützt auf ihr Grundrecht aus Art. 2 Abs. 2 GG mit einer Nachbarklage abwehren können.[42]

Die **Rechtsprechung** des **Bundesverfassungsgericht**s stehe dem **nicht entgegen**, da in der von der a.A. herangezogenen Entscheidung nur auf die enteignungsrechtlichen Vorwirkung, die der Planfeststellungsbeschluss auch hinsichtlich dieses obligatorischen Rechts am Grundstück entfaltet, abgestellt werde.[43]

---

37 *Determann* UPR 1995, 215; *Thews* NVwZ 1995, 224.
38 BVerfGE 89, 1.
39 *Determann* UPR 1995, 215.
40 *V. Mutius* GS Sonnenschein, 69, 95
41 BVerwG NVwZ 1998, 956; *Muckel* JuS 2000, 132, 137; *Ortloff* NVwZ 1999, 955,.
42 BVerwG NJW 1989, 2766 m.w.N.
43 BVerwG NVwZ 1998, 956.

Der Begriff des (baurechtlichen) Bestandsschutzes

> **JURIQ-Klausurtipp**
>
> Sollte in dem von Ihnen zu bearbeitenden Fall ein Mieter oder Pächter involviert sein, so müssen sie dieses Problem darstellen.

E. Bestandsschutz

> **Hinweis**
>
> Fragen des Bestandsschutzes haben insbesondere bei der Beurteilung der baurechtlichen Zulässigkeit von Vorhaben im Außenbereich Bedeutung (Rn. 381 ff.). Bestandsschutz wird jedoch auch im Bereich der präventiven (s. Rn. 419 ff.) und der repressiven Bauüberwachung (s. Rn. 437 ff.) relevant.

I. Der Begriff des (baurechtlichen) Bestandsschutzes

Wegen der **Eigentumsfreiheit** des Art. 14 Abs. 1 GG kommt dem Bauherren nicht nur die Baufreiheit (s. Rn. 20), sondern als deren weiterer Bestandteil auch der Bestandsschutz zu.

In **allgemeiner Hinsicht** wird unter **Bestandsschutz** die Frage angesprochen, ob und unter welchen Voraussetzungen eine bestimmte vorteilhafte Rechtsposition auch in Zukunft aufrechterhalten bleiben kann, obwohl sich die äußeren Umstände verändert haben.[44] Das Institut des Bestandsschutzes zielt also darauf ab, etwas **tatsächlich Vorhandenes** gegen Eingriffe zu schützen.[45] Dieser Schutz kommt bestehenden Rechten bzw. sonstigen Positionen zu. Eingriffe können auch in den Anforderungen veränderter öffentlich-rechtlicher Normen liegen.[46] Wegen des Schutzes durch den Bestandsschutz soll der vorhandene Bestand nicht nur erhalten, sondern auch weiterhin genutzt werden dürfen.[47]

> **Hinweis**
>
> Die **Reichweite** des Bestandschutzes kann in den einzelnen Rechtsgebieten vom Gesetzgeber unterschiedlich ausgestaltet sein. So gelten z.B. im Immissionsrecht u.a. wegen der dynamischen Betreiberpflichten nach § 5 Abs. 1 BImSchG[48] andere Bestandsschutzregeln als im Baurecht. Maßgeblich für die gesetzliche Ausgestaltung des Bestandsschutzes ist zum einen die Schutzwürdigkeit des Bestandes und zum anderen die Schutzwürdigkeit des vom Bestandsschutz Betroffenen.[49]

---

[44] *Brenner* Öffentliches Baurecht Rn. 691.
[45] *BVerwGE* 36, 296, 300; *BVerwGE* 42, 8, 13.
[46] *Brenner* Öffentliches Baurecht Rn. 691 m.w.N.
[47] *Brenner* Öffentliches Baurecht Rn. 692.
[48] Zum immissionsschutzrechtlichen Bestandsschutz vgl. *Schmidt/Kahl/Gärditz* Umweltrecht § 7 Rn. 115 ff.
[49] *Brenner* Öffentliches Baurecht Rn. 701.

34 Der **baurechtliche Bestandsschutz** umfasst grundsätzlich das Recht, dass eine bauliche Anlage, die seinerzeit formell und bzw. oder materiell rechtmäßig errichtet worden ist, erhalten und weiter genutzt werden darf. Dies gilt auch dann, wenn die Anlage wegen einer Änderung der Rechtslage nicht mehr neu errichtet werden dürfte.[50] Die Anlage ist aufgrund des Bestandsschutzes hierdurch vor bauaufsichtlichen Maßnahmen (s.u. Rn. 510 ff.) geschützt, die wegen einer Änderung der Rechtslage ergehen dürften. Baurechtlicher Bestandsschutz ist gegeben, wenn und weil eine **schutzwürdige und materiell legale Eigentumsausübung** vorliegt.[51]

II. Die zwei Arten des baurechtlichen Bestandsschutzes

35 Es existieren **zwei Arten** des baurechtlichen Bestandsschutzes, der **aktive und der passive** Bestandsschutz.[52]

1. Passiver Bestandsschutz

36 Die **passive**, d.h. **abwehrende, Funktion** besteht darin, dass das Recht gewährt wird, den vorhandenen baulichen Bestand in seiner geschützten Form ungestört nutzten zu können.[53] Passiver Bestandsschutz ist primär ein **Bestandsnutzungsschutz**.[54] Dies bedeutet, dass das bereits Vorhandene geschützt wird. Bauaufsichtliche Maßnahmen dürfen daher nicht ergehen. Ein Anspruch auf Genehmigung einer vormals materiell legalen Anlage besteht ebenso wenig, wie ein Anspruch auf Änderung einer ausgeübten Nutzung bzw. auf eine Erweiterung oder einen Ersatzbau.

2. Aktiver Bestandsschutz

37 Durch den **aktiven Bestandsschutz** kann dem Eigentümer das Recht zukommen, eine vormals baurechtlich legale bauliche Anlage auch nach Eintritt der Änderung der Rechtslage in ihrer **Nutzung zu ändern**, sie zu **erweitern** bzw. einen **Ersatzbau** zu errichten.[55]

III. Grundlagen des Bestandsschutzes

38 Das Institut des Bestandsschutzes wurde ursprünglich vom Bundesverfassungsgericht aus der **Eigentumsgarantie** des Art. 14 Abs. 1 GG entwickelt.[56] Der Grund für die Entwicklung wurde darin gesehen, dass vom Eigentumsschutz maßgeblich der Bestandsschutz umfasst ist. Eine bauliche Anlage, die in der Vergangenheit dem materiellen Recht entsprach, genießt daher den Schutz durch Art. 14 Abs. 1 S. 1 GG, da sie nicht im Widerspruch zu der gesetzlichen Ausgestaltung von Inhalt und Schranken des Eigentums steht. Im Falle eines Entzugs dieser Rechtsposition sei dann eine Enteignung oder zumindest ein unverhältnismäßiger Eingriff in die Eigentumsfreiheit gegeben.

---

50 *BVerwGE* 47, 126, 128.
51 BVerwGE 36, 296, 300; *BVerwGE* 42 8, 13; *BVerwGE* 47, 126, 128.
52 *Brenner* Öffentliches Baurecht Rn. 651.
53 *BVerwGE* 25, 161, 162.
54 *BVerwGE* 42, 30, 39; BVerwGE 60, 296, 300.
55 *Brenner* Öffentliches Baurecht Rn. 712.
56 *BVerfGE* 36, 296 (300); 42, 8 (13); 47, 126, (128).

Die Ableitung des Bestandsschutzes aus Art. 14 Abs. 1 GG wurde dann jedoch vom Bundesverwaltungsgericht **aufgegeben**, da sich der Schutzbereich der Eigentumsgarantie aus der Bestimmung des Inhalts und der Schranken ergibt, deren Ausgestaltung gemäß Art. 14 Abs. 1 S. 2 GG dem Gesetzgeber obliegt.[57] Dies hat zur Folge, dass **außerhalb bestehender gesetzlicher Regelungen kein Bestandsschutz** existiert.[58]

> **Hinweis**
>
> In den Konstellationen des aktiven Bestandsschutzes, in denen eine bauliche Anlange zum Zwecke einer Nutzungsänderung, Erweiterung oder eines Ersatzbaus einer Genehmigung bedürfen, ist ein Bestandsschutz unmittelbar aus Art. 14 Abs. 1 S. 1 GG abzulehnen.

IV. Voraussetzungen und Grenzen des passiven Bestandsschutzes

Erste Voraussetzung für den passiven baurechtlichen Bestandsschutz ist, dass eine **schutzwürdige und legale Eigentumsausübung** gegeben ist.[59]   39

Einigkeit herrscht bezüglich der Beurteilung, dass eine **formell legale**, d.h. genehmigte, Anlage **Bestandsschutz** ungeachtet ihrer materiellen Rechtmäßigkeit, d.h. ihrer materiellen Legalität, genießt, da die legalisierende Wirkung der Baugenehmigung fortwirkt, solange diese nicht aufgehoben wurde.[60]

Beachte die Wirkung

Uneinigkeit herrscht hingegen hinsichtlich der Beurteilung der Frage, ob einer **formell illegalen Anlage** wegen einer **zwischenzeitlich gegebenen materiellen Legalität**, d.h. der Übereinstimmung mit den materiell-baurechtlichen Vorschriften, Bestandsschutz zukommt. Da diese Frage im Rahmen der Prüfung von bauordnungsrechtlichen Eingriffsverfügung Bedeutung zukommt, wird sie dort dargestellt (s. Rn. 520 ff.).

Zum **Zweiten** gilt, dass der Bestandsschutz **beginnt**, wenn die Anlange im Wesentlichen fertig gestellt ist und **endet**, wenn die Anlage nicht mehr oder nur noch aus nicht mehr nutzbaren Teilen besteht.[61]

Die **erste Grenze** des passiven Bestandsschutzes besteht darin, dass noch eine **schutzwürdige Substanz bzw. deren Nutzung** gegeben sein muss. Sollten Anlangen verfallen sein, ist kein passiver Bestandsschutz mehr gegeben.

Eine **zweite Grenze** ist erreicht, wenn eine **endgültige Nutzungsaufgabe** vorliegt.   40

Die Frage, wann eine endgültige Nutzungsaufgabe gegeben ist, wird uneinheitlich beantwortet.

Da § 62 LBO nur die Errichtung eines Bauvorhabens betrifft kann diese Vorschrift keine Anwendung finden. Daher ist für die Geltungsdauer einer Baugenehmigung § 43 Abs. 2 LVwVfG maßgeblich, wonach ein Verwaltungsakt u.a. so lange wirksam bleibt, bis er sich auf sonstige Weise erledigt. Eine derartige Erledigung ist gegeben, wenn die bisherige Nutzung

---

57 *BVerwGE* 106, 228.
58 BVerwGE 106, 228; a.A. *Sieckmann* NVwZ 1997, 853.
59 *Brenner* Öffentliches Baurecht Rn. 644.
60 Vgl. Brenner Öffentliches Baurecht Rn. 709, 704.
61 *Brenner* Öffentliches Baurecht Rn. 711.

völlig aufgegeben wurde und eine neue Nutzung aufgenommen wird.[62] Wird hingegen lediglich eine bisherige Nutzung, ohne dass eine neue andersartige Nutzung aufgenommen wird, beendet, so muss dem Eigentümer eine gewisse Überlegungszeit eingeräumt werden,[63] weil es in derartigen Konstellationen noch offen ist, ob die bisherige Nutzung wieder aufgenommen wird oder aber eine andere Nutzung erfolgen soll.[64]

Das **Bundesverwaltungsgericht** stellte früher[65] auf das im Rahmen des § 35 Abs. 4 S. 1 Nr. 3 BauGB entwickelte **Zeitmodell** (s. hierzu Rn. 387) ab und vertrat, dass der durch die Baugenehmigung vermittelte Bestandsschutz entfalle, wenn ein Gebäude mehr als zwei Jahren nicht genutzt wird.[66] Anwendung fand das Zeitmodell (s. Rn. 387).

Überwiegend wird eine Anwendung des **Zeitmodells abgelehnt**.[67] Hierfür wird angeführt, dass das im Baurecht keine Rechtspflicht zur entsprechenden Nutzung eines genehmigten Baubestandes bestehe.[68] Daher könne allein aufgrund einer – auch länger andauernden – Nutzungsunterbrechung nicht davon ausgegangen werden, dass das Gebäude mit der ihm zugedachten (Nutzungs-)Funktion nicht mehr bestehe und das Regelungsobjekt der Baugenehmigung weggefallen sei.[69] Ferner beziehe sich das Zeitmodell auf den materiell-rechtlichen Bestandsschutz, der von der verfahrensrechtlichen Frage, wie lange eine Baugenehmigung nach Aufgabe der genehmigten Nutzung wirksam bleibt zu unterscheiden sei.[63]

Daher wird **teilweise** auf die landesrechtlichen Regelungen abgestellt.[70] Hiergegen spricht jedoch, dass die Geltungsdauer einer Baugenehmigung bei einer Unterbrechung der Bauarbeiten nach § 62 Abs. 1 LBO auf ein Jahr reduziert wurde.[63] Der **VGH Baden-Württemberg** stellt auf die Umstände des Einzelfalls ab und fordert die **unzweifelhafte und unmissverständliche Erklärung des Verzichtswillens**.[71] Hiergegen wird jedoch eingewandt, dass dies zu einer Rechtsunsicherheit führe.[63]

V. Voraussetzungen und rechtliche Zulässigkeit des aktiven Bestandsschutzes

41 Der aktive Bestandsschutz eröffnet, im Gegensatz zum passiven Bestandsschutz, der darauf abzielt Eingriffe in einen vorhandenen Bestand abzuwehren, die Möglichkeit der **Veränderung und Erweiterung** des vorhandenen Bestandes.[72] Der aktive Bestandsschutz kann daher als **Anspruchsgrundlage** für die Genehmigung baulicher Anlagen dienen.

Es ist zwischen dem **einfach-aktiven** und dem **qualifiziert-aktiven** Bestandsschutz zu unterscheiden.

---

62 *VGH Baden-Württemberg* VBlBW 2010, 111.
63 *Dürr* Baurecht Baden-Württemberg Rn. 259.
64 *BVerwG* NVwZ 1988, 569.
65 In *BVerwG* NVwZ 1998 735 nahm das BVerwG hiervon Abstand.
66 *BVerwGE* 98 235.
67 *VGH Baden-Württemberg* BauR 2009, 1881; a.A. *VGH Baden-Württemberg* BauR 2003, 1539; *Niedersächsisches OVG* NVwZ-RR 2009, 910; *Mager* JA 2010, 79, 80; *Uechtriz* DVBl 1997, 347; *Schmaltz* DVBl 2000, 828; *Uschkereit* BauR 2010, 718.
68 *VGH Baden-Württemberg* BauR 2009, 1881.
69 *Thüringer OVG* NVwZ-RR 2000, 578.
70 *Niedersächsisches OVG* NVwZ-RR 2009, 910 stellt auf § 77 NBauO ab.
71 S. vertiefend *VGH Baden-Württemberg* BauR 2009, 1881.
72 *Brenner* Öffentliches Baurecht Rn. 713.

1. Einfach-aktiver Bestandsschutz

Der einfach-aktive Bestandsschutz umfasst **Erhaltungsmaßnahmen** in Form von **Instandsetzungs-, Instandhaltungs-, Reparatur- und Unterhaltungsmaßnahmen**.[73] Der Eigentümer wird in die Lage versetzt, an einer rechtmäßig errichteten Anlage die zur Erhaltung und zeitgemäßen Nutzung notwendigen Maßnahmen durchzuführen.[74] Erfasst sind daher auch **Modernisierungsarbeiten**, die aufgrund des modernen Wohnungsbaus und der gewandelten Lebensgewohnheiten notwendig erscheinen.[73]

42

Beispiel Eine zulässige Modernisierungsmaßnahme stellt der Bau von Stellplätzen und Garagen für Kraftfahrzeuge dar.

Ein einfach-aktiver Bestandsschutz ist jedoch nur dann gegeben, wenn die Maßnahmen **bestandserhaltender Art** sind.[73]

Beispiele Folgende Maßnahmen sind nicht mehr bestandserhaltender Art:
- Der Umfang der Maßnahme kommt einem Neubau gleich oder ist noch umfänglicher[75]
- Ein Umbau der eine statische Neuberechnung erfordert[76]

Weiterhin muss die **Identität** des wiederhergestellten mit dem ursprünglichen Bauwerk gegeben sein.[77] Dies bedeutet, dass Standort, Bauvolumen und Zweckrichtung nicht geändert werden dürfen.

2. Qualifiziert-aktiver Bestandsschutz

Der qualifiziert-aktive Bestandsschutz umfasst Maßnahmen, die nicht mehr nur bestandserhaltend, sondern vielmehr **bestandserweiternd** sind.[78] Umfasst ist auch der Ersatzbau für ein zuvor zerstörtes Gebäude.

43

> **Hinweis**
>
> Ist eine einfach gesetzliche Regelung nicht gegeben, so ist ein qualifiziert-aktiver Bestandsschutz, da er nicht mehr unmittelbar aus Art. 14 Abs. 1 GG hergeleitet wird, ausgeschlossen.[79]

》 Lesen Sie § 35 Abs. 4 BauGB. 《

Daher besteht ein verfassungsunmittelbarer Bestandsschutz in Form des **Instituts der verfassungskräftig verfestigten Anspruchsposition**, der darauf gerichtet war, die Wieder- oder Neuerrichtung baulicher Anlagen zu ermöglichen, die nach geltendem Recht unzulässig sind,[80] nicht mehr.[81] Ebenso wenig existiert ein **erweiterter Bestandsschutz**, der die Neuerrichtung einer baulichen Anlage ermöglichte, wenn diese nur nach Durchführung der Maßnahme bestimmungsgemäß weitergenutzt werden konnte.[82]

44

---

[73] *Brenner* Öffentliches Baurecht Rn. 713.
[74] *BVerwGE* 36, 296, 300.
[75] *BVerwG* ZfBR 1981, 90, 91.
[76] Vgl. *Schröer* NZBau 2008, 105, 106.
[77] *Brenner* Öffentliches Baurecht Rn. 715.
[78] *Brenner* Öffentliches Baurecht Rn. 716.
[79] *Brenner* Öffentliches Baurecht Rn. 721; a.A. *Dürr* VBlBW 2000, 457.
[80] So noch *BVerwGE* 26, 111, 116 ff; *BVerwGE* 47, 126, 130 f.
[81] Klarstellend *BVerwGE* 85, 289, 294.
[82] Vgl. *Brenner* Öffentliches Baurecht Rn. 700 m.w.N.

Der Gesetzgeber hat für den nicht beplanten Außenbereich in § 35 Abs. 4 BauGB eine derartige einfachgesetzliche Regelung (s. hierzu Rn. 381 ff.) getroffen.

F. Einfach-gesetzliche Rechtsquellen

45 Als Konsequenz der Verteilung der Gesetzgebungskompetenzen besteht das öffentliche Baurecht aus folgenden einfach-gesetzlichen Rechtsquellen:

I. Das Raumordnungsgesetz (ROG)

46 Mit dem Raumordnungsgesetz (ROG) hat der Bund bundesweit geltende Leitvorstellungen und die Grundsätze der Raumordnung normiert. Hierin werden die Rechtswirkungen bestimmter planerischer Aussagen mit unmittelbarer Geltung festgelegt und Bestimmungen zur Raumordnung im Bund getroffen.

II. Das Baugesetzbuch (BauGB)

47 Das Baugesetzbuch (BauGB) hat aufgrund europarechtlicher Vorgaben (Gesetz zur Anpassung des Baugesetzbuches an EU-Richtlinien vom 24.6.2004 - Europarechtsanpassungsgesetzes Bau – EAG Bau[83]), durch das Gesetz zur Erleichterung von Planungsvorhaben für die Innenentwicklung der Städte vom 21.12.2006[84] und wegen der im Jahre 2011 beschlossenen Energiewende (Gesetz zur Förderung des Klimaschutzes bei der Entwicklung in Städten und Gemeinden vom 22.7.2011)[85] in den letzten Jahren Änderungen erfahren.

48 Das BauGB stellt das **zentrale Instrument des Städtebaurechts** dar.[86] Im BauGB sind das allgemeine und das besondere Städtebaurecht normiert. Hierdurch werden, wenn auch mit unterschiedlicher Zielrichtung, städtebauliche Ziele verfolgt.[87]

49 Das **allgemeine Städtebaurecht** (§§ 1–135c BauGB) normiert die Bauleitung. Deren Aufgabe besteht gemäß § 1 Abs. 1 BauGB darin, die bauliche und sonstige Nutzung von Grundstücken vorzubereiten und zu lenken. Die Bauleitplanung ist grundsätzlich zweistufig konzipiert (s.u. Rn. 57 ff.).

50 Das **besondere Städtebaurecht** (§§ 136–191 BauGB) enthält als lex specialis zum allgemeinen Städtebaurecht vorrangig zu prüfende Regelungen, die der Lösung besonderer Problemlagen dienen sollen und insbesondere die städtebauliche Sanierung und Entwicklung, den Stadtumbau, Maßnahmen der sozialen Stadt sowie die Städtebauförderung und -erhaltung regeln.

---

83 BGBl I S. 1359.
84 BGBl I S. 3316.
85 BGBl I S. 1509.
86 Krautzberger/Battis/Löhr-*Battis* BauGB § 1 Rn. 1.
87 *Stollmann* Öffentliches Baurecht § 3 Rn. 2.

> **Hinweis**
>
> Das besondere Städtebaurecht ist kaum prüfungsrelevant.

III. Die Landesbauordnung (LBO)

Die Landesbauordnung regelt ein bauliches Vorhaben in bauordnungsrechtlicher Hinsicht. Da das Bauordnungsrecht in die Gesetzgebungskompetenz der Länder fällt (s.o. Rn. 25) kann es grundsätzlich von Bundesland zu Bundesland unterschiedliche Regelungen enthalten. Die Bauordnungen der Länder orientieren sich mehr oder weniger an der erstmals im Jahre 1960 von der Arbeitsgemeinschaft der Bauminister der Länder (ARGEBAU) ausgearbeiteten **Musterbauordnung** (MBO),[88] die zuletzt am 8.11.2002 überarbeitet und am 21.9.2012 geändert wurde. Die MBO soll als rechtlich unverbindliche Leitlinie dem Landesgesetzgeber als Orientierungshilfe und zur Wahrung der Rechtseinheit im Bauordnungsrecht dienen.

51

---

[88] Abrufbar unter http://www.is-argebau.de dort unter „Mustervorschriften und Mustererlasse" – „Bauaufsicht/Bautechnik".

3. Teil
Kommunale Bauleitplanung

A. Überblick

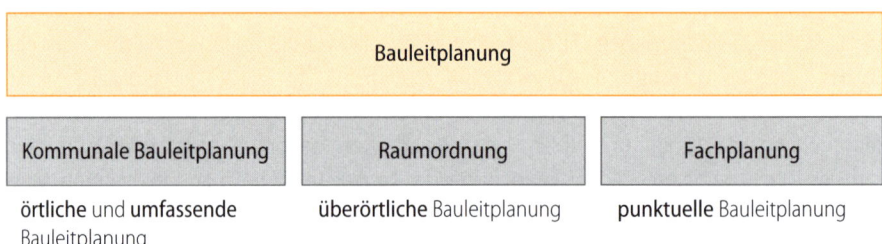

I. Kommunale Bauleitplanung

52 Die kommunale Bauleitplanung ist eine **örtliche Planung**, die die **Nutzung der Grundstücke in einem Gemeindegebiet** zum Gegenstand hat. Sie dient der Vorordnung der örtlichen Bodennutzung durch die Gemeinden.[1] Dies kommt in § 1 Abs. 1 BauGB zum Ausdruck, wonach es **Aufgabe der Bauleitplanung** ist, die bauliche und sonstige Nutzung der Grundstücke in der Gemeinde nach Maßgabe dieses Gesetzbuchs vorzubereiten und zu leiten. Träger der kommunalen Bauleitplanung sind die **Gemeinden**, vgl. §§ 1 Abs. 3 S. 1, 2 Abs. 1 S. 1 BauGB. Sie haben die Planungshoheit als Bestandteil der kommunalen Selbstverwaltungsgarantie gem. Art. 28 Abs. 2 S. 1 GG inne (s.o. Rn. 29). Die Gemeinde besitzt die Planungshoheit nur für **ihr Gemeindegebiet**.

Die Wahrnehmung der Aufgabe der Bauleitplanung erfolgt durch **Bauleitpläne**, vgl. § 1 Abs. 2 BauGB (s.u. Rn. 55 ff.).

> **Hinweis**
>
> Aus § 1 Abs. 3 S. 2 BauGB ergibt sich, dass ein Einzelner **kein subjektives öffentliches Recht auf Durchführung der Bauleitplanung** hat. Die Durchführung der Bauleitplanung kann nur im Wege der Kommunalaufsicht durchgesetzt werden. Ein Anspruch des Einzelnen auf Einschreiten der Kommunalaufsicht besteht jedoch nicht, da die Kommunalaufsicht[2] nur dem öffentlichen Interesse, nämlich dem Grundsatz der Gesetzmäßigkeit der Verwaltung, dient.

II. Abgrenzung zur Raumordnung und zur Fachplanung

53 Wegen ihrer räumlichen Beschränkung auf das Gemeindegebiet unterscheidet sich die kommunale Bauleitplanung von der **Raumordnung**. Gegenstand der Raumordnung ist die überörtliche Planung und Ordnung des Gesamtraums der Bundesrepublik Deutschland und sei-

---

[1] Ennuschat/Ibler/Remmert-*Remmert* Öffentliches Recht in Baden-Württemberg § 3 Rn. 29.
[2] Dies gilt grundsätzlich für alle Aufsichtsformen; selbst der Aufsicht der Europäischen Kommission nach Art. 258 AEUV kommt kein Drittschutz zu, vgl. *Kenntner* Öffentliches Recht in Baden-Württemberg Rn. 327.

ner Teilräume, vgl. § 1 Abs. 1 ROG. Auf Bundesebene wird dies durch das ROG und auf Länderebene in Umsetzung des ROG insbesondere durch die Landesplanungsgesetze geregelt.[3] Durch die Raumordnung wird grundsätzlich nur die Exekutive gebunden. Gleichwohl stehen sich Raumordnung und kommunale Bauleitplanung nicht isoliert gegenüber, sondern sind miteinander verbunden, vgl. § 1 Abs. 4 BauGB.[4]

Wegen ihres Charakters als umfassende örtliche Planung unterscheidet sich die kommunale Bauleitplanung von der sog. **Fachplanung**. Diese beschränkt sich auf die **Planung einzelner sektoraler (raumbedeutsamer) Aufgaben- bzw. Problemfelder.** 54

Beispiele Planung von
- Bundesfernstraßen
- Energieversorgungsanlagen
- Wasser- oder Naturschutzgebieten

B. Bauleitpläne nach § 1 Abs. 2 BauGB

Die Aufgabe der kommunalen Bauleitplanung wird durch die rechtlichen Instrumente der Bauleitpläne erfüllt (s.o. Rn. 52). Gemäß § 1 Abs. 2 BauGB sind Bauleitpläne der **Flächennutzungsplan als vorbereitender Bauleitplan** und der **Bebauungsplan als verbindlicher Bauleitplan**. Der Begriff des **Bauleitplans** stellt also den **Oberbegriff** für den Flächennutzungs- und den Bebauungsplan dar. 55

Das Recht der Bauleitplanung (§§ 1 ff. BauGB) bezieht sich nur auf die einer Gemeinde zugeordneten Gebiete. Für sog. gemeindefreie Gebiete, d.h. Gebiete, die außerhalb des Gemeindegebietes liegen, gilt die gemeindebezogene Bauleitplanung nicht.[5]

Beispiele Ein gemeindefreies Gebiet ist z.B. bei einem Truppenübungsplatz und bei bestimmten Wasserflächen gegeben.

» Gemeindefreie Gebiete werden Ihnen in Klausuren regelmäßig nicht begegnen. «

I. Die Funktionen der kommunalen Bauleitplanung

Die kommunale Bauleitplanung ist im Hinblick auf § 1 Abs. 1 BauGB funktional auf das dem Städtebaurecht zugrunde liegende **Entwicklungs- und Ordnungsprinzip** ausgerichtet.[6] Die Funktionen sind im Einzelnen: 56
- Die Entwicklungs- und Ordnungsfunktion, durch die eine geordnete, nachhaltige (vgl. § 1 Abs. 5 BauGB) städtebauliche Entwicklung gewährleistet werden soll.
- Die Koordinierungs- und Integrationsfunktion, die durch die Berücksichtigung sämtlicher für die städtebauliche Entwicklung relevanten Punkte erfolgen soll (vgl. § 1 Abs. 5–7 BauGB).
- Eine Inhalts- und Schrankenbestimmung des Grundeigentums gem. Art. 14 Abs. 1 S. 2 GG.
- Das Planmäßigkeitsprinzip, das eine primäre Steuerung der städtebaulichen Entwicklung durch Bauleitpläne bezweckt.[7]

---

[3] BwLPlG: *Dürig* Ordnungsziffer 46.
[4] Vgl. zum Zusammenwirken von Raum- und Bauleitplanung dargestellt am Beispiel von Windenergieanlagen *Kirste* DVBl 2005, 993 ff.
[5] *BVerfG* NVwZ 1996, 265 (266).
[6] Tettinger/Erbguth/Mann-*Erbguth*, Besonderes Verwaltungsrecht § 27 Rn. 889.
[7] Dieses Prinzip wird jedoch durch Planersatzvorschriften (§§ 34, 35 BauGB) abgeschwächt.

II. Das zweistufige System der Bauleitplanung

57 Grundsätzlich existiert im Rahmen der kommunalen Bauleitplanung ein **zweistufiges System**.[8] Nach § 1 Abs. 2 BauGB sind Bauleitpläne der Flächennutzungsplan als vorbereitender Bauleitplan und der Bebauungsplan als verbindlicher Bauleitplan. Diese beiden Pläne stehen in einem grundsätzlichen Stufenverhältnis:

Das zweistufige System der kommunalen Bauleitplanung

Erste Stufe: Flächennutzungsplan
- Vorbereitender Bauleitplan, vgl. § 1 Abs. 2 BauGB
- Hoheitliche Maßnahme eigener Art (= sui generis) ohne Rechtsnormcharakter
- Betrifft die Planung der Art der Bodennutzung im gesamten Gemeindegebiet
- Langfristige Planung in den Grundzügen mit Inhalt gem. § 5 BauGB

Zweite Stufe: Bebauungsplan
- Grundsätzlich: Entwicklungsgebot, § 8 Abs. 2 S. 1 BauGB
- Rechtsverbindliche Festsetzungen nach Maßgabe des § 9 BauGB für die städtebauliche Ordnung (vgl. § 8 Abs. 1 BauGB) für einzelne Teile des Gemeindegebietes (vgl. § 9 Abs. 7 BauGB)
- Erlass als Satzung, vgl. § 10 BauGB

---

1. Der Flächennutzungsplan

58 Die Gemeinde soll zunächst für das ganze Gemeindegebiet (vgl. § 5 BauGB) einen **Flächennutzungsplan als vorbereitenden Bauleitplan** i.S.d. § 1 Abs. 2 BauGB aufstellen.

Ein **Flächennutzungsplan** ist der umfassende, auf die Bodennutzung im Gemeindegebiet bezogene gemeindliche Entwicklungsplan.[9]

Im Gegensatz zum Bebauungsplan regelt der Flächennutzungsplan auf der ersten Stufe nur die **Grundzüge** der von der Gemeinde beabsichtigten Art der Bodennutzung.[10] Er enthält also anders als der Bebauungsplan gerade **keine konkreten Festsetzungen für einzelne Baugebiete** enthalten.

> **JURIQ-Klausurtipp**
>
> Der Flächennutzungsplan ist wegen § 5 Abs. 1 BauGB für das **gesamte Gemeindegebiet** aufzustellen. Eine nur teilweise Beplanung ist daher grundsätzlich unzulässig. Eine **Ausnahme** findet sich jedoch in § 5 Abs. 2b BauGB. Hiernach ist eine Aufstellung von sachlichen Teilflächennutzungsplänen bei der Darstellung von Konzentrationsflächen mit der Wirkung des § 35 Abs. 3 S. 3 BauGB möglich.

---

8 *Brenner* Öffentliches Baurecht Rn. 171.
9 *Brenner* Öffentliches Baurecht Rn. 201.
10 Tettinger/Erbguth/Mann-*Erbguth* Besonderes Verwaltungsrecht § 27 Rn. 891.

Das zweistufige System der Bauleitplanung 3 B II

Aus § 8 Abs. 2 S. 1 BauGB ergibt sich eine **zeitliche Priorität der Bauleitpläne**.[11] Zunächst soll ein Flächennutzungsplan erstellt und aus diesem dann der Bebauungsplan inhaltlich entwickelt werden (sog. **Entwicklungsgebot**, vgl. § 8 Abs. 2 S. 1 BauGB). Von diesem Gebot existieren Ausnahmen (s.u. Rn. 67 ff.). — 59

Aus dieser zeitlichen Priorität ergibt sich, dass ein Bebauungsplan **ganz oder teilweise unwirksam** ist, wenn ihm im Zeitpunkt seiner Festsetzung kein vorhandener Flächennutzungsplan zugrunde liegt. Eine spätere **Heilung** durch den nachträglichen Erlass eines Flächennutzungsplanes, der den Bebauungsplan rechtfertigen soll, kann nicht erfolgen.[11]

2. Der Bebauungsplan

Auf der regelmäßig gegebenen **zweiten Stufe** wird ein **rechtsverbindlicher Bauleitplan** i.S.d. § 1 Abs. 2 BauGB durch die Gemeinde aufgestellt. — 60

Der Bebauungsplan ist im Gegensatz zum Flächennutzungsplan **parzellenscharf**.[12] Dies bedeutet, dass er die für die einzelnen Grundstücke geltenden rechtsverbindlichen planerischen Darstellungen enthält. Geregelt werden die zur Bebauung vorgesehenen Flächen und typischerweise insbesondere die im Rahmen des Bebauungsplanes zulässige bauliche Nutzung im Hinblick auf deren Art und Maß.[12] Ein Bebauungsplan stellt daher Inhalts- und Schrankenbestimmungen i.S.d. Art. 14 Abs. 1 S. 2 GG dar. Dieser wird von der Gemeinde im Hinblick auf § 10 BauGB als Satzung erlassen und ist im Regelfall aus dem Flächennutzungsplan gemäß § 8 Abs. 2 S. 1 BauGB zu entwickeln (**Entwicklungsgebot**).

> **Hinweis**
>
> Durch die Rechtsform der Satzung ist eine verwaltungsgerichtliche Normenkontrolle gemäß § 47 Abs. 1 Nr. 1 VwGO von Bebauungsplänen vor dem Verwaltungsgerichtshof möglich (s. Rn. 569 ff.)

Der Bebauungsplan erfüllt die **Funktion**, dass die Gemeinde durch ihn die Bebauung der Grundstücke ordnen und lenken kann. Ohne die Existenz eines Bebauungsplanes ist eine Bebauung nur innerhalb der oftmals engeren Grenzen der §§ 34, 35 BauGB zulässig. — 61

3. Die Verfahren zur Entwicklung des Bebauungsplanes

Es bestehen insgesamt vier in Prüfungsarbeiten relevante[13] Verfahren zur Entwicklung eines Bebauungsplanes,[14] wobei drei davon einstufig erfolgen und somit Ausnahmen vom zweistufigen Konzept der Bauleitplanung darstellen. — 62

---

11 *Brenner* Öffentliches Baurecht Rn. 172.
12 *Brenner* Öffentliches Baurecht Rn. 173.
13 Zu diesen vier Verfahren tritt noch der vorzeitige Bebauungsplan bei Gebiets- oder Bestandsänderungen von Gemeinden oder anderen Veränderungen der Zuständigkeit für die Aufstellung von Flächennutzungsplänen (§ 8 Abs. 4 S. 2 BauGB) hinzu.
14 *Brenner* Öffentliches Baurecht Rn. 259 ff.

Eine **einstufige Bebauungsplanung** ist nur ausnahmsweise in den gesetzlich geregelten Fällen zulässig. Derartige Ausnahmen sind:

- selbständige Bebauungspläne, § 8 Abs. 2 S. 2 BauGB
- vorzeitig angezeigte und bekannt gemachte Bebauungspläne, § 8 Abs. 3 BauGB (Parallelverfahren) und
- vorzeitige Bebauungspläne, § 8 Abs. 4 BauGB

a) Der aus dem Flächennutzungsplan entwickelte Bebauungsplan, § 8 Abs. 2 S. 1 BauGB

63 Den **Regelfall** der Entwicklung eines Bebauungsplanes stellt der aus dem Flächennutzungsplan entwickelte Bebauungsplan gemäß § 8 Abs. 2 S. 1 BauGB dar.[15] Bei diesem Verfahren wird das **Entwicklungsgebot** erkennbar, d.h. der Bebauungsplan wird aus dem Flächennutzungsplan entwickelt. Hierdurch wird das grundsätzlich zweistufige System der Bauleitplanung umgesetzt. Bei diesem Verfahren kann die Gemeinde durch entweder engere oder weitere Darstellungen im Flächennutzungsplan ihre (planerische) Selbstbindung (s.u Rn. 82) enger oder weiter gestalten.[16]

64 **Abweichungen von den Darstellungen des Flächennutzungsplanes durch die Festsetzungen im Bebauungsplan** sind zulässig, wenn sie das Ergebnis des Übergangs von der vorbereitenden in die definitiv parzellenscharf festsetzende Planungsstufe darstellen und der Grundkonzeption des Flächennutzungsplanes nicht widersprechen.[17]

Beispiele Verstöße gegen das **Entwicklungsgebot** liegen in folgenden Fällen vor:
- Eine im Flächennutzungsplan dargestellte Grünfläche wird im Bebauungsplan als Baugebiet ausgewiesen.
- Eine im Flächennutzungsplan dargestellte landwirtschaftliche Grünfläche wird im Bebauungsplan als Standort für ein Hochhaus festgesetzt. ■

> **Hinweis**
>
> Aus einem unwirksamen Flächennutzungsplan kann kein wirksamer Bebauungsplan entwickelt werden.[18]

b) Das Parallelverfahren, § 8 Abs. 3 BauGB

65 Das Parallelverfahren ist in § 8 Abs. 3 S. 1 BauGB legal definiert. Danach kann mit der Aufstellung, Änderung, Ergänzung oder Aufhebung eines Bebauungsplanes gleichzeitig auch der Flächennutzungsplan aufgestellt, geändert oder ergänzt werden. Dieses Verfahren hat **keine besonderen Voraussetzungen**.[16] Es dient der **Beschleunigung** der Bebauungsplanung.

---

15 *Brenner* Öffentliches Baurecht Rn. 259.
16 *Brenner* Öffentliches Baurecht Rn. 260.
17 *OVG Rheinland-Pfalz* BauR 2004, 1264.
18 *Brenner* Öffentliches Baurecht Rn. 220.

Das zweistufige System der Bauleitplanung

Anwendung findet es in **zwei Konstellationen**: 66
1. Es ist noch kein Flächennutzungsplan vorhanden. In diesem Fall wird gleichzeitig mit dem Flächennutzungsplan der Bebauungsplan aufgestellt.
2. Es ist zwar ein Flächennutzungsplan vorhanden, mit diesem dürfen jedoch die im zukünftigen Bebauungsplan beabsichtigten Festsetzungen nicht getroffen werden, da sie den Darstellungen des vorhandenen Flächennutzungsplanes widersprechen würden. In diesem Fall wird der vorhandene Flächennutzungsplan entsprechend den Festsetzungen im (zukünftigen) Bebauungsplan angepasst.

c) Der vorzeitige Bebauungsplan, § 8 Abs. 4 BauGB

Der **vorzeitige Bebauungsplan** ist in § 8 Abs. 4 S. 1 BauGB legal definiert. Hiernach kann 67 ein Bebauungsplan aufgestellt, geändert, ergänzt oder aufgehoben werden, bevor der Flächennutzungsplan erstellt ist, wenn dringende Gründe dies erfordern und wenn der Bebauungsplan der beabsichtigten städtebaulichen Entwicklung des Gemeindegebietes nicht entgegenstehen wird.[19] Er kann im Gegensatz zum selbständigen Bebauungsplan (s.u. Rn. 70) aufgestellt werden, bevor der Flächennutzungsplan aufgestellt ist. Es darf jedoch kein rechtswirksamer Bebauungsplan vorliegen, wobei unerheblich ist, ob ein Bebauungsplan noch nicht aufgestellt worden ist oder ob dieser wegen Rechtsmängeln unwirksam ist oder unwirksam geworden ist.[20]

Der vorzeitige Bebauungsplan 68

Der vorzeitige Bebauungsplan hat also **drei Voraussetzungen**:
1. Kein rechtswirksamer Bebauungsplan
2. Dringende Gründe
3. Kein Entgegenstehen des Bebauungsplanes zur beabsichtigten städtebaulichen Entwicklung.

PRÜFUNGS-SCHEMA

Dringende Gründe sind gegeben, wenn nach den konkreten städtebaulichen Erfordernissen eine geordnete städtebauliche Entwicklung die Festsetzung eines Bebauungsplanes bereits vor In-Kraft-Treten des Flächennutzungsplanes erfordert.[21] Dies ist der Fall, wenn die städtebauliche Entwicklung durch das Warten auf den Flächennutzungsplan stärker gefährdet würde als durch einen vorzeitigen Bebauungsplan.[22]

Zur Ermittlung, ob der Bebauungsplan der beabsichtigten städtebaulichen Entwicklung nicht 69 entgegensteht, ist auf bereits vorhandene Vorstellungen in Bezug auf die Flächennutzung Rücksicht zu nehmen. Absichten und bloße Vorstellungen genügen hingegen jedoch nicht.[23]

---

19 *Brenner* Öffentliches Baurecht Rn. 262.
20 Battis/Kreutzberger/Löhr-*Mitschang* BauGB § 8 Rn. 11 m.w.N.
21 *Brenner* Öffentliches Baurecht Rn. 263.
22 *Brenner* Öffentliches Baurecht Rn. 267.
23 *Brenner* Öffentliches Baurecht Rn. 255

Beispiel
- Vorliegende gemeindliche Entwicklungsplanung
- Sonstige informelle Planung
- Vorliegender Entwurf eines Flächennutzungsplanes

d) Der selbständige Bebauungsplan, § 8 Abs. 2 S. 2 BauGB

70 Ein **Flächennutzungsplan** ist **nicht erforderlich**, wenn der **Bebauungsplan ausreicht**, um **die städtebauliche Entwicklung zu ordnen**, § 8 Abs. 2 S. 2 BauGB. Der selbständige Bebauungsplan beschränkt sich i.d.R. auf kleinere Gemeinden.

Kriterien zur Ermittlung, ob ein Flächennutzungsplan entbehrlich ist, sind:[24]
- Größe und Art der Gemeinde
- Größe des Planungsgebiets
- Art und Maß der baulichen Nutzung
- Bautätigkeit in der Gemeinde
- Grundzüge der Bodenordnung werden berührt oder nicht berührt
- Missverhältnis zwischen bebauter und unbebauter Fläche
- Auswirkungen auf andere Belange, wie z.B. Landschaft, Erholung und Infrastruktur

> **Hinweis**
> Die Bedeutung des selbständigen Bebauungsplans für Prüfungsarbeiten ist sehr gering.

III. Der Flächennutzungsplan

1. Funktionen

》 Lesen Sie § 5 BauGB. 《

71 Der **Flächennutzungsplan** hat gemäß § 5 Abs. 1 S. 1 BauGB **im gesamten**[25] **Gemeindegebiet die städtebauliche Entwicklung und Ordnung zu lenken und sicherzustellen**. Die Gemeinden haben einen solchen aufzustellen, sobald und soweit dies für die städtebauliche Entwicklung erforderlich ist (vgl. § 1 Abs. 3 BauGB). Der Flächennutzungsplan regelt lediglich die **Grundzüge** der sich aus der von der Gemeinde beabsichtigten Art der Bodennutzung (s. Rn. 58).[26]

Der Flächennutzungsplan hat **drei Funktionen**.[27] Er soll:
- übergeordnete Planungen umsetzen (vgl. § 1 Abs. 7 BauGB)
- nachfolgende Planungen steuern und
- unmittelbare Standortbestimmungen von Bodennutzungen vornehmen.

---

24 Ernst/Zinkhahn/Bielenberg/Krautzberger-*Bielenberg-Runkel* BauGB § 8 Rn. 18.
25 Eine Ausnahme enthält § 5 Abs. 1 S. 2 BauGB.
26 Tettinger/Erbguth/Mann-*Erbguth*, Besonderes Verwaltungsrecht § 27 Rn. 891.
27 Battis/Kreutzberger/Löhr-*Mitschang* BauGB § 5 Rn. 4.

2. Inhalt

Der Inhalt eines Flächennutzungsplanes ergibt sich aus § 5 BauGB. Aus dem Flächennutzungsplan soll sich gemäß § 5 Abs. 1 S. 1 BauGB im Wesentlichen die von der Gemeinde beabsichtigte städtebauliche Entwicklung und die sich daraus ergebende Art der Bodennutzung erkennen lassen. Dabei soll für einen **langfristigen Zeitraum**, d.h. für einen Zeitraum von rund 15 bis 20 Jahren, ausgedrückt werden, wie sich die Gemeinde städtebaulich entwickeln will und welche Konsequenzen dies für die Bodennutzung hat.

Sollten sich die Bedürfnisse ändern, so kann gemäß § 1 Abs. 8 BauGB der Flächennutzungsplan ergänzt oder geändert werden. Sollte eine Neuaufstellung, Ergänzung oder Änderung des Flächennutzungsplanes erforderlich sein, muss die Gemeinde entsprechend handeln (vgl. § 1 Abs. 3 BauGB).

Dargestellt werden darf nur, was in einem Bebauungsplanung verbindlich festgelegt werden kann. Dabei hat sich die Darstellung (s.o. Rn. 45) gemäß § 5 Abs. 1 S. 1 BauGB auf die **Grundzüge** zu beschränken. Die Darstellung muss grobmaschig[28] erfolgen, weil der Flächennutzungsplan seinem Wesen nach auf die Verfeinerung angelegt ist.[29] Eine parzellenscharfe Darstellung darf im Flächennutzungsplan also gerade nicht enthalten sein.

» Lesen Sie unbedingt den Katalog des § 5 Abs. 2 BauGB aufmerksam durch. «

> **Beispiel** In der Gemeinde A zeichnet sich ab, dass in den nächsten zehn Jahren eine hohe Zuzugsrate zu erwarten ist. In einem Flächennutzungsplan weist die Gemeinde A ein bisher als Fläche für Landwirtschaft genutztes Gebiet teils als Bauland und teils als Grünfläche aus.
>
> Die Gemeinde A hat damit auf der Grundlage ihrer vorhersehbaren zukünftigen städtebaulichen Bedürfnisse die Art der Nutzung des Bodens in Grundzügen ohne die Festlegung von Details dargestellt, so dass sie den Anforderungen an die an einem Flächennutzungsplan darzustellende Art der Bodennutzung erfüllt hat. ■

Eine **Ausnahme** von diesem Grundsatz enthält § 5 Abs. 2b BauGB z.B. für sog. **sachliche Teilflächennutzungspläne**, die Darstellungen mit den Rechtswirkungen des § 35 Abs. 3 S. 3 BauGB enthalten (s. zum diesbezüglichen Rechtsschutz Rn. 565). Ein sachlicher Teilflächennutzungsplan kann z.B. eine Konzentrationszone für Windenergieanlagen oder für Mobilfunkanlagen enthalten.

Aus dem nicht abschließenden Katalog des § 5 Abs. 2 BauGB lassen sich im Wesentlichen **drei Arten von Darstellungen** in Flächennutzungsplänen entnehmen:[30]
- Darstellung der für die Bebauung vorgesehen Flächen, § 5 Abs. 2 Nr. 1 BauGB
- Darstellung der öffentlichen oder privaten Infrastruktur vorgesehen ist, § 5 Abs. 2 Nr. 2 BauGB
- Darstellung der sonstigen Nutzung von Flächen, § 5 Abs. 2 Nr. 3–10 BauGB

> **Hinweis**
>
> Dass der Katalog des § 5 Abs. 2 BauGB nicht abschließend ist, ergibt sich aus dem Wortlaut der Vorschrift („insbesondere").

---

28 Vgl. *BVerwGE* 26, 287.
29 *BVerwG* NVwZ-RR 2003, 406.
30 *Brenner* Öffentliches Baurecht Rn. 205.

3. Form der Darstellungen

76 Die zulässigen Planzeichen sind in der Planzeichenverordnung und deren Anhang geregelt, vgl. § 2 Abs. 1 S. 1 PlanzV.

> **Hinweis**
>
> In mündlichen Prüfungen wird hiernach gerne gefragt. Da die Planzeichenverordnung nur im Sartorius Ergänzungsband abgedruckt ist und dieser in den staatlichen juristischen Prüfungen – mit Ausnahme der mündlichen Prüfung im Schwerpunktbereich Verwaltung in der Zweiten Juristischen Staatsprüfung – kein zulässiges Hilfsmittel ist, sind keine diesbezüglichen Kenntnisse erforderlich.

Der gemäß § 5 Abs. 5 zu begründende Flächennutzungsplan enthält eine **kartographische Darstellung** des Gemeindegebietes. Der Zustand des Gemeindegebietes muss hinreichend erkennbar sein. Ferner muss der planerische Wille der Gemeinde in hinreichendem Maße erkennbar sein.

4. Räumlicher Geltungsbereich

77 Aus dem Wortlaut des § 5 Abs. 1 S. 1 BauGB („für das ganze Gemeindegebiet") folgt, dass der Flächennutzungsplan grundsätzlich **gemeindeumfassend** zu sein hat. Daher hat die Gemeinde, auch wenn nur für einen Teil des Gemeindegebietes ein Bedürfnis für die Bauleitplanung gemäß § 1 Abs. 3 BauGB bestehen sollte, dennoch den Flächennutzungsplan für das **gesamte Gemeindegebiet** aufzustellen.[31]

78 Eine **Ausnahme** besteht jedoch, wenn ein Bebauungsplan ausreicht, um die städtebauliche Entwicklung zu ordnen. Eine **weitere Ausnahme** findet sich in § 5 Abs. 1 S. 2 BauGB. Hiernach können Flächen und sonstige Darstellungen ausgenommen werden, wenn dadurch die Grundzüge der Art der Bodennutzung nicht berührt werden und die Gemeinde beabsichtigt, die Darstellung zu einem späteren Zeitpunkt vorzunehmen. Durch diese Ausnahme kommt es jedoch **nicht zu einer Durchbrechung des Grundsatzes der gemeindeumfassenden Flächennutzungsplanung**, sondern es findet vielmehr eine **zeitliche Verschiebung** statt. Aus § 5 Abs. 1 S. 1 BauGB lässt sich eine Pflicht zur Planvervollständigung durch eine Planergänzung gemäß § 1 Abs. 8 BauGB folgern.[31] Diese hat zu erfolgen, sobald die Hintergründe für eine umfassende Flächennutzungsplanung entfallen sind. Auch für Teilflächen besteht gemäß § 5 Abs. 2b BauGB eine **Ausnahme** von diesem Grundsatz.

5. Rechtsnatur

79 Im BauGB selbst finden sich **keine Regelungen** in Bezug auf die Rechtsnatur eines Flächennutzungsplanes. Daher ist die Rechtsnatur eines Flächennutzungsplanes umstritten.[32] Aus einem Umkehrschluss zu § 10 Abs. 1 BauGB, demzufolge ein Bebauungsplan als Satzung beschlossen wird, ergibt sich, dass ein Flächennutzungsplan gerade nicht die Rechtsform der

---

31 *Brenner* Öffentliches Baurecht Rn. 215.

32 Vgl. vertiefend Ennuschat/Ibler/Remmer-*Remmert* Öffentliches Recht in Baden-Württemberg § 3 Rn. 35 ff.

Der Flächennutzungsplan

Satzung hat. Er wird durch einen einfachen **Gemeinderatsbeschluss** erlassen.[33] Er stellt auch **keine Rechtsnorm** dar, da alleine durch einen Flächennutzungsplan keine für jedermann verbindlichen Regelungen festgelegt und keine Rechte oder Pflichten für Dritte begründet werden.[33] Der Flächennutzungsplan verleiht, vgl. § 1 Abs. 3 S. 2 BauGB, keinen Anspruch auf Umsetzung seiner Darstellungen in einem Bebauungsplan oder auf Erteilung einer seinem Inhalt entsprechenden Baugenehmigung.[33] Der Flächennutzungsplan kann auch **nicht** als **Verwaltungsakt** i.S.d. § 35 VwVfG begriffen werden,[33] da die Voraussetzungen für das Vorliegen eines Verwaltungsaktes[34] nicht erfüllt sind.

Flächennutzungspläne werden daher herrschend als **hoheitliche Maßnahmen eigener Art verstanden**,[35] die die Gemeinde über die gesetzliche Bestimmung des § 8 Abs. 2 S. 1 BauGB binden.[36]

Dem sachlichen Teilflächennutzungsplan (s. Rn. 74) hingegen wird wegen der Ausschlusswirkung i.S.d. § 35 Abs. 3 S. 3 BauGB Rechtsnormqualität zugesprochen (s.u. Rn. 565).

6. Rechtswirkungen des Flächennutzungsplans

Ein Flächennutzungsplan hat drei rechtliche Wirkungen, die sich im Wesentlichen auf den **verwaltungsinternen Bereich** beschränken.[37]   80

a) Anpassungspflicht für öffentliche Planungsträger, § 7 BauGB

Öffentlich-rechtliche Planungsträger, die an der Aufstellung des Flächennutzungsplanes beteiligt waren oder zu beteiligen sind (§§ 4 Abs. 1, 2; 13 Abs. 2 Nr. 3 BauGB) und den Darstellungen nicht widersprochen haben, unterliegen gemäß § 7 BauGB einer **Anpassungspflicht** dahingehend, dass sie ihre laufenden oder künftigen Planungen dem Flächennutzungsplan anzupassen haben. Sollte ein Planungsträger dem Flächennutzungsplan jedoch widersprochen haben, so besteht keine Anpassungspflicht.[38] In diesem Fall stehen der Flächennutzungsplan und die Fachplanung auf gleicher Stufe selbständig nebeneinander.[38]   81

b) Rechtliche Bindung der Gemeinde (Entwicklungsgebot), § 8 Abs. 2 S. 1 BauGB

Eine weitere rechtliche Wirkung findet sich im Entwicklungsgebot gemäß § 8 Abs. 2 S. 1 BauGB, wonach der Bebauungsplan aus dem Flächennutzungsplan zu entwickeln ist (s.o. Rn. 25 ff.). Durch das Entwicklungsgebot kommt es zu einer **Selbstbindung der Verwaltung**.[39] Die Gemeinde hat ihre Bebauungspläne an ihrem im Flächennutzungsplan dargestellten planerischen Vorstellungen auszurichten.   82

---

33 *Brenner* Öffentliches Baurecht Rn. 202.
34 *Wienbracke* Allgemeines Verwaltungsrecht Rn. 31 ff.
35 So auch *Dürr* Baurecht Baden-Württemberg Rn. 32 und *Hoppe/Bönker/Grotefels-Bönker* Öffentliches Baurecht § 5 Rn. 85.
36 Battis/Krautzberger/Löhr-*Mitschang* BauGB § 5 Rn. 45. Ennuschat/Ibler/Remmert-*Remmert* Öffentliches Recht in Baden-Württemberg § 3 Rn. 36 hingegen erachtet den Begriff der „Rechtsquelle eigener Art" als präziser.
37 *Brenner* Öffentliches Baurecht Rn. 219 ff.
38 *Brenner* Öffentliches Baurecht Rn. 219.
39 *Brenner* Öffentliches Baurecht Rn. 220.

c) Rechtswirkungen gegenüber Dritten

83 Der Flächennutzungsplan hat, wie dargestellt, eine rein verwaltungsinterne, d.h. nur die Gemeinde bindende Wirkung. Durch den Flächennutzungsplan wird kein Baurecht begründet.[40] Die Zulässigkeit von Bauvorhaben richtet sich alleine nach dem Bebauungsplan. Der Flächennutzungsplan entfaltet also gegenüber Grundstückseigentümern **keine unmittelbare rechtliche Wirkung**. Eine Außenwirkung ergibt sich **vermittelt** durch andere Normen:[40]

84 Eine **mittelbare Außenwirkung** erlangt ein Flächennutzungsplan bei Bauvorhaben im **Außenbereich, § 35 BauGB**. So kann ein Vorhaben im Außenbereich wegen **entgegenstehender öffentlicher Belange gemäß § 35 Abs. 3 S. 1 Nr. 1 BauGB** unzulässig sein, wenn ein Widerspruch zu den Darstellungen des Flächennutzungsplanes gegeben ist.

> **Hinweis**
>
> § 35 Abs. 3 S. 1 Nr. 1 BauGB kann dazu führen, dass die Darstellungen des Flächennutzungsplanes trotz seiner grundsätzlich nur die Verwaltung bindenden Wirkung zur Versagung eines Vorhabens im Außenbereich führen (s. Rn. 363 f.)

Einen weiteren Fall der mittelbaren Außenwirkung erzeugt **§ 35 Abs. 3 S. 3 BauGB**. Hiernach stehen einem Vorhaben nach § 35 Abs. 1 Nr. 2 bis 6 BauGB öffentliche Belange auch dann entgegen, soweit hierfür durch Darstellungen im Flächennutzungsplan eine Ausweisung an anderer Stelle erfolgt ist.

Beispiel Besondere Bedeutung hat die letztgenannte Konstellation insbesondere bei der Errichtung von Windenergieanlagen. Die Gemeinde kann mit Hilfe des Flächennutzungsplanes **Konzentrationszonen** für Windkraftanlagen (**sog. Vorrangfläche**) auf ihrem Gemeindegebiet ausweisen. In einem solchen Fall sind die grundsätzlich privilegierten Windkraftanlagen (§ 35 Abs. 1 Nr. 5 BauGB) nur in den ausgewiesenen Konzentrationszonen zulässig. Trotz ihrer grundsätzlichen Privilegierung stehen ihnen damit außerhalb der Konzentrationszone öffentliche Belange entgegen. ∎

Eine weitere Vermittlung der Außenwirkung erfolgt durch § 15 Abs. 3 S. 1 BauGB.[40] Hiernach hat die Baugenehmigungsbehörde auf Antrag der Gemeinde, die einen Flächennutzungsplan mit den Rechtswirkungen des § 35 Abs. 3 S. 3 BauGB beschlossen hat, ihre Entscheidung über die Zulässigkeit eines Vorhabens nach § 35 Abs. 1 Nr. 2–6 BauGB bis zu einem Jahr zurückzustellen, wenn durch das Vorhaben die Durchführung der Planung unmöglich gemacht oder zumindest wesentlich erschwert wird.

85 Auch **§ 34 Abs. 4 S. 1 Nr. 2 BauGB** führt zu einer **mittelbaren Außenwirkung**.[40] Danach kann die Gemeinde in einer Innenbereichssatzung bebaute Bereiche im Außenbereich als im Zusammenhang bebaute Ortsteile festlegen, wenn die Flächen im Flächennutzungsplan als Baufläche dargestellt sind. Dies ermöglicht der Gemeinde eine rechtliche Aufwertung des Außenbereichs (§ 35 BauGB) zu einem Innenbereich gemäß § 34 BauGB.

---

40 *Brenner* Öffentliches Baurecht Rn. 221.

JURIQ-Klausurtipp

Diese mittelbare Außenwirkung hat Auswirkungen auf die Prüfung der Zulässigkeit eines Vorhabens. Im Falle des § 34 Abs. 4 S. 1 Nr. 2 BauGB richtet sich die Zulässigkeit eines derartigen Vorhabens nicht nach § 35 BauGB, sondern vielmehr nach § 34 BauGB.

Eine **mittelbare Wirkung** kann auch in Bezug auf das **Eigentum bestimmter Grundstückseigentümer** gegeben sein.[41]

86

Beispiel Dies ist beim **Bauerwartungsland** der Fall. Hiervon spricht man, wenn Ackerland im Flächennutzungsplan als Baufläche dargestellt wird. In diesem Fall steigen in der Regel die Grundstückspreise. ■

Online-Wissens-Check

Welche Rechtsnatur kommt dem Flächennutzungsplan zu? Gibt es eine Ausnahme von dieser Beurteilung und wenn ja warum?

Überprüfen Sie jetzt online Ihr Wissen zu den in diesem Abschnitt erarbeiteten Themen. Unter www.juracademy.de/skripte/login steht Ihnen ein Online-Wissens-Check speziell zu diesem Skript zur Verfügung, den Sie kostenlos nutzen können. Den Zugangscode hierzu finden Sie auf der Codeseite.

IV. Der Bebauungsplan

1. Funktion

Der Bebauungsplan steht regelmäßig auf der zweiten Stufe (s.o. Rn. 62 ff.). Er ist das **Hauptinstrument zur Umsetzung der Planungshoheit der Gemeinde**.[42] Durch ihn findet eine **verbindliche Festlegung**, im Gegensatz zum Flächennutzungsplan der lediglich Darstellungen enthält, der zulässigen städtebaulichen Maßnahmen auf einem Grundstück statt (§ 8 Abs. 1 S. 1 BauGB). Er bildet gemäß § 8 Abs. 1 S. 2 BauGB die **Grundlage für weitere zum Vollzug des BauGB erforderliche Maßnahmen**.

87

Beispiel Im Geltungsbereich eines Bebauungsplanes ist ein Vorhaben gemäß § 30 Abs. 1 BauGB nur zulässig, wenn es den Festsetzungen des Bebauungsplanes nicht widerspricht. ■

Der Bebauungsplan ist das planerische Gestaltungsmittel, mit dem die Gemeinde das Baugeschehen im Gemeindegebiet leitet und lenkt. Für die Eigentümer von Grundstücken im Geltungsbereich eines Bebauungsplanes stellt dieser eine Inhalts- und Schrankenbestimmung i.S.d. Art. 14 Abs. 1 S. 2 GG dar (s. Rn. 60), da im Geltungsbereich eines Bebauungsplanes nur gebaut werden darf, sofern das bauliche Vorhaben dessen Festsetzungen entspricht. Wegen des Entwicklungsgebotes des § 8 Abs. 2 S. 1 BauGB setzt der Bebauungsplan die Darstellungen des Flächennutzungsplanes rechtsverbindlich um und begründet unmittelbar ein **Baurecht**.

88

---

41 *Brenner* Öffentliches Baurecht Rn. 222.
42 *Brenner* Öffentliches Baurecht Rn. 224.

2. Inhalt

» Lesen Sie § 9 BauGB aufmerksam durch. «

89 Der **zulässige Inhalt eines Bebauungsplanes** ist, abgesehen von spezialgesetzlichen Regelungen, abschließend in § 9 BauGB und vermittelt über § 1 Abs. 3 S. 2 in der BauNVO geregelt.[43] Die Vorschriften der §§ 2–14 BauNVO werden gemäß § 1 Abs. 3 S. 2 BauNVO Bestandteil des Bebauungsplanes, soweit aufgrund § 1 Abs. 4–10 BauNVO nichts anderes bestimmt ist (s.u. Rn. 106).

a) Numerus clausus der Festsetzungen

90 Es existiert ein **Numerus clausus der Festsetzungen**, d.h. die in § 9 BauGB und § 9a BauGB genannten Festsetzungen sind **abschließend**:[43] Dies folgt daraus, dass der Bebauungsplan detaillierte, **parzellenscharfe Festsetzungen** enthält und deswegen eine Inhalts- und Schrankenbestimmung des Grundeigentums i.S.d. Art. 14 Abs. 1 S. 2 GG darstellt. Daher bedürfen seine Regelungen einer gesetzlichen Grundlage. Eine derartige gesetzliche Grundlage ist die Regelungen des § 9 BauGB und dadurch vermittelt auch die des § 9a BauGB.

> **Hinweis**
>
> Wie aus dem Wortlaut des § 9 Abs. 1 BauGB („können") folgt, ist die Gemeinde nicht verpflichtet alle dort genannten Kriterien in einem Bebauungsplan aufzunehmen. Welche Festsetzungen im Bebauungsplan erfolgen, bestimmt sich vielmehr danach, welche Festsetzungen für die städtebauliche Entwicklung und Ordnung erforderlich i.S.d. § 1 Abs. 3 BauGB sind.

b) Planklarheit und Planbestimmtheit

91 Alle Festsetzungen eines Bebauungsplanes müssen der **Planklarheit** und somit dem Grundsatz der **Planbestimmtheit** entsprechen.[44] Dieser Grundsatz besagt, dass die Festsetzungen so konkret, verständlich und bestimmt sein müssen, dass die zugelassene Nutzung der Grundstücke für die Eigentümer und die Nachbarn erkennbar ist.[44] Dies folgt zum einen aus der Eigenschaft des Bebauungsplanes als rechtsverbindlicher Hoheitsakt (vgl. §§ 8 Abs. 1 S. 1, 10 Abs. 1 BauGB) und zum anderen aus dessen Charakter als Inhalts- und Schrankenbestimmung.

Beispiel Eine Festsetzung, die die zulässige Höhe einer baulichen Anlage mit etwa 7,50 m beschreibt, ist unzulässig. ■

c) Wesentlicher Inhalt, § 9 BauGB

92 § 9 BauGB lässt sich dahingehend zusammenfassen, dass ein Bebauungsplan Festsetzungen, Kennzeichnungen und nachrichtliche Übernahmen enthält. Der wesentliche Inhalt eines Bebauungsplanes sind die Festsetzungen für die städtebauliche Ordnung (§§ 8 Abs. 1 S. 1, 9 Abs. 1 BauGB). Die in § 9 BauGB geregelten Festsetzungen müssen **parzellenscharf** und die **Grundlage für die konkrete Bebauung** von Grundstücken, die dem Bebauungsplan unterfallen, sein.

---

43 *Brenner* Öffentliches Baurecht Rn. 230.
44 *Brenner* Öffentliches Baurecht Rn. 247.

> **Hinweis**
>
> Die einzelnen Nummern des § 9 Abs. 1 BauGB lassen sich dahingehend klassifizieren, dass sich die Nr. 1–9 auf die bauliche Nutzung von Baugrundstücken und die Nr. 10–26 auf die nichtbauliche Nutzung von Flächen beziehen.

d) Örtliche Bauvorschriften, § 9 Abs. 4 BauGB i.V.m. § 74 LBO

§ 9 Abs. 4 BauGB eröffnet den Ländern die Möglichkeit, durch Rechtsvorschriften zu bestimmen, dass auf Landesrecht beruhende Regelungen in den Bebauungsplan aufgenommen werden können, und festzulegen, inwieweit die Vorschriften des BauGB auf diese Festsetzungen anwendbar sind. Baden-Württemberg hat mit § 74 LBO von dieser Ermächtigung Gebrauch gemacht. **§ 74 LBO** ermöglicht **örtliche Bauvorschriften** in Form der Satzung, § 74 Abs. 1 LBO.

93 »Lesen Sie § 74 LBO.«

> **Hinweis**
>
> Bei den örtlichen Bauvorschriften handelt es sich materiell-rechtlich um Bauordnungsrecht,[45] auch wenn Sie keine gefahrenabwehrrechtlichen Bestimmungen darstellen.
>
> Sind in einem Bebauungsplan Festsetzungen enthalten, die nicht im Katalog des § 9 Abs. 1 BauGB aufgeführt sind, müssen Sie an die Möglichkeit von örtlichen Bauvorschriften denken.[46]

Besondere Bedeutung hat § 74 Abs. 1 Nr. 1 LBO, der insbesondere im Hinblick auf die in der Praxis wichtige **Dachgestaltung** relevant ist.[46] Wegen der zunehmenden Anzahl von Solaranlagen führt dies zu Konfliktlagen.[47]

94

Beispiel Die Gemeinde A setzt fest, dass bauliche Anlagen ein braunes Satteldach haben müssen.

In einem Bebauungsplan kann zwar gemäß § 9 Abs. 1 Nr. 2 BauGB Var. 3 BauGB auch die „Stellung" einer baulichen Anlage und somit die Firstrichtung eines Daches festgesetzt werden. Eine Festschreibung der Dachgestaltung, d.h. der Form und Farbe, kann jedoch nicht in einem Bebauungsplan festgesetzt werden.[48] Es kommt nur die Regelung durch eine gemeindliche Gestaltungssatzung nach § 74 Abs. 1 Nr. 1 LBO in Betracht.[49] ∎

Nach § 74 Abs. 7 LBO können örtliche Bauvorschriften zusammen **mit einem Bebauungsplan** beschlossen werden. Hieraus folgt, dass derartige Festsetzungen als Ergebnis eines gemeinsamen Verfahrens in dem Beschluss über den Bebauungsplan **zusammengefasst** werden können. Nach der Rechtsprechung ist ein Hinweis darauf, dass in der Satzung auch örtliche Bauvorschriften enthalten sind, nicht erforderlich, da der Anstoßfunktion genüge getan sei.[50] Aus dem Textteil muss sich jedoch ergeben, dass sich der Gemeinderat bewusst war, in Bezug auf die örtlichen Bauvorschriften keinen Bebauungsplan, sondern eine Gestaltungssatzung erlassen zu haben.

95

---

45 *Dürr* Baurecht Baden-Württemberg Rn. 81.
46 *Kenntner* Öffentliches Recht in Baden-Württemberg Rn. 617.
47 Vgl. hierzu *VGH Baden-Württemberg* VBlBW 2007, 149.
48 *BVerwG* NVwZ 2000, 1169.
49 Vgl. hierzu *VGH Baden-Württemberg* VBlBW 2003, 123.
50 *Kenntner* Öffentliches Recht in Baden-Württemberg Rn. 618.

96 Wie aus dem Wortlaut des **§ 74 Abs. 7 LBO** („richtet sich das Verfahren") folgt, bezieht sich die Verweisung auf die Bebauungsplanverfahren **nur auf verfahrensrechtliche Vorschriften**.[51]

> **Hinweis**
>
> Dies hat zur Folge, dass für örtliche Bauvorschriften **§ 1 Abs. 7 BauGB nicht gilt**. Die diesbezügliche Abwägungspflicht folgt jedoch aus dem Charakter der örtlichen Bauvorschriften als Inhalts- und Schrankenbestimmungen i.S.d. Art. 14 Abs. 1 S. 2 GG.[52] Bei derartigen Regelungen müssen die Interessen der Allgemeinheit und die privaten Interessen des Eigentümers in ein ausgewogenes Verhältnis gebracht werden.

3. Rechtsnatur

97 Der Bebauungsplan wird von der Gemeinde gemäß **§ 10 BauGB als Satzung** erlassen. Er stellt also eine Rechtsnorm dar, so dass er Wirkung gegenüber dem Bürger entwickelt.

4. Die inhaltlich unterschiedlichen Arten von Bebauungsplänen

98 In inhaltlicher Hinsicht existieren insgesamt **vier Arten von Bebauungsplänen**.[53]

a) Der qualifizierte Bebauungsplan, § 30 Abs. 1 BauGB

99 Ein qualifizierter Bebauungsplan liegt vor, wenn ein Bebauungsplan die in § 30 Abs. 1 BauGB genannten **vier Mindestvoraussetzungen** erfüllt:

Er muss Festsetzungen über
1. die Art der baulichen Nutzung (§ 9 Abs. 1 Nr. 1 BauGB, §§ 1 ff. BauNVO)
2. das Maß der baulichen Nutzung (§ 9 Abs. 1 Nr. 1 BauGB, §§ 16 ff. BauNVO)
3. die überbaubaren Grundstücksflächen (§ 23 BauNVO)
4. die örtlichen Verkehrsflächen (§ 9 Abs. 1 Nr. 11 BauGB)

enthalten.

> **Hinweis**
>
> Es ist ohne Bedeutung, ob der Bebauungsplan über diese Festsetzungen hinaus weitere Festsetzungen enthält.[54]

100 Für die Gemeinde bietet ein qualifizierter Bebauungsplan den Vorteil, dass eine einfache Lenkung der baulichen und sonstigen Nutzung der Grundstücke im Gebiet des Bebauungsplanes erfolgen kann.[55] Dies geschieht dadurch, dass Vorhaben, die den Festsetzungen des qualifizierten Bebauungsplanes nicht widersprechen, zulässig sind und widersprechende Vorhaben unzulässig sind.

---

51 *Kenntner* Öffentliches Recht in Baden-Württemberg Rn. 618 m.w.N.
52 Vgl. *Kenntner* Öffentliches Recht in Baden-Württemberg Rn. 618.
53 *Brenner* Öffentliches Baurecht Rn. 250 ff.
54 *Brenner* Öffentliches Baurecht Rn. 241.
55 *Brenner* Öffentliches Baurecht Rn. 224.

Der Bebauungsplan 3 B IV

b) Der einfache Bebauungsplan, § 30 Abs. 3 BauGB

Der **Legaldefinition des § 30 Abs. 3 BauGB** zufolge ist ein einfacher Bebauungsplan gegeben, wenn die Voraussetzungen des § 30 Abs. 1 BauGB und mithin die Voraussetzungen, die an einen qualifizierten Bebauungsplan zu stellenden sind (s. Rn. 99), nicht erfüllt sind. Ein einfacher Bebauungsplan enthält daher nur **wenige Festsetzungen**.[56] Da diese alleine eine bauliche Nutzung der Grundstücke nicht gewährleisten können, finden gemäß § 30 Abs. 3 BauGB je nachdem welchen Charakter das Gebiet aufweist, die §§ 34, 35 BauGB ergänzend Anwendung (zu den unterschiedlichen Gebietscharakteren s.u. Rn. 276 ff.).

101

c) Der vorhabenbezogene Bebauungsplan, §§ 12 Abs. 1, 30 Abs. 2 BauGB

Ein vorhabenbezogener Bebauungsplan ist gegeben, wenn der Vorhabenträger auf der Grundlage eines mit der Gemeinde abgestimmten Planes zur Durchführung der Vorhaben und der Erschließungsmaßnahmen bereit und in der Lage ist und sich zur Durchführung innerhalb einer bestimmten Frist und zur Tragung der Planungs- und Erschließungskosten ganz oder teilweise vor dem Satzungsbeschluss i.S.d. § 10 Abs. 1 BauGB verpflichtet (vgl. §§ 30 Abs. 2, 12 Abs. 1 S. 1 BauGB). Der Vorhaben- und Erschließungsplan wird dann Bestandteil des jeweiligen Bebauungsplanes.

102

> **Hinweis**
>
> Gemäß § 30 Abs. 2 BauGB steht ein vorhabenbezogener Bebauungsplan einem qualifizierten Bebauungsplan gleich, so dass die Anwendung der §§ 34, 35 BauGB ausgeschlossen ist. Der vorhabenbezogene Bebauungsplan ist also die abschließende Beurteilungsgrundlage für die Beurteilung der Zulässigkeit eines Bauvorhabens.

d) Der Bebauungsplan der Innenentwicklung, § 13a BauGB

Eine Bebauungsplanung für die Wiedernutzbarkeit von Flächen, die Nachverdichtung oder andere Maßnahmen der Innenentwicklung stellt gemäß § 13a Abs. 1 S. 1 BauGB einen Bebauungsplan der Innenentwicklung dar.

103

Beim Vorliegen eines derartigen Bebauungsplanes und der Einhaltung von Flächenobergrenzen („weniger als 20 000 Quadratmeter", § 13a Abs. 1 Nr. 1 BauGB; „20 000 bis weniger als 70 000 Quadratmeter", § 13a Abs. 1 Nr. 2 BauGB) ist ein **beschleunigtes Verfahren** gemäß § 13 Abs. 2 BauGB zulässig.

Derartige Pläne betreffen den Siedlungsbereich in Abgrenzung zum Außenbereich[57] (zum Begriff des Außenbereichs s.u. Rn. 342 ff.).[58]

---

[56] *Brenner* Öffentliches Baurecht Rn. 251.
[57] Str. ist ob auch unbebaute Flächen im Innenbereich erfasst werden. Bejahend Tettinger/Erbguth/Mann-*Erbguth* Besonderes Verwaltungsrecht Rn. 940a.
[58] Tettinger/Erbguth/Mann-*Erbguth*, Besonderes Verwaltungsrecht Rn. 940a.

V. Besondere Bedeutung, Inhalt und Systematik der BauNVO

1. Besondere Bedeutung und Inhalt

104 Der Baunutzungsverordnung (BauNVO) kommt im Zusammenhang mit der Aufstellung von Bauleitplänen eine besondere Bedeutung zu, denn durch sie werden die Regelungsmöglichkeiten in Bezug auf Bauleitpläne konkretisiert und ergänzt:[59]

> **Hinweis**
>
> Die Baunutzungsverordnung ist aufgrund der Ermächtigung des § 9a BauGB erlassen worden.

a) In Bezug auf Flächennutzungspläne

» Lesen Sie § 1 BauNVO. «

105 Nach § 1 Abs. 1 BauNVO können im **Flächennutzungsplan** die für die Bebauung vorgesehenen Flächen nach der allgemeinen Art ihrer baulichen Nutzung dargestellt werden als 1. Wohnbauflächen, 2. Gemischte Bauflächen, 3. Gewerbliche Bauflächen und 4. Sonderbauflächen. Dabei handelt sich um sog. **Bauflächen**, vgl. § 1 Abs. 1 BauNVO.

b) In Bezug auf Bebauungspläne

106 In **Bebauungsplänen** können gemäß § 1 Abs. 3 S. 1 BauNVO nach der Art ihrer baulichen Nutzung sog. **Baugebiete** i.S.d. § 1 Abs. 2 BauNVO festgesetzt werden. Diese Baugebiete unterscheiden sich insbesondere nach der Art ihrer Zweckbestimmung und nach den in ihnen allgemein zulässigen sowie ausnahmsweise zulassungsfähigen Anlagen. Die zulässigen Baugebiete sind i.S.d. § 1 Abs. 2 BauNVO geregelt.

> **Hinweis**
>
> Im Hinblick auf die zulässigen Baugebiete, deren Regelung eine Inhalts- und Schrankenbestimmung des Eigentums darstellt (s.o. Rn. 90), besteht ein **Typenzwang**. Die Gemeinde kann also **nur die in § 1 Abs. 2 BauGB normierten Baugebiete** festsetzen. Diese Regelung ist abschließend.[60] Die Gemeinde hat daher **kein „Festsetzungsfindungs- bzw. Gebietserfindungsrecht"**.[60]

Wenn die Gemeinde ein bestimmtes Baugebiet festsetzt, werden die entsprechenden baugebietstypisierenden Festsetzungen gemäß § 1 Abs. 3 S. 2 BauNVO der jeweils einschlägigen Vorschrift der §§ 2–14 BauNVO automatisch **Bestandteil des Bebauungsplanes**, soweit in § 1 Abs. 4–10 BauNVO nichts anderes bestimmt ist.

Da der Gemeinderat jeweils nur die Festsetzungen im Zeitpunkt seines Satzungsbeschlusses zugrunde legen kann, handelt es sich bei § 1 Abs. 3 BauNVO um eine **statische Verweisung**: Daher ist jeweils die **BauNVO in der zum Zeitpunkt des Satzungsbeschlusses gültigen Fassung** zugrunde zu legen.[61]

---

[59] *Brenner* Öffentliches Baurecht Rn. 175.
[60] *Brenner* Öffentliches Baurecht Rn. 230.
[61] *Kenntner* Öffentliches Recht in Baden-Württemberg Rn. 598.

2. Systematik der Gebietsbeschreibungen der BauNVO

Die Baugebietsbeschreibungen der BauNVO sind nach einer einheitlichen Systematik aufgebaut:[62]

- In **Absatz 1** der jeweiligen Vorschrift wird der Gebietscharakter definiert und **die allgemeine Zweckbestimmung** umschrieben,
- im jeweiligen **Absatz 2** werden die regelmäßig zulässigen Nutzungen, d.h. die **Regelnutzungen**, aufgeführt und
- in **Absatz 3** der jeweiligen Regelung wird ausgeführt, welche Arten der baulichen Nutzung im Baugebiet ausnahmsweise nach § 31 Abs. 1 BauGB (s. Rn. 303 f.) zugelassen werden können, sog. **Ausnahmebebauung**

107 »Verinnerlichen Sie diese Systematik der BauNVO sowie die Inhalt dieser Regelungen. Wenn Sie in einer Klausur lange nach dem möglichen Baugebietstyp suchen müssen, geht Ihnen wertvolle Zeit verloren«

Beispiel Die Gemeinde A setzt die Baufläche in ihrem Bebauungsplan als reines Wohngebiet i.S.d. § 3 BauNVO fest.

Deshalb darf jedes Grundstück grundsätzlich nur mit Wohngebäuden § 3 Abs. 2 Nr. 1 BauNVO, oder mit Anlagen zur Kinderbetreuung, die den Bedürfnissen der Bewohner des Gebiets dienen, § 3 Abs. 2 Nr. 2 BauNVO, bebaut werden.

Ausnahmsweise (im Wege der Ausnahme gemäß § 31 Abs. 1 BauGB) können Grundstücke mit Läden und nicht störenden Handwerksbetriebe, die zur Deckung des täglichen Bedarfs für die Bewohner des Gebiets dienen, sowie kleinen Betrieben des Beherbergungsgewerbes, § 3 Abs. 2 Nr. 1 BauNVO, und sonstigen Anlagen für soziale Zwecke sowie den Bedürfnissen der Bewohner des Gebiets dienende Anlagen für kirchliche, kulturelle, gesundheitliche und sportliche Zwecke, § 3 Abs. 2 Nr. 2 BauNVO, bebaut werden.

JURIQ-Klausurtipp

In einer Klausur wird nur äußert selten der Typ des Gebietes angegeben sein. Vielmehr wird die dortige Bebauung umschrieben sein. Ihre Aufgabe ist es dann, anhand der Angaben im Sachverhalt das Gebiet unter einen Gebietstyp i.S.d. BauNVO zu subsumieren. Bezüglich der nach der BauNVO zulässigen Festsetzungen ist zwischen solchen hinsichtlich der Art der baulichen Nutzung und deren Maß zu unterscheiden.

- in Bezug auf die **Art der baulichen Nutzung** muss sich die Gemeinde für einen der in § 1 Abs. 2 BauNVO genannten Gebietstypen entscheiden (**Typenzwang**). Die zulässigen Nutzungsformen ergeben sich dann aus der jeweils einschlägigen Vorschrift der §§ 2–11 BauNVO. Gemäß § 1 Abs. 3 S. 2 BauNVO wird die jeweils einschlägige Vorschrift der §§ 2–14 BauNVO Bestandteil des Bebauungsplanes, soweit in § 1 Abs. 4–10 BauNVO nichts anderes bestimmt ist.
- Hinsichtlich des Maßes der baulichen Nutzung ist § 16 Abs. 2 BauNVO maßgeblich. Er regelt, wie das **Maß der baulichen Nutzung** festgelegt werden darf.

---

62 *Kenntner* Öffentliches Recht in Baden-Württemberg Rn. 598, vgl. auch *Brenner* Öffentliches Baurecht Rn. 189 ff.

VI. Außer-Kraft-Treten von Bauleitplänen

1. Aufhebung von wirksamen oder unwirksamen Bebauungsplänen

108 Ein Bauleitplan tritt grundsätzlich außer Kraft, wenn er aufgehoben wird. Hierfür sieht § 1 Abs. 8 BauGB vor, dass für diese Aufhebung als actus contrarius zum Erlass des Bebauungsplans dasselbe formalisierte Verfahren gemäß §§ 2 ff. BauGB durchzuführen sowie dieselben materiellen Vorgaben zu beachten sind wie bei der Aufstellung eines Bebauungsplanes.[63] Auch bei einem **unwirksamen Bebauungsplan** bedarf es eines förmlichen Akts um den Rechtsschein der Gültigkeit des Bebauungsplanes zu beseitigen.[64]

2. Funktionslosigkeit eines Bebauungsplans

109 Ein Bebauungsplan kann auch außer Kraft treten, wenn und soweit sein Inhalt funktionslos geworden ist.[65] In diesem Fall spricht man von einem funktionslosen Bebauungsplan.

> **Funktionslos** wird ein Bebauungsplan, wenn und soweit sich die Verhältnisse, auf die sich eine planerische Festsetzung bezieht, in der tatsächlichen Entwicklung einen Zustand erlangt haben, der eine Verwirklichung der Festsetzungen auf absehbare Zeit ausschließt und wenn der Mangel so offenkundig ist, dass ein Vertrauen der Öffentlichkeit in dessen Fortgeltung nicht mehr schutzwürdig ist.[66]

Beispiel Die Festsetzung eines Dorfgebietes in einem Bebauungsplan wird unwirksam, wenn in dem maßgeblichen Bereich nur noch Wohnhäuser und keine Wirtschaftsstellen land- oder forstwirtschaftlicher Betriebe (mehr) vorhanden sind und mit ihrer Errichtung auf absehbare Zeit erkennbar nicht mehr gerechnet werden kann, weil es keine Fläche mehr gibt, auf der sich eine solche Wirtschaftsstelle sinnvoll realisieren ließe. ■

110 Regelmäßig werden **nur einzelne Festsetzungen** eines Bebauungsplanes wegen Funktionslosigkeit außer Kraft treten.[65] Die Unwirksamkeit kann jedoch auch den **Bebauungsplan im Ganzen** erfassen, nämlich dann, wenn sich die bauliche Entwicklung in jeder Hinsicht völlig abweichend vom Planinhalt vollzogen hat.[65]

> **JURIQ-Klausurtipp**
>
> In Prüfungsarbeiten werden Sie regelmäßig nicht auf die Funktionslosigkeit eines Bebauungsplanes hingewiesen. Stellen Sie im Sachverhalt fest, dass die ursprünglichen Festsetzungen und der tatsächliche Entwicklungszustand voneinander abweichen, müssen Sie an ein Außerkrafttreten des Bebauungsplans denken und ggf. wie folgt vorgehen:[65]
>
> Sollte der Bebauungsplan als Ganzes funktionslos geworden sein, so müssen Sie die Zulässigkeit eines baulichen Vorhabens in der Klausur am Maßstab von § 34 BauGB lösen. Sollten nur einzelne Festsetzungen funktionslos geworden sein, so bestimmt sich dies nach den noch gültigen Festsetzungen und i.Ü. nach § 34 BauGB.

---

63 S. hierzu *Brenner* Öffentliches Recht Rn. 323 ff.
64 *Brenner* Öffentliches Recht Rn. 325.
65 *Brenner* Öffentliches Baurecht Rn. 326.
66 *Brenner* Öffentliches Baurecht Rn. 326 m.w.N.

> Von der Annahme einer Funktionslosigkeit sollten Sie nicht vorschnell ausgehen. Die Rechtsprechung ist diesbezüglich äußerst zurückhaltend; in der Praxis kommt diese regelmäßig nur in Betracht, wenn die tatsächliche Bebauung durch einen nachfolgenden, mittlerweile aber als unwirksam erkannten Bebauungsplan gesteuert worden ist.[67]
>
> Ein Bebauungsplan tritt nicht bereits deshalb ganz oder teilweise wegen Funktionslosigkeit außer Kraft, weil auf einer Teilfläche eine einzelne abweichende Nutzung entstanden ist. Ein einzelner „Ausreißer" stellt die Beachtlichkeit der Festsetzungen des Bebauungsplanes grundsätzlich nicht in Frage.[68] Mängel, die einzelnen Festsetzungen eines Bebauungsplans anhaften, bewirken dann nicht seine Unwirksamkeit, wenn die übrigen Regelungen, Maßnahmen oder Festsetzungen für sich betrachtet noch eine sinnvolle städtebauliche Ordnung i.S.d. § 1 Abs. 3 BauGB bewirken können und mit Sicherheit anzunehmen ist, dass die Gemeinde nach ihrem im Planungsverfahren zum Ausdruck gekommenen Willen im Zweifel auch eine Satzung ohne den unwirksamen Teil beschlossen hätte.[69]

Beispiele Eine Funktionslosigkeit ist in folgenden Fällen nicht gegeben:
- Die Gemeinde ändert nur ihre städtebauliche Konzeption[70]
- die Verwirklichung eines Bebauungsplans ist zwar derzeit nicht möglich, der Hinderungsgrund ist jedoch nicht von Dauer[71]

C. Die Rechtmäßigkeit eines Bebauungsplanes und die Folgen eines Verstoßes gegen Vorschriften des BauGB

In einer Klausur kann Ihnen die Aufgabe gestellt werden, die Rechtmäßigkeit eines erlassenen oder zu erlassenden Bebauungsplanes zu überprüfen. Regelmäßig prüfungsrelevant ist alleine die Frage, ob ein Bebauungsplan rechtmäßig aufgestellt wurde. Nicht prüfungsrelevant sind hingegen Fragen der Rechtmäßigkeit einer Änderung, Ergänzung oder Aufhebung (s. hierzu Rn. 175 ff.) eines Bauungsplanes. Zur prozessualen Einbettung s. u. Rn. 569 ff.

111

> **JURIQ-Klausurtipp**
>
> Da gemäß § 1 Abs. 8 BauGB die Änderung, Ergänzung oder Aufhebung eines Bebauungsplans denselben Rechtmäßigkeitsvoraussetzungen unterliegen wie die Aufstellung eines Bebauungsplans, können Sie sich am folgenden Schema auch für die Beurteilung der Rechtmäßigkeit der Änderung, Ergänzung oder Aufhebung eines Bebauungsplans orientieren.

---

67 *Kenntner* Öffentliches Recht in Baden-Württemberg Rn. 654.
68 *BVerwG* NVwZ-RR 2000, 411.
69 St. Rspr., vgl. *BVerwGE* 117, 58, 61.
70 *BVerwG* NVwZ-RR 1997, 513.
71 *BVerwG* NVwZ-RR 1998, 415.

3 C — Rechtmäßigkeit eines Bebauungsplanes u. Folgen eines Verstoßes g. Vorschriften des BauGB

PRÜFUNGSSCHEMA

Rechtmäßigkeit eines Bebauungsplans

Voraussetzung	Folge
Rechtsgrundlage: § 1 Abs. 3 i.V.m. § 2 Abs. 1 S. 1 BauGB	
A. Ermächtigungsgrundlage, §§ 1 Abs. 3 S. 1, 2 und 2 Abs. 1 S. 1 BauGB	
B. Formelle Rechtmäßigkeit	
I. Zuständigkeit	
1. Verbandskompetenz: Gemeinde gem. § 2 Abs. 1 i.V.m. § 1 Abs. 3 BauGB	Unwirksamkeit
2. Organkompetenz: Innerhalb der Gemeinde: Gemeinderat gem. § 24 GemO	
II. Verfahren	
1. Planaufstellungsbeschluss	Für die Wirksamkeit des Bebauungsplanes ohne Bedeutung
2. Umweltprüfung gem. § 2 Abs. 4 BauGB	Beachtlich, § 214 Abs. 1 S. 1 Nr. 1 BauGB Heilbarkeit gem. § 215 Abs. 1 Nr. 1 und § 214 Abs. 4 BauGB
3. Frühzeitige Beteiligung der Öffentlichkeit und der Behörden, §§ 3 Abs. 1 S. 1, 4 Abs. 1 S. 1 BauGB	
a) Frühzeitige Öffentlichkeitsbeteiligung, § 3 Abs. 1 S. 1 BauGB	Unbeachtlich, § 214 Abs. 1 S. 1 Nr. 2 BauGB
b) Frühzeitige Behördenbeteiligung, § 4 Abs. 1 S. 1 BauGB	Unbeachtlich, § 214 Abs. 1 S. 1 Nr. 2 BauGB
4. Erarbeitung des Planentwurfes	Völliges Fehlen der Begründung beachtlich, § 214 Abs. 1 Nr. 3 BauGB Heilbarkeit gem. § 215 Abs. 1 Nr. 1 und § 214 Abs. 4 BauGB
5. Formelle Öffentlichkeits- und Behördenbeteiligung, §§ 3 Abs. 2, 4 Abs. 2 BauGB	
Formelle Öffentlichkeitsbeteiligung, § 3 Abs. 2 BauGB	Beachtlich gem. § 214 Abs. 1 S. 1 Nr. 2 Heilbarkeit gem. § 215 Abs. 1 Nr. 1 und § 214 Abs. 4 BauGB
b) Formelle Behördenbeteiligung, § 4 Abs. 2 BauGB	Beachtlich § 214 Abs. 1 S. 1 Nr. 2 Heilbarkeit gem. § 215 Abs. 1 Nr. 1 und § 214 Abs. 4 BauGB
6. Vollständige Ermittlung und Bewertung des Abwägungsmaterials gem. § 2 Abs. 3 BauGB Auswirkungen des EAG Bau Rn. 140 ff.	Beachtlich, § 214 Abs. 1 S. 1 Nr. 1 BauGB Heilbarkeit § 214 Abs. 4 BauGB und gem. § 215 Abs. 1 Nr. 1 BauGB
7. Satzungsbeschluss	Beachtlich gemäß § 214 Abs. 1 S. 1 Nr. 4 Heilbarkeit gemäß § 214 Abs. 4 BauGB
Rechtmäßigkeit richtet sich nach den Normen der GemO	Unanwendbarkeit der §§ 214, 215 BauGB Anwendbarkeit der Normen der GemO, insbesondere die §§ 18 Abs. 4 S. 4 i.V.m Abs. 5 GemO
8. Begründung des Bebauungsplanes, § 9 Abs. 8 BauGB	Beachtlich gem. § 214 Abs. 1 Nr. 3 BauGB Bei völligem Fehlen: Unwirksamkeit des Bebauungsplanes Bei Unvollständigkeit in wesentlichen Punkten: Auskunftspflicht der Gemeinde bei berechtigtem Interesse, § 214 Abs. 1 S. 2 BauGB Heilbarkeit gem. § 214 Abs. 4 BauGB
9. (soweit erforderlich) Genehmigung des Bebauungsplans durch die höhere Verwaltungsbehörde, §§ 6 Abs. 2, 10 Abs. 2 BauGB	Beachtlich gem. § 214 Abs. 1 S. 1 Nr. 4 BauGB Heilbarkeit gemäß § 214 Abs. 4 BauGB
10. Ausfertigung des endgültigen Bebauungsplanes	Heilung nur § 214 Abs. 4 BauGB
11. Ortsübliche Bekanntmachung, § 10 Abs. 3 BauGB	Beachtlich gem. § 214 Abs. 1 S. 1 Nr. 4 Der Bebauungsplan tritt erst mit Bekanntmachung in Kraft, § 10 Abs. 3 S. 4 BauGB, Heilbarkeit gem. § 214 Abs. 4 BauGB
III. Form, § 10 Abs. 1 BauGB	Beachtlich gem. § 214 Abs. 1 S. 1 Nr. 4 Heilbarkeit gem. § 214 Abs. 4 BauGB Unanwendbarkeit der §§ 214, 215 BauGB, da diese nur Verstöße gegen Normen des BauGB und keine Verstöße gegen die GemO erfassen. Anwendbarkeit der Normen der GemO, insbesondere §§ 18 Abs. 4 i.V.m Abs. 5 GemO. Heilbarkeit gem. § 214 Abs. 4 BauGB

Formelle Rechtmäßigkeit   3 C II

PRÜFUNGSSCHEMA

Voraussetzung	Folge
IV. (ggf.) planergänzendes Verfahren gem. § 214 Abs. 4 BauGB für formelle Fehler. Grundzüge der Planung dürfen nicht berührt werden.	
B. Materielle Rechtmäßigkeit	
I. Voraussetzung des § 1 Abs. 3 BauGB Erforderlichkeit des Bebauungsplanes für städtebauliche Entwicklung und Ordnung	
II. Gesetzliche Schranken	
1. Entwicklungsgebot, § 8 Abs. 2 S. 1 BauGB	
2. Bestimmtheitsgebot	
3. Anpassungspflicht, § 1 Abs. 4 BauGB	
4. Beachtung des Planungsrahmens	
5. Interkommunales Rücksichtnahmegebot, § 2 Abs. 2 BauGB	
6. Gebot der gerechten Abwägung, insbes. § 1 Abs. 5–7, 1a BauGB	
a) Allgemeine Planungslinien, § 1 Abs. 5 BauGB	
b) Besondere Planungslinien, § 1 Abs. 6 BauGB	
7. Ergänzende Vorschriften zum Umweltschutz, § 1a BauGB	
8. Optimierungsgebot	
9. Abwägungsgebot, § 1 Abs. 7 BauGB	
a) Abwägungsfehler	
b) Gebot der planerischen Konfliktbewältigung	
c) Rücksichtnahmegebot	
d) Grundsatz ausreichender Trennung unverträglicher Nutzungen	
e) Grundsatz der planerischen Vorbeugung	
f) Grundsatz des Vorrangs der Konfliktvermeidung	
g) Grundsatz der Beherrschbarkeit von Immisssionen und Emissionen	

I. Ermächtigungsgrundlage

Da die Festsetzungen in einem Bebauungsplan Inhalts- und Schrankenbestimmungen i.S.d. Art. 14 Abs. 1 S. 2 GG darstellen, bedürfen diese nach dem Grundsatz des Vorbehalts des Gesetzes einer (formell-)gesetzlichen Grundlage. Ermächtigungsgrundlage für die Aufstellung eines Bebauungsplanes sind **§§ 1 Abs. 3 S. 1, 2 und 2 Abs. 2 S. 1 BauGB**. 112

II. Formelle Rechtmäßigkeit

1. Zuständigkeit

Im Rahmen der Zuständigkeit ist zwischen **zwei Formen der Zuständigkeit** zu unterscheiden, die Ihnen aus dem Kommunalrecht bekannt sein sollten: Der Verbands- und der Organkompetenz. 113

a) Verbandskompetenz, §§ 2 Abs. 1 S. 1, 1 Abs. 3 BauGB

>> Nutzen Sie die Chance und wiederholen Sie die Zuständigkeitsverteilung zwischen Gemeinderat und Bürgermeister. <<

114 Unter dem Begriff der **Verbandskompetenz** wird die Frage behandelt, welcher Verband aus der Gesamtheit der öffentlichen Gewalt für die Aufstellung des Bauungsplanes zuständig ist.[72] Gemäß §§ 2 Abs. 1 S. 1, 1 Abs. 3 BauGB steht den **Gemeinden** als Träger der Planungshoheit in ihrem Gemeindegebiet die Verbandskompetenz zu.

>> Ausnahmen von der Verbandskompetenz der Gemeinde finden sich in §§ 203–205 BauGB. Diese sind jedoch wenig klausurrelevant. <<

> **JURIQ-Klausurtipp**
>
> Aus dem Rechtsstaats- und Demokratieprinzip folgt, dass ein rechtswidriger belastender Verwaltungsakt grundsätzlich nichtig ist, da durch einen solchen ein Grundrechtseingriff nicht rechtfertigt werden kann (**Nichtigkeitsdogma**).[73] Demgemäß führt auch ein Verstoß gegen Verfahrensvorschriften zur Rechtswidrigkeit und damit zur Nichtigkeit.
>
> Für den Bebauungsplan ist dieser Grundsatz wegen der Planerhaltungsvorschriften der §§ 214, 215 BauGB quasi zur Ausnahme geworden. Es existiert der **Grundsatz der Planerhaltung**. Diese Ausnahme vom Nichtigkeitsdogma ist zulässig, da der parlamentarische Gesetzgeber dies selbst angeordnet hat.
>
> In der **Fallbearbeitung** müssen Sie daher
> 1. den Bebauungsplan zunächst auf Verfahrensfehler untersuchen und auf die Folge der Rechtswidrigkeit hinweisen und dann
> 2. auf die Heilungs- und (Un-)Beachtlichkeitsvorschriften der §§ 214, 215 BauGB und die Möglichkeit eines planergänzenden Verfahrens nach § 214 Abs. 4 BauGB eingehen.

b) Organkompetenz, § 2 Abs. 1 S. 2 BauGB i.V.m. § 24 Abs. 1 S. 1 GemO

115 Im Rahmen der **Organkompetenz** ist zu prüfen, **welches Organ innerhalb der Gemeinde** für die Aufstellung eines Bebauungsplanes zuständig ist. § 2 Abs. 1 S. 2 BauGB legt bundesrechtlich nicht fest, welches Gemeindeorgan tätig werden muss. Die innergemeindliche Kompetenzverteilung richtet sich daher nach dem **Kommunalrecht**.[74]

Gemäß **§ 24 Abs. 1 S. 1 GemO** ist der **Gemeinderat** das Hauptorgan der Gemeinde. Er hat daher **alle wesentlichen Gemeindeangelegenheiten** zu beschließen.[75] Der Gemeinderat kann grundsätzlich Aufgaben auf beschließende Ausschüsse i.S.d. § 39 Abs. 1 S. 1 GemO oder auf den Bürgermeister, vgl. § 44 Abs. 2 S. 1 GemO, übertragen. Dies gilt jedoch nicht für den in § 39 Abs. 2 GemO festgelegten Aufgabenkatalog,[75] da der Gesetzgeber durch diese Regelung zum Ausdruck gebracht hat, dass es sich dabei um wesentliche vom Gemeinderat zu regelnde Angelegenheiten handelt. Eine **Übertragung** auf einen **beschließenden Ausschuss** ist für die **Beschlussfassung über den Erlass von Satzungen** gemäß § 39 Abs. 2 Nr. 3 GemO und damit auch für den gemäß § 10 Abs. 1 BauGB als Satzung beschlossenen **Bebauungsplan ausgeschlossen**. Aus diesem Grund ist auch eine Übertragung auf den Bürgermeister unzulässig.[76]

---

[72] *Maurer* Allgemeines Verwaltungsrecht § 21 Rn. 45.
[73] *Brenner* Öffentliches Baurecht Rn. 417.
[74] Battis/Kreutzberger/Löhr-*Battis* BauGB § 2 Rn. 3.
[75] *Kenntner* Öffentliches Recht in Baden-Württemberg Rn. 339.
[76] *Kunze/Bronner/Katz* Kommentar zur Gemeindeordnung Baden-Württemberg § 4 Rn. 13.

Aus § 39 Abs. 2 Nr. 3 GemO kann ferner geschlossen, dass es sich um eine vom **Gemeinderat zu treffende Grundsatzentscheidung** und damit **nicht** um ein **Geschäft der laufenden Verwaltung** handelt für das der Bürgermeister gemäß § 44 Abs. 2 S. 1 GemO zuständig wäre.

> **JURIQ-Klausurtipp**
>
> Die **Auflistung in § 39 Abs. 1 GemO** kann nicht nur im Baurecht als **Auslegungshilfe** zur Beurteilung der Frage, ob es sich um ein **Geschäft der laufenden Verwaltung** i.S.d. § 44 Abs. 2 S. 1 GemO handelt herangezogen werden.[77] Ist eine Auflistung der Angelegenheit gegeben, so handelt es sich um eine gemeindliche Grundsatzentscheidung für die der Gemeinderat gemäß § 24 Abs. 1 S. 2 GemO zuständig ist.

Somit handelt es sich der Aufstellung eines Bebauungsplans weder um ein Geschäft der laufenden Verwaltung, noch ist die Aufstellung eines Bebauungsplanes dem Bürgermeister durch den Gemeinderat übertragbar, so dass dieser nicht gemäß § 44 Abs. 2 S. 1 GemO zuständig ist. Es bleibt also gemäß § 24 Abs. 1 S. 2 GemO bei der **Grundsatzzuständigkeit des Gemeinderats (Organkompetenz).**[78]

Wird der Bebauungsplan durch einen **unzuständigen Verwaltungsträger** erlassen, so ist dieser **nichtig**. Heilungsvorschriften sind nicht einschlägig:
Eine Heilung nach §§ 214, 215 BauGB kommt nicht in Betracht, da es sich zum einen um eine Zuständigkeits- und nicht um eine Verfahrens- oder Formregelung und zum zweiten nicht um eine Vorschrift nach dem BauGB (vgl. den Wortlaut des § 214 Abs. 1 BauGB: „nach diesem Gesetzbuch") handelt. Auch eine Heilung nach § 4 Abs. 4 S. 1 GemO scheidet aus, da es sich wiederum nicht um eine Verfahrens- oder Formschrift handelt. <u>Fehlerfolgen:</u>[79] Ein Verstoß gegen die Zuständigkeitsvorschriften führt daher zur Nichtigkeit des Plans.

2. Verfahren

Das Verfahren zur Aufstellung eines Bebauungsplanes läuft wie folgt ab:

a) Planaufstellungsbeschluss

Das Verfahren beginnt mit dem Beschluss des Gemeinderates einen Bebauungsplan aufzustellen (**Planaufstellungsbeschluss**). Aus Gründen der rechtsstaatlichen Bestimmtheit ist der **Planbereich** zu benennen.[80] Da der Inhalt des Bebauungsplanes erst nach Durchführung des dem Planaufstellungsbeschluss nachfolgenden Planungsverfahrens festgelegt ist, muss der Planaufstellungsbeschluss keine Aussagen über den zukünftigen Inhalt enthalten.[81] Dieser Beschluss ist gemäß § 2 Abs. 1 S. 2 BauGB **ortsüblich bekannt zu machen**.

>> Lesen Sie § 1 DVOGemO, der die Formen der öffentlichen Bekanntmachung regelt. <<

<u>Fehlerfolgen:</u> Das BauGB beschränkt sich darauf, den Planaufstellungsbeschluss **nur zu erwähnen** (vgl. § 2 Abs. 1 S. 1 BauGB) oder Folgemaßnahmen von ihm abhängig zu machen. Derartige **Folgemaßnahmen** sind z.B. die Veränderungssperre gemäß § 14 BauGB oder eine

---

77 *Kennter* Öffentliches Recht in Baden-Württemberg Rn. 339 Fn. 47.
78 *Dürr* Baurecht Baden-Württemberg Rn. 52.
79 S. zu den Fehlerfolgen die zusammenhängende Darstellung unter Rn. 210 ff.
80 Tettinger/Erbguth/Mann-*Erbguth*, Besonderes Verwaltungsrecht § 27 Rn. 895.
81 *Brenner* Öffentliches Baurecht Rn. 271.

Zurückstellung von Baugesuchen gemäß § 15 BauGB (s.u. Rn. 241 ff.). Ein Beschluss vor der Auslegung nach § 3 BauGB wird vom BauGB nicht gefordert. Das **Fehlen** eines Planaufstellungsbeschlusses stellt daher **keine Wirksamkeitsvoraussetzung** dar.[82] Im Übrigen ist ein Verfahrensverstoß unbeachtlich, da in § 214 Abs. 1 S. 1 Nr. 3 BauGB der Planaufstellungsbeschluss nicht genannt ist.

> **Hinweis**
>
> Für den **Bürger** löst der Planaufstellungsbeschluss **keine Wirkungen** aus. An ihn können die o.g. Folgemaßnahmen geknüpft werden.
>
> Beachten Sie, dass im Rahmen der Prüfung dieser Folgemaßnahmen – im Gegensatz zur obigen Darstellung – ein rechtmäßiger Planaufstellungsbeschluss erforderlich ist.

b) Umweltprüfung und Umweltbericht

118 Sofern die Gemeinde den Bebauungsplan im regulären Verfahren nach §§ 2 ff. BauGB aufstellt, muss sie gemäß § 2 Abs. 4 BauGB eine **Umweltprüfung**[83] durchführen. § 2 Abs. 4 BauGB konkretisiert die Belange der Verfahrensgrundnorm (§ 2 Abs. 3 BauGB).[84] Es sollen die gemäß §§ 1 Abs. 6 Nr. 7, 1a BauGB **voraussichtlich erheblich Umweltauswirkungen ermittelt, beschrieben und bewertet** werden, § 2 Abs. 4 S. 1 Hs. 1 BauGB. In die Planung ist einzustellen, was nach Lage der Dinge bedeutsam ist.[85] Was einzustellen ist, liegt im **Ermessen** der Gemeinde, denn gemäß § 2 Abs. 4 S. 2 BauGB legt die Gemeinde für jeden Bauleitplan fest, in welchem Umfang und Detaillierungsgrad die Ermittlung für eine ordnungsgemäße Abwägung erforderlich ist (**Scoping**). § 2 Abs. 4 S. 3 BauGB legt hierfür den **Maßstab** fest. Die Umweltprüfung bezieht sich hiernach auf das, was nach gegenwärtigem Stand der Wissenschaft und anhand anerkannter Prüfungsmethoden angemessener Weise verlangt werden kann.

119 Gemäß §§ 2 Abs. 4 S. 1 BauGB sind die Ergebnisse der Umweltprüfung in einem **Umweltbericht** zu dokumentieren. Bei diesem Umweltbericht handelt es sich gemäß § 2a S. 3 BauGB um einen gesonderten **Teil der Begründung des Bauleitplans**.

> **Hinweis**
>
> Erlässt die Gemeinde den **Bebauungsplan im vereinfachten oder im beschleunigten Verfahren** entfällt die Umweltprüfung (§ 13 Abs. 3 BauGB bzw. § 13a Abs. 2 Nr. 1 BauGB).
>
> **§ 2 Abs. 4 S. 4 BauGB** stellt klar, dass das Ergebnis der Umweltprüfung in der nachfolgenden Abwägung zu berücksichtigen ist. Dies folgt bereits aus dem Abwägungsgebot nach § 1 Abs. 7 BauGB sowie aus der Verfahrensgrundnorm des § 2 Abs. 3 BauGB.[86] Verstößt die Gemeinde gegen § 2 Abs. 4 BauGB, ist dies **zugleich ein Verstoß gegen § 2 Abs. 3 BauGB** (s. Übungsfall 1).

---

82 *BVerwG* NVwZ 1988, 916.
83 Vertiefend hierzu: Hoppe/Bönker/Grotefels-*Hoppe* Öffentliches Baurecht Rn. § 7 Rn. 74 ff.
84 Battis/Kreutzberger/Löhr-*Battis* BauGB § 2 Rn. 6.
85 *BVerwGE* 34, 401.
86 Battis/Krautzberger/Löhr-*Battis* BauGB § 2 Rn. 19.

Formelle Rechtmäßigkeit   3 C II

Beispiel Beim Scoping verkennt die Gemeinde A, dass für die beabsichtigte Planung eine umfangreiche Ermittlung der umweltbezogenen Auswirkungen auf Mensch und seine Gesundheit sowie auf die Bevölkerung insgesamt notwendig ist (vgl. § 1 Abs. 6 Nr. 7 lit. c BauGB).

Die Gemeine A hat die Erforderlichkeit, in welchem Umfang und Detailierungsgrad dieser Belang des Umweltschutzes zu ermitteln ist, nicht zutreffend festgelegt. Sie verstößt daher sowohl gegen § 2 Abs. 4 S. 2 wie auch gegen § 2 Abs. 3 BauGB. ■

<u>Fehlerfolgen</u>: Da die Gemeinde im Falle eines Verstoßes gegen § 2 Abs. 4 BauGB auch § 2 Abs. 3 BauGB verletzt, besteht die **Rechtsfolge eines Verstoßes** in der **Beachtlichkeit** gemäß § 214 Abs. 1 S. 1 Nr. 1 BauGB. Es kann jedoch eine **Heilung** nach § 215 Abs. 1 Nr. 1 und § 214 Abs. 4 BauGB erfolgen.

Fehlt die Umweltprüfung oder der Umweltbericht ganz, so liegt ein nach § 214 Abs. 1 S. 1 Nr. 2 Hs. 1 und Nr. 3 Hs. 3 BauGB beachtlicher Verstoß vor.[87] Verletzt werden sowohl die Vorschriften über die Öffentlichkeits- und Behördenbeteiligung nach § 3 Abs. 2 BauGB als auch diejenigen über die Begründung der Satzungen sowie ihrer Entwürfe nach §§ 2a, 3 Abs. 2 und 9 Abs. 8 BauGB.[87] Unbeachtlich ist gemäß § 214 Abs. 1 S. 1 Nr. 3 letzter HS BauGB eine Verletzung von Vorschriften in Bezug auf den Umweltbericht, wenn die Begründung nur in unwesentlichen Punkten unvollständig ist.

c) Öffentlichkeits-/Behördenbeteiligung, §§ 3, 4 BauGB

Das Verfahren der Öffentlichkeits- und Behördenbeteiligung ist **zweistufig** ausgestaltet. Auf der ersten Stufe steht die frühzeitige, §§ 3 Abs. 1, 4 Abs. 1 BauGB, und auf der zweiten Stufe die formelle Öffentlichkeits- und Behördenbeteiligung, §§ 3 Abs. 2, 4 Abs. 2 BauGB.

120

aa) Frühzeitige Öffentlichkeitsbeteiligung, § 3 Abs. 1 S. 1 BauGB

Die Öffentlichkeit ist gemäß § 3 Abs. 1 S. 1 BauGB grundsätzlich[88] **möglichst frühzeitig über die allgemeinen Ziele und Zwecke der Planung und deren voraussichtliche Auswirkungen öffentlich zu unterrichten**. Die allgemeinen Ziele und Zwecke müssen bereits so weit entwickelt sein, dass sie einen **gewissen Reifegrad** besitzen (**Vorstellungsreife**).[89]

121

Die frühzeitige Öffentlichkeitsbeteiligung verfolgt **mehrere Zwecke**:[90] Primär dient sie, vgl. § 4a Abs. 1 BauGB, der **vollständigen Ermittlung und der zutreffenden Bewertung der von der Planung berührten Belange**. Die Gemeinde beschafft und **vervollständigt das notwendige Abwägungsmaterial**.[91] Sie erhält Kenntnis von den Wünschen und Befürchtungen der betroffenen Bürger. Weiterhin werden die Bürger aktiv in den Prozess der Vorbereitung politischer (Planungs-)Entscheidungen einbezogen, so dass die frühzeitige Öffentlichkeitsbeteiligung auch einen demokratischen Zweck verfolgt. Da die Gemeinde als Satzungsgeber auch grundrechtlichen Schutzpflichten unterliegt, erfüllt die frühzeitige Öffentlichkeitsbeteiligung auch eine Rechtsschutzfunktion.

122

---

[87] *OVG Rheinland-Pfalz* BauR 2007, 332.
[88] Eine Ausnahme enthält § 3 Abs. 1 S. 2 BauGB.
[89] *Brenner* Öffentliches Baurecht Rn. 278.
[90] *BVerwG* NVwZ 1988, 822.
[91] *Brenner* Öffentliches Baurecht Rn. 279.

> Zur **Öffentlichkeit** zählt jedermann, der ein Interesse an der Bauleitplanung hat.
> **Frühzeitig** ist die Öffentlichkeitsbeteiligung, wenn die Planinhalte noch nicht verfestigt sind.

123 Die frühzeitige Öffentlichkeitsbeteiligung hat **öffentlich** zu erfolgen. Die Gemeinde kann nach eigener Entscheidung die Planung z.B. in öffentlichen Veranstaltungen oder Ausstellungen vorstellen. Das Kriterium „öffentlich" ist jedoch verletzt, wenn die Gemeinde nur die planbetroffenen Bürger unterrichtet. Im Hinblick auf **die Gelegenheit zur Äußerung und Erörterung** gemäß § 3 Abs. 1 S. 1 Hs. 2 BauGB hat der Bürger keinen Rechtsanspruch dahingehend, dass dies in Form einer öffentlichen Versammlung erfolgt. Es besteht lediglich ein Anspruch auf eine persönliche Anhörung.

124 **Gegenstand** der Unterrichtung und Anhörung können Informationen vor allem aus der ersten Fassung der Begründung des Planaufstellungsbeschlusses gemäß § 2a BauGB sein, sofern die frühzeitige Öffentlichkeitsbeteiligung nach dem Planaufstellungsbeschluss stattfindet.

Nicht erforderlich ist eine frühzeitige Öffentlichkeitsbeteiligung in den Fällen des § 3 Abs. 1 S. 2 Nr. 1 und Nr. 2 BauGB: Eine frühzeitige Öffentlichkeitsbeteiligung kann unterbleiben, wenn nach § 3 Abs. 1 S. 2 Nr. 1 BauGB ein Bebauungsplan aufgestellt oder aufgehoben wird und sich dies nicht oder nur unerheblich auf das Plangebiet und seine Nachbargebiete auswirkt. Eine Entbehrlichkeit ist ferner gegeben, wenn die Unterrichtung und Erörterung bereits zuvor auf einer anderen Grundlage erfolgt ist, vgl. § 3 Abs. 1 S. 2 Nr. 2 BauGB.

Sollte die frühzeitige Öffentlichkeitsbeteiligung zu einer wesentlichen Änderung des Planentwurfs führen, so muss sie nicht erneut durchgeführt werden. Dann muss eine öffentliche Auslegung i.S.d. § 3 Abs. 2 BauGB wegen § 3 Abs. 1 S. 3 BauGB erfolgen.

125 Ein **Verstoß** gegen § 3 Abs. 1 S. 1 BauGB ist gegeben, wenn die Gemeinde bestimmte Planungsalternativen verwirft, bevor die Öffentlichkeit Gelegenheit hatte sich zu äußern.[92]

Fehlerfolgen: Die Rechtsfolge eines Verstoßes besteht in der **Unbeachtlichkeit**, da in § 214 Abs. 1 S. 1 Nr. 2 BauGB zwar § 3 BauGB, jedoch nur Abs. 2 und nicht Abs. 1 genannt ist.

>> Unterstreichen Sie sich in Ihrem Gesetzestext bei § 214 Abs. 1 S. 1 BauGB nach der Nennung des „§ 3 BauGB" den „Abs. 2". «

bb) Frühzeitige Behördenbeteiligung, § 4 Abs. 1 S. 1 BauGB

126 Die **frühzeitige Behördenbeteiligung** gemäß § 4 Abs. 1 S. 1 BauGB setzt voraus, dass diejenigen Behörden und sonstigen Träger öffentlicher Belange entsprechend § 3 Abs. 1 S. 1 Hs. 1 BauGB, deren Aufgabenbereiche durch die Planung berührt werden, am Verfahren der Bauleitplanung beteiligt werden. Auch die frühzeitige Behördenbeteiligung verfolgt einen doppelten **Zweck**:[93] Zum einen dient sie der **Vervollständigung des Planmaterials**, so dass gemäß § 1 Abs. 7 BauGB alle von der Bauleitplanung berührten Belange erfasst und bewertet werden können, zum anderen haben die Behörden der Gemeinde, falls sie über Informationen verfügen, die für die Beibringung oder **Vervollständigung des Umweltberichts** gemäß § 2 Abs. 4 BauGB nützlich sind, diese zur Verfügung zu stellen (vgl. § 4 Abs. 3 BauGB). Die Behörden sind jedoch nur dann am Verfahren zu beteiligen, wenn ihr Aufgabenbereich von der Planung berührt ist. Hierfür genügt es nicht, dass die Behörde nur abstrakt betroffen ist. Sie muss vielmehr konkret betroffen sein.

---

92 *Brenner* Öffentliches Baurecht Rn. 281.
93 *Brenner* Öffentliches Baurecht Rn. 284.

Formelle Rechtmäßigkeit

Beispiele
- Denkmalamt
- Umweltamt

Schwieriger ist zu bestimmen, wer ein **sonstiger Träger öffentlicher Belange i.S.d. § 4 Abs. 1 S. 1 BauGB ist**. Da § 4 Abs. 1 S. 1 BauGB die sonstigen Träger öffentlicher Belange neben den Behörden eigenständig nennt, kann daraus gefolgert werden, dass es sich nicht um hoheitlich handelnde Behörden im organisatorischen Sinn handeln muss, denn ansonsten ergäbe die Nennung der sonstigen Träger öffentlicher Belange keinen Sinn.[94] Zu den Trägern öffentlicher Belange zählen daher **Stellen, die den gesetzlichen Auftrag haben, öffentliche Belange zu verfolgen** (sog. funktionaler Behördenbegriff). Dies sind vor allem die Träger funktionaler Selbstverwaltung, wie z.B. Industrie- und Handelskammer, Handwerkskammer oder Ärztekammer, und Energieversorgungsunternehmen, wie z.B. eine Stadtwerke GmbH.[95]

127

> **Hinweis**
>
> Maßgeblich für die Beurteilung der Frage, ob es sich im Einzelfall um einen sonstigen Träger öffentlicher Belange handelt, ist also ob ein **gesetzlicher Auftrag** zur Verfolgung öffentlicher Interessen gegeben ist.

Auch **Nachbargemeinden** (s. hierzu Rn. 192 ff.), die von der Planungsabsicht betroffen sind, können ungeachtet, ob sie unmittelbar an das Gebiet der planenden Gemeinde angrenzen oder nicht, ein sonstiger Träger öffentlicher Belange sein, denn ansonsten bestünde keine Anpassungspflicht einer Nachbargemeinde gemäß § 7 BauGB.[96]

Nicht erfasst sind hingegen **private Interessenvertretungen**, die sich mit öffentlichen Aufgaben beschäftigen, wie z.B. Naturschutzverbände[97] oder Sportverbände, da sie keinen gesetzlichen Auftrag haben öffentliche Interessen zu verfolgen. Sie sind jedoch über § 3 Abs. 1 S. 1 Hs. 1 BauGB zu beteiligen.[95]

> **Hinweis**
>
> Gemäß § 4a Abs. 2 BauGB können die frühzeitige Öffentlichkeits- (§ 3 Abs. 1 BauGB) und die frühzeitige Behördenbeteiligung (§ 4 Abs. 1 BauGB) gleichzeitig erfolgen.

Fehlerfolgen: Die **Rechtsfolge eines Verstoßes** besteht in der **Unbeachtlichkeit**. In § 214 Abs. 1 S. 1 Nr. 2 BauGB ist zwar § 4 BauGB, jedoch nur Abs. 2 und nicht Abs. 1 genannt.

128

>> Unterstreichen Sie sich in Ihrem Gesetzestext bei § 214 Abs. 1 S. 1 BauGB nach der Nennung des „§ 4" den „Abs. 2". «

cc) Formelle Öffentlichkeitsbeteiligung, § 3 Abs. 2 BauGB

Die formelle Öffentlichkeitsbeteiligung (auch Auslegungsverfahren genannt) gliedert sich zeitlich in **drei Phasen**:

129

---

94 *Stollmann* Öffentliches Baurecht § 6 Rn. 13.
95 Tettinger/Erbguth/Mann-*Erbguth* Besonderes Verwaltungsrecht Rn. 900.
96 *BVerwGE* 40, 323, 330.
97 Vgl. *BVerwGE* 104, 367. Beachten Sie jedoch §§ 59 ff. BNatSchG.

Die **erste Phase** ist die Phase der **Bekanntmachung** der Auslegung, § 3 Abs. 2 S. 2 BauGB. Es hat eine Woche vor der Auslegung eine **ortsübliche Bekanntmachung** mit dem Hinweis, dass Anregungen während der Auslegungsfrist eingebracht werden können, zu erfolgen. In dieser Bekanntmachung müssen enthalten sein:
- Ort und Dauer der Auslegung
- Angaben dazu, welche umweltbezogenen Informationen verfügbar sind
- ein Hinweis auf die Präklusion gemäß § 47 Abs. 2a VwGO

>> Fristberechnungen müssen Sie (nicht nur im Baurecht) unbedingt beherrschen, da diese nicht zuletzt auch wegen deren Bedeutung für die Rechtspraxis häufig geprüft wird. «

JURIQ-Klausurtipp

Hinsichtlich der **Fristberechnung** gemäß § 31 LVwVfG i.V.m. § 187 ff. BGB analog ist zu beachten, dass es sich nach h.M. bei der Wochenfrist nach § 3 Abs. Abs. 2 S. 2 BauGB um eine **Ereignisfrist** handelt. Dies bedeutet, dass der **Fristbeginn** gemäß § 31 LVwVfG i.V.m. § 187 Abs. 1 BGB analog berechnet wird, d.h. der Tag an dem mit der Bekanntmachung begonnen wird, zählt nicht mit.[98] Für das **Fristende** sind §§ 188 Abs. 2 Alt. 2 BGB, 193 BGB analog einschlägig.

Beispiel Ist die Bekanntmachung z.B. an einem Montag erfolgt, endet die Wochenfrist daher am folgenden Montag um 24.00 Uhr, sofern es sich dabei nicht um einen Feiertag handelt. In diesem Fall läuft die Frist erst an dem folgenden Werktag ab. ∎

130 Sollte die öffentliche Bekanntmachung für einen zu kurzen Zeitraum erfolgt sein, so kann dies durch eine entsprechend längere tatsächliche Auslegung gemäß § 3 Abs. 2 S. 1 BauGB geheilt werden.[98]

Der **Zweck** der Bekanntmachung der Auslegung besteht darin, dass die Öffentlichkeit aufgefordert werden soll, zur Planung beizutragen. Gemäß § 3 Abs. 2 S. 3 BauGB sollen auch die Behörden und die Träger sonstiger öffentlicher Belange von der Auslegung benachrichtigt werden.

131 Die **zweite Phase** ist die Phase der **öffentlichen Auslegung**, § 3 Abs. 2 S. 1 BauGB. Diese stellt den **wichtigsten Teil** der Beteiligung der Öffentlichkeit dar.[99] **Gegenstand** der Auslegung ist der von der Gemeinde beschlossene Entwurf des Bebauungsplanes mit dessen **Begründung** und den nach Einschätzung der Gemeinde wesentlichen, bereits vorliegenden **umweltbezogenen Stellungnahmen**. Alternativentwürfe, Vorentwürfe und sonstiges Planungsmaterial müssen nicht ausgelegt werden.[100] Die **Dauer** der Auslegung beträgt **einen Monat**. Diese Frist darf zwar über-, jedoch nicht unterschritten werden.

JURIQ-Klausurtipp

Im Gegensatz zur Ereignisfrist des § 3 Abs. 2 S. 2 BauGB handelt es sich bei der Monatsfrist des § 3 Abs. 2 S. 1 BauGB[101] um eine **Ablauffrist**, die über § 31 LVwVfG i.V.m. § 187 Abs. 2 BGB analog berechnet wird, d.h. der erste Tag der Auslegung zählt mit.[102] Beachten Sie, dass die Frist einen Monat und nicht vier Wochen beträgt.

---

98 Jäde/Dirnberger/Weiss-*Jäde* BauGB BauNVO § 3 BauGB Rn. 21.
99 *Dürr* Baurecht Baden-Württemberg Rn. 63, Rn. m.w.N.
100 *Brenner* Öffentliches Baurecht Rn. 289.
101 Vgl. dazu *Dusch* NVwZ 2013, 1581.
102 Jäde/Dirnberger/Weiss-*Jäde* BauGB BauNVO § 3 BauGB Rn. 21; *Gemeinsamer Senat der obersten Bundesgerichte* NJW 1972, 2035.

Formelle Rechtmäßigkeit 3 C II

Der **Zweck** der Auslegung besteht darin, dass die Bürger und Behörden über die im Planentwurf konkretisierten Planungsabsichten der Gemeinde Kenntnis erlangen und dadurch in die Lage versetzt werden Anregungen vorzubringen. Es besteht also eine **Anstoßfunktion**.[103] Gemäß § 3 Abs. 2 BauGB kann sich in der Phase der Auslegung jedermann, ungeachtet, ob er planungsbetroffen oder aus sonstigen Gründen interessiert ist, schriftlich, mündlich oder zur Niederschrift **äußern**. Ein Recht vor dem Gemeinderat vorzutragen besteht nicht.

Eine **archivmäßige Verwahrung** des Bebauungsplans, d.h. wenn dieser in einem Regal oder Aktenschrank verwahrt und nur auf Anfrage herausgegeben wird, ist **unzulässig**.[104] Der Wortlaut des § 3 Abs. 2 BauGB erfordert eine Auslegung und nicht nur ein Bereithalten. Dies entspricht auch dem Sinn der Vorschrift. Jeder Interessierte muss, ohne noch Fragen und Bitten stellen zu müssen, in die Unterlagen Einblick nehmen können. Die Berechnung des Endes der Auslegungsfrist darf dem Bürger überlassen werden.[105] Die Möglichkeit der Einsicht während der **Verkehrszeiten**, d.h. während der für den Publikumsverkehr vorgesehenen Öffnungszeiten, genügt.[106]

132

Ob der **Ort der Auslegung exakt**, d.h. mit Raum der Auslegung, angegeben werden muss oder ob die Angabe des Amtes mit Anschrift und Stockwerk genügt, ist umstritten. Der **Verwaltungsgerichtshof Baden-Württemberg** verlangt eine exakte Angabe des Auslegungsorts.[107] Das **Bundesverwaltungsgericht** hingegen lässt es genügen, dass die Angabe des Amtes mit Anschrift, Stockwerk und einer Telefonnummer erfolgt, da es, wie auch bei sonstigen Behördengängen zumutbar sei, dass sich der Bürger zuvor telefonisch oder aber vor Ort näher erkundigt.[108]

In der **dritten Phase** ist die Gemeinde gemäß § 3 Abs. 2 S. 4 Hs. 1 BauGB verpflichtet die fristgemäß vorgebrachten Anregungen zu prüfen. Obgleich hierzu kein Verfahren verpflichtend vorgeschrieben ist, entscheidet die Gemeinde regelmäßig durch einen gesonderten Beschluss, ob und in welcher Weise die eingebrachten Einwendungen berücksichtigt werden. Das Ergebnis der gemeindlichen Prüfung hat die Gemeinde den Bürgern, die fristgemäß Einwendungen vorgebracht haben, mitzuteilen, § 3 Abs. 2 S. 4 Hs. 2 BauGB. **Nicht berücksichtigte Einwendungen** sind der Genehmigungsbehörde mit einer Stellungnahme zum Grund der Nichtberücksichtigung vorzulegen, § 3 Abs. 2 S. 6 BauGB. Sollte der **Planentwurf** des Bebauungsplanes aufgrund von Einwendungen oder aus sonstigen Gründen **geändert oder ergänzt** werden, so ist er **erneut** für die Dauer eines Monats **auszulegen** und die notwendigen **Stellungnahmen** sind **erneut einzuholen**, § 4a Abs. 3 S. 1 BauGB. In Bezug auf den Umweltbericht i.S.d. § 2a BauGB gilt das Gleiche.

> **Hinweis**
>
> Im Falle der Nichtberücksichtigung seiner Anregungen hat der Bürger keinen Rechtsbehelf gegen diese. Er muss vielmehr den Abschluss des Planaufstellungsverfahrens abwarten und kann dann im Wege einer prinzipalen Normenkontrolle (s.u. Rn. 571) gegen den Bebauungsplan vorgehen.

---

103 *Brenner* Öffentliches Baurecht Rn. 291.
104 *VGH Baden-Württemberg* VBlBW 1999, 178. Unzulässigkeit einer „Auslegung" auf einem niedrigen Aktenschrank, der sich hinter dem Stuhl der Behördenmitarbeiterin befindet.
105 *BVerwG* NVwZ 1993, 475.
106 *BVerwG* DÖV 1980, 764; *VGH Baden-Württemberg* VBlBW 2001, 58.
107 *VGH Baden-Württemberg* VBlBW 2008, 185 m.w.N.
108 *BVerwGE* 133, 98, 114 f.

133 Fehlerfolgen: Die **Rechtsfolge eines Verstoßes** besteht in der **Beachtlichkeit**, § 214 Abs. 1 S. 1 Nr. 2 BauGB. Es kann jedoch eine **Heilung** nach § 215 Abs. 1 Nr. 2 und § 214 Abs. 4 BauGB erfolgen.

dd) Formelle Behördenbeteiligung, § 4 Abs. 2 BauGB

134 Die formelle Behördenbeteiligung nach § 4 Abs. 2 BauGB folgt, auch wenn die Auslegung zu einer Änderung des Bebauungsplanes geführt hat, gemäß § 4 Abs. 1 S. 2 BauGB auf die frühzeitige Behördenbeteiligung. Erfasst sind **Behörden** und **sonstige Träger öffentlicher Belange**. Im Gegensatz zur frühzeitigen Öffentlichkeitsbeteiligung muss deren **Aufgabenbereich durch die Planung berührt** sein. Die **Frist** für die Abgabe der Stellungnahme beträgt einen Monat, § 4 Abs. 2 S. 2 Hs. 1 BauGB. Diese soll jedoch bei Vorliegen eines wichtigen Grundes gemäß § 4 Abs. 2 S. 2 Hs. 2 BauGB angemessen verlängert werden.

135 **Hinweis**

Gemäß **§ 4a Abs. 6 S. 1 BauGB** können Stellungnahmen, die im Verfahren der Öffentlichkeits- oder Behördenbeteiligung nicht rechtzeitig abgegeben worden sind, unberücksichtigt bleiben, sofern die Gemeinde deren Inhalt nicht kannte und nicht hätte kennen müssen.

Sind diese Voraussetzungen gegeben tritt eine **Präklusion**[109] ein. Die Präklusionsregelung des § 4a Abs. 6 BauGB entfaltet damit eine eingeschränkte formelle und wegen des Wortlautes der Vorschrift („und deren Inhalt für die Rechtmäßigkeit des Bauleitplans nicht von Bedeutung ist") eine auch eingeschränkte materielle Ausschlusswirkung:

Die **formelle Ausschlusswirkung** liegt im Ausschluss verspätet vorgebrachter Stellungnahmen. Sie dient der Verfahrensbeschleunigung. Eingeschränkt ist diese in dreifacher Hinsicht:[110]

1. Der Ausschluss wird nur ermöglicht („können").

2. Der Ausschluss greift nicht ein, wenn es sich um Belange handelt, die der Gemeinde bekannt sind oder hätten bekannt sein müssen und

3. der Eintritt der Präklusion ist gemäß § 4a Abs. 6 S. 2 BauGB von einem entsprechenden Hinweis nach § 3 Abs. 2 S. 2 Hs. 2 BauGB abhängig.

Die **materielle Wirkung** führt zu einem Ausschluss im Normenkontrollverfahren gemäß § 47 Abs. 2a VwGO (s.u. Rn. 586). Eingeschränkt ist diese Ausschlusswirkung neben dem oben genannten Grund auch wegen des diesbezüglich erforderlichen Hinweises, § 4a Abs. 6 S. 2 BauGB.

Zwingend berücksichtigt werden müssen demnach auch nach Fristablauf:[111]
1. Belange, die der Gemeinde bekannt waren oder hätten sein müssen
2. Belange, die für die Rechtmäßigkeit der Abwägung von Bedeutung sind

136 Inhaltlich sollen sich die Behörden und die sonstigen Träger öffentlicher Belange gemäß § 4 Abs. 2 S. 3 Hs. 1 BauGB auf ihren Aufgabenbereich beschränken. Dabei sind sie verpflichtet, der Gemeinde verfügbare Informationen, die zur Ermittlung und Bewertung

---

109 Vgl. vertiefend *Niedzwicki* Präklusionsvorschriften des öffentlichen Rechts im Spannungsverhältnis zwischen Verfahrensbeschleunigung, Einzelfallgerechtigkeit und Rechtsstaatlichkeit.
110 Tettinger/Erbguth/Mann-*Erbguth* Besonderes Verwaltungsrecht Rn. 913.
111 Jäde/Dirnberger/Weiss-*Jäde* BauGB BauNVO § 4a BauGB Rn. 27.

des Abwägungsmaterials zweckdienlich sind, zur Verfügung stellen. Es existiert eine **Bringschuld der Behörden**.[112] Wird der Entwurf aufgrund von Stellungnahmen geändert oder ergänzt, so ist das Verfahren gemäß § 4a Abs. 3 S. 1 BauGB erneut durchzuführen. Dabei kann eine Beschränkung auf die geänderten oder ergänzten Teile und eine angemessene Verkürzung der Frist erfolgen, § 4a Abs. 3 S. 2 und 3 BauGB.

Fehlerfolgen: Die **Rechtsfolge eines Verstoßes** besteht in der **Beachtlichkeit**, § 214 Abs. 1 S. 1 Nr. 2 BauGB. Es kann eine **Heilung** nach § 215 Abs. 1 Nr. 2 und § 214 Abs. 4 BauGB erfolgen.

137

> » Lesen Sie § 214 Abs. 1 Nr. 2 BauGB sorgfältig durch und verinnerlichen Sie dessen Normstruktur. «

> **Hinweis**
>
> Bei den Vorschriften über die Öffentlichkeits- und Behördenbeteiligung nach §§ 3 Abs. 2, 3 Abs. 2, 4a Abs. 3 und Abs. 5 S. 2, 13 Abs. 2 S. 1 Nr. 2 und 3 (auch i.V.m. § 13a Abs. 2 Nr. 1 BauGB), 22 Abs. 9 S. 2, 34 Abs. 6 S. 1 sowie § 35 Abs. 6 S. 5 BauGB ist die interne Unbeachtlichkeitsklausel (s. dazu Rn. 213) des § 214 Abs. 1 S. 1 Nr. 2 Hs. 2 BauGB zu beachten. Hiernach ist es unbeachtlich, wenn bei der Anwendung dieser Vorschriften
> - einzelne (nicht alle!) Personen, Behörden oder sonstigen Träger öffentlicher Belange nicht beteiligt worden sind, die entsprechenden Belange jedoch unerheblich waren oder in der Entscheidung berücksichtigt worden sind,
> - einzelne Angaben dazu, welche Arten umweltbezogener Informationen verfügbar sind (unter Verstoß gegen § 4 Abs. 2 S. 3 BauGB) gefehlt haben
> - der Hinweis nach § 3 Abs. 2 S. 2 Hs. 2 BauGB (auch i.V.m. § 13 Abs. 2 S. 2 BauGB und § 13a Abs. 2 Nr. 1 BauGB) gefehlt hat,
> - wenn bei der Anwendung des § 13 Abs. 3 S. 2 BauGB die Angabe darüber, dass von der Umweltprüfung abgesehen wird, unterlassen wurde oder
> - wenn bei der Anwendung des § 4a Abs. 3 S. 4 BauGB oder des § 13 BauGB (auch i.V.m. § 13a Abs. 2 Nr. 1 BauGB) die Voraussetzungen für die Durchführung der Beteiligung nach diesen Vorschriften verkannt worden sind.

d) Planentwurf

Daraufhin hat die Gemeinde oder im Falle einer Beauftragung gemäß § 4b BauGB ein von ihr beauftragtes privates Planungsbüro einen Planentwurf zu fertigen. Diesem Entwurf muss gemäß **§ 2a S. 1 BauGB** eine Begründung und gemäß **§ 2a S. 3 BauGB** ein Umweltbericht als gesonderter Teil der Begründung beigefügt werden.

138

Fehlerfolgen: Ein völliges Fehlen der Begründung ist beachtlich gemäß § 214 Abs. 1 Nr. 3 BauGB. Gemäß § 214 Abs. 1 Nr. 3 Hs. 2 BauGB ist eine lediglich unvollständige Begründung in unwesentlichen Punkten unbeachtlich. Es besteht die Möglichkeit einer Heilung gemäß § 215 Abs. 1 BauGB sowie durch eine planergänzendes Verfahren gemäß § 214 Abs. 4 BauGB.

---

[112] *Brenner* Öffentliches Baurecht Rn. 300.

e) Vollständige Ermittlung und Bewertung des Abwägungsmaterials, § 2 Abs. 3 BauGB

139 § 2 Abs. 3 BauGB stellt die sog. **Verfahrensgrundnorm** dar.[113] Ihr zufolge hat die Gemeinde die Belange, die für die materiell-rechtliche Abwägung gemäß § 1 Abs. 7 BauGB von Bedeutung sind (**Abwägungsmaterial**) zu **ermitteln** und zu **bewerten**. Zum zu ermittelnden und zu bewertenden Abwägungsmaterial gehören all die Unterlagen, die in der nachfolgenden Abwägung gemäß § 1 Abs. 7 BauGB berücksichtigt oder nicht berücksichtigt werden müssen.[114]

aa) Die Verfahrensgrundnorm, § 2 Abs. 3 BauGB

140 Die **Verfahrensgrundnorm** des § 2 Abs. 3 BauGB wurde durch das **EAG Bau 2004**[115] neu in das BauGB eingeführt. Der Gesetzgeber verfolgte das Ziel, die **Ermittlung und die Bewertung planungsrelevanter Belange** nicht mehr als materiell-rechtliche, sondern als **verfahrensbezogene Pflichten** auszugestalten.[116]

Bis zu dieser Änderung waren die Ermittlung und die Bewertung der planungsrelevanten Belange materiell-rechtliche Pflichten und gehörten demnach zum materiell-rechtlichen Abwägungsvorgang. Daher waren sie im Rahmen der materiellen Rechtmäßigkeit eines Bebauungsplanes zu prüfen.

Durch die Einführung des § 2 Abs. 3 BauGB handelt es sich nun um verfahrensrechtliche Pflichten, so dass diese im Rahmen der **formellen Prüfung der Rechtmäßigkeit** eines Bebauungsplanes zu prüfen sind.

Ob es durch die Einführung dieser Vorschrift zu einem **Paradigmenwechsel** gekommen ist, ist umstritten. So wird insbesondere unter Hinweis auf § 214 Abs. 3 S. 2 Hs. 2 BauGB bestritten, dass der Abwägungsvorgang nunmehr alleine verfahrensrechtliche Bedeutung habe. Das Bundesverwaltungsgericht[117] und der Verwaltungsgerichtshof Baden-Württemberg gehen von einer verfahrensrechtlichen Einordnung der Ermittlung und Bewertung der öffentlichen und privaten Belange durch § 2 Abs. 3 BauGB aus.

» Lesen Sie § 2 Abs. 3 und § 1 Abs. 7 BauGB. «

> **Hinweis**
>
> Dieses Problem hat Konsequenzen für die Planerhaltung nach §§ 214, 215 BauGB (s. dazu Rn. 212 ff, insbesondere Rn. 221) und wird daher dort behandelt. Zu den Folgen für den Prüfungsaufbau s. Rn. 154.

---

113 *Stollmann* Öffentliches Baurecht § 6 Rn. 6.
114 BT-Drucks. 15/2250, 42.; Battis/Kreutzberger/Löhr-*Battis* BauGB § 2 Rn. 5.
115 Europarechtsanpassungsgesetz Bau vom 24.6.2004 (BGBl. I, S. 1359).
116 Bt-Drucks. 15/2550, S. 63.
117 *BVerwGE* 131, 100. Vgl. hierzu *Mager* JA 2009, 398. Im Anschluss an *BVerwGE* 131, 100: *VGH Baden-Württemberg* Urteil vom 9.6.2009 – 3 S 1108/07 – juris.

bb) Die Phasen der Abwägung

Eine **Abwägung** i.S.d. § 1 Abs. 7 BauGB vollzieht sich in **vier Phasen**[118]:

141

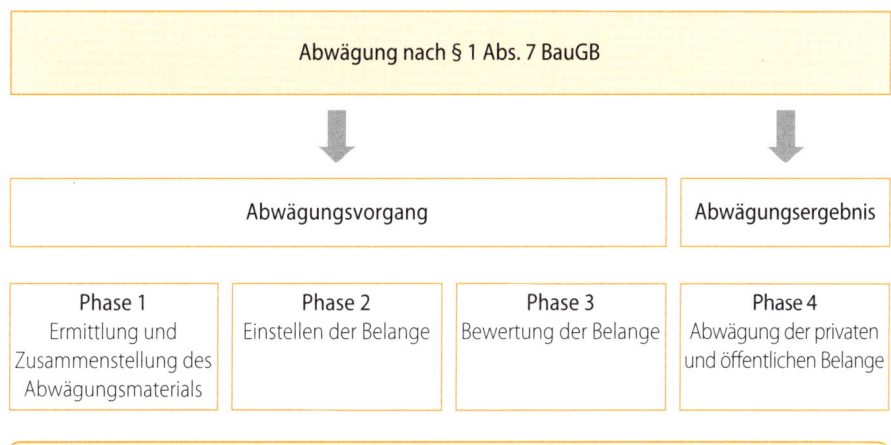

> **Hinweis**
>
> Die Anzahl der Phasen ist in der Literatur umstritten. So wird teilweise davon ausgegangen, dass sich die Abwägung nicht in vier, sondern in zwei[119] oder drei Phasen[120] vollziehe.

(1) In der **ersten Phase** hat die Gemeinde die Belange zu **ermitteln** und das bedeutsame Abwägungsmaterial **zusammenzustellen**.[121] Die Gemeinde hat also die konkret von der städtebaulichen Zielsetzung betroffenen **öffentlichen und privaten Belange** zu erfassen.[121] Es handelt sich um eine diagnostische und prognostische Ermittlung, da aus den **weit** zu verstehenden Belangen sowohl gegenwärtige wie auch zukünftige Belange zu ermitteln sind.[121] Umfang und Tiefe der gemeindlichen Ermittlungspflicht hängen von den **konkreten Umständen** ab.

142

> **Hinweis**
>
> In räumlicher Hinsicht sind nicht nur die Belange zu ermitteln, die mit Grundstücken innerhalb des Plangebietes verbunden sind. Vielmehr müssen auch Rechtspositionen Dritter außerhalb des Plangebietes in die Bewertung einbezogen werden, soweit sie planbedingten, nicht nur geringfügigen Beeinträchtigungen ausgesetzt sind, die in einem adäquat-kausalen Zusammenhang mit der Planung stehen.[122] Dies wird unter dem Begriff des **eigentumsrechtlichen Drittschutzes** verstanden.[121]

Die Ermittlung der abwägungserheblichen Belange wird durch § 2 Abs. 3 BauGB geregelt und stellt daher eine **formale Voraussetzung** dar.

---

118 Vgl. zum Ganzen *Brenner* Öffentliches Baurecht Rn. 376 ff.
119 *Schrödter* BauGB § 1 Rn. 157.
120 *Stollmann* Öffentliches Baurecht § 7 Rn. 31.
121 *Brenner* Öffentliches Baurecht Rn. 369.
122 *Brenner* Öffentliches Baurecht Rn. 369 m.w.N.

143 (2) In der **zweiten Phase** werden die Belange eingestellt. **Einstellen** bedeutet die Einbeziehung der Belange in die Entscheidung und deren Berücksichtigung bei der Entscheidung.[123] In die Abwägung müssen alle öffentlichen und privaten Belange eingestellt werden, die „**nach Lage der Dinge**" in die Abwägung einzustellen sind.[124]

> **Abwägungsbeachtlich** sind i.d.R. alle schutzwürdigen Interessen und ferner solche gegenwärtigen oder zukünftigen Betroffenheiten, die mehr als geringfügig, in ihrem Eintritt zumindest wahrscheinlich und als abwägungsbeachtlich erkennbar sind. Je gravierender eine mögliche Betroffenheit abwägungserheblicher Belange ist, desto eingehender müssen die Ermittlungen sein.

Da das Einstellen eine notwendige Voraussetzung für die später erfolgende Bewertung ist, wird auch diese Phase von § 2 Abs. 3 BauGB erfasst und stellt somit ebenfalls eine **formale Voraussetzung** dar.

144 (3) In der **dritten Phase** werden die abwägungserheblichen Belange **bewertet**. Die Gemeinde hat die objektiven Inhalte der Belange zu bestimmen und die einzelnen Belange zu gewichten. Dieses **Gewichtungsgebot** verlangt, dass jedem konkret abwägungsrelevanten Belang das ihm nach den rechtlichen Vorgaben zukommende objektive Gewicht beigemessen wird.[125]

Auch diese Phase wird von § 2 Abs. 3 BauGB erfasst. Dies folgt zum einen aus dem Wortlaut des § 2 Abs. 3 BauGB, der den Ausdruck „bewerten" enthält. Weiterhin stellt dieses Bewerten der einzelnen Belange keine Abwägung i.S.d. § 1 Abs. 7 BauGB dar. Es ist vielmehr ein Teil des Verfahrens vor der eigentlichen Abwägung. Daher handelt es sich auch bei dieser Phase um eine **formale Voraussetzung**.

145 (4) Die **vierte Phase** stellt den **Kern der Abwägung** i.S.d. § 1 Abs. 7 BauGB dar. In dieser Phase wird entschieden, **welchem Belang der Vorrang eingeräumt und welcher zurückgestellt wird**, denn nicht alle Belange können bei der Abwägung gleichermaßen Berücksichtigung finden.[126]

Dies stellt die elementare planerische Entscheidung dar, in der entschieden wird, in welche Richtung sich eine Gemeinde städtebaulich geordnet fortentwickeln will. Es geht also um den inhaltlichen Ausgleich der einzelnen Belange. Aus diesem Grund handelt es sich um eine **materielle Voraussetzung**.

cc) Abwägungsfehlerlehre

146 **Hinweis**

> Der Abwägungsfehlerlehre kommt in der baurechtlichen Fallbearbeitung besondere Bedeutung zu und muss daher von Ihnen unbedingt beherrscht werden.[127]

---

123 *Brenner* Öffentliches Baurecht Rn. 369.
124 *BVerwGE* 34, 301.
125 *Brenner* Öffentliches Baurecht Rn. 372.
126 *Brenner* Öffentliches Baurecht Rn. 374.
127 S. vertiefend *Martini/Finkenzeller* JuS 2012, 126.

(1) Das Spannungsverhältnis zwischen Art. 19 Abs. 4 GG und Art. 28 Abs. 2 S. 1 GG

Die Abwägungsfehlerlehre resultiert aus dem **Spannungsverhältnis** zwischen dem Gebot des effektiven Rechtsschutzes gemäß **Art. 19 Abs. 4 GG** (und der Eigentumsfreiheit gemäß Art. 14 Abs. 1 GG) des Planbetroffenen und der Planungshoheit der Gemeinde gemäß **Art. 28 Abs. 2 S. 1 GG**:[128]

147

Eine vollumfängliche gerichtliche Kontrolle der gemeindlichen Planung birgt die Gefahr in sich, dass die Gerichte ihre Vorstellungen von einer sachgerechten Planung an die Stelle der Erwägungen der gemeindlichen Planungsinstanzen und ihres Gestaltungsermessens setzen. Hierzu sind jedoch die **Gemeinden als Planungsträger** berufen und gerade nicht die Gerichte. Kollidieren objektiv gleichrangige öffentliche und bzw. oder private Belange miteinander, kommt dem Plangeber daher eine den Gerichten entzogene Letztgestaltungskompetenz zu. **Planung** setzt auf Grund der Multipolarität der Entscheidungsfindung einen autonomen **Gestaltungs- und Bewertungsfreiraum** voraus, der durch ein **geringeres Maß gesetzlicher Programmierung und richterlicher Kontrollbefugnis** geprägt ist. Planungsentscheidungen sind komplexe Verwaltungsentscheidungen. Sie sind auf die Lösung einer Vielzahl von sowohl Ziel-, wie auch Interessenkonflikten ausgerichtet und es wird ein Ausgleich vieler komplexer, teilweise entgegenstehender Interessen, bezweckt. Andererseits darf der Planungsvorgang **nicht** einer **planungsrechtlichen Willkür** unterliegen. Daher darf die **gerichtliche Überprüfung** zwar **nicht schrankenlos** sein, kommt aber zugleich **nicht ohne ein Mindestmaß an inhaltlicher Prüftiefe** aus.

> **Hinweis**
>
> Verwaltungsrechtliche Vorschriften enthalten i.d.R. ein Konditionalprogramm, in Form eines „wenn-dann-Schemas" (Voraussetzung gegeben Rechtsfolge). Der **Abwägungsvorgang** hingegen stellt ein **Finalprogramm**[129] dar, das durch ein Mittel-Zweck-Schema gekennzeichnet ist: Der Zweck der Planung muss die eingesetzten Mittel rechtfertigen (Zweck der Planung eingesetzte Mittel).[130]

Durch Rechtsprechung und Literatur ist daher eine Systematisierung der Gründe, die zu einer Verletzung des Abwägungsgebotes führen, erfolgt. Insgesamt gibt es **vier Abwägungsmängel (Abwägungsfehlerlehre)**.[131] Abwägungsfehler kennzeichnen **Verstöße gegen unverzichtbare Grundelemente des gemeindlichen Planungsermessens.**[132]

148

Diese können sowohl den **Abwägungsvorgang** wie auch das **Abwägungsergebnis** betreffen: Sie können sich zum einen auf den **Vorgang der Ermittlung** der abwägungsrelevanten Belange und zum anderen auf den Bebauungsplan, der das **Ergebnis der Gewichtung** der Belange untereinander ist, beziehen.

---

128 *Martini/Finkenzeller* JuS 2012, 126, 127 f.
129 *Brenner* Öffentliches Baurecht Rn. 375. Kritsch zu dieser Einschätzung *Rubel* Planungsermessen; *Koch/Hendler* Baurecht § 17 Rn. 4 ff.; vgl. zu dieser Kritik *Erbguth/Schubert* Öffentliches Baurecht Rn. 130.
130 Vgl. *Dürr* Baurecht Baden-Württemberg Rn. 45 m.w.N.
131 Vgl. zum Ganzen *Stollmann* Öffentliches Baurecht § 7 Rn. 31 ff.
132 *Martini/Finkenzeller* JuS 2012, 126, 127.

> **JURIQ-Klausurtipp**
>
> Durch die Einführung des § 2 Abs. 3 BauGB enthält das BauGB zwei Vorschriften, die die Abwägung betreffen. § 2 Abs. 3 BauGB regelt als formelle Vorschrift den Vorgang der Ermittlung und Bewertung der abwägungsrelevanten Tatsachen. § 1 Abs. 7 BauGB regelt als materielle Vorschrift den gerechten Ausgleich der Belange untereinander. Dies hat zur Folge, dass das **Abwägungsgebot in Klausuren an zwei Stellen**, der Prüfung der formellen und der materiellen Rechtmäßigkeit eines Bebauungsplanes, zu behandeln ist.

(2) Die Abwägungsfehler im Einzelnen

149 Im Folgenden werden die einzelnen Abwägungsfehler dargestellt und der formellen oder der materiellen Seite zugeordnet.

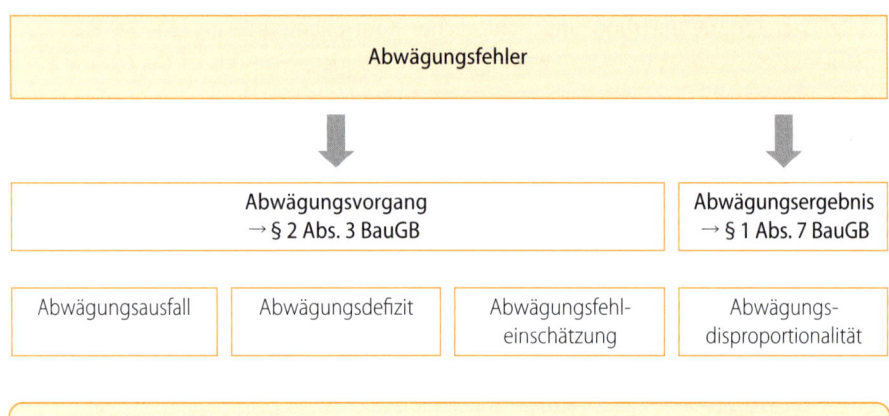

> **Hinweis**
>
> Die Bezeichnung der Fehler erfolgt in der Literatur uneinheitlich. Inhaltlich handelt es sich jedoch um die gleichen Fehler.

 Ein **Abwägungsausfall** liegt vor, wenn eine (sachgerechte) Abwägung überhaupt nicht stattfindet oder erkennbar ist.[133]

150 In dieser Konstellation hat die Gemeinde mit der Ermittlung der abwägungsrelevanten Belange überhaupt nicht begonnen.

Beispiel 1 Eigentümer E möchte ein bisher für die Landwirtschaft genutztes Gebiet mit einem Wohnhaus bebauen. Daher steht er in regem Kontakt zur Gemeinde A und verhandelt mit dieser. A ist sich noch nicht darüber schlüssig, ob sie das Gebiet beplanen und falls sie es beplanen möchte mit welchem Inhalt dies erfolgen soll. Nach einiger Zeit hält sich A wegen den Verhandlungen mit E rechtsirrtümlich für vertraglich verpflichtet und beschließt einen Bebauungsplan mit dem von E gewünschten Inhalt.

---

[133] *Finkelnburg/Ortloff/Kment* Öffentliches Baurecht Band 1 § 5 Rn. 28 m.w.N.

Formelle Rechtmäßigkeit 3 C II

Dies stellt einen Abwägungsausfall dar, da die Gemeinde überhaupt keine Abwägung der privaten und öffentlichen Belange vorgenommen hat, sondern ohne Abwägung wegen eines Rechtsirrtums bestimmte Festsetzungen getroffen hat. ■

Der Abwägungsausfall ist ein **formeller Fehler**, der unter § 2 Abs. 3 BauGB fällt.

> Ein **Abwägungsdefizit** ist gegeben, wenn die Gemeinde in die erfolgende Abwägung nicht alle abwägungserheblichen Belange einstellt bzw. diese gar nicht erst ermittelt.[134]

Beispiel 2 Gemeinde A setzt in einem Bebauungsplan ein Gewerbegebiet fest, das an ein reines Wohngebiet angrenzt. Dabei berücksichtigt sie die Schutzbedürftigkeit des angrenzenden reinen Wohngebietes nicht. ■

Im Falle eines Abwägungsdefizits hat die Gemeinde zwar mit der Ermittlung der abwägungserheblichen Belange begonnen, wobei dies in unvollständiger Weise erfolgte. § 2 Abs. 3 BauGB fordert jedoch eine vollständige Ermittlung des Abwägungsmaterials. Daher ist dieser Fehler § 2 Abs. 3 BauGB und mithin der **formellen Seite** zuzuordnen.

151

> Eine **Abwägungsfehleinschätzung** liegt vor, wenn die einzelnen Belange zwar vollständig ermittelt, aber nicht entsprechend ihrer objektiven Gewichtung in die Entscheidung eingestellt worden sind.[135]

Beispiel 3 Bei der Erweiterung eines Campingplatzes wurden zwar die Belange des Naturschutzes und der Landschaftspflege in die Abwägung einbezogen. Diesen wurde jedoch ein sehr geringes Gewicht beigemessen (**Abwägungsfehleinschätzung**). ■

Da § 2 Abs. 3 BauGB nicht nur den Begriff „ermitteln", sondern auch den Begriff „bewerten" enthält und das Bewerten dem Ermitteln daher gleichsetzt, ist auch dieser Fehler der **formellen Seite** zuzuordnen.

152

> Eine **Abwägungsdisproportionalität** ist gegeben, wenn der Ausgleich zwischen den von der Planung berührten öffentlichen Belangen in einer Weise vorgenommen wurde, der zu deren objektiven Gewichtung der Belange außer Verhältnis steht.[136]

153

Beispiel 4 Die Gemeinde A plant eine bisher als Mischgebiet ausgewiesene Fläche als reines Wohngebiet auszuweisen. Bei der Abwägung der konfligierenden Interessen der Wohnhausbesitzer und der Gewerbetreibenden gelangt sie zum Ergebnis, dass zum Schutz der Wohnbevölkerung alle Gewerbebetriebe geschlossen werden müssten.

Hier hat die Gemeinde A zwar einen Ausgleich zwischen den widerstreitenden privaten Interessen vorgenommen. Dabei hat sie jedoch die Interessen der Wohnbevölkerung unangemessen weit berücksichtigt und die Interessen der Gewerbetreibenden, insbesondere von nicht störenden Betrieben, unangemessen zurückgestellt. ■

---

134 *Finkelnburg/Ortloff/Kment* Öffentliches Baurecht Band 1 § 5 Rn. 54 m.w.N.
135 *Finkelnburg/Ortloff/Kment* Öffentliches Baurecht Band 1 § 5 Rn. 55 m.w.N.
136 *Finkelnburg/Ortloff/Kment* Öffentliches Baurecht Band 1 § 5 Rn. 70 m.w.N.

Die Abwägungsdisproportionalität betrifft den Ausgleich der Belange untereinander und somit das Ergebnis der Abwägung. Daher handelt sich um einen Verstoß gegen das Gebot der gerechten Abwägung gemäß § 1 Abs. 7 BauGB und somit um einen **materiellen Fehler**.

> **154** **JURIQ-Klausurtipp**
>
> Die Einführung des § 2 Abs. 3 BauGB als Verfahrensgrundnorm hat – wenn Sie der hier vertretenen und herrschenden Auffassung folgen (s.u. Rn. 221) – Konsequenzen für den Prüfungsaufbau, die daraus resultieren, dass die bisherigen materiell-rechtlichen Pflichten des Ermittelns und Bewertens der abwägungsrelevanten Belange, wie dargestellt (s. zum EAG Bau s. Rn. 140, 192, 338, 448 ff., 467 ff.), nun die formelle Rechtmäßigkeit eines Bebauungsplanes betreffen. Die Abwägungsdisproportionalität stellt jedoch weiterhin einen materiell-rechtlichen Fehler dar. Es bietet sich folgender Aufbau an:
>
> I. Bei der Prüfung der **formellen Rechtmäßigkeit** gehen Sie wie folgt vor:
> 1. Stellen Sie zunächst die **Bedeutung des § 2 Abs. 3 BauGB** dar, gehen Sie dann auf die **Änderungen der Rechtslage** ein und **erörtern** danach, ob es durch die Einführung des § 2 Abs. 3 BauGB zu einem **Paradigmenwechsel** gekommen ist (s. die Darstellung des Streitstandes bei Rn. 221).
> 2. Anschließend erfolgt eine **Darstellung der Fehlerfolgenlehre**. und eine Einstufung aller vier Abwägungsfehler als formell-rechtliche oder materiell-rechtliche Fehler.
> 3. Die **Konsequenz** für den Prüfungsaufbau ist:
>   a) Bei der Prüfung der **formellen Rechtmäßigkeit** sind
>   - der **Abwägungsausfall**
>   - das **Abwägungsdefizit** und
>   - die **Abwägungsfehleinschätzung**
>
>   zu prüfen.
>
>   b) Im Rahmen der Prüfung der **materiellen Rechtmäßigkeit** verweisen Sie dann beim Abwägungsgebot gemäß § 1 Abs. 7 BauGB auf Ihre vorherigen Ausführungen zu § 2 Abs. 3 BauGB.
>
>   Dort prüfen Sie dann den einzigen materiellen Fehler, nämlich die **Abwägungsdisproportionalität**.

f) Satzungsbeschluss, § 10 Abs. 1 BauGB (i.V.m. den §§ der GemO)

>> Wiederholen Sie das kommunale Satzungsrecht und überprüfen Sie, ob Sie Ihr Schema zur Prüfung der Rechtmäßigkeit von Satzungen beherrschen. «

155 Wenn das Auslegungsverfahren beendet ist, erfolgt der **Satzungsbeschluss**. Insoweit unterscheidet sich das Verfahren beim Bebauungsplan von dem beim Flächennutzungsplan, für den ein einfacher Gemeinderatsbeschluss genügt.

Im Satzungsbeschluss wird der endgültige Bebauungsplan beschlossen. Die Rechtmäßigkeit des Satzungsbeschlusses richtet sich nach den **Vorschriften des Kommunalrechts**, d.h. nach der GemO. Zuständig für den Satzungsbeschluss ist der Gemeinderat gemäß § 24 Abs. 1 S. 2 GemO. Eine Übertragung dieser Aufgabe an einen beschließenden Ausschuss (§ 39 Abs. 2 Nr. 3 GemO) oder an den Bürgermeister (§ 44 Abs. 2 GemO) ist unzulässig (s. Rn. 115).[137]

---

[137] *Kunze/Bronner/Katz* Kommentar zur Gemeindeordnung Baden-Württemberg § 4 Rn. 13.

Formelle Rechtmäßigkeit 3 C II

> **JURIQ-Klausurtipp**
>
> An dieser Stelle sind in Prüfungsarbeiten regelmäßig Probleme aus dem Kommunalrecht eingefügt. Ein sehr beliebtes Problem ist z.B. die Befangenheit eines Gemeinderatsmitgliedes gemäß § 18 GemO. Denken Sie an die Möglichkeit einer Heilung durch Zeitablauf gemäß § 18 Abs. 6 S. 2, 3 GemO. Von Bedeutung sind auch die Öffentlichkeitsvorschriften (§ 35 GemO), deren Verletzung stets zur Nichtigkeit führt.[138]

》 Wiederholen Sie die Befangenheitsregelung des § 18 GemO im Skript „Kommunalrecht Baden-Württemberg". 《

Fehlerfolgen: Fehler bei der Beschlussfassung führen zur formellen Rechtswidrigkeit des Planes. Ein fehlender Satzungsbeschluss ist **beachtlich** gemäß § 214 Abs. 1 S. 1 Nr. 4 BauGB. Es kann eine **Heilung** nach § 214 Abs. 4 BauGB erfolgen, da ein planergänzendes Verfahren auch bei Verstößen gegen die GemO durchgeführt werden kann. **156**

> **JURIQ-Klausurtipp**
>
> Die §§ 214 – mit Ausnahme des Abs. 4 –, 215 BauGB sind **nicht anwendbar**. Dies folgt daraus, dass § 214 Abs. 1 S. 1 die Klausel „dieses Gesetzbuches" enthält. Die Anwendbarkeit ist also nur bei Verstößen gegen Vorschriften das BauGB und somit gerade nicht bei Verstößen gegen die GemO möglich.
>
> Wurden Satzungen jedoch unter **Verletzung von Verfahrens- und Formvorschriften der GemO** erlassen, so müssen Sie an den **allgemeinen Heilungstatbestand** des § 4 Abs. 4 GemO denken. Nach dieser Bestimmung gelten – unter gewissen Voraussetzungen – Satzungen ein Jahr nach Bekanntmachung trotz der Verletzung von Verfahrens- und Formvorschriften als von Anfang an gültig zustande gekommen.
>
> Möglich ist bei der Verletzung von Verfahrens- und Formvorschriften der GemO die **Durchführung eines planergänzenden Verfahrens** gemäß § 214 Abs. 4 BauGB. Nach dieser Norm können alle Fehler geheilt werden. Dies folgt daraus, dass sich § 214 Abs. 4 BauGB im Gegenstand zu § 214 Abs. 1–3 BauGB, § 215 Abs. 1 BauGB nicht auf bestimmte formelle Fehler bezieht, sondern vielmehr generell die Behebung von Fehlern genannt ist.

》 Unterstreichen Sie in Ihrem Gesetz in § 214 Abs. 1 S. 1 BauGB die Wörter „dieses Gesetzesbuches" 《

g) Begründung des Bebauungsplans, § 9 Abs. 8 BauGB

Dem Bebauungsplan ist gemäß § 9 Abs. 8 BauGB eine Begründung beizufügen, die die Angaben nach § 2a BauGB enthält.[139] **157**

Fehlerfolgen: Die **Rechtsfolge eines Verstoßes** im Falle eines **völligen Fehlens** einer Begründung besteht in der **Beachtlichkeit**, § 214 Abs. 1 S. 1 Nr. 3 BauGB. Sollte die Begründung lediglich **in wesentlichen Punkten unvollständig** sein, so hat die Gemeinde auf Verlangen Auskunft zu erteilen, wenn ein berechtigtes Interesse dargelegt wird, § 214 Abs. 1 S. 2 BauGB. In beiden Fällen kann eine **Heilung** nach § 215 Abs. 1 S. 1 Nr. 1 und § 214 Abs. 4 BauGB erfolgen.

---

138 *Kenntner* Öffentliches Recht in Baden-Württemberg Rn. 600.
139 Näher *Stüer* Jura 2002 54, 56; *Battis/Krautzberger/Löhr* NVwZ 2001 961, 962.

h) (Soweit erforderlich) Genehmigung des Bebauungsplanes durch die höhere Verwaltungsbehörde, §§ 6 Abs. 2, 10 Abs. 2 BauGB

158 **Genehmigungspflichtige Bebauungspläne** sind gemäß § 6 Abs. 2, 10 Abs. 2 BauGB durch **die höhere Verwaltungsbehörde** zu **genehmigen**. Das Genehmigungsbedürfnis besteht jedoch nur für bestimmte Bebauungspläne.

> **Hinweis**
>
> Denken Sie daran, dass der höheren Verwaltungsbehörde auch die nicht berücksichtigten Anregungen und Stellungnahmen gemäß § 3 Abs. 2 S. 6 BauGB vorzulegen sind.

159 Aufgaben der **höheren Verwaltungsbehörde**[140] werden gemäß § 1 Abs. 1 S. 1 DVO BauGB bei Gemeinden, die der Rechtsaufsicht des Landratsamts unterstehen, dem **Landratsamt** als untere Verwaltungsbehörde übertragen. Gemäß § 119 S. 1 Alt. 1 GemO ist das Landratsamt Rechtsaufsichtsbehörde. Wie sich aus einem Umkehrschluss zu § 119 S. 1 2. Alt GemO ergibt, ist dies bei **kreisangehörigen Gemeinden** der Fall. Dies gilt gemäß § 1 Abs. 1 S. 2 DVO BauGB jedoch nicht, soweit anstelle der Gemeinde eine Körperschaft des öffentlichen Rechts, die der Rechtsaufsicht des Regierungspräsidiums untersteht, die Bebauungspläne aufstellt. Gemäß § 119 S. 1 GemO ist das Regierungspräsidium für Stadtkreise und Große Kreisstädte die Rechtsaufsichtsbehörde. Das **Regierungspräsidium** hat bei **Stadtkreisen**, § 3 Abs. 1 GemO, und bei **Großen Kreisstädten**, § 3 Abs. 2 GemO, die Rechtsaufsicht.

160 Im **Regelfall** wird der Bebauungsplan gemäß § 8 Abs. 2 S. 1 BauGB aus dem Flächennutzungsplan entwickelt (Entwicklungsgebot, s.o. Rn. 62 ff.). Der Flächennutzungsplan bedarf gemäß § 6 Abs. 1 BauGB der Genehmigung der höheren Verwaltungsbehörde. Deswegen bedarf der Bebauungsplan im Regelfall **keiner Genehmigung** durch die höhere Verwaltungsbehörde. Daher bedürfen **nur** Bebauungspläne gemäß § 8 Abs. 2 S. 2 (**selbständiger Bebauungsplan**), Abs. 3 S. 2 (im **Parallelverfahren entwickelter Bebauungsplan**) und Abs. 4 (**vorzeitiger Bebauungsplan**) einer Genehmigung der höheren Verwaltungsbehörde. Aus § 6 Abs. 2 BauGB folgt, dass die höhere Verwaltungsbehörde den Flächennutzungsplan nur dann versagen darf, wenn dieser formell („nicht ordnungsgemäß zustande gekommen") oder materiell („diesem Gesetzbuch, den auf Grund dieses Gesetzbuchs erlassenen oder sonstigen Rechtsvorschriften widerspricht") rechtswidrig ist. Es erfolgt also eine **Rechtmäßigkeitskontrolle**.[141] In inhaltlicher Hinsicht erfolgt somit eine Prüfung anhand des BauGB und aller sonstiger Vorschriften. Ob eine „bessere" Planung möglich ist (**Zweckmäßigkeitskontrolle**) darf die höhere Verwaltungsbehörde **nicht** prüfen.[142] Wie sich aus § 216 BauGB ergibt, ist die Genehmigung auch dann zu versagen, wenn eine Heilung des Fehlers gemäß § 214 BauGB möglich oder eine Unbeachtlichkeit des Fehlers gemäß § 215 BauGB gegeben wäre.

> **Hinweis**
>
> Die Kontrollbefugnisse der Genehmigungsbehörde reichen also weiter als die der Verwaltungsgerichte.

---

140 Instruktiv zur Verwaltungsorganisation und zum System der verwaltungsbehördlichen Zuständigkeit in Baden-Württemberg *Schaefer* VBlBW 2007 447 ff.
141 *Brenner* Öffentliches Baurecht Rn. 313.
142 *Brenner* Öffentliches Baurecht Rn. 314.

Fehlerfolgen: Die **Rechtsfolge eines Verstoßes** besteht in der **Beachtlichkeit**, § 214 Abs. 1 S. 1 Nr. 4 BauGB. Eine **Rügefrist** nach § 215 Abs. 1 BauGB **besteht nicht**, da ein Fehler im Genehmigungsverfahren mangels Auflistung der Genehmigung in § 215 BauGB nicht durch Zeitablauf unbeachtlich werden kann. Es kann eine **Heilung** nach § 214 Abs. 4 BauGB erfolgen.

i) Ausfertigung

Die Ausfertigung ist im BauGB zwar nicht ausdrücklich erwähnt, als rechtsstaatlicher Grundsatz ist sie jedoch für den Erlass aller Rechtsnormen und somit auch für in Satzungsform erlassene Bebauungspläne (§ 10 Abs. 2 BauGB) erforderlich.[143] Die maßgeblichen Planbestandteile müssen, in der Fassung, in der sie dem Gemeinderatsbeschluss zu Grunde lagen, jeweils einzeln oder in verkörperter Verbindung als authentisch bestätigt und vom Bürgermeister mit Namen und Amtsbezeichnung handschriftlich unterzeichnet werden.[144]

Bei der Ausfertigung handelt es sich um ein kommunalrechtliches Erfordernis. Ihr Sinn und Zweck besteht in der Sicherung der **Authentizität**, d.h. dass der Bebauungsplan mit dem Willen des Gemeinderates übereinstimmt,[145] und der **Legalität**, d.h. dass das vorgeschriebene Verfahren eingehalten wurde. Zuständig für die Ausfertigung ist der **Bürgermeister**. Die Rechtmäßigkeit der Ausfertigung bestimmt sich nach der GemO.

> **Hinweis**
>
> Wegen der Authentizitätsfunktion hat die Ausfertigung nach dem Satzungsbeschluss aber vor der Bekanntmachung zu erfolgen.[146] In Baden-Württemberg verlangt die Ausfertigung nicht die Herstellung einer Originalurkunde; vielmehr genügt auch eine Unterzeichnung des den Satzungsbeschluss enthaltenden Gemeinderatspotokolldeckblatts.[147] Nachfolgende Änderungen sind nur zur rein redaktionellen Richtigstellung möglich.[148]

Fehlerfolgen: Die **Rechtsfolge eines Verstoßes** besteht in der **Nichtigkeit** des Bebauungsplanes. § 215 BauGB greift nicht ein. Möglich ist die **Heilung** nach § 214 Abs. 4 BauGB durch ein planergänzendes Verfahren.

j) Ortsübliche Bekanntmachung, § 10 Abs. 3 BauGB

Bei Bebauungsplänen ist die Erteilung der Genehmigung oder, soweit eine Genehmigung nicht erforderlich ist, der Beschluss des Gemeinderates **ortsüblich bekannt zu machen**, § 10 Abs. 3 S. 1 BauGB. Die Notwendigkeit einer ortsüblichen Bekanntmachung folgt wegen der Rechtsnatur des Bebauungsplanes als Satzung gemäß § 10 Abs. 1 BauGB ebenfalls aus § 4 Abs. 3 GemO.

Die Bekanntmachung muss so formuliert sein, dass sie einen Hinweis auf den räumlichen Geltungsbereich des Bebauungsplanes gibt und dieser Hinweis den Plan identifiziert.

---

143 *Brenner* Öffentliches Baurecht Rn. 326.
144 *Stollmann* Öffentliches Baurecht § 6 Rn. 37.
145 Vgl. zur Authentizitätsfunktion *VGH Baden-Württemberg* VBlBW 2009, 466.
146 *Kenntner* Öffentliches Recht in Baden-Württemberg Rn. 604.
147 *VGH Baden-Württemberg* VBlBW 2007, 303 und VBlBW 2009, 466.
148 Unzulässig ist bereits die Änderung eines Zählfehlers in der Paragrafenfolge, vgl. *VGH Baden-Württemberg* VBlBW 1999, 141.

Dadurch tritt gemäß § 10 Abs. 3 BauGB der Bebauungsplan **in Kraft**, § 10 Abs. 3 S. 4 BauGB. Der Bebauungsplan wird nicht bekannt gemacht. Er ist jedoch mit der Begründung und der zusammenfassenden Erklärung gemäß § 10 Abs. 4 BauGB **zu jedermanns Einsicht** bereitzuhalten, § 10 Abs. 3 S. 2 BauGB.

165 Fehlerfolge: Die **Rechtsfolge eines Verstoßes** besteht in der **Beachtlichkeit**, § 214 Abs. 1 S. 1 Nr. 4 BauGB, wenn der damit verfolgte Hinweiszweck nicht erreicht wird. Ferner tritt der Bebauungsplan gemäß § 10 Abs. 3 S. 4 BauGB erst mit der Bekanntmachung in Kraft. Es kann eine **Heilung** nach § 214 Abs. 4 BauGB erfolgen.

3. Form, § 10 Abs. 1 BauGB

166 In Bezug auf die Form muss der Bebauungsplan als Satzung erlassen werden, § 10 Abs. 1 BauGB (s. hierzu und den Fehlerfolgen oben Rn. 155 ff.).

III. Materielle Rechtmäßigkeit

> **PRÜFUNGSSCHEMA**
>
> **167 Materielle Rechtmäßigkeit eines Bebauungsplans**[149]
>
> I. Erforderlichkeit des Bebauungsplans
>
> II. Beachtung der gesetzlichen Schranken
>
> III. Beachtung des Abwägungsgebotes

1. Grundsatz der Erforderlichkeit, § 1 Abs. 3 BauGB

168 Aus § 1 Abs. 3 S. 1 BauGB folgt, dass die Gemeinden die Bauleitpläne, also auch Bebauungspläne, aufzustellen haben, **sobald und soweit** dies **für die städtebauliche Entwicklung erforderlich** ist. § 1 Abs. 3 BauGB legt damit eine **Planungsbefugnis** und **Planungspflicht** der Gemeinde fest. Diese Vorschrift entfaltet sowohl eine Verbots-, eine Einschränkungs-, wie auch eine Gebotswirkung.[150]

a) Planungsbefugnis

169 Da die Bauleitplanung Ausdruck der gemeindlichen Selbstverwaltung gemäß Art. 28 Abs. 2 S. 1 GG in Form der Planungshoheit (s. Rn. 23) ist, hat die Gemeinde das Recht und ggf. auch die Pflicht, in freier Entscheidung darüber zu befinden, in welcher Weise sie sich städtebaulich geordnet fortentwickeln will.[151] Hierbei handelt es sich nach der Terminologie der GemO um eine **weisungsfreie Pflichtaufgabe**.[152] Der Gemeinde kommt **inhaltlich**, also hinsichtlich des „Wie", ein **weites städtebauliches Ermessen** zu. Dies bedeutet, dass weder die Rechtsaufsichtsbehörden noch die Verwaltungsgerichte überprüfen dürfen, ob das von der Gemeinde gewählte planerische Konzept die bestmögliche Lösung für die betreffende

---

149 *Dürr* Baurecht Baden-Württemberg Rn. 13.
150 *Tettinger/Erbguth/Mann-Erbguth* Besonderes Verwaltungsrecht § 27 Rn. 949 ff.
151 *Brenner* Öffentliches Baurecht Rn. 329.
152 *Dürr* Baurecht Baden-Württemberg Rn. 14.

Gemeinde darstellt, sofern sich die planerische Konzeption im Rahmen des nach der vorgegebenen Situation Vertretbaren hält.[153] Ansonsten wäre dies ein unzulässiger Eingriff in die kommunale Selbstverwaltungsgarantie.[154]

b) Erforderlichkeit der Planung, § 1 Abs. 3 BauGB

170 Die kommunale Selbstverwaltungsgarantie ist gemäß Art. 28 Abs. 2 S. 1 GG jedoch nur „im Rahmen der Gesetze" gewährleistet, so dass es zulässig ist, die gemeindliche Planungshoheit gesetzlich zu konturieren und limitieren. So regelt § 1 Abs. 3 BauGB, dass **sobald** (Zeitkomponente) und **soweit** (sachlicher/räumlicher Umfang) ein Bauleitplan für die städtebauliche Ordnung erforderlich ist, eine **Rechtspflicht** der Gemeinde besteht.[155] Gemäß § 1 Abs. 8 BauGB gilt dies auch für Fälle der Umplanung.

> **Beispiel** In einem unbeplanten Bereich der Gemeinde A ist ein Gewerbepark entstanden. A sieht jedoch derzeit keinen Handlungsbedarf hinsichtlich der Aufstellung eines Bebauungsplans. Die Nachbargemeinde B sieht dies anders und schaltet die Kommunalaufsichtsbehörde ein.
>
> Hier kann die Kommunalaufsichtsbehörde die Gemeinde A verpflichten, für den betreffenden Bereich einen Bebauungsplan aufzustellen, sofern ein qualifizierter städtebaulicher Bedarf besteht. ■

171 Beim Merkmal der **städtebaulichen Erforderlichkeit** handelt es sich um einen **unbestimmten Rechtsbegriff**. Der Gemeinde wird hinsichtlich der Beurteilung der Erforderlichkeit ein **weiter Entscheidungsspielraum** zugebilligt, da das Erfordernis einer Planung für städtebauliche Entwicklung und Ordnung von den Entwicklungsvorstellungen und somit von der **planerischen Konzeption der Gemeinde** abhängig ist.[156] Zur Ermittlung der Erforderlichkeit müssen zahlreiche Prognosen über die zukünftige Entwicklung angestellt werden.[157] Das gemeindliche Entwicklungskonzept stellt die Vorwirkung des planerischen Gestaltungsspielraums bei der nachfolgenden Bestimmung der Planinhalte dar.[158] Dieser Spielraum ist durch die kommunale Selbstverwaltungsgarantie des § 28 Abs. 2 S. 1 BauGB gewährleistet.[158]

> **Hinweis**
>
> Die Konzeption der Gemeinde ist als Ausdruck ihrer planerischen Gestaltungsfreiheit daher nicht i.e.S. kommunalaufsichtlich oder gerichtlich überprüfbar.[159] Geprüft werden kann nur, ob sich die Gemeinde innerhalb der Grenzen des Beurteilungsspielraums hält.

Für die in § 1 Abs. 3 BauGB genannte städtebauliche Ordnung sind **allein öffentliche Belange maßgeblich**. Öffentliche Belange, die für die städtebauliche Ordnung und Entwicklung relevant sein können, finden sich in § 1 Abs. 5 BauGB als allgemeine **Planungsleitlinien**, die durch § 1 Abs. 6 BauGB nicht abschließend („insbesondere") aufgezählten besonderen Planungsleitlinien konkretisiert werden.[160]

---

153 *BVerwGE* 34, 301; *BVerwGE* 92, 8.
154 *Jäde/Dirnberger/Weis* BauGB BauNVO § 1 BauGB Rn. 19 f.
155 Tettinger/Erbguth/Mann-*Erbguth* Besonderes Verwaltungsrecht § 27 Rn. 948.
156 *Erbguth/Schubert* Öffentliches Baurecht, Rn. 72.
157 *Dürr* Baurecht Baden-Württemberg Rn. 14 m.w.N.
158 *Erbguth/Schubert* Öffentliches Baurecht Rn. 72.
159 *Erbguth/Schubert* Öffentliches Baurecht Rn. 72; *BVerwG* NJW 1971, 1626.
160 *Finkelnburg/Ortloff/Kment* Öffentliches Baurecht Band I § 5 Rn. 8.

> **JURIQ-Klausurtipp**
>
> Die Frage, ob ein Bebauungsplan erforderlich i.S.d. § 1 Abs. 3 BauGB ist, kann daher erst nach der materiell-rechtlichen Prüfung, namentlich der allgemeinen und besonderen Planungsleitsätze, beantwortet werden. In einer Fallbearbeitung haben sie daher die folgenden **Aufbaumöglichkeiten**, wobei jede dieser Möglichkeiten stilistisch fehlerhaft ist:
>
> **1.** Sie ziehen die materiell-rechtliche Prüfung in die Prüfung der Erforderlichkeit gemäß § 1 Abs. 3 BauGB vor und prüfen dort inzident insbesondere die Beachtung der Planungsleitlinien.
>
> Nachteile: Dies führt zu einer unschönen Inzidentprüfung und zu einer ebenso unschönen kopflastigen Prüfung. Ferner können Sie im Rahmen der Einhaltung der gesetzlichen Schranken nur noch oben auf die Prüfung der Erforderlichkeit verweisen.
>
> **2.** Im Rahmen der Erforderlichkeit merken Sie an, dass ein Bebauungsplan nur dann erforderlich ist, wenn ihm keine zwingenden materiell-rechtlichen Regelungen entgegenstehen und dass dies erst nach der späteren Prüfung beantwortet werden kann. Danach prüfen Sie die Einhaltung der gesetzlichen Schranken. Im Anschluss stellen Sie dann fest, dass der Bebauungsplan demgemäß erforderlich bzw. nicht erforderlich war.
>
> Nachteil und Vorteil: Diese Prüfung enthält einen in einem Gutachten unzulässigen Verweis nach unten, vermeidet jedoch die beiden Nachteile der ersten Möglichkeit.
>
> Daher erscheint die zweite Möglichkeit für die Fallbearbeitung vorzugswürdig.[161]

Der Begriff der **Erforderlichkeit** wird ausgehend vom gemeindlichen Planungsermessen **weit** verstanden:

> Die **Erforderlichkeit** ist gegeben, wenn nach den kommunalen Entwicklungsvorstellungen ein Vorgehen planerischer Art vernünftigerweise geboten erscheint.[162]

c) Verbotswirkung des § 1 Abs. 3 S. 1 BauGB

172 Neben dem Gebot erforderliche Bauleitpläne aufzustellen findet sich in § 1 Abs. 3 BauGB auch das Verbot, dass nicht erforderliche Bauleitpläne nicht aufgestellt werden dürfen.[163] Diese Vorschrift entfaltet also eine **Verbotswirkung**, die die Frage der **Planrechtfertigung**, d.h. die Frage, ob ein Bebauungsplan aufgestellt werden durfte, betrifft.[164] Die Gemeinde unterliegt **prinzipiellen Bindungen**. Die städtebauliche Erforderlichkeit stellt somit eine Planungsschranke dar.[165]

aa) Verbot des Verstoßes gegen den Grundsatz der Planmäßigkeit

173 Verboten ist eine Bauleitplanung, die von keiner erkennbaren Planungskonzeption getragen und damit überflüssig ist, da das BauGB vom Grundsatz ausgeht, dass eine Bebauung nur aufgrund vorheriger Planung erfolgen soll (**Grundsatz der Planmäßigkeit**).[166]

---

161 Ebenso *Schmidt* Öffentliches Baurecht, Rn. 83.
162 *BVerwGE* 92, 8; *VGH Baden-Württemberg* NVwZ-RR 2002, 638; *VGH Baden-Württemberg* VBlBW 2006, 390. Bei dieser Definition handelt es sich jedoch um eine Tautologie.
163 Tettinger/Erbguth/Mann-*Erbguth* Besonderes Verwaltungsrecht, Rn. 949.
164 *Erbguth/Schubert* Öffentliches Baurecht, Rn. 72.
165 *BVerwGE* 119, 25.
166 *Dürr* Baurecht Baden-Württemberg Rn. 16.

Beispiel Durch die Gemeinde wird ein im Außenbereich gemäß § 35 BauGB gelegenes Gelände als landwirtschaftliches Gebiet ausgewiesen, um abzusichern, dass der Abbau der dort vorhandenen Braunkohle nicht durch eine Bebauung mit Wohngebäuden erschwert wird.[167]

Dieser Bebauungsplan ist überflüssig, da im Außenbereich bereits gemäß § 35 Abs. 1 Nr. 1 BauGB eine landwirtschaftliche Nutzung zulässig und eine Bebauung mit Wohngebäuden unzulässig ist. An der bauplanungsrechtlichen Situation ändert sich durch den Bebauungsplan also nichts.

bb) Verbot der Vorratsplanung

Unzulässig ist auch eine **Vorratsplanung**.[168] Eine solche liegt vor, wenn sich die Festsetzungen des Bebauungsplans aus tatsächlichen oder rechtlichen Gründen **nicht oder nicht in absehbarer Zeit realisieren** lassen[169] oder diese **nicht vollzugsfähig** sind.[170]

174

Beispiel Die Festsetzungen eines Bebauungsplans können erst nach 30 Jahren realisiert werden, weil zuvor der Betrieb eines Kernkraftwerkes auf dem Gebiet eingestellt und die dort vorhandenen kerntechnischen Anlagen abgebaut werden müssen.[171]

cc) Verbot der Gefälligkeitsplanung

Die Erforderlichkeit fehlt weiterhin im Falle der **Gefälligkeitsplanung**. Hierbei werden die **Festsetzungen nur vorgeschoben**, um private Interessen zu befriedigen.[172] Zulässig ist es jedoch, wenn die Aufstellung eines Bebauungsplanes auf private Bauwünsche zurückgeht.[173] In der Praxis wird dies teilweise sogar die Regel sein.[173] Dies ist unbedenklich, wenn die Gemeinde mit dem Bebauungsplan nicht ausschließlich private Bauwünsche fördern, sondern die städtebauliche Entwicklung fortentwickeln will.[174] Unter den Begriff der Gefälligkeitsplanung fällt auch, wenn die Bauleitplanung lediglich dazu dient eine **Fehlentwicklung im Interesse der Grundstückseigentümer nachträglich** zu „**legalisieren**" oder zu ermöglichen, ohne dass zugleich städtebauliche Gründe für eine solche Änderung sprechen.[175]

175

Beispiele Unzulässig ist die Schaffung von Bauland zur Erhöhung des Grundstückswertes für die Eigentümer, obwohl kein objektiver Bedarf an Bauland besteht.

Zulässig ist es hingegen, wenn auf Anregung eines Kaufhauskonzerns auf dem Gelände einer ehemaligen Kohlenzeche ein Bebauungsplan für ein Sondergebiet „Warenhaus" nach § 11 Abs. 3 BauNVO mit 16 000 m² Verkaufsfläche aufgestellt wird.

---

167 *BVerwGE* 40, 258.
168 Zum Begriff *Erbguth/Schubert* Öffentliches Baurecht Rn. 73a.
169 St. Rspr. vgl. *BVerwGE* 109, 246.
170 *BVerwGE* 116 114, 117.
171 *VGH Baden-Württemberg* VBlBW 2002, 200.
172 *Brenner* Öffentliches Baurecht Rn. 335.
173 *Dürr* Baurecht Baden-Württemberg Rn. 17.
174 *BVerwG* NVwZ-RR 1994, 490; *VGH Baden-Württemberg* NVwZ 1996, 271.
175 *Kenntner* Öffentliches Recht in Baden-Württemberg Rn. 610.

dd) Verbot der reinen Negativ- bzw. Verhinderungsplanung

176 Verboten ist auch die **reine Negativ- bzw. Verhinderungsplanung**.[176] Ein generelles Verbot negativer Planung existiert jedoch nicht, da mit jeder positiven Festsetzung in einem Bebauungsplan zugleich auch der Ausschluss einer nicht zugelassenen Festsetzung enthalten ist. **Zulässig** ist eine Negativplanung, wenn sie auf einem einseitig ausschließenden städtebaulichen **Gesamtkonzept beruht**.[177] **Unzulässig** ist jedoch eine Negativplanung dann, wenn sie sich **allein in der Verhinderung bestimmter Vorhaben** erschöpft, sie also keinen Beitrag zu einer positiven städtebaulichen Entwicklung leistet,[178] sie also nicht nur eine Verhinderungsplanung, sondern vielmehr eine **reine Verhinderungsplanung** ist. Die getroffenen Festsetzungen müssen **nur ein vorgeschobenes Mittel** sein, um einen Bauwunsch zu durchkreuzen.[179]

Beispiel Unzulässig ist es, wenn die Gemeinde A im Außenbereich gemäß § 35 BauGB ein reines Wohngebiet ausweist, nur um einen Windenergiepark zu verhindern.[180]

ee) Verbot der Verfolgung nichtstädtebaulicher Ziele

177 Verboten ist ferner die Förderung von Zielen, für deren Verwirklichung die Planungsinstrumente des Baugesetzbuchs nicht bestimmt sind und die keine positive Planungskonzeption aufweisen.[181] Verwehrt ist es der Gemeinde z.B. unter dem **Deckmantel** des Städtebaurechtes **Denkmalschutz** zu betreiben. Bauplanerische Festsetsetzungen, die nur vorgeschoben sind, in Wirklichkeit jedoch dem Denkmalschutz dienen, sind rechtswidrig.[182]

> **JURIQ-Klausurtipp**
>
> **Klausurrelevanz** erlangt dieser Aspekt dadurch, dass ein Bebauungsplan, der auf die Erhaltung eines historisch gewachsenen – denkmalgeschützten oder (einfach) erhaltenswerten – Ortsteils gerichtet ist, den Rahmen der städtebaulichen Zielsetzungen i.S.d. § 1 Abs. 1, Abs. 3 und Abs. 6 BauGB nicht überschreitet, wenn er darauf abzielt, die überkommene Nutzungsstruktur oder prägende Bestandteile des Orts- und Straßenbildes um ihrer städtebaulichen Qualität willen für die Zukunft festzuschreiben.[182]
>
> In einer Klausur ist daher **besonders sorgfältig zu prüfen**, ob nur ein verkappter Denkmalschutz in unzulässiger Weise durch das Bauplanungsrecht erfolgen soll.

Beispiel Die Verfolgung rein wirtschaftlicher Ziele oder die Verfolgung von denkmalschutzrechtlichen Zielen unter dem „Deckmantel" des Bauplanungsrechts ist unzulässig.

---

176 *BVerwG* NVwZ 1999, 878.
177 Vgl. *Erbguth/Schubert* Öffentliches Baurecht Rn. 73 m.w.N.
178 Vgl. *BVerwG* NVwZ 875, 876 zu den Möglichkeiten der Abgrenzung zwischen zulässiger und unzulässiger Negativplanung.
179 *BVerwG* NVwZ 1991, 875; *BVerwG* NVwZ-RR 1993, 456.
180 Vgl. zur sog. Feigenblatt-Planung *BVerwG* NVwZ 2008, 559.
181 *BVerwGE* 119 25, 30.
182 *BVerwG* NVwZ 2001, 1043, 1045.

ff) Rechtsfolge eines nicht erforderlichen Bebauungsplans

Ist ein Bebauungsplan nicht erforderlich i.S.d. § 1 Abs. 3 BauGB ist er **nichtig**.[183]

Ein planergänzendes Verfahren nach § 214 Abs. 4 BauGB kommt zwar grundsätzlich in Betracht, sofern die fehlende Erforderlichkeit behoben werden kann; dies wird jedoch nur theoretisch der Fall sein.

d) Gebotswirkung des § 1 Abs. 3 S. 1 BauGB

Der gemeindliche Entscheidungsspielraum kann sich ausnahmsweise zu einer **Planungspflicht** verdichten. Hinsichtlich der **Gebotswirkung** des § 1 Abs. 3 BauGB können nicht die Voraussetzungen der Verbotswirkung der Norm herangezogen werden.[184] Durch die Gebotswirkung des § 1 Abs. 3 S. 1 BauGB soll dem gemeindlichen Planungsspielraum bereits im Vorfeld vor dessen Betätigung eine Grenze gezogen werden, denn ansonsten könnte eine (evtl. bewusst) planungslose Gemeinde niemals zum Erlass eines Bebauungsplanes verpflichtet werden.[185] Ferner soll eine Steuerung der städtebaulichen Entwicklung und Ordnung nicht nur durch die Planersatzvorschriften (§§ 34, 35 BauGB) erfolgen. Da der Gemeinde die durch Art. 28 Abs. 2 S. 1 GG abgesicherte Planungshoheit zukommt, besteht eine derartige Planungspflicht jedoch **nur in Extremfällen**.[186] Im Gegensatz zur Verbotswirkung des § 1 Abs. 3 BauGB reicht es gerade nicht aus, dass eine Planung vernünftigerweise geboten ist. Die **Planungspflicht** besteht vielmehr nur bei Vorliegen eines **qualifizierten Planungsbedarfs**.[184]

> Ein **qualifizierter Planungsbedarf** besteht, wenn städtebauliche Gründe von besonderem Gewicht ein planerisches Handeln dringend geboten erscheinen lassen.[186]

e) Keine planungsbezogenen Ansprüche des Bürgers

Dem Bürger steht kein **Planungsanspruch**, d.h. ein Anspruch auf Aufstellung eines Bebauungsplans, zu.[187] Dies folgt aus § 1 Abs. 3 BauGB. Diese Vorschrift will ausschließlich die städtebauliche Entwicklung und Ordnung als reine Allgemeininteressen gewährleisten. § 1 Abs. 3 BauGB dient daher nicht dem Schutz von Individualinteressen (zur Schutznormtheorie s.u. Rn. 634). Insbesondere kann sich ein Anspruch auf Bauleitplanung auch nicht durch einen öffentlich-rechtlichen Vertrag begründen lassen (§ 1 Abs. 3 S. 2 BauGB).

» Wiederholen Sie die sog. Schutznormtheorie. «

Erzwingbar ist die Aufstellung eines erforderlichen Bebauungsplanes nur im Wege der Rechtsaufsicht gemäß §§ 118 ff. GemO.[188] Unterlässt es die Gemeinde einen erforderlichen Bebauungsplan aufzustellen, so hat die Rechtsaufsichtsbehörde, § 119 GemO, ein Anordnungsrecht gemäß § 122 GemO.

---

[183] *Brenner* Öffentliches Baurecht Rn. 332.
[184] *Schubert/Erbguth* Öffentliches Baurecht Rn. 75.
[185] Vgl. zur Gebotswirkung insgesamt *Schubert/Erbguth* Öffentliches Baurecht Rn. 75 ff.
[186] *Tettinger/Erbguth/Mann-Erbguth* Besonderes Verwaltungsrecht Rn. 952.
[187] *BVerwG* NVwZ 2006, 458; a.A. Ennuschat/Ibler/Remmert-*Remmert* Öffentliches Recht in Baden-Württemberg Rn. 59, Rn. 19, der auf der Grundlage grundrechtlicher Schutzpflichten „ausnahmsweise und im Einzelfall" die Existenz eines Anspruchs bejaht.
[188] *Dürr* Baurecht Baden-Württemberg Rn 19 m.w.N.

> **Hinweis**
>
> Auch auf das **Einschreiten der Rechtsaufsichtsbehörde** hat der Bürger **keinen Anspruch**. Die Rechtsaufsicht dient der Sicherung der Rechtmäßigkeit gemeindlichen Handelns, d.h. dem Rechtsstaatsprinzip. Dies stellt ein Allgemeininteresse dar, so dass kein subjektives-öffentliches Recht begründet wird. Im Rahmen einer Klage fehlt die Klagebefugnis gemäß § 42 Abs. 2 VwGO.

181 Nach der Rechtsprechung hat der Bürger auch keinen Anspruch auf Schaffung des durch den Bebauungsplan vorgegebenen Zustandes (**Plangewährleistungsanspruch**).[189]

2. Gesetzliche Schranken

182 Bei der Aufstellung von Bauleitplänen kann sich die Gemeinde nicht auf planerisch freiem Feld betätigen, sondern unterliegt tatsächlichen und rechtlichen Bindungen.[190] Hierbei ist zwischen **zwingenden gesetzlichen Anforderungen**, die der Planungsentscheidung zugrunde zu legen sind, und den **Optimierungsgeboten**, die vom **Bundesverwaltungsgericht** als **Abwägungsdirektive** bezeichnet werden,[191] bei denen nur eine möglichst optimale Lösung anzustreben ist, zu unterscheiden.[192]

Zwischen den gesetzlichen Schranken und den Optimierungsgeboten bestehen folgende **Unterschiede**:

Die **zwingenden gesetzlichen Vorgaben** sind quasi vor die Klammer gezogen: Sie stehen außerhalb der Abwägung.

Bei den **Optimierungsgeboten** soll hingegen im Rahmen der Abwägung eine dem gesetzlichen Auftrag entsprechende Lösung gefunden werden. Im Gegensatz zu den gesetzlichen Schranken können Optimierungsgebote auch im Wege der Abwägung überwunden werden, d.h. hinter anderen öffentlichen Belangen zurückgestellt werden.[193]

a) Entwicklungsgebot, § 8 Abs. 2 S. 1 BauGB

183 Ein Bebauungsplan ist gemäß § 8 Abs. 2 S. 1 BauGB grundsätzlich aus dem Flächennutzungsplan zu entwickeln (Entwicklungsgebot, s. hierzu Rn. 57 ff.). Eine einstufige Bauleitplanung ist nur ausnahmsweise in den gesetzlich geregelten Fällen (selbständige Bebauungspläne, § 8 Abs. 2 S. 2 BauGB, vorzeitige Bebauungspläne, § 8 Abs. 4 BauGB, vorzeitig angezeigte und bekannt gemachte Bebauungspläne, § 8 Abs. 3 BauGB) zulässig (s.o. Rn. 67 f.). Zu beachten ist ferner § 13a Abs. 2 Nr. 2 BauGB. Hiernach kann im beschleunigten Verfahren unter bestimmten Umständen bei einem Bebauungsplan, der von den Darstellungen des Flächennutzungsplans abweicht, dieser vor der Änderung oder Ergänzung des Flächennutzungsplanes aufgestellt werden.

---

189 *BVerwG* NVwZ 1997, 213; s.a. *Thiele* DÖV 1980, 109.
190 *Dürr* Baurecht Baden-Württemberg Rn. 21; *BVerwGE* 45, 309 „Mehr Bindung als Freiheit".
191 *BVerwGE* 108, 248; *BVerwGE* 128, 328, wobei dies inhaltlich keinen Unterschied zum Optimierungsgebot ausdrückt, vgl. *Paetow* NVwZ 2010, 1184.
192 Vgl. hierzu insgesamt *Dürr* Baurecht Baden-Württemberg Rn. 21 m.w.N.
193 *BVerwGE* 71, 163.

| Materielle Rechtmäßigkeit | 3 C III |

Die **Rechtsfolge eines Verstoßes** gegen das Entwicklungsgebot besteht **nicht notwendigerweise** in der **Unwirksamkeit** des Bebauungsplanes. In den Fällen des § 214 Abs. 2 BauGB ist ein Verstoß **unbeachtlich**.

》 Lesen Sie § 214 Abs. 2 BauGB. 《

b) Anpassungspflicht, § 1 Abs. 4 BauGB

Bauleitpläne und somit auch der Bebauungsplan müssen gemäß § 1 Abs. 4 BauGB den **Zielen der Raumordnung** und der Landesplanung angepasst werden.

> **Hinweis**
>
> Der Begriff der Ziele der Raumordnung ist in § 3 Nr. 2 ROG legal definiert.

》 Lesen Sie § 3 Nr. 2 ROG (Sartorius I Ordnungsziffer 340). 《

Der Bebauungsplan wird entsprechend dem Entwicklungsgebot (§ 8 Abs. 2 S. 1 BauGB) in der Regel jedoch aus dem Flächennutzungsplan entwickelt. In diesem Fall hat die Anpassungspflicht gemäß § 1 Abs. 4 BauGB primär Auswirkungen auf den Flächennutzungsplan.

Lediglich in Fällen in denen kein Flächennutzungsplan gegeben ist (**einstufige Bauleitplanung**, s.o. Rn. 67 f.) kommt der Anpassungspflicht eine **eigenständige Bedeutung** zu. Die Anpassungspflicht setzt insbesondere voraus, dass
- es sich begrifflich um Ziele der Raumordnung handelt,
- diese rechtmäßig bzw. nicht unwirksam sind und
- keine Zielabweichung (§ 6 Abs. 2 ROG) möglich ist bzw. in Anspruch genommen wird.

Unter **Anpassen** wird zunächst verstanden, dass im Aufstellungsverfahren der Bebauungspläne die Ziele der Raumordnung **zu beachten** sind. Der zulässige Abweichungsspielraum der Gemeinde richtet sich nach dem **Konkretisierungsgrad der Ziele**, d.h. nach ihrer inhaltlichen Dichte. Innerhalb dieser Grenzen ist die Gemeinde strikt an die landesplanerischen Ziele gebunden. Sie kann diese nicht im Wege der Abwägung gemäß § 1 Abs. 7 BauGB überwinden. Dies ist damit zu begründen, dass den Zielen der Raumordnung selbst ein Abwägungsvorgang zugrunde liegt. An diesem sind die Gemeinden zu beteiligen, um ihre örtlichen Belange in die überörtlichen Ordnungsvorstellungen der Landesplanung einbringen zu können. Weitere gemeindliche Einwirkungsmöglichkeiten auf die Landesplanung bestehen nicht. Weiterhin resultiert eine Anpassungspflicht, d.h. **bestehende Bebauungspläne** müssen bei einer nachträglichen Zieländerung **angepasst** werden.[194]

> **Hinweis**
>
> Das Raumordnungsrecht zählt, wie sich aus § 8 Abs. 2 Nr. 9 JAPrO ergibt, nicht zum Pflichtfachstoff in der Ersten Juristischen Prüfung, so dass von Ihnen Kenntnisse in diesem Bereich nicht erwartet werden. Etwas anderes kann sich jedoch aus den Anforderungen im universitären Schwerpunktbereich ergeben.

---

194 *Stollmann* Öffentliches Baurecht § 7 Rn. 12.

c) Bestimmtheitsgebot

>> Wiederholen Sie das Bestimmtheitsgebot. <<

188 Bebauungspläne werden gemäß § 10 Abs. 2 BauGB als Satzung erlassen und stellen somit Rechtsnormen dar. Die Festsetzungen eines Bebauungsplanes betreffen sowohl die unmittelbar von den Festsetzungen betroffenen Grundstücke, wie auch die benachbarten Grundflächen.[195] Daher müssen sie dem **rechtsstaatlichen Gebot der Normenklarheit** genügen.

Das Bestimmtheitsgebot verlangt zunächst **inhaltliche Normenklarheit**. Dies bedeutet, dass der Inhalt der planerischen Festsetzungen im Bebauungsplan in größtmöglichem Maße eindeutig ist. Dies ist erforderlich, damit die Betroffenen erkennen können, welchen Beschränkungen ihr Grundstück unterworfen bzw. welchen Belastungen es ausgesetzt ist.[196] und inwieweit die öffentliche Gewalt in seinen Rechtskreis eingreifen darf. Die Verwendung unbestimmter Rechtsbegriffe ist zulässig, wenn durch Auslegung ermittelt werden kann, welche konkreten Pflichten dem Bürger auferlegt werden bzw. was dieser zu erwarten hat.

Des Weiteren muss der Bebauungsplan eine **hinreichende Regelungsdichte** aufweisen. Die hinreichende Regelungsdichte fehlt, wenn die Gemeinde als Satzungsgeber offen oder verdeckt die ausschließlichen Entscheidungsbefugnisse auf die normvollziehende Verwaltung oder auf Personen, die den Bebauungsplan anzuwenden haben, überträgt.[197]

Beispiele Zu unbestimmt sind folgende Festsetzungen:[198]
- Festsetzung einer Fläche für den Gemeinbedarf ohne jede nähere Konkretisierung
- Festsetzung der Gebäudehöhe auf etwa 7,5 m
- Ausweisung einer identischen Fläche als Gewerbegebiet und zugleich als Fläche für den Gemeinbedarf (widersprüchliche Festsetzungen)
- Fehlende Abgrenzung verschiedener Baugebiete
- in zwei ausgefertigten Exemplaren eines Bebauungsplans sind die Grenzen des Baugebietes unterschiedlich eingezeichnet
- Festsetzung eines Erholungsgebietes ohne nähere Konkretisierung ■

d) Beachtung des Planungsrahmens (Vorgaben der BauNVO)

189 Die zulässigen Inhalte eines Bebauungsplanes regelt § 9 BauGB abschließend (s. Rn. 106). Die BauNVO, die als Rechtsverordnung des Bundes auf § 9a Nr. 1–3 BauGB basiert, ergänzt und konkretisiert die Vorschriften zur Bauleitplanung (§§ 1–13 BauGB) und die Vorschriften hinsichtlich der Zulässigkeit von Vorhaben (§§ 29–38 BauGB). Die BauNVO regelt, das BauGB ausführend, die **Art** der baulichen Nutzung, wie die Gliederung in Bauflächen (§ 1 Abs. 1 BauGB) und Baugebiete (§§ 1 Abs. 2, 2–14 BauNVO), und das **Maß** der baulichen Nutzung (§§ 16–21a BauGB), sowie die **Bauweise** und die überbaubaren Grundstücksflächen, § 22 f. BauNVO. In einem qualifizierten Bebauungsplan müssen gemäß § 30 Abs. 1 BauGB zumindest diese Festsetzungen zumindest enthalten sein (s.o. Rn. 99).

190 Ein **qualifizierter Bebauungsplan** ist **fehlerhaft**, wenn die in §§ 9, 9a Nr. 1–3 BauGB i.V.m. der BauNVO genannten **zulässigen Möglichkeiten** überschritten wurden (s. ausführlich Rn. 104 ff.).

---
195 *Stollmann* Öffentliches Baurecht § 7 Rn. 7.
196 *Dürr* Baurecht Baden-Württemberg Rn. 44.
197 *Stollmann* Öffentliches Baurecht § 7 Rn. 9.
198 *Dürr* Baurecht Baden-Württemberg Rn. 44 m.w.N.

Dies ist insbesondere der Fall, wenn
- die Art der baulichen Nutzung (§ 1 Abs. 3 S. 2, §§ 2–14 BauNVO unter Beachtung der Ausnahmen in § 1 Abs. 4–9 BauNVO),
- das Maß der baulichen Nutzung (§§ 16–21a BauNVO) oder
- die Bauweise der überbaubaren Grundstücksflächen (§ 22 f. BauNVO)

nicht eingehalten wurde.

> **Hinweis**
>
> Im Hinblick auf ihre planerische Gestaltungsfreiheit wird die Gemeinde durch § 9 Abs. 1–3 BauGB beschränkt. Trifft der Bebauungsplan Festsetzungen, die über die abschließend aufgezählten zulässigen Festsetzungen hinausgehen, so ist dieser unwirksam.

Gemäß § 9 Abs. 4 BauGB können die Länder durch Rechtsvorschrift bestimmen, dass auf Landesrecht beruhende Regelungen in den Bebauungsplan als Festsetzungen aufgenommen werden und inwieweit auf diese Festsetzungen die Vorschriften des BauGB Anwendung finden. Dies sind örtliche Bauvorschriften i.S.d. § 9 Abs. 4 BauGB i.V.m. § 74 LBO (s. Rn. 93). **191**

e) Interkommunales Rücksichtnahmegebot, § 2 Abs. 2 BauGB

§ 2 Abs. 2 BauGB normiert, dass Bauleitpläne, also auch Bebauungspläne, benachbarter Gemeinden aufeinander abzustimmen sind (**interkommunales Rücksichtnahmegebot**). Das interkommunale Rücksichtnahmegebot wird relevant, wenn erkennbar wird, dass durch eine Bauleitplanung auch **berechtigte und relevante Interessen der Nachbargemeinden** betroffen sein können.[199] Es begründet zugunsten benachbarter Gemeinden einen Anspruch auf **materielle Abstimmung**, der auf Rücksichtnahme und Vermeidung unzumutbarer Auswirkungen auf die Nachbargemeinde gerichtet ist.[200] Die Grundlage des interkommunalen Rücksichtnahmegebots ist die Planungshoheit der benachbarten Gemeinde gemäß Art. 28 Abs. 2 S. 1 GG. Hiernach braucht keine Gemeinde hinzunehmen, dass ihre Planungshoheit durch fremde Planungen rechtswidrig verletzt wird.[201] Benachbarte Gemeinden stehen sich mit ihrer Planungsbefugnis im Verhältnis der Gleichordnung gegenüber.[202] **192**

> **Hinweis**
>
> **Benachbart** ist eine Gemeinde bereits dann, wenn sie von den **Auswirkungen** der jeweiligen Planung **betroffen** ist. Ein unmittelbares **räumliches Aneinandergrenzen** ist daher also **nicht erforderlich**.[203] Dies stellt jedoch ein **wichtiges Indiz** dar.[204] Je nach der Bedeutung der Planung kann sich die Abstimmungspflicht auch auf Gemeinden erstrecken, die räumlich weit von der planenden Gemeinde entfernt sind.
>
> **Formell** wird das interkommunale Rücksichtnahmegebot durch die **Behördenbeteiligung** gemäß § 4 BauGB (s.o. Rn. 127) abgesichert.

---

[199] *Stollmann* Öffentliches Baurecht § 7 Rn. 42.
[200] *BVerwG* NVwZ 1995, 266, 267.
[201] *BVerwGE* 40, 323, 330.
[202] *BVerwG* NVwZ 2003, 86.
[203] *Jäde/Dirnberger/Weiß* BauGB, BauNVO § 2 BauGB, Rn. 4.
[204] *Ferner/Kröninger/Aschke-Ferner* BauGB, BauNVO § 2 BauGB Rn. 8.

193 Wegen des interkommunalen Rücksichtnahmegebots sind alle Belange zu berücksichtigen, die **grenzüberschreitende Auswirkungen** haben. Nicht erforderlich ist, dass bereits ein entgegenstehender Bebauungsplan durch die Nachbargemeinde erlassen worden ist oder dass diese Planungsabsichten hinreichend konkretisiert worden sind.[205] § 2 Abs. 2 BauGB ist erweiternd dahin ausgelegt werden, dass es einer (materiellen) Abstimmung – unabhängig davon, ob in der Nachbargemeinde bereits Bauleitpläne oder bestimmte planerische Vorstellungen bestehen - immer dann bedarf, wenn **unmittelbare Auswirkungen gewichtiger Art** in Betracht kommen.[206]

Beispiel Das interkommunale Rücksichtnahmegebot ist verletzt, wenn die Gemeinde unmittelbar an der Grenze in der Nachbarschaft eines Wohngebietes einen Schlachthof[207] oder eine Windkraftanlage[208] plant. ■

Ein **Einvernehmen** mit anderen Gemeinden ist **nicht** erforderlich. Vielmehr sollen die berechtigten Interessen der Nachbargemeinde zu einer Abstimmung führen. Die Berücksichtigung beachtlicher Interessen der Nachbargemeinde hat dabei im Rahmen der zu treffenden Abwägungsentscheidung gemäß § 1 Abs. 7 BauGB zu erfolgen.[209]

> **JURIQ-Klausurtipp**
>
> Das interkommunale Rücksichtnahmegebot gemäß § 2 Abs. 2 BauGB ist inhaltlich mit der Abwägungsentscheidung verknüpft: Es stellt eine besondere Ausprägung des Abwägungsgebots dar.[210] In der Fallbearbeitung ist, sofern beachtliche Auswirkungen auf die Bauleitplanung auf das Gebiet einer Nachbargemeinde gegeben sind, diese im Rahmen der Abwägung § 1 Abs. 7 BauGB anzusprechen.

194 Durch das EAG Bau 2004 wurde § 2 Abs. 2 BauGB um einen Satz 2 ergänzt. Hiernach können sich die Gemeinden auch auf die ihnen durch Ziele der Raumordnung zugewiesenen Funktionen sowie auf Auswirkungen auf ihre zentralen Versorgungsbetriebe berufen. Dies ist insbesondere bei der Ansiedlung von Factory-Outlet-Centern,[211] die in den umliegenden Gemeinden zu einem nennenswerten Abzug der Kaufkraft führen, von Bedeutung. Ein Abstimmungsbedarf wird bereits ab einem Umsatzrückgang von 10 % angenommen,[212] wobei es sich um eine bloße Faustformel handelt.[213]

3. Gebot der gerechten Abwägung

195 Der Gemeinde kommt aufgrund ihrer durch Art. 28 Abs. 2 GG gewährleisteten Selbstverwaltungsgarantie in Form der **Planungshoheit** (s.o. Rn. 23) ein **Planungsermessen** (s.o. Rn. 147 ff.) zu. Dies bedeutet, dass die Gemeinde grundsätzlich das Recht hat zu entscheiden, ob und

---

205 *Dürr* Baurecht Baden-Württemberg Rn. 23, vgl. auch *BVerwGE* 40 323, 330 ff; *BVerwG* NVwZ 1995 266, 267.
206 *BVerwGE* 84, 209.
207 *BVerwG* NVwZ 1990, 464.
208 *Niedersächsisches OVG* NVwZ 2001 452.
209 Battis/Krautzberger/Löhr-*Battis* BauGB § 2 Rn. 22.
210 *BVerwG*, NVwZ 2003, 86.
211 Vgl. *BVerwG* NVwZ 2003, 86.
212 *OVG Nordrhein-Westfalen* NVwZ 1998, 263.
213 *Dürr* Baurecht Baden-Württemberg Rn. 23 m.w.N.

Materielle Rechtmäßigkeit 3 C III

mit welchem Inhalt sie einen Bebauungsplan aufstellt. Die Planungshoheit enthält vor allem Gestaltungsfreiheit. Bedingt dadurch können planerische Festsetzungen im Bebauungsplan **nur eingeschränkt gerichtlich überprüft** werden. Die gerichtliche Kontrolle ist auf die **Einhaltung der Grenzen** des bestehenden **Gestaltungsspielraumes** oder darauf beschränkt, ob von der Gestaltungsfreiheit in einer Weise Gebrauch gemacht worden ist, die der gesetzlichen Ermächtigung entspricht. Diese gesetzlichen Grenzen ergeben sich insbesondere aus §§ 1 Abs. 5–7, 1a BauGB.

a) Allgemeine Planungsleitlinien, § 1 Abs. 5 BauGB

§ 1 Abs. 5 BauGB enthält insgesamt **fünf allgemeine Planungsleitlinien**.[214] Hiernach sollen die Bauleitpläne

- eine **nachhaltige städtebauliche Entwicklung** gewährleisten
- eine dem Wohl der Allgemeinheit entsprechende **sozialgerechte Bodennutzung** gewährleisten
- dazu beitragen, **eine menschenwürdige Umwelt** zu sichern
- dazu beitragen, die **natürlichen Lebensgrundlagen** zu schützen, auch in Verantwortung für den **allgemeinen Klimaschutz**
- dazu beitragen, die städtebauliche Gestalt und das Orts- und Landschaftsbild **baukulturell** zu erhalten und zu entwickeln.

196

Die allgemeinen Planungsleitlinien stellen die **grundsätzlichen Anforderungen** dar, die jede Bauleitplanung aufweisen muss. Sie sind **Generalklauseln**, die Programmbegriffe mit einem nur schwer zu bestimmenden Wertungsinhalt beinhalten.[215] Es handelt sich um **unbestimmte Rechtsbegriffe**, die nach h.M. einer **uneingeschränkten gerichtlichen Kontrolle** unterliegen.

> **JURIQ-Klausurtipp**
>
> Wegen dieses Charakters kommt den allgemeinen Planungsleitlinien gemäß **§ 1 Abs. 5 BauGB nur ausnahmsweise** eine **Bedeutung** für die Kontrolle eines Bebauungsplanes zu. **Vorrangig** sind die besonderen Planungsleitlinien gemäß **§ 1 Abs. 6 BauGB**, die die allgemeinen Planungsleitlinien konkretisieren, von Bedeutung.

b) Besondere Planungsleitlinien, § 1 Abs. 6 BauGB

In § 1 Abs. 6 BauGB, den **besonderen Planungsleitlinien**,[216] erfolgt eine **Konkretisierung** der allgemeinen Planungsleitlinien des § 1 Abs. 5 BauGB. Wie aus dem Wortlaut des § 1 Abs. 6 BauGB („insbesondere") folgt, enthält der dort aufgeführte Katalog eine **beispielhafte** und nicht abschließende **Aufzählung**. Der Katalog hat Bedeutung für die Zusammenstellung der öffentlichen und privaten Belange, die in die Abwägung des § 1 Abs. 7 BauGB einzustellen sind. Inwieweit die Planungsleitlinien zu berücksichtigen sind, lässt sich nicht generell, sondern nur nach den Erfordernissen des Einzelfalls bestimmen. Die verwendeten Begriffe, die die Belange in abstrakter Weise kennzeichnen, stellen **unbestimmte Rechtsbegriffe** dar.[217]

197

---

214 Vgl. *Brenner* Öffentliches Baurecht Rn. 343 ff.
215 *Stollmann* Öffentliches Baurecht § 7 Rn. 23.
216 Vgl. zu besonderen Planungsleitlinien *Brenner* Öffentliches Baurecht Rn. 349 ff.
217 *Brenner* Öffentliches Baurecht Rn. 350.

Deren Anwendung im Einzelfall unterliegt einer **uneingeschränkten gerichtlichen Kontrolle**.[218] Der planenden Gemeinde kommt also **kein Beurteilungsspielraum** zu. Der **Reihenfolge der Aufzählung** der Belange im Gesetz liegt keine Wertung zu Grunde, so dass **kein Vorrang einzelner Planungsleitlinien** besteht.[219] Die abwägungsrelevanten Belange des § 1 Abs. 6 BauGB stehen daher **gleichberechtigt** und **gleichwertig** nebeneinander.

c) Ergänzende Vorschriften zum Umweltschutz, § 1a BauGB

198 Durch die Baurechtsnovelle wurde § 1a BauGB neu gefasst. Die darin enthaltenen Leitlinien konkretisieren die **Belange des Umweltschutzes**. In der planerischen Abwägung gemäß § 1 Abs. 7 BauGB sind die voraussichtlichen erheblichen Beeinträchtigungen des Landschaftsbildes sowie die Leistungs- und Funktionsfähigkeit des Naturhaushaltes zu bewältigen.

d) Abwägungsgebot, § 1 Abs. 7 BauGB

aa) Allgemeine Vorgaben

>> Dem Abwägungsgebot gemäß § 1 Abs. 7 BauGB kommt in Klausuren besondere Bedeutung zu. Arbeiten Sie daher die folgenden Ausführungen sehr aufmerksam durch. <<

199 Gemäß § 1 Abs. 7 BauGB sind die privaten und die öffentlichen Belange gerecht gegeneinander und untereinander abzuwägen. Aufgrund des Wortlautes unterliegt die Abwägung gemäß § 1 Abs. 7 BauGB einer **eingeschränkten gerichtlichen Kontrolle**. Nach der Rechtsprechung des Bundesverwaltungsgerichts stellt das in § 1 Abs. 7 BauGB enthaltene Abwägungsgebot das **zentrale Gebot rechtsstaatlicher Planung** dar.

Dies ist, wie dargestellt (s.o. Rn. 139 ff.), bestimmend sowohl für den planerischen Entscheidungsvorgang, d.h. den **Abwägungsvorgang**, als auch für die Beurteilung des Ergebnisses, d.h. das **Abwägungsergebnis**.[220]

Im Rahmen des § 1 Abs. 7 BauGB ist eine **Abwägung in dreifacher Weise** erforderlich:
- die **öffentlichen Belange** unter- und gegeneinander
- die **privaten Belange** unter- und gegeneinander
- die **öffentlichen und privaten Belange** unter- und gegeneinander.

> **Hinweis**
>
> Es besteht **kein Vorrang der öffentlichen vor den privaten Belangen**.[221] Es existiert der **Grundsatz der Gleichgewichtigkeit aller Belange**.[222]

200 Ein Vorrang der öffentlichen Belange vor den privaten Belangen würde nämlich sowohl den Gewichtungsmaßstab des § 1 Abs. 7 BauGB, wie auch die Planungsleitsätze, die den öffentlichen Belangen nicht von vornherein einen Vorrang vor kollidierenden privaten Belangen einräumen, verkennen. Sollten Belange miteinander kollidieren, so ist zu prüfen, ob sachgerechte, d.h. an den Planungsleitsätzen orientierte und hinreichend gewichtete Gründe es rechtfertigen, den einen Belang hinter den anderen zurücktreten zu lassen. **Private Belange** ergeben sich aus den Interessen der von der Planung Betroffenen. Derartige Interessen kön-

---

218 *Brenner* Öffentliches Baurecht Rn. 350.
219 *Brenner* Öffentliches Baurecht Rn. 351.
220 *Stollmann* Öffentliches Baurecht § 7 Rn. 29.
221 *BVerwGE* 34, 301; *BVerwGE* 47, 144.
222 *Dürr* Baurecht Baden-Württemberg Rn 45.

nen z.B. aus der Eigentumsfreiheit, Art. 14 Abs. 1 GG, oder aus sonstigen verfassungsrechtlichen Positionen, wie z.B. der Berufsfreiheit, Art. 12 Abs. 1 GG oder dem Recht auf körperliche Unversehrtheit, Art. 2 Abs. 2 GG folgen.[223] Zu den **öffentlichen Belangen** zählen die in § 1 Abs. 5, 6 und 1a BauGB genannten Interessen und diejenigen Interessen der Nachbargemeinden, § 2 Abs. 2 BauGB.

201 Wegen der Notwendigkeit einer **Abwägung** müssen bestimmte Belange **vorgezogen** und andere **zurückgestellt** werden, denn nicht alle Belange können bei der Abwägung in gleicher Weise vorgezogen werden.[224] Die von der Planung berührten Belange müssen in einer Art und Weise vorgenommen werden, die dem **objektiven Gewicht der Belange** entspricht.[224] Die Grenzen der planerischen Gestaltungsfreiheit sind nur dann überschritten, wenn einer der beteiligten Belange in geradezu unvertretbarer Weise zu kurz kommt. Dies ist der Fall, wenn der Belang und dessen Bedeutung in geradezu unvertretbarer Weise verkannt worden ist oder wenn das Verhältnis zwischen dem Belang und dem Planinhalt auch bei Berücksichtigung der planerischen Gestaltungsfreiheit und aller sonstiger Gegebenheiten nicht mehr stimmig ist.[225]

> **Hinweis**
>
> Da in § 1 Abs. 7 BauGB der Ausdruck der **Belange** und **nicht** der der privaten **Rechte**n verwendet wird, müssen auch Interessen in die Abwägung eingestellt werden, die kein subjektives Recht darstellen.[226]

202 Bei dieser Abwägungsentscheidung wird die Bedeutung der durch Art. 28 Abs. 2 GG gewährleisteten Planungshoheit und Planungsfreiheit der Gemeinde erkennbar. Die Planung verpflichtet zwar zur Erreichung eines bestimmten Zwecks, jedoch wird dem Rechtsanwender frei gelassen, wie dieser Zweck erreicht wird. Es handelt sich daher um eine **final ausgerichtete Planungsentscheidung** (s. Rn. 147).[227]

> **JURIQ-Klausurtipp**
>
> An dieser Stelle muss in einer Klausur ein Verweis auf die Ausführungen zur Verfahrensgrundnorm, § 2 Abs. 3 BauGB, erfolgen. Anschließend ist zu prüfen, ob ein materieller Abwägungsfehler in Form der Abwägungsdisproportionalität gegeben ist (zum Ganzen s.o. Rn. 153).

bb) Weitere Planungsgrundsätze im Rahmen der Abwägung

203 Rechtsprechung und Literatur haben zur Konkretisierung dieser allgemeinen Grundanforderungen weitere Maßstäbe für eine ordnungsgemäße Abwägung entwickelt (**Abwägungsmaßstäbe i.w.S. oder Planungsgrundsätze**).[228] Insbesondere sind folgende Gesichtspunkte zu berücksichtigen:[229]

---

223 *Brohm* Öffentliches Baurecht § 13 Rn. 13.
224 *Brenner* Öffentliches Baurecht Rn. 374.
225 BVerwGE 45, 309, 326.
226 Vgl *Dürr* Baurecht Baden-Württemberg Rn. 50 m.w.N.
227 *Brenner* Öffentliches Baurecht Rn. 375.
228 Tettinger/Erbguth/Mann-Erbguth Besonderes Verwaltungsrecht Rn. 1013.
229 Vgl. zum Ganzen *Brenner* Öffentliches Baurecht Rn. 394 ff.

204 (a) Das **Gebot der planerischen Konfliktbewältigung** verlangt von jeder Planung, dass sie die ihr zuzurechnenden Konflikte, d.h. die vorgefundenen wie auch die durch die Planung neu aufgeworfenen Konflikte, bewältigt.[230] Erfasst werden jedoch nur städtebaulich relevante und mit den Mitteln der Bauleitplanung auflösbare Konflikte.

> Die Planung wird dem Grundsatz der **planerischen Konfliktbewältigung** grundsätzlich dann gerecht, wenn sie zu einer Milderung des Konflikts beiträgt, sie also eine Konfliktsituation verringert oder beseitigt.[231]

Die Gemeinde darf die Konfliktbewältigung nicht erst auf die einzelnen Verfahren zur Erteilung einer Baugenehmigung verschieben. Eine Ausnahme von diesem Gebot ist bei kleinräumigen Konflikten gegeben, die nur die Nutzung von einzelnen Grundstücken betreffen. In diesem Fall darf die Gemeinde eine **planerische Zurückhaltung** dahingehend ausüben, dass sie die Bewältigung des Konflikts auf die einzelnen Verfahren zur Erteilung einer Baugenehmigung verschiebt und dort den Konflikt unter Rückgriff auf § 15 Abs. 1 BauNVO auflöst.[232]

205 (b) Eng damit verbunden ist das **Gebot der Rücksichtnahme**[233] (Zu den Einzelheiten s.u. Rn. 655 ff.). Inhaltlich bedeutet dies, dass jedes Bauvorhaben auf seine Umgebung Rücksicht nehmen und Auswirkungen vermeiden muss, die zu einer unzumutbaren Beeinträchtigung anderer führen.[234] In seiner **planungsrechtlichen Dimension** ist es auf die Schutzwürdigkeit von Individualinteressen bezogen. Der Rechtsprechung zufolge handelt es sich dabei nicht um ein eigenständiges ungeschriebenes Gebot, sondern vielmehr um ein einfachgesetzliches Gebot, das durch gesetzliche Vorschriften konkretisiert wird.

206 Das Gebot der Rücksichtnahme lässt sich in einzelne **Untergebote** ausdifferenzieren:
- Grundsatz ausreichender Trennung unverträglicher Nutzungen
- Grundsatz der planerischen Vorbeugung
- Grundsatz des Vorrangs der Konfliktvermeidung
- Grundsatz der Berücksichtigung von Bestandsschutz- und Verbraucherinteressen
- Grundsatz der Beherrschbarkeit von Immissionen und Emissionen

207 Dem **Grundsatz ausreichender Trennung unverträglicher Nutzungen** zufolge sollen unverträgliche Nutzungen grundsätzlich nicht nebeneinander geplant werden.[235] Es handelt sich um einen allgemeinen, in § 50 BImSchG zum Ausdruck kommenden, Grundgedanken.[236] Der **Grundsatz der planerischen Vorbeugung** zielt vorrangig auf einen planerisch vorsorgenden Umweltschutz.

---

[230] Tettinger/Erbguth/Mann-*Erbguth* Besonderes Verwaltungsrecht Rn. 1015.
[231] *Brenner* Öffentliches Baurecht Rn. 396.
[232] *Brenner* Öffentliches Baurecht Rn. 397, vgl. auch die Beispiele bei *Dürr* Baurecht Baden-Württemberg Rn. 53.
[233] Grundlegend *Weyreuther* BauR 1975, 1.
[234] *Dürr* Baurecht Baden-Württemberg Rn. 51.
[235] Tettinger/Erbguth/Mann-*Erbguth* Besonderes Verwaltungsrecht Rn. 1019.
[236] *BVerwGE* 45, 409.

Der **Grundsatz des Vorrangs der Konfliktvermeidung** besagt, dass die Bauleitplanung als milderes Mittel vor der Konfliktbewältigung diese Konflikte bereits im Vorfeld durch den Einsatz ihres spezifischen Instrumentariums zu vermeiden hat.[237]

> **Hinweis**
>
> Dies bedeutet jedoch nicht, dass alle möglicherweise auftretenden Konflikte bei der Bauleitplanung aufgelöst werden müssen (s.o. Rn. 204).

Die Planung hat der Rechtsprechung zufolge in besonderem Maße auf **Bestandsschutz- und Verbraucherinteressen** Rücksicht zu nehmen. Der **Grundsatz der Beherrschbarkeit von Immissionen und Emissionen** geht davon aus, dass eine sachgerechte Abwägung nur erfolgt ist, wenn die tatsächliche und rechtliche Beherrschbarkeit von Immissionen und Emissionen gewährleistet ist, so dass eine verträgliche Nachbarschaftsnutzung gegeben sein kann.

D. Die Folgen von Verletzungen des BauGB bei der Aufstellung von Bebauungsplänen

Der Bebauungsplan wird gemäß § 10 Abs. 1 BauGB als Satzung erlassen. Ein Verstoß gegen die formellen Vorschriften, die das Aufstellungsverfahren regeln, oder gegen die materiellen Normen hat **grundsätzlich** die **Unwirksamkeit** des Bebauungsplanes zur Folge.

Der Gesetzgeber hatte die Intention, Bebauungspläne juristisch „am Leben" zu erhalten, auch wenn sie an Fehlern leiden.[238] Es gilt der **Grundsatz der Planerhaltung**.[239] Dieser stellt eine **Durchbrechung des Nichtigkeitsdogmas** dar, wonach eine rechtswidrige Norm – und somit auch eine Satzung – stets unwirksam ist. Unter den Begriff der **Planerhaltung** fällt alles, was der Aufhebung bzw. der Unwirksamerklärung der Pläne entgegenwirkt, also die **Fehlerfolgen begrenzt**.

Der Grundsatz der Planerhaltung erfährt in den §§ 214 f. BauGB eine differenzierte Ausgestaltung in einem **vierstufigen System**:[240]

1. generell unbeachtliche Fehler (1. Stufe)

Nach **§ 214 Abs. 1 S. 1 Nr. 1 Hs 2, Nr. 2 Hs 2 und Nr. 3 Hs. 2, 3 BauGB** sind bestimmte Fehler letztlich irrelevant. Unbeachtlich sind auch Verletzungen im Hinblick auf das Verhältnis des Bebauungs- zum Flächennutzungsplan, die in § 214 Abs. 2 BauGB aufgezählt sind, sowie die in § 214 Abs. 3 S. 2 Hs. 2 BauGB. In § 214 Abs. 2a BauGB werden für die im beschleunigten Verfahren nach § 13a BauGB erlassenen Bebauungspläne der Innenentwicklung weitere mögliche Fehler für unbeachtlich erklärt.

---

237 Das Gebot der Problembewältigung wurde vom BVerwG (*BVerwGE* 61, 295) bei der Planfeststellung nach §§ 17 ff. FStrG entwickelt, ist aber auch für die Bauleitplanung heranzuziehen, vgl. *BVerwG* NVwZ-RR 2000, 146 und *VGH Baden-Württemberg* VBlBW 2009, 143.
238 *Brenner* Öffentliches Baurecht Rn. 419.
239 Kritisch zu den Planerhaltungsvorschriften wegen der Nichteignung zur Gewährleistung der praktischen Wirksamkeit des Gemeinschaftsrechts *Grünewald* NVwZ 2009, 1520.
240 *Brenner* Öffentliches Baurecht Rn. 420 ff.

2. zeitlich befristet beachtliche Fehler (2. Stufe)

Gemäß **§ 215 Abs. 1 BauGB** werden grundsätzlich beachtliche Fehler aufgrund Zeitablaufs letztlich unbeachtlich; diese Fehler sind nur im Falle einer fristgerechten Rüge beachtlich.

3. absolut beachtliche Fehler (3. Stufe)

Die in **§ 214 Abs. 1 Nr. 4 BauGB** genannten Verstöße gegen Verfahrens- und Formvorschriften sowie die von §§ 214, 215 BauGB nicht erfassten materiellen Rechtsverstöße sind stets beachtlich.

4. Fehler, die in einem planergänzenden Verfahren behoben werden können (4. Stufe)

Auf der letzten Stufe sieht das BauGB für Rechtsverletzungen, die die gemäß §§ 214 Abs. 1 bis 3, 215 BauGB beachtlich und nicht irrelevant sind, die Möglichkeit der Behebung der Mängel in einem planergänzenden Verfahren gemäß **§ 214 Abs. 4 BauGB** vor.

> **JURIQ-Klausurtipp**
>
> In der Fallbearbeitung bieten sich **zwei Aufbaumöglichkeiten**:
> 1. Sie prüfen die Verletzungsfolgen unmittelbar nach der Feststellung einer Rechtsverletzung oder
> 2. Sie prüfen diese im Anschluss an die Prüfung der Rechtmäßigkeit des Bebauungsplans.
>
> Die erstgenannte Möglichkeit hat den Vorteil, dass Ihnen die Rechtsverletzung sofort präsent ist und Sie so nicht, wie nach der zweiten Aufbaualternative erforderlich, diese in Ihrer Gliederung oder gar in Ihrem Gutachten „nachschlagen" müssen. Ein derartiger Aufbau ist auch für Ihren Korrektor einfacher, da auch er nicht nachschlagen oder die festgestellten Fehler in seinen Notizen festhalten muss.

Die Folgen von Verletzungen des BauGB bei der Aufstellung eines Bebauungsplans

I. Eröffnung des Anwendungsbereichs der §§ 214, 215 BauGB:
   Der Bebauungsplan muss in Kraft getreten sein.

II. Bei Vorliegen einer Verletzung von Verfahrens- oder Formvorschriften des BauGB
   1. Unbeachtliche Verletzung von Verfahrens- oder Formvorschriften gem. § 214 Abs. 1 S. 1 BauGB
   2. wenn 1. (-): evtl. beachtliche Verletzung von Verfahrens- oder Formvorschriften
      a) Beachtliche Verletzung von § 2 Abs. 3 BauGB gem. § 214 Abs. 1 S. 1 Nr. 1 BauGB
      b) Beachtliche Verletzung einer Verfahrens- oder Formvorschrift gem. § 214 Abs. 1 S. 1 Nr. 2 Hs. 1 BauGB
      c) Beachtliche Verletzung einer Verfahrens- oder Formvorschrift gem. § 214 Abs. 1 S. 1 Nr. 3 Hs. 1 BauGB
      d) Beachtliche Verletzung einer Verfahrens- oder Formvorschrift gem. § 214 Abs. 1 S. 1 Nr. 4 BauGB
   3. wenn 2. (+): Unbeachtlichkeit der an sich beachtlichen Verletzung der Verfahrens- oder Formvorschrift gem. § 214 Abs. 1 S. 1 Nr. 2 Hs. 2 oder Nr. 3 Hs. 2 bzw. Hs. 3 BauGB
   4. wenn 3. (-): Behebung durch ein planergänzendes Verfahren gem. § 214 Abs. 4 BauGB
   5. wenn 4. (-): Unbeachtlichkeit durch Zeitablauf gem. § 215 Abs. 1 S. 1 Nr. 1 BauGB

III. Bei Vorliegen einer Verletzung des Entwicklungsgebots gem. § 8 Abs. 2 BauGB
   1. Unbeachtliche Verletzung gem. § 214 Abs. 2 BauGB
   2. wenn 1. (-): Behebung durch ein planergänzendes Verfahren gem. § 214 Abs. 4 BauGB
   3. wenn 2. (-): Unbeachtlichkeit durch Zeitablauf gem. § 215 Abs. 1 S. 1 Nr. 2 BauGB

IV. Bei Vorliegen einer Verletzung des Abwägungsgebotes gem. § 1 Abs. 7 BauGB
   1. Erhebliche Verletzung gem. § 214 Abs. 3 S. 2 Hs. 2 BauGB
   2. wenn 1. (-): Behebung durch ein planergänzendes Verfahren gem. § 214 Abs. 4 BauGB
   3. Unbeachtlichkeit durch Zeitablauf gem. § 215 Abs. 1 S. 1 Nr. 1 BauGB

I. Anwendungsbereich

Gem. § 214 Abs. 1 S. 1 BauGB gelten die §§ 214–216 BauGB für Flächennutzungspläne und für „Satzungen nach diesem Gesetzbuch", also insbesondere für Bebauungspläne (§ 10 BauGB). Die §§ 214, 215 BauGB können jedoch nur Anwendung finden, wenn die Satzung (oder der Plan) **bereits in Kraft getreten** ist.

II. Bei einer Verletzung von Verfahrens- und Formvorschriften des BauGB

1. Systematik des § 214 Abs. 1 BauGB

213 In § 214 Abs. 1 BauGB sind die Verfahrens- und Formvorschriften genannt, deren Verletzung zur Nichtigkeit des Bebauungsplanes führt. Diese **Aufzählung** ist, wie aus dem Wortlaut folgt, **abschließend** („nur").[241] Dies bedeutet, dass Verstöße gegen andere, nicht genannte Verfahrens- und Formvorschriften unbeachtlich sind. In diesem Fall spricht man von **externer Unbeachtlichkeit**.[242] Verstöße gegen die grundsätzlich beachtlichen Fehler in § 214 Abs. 1 Nr. 1–3 BauGB werden jedoch unbeachtlich, wenn die Voraussetzungen des Hs. 2 der jeweiligen Ziffer des § 214 Abs. 1 BauGB gegeben sind (**interne Unbeachtlichkeit**). In § 214 Abs. 1 S. 1 Nr. 4 BauGB sind so gravierende Fehler genannt, dass diese immer beachtlich sind und somit zur Unwirksamkeit des Bebauungsplanes führen (**absolute Beachtlichkeit**).

>> Unterstreichen Sie in § 215 Abs. 1 S. 1 Nr. 1 „Nr. 1–3" BauGB. So vermeiden Sie, dass Sie im Eifer des Gefechts § 215 Abs. 1 S. 1 Nr. 1 BauGB auf § 214 Abs. 1 S. 1 Nr. 4 BauGB anwenden. «

> **Hinweis**
>
> § 214 Abs. 1 S. 1 Nr. 4 BauGB ist nicht in § 215 Abs. 1 S. 1 Nr. 1 BauGB genannt. Dort sind nur § 214 Abs. 1 S. 1 Nr. 1–3 genannt. § 214 Abs. 1 S. 1 Nr. 4 BauGB unterliegt also nicht der Rügefrist des § 215 Abs. 1 S. 1 Nr. 1 BauGB.

2. Beachtliche Verletzungen nach § 214 Abs. 1 S. 1 BauGB

214 Unter den Begriff der „Verfahrens- und Formvorschriften dieses Gesetzbuches" i.S.d. § 214 Abs. 1 S. 1 BauGB fallen alle Vorschriften des BauGB, die sich auf den äußeren Ablauf des Planungs- und Satzungsverfahrens beziehen.[243]

>> Unterstreichen Sie bei § 214 Abs. 1 S. 1 BauGB die Wörter „dieses Gesetzbuches". «

> **Hinweis**
>
> Auch hier gilt, wie oben (s.o. Rn. 156) dargestellt:
> 1. **Landesrechtliche Vorschriften** fallen gerade **nicht** in den Anwendungsbereich der §§ 214 f. Daher richtet sich die **Unbeachtlichkeit** und die **(sonstige) Heilbarkeit alleine nach Landesrecht**. In Bezug auf einen Verstoß z.B. gegen kommunalrechtliche Regelungen, z.B. § 18 GemO, finden die §§ 214 f. BauGB daher keine Anwendung.
> 2. Die Heilungsvorschrift des **§ 214 Abs. 4 BauGB** (planergänzendes Verfahren) gilt jedoch **auch für landesrechtliche Regelungen**.

Zunächst ist zu prüfen, ob ein Verstoß gegen eine in § 214 Abs. 1 S. 1 BauGB genannte Verfahrens- oder Formvorschrift gegeben ist.

---

241 Vgl. Battis/Krautzberger/Löhr-*Battis* BauGB § 214 Rn. 3.
242 *Stollmann* Öffentliches Baurecht § 8 Rn. 4.
243 *Stollmann* Öffentliches Baurecht § 8 Rn. 3.

Bei einer Verletzung von Verfahrens- und Formvorschriften des BauGB **3 D II**

> **Hinweis**
>
> Gelangen Sie in Ihrer Fallbearbeitung zu dem Ergebnis, dass eine Verfahrens- oder Formvorschrift verletzt worden ist, die nicht in § 214 Abs. 1 S. 1 BauGB genannt ist, z.B. § 2 Abs. 1, § 3 Abs. 1 oder § 4 Abs. 1 BauGB, so ist Ihre Prüfung an dieser Stelle beendet. Der Fehler ist extern unbeachtlich.
>
> Andernfalls setzen Sie Ihre Prüfung fort.

3. Beachtliche Verletzung einer Form- oder Verfahrensvorschrift nach § 214 Abs. 1 S. 1 Nr. 1, Nr. 2 Hs. 1, Nr. 3 Hs. 1 oder Nr. 4 BauGB

a) Beachtliche Verletzung des § 2 Abs. 3 BauGB nach § 214 Abs. 1 S. 1 Nr. 1 BauGB

Nach § 214 Abs. 1 S. 1 Nr. 1 BauGB liegt ein grundsätzlich beachtlicher Fehler vor, wenn   215

- entgegen § 2 Abs. 3 BauGB von der Planung berührte Belange in **wesentlichen Punkten** nicht zutreffend ermittelt oder bewertet worden sind,
- die betreffenden Belange der Gemeinde **bekannt waren** oder **bekannt sein mussten**,
- der Mangel **offensichtlich** ist und
- sich der Fehler im Ergebnis **ausgewirkt** hat.

> **Hinweis**
>
> Erfasst sind also nach der vorliegend Auffassung (s. Rn. 221, 154) Fehler im Abwägungsvorgang. Fehler im Abwägungsergebnis sind stets beachtlich.
>
> Wegen der besonderen Bedeutung des § 2 Abs. 3 BauGB hat § 214 Abs. 1 S. 1 Nr. 1 BauGB besondere Klausurrelevanz.

Die Prüfung erfolgt anhand dieses Schemas

> **Prüfung des § 214 Abs. 1 S. 1 Nr. 1 BauGB** **PRÜFUNGSSCHEMA**
>
> I. Ermittlung des Kenntnisstandes der Gemeinde im Zeitpunkt der Beschlussfassung
>
> II. Fehler entgegen § 2 Abs. 3 BauGB in wesentlichen Punkten
>
> III. Offensichtlichkeit des Fehlers
>
> IV. Kausalität des Fehlers für das Ergebnis des Verfahrens

aa) Kenntnis oder fahrlässige Unkenntnis

Zunächst muss die **Gemeinde** im Zeitpunkt der Beschlussfassung über den Bebauungs-   216
plan **Kenntnis** (vgl. § 214 Abs. 1 S. 1 Nr. 1 BauGB: „bekannt waren") oder **fahrlässige Unkenntnis** („hätten bekannt sein müssen") von Belangen gehabt haben, die von der Planung berührt sind.

Belange hätten der Gemeinde bekannt sein müssen, wenn sich diese Umstände aufdrängen mussten.²⁴⁴

bb) in wesentlichen Punkten unzutreffende Ermittlung oder Bewertung

217 Die von der Planung berührten Belange müssen **in wesentlichen Punkten** unzutreffend ermittelt oder bewertet worden sein, obwohl sie nach Lage der Dinge hätten ermittelt oder bewertet werden müssen.²⁴⁵ Über den Wortlaut („nicht zutreffend") hinaus sind nicht nur die Fälle der unzutreffenden Ermittlung oder Bewertung, sondern auch die Fälle der gänzlich unterbliebenen Ermittlung oder Bewertung der betroffenen Belange.²⁴⁶

Wesentlich i.S.d. § 214 Abs. 1 S. 1 Nr. 1 BauGB sind alle Belange, die zum notwendigen Abwägungsmaterial gehören.²⁴⁷

Durch die Bezugnahme auf wesentliche Punkte werden die Planerhaltungsvorschriften mit den Grundsätzen der Abwägungsbeachtlichkeit in § 1 Abs. 7 BauGB verknüpft: Punkte, die in der konkreten Abwägungssituation abwägungsbeachtlich waren, sind auch „wesentlich".²⁴⁸

cc) Offensichtlichkeit

218 Das Bundesverwaltungsgericht²⁴⁹ hält eine **einschränkende Auslegung** des Merkmals der Offensichtlichkeit für geboten. Dies folgt daraus, dass das Abwägungsgebot in Art. 20 Abs. 3 GG verankert ist und das Gebot effektiven Rechtsschutzes gemäß Art. 19 Abs. 4 GG auch in Bezug auf Bebauungspläne gilt.²⁵⁰ Daher existiert folgende einschränkende Definition:

Offensichtlich ist ein Mangel, wenn er leicht erkennbar ist *oder* weil er sich aus Akten, Protokollen und der Entwurfs- oder Planbegründung ergibt.²⁵¹

Nicht offensichtlich ist ein Mangel, wenn er nicht positiv feststellbar ist, sondern sich nur aus dem Fehlen entsprechender Erwägungen im Gemeinderatsprotokoll ergeben könnte.²⁵²

219 Erforderlich ist ein **Mangel auf der äußeren Seite** der Abwägung. Der Mangel muss auf objektiv erfassbaren konkreten Sachumständen beruhen, die positiv und klar auf einen Mangel hindeuten. Ein **Mangel auf der inneren Seite** der Abwägung hingegen **genügt nicht**. Mit dem Merkmal der Offensichtlichkeit soll vermieden werden, dass Beweis über die subjektiven Vorstellungen des Gemeinderats oder seiner Mitglieder erhoben wird.²⁵³ Ein derartiger Mangel ist gegeben, wenn er in den Planungsmotiven oder Planungs-

---

244 St. Rspr. vgl. *BVerwGE* 59, 87, 104.
245 *Stollmann* Öffentliches Baurecht § 8 Rn. 7.
246 Battis/Krautzberger/Löhr-*Battis* BauGB § 214 Rn. 4.
247 *BVerwG* NVwZ 2008, 899.
248 *Kenntner* Öffentliches Recht in Baden-Württemberg Rn. 636.
249 Vgl. *BVerwGE* 4, 33 und *BVerwG* BauR 2014, 440.
250 Vgl. *Dürr* Baurecht Baden-Württemberg Rn. 56.
251 Ebenso *VGH Baden-Württemberg* VBlBW 2012, 108.
252 *BVerwG* NVwZ 1998, 956; *VGH Baden-Württemberg* VBlBW 2012, 108.
253 *BVerwGE* 64, 33.

vorstellungen der einzelnen Gemeinderatsmitglieder begründet ist. Dies ist z.B. bei fehlenden oder irrigen Vorstellungen über die Planung der Fall.

dd) Kausalität

> **Von Einfluss** ist ein offensichtlicher Mangel im Verfahren auf das Abwägungsergebnis, wenn nach den Umständen des Einzelfalles die konkrete Möglichkeit besteht, dass ohne den Mangel anders geplant worden wäre.

220

Eine positive Feststellung der Kausalität ist also nicht erforderlich, jedoch genügt die rein abstrakte Möglichkeit eines Einflusses nicht aus.

> Ein Mangel ist **nicht von Einfluss**, wenn die Gemeinde auch bei Kenntnis des Fehlers im Abwägungsvorgang nicht anders geplant hätte.

Beispiel Für die Anlage eines Windparks verkennt der Gemeinderat, dass eine Umweltprüfung erforderlich ist.[254]

ee) Paradigmenwechsel durch die Einführung des § 2 Abs. 3 BauGB

In § 214 Abs. 1 Nr. 1 BauGB ist ein Verstoß gegen § 2 Abs. 3 BauGB genannt. Der Gesetzgeber verfolgte (s.o. Rn. 140) das Ziel, die **Ermittlung und die Bewertung planungsrelevanter Belange** nicht mehr als materiell-rechtliche, sondern als **verfahrensbezogene Pflichten** auszugestalten.[255] Ob es durch die Einführung dieser **Verfahrensgrundnorm** zu einem **Paradigmenwechsel**[256] kommen sollte ist umstritten.

221 »Die Frage, ob es durch die Einführung des § 2 Abs. 3 BauGB zu einem Paradigmenwechsel gekommen ist, wird auch gerne in mündlichen Prüfungen geprüft. «

(1) Bejahende Auffassung

Herrschend wird davon ausgegangen, dass es durch die Einführung dieser **Verfahrensgrundnorm** zu einem **Paradigmenwechsel** kommen sollte.

222

(a) Fehler, die nach der alten Rechtslage einen Verstoß gegen die materiell-rechtliche Pflicht zur Ermittlung und Bewertung der abwägungserheblichen Belange galten, gelten nun als Verstoß gegen **verfahrensrechtliche Pflichten**. Sie stellen damit **Verfahrensfehler** und somit einen **Verstoß gegen § 2 Abs. 3 BauGB** dar. Deren Beachtlichkeit richtet sich daher § 214 Abs. 1 S. 1 Nr. 1 BauGB.[257]

(b) Hierfür kann **§ 214 Abs. 1 Nr. 1 BauGB** angeführt werden, der unter dem Aspekt der „Verletzung von Verfahrens- und Formvorschriften dieses Gesetzbuches" § 2 Abs. 3 BauGB erfasst.

(c) Als **Konsequenz** hiervon normiert § 214 Abs. 3 S. 2 Hs. 1 BauGB, dass Mängel, die Gegenstand der Regelung des § 214 Abs. 1 S. 1 Nr. 1 BauGB sind, nicht als Mängel der eigentlichen Abwägung geltend gemacht werden können.

---

254 *BVerwG* NVwZ 2009, 1289.
255 Bt-Drucks. 15/2550, S. 63.
256 S. *Martini/Finkenzeller* JuS 2012, 126.
257 *BVerwGE* 131, 100.

Daher (s.o. Rn. 149 ff.) stellen der Abwägungsausfall, das Abwägungsdefizit und die Abwägungsfehleinschätzung formelle Fehler dar. Lediglich im Falle der Abwägungsdisproportionalität ist ein Verstoß gegen die materiell-rechtliche Regelung des § 1 Abs. 7 BauGB gegeben.

(2) Verneinende Auffassung

223 **Teilweise** wird jedoch von einer engen Auslegung[258] der Begriffe „Ermittlung und Bewertung" ausgegangen.

(a) Bei der in § 2 Abs. 3 BauGB geregelten Ermittlung und Bewertung des Abwägungsmaterials als verfahrensrechtliche Pflicht handle es sich lediglich um **Vor-Ermittlungen und Vor-Bewertungen**.[259] Die eigentliche Abwägung sei daher weiterhin eine materiell-rechtliche Pflicht.[259]

(b) Die Vertreter dieser Auffassung stellen hierfür insbesondere auf **§ 214 Abs. 3 S. 2 Hs. 2 BauGB** ab. Aus den Formulierungen „im Übrigen" und „im Abwägungsvorgang" folge, dass es über die in § 214 Abs. 1 S. 1 Nr. 1, Abs. 3 S. 2 Hs. 1 BauGB geregelten Verletzungen des § 2 Abs. 3 BauGB hinaus auch weiterhin Verletzungen im Abwägungsvorgang gäbe, die gemäß § 214 Abs. 3 S. 2 Hs. 2 BauGB beachtlich seien.

(c) Als **Konsequenz** hiervon gelten als Verfahrensfehler im Rahmen der Vor-Ermittlung und Vor-Bewertung der Ermittlungsausfall, das Ermittlungs- und Bewertungsdefizit sowie die Fehlbewertung.[260]

Bei der Abwägung, die ausschließlich materiell-rechtlich orientiert ist, bleibt es nach dieser Auffassung bei der früheren Beurteilung.[261] § 214 Abs. 3 S. 2 Hs. 2 BauGB findet vollumfänglich Anwendung auf Fehler im Abwägungsvorgang, d.h. auf den Abwägungsausfall, das Abwägungsdefizit und die Abwägungsfehleinschätzung. § 214 Abs. 3 S. 2 Hs. 1 BauGB wird demnach wohl[262] nur auf Verfahrensfehler bei der Vor-Ermittlung und Vor-Bewertung Anwendung finden.

(3) Argumente für die Stellungnahme

224 Im Rahmen der **Stellungnahme** können Sie zu Gunsten der h.M. wie folgt **argumentieren**:

(a) Der Gesetzgeber verfolgte, wie sich den Gesetzesmaterialien entnehmen lässt, den von der h.M. dargestellten **eindeutigen Zweck**. Gegen die t.v.A. kann angeführt werden, dass § 214 Abs. 3 S. 2 Hs. 2 BauGB erst nachträglich auf eine Initiative des Bundesrates hin eingeführt worden ist. Die Einführung dieser „**Angstklausel**" hatte zum Zweck, dass alle theoretisch denkbaren Verletzungen von materiell-rechtlichen Pflichten im Abwägungsvorgang durch § 214 Abs. 3 S. 2 Hs. 2 BauGB erfasst sind.[263]

(b) Eine Aufspaltung des Abwägungsvorganges, wie von der t.v.A. vorgenommen, führt zu zahlreichen **Abgrenzungsschwierigkeiten** hinsichtlich des Inhalts der Verfahrens- und Abwägungsgebote einerseits und der entsprechenden Verfahrensfehler bzw. Mängel im

---

258 So ausdrücklich *Stelkens* UPR 2005, 81, 84 f.
259 Tettinger/Erbguth/Mann-*Erbguth* Besonderes Verwaltungsrecht Rn. 1003.
260 Gelzer/Bracher/Reidt-*Reidt* Bauplanungsrecht Rn. 55.
261 Tettinger/Erbguth/Mann-*Erbguth* Besonderes Verwaltungsrecht Rn. 1003; s. vertiefend *Erbguth* JZ 2006, 484, 490 ff.
262 Vertreter dieser Auffassung übersehen diese Vorschrift teilweise geflissentlich.
263 BT-Drucks. 15/2550, 87 f. und 95 f.; BT-Drucks. 15/2996, 105.

Abwägungsvorgang andererseits. Dies wird insbesondere für die Unterscheidung zwischen Ermittlungs- und Abwägungsdefizit und die zwischen Fehlbewertung und Abwägungsfehleinschätzung deutlich, denn in beiden Fällen liegen identische Fehler vor.

(c) Der Gesetzgeber hat für die Verfahrensschritte der Ermittlung und Bewertung **zahlreiche neue Vorschriften** erlassen (§§ 2 Abs. 3, Abs. 4 S. 1, 4a Abs. 1 BauGB) und zudem für entsprechende Verfahrensfehler in § 214 Abs. 1 S. 1 Nr. 1 BauGB eine **eigene Planerhaltungsvorschrift** eingeführt. Hieraus wird die Bedeutung der Ermittlung und Bewertung erkennbar, so dass es sich nicht um bloße Vor-Ermittlungen und Vor-Bewertungen handeln kann.

b) Beachtliche Verletzung nach § 214 Abs. 1 S. 1 Nr. 2 Hs. 1 BauGB

Gemäß § 214 Abs. 1 S. 1 Nr. 2 Hs. 1 BauGB ist es beachtlich, wenn die Vorschriften über die Öffentlichkeits- oder Behördenbeteiligung nach §§ 3 Abs. 2, 4 Abs. 2, 4a Abs. 3 und 5 S. 2, 13 Abs. 2 S. 1 Nrn. 2, 3 BauGB (auch in Verbindung mit § 13a Abs. 2 Nr. 1 BauGB) und 22 Abs. 9 S. 2, 34 Abs. 6 S. 1, 35 Abs. 6 S. 5 BauGB verletzt worden sind.

225

> **Hinweis**
>
> Die vorzeitige Öffentlichkeits- und Behördenbeteiligung gemäß §§ 3 Abs. 1, 4 Abs. 1 BauGB sind nicht in § 214 Abs. 1 S. 1 Nr. 2 Hs. 1 BauGB genannt, so dass derartige Verstöße unbeachtlich sind.

aa) Mängel bei der Öffentlichkeitsbeteiligung

Mängel bei der Öffentlichkeitsbeteiligung gemäß § 214 Abs. 1 S. 1 Nr. 2 BauGB können in **zwei Konstellationen** auftreten.

226

1. Die Öffentlichkeitsbeteiligung an der Bauleitplanung erfolgt gemäß § 3 Abs. 2 BauGB durch das **öffentliche Auslegen** der Bauleitpläne mit Erläuterungsbericht oder Begründung für die Dauer eines Monats. Währenddessen können die Bürger Anregungen einbringen. Diese sind zu berücksichtigen.
   Diesbezügliche Fehler sind immer **beachtlich**.
2. Den Bürgern ist nach einigen Vorschriften (z.B. § 3 Abs. 2 S. 2 BauGB) **Gelegenheit zur Stellungnahme** zu geben.
   Ein Verstoß ist gegeben, wenn
   - keine Gelegenheit zur Stellungnahme gegeben wurde,
   - die Stellungnahme nicht entgegengenommen wurde,
   - die Stellungnahme nicht zur Kenntnis genommen wurde.

Derartige Fehler sind, sofern die interne Unbeachtlichkeitsklausel gemäß § 214 Abs. 1 S. 1 Nr. 2 Hs. 2 BauGB nicht einschlägig ist, **beachtlich**.

bb) Mängel bei der Behördenbeteiligung

Fehler bei der Behördenbeteiligung sind **beachtlich**. Dies ist z.B. beim völligen Fehlen einer Behördenbeteiligung der Fall. Es ist jedoch gemäß § 214 Abs. 1 S. 1 Nr. 2 Hs. 2 BauGB **unbeachtlich**, wenn bei einer ordnungsgemäß durchgeführten Trägerbeteiligung einzelne Behörden oder sonstige Träger öffentlicher Belange deshalb nicht beteiligt wurden, weil sie übersehen und daher nicht beteiligt wurden.

227

c) Beachtlichkeit gemäß § 214 Abs. 1 S. 1 Nr. 3 Hs. 1 BauGB

228 Sollten die Vorschriften über die Begründung des Bebauungsplanes (s.o. Rn. 157) verletzt worden sein, so ist dies **beachtlich**, § 214 Abs. 1 S. 1 Nr. 3 Hs. 1 BauGB.

Die **Unbeachtlichkeit** ist gemäß § 214 Abs. 1 S. 1 Nr. 3 Hs. 2 BauGB gegeben, wenn die Begründung **unvollständig** ist. Von dieser Ausnahme gibt es eine **Rückausnahme**. Die Beachtlichkeit ist dann gegeben, wenn die zwar beigefügte Begründung eine bloße Wiederholung des Inhalts der Vorschriften des BauGB darstellt und wenn über Ziel und Zweck der Planung nichts Konkretes dargelegt wird.

> **JURIQ-Klausurtipp**
>
> In der Fallbearbeitung müssen Sie § 214 Abs. 1 S. 1 Nr. 2 und 3 BauGB sorgsam durchlesen und prüfen, ob eine darin abschließend aufgeführte Vorschrift einschlägig und verletzt ist.

d) Beachtlichkeit gemäß § 214 Abs. 1 S. 1 Nr. 4 BauGB

229 Sollte ein Beschluss der Gemeinde über den Bebauungsplan nicht gefasst, eine Genehmigung nicht erteilt oder der mit der Bekanntmachung des Bebauungsplanes verfolgte Hinweiszweck nicht erreicht worden sein, so ist dies gemäß § 214 Abs. 1 S. 1 Nr. 4 BauGB **beachtlich**.

> **Hinweis**
>
> Verstöße i.S.d. § 214 Abs. 1 S. 1 Nr. 4 BauGB sind vom Gesetzgeber als so gravierend eingestuft worden, dass sie nicht der Rügefrist des § 215 Abs. 1 S. 1 Nr. 1 BauGB unterliegen.

4. Interne Unbeachtlichkeit, § 214 Abs. 1 S. 1 Nr. 2 Hs. 2, Nr. 3 Hs. 2 oder Hs. 3 BauGB

230 Für beachtliche Verletzungen nach § 214 Abs. 1 S. 1 Nr. 2 Hs. 1 oder Nr. 3 Hs. 1 BauGB sind die **internen Unbeachtlichkeitsvorschriften** (s.o. Rn. 213) des § 214 Abs. 1 S. 1 Nr. 2 Hs. 2, Nr. 3 Hs. 2 oder Hs. 3 BauGB zu berücksichtigen. In Bezug auf die interne Unbeachtlichkeitsvorschrift des **§ 214 Abs. 1 S. 1 Nr. 3 HS. 3 BauGB** ist eine Verletzung von Vorschriften in Bezug auf den Umweltbericht unbeachtlich, wenn die **Begründung** nur in **unwesentlichen Punkten unvollständig** ist.

> **Hinweis**
>
> Im Gegensatz zur § 214 Abs. 1 S. 1 Nr. 2 Hs. 2, Nr. 3 Hs. 2 BauGB ist die Unbeachtlichkeit gemäß § 214 Abs. 1 S. 1 Nr. 3 Hs. 3 BauGB auf unwesentliche Punkte beschränkt.

5. Planergänzendes Verfahren, § 214 Abs. 4 BauGB

§ 214 Abs. 4 BauGB enthält eine weitere **Heilungsmöglichkeit** in Form des planergänzenden Verfahrens.

> **Hinweis**
>
> Ein planergänzendes Verfahren gemäß § 214 Abs. 4 BauGB kommt, wie mehrfach dargestellt (s.o. Rn. 156) nicht nur bei Verstößen gegen Vorschriften des BauGB, sondern auch bei Verstößen gegen andere Gesetze, die auch landesrechtliche Regelungen sein können, in Betracht.

Die Möglichkeit eines planergänzenden Verfahrens setzt voraus, dass die Behebung des Mangels tatsächlich möglich ist. Sollte der Plan an einem materiell-rechtlichen Fehler leiden, der die **Grundzüge der Planung** berührt, **scheidet** ein **planergänzendes Verfahren aus**.[264] Ein derartiges Verfahren ist also nur zulässig, wenn es um eine nur **punktuelle Nachbesserung** bei einer ansonsten korrekten Gesamtplanung geht. Bis zur Behebung des Mangels entfaltet der Bebauungsplan keine Rechtswirkungen.

Die Behebung der beachtlichen Verletzung einer Verfahrens- oder Formvorschrift erfolgt durch die Nachholung der **verletzten Verfahrenshandlung oder der formgerechten Handlung**.[265] Wird der Mangel dann beseitigt, so wird der Bebauungsplan **auch rückwirkend in Kraft gesetzt**. Wird trotz der rechtlichen Möglichkeit eines planergänzenden Verfahrens dieses von der Gemeinde nicht durchgeführt, so bleibt es bei der schwebenden Unwirksamkeit des Bebauungsplanes.[266]

6. Unbeachtlichkeit durch Zeitablauf gemäß § 215 Abs. 1 BauGB

Ergibt Ihre Prüfung, dass eine beachtliche Verletzung einer Verfahrens- oder Formschrift nach § 214 Abs. 1 S. 1 Nr. 1 bis 3 BauGB vorliegt und dass diese nicht in einem planergänzenden Verfahren nach § 214 Abs. 4 BauGB behoben wurde, prüfen Sie anschließend, § 215 Abs. 1 S. 1, 2 BauGB. Diese Vorschrift regelt, welche nach § 214 BauGB grundsätzlich beachtlichen Fehler **durch Zeitablauf** nachträglich unbeachtlich werden.

Eine grundsätzlich beachtliche Verletzung von Verfahrens- und Formvorschriften i.S.d. § 214 Abs. 1 S. 1 Nr. 1–3 BauGB wird unbeachtlich, wenn sie nicht **innerhalb eines Jahres** seit Bekanntmachung des Bebauungsplanes schriftlich gegenüber der Gemeinde geltend gemacht worden ist.

> **JURIQ-Klausurtipp**
>
> Aus der Formulierung „**seit Bekanntmachung**" folgt, dass eine Rüge, die vor der Bekanntmachung des Bebauungsplanes erfolgt ist, nicht zur Unbeachtlichkeit gemäß § 215 Abs. 1 führen kann.

---

264 *Brenner* Öffentliches Baurecht Rn. 438.
265 Battis/Krautzberger/Löhr-*Battis* BauGB § 214 Rn. 27.
266 Vgl. Battis/Krautzberger/Löhr-*Battis* BauGB § 214 Rn. 23.

Für die Rüge ist eine ausdrückliche und **hinreichend deutliche Erklärung** erforderlich.[267] Eine Heilung durch Zeitablauf kann gemäß § 215 Abs. 2 BauGB nur eintreten, wenn die Gemeinde bei in Kraft setzen des Bebauungsplanes auf die Voraussetzungen für die Geltendmachung der Verletzung von Verfahrens- und Formvorschriften sowie auf die Rechtsfolgen des § 215 Abs. 1 BauGB **hingewiesen** hat. Fehlen diese Hinweise tritt keine Heilung durch Zeitablauf ein. Eine fristgerechte Rüge hat Wirkung **inter omnes**.

235 Eine weitere Möglichkeit des Unbeachtlichwerdens eines nach § 214 BauGB grundsätzlich beachtlichen Fehlers im **Abwägungsvorgang** findet sich in § 215 Abs. 1 Nr. 3 BauGB. Da nach der hier vertretenen Auffassung (s.o. Rn. 140 ff., 221 ff.) der Abwägungsausfall, das Abwägungsdefizit und die Abwägungsfehleinschätzung von § 215 Abs. 1 Nr. 1 BauGB erfasst werden, fallen diese nicht unter § 215 Abs. 1 Nr. 3 BauGB.

III. Bei Vorliegen einer Verletzung des Entwicklungsgebots gemäß § 8 Abs. 2 BauGB

>> Lesen Sie § 214 Abs. 2 BauGB und wiederholen Sie das Entwicklungsgebot und die Ausnahmen hiervon (Rn. 62 ff.). «

236 Die Folgen einer Verletzung des Entwicklungsgebots i.S.d. § 8 Abs. 2 BauGB prüfen Sie in drei Schritten:

1. Unbeachtliche Verletzungen nach § 214 Abs. 2 BauGB

237 § 214 Abs. 2 BauGB normiert **unbeachtliche Verletzungen des Entwicklungsgebots**. Aus einem Umkehrschluss ergibt sich, dass alle nicht genannten Verletzungen beachtlich sind.

> **Hinweis**
>
> Für die Fallbearbeitung hat dies zur Folge, dass bei der Einschlägigkeit des § 214 Abs. 2 BauGB die Verletzung des Entwicklungsgebots unbeachtlich ist. Ist die Konstellation hingegen nicht von § 214 Abs. 2 BauGB erfasst, ist dessen Verletzung beachtlich.

2. Behebung der beachtlichen Fehler nach § 214 Abs. 4 BauGB

238 Sollte eine Verletzung des Entwicklungsgebots beachtlich sein, so kann die Gemeinde ein **planergänzendes Verfahren** gemäß § 214 Abs. 4 BauGB durchführen. Hinsichtlich des planergänzenden Verfahrens wird auf die obigen Ausführungen (s.o. Rn. 210 ff.) verwiesen.

3. Unbeachtlichwerden der nach § 214 Abs. 2 BauGB beachtlichen und nach § 214 Abs. 4 BauGB nicht behobenen Verletzung

239 Sofern eine beachtliche Verletzung des Entwicklungsgebots vorliegt, die nicht in einem planergänzenden Verfahren behoben worden ist, besteht die Möglichkeit, dass die **Unbeachtlichkeit durch Zeitablauf** gemäß § 215 Abs. 1 S. 1 Nr. 2 BauGB eintritt. Auch hier sei auf die obigen Ausführungen (s.o. Rn. 234 f.) verwiesen.

---

267 *Stollmann* Öffentliches Baurecht § 8 Rn. 19.

IV. Bei einer Verletzung des Abwägungsgebotes gemäß § 1 Abs. 7 BauGB

Aus einem Umkehrschluss zu § 214 Abs. 3 BauGB folgt, dass eine Verletzung des Abwägungsgebotes gemäß § 1 Abs. 7 BauGB bei der eigentlichen Abwägung, d.h. eine **Abwägungsdisproportionalität**, **immer beachtlich** ist. § 214 Abs. 3 BauGB ist daher nur **noch für (nur rein theoretisch denkbare)**[268] **sonstige Verletzungen im Abwägungsvorgang**, § 214 Abs. 3 S. 2 Hs. 2 BauGB, sowie für Verletzungen des Abwägungsgebots in seiner vierten Phase (s. Rn. 145), also der eigentlichen Abwägung (Abwägungsergebnis), von Bedeutung.

240

Die Gemeinde hat zwar die Möglichkeit ein **planergänzendes Verfahren** gemäß § 214 Abs. 4 BauGB durchzuführen, was daraus folgt, dass in § 214 Abs. 4 BauGB allgemein von Fehlern die Rede ist. Ein solches wird jedoch regelmäßig ausscheiden, da hierdurch nur eine punktuelle Nachbesserung ermöglicht wird.

> **Hinweis**
>
> Ein Unbeachtlichwerden durch Zeitablauf gemäß § 215 BauGB scheidet bei einer Verletzung des Abwägungsgebotes gemäß § 1 Abs. 7 BauGB aus, denn § 215 Abs. 1 Nr. 3 BauGB gilt nur für beachtliche Fehler im Abwägungsvorgang und nicht für ein fehlerhaftes Abwägungsergebnis.

E. Sicherung der kommunalen Bauleitplanung

Das Verfahren zur Aufstellung von Bauleitplänen ist sehr komplex und daher zeitaufwendig. Daher bedürfen diese Verfahren der Sicherung. Durch die **Mittel der Plansicherung** soll verhindert werden, dass die gemeindliche Planung erschwert oder sogar unmöglich wird. Die **§§ 14–28 BauGB** treffen entsprechende Regelungen. Der Sicherung der kommunalen Bauleitplanung dienen:

241

- die **Veränderungssperre**, §§ 14, 16 ff. BauGB
- die **Zurückstellung von Baugesuchen**, § 15 BauGB
- die **Grundstücksteilung**, § 19 BauGB
- die **gemeindlichen Vorkaufsrechte**, §§ 24–28 BauGB.

> **Hinweis**
>
> Im Bereich der Mittel der Plansicherung kommt in Klausuren der Veränderungssperre gemäß §§ 14, 16 ff. BauGB und der Zurückstellung von Baugesuchen gemäß § 15 BauGB Bedeutung zu. Daher werden nur diese Mittel zur Plansicherung dargestellt.[269]

---

268 *Pieper* Jura 2006, 817. Bei dieser Vorschrift handelt es sich um eine nachträglich eingefügte „Angstklausel", s.o. Rn. 224.
269 Vgl. zur Grundstücksteilung und den gemeindlichen Vorkaufsrechten umfassend Hoppe/Bönker/Grotefels-*Bönker*, Öffentliches Baurecht § 10 Rn. 45 ff und 61 ff.

I. Veränderungssperre, § 14 BauGB

242 § 14 BauGB ermöglicht es den Gemeinden während des Verfahrens der Aufstellung, Änderung, Ergänzung oder Aufhebung eines Bebauungsplanes durch den Erlass einer **Veränderungssperre** zu verbieten, dass in einem bestimmten Gebiet Vorhaben i.S.d. § 29 BauGB (s.u. Rn. 269 ff.) durchgeführt oder baulichen Anlagen beseitigt (§ 14 Abs. 1 Nr. 1 BauGB) oder Grundstücke erheblich oder wesentlich wertsteigernd verändert werden (§ 14 Abs. 1 Nr. 2 BauGB).

PRÜFUNGSSCHEMA

Rechtmäßigkeit einer Veränderungssperre

I. Ermächtigungsgrundlage, § 14 Abs. 1 BauGB

II. Formelle Rechtmäßigkeit
1. Zuständigkeit: Gemeinde, § 14 Abs. 1 BauGB
2. Verfahren: kein besonderes Verfahren
3. Form: Satzung, § 16 Abs. 1 BauGB
4. Bekanntmachung
   a) Ortsübliche Bekanntmachung der Veränderungssperre, § 16 Abs. 2 S. 1 BauGB, *oder*
   b) Ortsübliche Bekanntmachung des Beschlusses einer Veränderungssperre, § 16 Abs. 2 S. 1 BauGB

III. Materielle Rechtmäßigkeit
1. Vorliegen eines wirksamen Planaufstellungsbeschlusses
2. Ortsübliche Bekanntmachung des Planaufstellungsbeschlusses
3. Erforderlichkeit zur Sicherung des Bebauungsplanes
4. Zulässiger Inhalt
   a) § 14 Abs. 1 Nr. 1 BauGB
   b) § 14 Abs. 2 Nr. 2 BauGB

IV. Rechtsfolge
1. Grundsatz
2. Keine Ausnahme i.S.d. § 14 Abs. 2, Abs. 3 BauGB

V. Einhaltung der Geltungsdauer, § 17 BauGB

Die Veränderungssperre wird gemäß § 16 Abs. 1 BauGB als Satzung erlassen, so dass formelle und materielle Voraussetzungen für deren Erlass bestehen.

1. Ermächtigungsgrundlage, § 14 Abs. 1 BauGB

243 Nach dem rechtsstaatlichen Vorbehalts des Gesetzes bedarf die Gemeinde für den Erlass einer Veränderungssperre einer formell-gesetzlichen Grundlage. Als solche dient § 14 Abs. 1 BauGB.

2. Formelle Rechtmäßigkeit

a) Zuständigkeit

244 Zuständig für den Erlass einer Veränderungssperre ist gemäß § 14 Abs. 1 BauGB die **Gemeinde**. Diese hat die **Verbandskompetenz**. Die **Organkompetenz** kommt, wie aus § 39 Abs. 2 Nr. 3 GemO folgt, dem **Gemeinderat** zu. Der Beschluss einer Veränderungssperre kann, da sie gemäß § 16 Abs. 1 BauGB in Form einer Satzung ergeht, gerade nicht auf einen beschließenden Ausschuss übertragen werden (s. Rn. 115).

b) Verfahren

245 Im Hinblick auf das Verfahren für den Erlass sieht § 14 BauGB **kein besonderes Verfahren** vor. Die Prüfung der Rechtmäßigkeit des Planaufstellungsbeschlusses beurteilt sich nach den kommunalrechtlichen Regelungen der GemO.

Sollte ein Satzungsbeschluss völlig fehlen, so beurteilt sich der Fehler nach § 214 Abs. 1 S. 1 Nr. 4 BauGB. Des Weiteren ist ein ergänzendes Verfahren gemäß § 214 Abs. 4 BauGB möglich. Für den Fall, dass der Satzungsbeschluss gegen landesrechtliche Verfahrensvorschriften verstößt, gelten, wie aus dem Wortlaut des § 214 Abs. 1 S. 1 BauGB folgt, die §§ 214, 215 BauGB nicht (s. Rn. 156). Möglich ist jedoch die Durchführung eines planergänzenden Verfahrens gemäß § 214 Abs. 4 BauGB.

c) Form

246 In Bezug auf die **Form** muss die Veränderungssperre als Satzung gemäß § 16 Abs. 1 BauGB erlassen werden.

d) Bekanntgabe

247 Da die Veränderungssperre als Satzung erlassen wird muss sie **ortsüblich bekannt** gemacht werden. § 16 Abs. 2 BauGB normiert zwei Formen der Bekanntgabe: So kann gemäß § 16 Abs. 2 S. 1 BauGB die Veränderungssperre selbst oder der Beschluss über die Veränderungssperre, § 16 Abs. 2 S. 2 BauGB, ortsüblich bekannt gemacht werden.

3. Materielle Rechtmäßigkeit

§ 14 Abs. 1 BauGB normiert **zwei materiell-rechtliche Voraussetzungen** für eine Veränderungssperre, so dass Sie die materielle Rechtmäßigkeit in zwei Schritten prüfen:

a) Vorliegen eines wirksamen Planaufstellungsbeschlusses

248 Für eine Veränderungssperre ist zunächst das Vorliegen eines wirksamen **Planaufstellungsbeschlusses** der Gemeinde erforderlich. Die Gemeinde muss rechtswirksam beschlossen haben, einen qualifizierten oder einfachen Bebauungsplan aufzustellen, zu ändern, zu ergänzen oder aufzuheben. Der Planaufstellungsbeschluss ist ortsüblich bekannt zu machen (s. hierzu Rn. 164 f.). In Bezug auf die zeitliche Abfolge verlangt § 14 Abs. 1 BauGB lediglich, dass der Aufstellungsbeschluss vor der Satzung über die Veränderungssperre bekannt gemacht wird. Daher ist es möglich die Aufstellung eines Bebauungsplanes und die Veränderungssperre in einer Gemeinderatssitzung zu beschließen.[270] Sie kann weiterhin auch während eines Baugenehmigungsverfahrens oder während eines verwaltungsgerichtlichen Verfahrens erlassen werden.

Sollte ein Planaufstellungsbeschluss fehlen, so führt dieser **Verstoß** gegen diese materielle Voraussetzung zu einer Unwirksamkeit der Satzung über die Veränderungssperre.

> **Hinweis**
>
> Im Gegensatz zur Beurteilung der Frage der Rechtmäßigkeit eines Bebauungsplans, bei dem das Vorliegen eines wirksamen Planaufstellungsbeschlusses gerade keine Wirksamkeitsvoraussetzung ist (s.o. Rn. 117), muss für eine Veränderungssperre ein wirksamer Planaufstellungsbeschluss gegeben sein.

249 Der beabsichtigte **Planbereich**[271] muss im Planaufstellungsbeschluss **eindeutig bestimmbar bezeichnet** werden.[272] Der Inhalt der beabsichtigten gemeindlichen Planung muss hierfür nicht angegeben werden, sondern es müssen die **Konturen** der von der Gemeinde beabsichtigten Planung **erkennbar** sein. Ein Aufstellungsbeschluss, der den künftigen Planbereich nicht eindeutig bestimmbar bezeichnet, ist unwirksam.

b) Ortsübliche Bekanntmachung des Planaufstellungsbeschlusses

250 § 14 Abs. 1 BauGB erwähnt die ortsübliche Bekanntmachung des Planaufstellungsbeschlusses nicht. Gemäß § 2 Abs. 1 S. 2 BauGB ist jedoch der Beschluss, einen Bebauungsplan aufzustellen, ortsüblich bekannt zu machen. Aus diesem Grund bedarf § 14 Abs. 1 BauGB einer erweiternden Auslegung dahingehend, dass der Planaufstellungsbeschluss ortsüblich bekannt zu machen ist.[273]

c) Erforderlichkeit der Veränderungssperre zur Sicherung des Bebauungsplanes

251 Die Veränderungssperre muss zur Sicherung des Planes **erforderlich** sein, § 14 Abs. 1 BauGB. Dies setzt voraus, dass nach dem gegenwärtigen Stand der Planung ein **Mindestmaß an zukünftigem Planinhalt absehbar** sein muss.[274] Für die Erforderlichkeit zur Sicherung des Planes reicht eine **abstrakte Gefährdung** aus. Es muss die nicht ganz entfernte Möglichkeit bestehen, dass Veränderungen, die die Planungsabsichten beeinträchtigen können und die in § 14 Abs. 1 genannt sind, in Betracht kommen können.[275] Hieran sind **keine strengen Anforderungen** zu stellen, da erfahrungsgemäß solche Veränderungen im Laufe des Planaufstellungsverfahrens i.d.R. von Eigentümern und anderen dazu Berechtigten beabsichtigt werden. Häufig ist Anlass für den Erlass einer Veränderungssperre die Absicht eines Eigentümers, eine bestimmte Veränderung auf einem Grundstück durchzuführen.

---

[270] *Brenner* Öffentliches Baurecht Rn. 478; *BVerwG* BRS 49 Nr. 21.
[271] Nach *BVerwGE* 51, 121 ist ein sog. Individualsperre, d.h. eine Veränderungssperre nur für einen Teil des Gebietes für das die Gemeinde einen Bebauungsplan beschließen will, zulässig.
[272] *Brenner* Öffentliches Baurecht Rn. 479.
[273] Ernst/Zinkhahn/Bielenberg/Krautzberger-*Stock* BauGB § 14 Rn. 36.
[274] *BVerwG* NVwZ 2010, 42.
[275] Ernst/Zinkhahn/Bielenberg/Krautzberger-*Stock* BauGB § 14 Rn. 64.

Beispiele Die Erforderlichkeit fehlt z.B. wenn[276]
- zur Sicherung der Planung lediglich die Erteilung eines Dispenses gemäß § 31 Abs. 2 BauGB versagt werden muss,
- die Veränderung zur Sicherung einer Planung dienen soll, die sich inhaltlich noch in keiner Weise absehen lässt,
- ein Bauvorhaben rein vorsorglich verhindert werden soll oder wenn
- ein Bauvorhaben aus anderen als städtebaulichen Gründen verhindert werden soll.

d) Zulässiger Inhalt

Der zulässige Inhalt einer Veränderungssperre wird durch § 14 Abs. 1 BauGB **abschließend vorgegeben**. Andere Inhalte als die dort genannten sind unzulässig. Die Veränderungssperre kann zum Inhalt haben, dass

- Vorhaben i.S.d. § 29 BauGB nicht durchgeführt oder baulichen Anlagen nicht beseitigt werden dürfen (§ 14 Abs. 1 Nr. 1 BauGB),
- genehmigungsfreie, aber erheblich wertsteigernde Veränderungen von Grundstücken und baulichen Anlagen nicht durchgeführt werden dürfen (§ 14 Abs. 1 Nr. 2 BauGB).

e) Ermessen

Aus dem Wortlaut des § 14 Abs. 1 BauGB („kann") folgt, dass der Beschluss der Veränderungssperre im **Ermessen** der Gemeinde steht. Der Gemeinde kommt sowohl **Entschließungs-**, wie auch **Auswahlermessen** zu.

4. Rechtsfolge

Die **Rechtsfolge** einer Veränderungssperre besteht darin, dass die Genehmigung für die Errichtung, Änderung, Nutzungsänderung oder Beseitigung von Vorhaben i.S.d. § 29 BauGB nicht erteilt werden darf (§ 14 Abs. 1 Nr. 1 BauGB) oder dass genehmigungsfreie, aber erhebliche oder wesentlich wertsteigernde Veränderungen (§ 14 Abs 1 Nr. 2 BauGB) verboten sind. Diese Rechtsfolge erfährt jedoch zwei **Ausnahmen**.

Die **erste Gruppe** der Ausnahmen enthält **§ 14 Abs. 3 BauGB**. Die dort genannten Punkte setzen sich gegenüber der Veränderungssperre durch. Hierunter fallen
- Vorhaben, die vor dem Inkrafttreten der Veränderungssperre baurechtlich genehmigt wurden,
- Vorhaben, von denen die Gemeinde nach Maßgabe des Bauordnungsrecht Kenntnis erlangt hat und mit deren Ausführung vor dem Inkrafttreten der Veränderungssperre hätte begonnen werden dürfen,
- Unterhaltungsarbeiten und
- die Fortführung einer bisher ausgeübten Nutzung.

Eine **weitere Ausnahme** ist auch nach § 14 Abs. 2 BauGB möglich. Hiernach kann die Baugenehmigungsbehörde im Einvernehmen mit der Gemeinde Ausnahmen zulassen, wenn **überwiegende öffentliche Belange nicht entgegenstehen**. Maßstab für das Entgegenstehen

---

276 Vgl. *Dürr* Baurecht Baden-Württemberg Rn. 176.

öffentlicher Belange ist der Sicherungszweck der Veränderungssperre.²⁷⁷ Ein Entgegenstehen ist daher regelmäßig zu verneinen, wenn das Vorhaben die künftige Bauleitplanung nicht beeinträchtigt.

Überwiegende öffentliche Belange stehen nicht entgegen, wenn
- der Bebauungsplan Planreife erlangt hat und ein Vorhaben nach § 33 BauGB zulässig ist
- die Baugenehmigung vor Inkrafttreten der Veränderungssperre zu Unrecht aus planungsrechtlichen Gründen versagt worden ist und überwiegende öffentliche Belange oder sonstige Hinderungsgründe der Erteilung nach Erlass der Veränderungssperre nicht entgegenstehen.

> **Hinweis**
>
> Im letztgenannten Fall ist das Ermessen zur Erteilung einer Ausnahme nach § 14 Abs. 2 S. 1 BauGB auf Null reduziert, so dass ein Anspruch auf deren Erteilung besteht.²⁷⁸

5. Einhaltung der Geltungsdauer, § 17 BauGB

257 Durch eine Veränderungssperre wird die Baufreiheit des Bauherren gemäß Art. 14 Abs. 1 GG beschränkt. Zur Wahrung der Verhältnismäßigkeit ist eine zeitliche Beschränkung erforderlich. Eine Veränderungssperre gilt daher gemäß § 17 Abs. 1 S. 1 BauGB zunächst für **zwei Jahre** oder wenn die Gemeinde einen **kürzeren Zeitraum** bestimmt hat für den bestimmten Zeitraum. Gemäß § 17 Abs. 1 S. 2 BauGB ist die Zeit einer Zurückstellung gemäß § 15 Abs. 1 BauGB anzurechnen. Die Veränderungssperre kann gemäß § 17 Abs. 1 S. 3 BauGB um ein Jahr auf insgesamt **drei Jahre** verlängert werden. Voraussetzung hierfür ist, dass absehbar ist, dass der Sicherungszweck nach Ablauf der zwei Jahre noch immer bestehen wird.²⁷⁹ Nur **ausnahmsweise** kann gemäß § 17 Abs. 2 BauGB eine nochmalige Verlängerung um ein Jahr auf **insgesamt vier Jahre** erfolgen, wenn **besondere Umstände** es erfordern. Der Ausnahmecharakter dieser Verlängerung folgt daraus, dass der Gesetzgeber davon ausgeht, dass auch eine umfangreiche Bebauungsplanung in drei Jahren abgeschlossen werden kann.²⁸⁰ Besondere Umstände liegen vor, wenn eine außergewöhnlich schwierige Planungsaufgabe gegeben ist. Sie liegen hingegen nicht vor, wenn sich die Gemeinde mit der Bauleitplanung in Bezug auf ihre persönlichen Kapazitäten übernommen oder sich in sonstiger Weise fehlverhalten hat.²⁸⁰ **Spätestens nach vier Jahren** tritt die Veränderungssperre **außer Kraft**.

258 Sollten diese vier Jahre für den Abschluss der Planung und deren Sicherung nicht genügen, so muss die Gemeinde die Veränderungssperre **erneut beschließen**.²⁸¹ Eine derartige Möglichkeit eröffnet § 17 Abs. 3 BauGB. Um eine Umgehung des § 17 Abs. 2 BauGB zu vermeiden müssen wiederum **besondere Umstände** i.S.d. § 17 Abs. 2 BauGB vorliegen. Die Umgehungsgefahr besteht darin, dass die Gemeinde anstelle einer nochmaligen Verlängerung i.S.d. § 17 Abs. 2 BauGB für die besondere Umstände erforderlich sind einfach erneut eine Veränderungssperre beschließt.²⁸² Die Gemeinde kann allerdings mehrfach eine erneute Veränderungssperre beschließen.

---

277 Battis/Krautzberger/Löhr-*Mitschang* BauGB § 14 Rn. 19.
278 *BVerwG* NJW 1968, 2350.
279 *Brenner* Öffentliches Baurecht Rn. 488.
280 *Brenner* Öffentliches Baurecht Rn. 489.
281 *Brenner* Öffentliches Baurecht Rn. 490.
282 *Brenner* Öffentliches Baurecht Rn. 461.

Die Veränderungssperre ist **außer Kraft zu setzen**, wenn die Voraussetzungen für ihren Erlass entfallen sind, § 17 Abs. 4 BauGB.

Beispiele Die Voraussetzungen entfallen z.B. wenn
- die Gemeinde ihre Planungsabsichten aufgegeben hat[283] oder
- wenn unüberwindliche Hindernisse, wie z.B. die Festsetzungen eines neues Regionalplans, entgegenstehen.[284]

Wenn die die Bauleitplanung abgeschlossen ist, tritt die Veränderungssperre **von selbst außer Kraft**, § 17 Abs. 5 BauGB.

6. Rechtsschutz im Falle einer Veränderungssperre

Wegen des Charakters der Veränderungssperre als Satzung nach dem BauGB (vgl. § 16 Abs. 1 BauGB) ist ein verwaltungsgerichtliches Normenkontrollverfahren gemäß § 47 Abs. 1 Nr. 1 VwGO möglich (s. hierzu Rn. 570 ff.). Wird eine Baugenehmigung wegen einer Veränderungssperre abgelehnt, ist die Verpflichtungsklage gemäß § 42 Abs. 1 Alt. 2 VwGO auf Erteilung der Baugenehmigung die statthafte Klageart. Innerhalb dieser Klage erfolgt eine Inzidentkontrolle der Rechtmäßigkeit der Veränderungssperre.

II. Zurückstellung von Baugesuchen, § 15 BauGB

Durch § 15 BauGB wird es der Gemeinde **zur Sicherung eines Bebauungsplanverfahrens** ermöglicht, dass sie von der Baugenehmigungsbehörde für einen Zeitraum von bis zu zwölf Monaten die Zurückstellung von Baugesuchen verlangen kann, wenn zu befürchten ist, dass die Durchführung der Planung durch das Vorhaben unmöglich gemacht oder wesentlich erschwert werden würde (§ 15 Abs. 1 S. 1 BauGB).

Die **erste Voraussetzung** für die Rechtmäßigkeit einer Zurückstellung von Baugesuchen besteht darin, dass die **Voraussetzungen für den Erlass einer Veränderungssperre** i.S.d. § 14 BauGB vorliegen (s. Rn. 248 ff.). Die **Veränderungssperre** darf jedoch nicht bestehen. Dies ist der Fall, wenn sie noch nicht beschlossen worden ist oder wenn sie noch nicht in Kraft getreten ist. Des Weiteren muss ein **Bebauungsplanverfahren ordnungsgemäß eingeleitet** worden sein. Ferner muss ein **konkret erforderliches Sicherungsbedürfnis** bestehen.

> Ein **konkretes Sicherungsbedürfnis** besteht, wenn zu befürchten ist, dass die Verwirklichung des zukünftigen Bebauungsplanes durch das der Baugenehmigungsbehörde unterbreitete Vorhaben unmöglich gemacht oder wesentlich erschwert werden würde.[285]

Hieraus wird ersichtlich, dass die Gemeinde vom Inhalt des zukünftigen Bebauungsplanes Kenntnis haben muss. Das Sicherungsbedürfnis ist nicht konkret, wenn die Gemeinde nur die Vorstellung hat, ein bestimmtes Vorhaben verhindern zu wollen.

---

283 *VGH Baden-Württemberg* VBlBW 2008, 143.
284 *Bayerischer VGH* BauR 1991, 60.
285 *Brenner* Öffentliches Baurecht Rn. 495.

> **Hinweis**
>
> In der **Konkretheit** des Sicherungsbedürfnisses besteht ein **Unterschied zwischen** einer **Veränderungssperre** i.S.d. § 14 BauGB und einer **Zurückstellung von Baugesuchen** i.S.d. § 15 BauGB. Die Veränderungssperre darf nämlich bereits erlassen werden, wenn sie allgemein zur Sicherung der Bebauungsplanung erforderlich ist.
>
> Ferner stellt die Zurückstellung einen **Verwaltungsakt** dar, so dass diese vom Betroffenen durch einen **Widerspruch** und eine **Anfechtungsklage** angefochten werden kann.[286] Hierin zeigt sich ein Unterschied zur Veränderungssperre, die als Satzung erlassen wird, § 16 Abs. 1 BauGB.
>
> Des Weiteren bezieht sich die Zurückstellung auf **ein einzelnes Vorhaben**.

263 Die Zurückstellung setzt weiterhin einen **Antrag der Gemeinde** voraus. Sie kann einen derartigen Antrag grundsätzlich in jeder Phase des Baugenehmigungsverfahrens stellen. Die Baugenehmigung darf jedoch nicht bereits erteilt worden sein. Gegenstand einer Zurückstellung können alle Entscheidungen, die die Zulässigkeit von Vorhaben im Einzelfall betreffen, sein. Typischerweise handelt es sich um eine Baugenehmigung.

> **Hinweis**
>
> Eine Ausnahme von Antragserfordernis gilt, wenn die Gemeinde selbst Baugenehmigungsbehörde ist.[287]

264 In zeitlicher Hinsicht erfolgt eine **Begrenzung auf zwölf Monate**, wobei eine faktische Zurückstellung auf diesen Zeitraum anzustellen ist. Die Zurückstellung von Baugesuchen ist **strikt** auf zwölf Monate begrenzt. Nach Ablauf dieses Zeitraumes darf die Gemeinde nicht erneut das Mittel der Zurückstellung nutzen. Sie muss dann eine Veränderungssperre erlassen, wobei auf deren Dauer die Zeit der Zurückstellung anzurechnen ist (§ 17 Abs. 1 S. 2 BauGB). Wird eine Veränderungssperre erlassen, so endet die Zurückstellung, vgl. § 15 Abs. 1 S. 1 („wird eine Veränderungssperre … nicht beschlossen").

265 Sollte für ein Vorhaben im förmlich festgesetzten Sanierungsgebiet oder im städtebaulichen Entwicklungsbereich eine Genehmigungspflicht nach § 144 Abs. 1 BauGB bestehen, so ist eine **Zurückstellung** gemäß § 15 Abs. 2 BauGB **nicht möglich**. Ist bereits eine Zurückstellung gegeben und erfolgt später die förmliche Festlegung des Sanierungsgebietes oder des städtebaulichen Entwicklungsbereichs, so wird der Bescheid über die Zurückstellung unwirksam.

---

286 *Brenner* Öffentliches Baurecht Rn. 494.
287 *BGH* NVwZ 2002, 124, 125.

F. Übungsfall Nr. 1

Die „Mess-Latte" liegt hoch   266

In der kreisangehörigen baden-württembergischen Gemeinde S nimmt der Tourismus trotz des dort vorhandenen Kongresszentrums sehr zum Leidwesen der ansässigen Geschäftsleute immer weiter ab. Um neue Besucher zu gewinnen und so die wirtschaftliche Lage in S zu verbessern beschließt der Gemeinderat den Erlass eines Bebauungsplans mit dem Inhalt Sondergebiet „Neues Messezentrum" in ihrem Gemeindegebiet. Darin ist die Neuansiedlung eines Messezentrums mit 578 000 m² auf insgesamt sechs Stockwerken einschließlich eines Parkhauses mit 5 400 Stellplätzen und weiteren 9 600 Parkplätzen auf dem Messegelände vorgesehen. Im neuen Messezentrum sollen regelmäßig, insbesondere an den Wochenenden, große Messen stattfinden.

Unmittelbar an das Sondergebiet „Neues Messezentrum" grenzt ein Gebiet an, das überwiegend durch Wohnbebauung geprägt ist. Dort befinden sich auch mehrere kleinere Geschäfte, in denen die Anwohner des Gebiets einkaufen sowie eine Kirche.

Der Gemeinderat erachtet den Beschluss dieses Bebauungsplans wegen der benötigten Verbesserung der wirtschaftlichen Situation als sehr dringend. Die Gemeinderatsmitglieder sind sich zwar bewusst, dass ein Messezentrum in der geplanten Dimension Auswirkungen auf die Umwelt haben kann, jedoch gehe es um die schnellstmögliche Schaffung und Erhaltung von Arbeitsplätzen. Im Widerstreit zwischen Mensch und Natur müsse dem Menschen der Vorrang eingeräumt werden. Eine zeitaufwändige Umweltprüfung könne daher unterbleiben. Das Interesse der Öffentlichkeit an einem Umweltbericht sei ohnehin sehr gering.

Am 29.12.2014 wird der Bebauungsplan als Satzung beschlossen. Die öffentliche Bekanntmachung erfolgt am 5.1.2015.

K setzt sich aktiv für die Belange des Naturschutzes ein. Der Bebauungsplan empört ihn. Er hält diesen für schlichtweg rechtswidrig und deswegen für nichtig. Gestützt auf ein privates immissionsschutzrechtliches Gutachten befürchtet er eine erhebliche Zunahme der Lärmbelästigung. Aus diesem zutreffenden Gutachten ergibt sich, dass insbesondere durch die Zu- und Abfahrt der Fahrzeuge der Messebesucher tagsüber ein Immissionswert von 65 dB(A) und nachts durch die Zu- und Abfahrt der Anlieferer ein solcher von 40 dB(A) erreicht werden wird. Weiterhin ist K der Auffassung, dass der Bebauungsplan rechtswidrig sei, weil das von ihm erfasste Gebiet im Flächennutzungsplan als Grünfläche ausgewiesen ist. Diese Grünfläche dürfe nicht zugunsten einer Verbesserung der wirtschaftlichen Lage der Geschäftsleute geopfert werden.

Aufgabe: Prüfen Sie, ob die Einschätzung des K zutreffend ist.

Bearbeitervermerke:
1. Die TA-Lärm sieht in Nr. 6.1 e) für das Gebiet, in dem sich das Grundstück des K befindet, einen Immissionswert von 50 dB(A) am Tag und 45 dB(A) in der Nacht vor.
2. Zeitpunkt der Begutachtung ist der 9.7.2015.

267 Lösung

Fraglich ist, ob die K Einschätzung des K zutreffend ist. Dies ist zu bejahen, wenn der Bebauungsplan „Neues Messezentrum" formell (A.) und bzw. oder materiell (B.) rechtswidrig und deswegen nichtig ist.

A. Formelle Rechtmäßigkeit

Zu prüfen ist zunächst, ob der Bebauungsplan formell rechtswidrig ist. Dies ist der Fall, wenn er unter Verletzung der Vorschriften über die Zuständigkeit (I.), das Verfahren (II.) oder die Form (III.) zustande gekommen ist.

I. Zuständigkeit

Zunächst müsste der Gemeinderat der Stadt S für den Erlass des Bebauungsplans „Neues Messezentrum" zuständig sein. Dessen Zuständigkeit ist gegeben, wenn die Verbandskompetenz (1.) und die Organkompetenz (2.) gegeben sind.

1. Verbandkompetenz, §§ 2 Abs. 1 S. 1, 1 Abs. 3 BauGB

Gemäß § 2 Abs. 1 S. 1 BauGB werden Bauleitpläne und somit auch ein Bebauungsplan als verbindlicher Bauleitplan, § 1 Abs. 2 Alt. 2 BauGB, von der Gemeinde in ihrem Gemeindegebiet beschlossen, so dass der Gemeinde S die Verbandskompetenz für die Aufstellung des Bebauungsplans „Neues Messezentrum", der ihr Gemeindegebiet betrifft, zusteht.

2. Organkompetenz, § 2 Abs. 1 S. 2 BauGB i.V.m. § 24 Abs. 1 S. 1 GemO

Mangels Regelung der Organkompetenz durch § 2 Abs. 1 S. 2 BauGB bestimmt sich diese nach den Vorschriften der GemO. Beim Erlass eines Bebauungsplans handelt es sich, weder um ein Geschäft der laufenden Verwaltung, was aus der Nichtübertragbarkeit des Satzungsunterlasses auf einen beschließenden Ausschuss gemäß § 39 Abs. 2 Nr. 2 Alt. 1 GemO geschlossen werden kann, noch ist eine Übertragung durch den Gemeinderat auf den Bürgermeister möglich. Daher ist der Bürgermeister gemäß § 44 Abs. 2 S. 1 GemO nicht zuständig. Somit bleibt es bei der Grundsatzzuständigkeit des Gemeinderats gemäß § 24 Abs. 1 S. 2 GemO bleibt und diesem steht somit die Organkompetenz zu.

3. Zwischenergebnis

Folglich ist die Verbandskompetenz der Gemeinde und die Organkompetenz der Gemeinderats der Stadt S gegeben, weswegen die Vorschriften über die Zuständig nicht verletzt sind.

II. Verfahren

Fraglich ist nun, ob die Vorgaben der Verfahrensvorschriften eingehalten worden sind. In Betracht kommt vorliegend ein Verstoß gegen die Vorschriften über die Umweltprüfung und den Umweltbericht gemäß §§ 2 Abs. 4, 3a S. 2 Nr. 2 BauGB (1.), über die förmliche Öffentlichkeitsbeteiligung gemäß § 3 Abs. 2 S. 1 BauGB (2.) sowie gegen die den Satzungsbeschluss regelnden Vorschriften der Gemeindeordnung (3.).

1. Umweltprüfung und Umweltbericht, §§ 2 Abs. 4, 2a S. 2 Nr. 2 BauGB

Es könnte ein Verstoß gegen die Vorschriften über die Umweltprüfung (a) und den Umweltbericht (b) gemäß §§ 2 Abs. 4, 2a S. 2 Nr. 2 BauGB gegeben sein.

a) Umweltprüfung, § 2 Abs. 4 BauGB

Fraglich ist, ob ein Verstoß gegen das Erfordernis einer Umweltprüfung gemäß § 2 Abs. 4 BauGB gegeben ist. Durch die Umweltprüfung sollen die gemäß §§ 1 Abs. 6 Nr. 7, 1a BauGB voraussichtlich erheblich Umweltauswirkungen ermittelt, beschrieben und bewertet werden, § 2 Abs. 4 S. 1 Hs. 1 BauGB. In die Planung hat die Gemeinde einzustellen, was nach Lage der Dinge bedeutsam ist. Was einzustellen ist, liegt zwar im Ermessen der Gemeinde, denn gemäß § 2 Abs. 4 S. 2 BauGB legt die Gemeinde für jeden Bauleitplan fest, in welchem Umfang und Detaillierungsgrad die Ermittlung für eine ordnungsgemäße Abwägung erforderlich ist. Es handelt sich um ein sog. Scoping, das sich nach dem Maßstab des § 2 Abs. 4 S. 3 BauGB richtet. Die Umweltprüfung bezieht sich hiernach auf das, was nach gegenwärtigem Stand der Wissenschaft und anhand anerkannter Prüfungsmethoden angemessener Weise verlangt werden kann. Vorliegend hat die Gemeinde S die voraussichtlichen erheblichen Umweltauswirkungen nicht ermittelt, sondern ist lediglich pauschal vom Gegeben sein von erheblichen Umweltauswirkungen ausgegangen. Sie hat damit keine Umweltprüfung durchgeführt, so dass ein Verstoß gegen das Erfordernis einer Umweltprüfung gemäß § 2 Abs. 4 BauGB gegeben ist. Hierbei handelt es sich um eine zwingende Verfahrensvorschrift, so dass die im Rahmen einer Abwägung vorgenommene Bevorzugung der wirtschaftlichen Situation und der Sicherung und Schaffung von Arbeitsplätzen den Verstoß gegen § 2 Abs. 4 BauGB nicht rechtfertigen kann.

b) Umweltbericht, § 2a S. 2 Nr. 2 BauGB

Die Gemeinde S hat auch keinen Umweltbericht gemäß § 2a S. 2 Nr. 2 BauGB angefertigt, weshalb auch ein Verstoß gegen diese Vorschrift gegeben ist. Auch hierbei handelt es sich um eine dispositive Verfahrensvorschrift, weswegen es unbeachtlich ist, dass der Gemeinderat davon ausging, dass es sich bei der Anfertigung eines Umweltberichts um eine „bloße Förmelei" handle.

c) Fehlerfolgen

Fraglich ist, welche Folgen der Verstoß gegen §§ 2 Abs. 4, 2a S. 2 Nr. 2 BauGB hat. Grundsätzlich ist der Bebauungsplan damit rechtswidrig. Für Bebauungspläne existiert durch den Grundsatz der Planerhaltung jedoch eine Einschränkung des Nichtigkeitsdogmas. Dies bedeutet, dass die Rechtswidrigkeit eines Bebauungsplans nicht zwingend zu dessen Nichtigkeit führen muss. Die Planerhaltung richtet sich nach §§ 214, 215 BauGB.

Vorliegend fehlen die Umweltprüfung oder der Umweltbericht vollständig. Dies könnte sogleich einen Verstoß gegen die Vorschrift über die förmliche Öffentlichkeitsbeteiligung gemäß § 3 Abs. 2 S. 1 BauGB darstellen. Hiernach muss der Bebauungsplan u.a. mit seiner Begründung für die Dauer eines Monats ausgelegt werden. Der Umweltbericht bildet einen gesonderter Teil der Begründung des Bebauungsplans gemäß § 2a S. 3 BauGB, weswegen dieser mitauszulegen ist. Mangels Existenz eines Umweltberichts wurde dieser nicht öffentlich ausgelegt. Daher ist eine Beachtlichkeit gemäß § 214 Abs. 1 S. 1 Nr. 2 Hs. 1 BauGB gegeben. Ein Fall der externen Unbeachtlichkeit liegt somit nicht vor. Wegen des vollständigen Fehlens des Umweltberichts ist auch kein Fall der internen Unbeachtlichkeit gemäß § 214 Abs. 1 S. 1 Nr. 3 Hs. 3 BauGB gegeben. Es liegt folglich ein beachtlicher Fehler vor.

Es könnte eine Heilung dieses Fehlers nach § 215 Abs. 1 Nr. 1 und § 214 Abs. 4 BauGB eingetreten sein. Seit der Bekanntmachung des Bebauungsplans am 5.1.2015 ist zum Zeitpunkt der Begutachtung am 9.7.2015 noch kein Jahr vergangen, so dass eine Heilung durch Zeitablauf gemäß § 215 Abs. 1 Nr. 1 BauGB nicht eingetreten ist. Möglich ist die Durchführung eines planergänzenden Verfahrens gemäß § 214 Abs. 4 BauGB. Ein solches wurde jedoch nicht durchgeführt.

Folglich ist der Bebauungsplan wegen des beachtlichen, nicht geheilten Verstoßes gegen §§ 2 Abs. 4, 2a S. 2 Nr. 2 BauGB nichtig.

2. Förmliche Öffentlichkeitsbeteiligung, § 3 Abs. 2 S. 1 BauGB

Wegen des Verstoßes gegen §§ 2 Abs. 4, 2a S. 2 Nr. 2 BauGB ist zugleich, wie oben (A., II, 1., c) dargestellt ein beachtlicher Verstoß die gegen Vorschrift über die förmliche Öffentlichkeitsbeteiligung gemäß § 3 Abs. 2 S. 1 BauGB gegeben. Dieser Fehler ist, wie dargestellt, beachtlich und nicht geheilt worden.

3. Satzungsbeschluss

Bedenken gegen die Rechtmäßigkeit des Satzungsbeschlusses, die sich nach den Vorschriften des Kommunalrechts bestimmt, bestehen nicht.

III. Fazit

Der Bebauungsplan ist somit formell rechtswidrig.

B. Materielle Rechtmäßigkeit

Zu untersuchen ist, ob der Bebauungsplan „Neues Messezentrum" materiell rechtmäßig ist. Dies ist zu bejahen, wenn er erforderlich i.S.d. § 1 Abs. 3 BauGB ist (I.), wenn die gesetzlichen Schranken beachtet wurden (II.) und das Abwägungsgebot gemäß § 1 Abs. 7 BauGB beachtet wurde (III.)

I. Erforderlichkeit, § 1 Abs. 3 BauGB

Fraglich ist zunächst, ob der Bebauungsplan erforderlich i.S.d. § 1 Abs. 3 BauGB ist. Eine solche Erforderlichkeit ist gegeben, wenn nach den kommunalen Entwicklungsvorstellungen ein Vorgehen planerischer Art vernünftigerweise geboten erscheint. Die Planinhalte werden durch die kommunale Selbstverwaltungsgarantie des Art. 28 Abs. 2 S. 1 GG in Form der Planungshoheit geschützt. Daher kommt der Gemeinde ein weites Planungsermessen zu. Die Erforderlichkeit fehlt, wenn eine Plankonzeption überhaupt nicht, wie etwa im Falle der reinen Negativ- oder Gefälligkeitsplanung, gegeben ist.

In S ist bereits ein Kongresszentrum vorhanden. Wie aus der Nennung von Kongressen neben dem Begriff der Messen in § 11 Abs. 2 BauGB folgt, stehen beide Veranstaltungstypen wertungsmäßig gleich. Die Gemeinde S hat den Bebauungsplan erlassen um die wirtschaftliche Lage in S zu verbessern. Gemäß § 1 Abs. 6 Nr. 8a BauGB hat die Gemeinde auch die Belange der Wirtschaft zu berücksichtigen. Daher ist die Planung Teil einer Gesamtkonzeption, so dass die Erforderlichkeit i.S.d. § 1 Abs. 3 BauGB gegeben ist.

II. Verstoß gegen das Entwicklungsgebot, § 8 Abs. 2 BauGB

Es könnte ein Verstoß gegen das Entwicklungsgebot gemäß § 8 Abs. 2 BauGB gegeben sein. Dadurch, dass der Flächennutzungsplan im Gegensatz zum Bebauungsplan nicht parzellenscharf ist, scheidet eine direkte Umsetzung aus. Jedoch muss die Grundkonzeption des Flächennutzungsplans beachtet werden. Vorliegend ist eine massive Abweichung zwischen Flächennutzungs- und Bebauungsplan gegeben. Eine Grünfläche ist in keiner Weise mit einem Messezentrum, insbesondere im Hinblick auf die unterschiedliche Immissionsentwicklung, vergleichbar. Es ist daher ein Verstoß gegen das materiell-rechtliche Entwicklungsgebot aus § 8 Abs. 2 BauGB gegeben.

Die Beachtlichkeit des Fehlers bestimmt sich nach § 214 Abs. 2 Nr. 2 BauGB. Hiernach ist ein Verstoß gegen das Entwicklungsgebot unbeachtlich, wenn die sich aus dem Flächennutzungsplan ergebende geordnete städtebauliche Entwicklung nicht beeinträchtigt wird. Hier liegt jedoch (s.o.) eine massive Abweichung vor. Daher ist die geordnete städtebauliche Entwicklung beeinträchtigt. Dieser Fehler ist somit beachtlich.

III. Abwägungsgebot, § 1 Abs. 7 BauGB

Fraglich ist weiterhin, ob das Gebot der gerechten Abwägung gemäß § 1 Abs. 7 BauGB beeinträchtigt ist. Gemäß § 1 Abs. 7 BauGB sind die privaten und die öffentlichen Belange gerecht gegeneinander und untereinander abzuwägen. Aufgrund der durch Art. 28 Abs. 2 S. 1 GG geschützten Planungshoheit der Gemeinde erfolgt eine eingeschränkte gerichtliche Kontrolle.

Vorliegend könnte das Gebot der planerischen Konfliktbewältigung verletzt sein. Dieses verlangt von jeder Planung, dass sie die ihr zuzurechnenden Konflikte, d.h. die vorgefundenen wie auch die durch die Planung neu aufgeworfenen, bewältigt und nicht auf die einzelnen Verfahren zur Erteilung einer Baugenehmigung verschiebt. Die Planung wird dem Grundsatz der planerischen Konfliktbewältigung grundsätzlich dann gerecht, wenn sie zu einer Milderung des Konflikts beiträgt, sie also eine Konfliktsituation verringert oder beseitigt. Die Gemeinde darf die Konfliktbewältigung nicht erst auf die einzelnen Verfahren zur Erteilung einer Baugenehmigung verschieben. Eine Ausnahme von diesem Gebot ist jedoch bei kleinräumigen Konflikten gegeben, die nur die Nutzung von einzelnen Grundstücken betreffen. In diesem Fall darf die Gemeinde eine planerische Zurückhaltung dahingehend ausüben, dass sie die Bewältigung des Konflikts auf die einzelnen Verfahren zur Erteilung einer Baugenehmigung verschiebt und dort den Konflikt unter Rückgriff auf § 15 Abs. 1 BauNVO auflöst.

Zu untersuchen ist, welche Art das unmittelbar angrenzende Gebiet aufweist. Es könnte sich um ein allgemeines Wohngebiet i.S.d. § 4 BauNVO handeln. Die dortige Bebauung ist durch Wohnbebauung geprägt und entspricht damit der allgemeinen Zweckbestimmung des § 4 Abs. 1 BauNVO. Dort sind Wohngebiete gemäß § 4 Abs. 2 Nr. 1 BauNVO als Regelbebauung zulässig. Die kleineren Geschäfte sind Läden zur Deckung des täglichen Bedarfs der Anwohner i.S.d. § 4 Abs. 2 Nr. 1 BauNVO. Die Kirche stellt eine Anlage für kirchliche Zwecke i.S.d. § 4 Abs. 2 Nr. 1 BauNVO dar. Daher ist ein allgemeines Wohngebiet i.S.d. § 4 BauNVO gegeben.

An dieses allgemeine Wohngebiet grenzt ein sonstiges Sondergebiet i.S.d. § 11 Abs. 2 S. 2 BauNVO unmittelbar an. Diese gesetzliche Festsetzung wird gemäß § 1 Abs. 3 S. 2 BauNVO Bestandteil des Bebauungsplans. Zu beachten ist, dass das Messezentrums mit 578 000 m² auf insgesamt sechs Stockwerken große Maße aufweist und daher auch viele Besucher, die an- und abfahren müssen und damit Immissionen versuchen, aufnehmen kann. Dies wird durch die geplanten 9600 Parkplätzen auf dem Messegelände deutlich. Weiterhin sollen dort regelmäßig, insbesondere an den Wochenenden, große Messen stattfinden. Gerade am Wochenende, das regelmäßig arbeitsfrei ist, besteht ein besonderes Erholungsbedürfnis der Anwohner des angrenzenden allgemeinen Wohngebiets. Vorliegend wurde das Messezentrum einseitig und vollständig bevorzugt. Die Konflikte können auch nicht unter Rückgriff auf § 15 Abs. 1 BauNVO aufgelöst werden, da sie grundsätzlicher Art sind.

Die kollidierenden Interessen wurden somit in keinen gerechten Ausgleich gebracht, so dass ein Verstoß gegen das Gebot der Konfliktbewältigung und damit gegen das Abwägungsgebot des § 1 Abs. 7 BauGB gegeben ist, so dass das Abwägungsergebnis betroffen ist. Es ist folglich ein Abwägungsfehler in Form der Abwägungsdisproportionalität gegeben für den § 214 Abs. 3 BauGB zu beachten ist. Mängel im Abwägungsergebnis sind immer beachtlich.

§ 215 Abs. 1 BauGB regelt nur Mängel im Abwägungsvorgang und gerade nicht im Abwägungsergebnis erfasst, so dass auch keine Heilung durch Zeitablauf eintreten kann. Ein planergänzendes Verfahren gemäß § 214 Abs. 4 BauGB ist zwar denkbar, scheidet jedoch aus, da es nur punktuelle Ergänzungen zulässt und vorliegend ein Bebauungsplan mit einem vollkommen anderen Inhalt erforderlich wäre.

C. Ergebnis

Der Bebauungsplan Sondergebiet „Neue Messe" ist wegen beachtlicher, nicht geheilter Verfahrensverstöße und wegen des Verstoßes gegen das Entwicklungsgebot gemäß § 8 Abs. 2 und gegen das Abwägungsgebot aus § 1 Abs. 7 BauGB in Form des Gebots der planerischen Konfliktbewältigung rechtswidrig und damit nichtig. Die Einschätzung des K ist daher zutreffend.

4. Teil
Bauplanungsrechtliche Zulässigkeit von Vorhaben

PRÜFUNGSSCHEMA

Bauplanungsrechtliche Zulässigkeit, §§ 29 ff. BauGB

I. Eröffnung des Anwendungsbereichs der §§ 29 ff. BauGB
1. Bauliche Anlage i.S.d. § 29 Abs. 1 BauGB
2. Bauplanungsrechtlich relevanter Vorgang
3. Nichteinschlägigkeit der §§ 37 f. BauGB

II. Wenn I., 2. und 3. (+): Zulässigkeit des Vorhabens gem. §§ 30 ff. BauGB
1. Bauplanungsrechtliche Zulässigkeit gem. §§ 30, 34, 35 BauGB
   a) Bestimmung des maßgeblichen Bereichs
      aa) (ganz oder teilweise) beplanter Bereich
         (1) Qualifizierter Bebauungsplan
         (2) Einfacher Bebauungsplan entweder für den
            (a) Innenbereich oder den
            (b) Außenbereich
      bb) Unbeplanter Bereich
   b) Vereinbarkeit mit §§ 30, 34, 35 BauGB
      aa) Vorhaben im Bereich eines qualifizierten Bebauungsplans: § 30 Abs. 1 BauGB
         (1) Vereinbarkeit mit den Festsetzungen des qualifizierten Bebauungsplans
         (2) Gebot der Gebietsverträglichkeit
         (3) Gebot der Rücksichtnahme, § 15 BauNVO
         (4) Gesicherte Erschließung, §§ 123 ff. BauGB
         (5) Ausnahmen und Befreiungen
            ▷ Anspruch auf Erteilung einer Ausnahme oder auf Erteilung einer Ausnahme wegen einer Ermessensreduktion auf Null   Rn. 252 ff.
      bb) Vorhaben im Bereich eines einfachen Bebauungsplans im Innenbereich: §§ 30 Abs. 3, 34 BauGB
         (1) Einfügen in die Eigenart der näheren Umgebung
            (a) Nähere Umgebung
            (b) Eigenart
            (c) Einfügen
         (2) Wahrung der Anforderungen an gesunde Wohn- und Arbeitsverhältnisse
         (3) Keine Beeinträchtigung des Ortsbildes
         (4) Keine schädlichen Auswirkungen auf zentrale Versorgungsbetriebe
         (5) Gesicherte Erschließung, §§ 123 ff. BauGB
      cc) Vorhaben im Bereich eines einfachen Bebauungsplans im Außenbereich, §§ 30 Abs. 3, 35 BauGB
         (1) Zulässigkeit eines privilegierten Vorhabens gem. § 35 Abs. 1 Nr. 1–7 BauGB
            (a) Privilegiertes Vorhaben
            (b) Kein Entgegenstehen öffentlicher Belange
            (c) Gesicherte Erschließung, § 123 ff. BauGB
            (d) Schonungsgebot und Rückbauverpflichtung

> (2) Zulässigkeit eines nicht privilegierten Vorhabens
>   - (a) Keine Beeinträchtigung öffentlicher Belange
>   - 👉 Ermessensentscheidung der Bauaufsichtsbehörde oder Rechtsanspruch auf Zulässigkeit **Rn. 376**
>   - (b) Gesicherte Erschließung, § 123 ff. BauGB
>   - (c) Schonungsgebot und Rückbauverpflichtung
> - dd) Vorhaben im unbeplanten Innen- bzw. Außenbereich: § 34 bzw. § 35 BauGB
>
> 2. Wenn 1. (-) und Bebauungsplan in Vorbereitung: § 33 BauGB
>   a) Formelle Planreife
>   b) Materielle Planreife
>   c) Schriftliches Anerkenntnis der Festsetzungen durch den Antragsteller für sich und seine Rechtsnachfolger
>   d) Gesicherte Erschließung, §§ 123 ff. BauGB
> 3. Gemeindliches Einvernehmen
>   - 👉 Rechtsnatur des gemeindlichen Einvernehmens (An dieser Stelle nur kurz anzusprechen. Ausführliche Darstellungen sind im Rahmen der Erörterung der statthaften Klageart erforderlich.) **Rn. 412**
>
>   a) Formelle Voraussetzungen
>   b) Materielle Voraussetzungen

PRÜFUNGSSCHEMA

A. Überblick

In den §§ 30–37 BauGB werden bauplanungsrechtliche Regelungen für Vorhaben getroffen. **268**

§ 29 Abs. 1 BauGB stellt eine **Definitionsnorm** dar. In regelungstechnischer Hinsicht wurde die Definition des Vorhabens, die in die jeweils einschlägigen Vorschrift der §§ 30 ff. BauGB hineinzulesen ist (vgl. §§ 30 Abs. 1, 34 Abs. 1, 35 Abs. 1: „Vorhaben"), vor die Klammer der genannten Normen gezogen. Vorhaben im bauplanungsrechtlichen Sinn sind nach § 29 Abs. 1 S. 1 BauGB die Errichtung, Änderung oder Nutzungsänderung von baulichen Anlagen. Von der Einschlägigkeit der Definitionsnorm hängt es also ab, **ob das Bauordnungsrecht Anwendung findet**.

Dieser **Grundsatz** wird jedoch durch den Charakter des Bebauungsplanes **eingeschränkt**. Der Bebauungsplan wird gemäß § 10 Abs. 1 BauGB als Satzung erlassen. Der Bebauungsplan gilt also wegen des Normcharakters von sich heraus. Dies bedeutet, dass sich die Zulässigkeit von Vorhaben, die keine Vorhaben i.S.d. § 29 BauGB darstellen, ausschließlich nach dem Bebauungsplan richtet.[1]

---

1 *Stollmann* Öffentliches Baurecht § 13 Rn. 5.

B. Anwendbarkeit der §§ 30 ff. BauGB

I. Bauliche Anlage i.S.d. § 29 Abs. 1 BauGB

269 Die Anwendbarkeit der §§ 30 ff. BauGB fordert zunächst das Vorliegen einer **baulichen Anlage** i.S.d. § 29 Abs. 1 BauGB. Bei diesem Begriff der baulichen Anlage handelt es sich um **einen eigenständigen bundesrechtlichen Begriff**.

> **JURIQ-Klausurtipp**
>
> Definieren Sie die baulichen Anlage i.S.d. § 29 Abs. 1 BauGB auf keinen Fall, indem Sie auf den Begriff der baulichen Anlage des § 2 Abs. 1 LBO abstellen. In Prüfungsarbeiten wird ein Korrektor diesen Fehler als gravierend ansehen.
>
> Zwar sind die Begriffe der baulichen Anlage des § 29 Abs. 1 BauGB und des § 2 Abs. 1 BauGB weitgehend, jedoch nicht schlechthin, deckungsgleich. Dennoch verbietet sich eine Hinzuziehung des § 2 Abs. 1 LBO: Dies folgt zum einen daraus, dass der Begriff der baulichen Anlage i.S.d. § 29 Abs. 1 BauGB eigenständig zu bestimmen ist, da der Bund gemäß Art. 74 Abs. 1 Nr. 18 GG eine Gesetzgebungskompetenz ausschließlich für das Bodenrecht hat. Zum anderen kann ein bundesrechtlicher Begriff nicht durch einen landesrechtlichen Begriff bestimmt werden. Ferner weisen das Bauplanungs- und das Bauordnungsrecht unterschiedliche Zielsetzungen auf (s. Rn. 11 ff.).

> Eine **bauliche Anlage** i.S.d. § 29 Abs. 1 BauGB ist eine auf Dauer mit dem Erdboden verbundene künstliche Anlage, die aus Baustoffen und Bauteilen hergestellt worden ist und eine planungs- bzw. bodenrechtliche Relevanz aufweist.[2]

> **Hinweis**
>
> Das Kriterium der Dauerhaftigkeit kann bereits dann erfüllt sein, wenn die Anlage regelmäßig auf- und abgebaut wird und damit als Ersatz für ein festes Bauwerk dient.[3]

> **Planungsrechtliche Relevanz** hat eine Anlage, wenn sie Belange i.S.v. § 1 Abs. 5 und 6 BauGB derart berührt, dass das Bedürfnis nach einer ihre Zulässigkeit regelnden verbindlichen Bauleitplanung hervorgerufen wird.[4]

270 § 29 Abs. 1 BauGB beschreibt auch die **bauplanungsrechtlich relevanten Vorgänge**. Diese sind in einer **Errichtung**, **Änderung** und in einer **Nutzungsänderung** zu sehen. Nur wenn einer dieser Punkte gegeben ist, sind die §§ 30 ff. BauGB anwendbar. Aus diesem Grund ist § 29 BauGB immer vor den §§ 30 ff. BauGB zu prüfen.

> **Errichtung** ist die erstmalige Herstellung einer Anlage oder deren Aufstellung.[5]

---

[2] *BVerwG* NVwZ 2001, 1046, 1047 m.w.N.
[3] *OVG Nordrhein-Westfalen* DÖV 2004, 170.
[4] *BVerwGE* 44, 59, 62.
[5] *Stollmann* Öffentliches Baurecht § 13 Rn. 12.

Die weiteren Vorhaben i.S.d. § 29 Abs. 1 BauGB   4 B II

> **Änderung** ist der Eingriff in eine bereits vorhandene bauliche Anlage in Form von Umbau, Anbau oder Erweiterung, ohne dass der baulichen Anlage eine andere Zweckbestimmung zukommt.
>
> Eine **Nutzungsänderung** ist gegeben, wenn die bauliche Anlage zu einem anderen als dem ursprünglich genehmigten Zweck genutzt werden soll, die neue Nutzung die in §§ 1 Abs. 5, Abs. 6 BauGB genannten Belange berühren und damit planungsrechtlich relevant sein kann,[6] so dass sich die Genehmigungsfrage neu stellt.[7]

Regelmäßig ist eine bauplanungsrechtliche Genehmigungspflicht gegeben, wenn mit der Nutzungsänderung **bauliche Veränderungen** verbunden sind. Jedoch kann eine solche auch ohne bauliche Veränderungen gegeben sei. **Insbesondere** kann sich die bauplanungsrechtliche Relevanz durch einen erhöhten Bedarf an Stellplätzen oder aus der Tatsache ergeben, dass die Umnutzung nicht mehr dem lokalen Gebietstypus entspricht.[7]

Beispiele Die bauplanungsrechtliche Relevanz ist **gegeben** bei einer
- Umwandlung einer Gaststätte in eine Diskothek.
- Umstellung einer Alm-Gaststätte für Skiläufer auf ganzjährigen Betrieb, der neue Gäste aus dem Bereich der Auto- und Bustouristik anzieht und daher einen erhöhten Bedarf an Stellplätzen hervorruft.

Sie **fehlt** z.B. hingegen, wenn eine Modeboutique in ein Spielwarengeschäft umgewandelt wird. ■

Das **Objekt** der bauplanungsrechtlichen Prüfung für die Änderungsgenehmigung ist das **271** Gesamtvorhaben in seiner geänderten Gestalt ist. Der **rechtliche Prüfungsmaßstab** hingegen bilden die **von der Änderung berührten bebauungsplanungsrechtlichen Anforderungen**.

II. Die weiteren Vorhaben i.S.d. § 29 Abs. 1 BauGB

Neben der Errichtung, Änderung und Nutzungsänderung einer baulichen Anlage erfasst § 29 **272** Abs. 1 BauGB auch **Aufschüttungen** und **Abgrabungen** größeren Umfangs sowie **Ausschachtungen** und **Ablagerungen** einschließlich Lagerstätten.

> **Aufschüttungen** sind künstliche Erhöhungen der Erdoberfläche, wie etwas Abraumhalden und die Lagerung von überschüssigem Boden.[8]
>
> **Abgrabungen** sind künstliche Absenkungen des vorhandenen Bodenniveaus oder Vertiefungen des borgefundenen Bodenniveaus.[9]
>
> Sie sind **größeren Umfangs**, wenn sie bodenrechtliche Relevanz aufweisen, d.h. wenn ein Bedürfnis nach regelnder Bauleitplanung hervorgerufen werden kann.[10]

---
6 *BVerwG* NVwZ-RR 2000, 416, 417.
7 *Brenner* Öffentliches Baurecht Rn. 523.
8 Battis/Krautzberger/Löhr-Mitschang/*Reidt* BauGB § 9 Rn. 94.
9 Battis/Krautzberger/Löhr-*Mitschang/Reidt* BauGB § 9 Rn. 95.
10 Battis/Krautzberger/Löhr- *Reidt* BauGB § 29 Rn. 23.

> **Hinweis**
>
> Sind die Voraussetzungen des § 29 Abs. 1 BauGB nicht gegeben, ist Ihre bauplanungsrechtliche Prüfung beendet, da die §§ 30 ff. BauGB nicht anwendbar sind. Die Zulässigkeit des Vorhabens bestimmt sich dann alleine nach dem Bauordnungsrecht und anderen öffentlich-rechtlichen Vorschriften, vgl. § 29 Abs. 2 BauGB.

III. Ausnahmen von der Anwendbarkeit der §§ 30 ff. BauGB

» Diese Ausnahmen sind nicht Klausurenrelevant. «

273 In den Fällen der §§ 37 f. BauGB finden sich Ausnahmen von der Anwendbarkeit der §§ 30 ff. BauGB. In den Fällen des **§ 37 BauGB** gelten die Vorschriften der §§ 29 ff. BauGB nur mit Einschränkungen. § 38 BauGB normiert einen **Vorrang der Fachplanung**.

C. Zulässigkeit des Vorhabens nach §§ 30 ff. BauGB

PRÜFUNGSSCHEMA

274 **Zulässigkeit eines Vorhabens nach §§ 30 ff. BauGB**

I. Zulässigkeit des Vorhabens nach §§ 30, 34, 35 BauGB

II. Zulässigkeit des Vorhabens nach § 33 BauGB.

I. Zulässigkeit des Vorhabens nach §§ 30, 34, 35 BauGB

PRÜFUNGSSCHEMA

275 **Zulässigkeit eines Vorhabens nach §§ 30, 34, 35 BauGB**

I. Bestimmung des maßgeblichen Bereichs

II. Vereinbarkeit des Vorhabens mit den §§ 30, 34, 35 BauGB

1. Bestimmung des maßgeblichen Bereichs

276 Für die Prüfung der bauplanungsrechtlichen Zulässigkeit eines Vorhabens i.S.d. § 29 Abs. 1 BauGB ist zunächst der **maßgebliche Bereich** zu bestimmen. Dieser richtet sich nach der Belegenheit des Grundstücks auf dem das Vorhaben realisiert werden soll bzw. wurde.

Das BauGB kennt **zwei Bereichstypen**, auf denen sich ein Grundstück, auf dem ein Vorhaben i.S.d. § 29 Abs. 1 BauGB verwirklicht werden soll, gelegen sein kann.
1. (ganz oder teilweise) **beplanter Bereich**
2. **Gänzlich unbeplanter Bereich**.

Zulässigkeit des Vorhabens nach §§ 30, 34, 35 BauGB

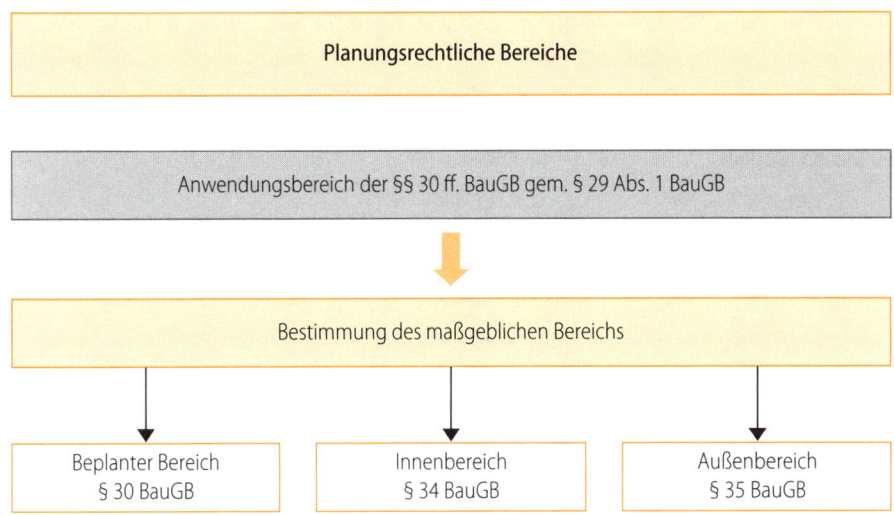

a) (Ganz oder teilweise) beplanter Bereich

Im beplanten Bereich unterscheidet das BauGB zwischen dem Bereich eines **qualifizierten Bebauungsplanes** (§ 30 Abs. 1 BauGB) und dem Bereich eines **einfachen Bebauungsplanes** (§ 30 Abs. 3 BauGB). **277**

> **Hinweis**
>
> Sofern der Sachverhalt Anhaltspunkte für die Prüfung der Rechtmäßigkeit des Bebauungsplans enthält müssen Sie an dieser Stelle inzident dessen Rechtmäßigkeit prüfen.

aa) Qualifizierter Bebauungsplan, § 30 Abs. 1 BauGB

Ein qualifizierter Bebauungsplan liegt dann vor, wenn er die in § 30 Abs. 1 BauGB abschließenden **vier Mindestvoraussetzungen** enthält. Für das Vorliegen eines qualifizierten Bebauungsplanes ist es unschädlich, wenn dieser weitere Voraussetzungen des abschließenden Katalogs des § 9 Abs. 1 BauGB enthält (s. hierzu Rn. 99 f.). **278**

> **JURIQ-Klausurtipp**
>
> In Klausuren wird es sich, sofern ein Bebauungsplan gegeben ist, i.d.R. um einen qualifizierten Bebauungsplan i.S.d. § 30 Abs. 1 BauGB und nicht um einen einfachen Bebauungsplan i.S.d. § 30 Abs. 3 BauGB handeln.

bb) einfacher Bebauungsplan, § 30 Abs. 3 BauGB

Sollte ein Bebauungsplan diese **vier Mindestvoraussetzungen nicht erfüllen**, so liegt ein einfacher Bebauungsplan i.S.d. § 30 Abs. 3 BauGB vor. Der einfache Bebauungsplan unterscheidet sich vom qualifizierten Bebauungsplan dadurch, dass seine Festsetzungen nicht umfassend genug sind, um alleine die Nutzung der Grundstücke des Plangebietes in hinreichendem Maße zu leiten. **279**

280 **Soweit** der einfache Bebauungsplan **Festsetzungen** enthält, so sind **diese** für die Bestimmung der bauplanungsrechtlichen Zulässigkeit des Vorhabens **maßgeblich**. **Soweit** der Bebauungsplan jedoch **keine Festsetzungen** enthält, richtet sich gemäß § 30 Abs. 3 BauGB die bauplanungsrechtliche Zulässigkeit des Vorhabens nach den **§§ 34, 35 BauGB**.

> **Hinweis**
>
> In Klausuren wird die Abgrenzung zwischen dem Innen- und dem Außenbereich regelmäßig nicht im Rahmen des § 30 Abs. 3 BauGB relevant. Daher erfolgen die diesbezüglichen Ausführungen an anderer Stelle (Rn. 281 ff.). Sollte in Ihrer Fallbearbeitung ein einfacher Bebauungsplan gegeben sein, so müssen Sie hier inzident und je nach Lage des Grundstücks § 34 BauGB oder § 35 BauGB prüfen.

b) (Gänzlich) unbeplanter Bereich

281 Sollte ein Grundstück, auf dem ein Vorhaben realisiert werden soll bzw. realisiert worden ist, nicht in einem beplanten Bereich liegen, so sind für die Beurteilung der bauplanungsrechtlichen Zulässigkeit alleine die §§ 34, 35 BauGB maßgeblich.

> **JURIQ-Klausurtipp**
>
> **Soweit** der einfache Bebauungsplan **keine Festsetzungen** enthält hat, ist zu untersuchen, ob es sich bei dem Gebiet um ein Gebiet im Innen- oder Außenbereich handelt. So hat also eine **Abgrenzung** zwischen dem **Innenbereich i.S.d. § 34 BauGB** und dem **Außenbereich i.S.d. § 35 BauGB** zu erfolgen. Diese **Abgrenzung** ist von **großer Bedeutung**, weil der unbeplante Innenbereich grundsätzlich bebaut werden darf, während der unbeplante Außenbereich für nichtprivilegierte Vorhaben von einer Bebauung freizuhalten ist. **Maßgebliches Kriterium** für die Abgrenzung ist der **im Zusammenhang bebaute Ortsteil**.

aa) Innenbereich, § 34 BauGB

282 Im nicht beplanten Innenbereich in Gemeinden, die noch keine Bebauungspläne aufgestellt haben und in denen vielfach die Aufstellung eines Bebauungsplanes nicht notwendig ist, greift die **planersetzende Funktion des § 34 BauGB**.[11] Wegen des Fehlens von Festsetzungen soll die Struktur der vorhandenen Bebauung dieses Defizit ausgleichen.[12] § 34 BauGB kommt eine planersetzende Funktion zu.

> Unter **Bebauung** werden bauliche Anlagen verstanden, die optisch wahrnehmbar sind und ein gewisses Gewicht haben, so dass sie ein Gebiet prägen können, also maßstabsbildende Kraft aufweisen.[13]

---

11 *BVerwGE* 62, 151, 153.
12 *Brenner* Öffentliches Baurecht Rn. 572
13 *BVerwG* NVwZ 1993, 985.

Zulässigkeit des Vorhabens nach §§ 30, 34, 35 BauGB 4 C I

> Einen **im Zusammenhang bebauten Ortsteil** stellt jede Bebauung im Gebiet einer Gemeinde dar, die – trotz vorhandener Baulücken – den Eindruck der Geschlossenheit und Zusammengehörigkeit erweckt, nach der Zahl der vorhandenen Bauten ein gewisses Gewicht hat und Ausdruck einer organischen Siedlungsstruktur ist.[14]
>
> Unter **Ortsteil** ist jeder Bebauungszusammenhang im Gebiet einer Gemeinde zu verstehen, der nach der Zahl der vorhandenen Bauten ein gewisses Gewicht besitzt und – im Gegensatz zu einer unerwünschten Splittersiedlung – Ausdruck einer organischen Siedlungsstruktur ist.

283 Ein Grundstück liegt also in einem im Zusammenhang bebauten Ortsteil, wenn es in einen **Bebauungszusammenhang** eingebettet ist, der einen Ortsteil bildet.

284 Die erforderliche Zahl der vorhandenen Bauten lässt sich nicht abstrakt, sondern immer nur im Einzelfall bestimmen.[15] Als **Orientierungspunkt** kann eine Zahl von **zehn bis zwölf Gebäuden** dienen.

> **Hinweis**
>
> Die Anzahl von zehn bis zwölf Gebäuden stellt einen reinen Orientierungspunkt dar. Maßgeblich ist die Beurteilung des Sachverhalts.

285 Der Begriff des **Bebauungszusammenhangs** umfasst eine tatsächliche aufeinanderfolgende Bebauung.

> Ein **Bebauungszusammenhang** ist gegeben, wenn die aufeinanderfolgende Bebauung trotz vorhandener Baulücken den Eindruck der Geschlossenheit und Zusammengehörigkeit vermittelt.[16]

Maßgeblich für die Bestimmung, ob ein Bebauungszusammenhang gegeben ist, ist die **tatsächlich vorhandene Bebauung**. Irrelevant ist es, ob bestimmte Baulichkeiten genehmigt oder nur von den zuständigen Behörden geduldet wird.[17]

Dem Vorliegen eines Bebauungszusammenhanges steht eine **heterogene Bebauung**, solange sie nur zusammenhängend ist, **nicht entgegen**.[16] Ein **Fremdkörper**, d.h. ein Gebäude, das sich in keiner Weise in den Bebauungszusammenhang einpasst, muss den Bebauungszusammenhang nicht unterbrechen.[18]

> » In Klausuren wird häufig zu schnell von Fremdkörpern ausgegangen. Begehen Sie diesen Fehler nicht. «

286 Wegen der planersetzenden Funktion des § 34 Abs. 1 BauGB ist für das Vorliegen eines Bebauungszusammenhangs beim Gegebensein von **Freiflächen** und **Baulücken** darauf abzustellen, ob die Umgebungsbebauung noch eine prägende Wirkung entfalten kann. Der Bebauungszusammenhang wird durch Baulücken und Freiflächen nicht unterbrochen, solange die **vorhandene Bebauung** noch eine **prägende Wirkung** hat. Der Bebauungszu-

---

14 *Brenner* Öffentliches Baurecht Rn. 577 m.w.N.
15 Battis/Krautzberger/Löhr-*Mitschang/Reidt* BauGB § 34 Rn. 16 m.w.N.
16 *Brenner* Öffentliches Baurecht Rn. 580.
17 *Brenner* Öffentliches Baurecht Rn. 573.
18 Battis/Krautzberger/Löhr-*Mitschang/Reidt* BauGB § 34 Rn. 11.

sammenhang wird hingegen unterbrochen, wenn die unbebaute Fläche so groß ist, dass sie nicht mehr als Fortsetzung der sie umgebenden Bebauung anzusehen ist. Von Bedeutung ist also, ob die aufeinanderfolgende Bebauung noch den Eindruck der Geschlossenheit vermittelt. Maßgeblich für diese Bestimmung ist die **Verkehrsauffassung**. Es hat eine Wertung und Bewertung des konkreten Sachverhaltes anhand der optischen Wahrnehmung der baulichen Anlagen und der topographischen Verhältnisse zu erfolgen.[19]

Beispiel Ein Bebauungszusammenhang kann z.B. bei einer ländlichen Siedlungsstruktur, die durch eine lockere Bebauung mit einzelnen Häusern geprägt ist, gegeben sein. ∎

> **Hinweis**
>
> Ist eine Baulücke so groß, dass die vorhandene Bebauung keinen prägenden Charakter auf die unbebauten Grundstücke mehr hat, so zählen die unbebauten Grundstücke nicht mehr zum Innenbereich. In einem derartigen Fall spricht man von einer **Außenbereichsinsel im Innenbereich**.[20]

287 Der Bebauungszusammenhang endet grundsätzlich **direkt hinter dem letzten Haus des Bebauungszusammenhangs**, wobei die Grundstücksgrenze nicht maßgeblich ist. Die **äußerste Grenze** stellt jedoch immer die **Gebietsgrenze der Gemeinde** dar.

bb) Außenbereich, § 35 BauGB

288 Sollte das Grundstück, auf dem die Bebauung realisiert werden soll bzw. realisiert worden ist, weder in den Anwendungsbereich des § 30 Abs. 1, Abs. 2 BauGB noch unter §§ 30 Abs. 3, 34 BauGB fallen, so ist zu untersuchen, ob es in den Außenbereich (§ 35 BauGB) fällt. Auch § 35 BauGB entfaltet eine planersetzende Wirkung. Der Begriff des Außenbereichs wird **negativ definiert**:

> Der **Außenbereich** ist das Gebiet, das außerhalb eines wirksamen qualifizierten Bebauungsplanes i.S.d. § 30 Abs. 1 BauGB[21] und auch außerhalb der im Zusammenhang bebauten Ortsteile, mithin außerhalb des Innenbereichs i.S.d. § 34 BauGB, liegt.

cc) Innenbereichssatzungen, § 34 Abs. 4 BauGB

289 Zur Bestimmung der Grenzen des Innen- zum Außenbereich kann die Gemeinde **Innenbereichssatzungen** nach § 34 Abs. 4 BauGB erlassen.

290 Nach § 34 Abs. 4 S. 1 Nr. 1 BauGB kann die Gemeinde durch Satzung die im Zusammenhang bebauten Ortsteile festlegen. Hierdurch kann sie klarstellen, wo die strengeren Anforderungen des § 35 BauGB zur Anwendung kommen. Es handelt sich um eine **Abgrenzungs-**[22] oder **Klarstellungssatzung**.[23]

---

19 Vgl. Battis/Krautzberger/Löhr-*Mitschang/Reidt* BauGB § 34 Rn. 9.
20 Vgl. hierzu *BVerwGE* 75, 34, 35.
21 Oder auch außerhalb eines wirksamen vorhabenbezogen Bebauungsplanes i.S.d. § 30 Abs. 1 i.V.m. § 12 BauGB. Der vorhabenbezogene Bebauungsplan wird hier nicht näher erläutert. Vgl. dazu Übungsfall 1.
22 *Brenner* Öffentliches Baurecht Rn. 575.
23 *Kenntner* Öffentliches Recht in Baden-Württemberg Rn. 661.

Die Gemeinde kann nach **§ 34 Abs. 4 S. 1 Nr. 2 BauGB** bestimmte Bereiche im Außenbereich als im Zusammenhang bebaute Ortsteile festlegen, wenn die Flächen im Flächennutzungsplan als Baufläche dargestellt sind. Dadurch können bebaute Bereiche, die aus sich heraus noch keinen im Zusammenhang bebauten Ortsteil darstellen und daher als Streu- oder Splittersiedlung dem Außenbereich zuzuordnen sind, dem Anwendungsbereich des § 34 BauGB unterstellt werden. Es handelt sich um **Entwicklungssatzungen**. 291

Nach **§ 34 Abs. 4 S. 1 Nr. 3 BauGB** sind auch **Abrundungssatzungen** möglich. Danach kann die Gemeinde durch Satzung einzelne Außenbereichsflächen in die im Zusammenhang bebauten Ortsteil einbeziehen, wenn die einbezogenen Flächen durch die bauliche Nutzung des angrenzenden Bereichs entsprechend geprägt sind. 292

Welche Wirkung derartigen Satzungen zukommt, ist umstritten. 293

Teilweise wird davon ausgegangen, dass sie **konstitutive Wirkung** hätten, also die die Innen- bzw. Außenbereichsqualität eines Grundstücks begründeten.[24] Hierfür wird angeführt, dass eine rein deklaratorische Satzung überflüssig sei und dass es keine rein deklaratorisch wirkenden Satzungen gäbe. Mit einer nur deklaratorischen Wirkung sei die Annahme unvereinbar, dass die Klarstellungssatzung die Grenzen zwischen Innen- und Außenbereich festlege.

Herrschend wird lediglich eine **deklaratorische Wirkung** zugesprochen.[25] Dies bedeutet, dass die Gerichte nicht an derartige Satzungen gebunden sind.[26]

Hierfür spreche der **Sinn und Zweck** der Satzungen gemäß § 34 Abs. 4 BauGB.[25] Dieser bestehe im Wesentlichen darin für künftige Baugenehmigungsverfahren wegen der Schwierigkeit der Bestimmung Streitigkeiten über die Zugehörigkeit eines Baugrundstücks zum Innen- oder zum Außenbereich auszuschließen. Durch § 34 Abs. 4 BauGB sollten solche Zweifelsfragen vorab von der Gemeinde ausgeräumt und dadurch das einzelne Baugenehmigungsverfahren vom Streit über die Zugehörigkeit des Baugrundstücks zum Innenbereich entlastet werden.[27] Die mit einer Satzung einhergehende Erweiterung des Innenbereichs mit konstitutiver Wirkung dürfe nur aus Anlass des Erlasses einer deklaratorischen bzw. Zweifelsfragen ausräumenden Satzung erfolgen. Anderenfalls könnte das reguläre Planaufstellungsverfahren umgangen werden. Satzungen nach § 34 Abs. 4 BauGB seien kein Mittel um auf schnellem und kostengünstigem Wege weiteres Bauland zu schaffen.

II. Vereinbarkeit des Vorhabens mit §§ 30, 34 und 35 BauGB

An die Bestimmung des maßgeblichen Bereichs schließt sich die Prüfung der Vereinbarkeit des Vorhabens mit den §§ 30, 34 und 35 BauGB an. Die jeweils nur alternativ einschlägige Norm ist **vom Bereich abhängig**, auf dem das Vorhaben realisiert werden soll bzw. realisiert worden ist. 294

---

24 So für die Klarstellungs- bzw. Abgrenzungssatzung *Dürr* Baurecht Baden-Württemberg Rn. 124. Ebenfalls für eine konstitutive Wirkung *Bayerischer VGH* NVwZ-RR 1994, 523.
25 *BVerwGE* 138, 12.
26 *Kenntner* Öffentliches Recht in Baden-Württemberg Rn. 661.
27 BT-Drucks. 7/4793 S. 34.

> **JURIQ-Klausurtipp**
>
> Die Bestimmung des Bereichs, auf dem das Vorhaben realisiert werden soll oder realisiert worden ist, hat maßgebliche Bedeutung für Ihre weitere Prüfung. Seien Sie daher bei der Bestimmung des Bereichs besonders aufmerksam und analysieren Sie den die Vorgaben enthaltenden Sachverhalt exakt.

1. Vorhaben im Bereich eines qualifizierten Bebauungsplanes, § 30 Abs. 1 BauGB

295 Die Prüfung der bauplanungsrechtlichen Zulässigkeit eines Vorhabens im Bereich eines qualifizierten Bebauungsplans gemäß § 30 Abs. 1 BauGB erfolgt in drei bzw. fünf Schritten:

a) Vereinbarkeit mit den Festsetzungen des Bebauungsplanes

296 Sollte das Grundstück **im Bereich eines qualifizierten Bebauungsplanes** gemäß § 30 Abs. 1 BauGB liegen, so bestimmt sich die bauplanungsrechtliche Zulässigkeit **alleine** danach, ob die Vereinbarkeit des Vorhabens mit den **Festsetzungen des wirksamen Bebauungsplanes** – ggf. nach Maßgabe der BauNVO – gegeben ist. Diese Prüfung bezieht sich sowohl auf die Art, wie auch auf das Maß der baulichen Nutzung.

> **Hinweis**
>
> § 30 Abs. 1 BauGB enthält eine negative Formulierung („nicht widerspricht"). Vorhaben sind also bereits dann zulässig, wenn sie den Festsetzungen des Bebauungsplanes nicht zuwiderlaufen. Es ist daher nicht erforderlich, dass die Vorhaben positiv festgesetzt sind.[28]

> **JURIQ-Klausurtipp**
>
> An dieser Stelle hat bei Anhaltspunkten im Sachverhalt ggf. eine **inzidente Überprüfung der Rechtmäßigkeit des Bebauungsplans** (s.o. Rn. 114 ff.) zu erfolgen.

> **Tipp für Assessorklausuren**
>
> In Assessorklausuren stellt sich bei einer behördlichen Aufgabenstellung die Frage nach einer **Normverwerfungskompetenz der (Widerspruchs-)Behörde** hinsichtlich untergesetzlicher Normen, wie einem Bebauungsplan, wenn Sie den Bebauungsplan für unwirksam halten sollten oder der Widerspruchsführer dies ausdrücklich rügt. Gehen Sie in diesem Fall wie folgt vor:[29]
>
> 1. Halten Sie den Bebauungsplan für **wirksam**, führen Sie dies aus. Eine Prüfungskompetenz steht der Ausgangs- und Widerspruchsbehörde nämlich zu.
>
> 2. Gelangen Sie bei Ihrer Prüfung zu dem Ergebnis, dass der Bebauungsplan **unwirksam** ist, müssen Sie auf die **Streitfrage eingehen**, ob der Behörde eine Inzident-Verwerfungskompetenz gegenüber Satzungen und anderen Rechtsnormen im Rang unter dem förmlichen Gesetz zukommt.

---

28 *Stollmann* Öffentliches Baurecht § 14 Rn. 8.
29 Rechtsreferendare sollten *Kintz* Öffentliches Recht im Assessorexamen Rn. 739 und den Formulierungsvorschlag bei Rn. 747 lesen.

Bei der Prüfung der Vereinbarkeit mit den Festsetzungen des Bebauungsplanes in Bezug auf die **Art** der baulichen Nutzung hat **zusätzlich** noch die Einhaltung des Gebots der Gebietsverträglichkeit und des Gebots der Rücksichtnahme gemäß § 15 BauNVO zu erfolgen.

Die Prüfung, ob die Erschließung gesichert ist und ob von Ausnahmen und Befreiungen (§ 31 BauGB) möglich sind, hat dann jedoch für alle Festsetzungen des Bebauungsplanes und nicht nur für Festsetzungen in Bezug auf die Art der baulichen Nutzung zu erfolgen.

> **Hinweis**
>
> Bei der Prüfung der Vereinbarkeit des Vorhabens mit den Festsetzungen des Bebauungsplanes in Bezug auf die Art der baulichen Nutzung sind insbesondere die Vorschriften der **BauNVO** maßgeblich. Die jeweiligen Gebietsfestsetzungen werden gemäß § 1 Abs. 3 S. 2 BauNVO zum Bestandteil des Bebauungsplanes, soweit nicht auf Grund der § 1 Abs. 4–10 BauNVO im Plan etwas anderes bestimmt worden ist. Lesen Sie ggf. Rn. 104 ff. erneut.

>> Lesen Sie die §§ 2–9 BauNVO und vergegenwärtigen Sie sich deren Systematik. «

b) Gebot der Gebietsverträglichkeit (betrifft die Art der baulichen Nutzung)

Da die §§ 2–9 BauNVO viele offene Rechtsbegriffe („nicht störende Handwerksbetriebe", § 3 Abs. 3 Nr. 1 BauNVO; „sonstige nicht störende Gewerbebetriebe", § 4 Abs. 3 Nr. 2 BauNVO; „sonstige Wohngebäude", § 5 Abs. 2 Nr. 3 BauNVO) für die Regel- und Ausnahmebebauung enthalten, kann nicht jeder formal unter den jeweiligen Tatbestand fallende Vorhabentyp allgemein oder ausnahmsweise zulässig sein.[30] Von Rechtsprechung und Literatur wurde daher das **Gebot der Gebietsverträglichkeit** entwickelt.[31]

Das Gebot der Gebietsverträglichkeit besagt, dass die Zulässigkeit eines Vorhabens ungeachtet dessen, ob es sich um eine Regel- oder Ausnahmebebauung handelt, vom Gebietscharakter abhängig ist. Dieser **Gebietscharakter** bestimmt sich nach dem jeweils einschlägigen **Abs. 1** der **§§ 2–9 BauNVO**. Als **Maßstab** für die Ermittlung der Gebietsverträglichkeit ist eine **doppelte typisierende Betrachtungsweise** anzulegen. Die typisierende Betrachtungsweise ist anzuwenden auf:
1. typische Nutzungsweise des Vorhabens
2. typischerweise vorherrschende Nutzungsart des jeweiligen Gebietes.

Es ist also zu ermitteln, ob das rein formal betrachtet zulässige Vorhaben aufgrund seiner typischen Nutzungsweise geeignet ist, die im jeweiligen Gebiet **typischerweise vorherrschende Nutzungsart** zu stören.[32] Bei der Beantwortung dieser Frage sind die Auswirkungen, die **typischerweise von einem Vorhaben dieser Art ausgehen**, zu beurteilen.

Beispiel Krematorien für menschliche Leichen mit einem Raum für Einäscherungszeremonien sind in einem Gewerbegebiet unzulässig. Rein formal betrachtet handelt es sich hierbei zwar um einen Gewerbebetrieb i.S.d. § 8 Abs. 2 Nr. 1 BauNVO. Das Gebot der Gebietsverträglichkeit ist jedoch dadurch verletzt, dass derartige Krematorien auf Ruhe und Beschaulichkeit angelegt sind, wohingegen Gewerbegebiete sich durch Geschäftigkeit auszeichnen. ■

---

[30] Tettinger/Erbguth/Mann-*Erbguth* Besonderes Verwaltungsrecht Rn. 1065.
[31] Vgl. *BVerwG* NVwZ 2008, 786 und Tettinger/Erbguth/Mann-*Erbguth* Besonderes Verwaltungsrecht Rn. 1065.
[32] *BVerwG* NVwZ 2008, 786.

c) Gebot der Rücksichtnahme, § 15 BauNVO (betrifft die Art der baulichen Nutzung)

» Lesen Sie § 15 BauNVO. «

300 Sollte ein Vorhaben mit den §§ 2–9 BauNVO in Bezug auf die Art seiner baulichen Nutzung vereinbar sein und ist das Gebot der Gebietsverträglichkeit gewahrt, kann sich dennoch dessen Unzulässigkeit im Einzelfall aus dem **Gebot der Rücksichtnahme** ergeben. Dieses stellt, im Gegensatz zum Gebot der Gebietsverträglichkeit, ein **einzelfallbezogenes** und **nicht** ein **typisierendes Korrektiv** dar.[33] Positivrechtlich wird das Gebot der Rücksichtnahme auch in § 15 BauNVO zum Ausdruck gebracht. Dieses Gebot ist objektiv und von Amts wegen zu prüfen. Das Gebot der Rücksichtnahme ist verletzt, wenn das Vorhaben nach Anzahl, Lage, Umfang oder Zweckbestimmung der Eigenart des Baugebietes widerspricht (§ 15 Abs. 1 S. 1 BauNVO) oder wenn von ihm Belästigungen oder Störungen ausgehen können, die im Baugebiet selbst oder in dessen Umgebung unzumutbar sind, oder wenn es solchen Belästigungen oder Störungen ausgesetzt ist (§ 15 Abs. 1 S. 2 BauNVO). Zur Bestimmung, ob eine unzumutbare Störung gegeben ist, kann auf die Legaldefinition des Begriffs der schädlichen Umwelteinwirkungen i.S.d. § 3 Abs. 1 BImSchG abgestellt werden.

§ 15 BauNVO betrifft somit **drei Konstellationen**:
1. Baugebietswidrigkeit des Bauvorhabens, § 15 Abs. 1 S. 1 BauNVO
2. Vom Bauvorhaben ausgehende Belästigungen oder Störungen, § 15 Abs. 1 S. 2 Alt. 1 BauNVO
3. Störanfälligkeit des Bauvorhabens, § 15 Abs. 1 S. 2 Alt. 2 BauNVO

> **Hinweis**
>
> § 15 BauNVO wird erst relevant, wenn das Vorhaben nach den §§ 2 bis 9 BauNVO zulässig und außerdem gebietsverträglich ist,[34] weil diese Vorschrift dazu führt, dass eine planungsrechtlich zulässige Anlage wegen der Umstände des Einzelfalls im Hinblick auf die Interessenlage der Nachbarschaft für unzulässig erklärt wird.[35]

d) Gesicherte Erschließung

301 Weiterhin muss gemäß § 30 Abs. 1 BauGB die **Erschließung gesichert** sein. Vorschriften über die Erschließung enthalten die **§§ 123 ff. BauGB**. Die Anforderung der Sicherung der Erschließung betrifft nicht das gesamte Baugebiet, sondern nur das zu bebauende Grundstück. Die Sicherung der Erschließung verlangt nicht, dass die infrastrukturellen Anlagen im Zeitpunkt der Entscheidung über den Bauantrag bereits vorhanden sein müssen. Es genügt, wenn diese im Zeitpunkt der Fertigstellung des Vorhabens vorhanden sein werden.[36]

> **Hinweis**
>
> Diese Voraussetzung ist i.d.R. nicht klausurrelevant.

---

33 Tettinger/Erbguth/Mann-*Erbguth* Besonderes Verwaltungsrecht § 28 Rn. 1068.
34 *BVerwG* NVwZ 2008, 786.
35 *Kenntner* Öffentliches Recht in Baden-Württemberg Rn. 653.
36 Tettinger/Erbguth/Mann-*Erbguth* Besonderes Verwaltungsrecht Rn. 1068.

Vereinbarkeit des Vorhabens mit §§ 30, 34 und 35 BauGB 4 C II

e) Ausnahmen und Befreiungen, § 31 BauGB

Bebauungspläne weisen zwar vielfach einen konkret-individuellen Regelungsgehalt auf, 302
wegen ihres spezifischen Flächenbezuges enthalten sie jedoch immer ein gewisses Maß an typisierenden Planinhalten. Diese typisierenden Planinhalte müssen nicht immer den spezifischen Besonderheiten bestimmter Grundstücke und ihrer baulichen Nutzung gerecht werden. Daher können Ausnahmen (§ 31 Abs. 1 BauGB) und Befreiungen (§ 31 Abs. 2 BauGB) von den Festsetzungen des Bebauungsplanes zugelassen werden. § 31 BauGB ist Ausdruck der **Einzelfallgerechtigkeit**.[37]

aa) Ausnahmen, § 31 Abs. 1 BauGB

Ausnahmen müssen nach § 31 Abs. 1 BauGB im Bebauungsplan **ausdrücklich zugelassen** 303
sein. Erforderlich ist weiterhin, dass diese Ausnahmen nach Art und Umfang hinreichend bestimmt sind.[38] Ausnahmen können unter den Voraussetzungen des § 31 Abs. 1 BauGB erteilt werden für:
- qualifizierte Bebauungspläne
- vorhabenbezogene Bebauungspläne
- einfache Bebauungspläne.

> **JURIQ-Klausurtipp**
>
> Aus dem Wortlaut des § 31 Abs. 1 BauGB („Von den Festsetzungen des Bebauungsplans") folgt, dass eine Ausnahme nur für Festsetzungen erteilt werden kann. Die Ausnahmemöglichkeit bezieht sich also **nicht auf Verfahrensvorschriften oder die Regelungen der LBO**. Da es sich bei der Sicherung der Erschließung nicht um eine Festsetzung handelt, kann auch hiervon keine Ausnahme erteilt werden.

In Bezug auf die **Art** der baulichen Nutzung können Ausnahmen aufgrund des jeweiligen **Absatzes 3 der §§ 2–9 BauNVO**, die wegen § 1 Abs. 3 S. 2 BauNVO, sofern keine andere Regelung getroffen ist, Bestandteil des Bebauungsplanes sind, erteilt werden. Auch hinsichtlich anderer Festsetzungen besteht die Möglichkeit Ausnahmen zu erteilen (vgl. z.B. § 16 Abs. 6, § 21a Abs. 1, Abs. 2, Abs. 5, § 23 Abs. 2 S. 3, Abs. 3 S. 3, Abs. 4 S. 1 BauNVO). Bei der Erteilung einer Ausnahme handelt es sich um eine **Ermessensentscheidung**. Der Normadressat ist der Satzungsgeber.

Beispiel Sollte die Gemeinde ein bestimmtes Gebiet als Dorfgebiet i.S.d. § 1 Abs. 2 Nr. 5 BauNVO festlegen, so wird die Ausnahmeregelung des § 5 Abs. 3 BauNVO wegen § 1 Abs. 3 S. 2 BauNVO Bestandteil des Bebauungsplans. Dies hat zur Folge, dass in einem Dorfgebiet ausnahmsweise Vergnügungsstätten i.S.d. § 4a Abs. 3 Nr. 2 BauNVO zugelassen werden können. ∎

> **Hinweis**
>
> Denken Sie daran, dass die Erteilung von Ausnahmen **auf Einzelfälle beschränkt** bleiben muss. Bereits aus dem Begriff der Ausnahme folgt, dass deren Erteilung nicht zur Regel werden darf.[39]

---
37 Tettinger/Erbguth/Mann *Erbguth* Besonderes Verwaltungsrecht Rn. 1072.
38 Tettinger/Erbguth/Mann *Erbguth* Besonderes Verwaltungsrecht Rn. 1073.
39 Jäde/Dirnberger/Weiss-*Jäde* BauGB BauNVO § 31 Rn. 10.

304 Die Erteilung von Ausnahmen unterliegt **drei Beschränkungen**:[40]
1. Durch die häufige Erteilung von Ausnahmen darf die **Gebietsstruktur** nicht verändert werden.
2. Der **Gebietscharakter** muss gewahrt bleiben.
3. Die Ausnahme muss im Grundsatz mit der **Zweckbestimmung** des jeweiligen Gebietes vereinbar sein.

> **Hinweis**
>
> Auch bei der Erteilung einer Ausnahme ist § 15 BauNVO zu beachten. Dies hat zur Konsequenz, dass ein Vorhaben, das aufgrund der §§ 2–9 BauNVO zulässig ist, dennoch ausnahmsweise unzulässig sein kann, wenn es die erforderliche Rücksicht auf seine Umgebung vermissen lässt.

bb) Befreiung, § 31 Abs. 2 BauGB

305 **§ 31 Abs. 2 BauGB** ermöglicht beim kumulativen Vorliegen von drei eng auszulegenden Voraussetzungen die Erteilung einer **Befreiung** (auch als **Dispens** bezeichnet). Bei § 31 Abs. 2 BauGB handelt es sich nicht um eine durch den Bebauungsplan, sondern durch das BauGB zugelassene Abweichung von den Festsetzungen des Bebauungsplanes, die durch eine Einzelfallentscheidung vorgenommen wird. Folgende **drei Voraussetzungen** müssen gegeben sein:

PRÜFUNGSSCHEMA

Befreiung gemäß § 31 Abs. 2 BauGB

1. Die **Grundzüge der Planung** werden nicht berührt
2. Gründe des Wohls der Allgemeinheit erfordern die Befreiung (**Gemeinwohlerforderlichkeit**, § 31 Abs. 2 Nr. 1 BauGB) oder
   - die Abweichung ist städtebaulich vertretbar (**städtebauliche Vertretbarkeit**, § 31 Abs. 2 Nr. 2 BauGB) oder
   - die Durchführung des Bebauungsplanes führt zu einer offenbar nicht beabsichtigen Härte (**individuelle Härtemilderung**, § 31 Abs. 2 Nr. 3 BauGB).
3. Die Abweichung ist auch unter **Würdigung nachbarlicher Interessen** mit den **öffentlichen Belangen** vereinbar.

306 (1) Zunächst dürfen **Grundzüge der Planung** nicht berührt werden.

> **Grundzüge der Planung** werden berührt, wenn die Befreiung dem planerischen Grundkonzept zuwider läuft.[41]
>
> Je tiefer die Befreiung in das Interessengeflecht der Planung eingreift, desto näher liegt der Schluss auf eine nur im Wege der (Um-)Planung mögliche Änderung der Planungskonzeption.[41]

---

40 *Stollmann* Öffentliches Baurecht § 14 Rn. 31.
41 Battis/Krautzberger/Löhr-*Reidt* BauGB § 31 Rn. 29 m.w.N.

Vereinbarkeit des Vorhabens mit §§ 30, 34 und 35 BauGB 4 C II

Dies bedeutet, dass die Befreiung dem planerischen Grundkonzept nicht zuwiderlaufen darf. Die Befreiung muss also ein **Sonderfall** bleiben und darf keine heimliche Planänderung herbeiführen (s. dazu Rn. 313). Die Erteilung einer Befreiung darf keine Vorbildwirkung für eine Vielzahl anderer von der Festsetzung betroffener Eigentümer entfalten können.[42]

Beispiel Grundzüge der Planung werden berührt, wenn für ein Wohnbauvorhaben auf einer Fläche, die als öffentliche Grünfläche festgesetzt ist, eine Befreiung erteilt wird, obwohl sich der Plangeber unter Abwägung der widerstreitenden Interessen bewusst gegen eine Ausweisung als Bauland entschieden hat.[43] ■

(2) Weiterhin muss einer der **Befreiungstatbestände** des § 31 Abs. 2 BauGB erfüllt sein. **307**

§ 31 Abs. 2 Nr. 1 BauGB verlangt, dass **Gründe des Wohls der Allgemeinheit** die Befreiung **erfordern** (**Gemeinwohlerforderlichkeit**). Diese Voraussetzung ist weit auszulegen.[44]

> **Gründe des Wohls der Allgemeinheit** liegen vor, wenn ein Gemeininteresse, das bei der Festsetzung des Bebauungsplanes noch nicht oder nicht in seiner konkreten Stärke abschätzbar ist, eine Art Randkorrektur der planerischen Festsetzung erforderlich macht.[45]
>
> Gründe des Wohls der Allgemeinheit **erfordern** die Befreiung, wenn die Befreiung zur Wahrnehmung des jeweiligen öffentlichen Interesses vernünftigerweise geboten ist.[46]

Beispiele Gründe des Wohls der Allgemeinheit liegen z.B. bei Maßnahmen an einem **308** Gewerbebetrieb zur Vermeidung eingetretener schädlicher Umwelteinwirkungen, baulichen Maßnahmen zur Verdeckung von Verunstaltungen oder bei einer Befreiung zugunsten des Getreidesilos eines Mühlenbetriebs zum Zwecke der Gewährleistung einer gesicherten Versorgung der Bevölkerung in Krisenzeiten vor. ■

Die Gründe des Wohls der Allgemeinheit beschränken sich **nicht auf spezifisch bodenrechtliche Belange**, sondern erfassen vielmehr alles, was gemeinhin unter öffentlichen Belangen oder öffentlichen Interessen zu verstehen ist.[47]

> **Hinweis**
>
> Öffentliche Interessen sind beispielhaft in § 1 Abs. 5, Abs. 6 BauGB aufgezählt. Ein derartiges öffentliches Interesse stellen z.B. der Umweltschutz und die sozialen und kulturellen Bedürfnisse der Bevölkerung dar.

Nach § 31 Abs. 2 Nr. 2 BauGB kann von den Festsetzungen des Bebauungsplanes befreit werden, wenn die Abweichung **städtebauliche vertretbar** ist (**städtebauliche Vertretbarkeit**). **309**

---

42 *VGH Baden-Württemberg* VBlBW 2007, 265.
43 *VGH Baden-Württemberg* BauR 2004, 1125.
44 Battis/ Krautzberger/Löhr-*Reidt* BauGB § 31 Rn. 30.
45 Battis-Krautzberger/Löhr-*Reidt* BauGB, § 31, Rn. 34.
46 Battis-Krautzberger/Löhr-*Reidt* BauGB § 31 Rn. 35.
47 Battis-Krautzberger/Löhr-*Reidt* BauGB § 31 Rn. 34.

Städtebaulich vertretbar ist die Abweichung dann, wenn sie nach Maßgabe einer gerechten Abwägung anhand § 1 Abs. 6 und 7 BauGB auch zulässiger Inhalt eines Bebauungsplans sein könnte.[48]

Es ist also darauf abzustellen, ob die Befreiung mit der städtebaulichen Entwicklung unter Beachtung der Anforderungen des § 1 Abs. 5, Abs. 6 BauGB vereinbar ist.

310 Eine Befreiung kann gemäß § 31 Abs. 2 Nr. 3 BauGB auch erteilt werden, wenn die Durchführung des Bebauungsplanes zu einer **offenbar nicht beabsichtigten Härte** führen würde (**individuelle Härtemilderung**).

Eine **Härte** ist gegeben, wenn der Einzelfall in bodenrechtlicher Hinsicht Besonderheiten aufweist, die zur Folge hätten, dass das Grundstück bei Einhaltung des Bebauungsplanes aufgrund seiner Lage, seiner Größe oder seines Zuschnittes nicht oder nur höchst begrenzt baulich genutzt werden könnte.

Offenbar nicht beabsichtigt ist die Härte, wenn die betreffenden Konsequenzen nicht berücksichtigt wurden oder nicht berücksichtigt werden konnten.[49]

> **Hinweis**
>
> Erfasst sind **nur grundstücksbezogene Härten**. Nicht berücksichtigungsfähig sind daher **familiäre, finanzielle oder wirtschaftliche** Schwierigkeiten.[50] Diese Aspekte werden in Klausuren gerne vorgebracht.

311 (3) Ferner muss die Abweichung auch unter **Würdigung nachbarlicher Interessen** mit den **öffentlichen Belangen** vereinbar sein.

Der Begriff der **öffentlichen Belange** ist **spezifisch bodenrechtlich** auszulegen.[50] Dieses Erfordernis deckt sich mit dem Wohl der Allgemeinheit gemäß § 31 Abs. 2 Nr. 1 BauGB (s.o. Rn. 307).[51]

Eine **Vereinbarkeit mit öffentlichen Belangen** ist nicht gegeben, wenn das Vorhaben bei der Anwendbarkeit des § 34 Abs. 1 BauGB nicht genehmigt werden dürfte.

Beispiel Die Vereinbarkeit mit öffentlichen Belangen ist nicht gegeben, wenn sich ein Vorhaben nicht gemäß § 34 Abs. 1 BauGB in die nähere Umgebung einfügt. ∎

312 Die **Würdigung nachbarlicher Interessen** hat unabhängig davon zu erfolgen, ob sich diese Interessen auf nachbarschützende Vorschriften beziehen können oder nicht. Die nachbarlichen Interessen müssen jedoch die **Wesentlichkeitsschwelle** überschreiten. Dies bedeutet, dass die durch die Befreiung eintretenden Nachteile das Maß dessen überschreiten, was einem Nachbarn billigerweise noch zumutbar ist.[52]

---

48 *BVerwG* NVwZ 1999, 981, 984.
49 Battis-Krautzberger/Löhr-*Reidt* BauGB § 31 Rn. 34.
50 *Brenner* Öffentliches Baurecht Rn. 561.
51 Battis/Krautzberger/Löhr-*Reidt* BauGB § 31 Rn. 30.
52 Battis/Krautzberger/Löhr-*Reidt* BauGB § 31 Rn. 41.

Vereinbarkeit des Vorhabens mit §§ 30, 34 und 35 BauGB

(4) Mit dem Bau- und Raumordnungsgesetz 1998 ist[53] das Tatbestandsmerkmal „im Einzelfall" in § 31 Abs. 2 BauGB **gestrichen** worden. Damit kann eine Befreiung nunmehr nicht mehr nur im Einzelfall, sondern auch bei einer Vielzahl von Fällen erteilt werden. Unklar ist jedoch, ob die Befreiung damit keine **atypische Sonderlage** mehr erfordert oder ob diese Voraussetzung, wenn auch modifiziert, nach wie vor gilt.[54]

313

 » Dieses Problem wird nicht nur in schriftlichen Prüfungsarbeiten, sondern auch in mündlichen Prüfungen gerne behandelt. Sie müssen es daher beherrschen. «

(a) Das **Bundesverwaltungsgericht** ging zu § 31 Abs. 2 BauGB **a.F.** in ständiger Rechtsprechung davon aus, dass eine Befreiung nur erteilt werden kann, wenn das Vorhaben eine **Atypik** aufweist und sich als **Sonder- oder Einzelfall** darstellt.[55]

314

Begründet wurde dies zum einen mit dem in der **a.F.** noch enthaltenen Merkmal des **Einzelfalls** und zum anderen mit dem **Wesen der Befreiung**. Wegen der mit einer Normierung verbundenen Abstrahierung bestehe die Gefahr besonders gelagerten Fällen, d.h. Sachverhalten, die aus tatsächlichen Gründen „aus der Regel fallen", nicht gerecht zu werden. Daher existiere die Möglichkeit einer Befreiung in derartigen **Sonderfällen**.

Für **Regelfälle** hingegen sei das, was eine Vorschrift bzw. ein Plan bestimme, grundsätzlich auch dann beabsichtigt, wenn es sich als Härte erweise. In solchen Fällen eine Befreiung zu erteilen, wäre außerdem nicht „mit den öffentlichen Belangen vereinbar", denn eine solche Befreiung müsste sich notwendig über die Interessenabwägung hinwegsetzen, die der Vorschrift bzw. dem Plan zugrunde liege und durch sie bzw. ihn als maßgeblich positiviert sei. Eine Norm, von deren Einhaltung selbst in Regelfällen befreit werden müsse, sei in Wahrheit bereits als Norm zu beanstanden.

(b) **Teile der Literatur** halten, was jedoch nicht unumstritten ist,[56] am Erfordernis einer atypischen Sondersituation im Sinne einer **begrenzten Atypik** fest.[57] In der Neuregelung des § 31 Abs. 2 BauGB komme durch den Verzicht auf das Merkmal „im Einzelfall" zum Ausdruck, dass eine Befreiung nun auch **in mehreren gleichgelagerten** Fällen erfolgen könne. Eine **atypische Sondersituation** sei jedoch weiterhin erforderlich. Andernfalls würden **Grundzüge der Planung** berührt, so dass ein Planungserfordernis nach § 1 Abs. 3 BauGB bestehe. Die Atypik sei **kein zusätzliches Prüfungskriterium**, sondern lediglich ein Indiz dafür, dass **Grundzüge der Planung berührt** würden.[58]

315

(c) Der **Verwaltungsgerichtshof Baden-Württemberg** spricht sich gegen das Erfordernis einer Atypik aus.[59]

316

Hierfür spreche zunächst die **Entstehungsgeschichte** der Gesetzesänderung: Der Gesetzgeber habe in der Begründung des Gesetzesentwurfs ausdrücklich ausgeführt, dass eine Atypik im Sinne der bisherigen Rechtsprechung nicht mehr vorliegen müsse.[60]

---

53 Mit Wirkung vom 1.1.1998.
54 Vgl hierzu *VGH Baden-Württemberg* VBlBW 2003, 438.
55 BVerwGE 40 268.
56 Gegen eine Beibehaltung *Schmidt-Eichstaedt* NVwZ 1998, 571; *Mager* DVBl. 2000, 205; *Hofmann* BauR 1999 445; *Claus* DVBl. 2000, 241; *Schütz* VBlBW 2000, 355.
57 *Dolderer* NVwZ 1998 567; Ernst/Zinkahn/Bielenberg-*Soefker* BauGB § 31 Rn. 31 f.; Battis/Krautzberger/Löhr-*Reidt* BauGB § 31 Rn. 26; *Brohm* Öffentliches Baurecht § 19 Rn. 7; Gelzer/Bracher/Reidt-*Reidt* Bauplanungsrecht Rn. 1941.
58 So Battis/Krautzberger/Löhr-*Reidt* BauGB § 31 Rn. 26; Jäde/Dirnberger/Weiß-*Jäde* BauGB, § 31, Rn. 13.
59 *VGH Baden-Württemberg* VBlBW 2003, 438.
60 BT-Drucks. 13/6392, 56.

Das Erfordernis einer Atypik folge auch nicht zwangsläufig aus der **Systematik** des Bauplanungsrechts im Baugesetzbuch, wonach die Geltung der Festsetzungen eines Bebauungsplans die Regel darstelle. Die Befreiung gemäß § 31 Abs. 2 BauGB stelle eine Ausnahme von dieser Regel dar. Zwar finde ohne das Erfordernis einer Atypik § 31 Abs. 2 BauGB einen weiteren Anwendungsbereich als zuvor. Dadurch werde Ausnahmefall jedoch nicht zum Regelfall, da § 31 Abs. 2 BauGB weitere Tatbestandsvoraussetzungen voraussetze. Dem Gesetzgeber stehe es weiterhin frei Ausnahmen weiter zu fassen und damit die Geltung der Grundregel bewusst einzuschränken.

Auch **Sinn und Zweck** der Befreiung erfordern nicht zwingend das Vorliegen eines atypischen Sachverhalts. Die Möglichkeit einer Befreiung sei erforderlich, weil der Normgeber nicht alle Einzelfälle vorauszusehen könne, auf die seine Norm in Zukunft Anwendung finden werde. Die Befreiung diene der Einzelfallgerechtigkeit und der Verhältnismäßigkeit. Sie sei ein Instrument, um auf nicht oder so nicht vorgesehene Sachverhalte flexibel reagieren zu können.

Dass die Planungshoheit der Gemeinde gemäß Art. 28 Abs. 2 S. 1 GG nicht durch die Erteilung von Befreiungen ausgehöhlt werde, werde durch die restriktive Auslegung der Befreiungstatbestände und dadurch, dass bei allen Befreiungstatbeständen Grundzüge der Planung nicht berührt werden dürfen, gewährleistet. Wegen des Erfordernisses des gemeindlichen Einvernehmens nach § 36 BauGB erfahre die Gemeinde rechtzeitig von einem Vorhaben. Sie habe dadurch die Möglichkeit eine Befreiung zu verhindern, indem sie durch eine Bebauungsplanänderung die Festsetzung, von der eine Befreiung erteilt werden soll, zu einem Grundzug ihrer Planung erklärt.

cc) Ansprüche auf Erteilung einer Ausnahme oder Befreiung

317 **Streit** herrscht darüber, ob der Bauherr **einen Anspruch auf Erteilung der Ausnahme** bzw. auf eine **Befreiung wegen einer Ermessensreduzierung auf Null** hat, wenn die Voraussetzungen für die Erteilung einer Ausnahme bzw. Befreiung erfüllt sind.

Hierbei ist zwischen der Ausnahme und der Befreiung zu unterscheiden:

318 (1) Eine Auffassung geht davon aus, dass der Bauherr **keinen generellen Anspruch** auf die Erteilung einer **Ausnahme** habe.[61] Hierfür spreche der Wortlaut des § 31 Abs. 1 BauGB. Jedoch ist es nach dieser Ansicht nicht ausgeschlossen, dass im Einzelfall eine **Ermessensreduktion auf Null** und damit ein Anspruch gegeben sein kann. Hierfür wird der Wortlaut des § 31 Abs. 1 BauGB, der den Ausdruck „können" enthält, angeführt.

Eine andere **Auffassung** geht davon aus, dass der Bauherr einen **Anspruch** auf Erteilung einer Ausnahme habe, wenn dem Vorhaben keine städtebaulichen Gründe entgegenstünden.[62] Hierfür wird angeführt, dass die Ausnahme ausdrücklich in der BauNVO vorgesehen sei. Hierdurch unterscheide sie sich von der nicht ausdrücklich geregelten Befreiung.

319 (2) Hinsichtlich der Erteilung einer **Befreiung** nimmt eine **Mindermeinung** an, dass der Bauherr **keinen prinzipiellen Anspruch** auf Erteilung einer Befreiung wegen einer Ermessenreduktion auf Null habe. Hierfür wird, neben dem Wortlaut des § 31 Abs. 2 BauGB, angeführt, dass sich bei einer anderen Sichtweise das Regel-Ausnahme-Verhältnis der §§ 30, 31 BauGB in sein Gegenteil verwandeln würde.[63]

---

[61] Tettinger/Erbguth/Mann-*Erbguth* Besonderes Verwaltungsrecht Rn. 1072, 1074.
[62] *Bayerischer VGH* NVwZ-RR 2007, 736.
[63] Tettinger/Erbguth/Mann-*Erbguth* Besonderes Verwaltungsrecht Rn. 1072, 1081a.

Die **h.M.** vertritt hingegen, dass ein **genereller Anspruch** auf Erteilung einer Befreiung wegen einer Ermessensreduktion auf Null bestehe.[64] Hierfür spreche, dass alle beachtlichen Interessen **bereits auf der Tatbestandsebene** des § 31 Abs. 2 BauGB berücksichtigt worden seien, so dass für ein Ermessen keine weiteren relevanten Punkte mehr vorhanden seien. Weiterhin spreche hier auch das Prinzip der Baufreiheit gemäß Art. 14 Abs. 1 GG.

2. Vorhaben im Bereich eines einfachen Bebauungsplans im Innenbereich, §§ 30 Abs. 3, 34 BauGB

Sollte festgestellt worden sein, dass sich das Grundstück auf dem das Vorhaben realisiert werden soll oder realisiert worden ist, im Bereich eines Bebauungsplanes befindet, der jedoch nicht die Voraussetzungen eines qualifizierten Bebauungsplanes, vgl. § 30 Abs. 1 BauGB, erfüllt, so handelt es sich um ein Vorhaben im Bereich eines einfachen Bebauungsplanes. Hierbei richtet sich die bauplanungsrechtliche Zulässigkeit des Vorhabens **vorrangig nach den vorhandenen Festsetzungen des Bebauungsplanes**. 320

Da ein einfacher Bebauungsplan nur wenige Festsetzungen enthält (s. Rn. 101) bestimmt § 30 Abs. 3 BauGB, dass sich die Zulässigkeit „im Übrigen" nach § 34 BauGB oder § 35 BauGB richtet. Die §§ 34, 35 BauGB finden somit nur **subsidiär** Anwendung.[65] Enthält ein einfacher Bebauungsplan bestimmte Festsetzungen, so sind diese vorrangig. Erst danach ist, je nach Lage des Grundstücks, auf §§ 34, 35 BauGB zurückzugreifen. 321

Diese Prüfung erfolgt wie Sie unter Rn. 322 ff. dargestellt wird.

> **Zulässigkeit eines Vorhabens im Geltungsbereich eines einfachen Bebauungsplans**
>
> 1. Zunächst ist, wenn der einfache Bebauungsplan **Festsetzungen** enthält, zu prüfen, ob das Bauvorhaben diesen Festsetzungen entspricht und
> 2. anschließend ist je nach Lage des Grundstücks auf **§ 34** oder **§ 35 BauGB** abzustellen.
>
> *PRÜFUNGSSCHEMA*

> **Hinweis**
>
> Die §§ 34, 35 BauGB werden in Klausuren regelmäßig nicht innerhalb des § 30 Abs. 3 BauGB geprüft.

3. Vorhaben im unbeplanten Innenbereich, § 34 BauGB

Sollte Ihre Prüfung ergeben haben, dass das Grundstück im unbeplanten Innenbereich gelegen ist, so erfolgt die Prüfung der bauplanungsrechtlichen Zulässigkeit nach § 34 BauGB in **fünf Schritten**: 322

---

[64] *BVerwGE* 117, 50.
[65] Battis/Krautzberger/Löhr-*Reidt/Mitschang* BauGB § 34 Rn. 19.

> **PRÜFUNGSSCHEMA**
>
> **Zulässigkeit eines Vorhabens im unbeplanten Innenbereich, § 34 BauGB**
>
> 1. **Einfügen** des Vorhabens in die Eigenart der näheren Umgebung,
> 2. Sicherung der **Erschließung**,
> 3. Wahrung der Anforderungen an **gesunde Arbeits- und Wohnverhältnisse**,
> 4. Keine Beeinträchtigung des **Ortsbildes**,
> 5. **Keine schädlichen Auswirkungen** auf zentrale Versorgungsbetriebe.

a) Einfügen des Vorhabens in die Eigenart der näheren Umgebung

323 Ob sich ein Vorhaben in die Eigenart der näheren Umgebung einfügt, ist anhand von **drei Prüfungsschritten** zu ermitteln.

> **PRÜFUNGSSCHEMA**
>
> **Einfügen i.S.d. § 34 Abs. 1 BauGB**
>
> 1. Nähere Umgebung,
> 2. Eigenart,
> 3. Einfügen.

aa) Nähere Umgebung

324 Zunächst muss die nähere Umgebung des Vorhabens ermittelt werden.

> Die **nähere Umgebung** eines Vorhabens reicht soweit, wie sich zum einen die Ausführung des zur Genehmigung gestellten Vorhabens auswirken kann und zum anderen soweit, wie die Umgebung ihrerseits die bodenrechtliche Situation des Baugrundstücks prägt oder zumindest beeinflusst.[66]

Aus dieser Definition folgt, dass die nähere Umgebung weiter reicht, als die unmittelbare Nachbarschaft, jedoch weniger umfasst als den im Zusammenhang bebauten Ortsteil. Ferner kann ihr entnommen werden, dass die **Feststellung der näheren Umgebung** für **jedes Vorhaben individuell erfolgen** muss.

bb) Eigenart

» Auch hier dürfen Sie nicht das Vorliegen von Fremdkörpern annehmen. «

325 Wie aus dem Wortlaut des § 34 Abs. 1 BauGB folgt, ist der Maßstab für die Bestimmung der näheren Umgebung eines Vorhabens nicht die nähere Umgebung des Baugrundstückes an sich, sondern vielmehr dessen **Eigenart**. Die Eigenart der näheren Umgebung wird wiederum in **drei Schritten** ermittelt:[67]

---

66 Battis/Krautzberger/Löhr-*Mitschang/Reidt* BauGB § 34 Rn. 21 m.w.N.
67 *Brenner* Öffentliches Baurecht Rn. 585.

Ermittlung der Eigenart der näheren Umgebung

1. Zunächst ist die **tatsächlich vorhandene Bebauung** zu ermitteln.
   Hierbei ist alles in den Blick zu nehmen, was in der näheren Umgebung vorhanden ist, wobei auch das städtebaulich Unerwünschte und Unvertretbare mit einzubeziehen ist.
2. Danach ist die Bebauung auf das **Wesentliche** zurückzuführen.
   Neben der Bebauung und der Nutzung ist alles zu berücksichtigen, was den **Charakter** und die **Funktion prägt**.[68]
   Außer Betracht zu bleiben hat, was die vorhandene Bebauung nicht prägt.
   Nicht zu berücksichtigen sind ferner **Fremdkörper**. Fremdkörper sind **singuläre Anlagen**, die in einem **auffälligen Kontrast** zu der sie umgebenden Bebauung stehen.[68]
   Eine **Ausnahme** gilt für **Fremdkörper**, die für die Eigenart der näheren Umgebung „**tonangebend**" sind, z.B. ein Hochhaus, das wegen seiner Höhe das Stadtbild dominiert.
3. Auf der dritten Stufe ist die soeben herausgearbeitete nähere Umgebung (Schritte 2. und 3.) um **ehemals vorhandene Bebauungen und Nutzungen**, soweit und solange nach der Verkehrsauffassung noch mit einer Wiederaufnahme oder Wiederbebauung zu rechnen ist, zu ergänzen.

PRÜFUNGSSCHEMA

cc) Einfügen

Das Vorhaben muss sich dann in die soeben ermittelte Eigenart der näheren Umgebung einfügen. Das Vorhaben muss sich nicht insgesamt, sondern nur hinsichtlich der **einfügungsbedürftigen Merkmale** einfügen. Diese Merkmale sind **Art** und **Maß der baulichen Nutzung**, die **Bauweise** und die **Grundstücksfläche**, die überbaut werden soll.

326 » Lesen Sie § 34 BauGB. «

Im Hinblick auf das Kriterium des Einfügens ist zwischen § 34 Abs. 1 BauGB und § 34 Abs. 2 BauGB zu unterscheiden:

327

(1) Sollte die Eigenart der **näheren Umgebung einem der Baugebiete der BauNVO** entsprechen, so beurteilt sich gemäß § 34 Abs. 2 Hs. 1 BauGB die Zulässigkeit nach seiner **Art** alleine danach, ob es nach den §§ 2 ff. BauNVO allgemein zulässig wäre, wobei § 31 Abs. 1, Abs. 2 BauGB entsprechend anwendbar ist (§ 34 Abs. 2 Hs. 2 BauGB).

Ein **Baugebiet i.S.d. BauNVO** ist dann gegeben, wenn sich in der vorhandenen Bebauung die Nutzungsarten finden, die das Baugebiet kennzeichnen und die der Eigenart der näheren Umgebung der Zweckbestimmung des Baugebietes entspricht.[69]

328

---

[68] *Brenner* Öffentliches Baurecht Rn. 594.
[69] *Brenner* Öffentliches Baurecht Rn. 603.

> **Hinweis**
>
> Nicht erforderlich ist, dass alle im Zulässigkeitskatalog der BauNVO aufgeführten Nutzungsarten vorhanden sind. § 34 Abs. 2 BauGB ist nur hinsichtlich der *Art* der baulichen Nutzung lex specialis.[70] Daher beurteilt sich die Frage, ob sich das Vorhaben hinsichtlich der *Art* seiner baulichen Nutzung in die Eigenart der näheren Umgebung einfügt, nur nach Maßgabe des § 34 Abs. 2 BauGB i.V.m. §§ 2 ff. BauNVO. Die Prüfung hinsichtlich des *Maßes* der baulichen Nutzung, der Bauweise und der überbaubaren Grundstücksfläche, erfolgt nur am Maßstab des § 34 Abs. 1 S. 1 BauGB.

(2) Entspricht die Eigenart der näheren Umgebung **keinem Baugebiet i.S.d. BauNVO**, so bestimmt sich die **Zulässigkeit hinsichtlich aller Kriterien**, d.h. hinsichtlich Art und Maß der baulichen Nutzung, der Bauweise und der überbaubaren Grundstücksfläche, **nach § 34 Abs. 1 S. 1 BauGB**.

Die Beurteilung der anderen in § 34 Abs. 1 S. 1 BauGB genannten Kriterien, d.h. das **Maß der baulichen Nutzung**, die **Bauweise** und die **Grundstücksfläche**, die überbaut werden soll, erfolgt nur am Maßstab des **§ 34 Abs. 1 S. 1 BauGB**. Dies bedeutet, dass sich das Vorhaben gemäß § 34 Abs. 1 S. 1 BauGB hinsichtlich seinem Maß der baulichen Nutzung, seiner Bauweise und seiner überbaubaren Grundstücksfläche in die Eigenart der näheren Umgebung **einfügen muss**. Maßgebliches **Kriterium** für das Einfügen ist die zuvor ermittelte **nähere Umgebung**.

329 (3) Die **Prüfung des Einfügens** erfolgt **in zwei Stufen**:[71]

PRÜFUNGSSCHEMA

Einfügen i.S.d. § 34 Abs. 1, 2 BauGB
1. Prüfung des Einfügens unter **Einhaltung** des bestehenden **Rahmens**
2. Prüfung des Einfügens bei einer **Abweichung** vom bestehenden **Rahmen**

(a) Auf der **ersten Stufe** ist folgende Definition zugrunde zu legen:

> Ein **Einfügen** in die Eigenart der näheren Umgebung ist gegeben, wenn sich das Vorhaben in jeder Hinsicht innerhalb des sich aus seiner Umgebung hervorgehenden Rahmens hält.[72]

> **Hinweis**
>
> Diese Definition gilt sowohl für § 34 Abs. 1 BauGB wie auch für § 34 Abs. 2 BauGB.

---

70 *Brenner* Öffentliches Baurecht Rn. 601.
71 Battis/Krautzberger/Löhr-*Mitschang/Reidt* BauGB § 34 Rn. 25, 30.
72 *Brenner* Öffentliches Baurecht Rn. 597.

Vereinbarkeit des Vorhabens mit §§ 30, 34 und 35 BauGB 4 C II

Andererseits können Vorhaben, die sich eigentlich im vorgegebenen Rahmen halten, **ausnahmsweise unzulässig** sein.[73] Dies ist der Fall, wenn ein Vorhaben gegeben ist, das zu einer Verschlechterung, Störung oder Belastung der Umwelt führt und damit **Unruhe** stiftet. Unzulässig sind ferner Vorhaben, die eine **negative Vorbildwirkung** haben. Dies ist der Fall, wenn die Gefahr besteht, dass das an sich zulässige Vorhaben andere gleichartige Vorhaben nach sich zieht und die Situation daher umzukippen droht. 330

(b) Ein Vorhaben kann **ausnahmsweise** auf der zweiten Prüfungsstufe **zulässig** sein, wenn es den o.g. **Rahmen überschreitet**. Voraussetzung hierfür ist, dass es keine nur durch Bauleitplanung zu bewältigenden bodenrechtlich beachtlichen Spannungen in das Gebiet hineinträgt.[73] Es muss also mit anderen Worten die **städtebauliche Harmonie** gewahrt bleiben. 331

(c) Nach der Rechtsprechung des Bundesverwaltungsgerichts ist das **Rücksichtnahmegebot** ein **Bestandteil** des Tatbestandsmerkmals **des Einfügens**.[74] Ein Vorhaben, das sich zwar innerhalb des durch die Umgebung vorgegebenen Rahmens hält, ist hiernach unzulässig, wenn es an der **gebotenen Rücksichtnahme** auf die sonstige, d.h. vor allem auf die in seiner unmittelbaren Nähe vorhandene, Bebauung **fehlen lässt**. Das objektiv von Amts wegen zu prüfende Rücksichtnahmegebot ist erforderlich, da der für die Beurteilung des Vorhabens maßgebliche Rahmen aus der näheren Umgebung und nicht nur aus der in der unmittelbaren Nähe vorhandenen Bebauung gewonnen wird. 332

> **Hinweis**
>
> § 34 Abs. 3a BauGB enthält eine Sonderregel für Gewerbe- und Handwerksbetriebe hinsichtlich des Einfügens in die Eigenart der näheren Umgebung.

》 Lesen Sie § 34 Abs. 3a BauGB. 《

b) Sicherung der Erschließung, §§ 123 ff. BauGB

Ein Vorhaben ist nach § 34 Abs. 1 S. 1 BauGB ferner nur zulässig, wenn auch die Erschließung gesichert ist. Regelungen zur Erschließung finden sich in den **§§ 123 ff. BauGB**. 333

c) Wahrung der Anforderungen an gesunde Wohn- und Arbeitsverhältnisse, § 34 Abs. 1 S. 2 Hs. 1 BauGB

In § 34 Abs. 1 S. 2 Hs. 1 BauGB wird vorausgesetzt, dass gesunde Wohn- und Arbeitsverhältnisse gewahrt bleiben. Bei dieser Voraussetzung handelt es sich allerdings nur um eine **äußerste Grenze der Bebauung**, da der Innenbereich im Grundsatz einer Bebauung offen steht.[75] **Anhaltspunkte** für die notwendigen Anforderungen ergeben sich aus **§ 136 Abs. 3 Nr. 1 BauGB** (z.B. Belichtung, Besonnung und Belüftung der Wohnungen und Arbeitsstätten). 334

> **JURIQ-Klausurtipp**
>
> Fügt sich das Vorhaben in die Eigenart der näheren Umgebung ein, so ist regelmäßig anzunehmen, dass die Anforderungen an gesunde Wohn- und Arbeitsverhältnisse gewahrt sind.[75]

---

[73] Battis/Krautzberger/Löhr-*Mitschang/Reidt* BauGB § 34 Rn. 31.
[74] *BVerwG* NVwZ 1999, 524.
[75] *Brenner* Öffentliches Baurecht Rn. 612.

d) Keine Beeinträchtigung des Ortsbildes, § 34 Abs. 1 S. 2 Hs. 2 BauGB

335 In § 34 Abs. 1 S. 2 Hs. 2 BauGB wird vorausgesetzt, dass das Vorhaben das Ortsbild nicht beeinträchtigt. Diesem Merkmal kommt **eigenständige Bedeutung** zu. Ein Vorhaben, das sich in die Eigenart der näheren Umgebung einfügt, kann gleichwohl bauplanungsrechtlich unzulässig sein, wenn es das Ortsbild beeinträchtigt.

> Eine **Beeinträchtigung des Ortsbildes** liegt vor, wenn das Bauvorhaben das ästhetische Empfinden eines für Fragen der Ortsbildgestaltung aufgeschlossenen Beobachters verletzt.[76]

336 Wann ein Vorhaben das Ortsbild verletzt, hängt im Wesentlichen von den **Umständen des Einzelfalles**, insbesondere auch von der Schutzwürdigkeit des Objekts, ab.[77] Unter dem **Begriff des Ortsbildes** ist ein größerer Bereich als die nähere Umgebung i.S.d. § 34 Abs. 1 S. 1 BauGB zu verstehen.[78] Weiterhin muss das Ortsbild eine gewisse Wertigkeit für die Allgemeinheit, einen besonderen Charakter oder eine gewisse Eigenart aufweisen, die ihm eine aus dem Üblichen herausragende Prägung verleiht, um schützenswert zu sein. Aus der Zugehörigkeit des § 34 BauGB zum Bauplanungsrecht folgt einschränkend, dass die Beeinträchtigung des Ortsbildes **städtebauliche Qualität** aufweisen muss.[79]

e) Keine schädlichen Auswirkungen auf zentrale Versorgungsbetriebe, § 34 Abs. 3 BauGB

337 Den Maßstab für die Prüfung des § 34 Abs. 1 S. 1 BauGB stellt die nähere Umgebung dar. Dieser Maßstab kann für bestimmte Vorhaben genügen, für andere Vorhaben jedoch unzureichend sein. Dies ist insbesondere dann der Fall, wenn das Vorhaben **Fernwirkungen** hat.

> **Beispiel** Die Gemeinden A, B und C grenzen unmittelbar aneinander. Alle drei Gemeinden haben in ihren Innenstädten Grundversorgungszentren. Die Gemeinde C plant in ihrem Gemeindegebiet nun einen Gewerbepark. ■

338 Der Gesetzgeber wollte durch den, durch das EAG Bau 2004 eingefügten, **§ 34 Abs. 3 BauGB**[80] der Gefahr, dass großflächige Gewerbebetriebe, insbesondere sog. Factory-Outlet-Center, schädliche Auswirkungen auf zentrale Versorgungsbereiche haben, entgegenwirken.[81] Der Begriff der zentralen Versorgungsbereiche findet sich nicht nur in § 34 Abs. 3 BauGB, sondern auch an anderen Stellen im BauGB (z.B. § 1 Abs. 6 Nr. 4 BauGB, § 9 Abs. 2a S. 2 und S. 3 BauGB).

> **Zentrale Versorgungsbereiche** sind Bereiche in einer Gemeinde, die aufgrund tatsächlicher Verhältnisse oder auch planerischer Festlegungen räumlich abgrenzbar sind und denen aufgrund vorhandener Einzelhandelsnutzungen eine Versorgungsfunktion über den unmittelbaren Nahbereich hinaus zukommt.[82]

---

76 *Brenner* Öffentliches Baurecht Rn. 614.
77 BVerwGE 67, 23, 33.
78 BVerwG NVwZ 2000, 1169.
79 *Brenner* Öffentliches Baurecht Rn. 613; BVerwG NVwZ 2000, 1169.
80 S. vertiefend *Battis* DVBl 2011, 196.
81 Tettinger/Erbguth/Mann-*Erbguth* Besonderes Verwaltungsrecht Rn. 1089.
82 BVerwGE 129, 307.

> **Schädliche Auswirkungen** sind zu erwarten, wenn unmittelbare Auswirkungen gewichtiger Art auf die städtebauliche Entwicklung und Ordnung der (Nachbar-)Gemeinde zu erwarten sind, was insbesondere bei einem nicht unerheblichen Kaufkraftabfluss gegeben ist.[83]

Zur Ermittlung, ob schädliche Auswirkungen auf zentrale Versorgungsbereiche zu erwarten sind, muss eine **Prognose** hinsichtlich der zu erwartenden schädlichen Auswirkungen des betreffenden Vorhabens angestellt werden, die **alle Umstände des Einzelfalles** berücksichtigt.[84] Erforderlich sind mindestens Auswirkungen auf die tatsächlich bestehende oder zumindest auf die geplante **Zentrenstruktur**.[84]   **339**

> **Hinweis**
>
> Beachten Sie, dass § 34 Abs. 3 BauGB nur zum Ziel hat, nachteilige Auswirkungen auf zentrale Versorgungsbereiche zu vermeiden. Eine rein wettbewerbliche Konsequenz für einzelne Betriebe genügt nicht, da § 34 Abs. 3 BauGB keinen Schutz vor Konkurrenz bezweckt.[85]

Im **Beispiel** sind mit den Grundversorgungszentren zentrale Versorgungsbereiche gegeben. Zu diesen zählen neben Nahversorgungszentren auch Grundversorgungszentren. Durch einen Gewerbepark im Gebiet der Gemeinde C besteht die Gefahr, dass die Kaufkraft aus den Innenstädten in dessen Richtung abfließt. Somit ist zu erwarten, dass der Gewerbepark schädliche Auswirkungen auf zentrale Versorgungsbereiche in den Gemeinden A und B hat.   **340**

f) Abweichungsmöglichkeit vom Erfordernis des Einfügens, § 34 Abs. 3a BauGB

§ 34 Abs. 3a BauGB sieht die Möglichkeit des Abweichens vom Erfordernis des Einfügens in die Eigenart der näheren Umgebung vor, wenn die Abweichung der Erweiterung, Änderung, Nutzungsänderung oder Erneuerung eines zulässigerweise errichteten Gewerbe- oder Handwerksbetriebs oder der Erweiterung, Änderung oder Erneuerung einer zulässigerweise errichteten baulichen Anlage zu Wohnzwecken dient (§ 34 Abs. 3a Nr. 1 BauGB), diese städtebaulich vertretbar ist (§ 34 Abs. 3a Nr. 2 BauGB, zur Definition s. Rn. 309) und auch unter Würdigung nachbarlicher Interessen mit den öffentlichen Interessen vereinbar ist (§ 34 Abs. 3a Nr. 3 BauGB, zur Definition s. Rn. 311).   **341**

> **Hinweis**
>
> Eine Sonderregelung zur sparsamen und effizienten Nutzung von Energie wurde durch die **Klimaschutznovelle** 2011 in § 248 BauGB eingefügt. Nach § 248 S. 3 BauGB sind **geringfügige Abweichungen** vom Maß der baulichen Nutzung, der Bauweise und der überbaubaren Grundstücksfläche zulässig, soweit dies mit städtebaulichen Interessen sowie baukulturellen Belangen vereinbar ist. Dies gilt insbesondere für **Fotovoltaik-Anlagen** nach § 248 S. 2 BauGB.

---

[83] Tettinger/Erbguth/Mann-*Erbguth* Besonderes Verwaltungsrecht Rn. 1090.
[84] *Brenner* Öffentliches Baurecht Rn. 617.
[85] *BVerwG* ZfBR 2010, 372.

4. Vorhaben im unbeplanten Außenbereich, § 35 BauGB

>> Lesen Sie § 35 BauGB aufmerksam durch. <<

342 Sollte das Grundstück, auf dem das Vorhaben realisiert werden soll oder realisiert worden ist, **im Außenbereich** liegen, so richtet sich dessen **bauplanungsrechtliche Zulässigkeit nach § 35 BauGB**. Der **Außenbereich** wird also **negativ abgegrenzt**.[86] Grundstücksgrenzen kommt für die vorzunehmende Negativabgrenzung **keine Bedeutung** zu.[87]

a) Funktion des Außenbereichs und Struktur des § 35 BauGB

343 aa) Mit Grund und Boden als der natürlichen Lebensgrundlage des Menschen ist sparsam und schonend umzugehen. Der Außenbereich soll im Gegensatz zum Innenbereich grundsätzlich von einer **Bebauung weitgehend freigehalten** werden.[88]

Gründe hierfür stellen
- die Erholungsfunktion des Bereiches,
- der Grundsatz des sparsamen Umgangs mit der Natur sowie
- die Verhinderung einer Zersiedelung und einer weitreichenden Versiegelung der Natur dar.[88]

344 bb) Strukturell unterscheidet § 35 BauGB zwischen **privilegierten Vorhaben**, § 35 Abs. 1 BauGB, und den **nicht privilegierten Vorhaben**, § 35 Abs. 2 BauGB:

Bei **privilegierten Vorhaben** gemäß § 35 Abs. 1 BauGB handelt es sich um Vorhaben, die ihrer Natur oder ihrem Wesen nach sinnvollerweise nur im Außenbereich verwirklicht werden können.[89] **Nicht privilegierte Vorhaben** sind alle Vorhaben, die nicht in § 35 Abs. 1 BauGB erwähnt sind.

cc) In § 35 Abs. 3 BauGB sind, wie aus dem Wortlaut („insbesondere") folgt, in **nicht abschließender Weise Belange** genannt, die von einem Bauvorhaben beeinträchtigt werden können. Diese öffentlichen Belange müssen in einer Abwägung dem Vorhaben gegenübergestellt werden.[90] Bei dieser **Abwägung** ist zwischen den privilegierten und den nicht privilegierten Vorhaben zu unterscheiden:

345 **Privilegierte Vorhaben** können dem Wesen oder ihrer Natur nach nur im Außenbereich verwirklicht werden. Für sie besteht eine **erleichterte Zulässigkeit**. Sie tragen eine **besondere Berechtigung** zur Bebauung des Außenbereichs in sich.[89] Durch **§ 35 Abs. 1 BauGB**, der eine **abschließende Aufzählung** enthält,[89] erfolgt eine **planähnliche Zuweisung zum Außenbereich**. Daher bestimmt § 35 Abs. 1 BauGB, dass ein Vorhaben im Außenbereich zulässig ist, wenn öffentliche Belange **nicht entgegenstehen**.

Im Gegensatz hierzu dürfen gemäß § 35 Abs. 2 BauGB **nicht privilegierte Vorhaben** nur zugelassen werden, wenn öffentliche Belange **nicht beeinträchtigt** werden. Auf Grund dieses unterschiedlichen Wortlautes setzen sich **privilegierte Vorhaben** im Rahmen der vorzunehmenden Abwägung **regelmäßig gegenüber den öffentlichen Belangen durch**.[91]

---

86 *Brenner* Öffentliches Baurecht Rn. 621.
87 BVerwGE 25, 256, 261.
88 *Brenner* Öffentliches Baurecht Rn. 620.
89 *Brenner* Öffentliches Baurecht Rn. 625.
90 Battis/Krautzberger/Löhr-*Mitschang/Reidt* BauGB § 35 Rn. 68.
91 BVerwGE 48, 109, 114.

Vereinbarkeit des Vorhabens mit §§ 30, 34 und 35 BauGB

Nicht **privilegierte Vorhaben** hingegen gehören an sich nicht in den von der Bebauung freizuhaltenden Außenbereich, so dass den **öffentlichen Belangen** im Rahmen der Abwägung **regelmäßig** ein **Vorrang** zukommt.[92] Für nicht privilegierte Vorhaben besteht ein **grundsätzliches Bauverbot mit Befreiungsvorbehalt**.[93]

> **JURIQ-Klausurtipp**
>
> Diese gesetzgeberischen Wertungen sind in im Rahmen der Abwägung zu berücksichtigen.[94]

Um **teilprivilegierte Vorhaben** handelt es sich im Falle des § 35 Abs. 4 BauGB.[95] Hiernach stehen sonstigen Vorhaben i.S.d. § 35 Abs. 2 BauGB nach der Fiktion des § 35 Abs. 4 BauGB typischerweise beeinträchtigte öffentliche Belange nicht entgegen.

b) Zulässigkeit eines privilegierten Vorhabens

> **JURIQ-Klausurtipp**
>
> Beginnen Sie in der Fallbearbeitung stets mit der Prüfung des § 35 Abs. 1 BauGB, da dieser vorrangig zu prüfen ist.

aa) Privilegiertes Vorhaben i.S.d. § 35 Abs. 1 Nr. 1 bis 8 BauGB

Die Regelung des § 35 BauGB ist vom Grundsatz geprägt, dass der Außenbereich grundsätzlich von einer Bebauung freizuhalten ist. Aus diesem Grund sind die **Privilegierungstatbestände** für privilegierte Vorhaben, die zwar bevorzugt dem Außenbereich zugewiesen sind, **eng auszulegen**. Im Folgenden werden die klausurrelevanten Tatbestände näher dargestellt:[96]

(1) § 35 Abs. 1 Nr. 1 BauGB: Nach § 35 Abs. 1 Nr. 1 BauGB werden Vorhaben privilegiert, die einem **land- oder forstwirtschaftlichen Betrieb dienen** und die nur einen **untergeordneten Teil der Betriebsfläche** einnehmen.

> **Hinweis**
>
> Der Begriff der Landwirtschaft ist **in § 201 BauGB legal definiert**. In einer Klausur müssen Sie auf diese Definition abstellen

Forstwirtschaft ist die planmäßige Bewirtschaftung von Wald zwecks Holzgewinnung, wobei die Bewirtschaftung des Waldes den Anbau, die Pflege und den Abschlag umfasst.[97]

---

92 Battis/Krautzberger/Löhr-*Mitschang/Reidt* BauGB § 35 Rn. 69.
93 Battis/Krautzberger/Löhr-*Mitschang/Reidt* BauGB § 35 Rn. 1.
94 Battis/Krautzberger/Löhr-*Mitschang/Reidt* BauGB § 35 Rn. 6.
95 *Brenner* Öffentliches Baurecht Rn. 622.
96 Vgl. zu den weiteren Tatbeständen *Brenner* Öffentliches Baurecht Rn. 625 ff; s.a. die alphabetische Übersicht bei Battis/Krautzberger/Löhr-*Mitschang/Reidt* BauGB § 35 Rn. 67.
97 *BVerwG* NJW 1981, 139.

Ein **Betrieb** ist jedes ernsthafte, auf Dauer angelegte und damit nachhaltige land- oder fortwirtschaftliche Unternehmen, das die Erzeugung land- oder forstwirtschaftlicher Produkte in nicht unerheblichem Umfang zum Ziel hat.[98]

Land- und forstwirtschaftlichen Betrieben dienende Vorhaben kennzeichnen sich durch eine **unmittelbare Bodenertragsnutzung**, bei der der Boden zum Zweck der Nutzung seines Ertrages planmäßig und eigenverantwortlich bewirtschaftet wird.[99]

Beispiele Die Haltung von Kühen stellt einen landwirtschaftlichen Betrieb dar, wenn das Futter für die Kühe überwiegend durch den Betrieb hergestellt wird.

Kein landwirtschaftlicher Betrieb hingegen ist eine Schweinemästerei, wenn das zur Mast verwendete Futter ausschließlich zugekauft wird. ■

350 Der Betrieb muss dazu bestimmt sein, einen nicht ganz unwesentlichen Teil zum Unterhalt des Betreibers zu leisten. Erforderlich ist eine **Gewinnerzielungsabsicht**, wobei diese nicht hauptberuflich realisiert zu werden braucht. Eine nebenberufliche Bewirtschaftung genügt.[100]

Beispiele Ein Betrieb ist nicht gegeben, wenn nur ein Schwein gehalten wird um für die Errichtung eines Wohngebäudes in den Genuss der Privilegierung des § 35 Abs. 1 Nr. 1 BauGB zu gelangen oder wenn ein Pferd zur Ausübung eines Hobbys gehalten wird. ■

351 Es gelten folgende **Kriterien** zur Bestimmung, ob ein Betrieb vorliegt:[101]
- **Umfang** der landwirtschaftlichen Betätigung,
- **Verkehrsüblichkeit** der Betriebsform,
- **Ernsthaftigkeit** des Vorhabens,
- Sicherung der Beständigkeit des Vorhabens im Hinblick auf die **persönliche**, insbesondere **fachliche Eignung** des Betriebsführers,
- **Wirtschaftliche Verhältnisse** des Betriebsführers,
- **Angemessenes Verhältnis** zwischen den dem Betrieb zugeordneten Gebäuden nach Größe, Lage und Umfang im Vergleich zur Betriebsart der landwirtschaftlichen Betätigung.

Das Vorhaben muss gemäß § 35 Abs. 1 Nr. 1 BauGB einem land- oder forstwirtschaftlichen Betrieb **dienen**. Zweck dieses Merkmals ist es, **Missbrauch zu verhindern** und der **Gefahr der Umgehung zu begegnen**.[102]

Dienen meint die – auch äußerlich erkennbare – objektive und funktionale Zu- und Unterordnung des Vorhabens zum Betrieb nach dem Verwendungszweck, der Größe, der Gestaltung, der Ausstattung und sonstigen Beschaffenheit.[103]

---

98 Battis/Krautzberger/Löhr-*Mitschang/Reidt* BauGB § 35 Rn. 13.
99 *Brenner* Öffentliches Baurecht Rn. 627.
100 *BVerwGE* 122, 308.
101 *BVerwGE* 26, 121, 124; vgl. auch *VGH Baden-Württemberg* DVBl 2011, 294.
102 *Brenner* Öffentliches Baurecht Rn. 628.
103 *Brenner* Öffentliches Baurecht Rn. 629.

Hierbei ist auf die **Verkehrsauffassung** abzustellen und insbesondere darauf, ob ein „**vernünftiger Landwirt**"[104] unter Berücksichtigung des Gebots größtmöglicher Schonung des Außenbereichs dieses Vorhaben mit etwa gleichem Verwendungszweck und mit etwa gleicher Gestaltung und Ausstattung für einen entsprechenden Betrieb errichten würde und das Vorhaben durch die Zuordnung zu dem Betrieb äußerlich erkennbar geprägt ist.[105]

Beispiele   Ställe, Scheunen, Silos und Wohngebäude für Land- oder Forstwirte. ■

(2) § 35 Abs. 1 Nr. 3 BauGB: Nach § 35 Abs. 1 Nr. 3 BauGB ist ein Vorhaben privilegiert, das **der öffentlichen Versorgung mit Elektrizität, Gas, Telekommunikationsdienstleistungen, Wärme und Wasser, der Abwasserwirtschaft** oder einem **ortsgebundenen gewerblichen Betrieb dient**.

352

> Ein Vorhaben **dient der öffentlichen Versorgung**, wenn es, ohne Rücksicht auf die Rechtsform und die Eigentumsverhältnisse, zur Versorgung der Allgemeinheit und nicht nur des Einzelnen und dessen Eigenbedarf bestimmt ist.[106]

Beispiele   Kraft- und Wasserwerke, Wassertürme, Abwasseranlagen, Pumpstationen, Freileitungen, Hochspannungsmasten, Kläranlagen, Transformatorenhäuser, Rundfunk- und Fernsehtürme, Sendemasten, Telefon- und Mobilfunkmasten. ■

> **Ortsgebunden** ist ein Betrieb, wenn er nach seinem Gegenstand und seinem Wesen nur an dem konkreten Standort betrieben werden kann, er also auf die geografische oder geologische Eigenart der Stelle angewiesen ist, weil sie an einem anderen Ort ihren Zweck verfehlen würde.[107]

Beispiel   Kies- und Torfgruben, Steinbrüche, Kohlezechen, Mühlen, Schleusen, Seilbahnen. ■

Das Vorhaben muss dem ortsgebundenen Betrieb **dienen** (zur Definition s. Rn. 351). Hierbei ist auf einen **vernünftigen Betriebsinhaber** und darauf abzustellen, ob dieser unter Beachtung des Gebots der größtmöglichen Schonung des Außenbereichs das Vorhaben an diesem Standort und mit etwa gleichem Umfang verwirklichen würde.[108] Zweck dieses Merkmals ist es, Missbrauch zu verhindern und der Gefahr der Umgehung zu begegnen.[109]

353

> **Hinweis**
>
> Das **Bundesverwaltungsgericht** erstreckt das **Erfordernis der Ortsgebundenheit** über den Wortlaut des § 35 Abs. 1 Nr. 3 BauGB hinaus auch auf **Vorhaben, die der öffentlichen Versorgung und der Abwasserwirtschaft dienen**.[110] Dieses Erfordernis folge daraus, dass der Gesetzgeber die Privilegierung derartiger Anlagen nicht als selbstverständlich vorausgesetzt hat. Nach der erkennbaren Gesetzeskonzeption gehörten sie nicht typischerweise zum Erscheinungsbild des Außenbereiches.

---

104 So wörtlich Battis/Krautzberger/Löhr-*Mitschang/Reidt* BauGB § 35 Rn. 19.
105 *BVerwGE* 41, 138; *VGH Baden-Württemberg* ZfBR 2012, 164.
106 *BVerwGE* 67, 33, 35.
107 Battis/Krautzberger/Löhr-*Mitschang/Reidt* BauGB § 35 Rn. 28.
108 *Brenner* Öffentliches Baurecht Rn. 629.
109 *BVerwG* DÖV 1992, 73.
110 *BVerwGE* 96, 95.

>> § 35 Abs. 1 Nr. 4 BauGB ist häufig Gegenstand von Prüfungsarbeiten. Widmen Sie diesem Abschnitt daher besondere Aufmerksamkeit. <<

354 (3) **§ 35 Abs. 1 Nr. 4 BauGB**: Gemäß § 35 Abs. 1 Nr. 4 BauGB ist ein sonstiges Vorhaben, d.h. ein Vorhaben, das somit nicht unter § 35 Abs. 1 Nr. 1 bis 3, 5 bis 8 BauGB subsumiert werden kann, privilegiert, das wegen seiner besonderen Anforderungen an seine Umgebung (1. Var.), wegen seiner nachteiligen Wirkung auf die Umgebung (2. Var.) oder wegen seiner besonderen Zweckbestimmung (3. Var) nur im Außenbereich ausgeführt werden soll.

Bei § 35 Abs. 1 Nr. 4 BauGB handelt es sich um eine **Generalklausel**, die die privilegierten Vorhaben nicht gegenständlich umschreibt.[111] Daher ist eine **Bewertung aller Umstände des Einzelfalles** vorzunehmen, die ergeben muss, dass das Vorhaben wegen seiner Eigenart, seines Umfangs und seiner konkreten Gestaltung in Anbetracht des betroffenen Innenbereichs der Gemeinde nur im Außenbereich ausgeführt werden soll.[111] Es handelt sich um eine **normative Generalklausel**.

355 (a) Bei Vorhaben, die wegen ihrer besonderen Anforderungen an ihre Umgebung gemäß **§ 35 Abs. 1 Nr. 4. Var. 1 BauGB** privilegiert sind, folgt die Privilegierung aus den **besonderen Anforderungen an die Umgebung**.

> Ein Vorhaben kann wegen seinen **besonderen Anforderungen an die Umgebung** nur im Außenbereich ausgeführt werden, wenn es seine Funktion nur im Zusammenhang mit bestimmten Eigenschaften der Umgebung erfüllen kann, die in einem beplanten oder bebauten Bereich nicht vorzufinden sind.[112]

Beispiele Aussichtstürme, Sternwarten, Wetterstationen, Schwimmbäder an Flüssen und Seen, Staumauern, Schleusen, Seilbahnen. ■

356 (b) Unter § 35 Abs. 1 Nr. 4 Var. 2 BauGB fallen insbesondere Vorhaben, die wegen den von ihnen ausgehenden Emissionen oder wegen besonderen Gefahren nicht im Innenbereich untergebracht werden sollen.[113]

> Vorhaben sind gemäß § 35 Abs. 1 Nr. 4 Var. 2 BauGB aufgrund ihrer **nachteiligen Auswirkungen auf die Umgebung privilegiert**, wenn sie selbst in planerisch ausgewiesenen Industriegebieten nicht errichtet werden können, weil sie besondere Gefahren in sich bergen oder ihre Emissionen so stark sind, dass sie auch in diesen Bereichen regelmäßig das zumutbare Maß übersteigen.[114]

Beispiele Schweinemastbetriebe, Betriebe für die industrielle Fleischproduktion, Sprengstofffabriken oder Sprengstofflager. ■

> **Hinweis**
>
> Derartigen Vorhaben kommt die Privilegierung jedoch nur zugute, wenn die Anlagen keine Emissionen verursachen, die nach dem Stand der Technik vermeidbar sind.[115] Sollte sich ein Vorhaben auch mit weniger Emissionen nach dem Stand der Technik verwirklichen lassen, so

---
111 *Brenner* Öffentliches Baurecht Rn. 639.
112 Battis/Krautzberger/Löhr-*Mitschang/Reidt*, BauGB, § 35, Rn. 34.
113 Battis/Krautzberger/Löhr-*Mitschang/Reidt*, BauGB, § 35, Rn. 35.
114 *Brenner* Öffentliches Baurecht Rn. 640.
115 *BVerwGE* 55, 118, 127.

ist nur die umweltfreundlichere Anlage privilegiert. Sollte der Betrieb mit Emissionen möglich sein, die das Vorhaben im Innenbereich zulässig lassen würden, so scheidet § 35 Abs. 1 Nr. 4 Var. 2 BauGB aus.

(c) Vorhaben nach **§ 35 Abs. 1 Nr. 4 Var. 3 BauGB** sind privilegiert, weil sie im Hinblick auf ihren Zweck der Funktion des Außenbereichs als Erholungslandschaft für die Allgemeinheit entsprechen.[116] Aus diesem Grund ist der Privilegierungstatbestand bei Vorhaben, die eine Nutzung durch die Allgemeinheit ausschließen, nicht einschlägig. 357

Vorhaben sind wegen ihrer **besonderen Zweckbestimmung** gemäß § 35 Abs. 1 Nr. 4 Var. 3 BauGB privilegiert, wenn diese eine besondere Beziehung zum Außenbereich aufweisen, die eine bevorzugte Zulassung im Außenbereich rechtfertigt.[117]

Beispiele Einfache Jagdhütten zur Hege des Waldes (§ 1 Abs. 1 S. 2 BJagdG), einfache Fischerhütten zur Erhaltung und Hege des Fischbestandes, der Allgemeinheit zur Verfügung stehende Berghütten, Tierparks.

Keine Privilegierung erfolgt hingegen bei privaten Berghütten, privaten Wochenendhäusern oder bei Betrieben, wie Campingplätzen, die der Gewinnerzielung dienen.

Hinweis 358

Aus dem Wortlaut der Generalklausel des § 35 Abs. 1 Nr. 4 BauGB folgt („soll"), dass die **Privilegierung nur eingeschränkt** erfolgen soll.[118] Hieraus lässt sich schließen, dass nicht jedes Vorhaben, das sinnvoll nur im Außenbereich errichtet werden sollte, auch nur dort errichtet werden kann.

Eine Errichtung hat nur dann zu erfolgen, wenn die **Funktion des Außenbereichs**, d.h. die Wahrung seiner naturgegebenen Bodennutzung und seine Erholungsfunktion für die Allgemeinheit, **gewahrt** bleibt. Ein Vorhaben ist **unzulässig**, wenn es unter **Ausschluss der Allgemeinheit** der **Ruhe und Erholung nur weniger Personen** dient, da dies dem Außenbereich nicht mehr wesensmäßig ist.

Beispiele Aus diesem Grund sind unzulässig:
- private Wochenendhäuser[119]
- Campingplätze[120]
- Tennisanlagen[121]

bb) Kein Entgegenstehen öffentlicher Belange

Sollte ein Vorhaben auf Grund von § 35 Abs. 1 Nr. 1 bis 8 BauGB privilegiert sein, so ist das Vorhaben zwar **generell** im Außenbereich zulässig, am **konkret gewählten Standort** ist es jedoch nur dann zulässig, wenn ihm dort **öffentliche Belange nicht entgegenstehen**.[122] 359

---

116 Battis/Krautzberger/Löhr-*Mitschang/Reidt* BauGB § 35 Rn. 36.
117 *Brenner* Öffentliches Baurecht Rn. 641.
118 *Brenner* Öffentliches Baurecht Rn. 641.
119 *BVerwGE* 18, 247.
120 *BVerwGE* 48, 109.
121 *BVerwG* NVwZ 1991, 878.
122 *Brenner* Öffentliches Baurecht Rn. 647.

Die öffentlichen Belange sind unter Berücksichtigung der Umstände des Einzelfalls zu gewichten und mit dem Vorhaben abzuwägen. Es existiert kein privilegiertes Vorhaben, das immer im Außenbereich zulässig sein kann. Es gibt jedoch auch keinen generellen öffentlichen Belang, der immer einem privilegierten Vorhaben entgegensteht. Maßgeblich ist der konkrete Standort für das Vorhaben.[123] § 35 Abs. 3 BauGB zählt, wie aus dem Wortlaut folgt („insbesondere"), in **beispielhafter, nicht abschließender Weise** öffentliche Belange in der Form von unbestimmten Rechtsbegriffen auf.

Neben den in § 35 Abs. 3 S. 1 BauGB aufgeführten öffentlichen Belangen sind daher auch **andere öffentliche** Belange rechtserheblich, sofern sie in einer konkreten Beziehung zur städtebaulichen Ordnung stehen und damit von dem in § 1 BauGB vorgegebenen Leitgedanken einer geordneten städtebaulichen Entwicklung unter Berücksichtigung der konkreten örtlichen Verhältnisse mitumfasst sind.[124]

> **Hinweis**
>
> Der Wortlaut des § 35 Abs. 3 BauGB enthält zwar den Ausdruck „**Beeinträchtigung**", was auf eine Anwendung nur bei nicht privilegierten Vorhaben hindeutet (vgl. den Wortlaut des § 35 Abs. 2 BauGB „beeinträchtigt"), dennoch ist allgemein anerkannt, dass **§ 35 Abs. 3 BauGB auch bei Vorliegen eines privilegierten Vorhabens gemäß § 35 Abs. 1 BauGB Anwendung findet**.

360 Im Rahmen der Prüfung des § 35 Abs. 3 BauGB hat eine **Abwägung** zu erfolgen, bei der zwischen privilegierten und nicht privilegierten Vorhaben zu unterscheiden ist:

361 Bei einem **privilegierten Vorhaben** ist die gesetzgeberische Entscheidung, derartige Vorhaben im Außenbereich grundsätzlich zuzulassen, besonders zu berücksichtigen.[125] Die Privilegierung des Vorhabens nach § 35 Abs. 1 BauGB führt dazu, dass sich das Vorhaben grundsätzlich gegenüber den entgegenstehenden öffentlichen Belangen durchsetzt.

> **JURIQ-Klausurtipp**
>
> Verinnerlichen Sie die gesetzgeberische Wertung, dass privilegierte Vorhaben im Außenbereich grundsätzlich zulässig sind. Ein entgegenstehender öffentlicher Belang kann also nur im Einzelfall zur Unzulässigkeit des Vorhabens führen. Diese gesetzgeberische Wertung muss Grundlage Ihre Darstellung in der Klausur sein.

362 **(1) Widerspruch zu den Darstellungen des Flächennutzungsplanes, § 35 Abs. 3 Nr. 1 BauGB**: Der Flächennutzungsplan ist zwar nur ein vorbereitender Bauleitplan, dennoch stellt er ein mittelfristiges Konzept für die bauliche Entwicklung dar, so dass dessen Darstellungen bei der Zulassung von Vorhaben im Außenbereich von Bedeutung sind.

363 Bei **privilegierten Vorhaben** ist die Bedeutung der Darstellungen des Flächennutzungsplans beschränkt. Da der Gesetzgeber privilegierte Vorhaben planähnlich dem Außenbereich zugewiesen hat, stehen die Darstellungen des Flächennutzungsplanes nur entgegen, wenn dieser für

---

[123] Ferner/Kröninger/Aschke-*Ferner* BauGB, BauNVO § 35 BauGB Rn. 4.
[124] *BVerwGE* 28, 268, 277.
[125] *Brenner* Öffentliches Baurecht Rn. 648.

Vereinbarkeit des Vorhabens mit §§ 30, 34 und 35 BauGB 4 C II

den vorgesehenen Standort eine konkrete andere Planung vorsieht, d.h. dass der Standort in einer derart qualifizierten Weise positiv anderweitig verplant ist **(konkrete Standortaussage)**.[126] Enthält der Flächennutzungsplan keine konkrete Standortaussage, d.h. trifft er nur eine Aussage, dass der Außenbereich kein Bauland ist, sondern werden vielmehr nur die Zwecke des Außenbereichs dargestellt, so setzt sich im Rahmen der Abwägung die Privilegierung durch. Die Privilegierung überwindet also die bloße Allgemeinaussage des Flächennutzungsplans.

Bei **nicht privilegierten Vorhaben** erfolgt hingegen eine andere Beurteilung. Derartige Vorhaben sind standortfremd, so dass die Darstellungen des Flächennutzungsplans grundsätzlich zu berücksichtigen sind. Insoweit entsprechen die Wirkungen des Flächennutzungsplans den Wirkungen eines Bebauungsplans. Hierbei ist es im Gegensatz zu den privilegierten Vorhaben irrelevant, ob der Bebauungsplan eine qualifizierte Nutzungsaussage trifft, oder er sich in der Darstellung der generellen Funktion des Außenbereichs erschöpft.

364 » Wiederholen Sie die Verwaltungsvorschriften. «

(2) **Hervorrufen bzw. Ausgesetztsein in Bezug auf schädliche Umwelteinwirkungen, § 35 Abs. 3 Nr. 3 BauGB**: Der Begriff der schädlichen Umwelteinwirkungen ist in § 3 Abs. 1 BImSchG legal definiert. Diese Legaldefinition kann im Rahmen des § 35 Abs. 3 Nr. 3 BauGB zur Konkretisierung von § 35 Abs. 3 S. 1 Nr. 3 BauGB herangezogen werden.[127] Bei dem Begriff der schädlichen Umwelteinwirkungen handelt es sich um einen unbestimmten Rechtsbegriff, der durch normkonkretisierende Verwaltungsvorschriften (z.B. TA Lärm, TA Luft) ausgefüllt wird.

365

> **Hinweis**
>
> Wegen der unterschiedlichen Zielsetzung des BauGB und des BImSchG kommt den Werten dieser technischer Regelwerke nur eine Orientierungsfunktion zu.

(3) **Belange des Naturschutzes, § 35 Abs. 3 Nr. 5 Var. 1 BauGB**: Die Besonderheit der Belange des Naturschutzes besteht darin, dass sie Gegenstand gesetzlicher Regelungsmaterien sind (BNatSchG, bwNatSchG).

366

> Bauplanungsrechtliche **Belange des Naturschutzes** sind beeinträchtigt, wenn das Vorhaben den materiellen Anforderungen der naturschutzrechtlichen Bestimmungen nicht entspricht, d.h. insbesondere den Zielbestimmungen der §§ 1, 2 BNatSchG zuwiderläuft.[128]

Belange des Naturschutzes können auch betroffen sein, wenn das Gebiet nicht oder noch nicht förmlich unter Schutz gestellt ist.[129] Abzustellen ist auf die naturschutzrechtlichen Ziele i.S.d. §§ 1, 2 NatschG.[130]

Sollte ein Vorhaben in einem förmlich unter Naturschutz gestellten Gebiet (§§ 26 ff. bwNatSchG) realisiert werden, so ist zu ermitteln, ob für das in Frage stehende Vorhaben in der Naturschutzverordnung eine grundsätzliche Ausnahme enthalten oder vorgesehen ist oder zumindest eine Befreiung im Einzelfall erteilt werden kann (§ 78 bwNatSchG).

---

126 Battis/Krautzberger/Löhr-*Mitschang/Reidt* BauGB § 35 Rn. 74.
127 *BVerwGE* 52, 122.
128 Jäde/Dirnberger/Weiss-*Jäde* BauGB BauNVO Rn. 193.
129 *BVerwG* DVBl 1969, 261; *BVerwG* BauR 2008, 1420.
130 Battis/Krautzberger/Löhr-*Mitschang/Reidt* BauGB § 35 Rn. 83.

367 **(4) Natürliche Eigenart der Landschaft bzw. Verunstaltung des Orts- und Landschaftsbildes, § 35 Abs. 3 Nr. 5 Var 2, 3 BauGB:**

Die natürliche Eigenart der Landschaft ist dann i.S.d. § 35 Abs. 3 Nr. 5 Var. 2 BauGB beeinträchtigt, wenn ein Vorhaben der naturgemäßen Nutzungsweise der Landschaft widerspricht und deshalb an diesem Standort wesensfremd ist.[131]

Zur **naturgemäßen Nutzung** zählen die land- und fortwirtschaftliche Nutzung, sowie die der Allgemeinheit zugängliche Erholungsmöglichkeit. Die natürliche Eigenart der Landschaft ist dann nicht verletzt, wenn das in Frage stehende Grundstück seine natürliche Eigenart bereits durch eine unnatürliche Nutzungsart verloren hat, d.h. wenn eine **Vorbelastung** gegeben ist.[132]

Eine Verunstaltung des Orts- bzw. Landschaftsbilds i.S.d. § 35 Abs. 3 Nr. 5 Var 3 BauGB liegt vor, wenn das Bauvorhaben dem Orts- bzw. Landschaftsbild in ästhetischer Weise grob unangemessen ist und auch von einem für ästhetische Eindrücke offenen Betrachter als belastend oder Unlust erregend empfunden wird.[133]

> **Hinweis**
>
> Dies ist in der Regel dann der Fall, wenn das Vorhaben einen auffälligen Fremdkörper zu einer im Wesentlichen einheitlichen Außenbereichsnutzung darstellt.

368 **(5) Entstehung, Verfestigung oder Erweiterung einer Splittersiedlung, § 35 Abs. 3 Nr. 7 BauGB:** Der öffentliche Belang der zu befürchtenden Entstehung, Verfestigung oder Erweiterung einer Splittersiedlung dient der **Unterbindung** einer **Zersiedlung** des Außenbereichs in Gestalt einer **zusammenhanglosen Streubebauung**.[134]

Eine Splittersiedlung ist jeder Siedlungsansatz, dem es an dem für einen im Zusammenhang bebauten Ortsteil erforderlichen Gewicht bzw. an der erforderlichen organischen Siedlungsstruktur fehlt.[135]

Unter der Entstehung einer Splittersiedlung versteht man den ersten unerwünschten Ansatz einer Bebauung im Außenbereich, d.h. wenn eine Zersiedlung eingeleitet wird.[136]

Verfestigung ist die Ausfüllung einer bereits im Außenbereich vorhandenen Bebauung ohne dass die Streubebauung weiter in den bislang nicht genutzten Außenbereich erstreckt wird, also die Schließung von Baulücken.[137]

Eine Erweiterung einer Splittersiedlung ist die räumliche Ausdehnung des bisher in Anspruch genommen Bereichs.[138]

---

131 Jäde/Dirnberger/Weiss-*Jäde* BauGB BauNVO Rn. 201.
132 Jäde/Dirnberger/Weiss-*Jäde* BauGB BauNVO Rn. 202.
133 *BVerwG* NVwZ 1998, 58.
134 Battis/Krautzberger/Löhr-*Mitschang/Reidt* BauGB § 35 Rn. 93.
135 Battis/Krautzberger/Löhr-*Mitschang/Reidt* BauGB § 35 Rn. 94.
136 Battis/Krautzberger/Löhr-*Mitschang/Reidt* BauGB § 35 Rn. 94.
137 Battis/Krautzberger/Löhr-*Mitschang/Reidt* BauGB § 35 Rn. 96.
138 Battis/Krautzberger/Löhr-*Mitschang/Reidt* BauGB § 35 Rn. 95.

(6) Planvorbehalt, § 35 Abs. 3 S. 3 BauGB: Nach § 35 Abs. 3 S. 3 BauGB stehen Vorhaben nach § 35 Abs. 1 Nr. 2 bis 6 BauGB öffentliche Belange in der Regel auch dann entgegen, soweit hierfür durch Darstellung im Flächennutzungsplan oder als Ziele der Raumordnung eine Ausweisung an anderer Stelle erfolgt ist. Diese Regelung zielt darauf ab, durch positive Standortzuweisungen für die genannten privilegierten Vorhaben an einer oder mehreren Stellen im Plangebiet des Flächennutzungsplans oder des Raumordnungsplans den **übrigen Planraum** von den betreffenden Vorhaben **freizuhalten**.[139] Durch eine Ausweisung an anderer Stelle im o.g. Sinn wird eine **Ausschlusswirkung** im Sinne einer negativen Aussage getroffen (s. hierzu Rn. 74, 565 ff.). Besondere Bedeutung hat § 35 Abs. 3 BauGB bei **Windenergieanlagen**.

369

> **Hinweis**
>
> § 35 Abs. 3 BauGB findet nur auf § 35 Abs. 1 **Nr. 2 bis 6** und damit **nicht** auf die **Nr. 1** und **Nr. 7 bis 8** BauGB Anwendung.

Öffentliche Belange stehen den genannten privilegierten Vorhaben **nicht generell**, sondern **nur in der Regel** entgegen. Daher können in **Sonderfällen** aufgrund einer nachvollziehbaren Abwägung privilegierte Vorhaben auch an einem Standort zugelassen werden, der außerhalb der durch Darstellungen im Flächennutzungsplan bzw. durch Ziele der Raumordnung festgelegten Vorranggebiete mit Ausschlusswirkung liegt.[140] **Voraussetzung** ist jedoch, dass die **planerische Konzeption** hierdurch nicht in Frage gestellt wird.[141] Durch die Möglichkeit einer Ausnahme in Sonderfällen soll unzumutbaren Belastungen vorgebeugt werden.[142]

> **Hinweis**
>
> Herrschend wird vertreten, dass Flächennutzungspläne mit den Rechtswirkungen nach § 35 Abs. 3 S. 3 BauGB im Wege des **Normenkontrollverfahrens** überprüft werden können (s. Rn. 565 ff.).

(7) Weitere öffentliche Belange: Die Aufzählung der öffentlichen Belange in § 35 Abs. 3 BauGB ist nicht abschließend (s. Rn. 344). Daher können weitere öffentliche Belange dem Vorhaben im Außenbereich entgegenstehen.

370

(a) So kann ein **Planungserfordernis** als ungeschriebener öffentlicher Belang entgegenstehen.

> Ein **Planungserfordernis** ist gegeben, wenn das Vorhaben aufgrund einer Konfliktlage mit hoher Intensität für die berührten privaten und öffentlichen Belange einen Koordinierungsbedarf auslöst, der nicht dem Konditionalprogramm des § 35 BauGB, sondern nur eine Abwägung im Rahmen einer förmlichen Planung angemessen Rechnung zu tragen vermag.[143]

---

139 Battis/Krautzberger/Löhr-*Mitschang/Reidt* BauGB § 35 Rn. 111.
140 Battis/Krautzberger/Löhr-*Mitschang/Reidt* BauGB § 35 Rn. 117.
141 *BVerwGE* 117, 297.
142 *BVerwGE* 117, 297, 304.
143 *BVerwGE* 117, 25, 29 ff.

(b) Des Weiteren ist das **Gebot der Rücksichtnahme** als weiterer, wenn auch ungeschriebener, öffentlicher Belang zu berücksichtigen (s. hierzu ausführlich Rn. 655 ff.)

cc) Gesicherte Erschließung

371 Zur Erschließung, die nur wenig Klausurrelevanz aufweist, kann auf die obigen Ausführen (s.o. Rn. 301) verwiesen werden.

dd) Schonungsgebot und Rückbauverpflichtung

›› Lesen Sie § 35 Abs. 5 S. 1 bis 3 BauGB. ‹‹

372 Ferner sind die in § 35 Abs. 5 S. 1 bis 3 BauGB genannten Anforderungen zu beachten. Wegen der geringen Klausurrelevanz wird auf das sog. Schonungsgebot und auf die sog. Rückbauverpflichtung nicht näher eingegangen.[144]

c) Zulässigkeit eines nicht privilegierten Vorhabens

373 Sollte die Prüfung ergeben haben, dass es sich bei dem in Frage stehenden Vorhaben nicht um ein privilegiertes Vorhaben i.S.d. § 35 Abs. 1 Nr. 1 bis 8 BauGB handelt, so ist dessen bauplanungsrechtliche Zulässigkeit als nicht privilegiertes Vorhaben zu prüfen.

Nicht privilegierte Vorhaben, die in § 35 Abs. 2 BauGB als „sonstige Vorhaben" bezeichnet werden, können „**im Einzelfall**", d.h. nur ausnahmsweise zugelassen werden und zwar dann, wenn ihre Ausführung oder Benutzung öffentliche Belange **nicht beeinträchtigt**, die Erschließung gesichert ist und kein Widerspruch zu einem ggf. (in dieser Konstellation gegebenem) einfachen Bebauungsplan (§ 30 Abs. 3 BauGB) vorliegt.

374 Diese sonstigen Vorhaben lassen sich unterteilen in:
- sonstige Vorhaben nach § 35 Abs. 2 BauGB (nicht privilegierte Vorhaben)
- sonstige Vorhaben nach § 35 Abs. 4 BauGB (teilprivilegierte Vorhaben)
- sonstige Vorhaben im Geltungsbereich einer Außenbereichssatzung nach § 35 Abs. 6 BauGB

375 Aus dem Wortlaut des § 35 Abs. 2 BauGB lässt sich eine deutliche gesetzgeberische Wertung entnehmen. Diese besteht darin, dass nicht privilegierte Vorhaben **grundsätzlich unzulässig** sind, so dass sie quasi einem **Bauverbot** unterliegen.[145]

376 Dem Wortlaut des § 35 Abs. 2 BauGB nach („**können**") scheint es, als ob die Entscheidung darüber, ob ein nicht privilegiertes Vorhaben bauplanungsrechtlich zulässig ist, im Ermessen der Behörde stehen würde.

Die h.M. räumt dem Bauwilligen jedoch (entgegen dem Wortlaut) einen **Rechtsanspruch auf Zulassung** des nicht privilegierten Vorhabens ein, wenn bei der Abwägung der öffentlichen Belange mit den für das Vorhabenden sprechenden privaten Interessen des Bauwilligen keine Beeinträchtigung öffentlicher Belange festzustellen ist.[146]

Hierfür wird angeführt, dass **Art. 14 Abs. 1 GG** keine Ermessensentscheidung zulasse. Die Prüfung, ob ein nicht privilegiertes Vorhaben gemäß § 35 Abs. 2 BauGB bauplanungsrechtlich

---
144 S. hierzu *Brenner* Öffentliches Baurecht Rn. 686.
145 *Brenner* Öffentliches Baurecht Rn. 666.
146 Tettinger/Erbguth/Mann-*Erbguth* Besonderes Verwaltungsrecht Rn. 1113 m.w.N.

zulässig sei, habe auf Tatbestandsseite unbestimmte Rechtsbegriffe („öffentliche Belange", „beeinträchtigen") zum Gegenstand. Hätte nun die Genehmigungsbehörde auf Rechtsfolgenseite ein Ermessen, so würde sie den Inhalt des Eigentums bestimmen. Dies ist jedoch gemäß Art. 14 Abs. 1 S. 2 GG dem Gesetzgeber vorbehalten.

Die nur ausnahmsweise gegebene bauplanungsrechtliche Zulässigkeit ist in **drei Schritten** zu prüfen:

PRÜFUNGSSCHEMA

Das nicht privilegierte Vorhaben

1. Keine Beeinträchtigung öffentlicher Belange
2. Gesicherte Erschließung
3. Schonungsgebot und Rückbauverpflichtung

aa) Keine Beeinträchtigung öffentlicher Belange

In Bezug auf die bauplanungsrechtliche Zulässigkeit nicht privilegierter Vorhaben i.S.d. § 35 Abs. 2 BauGB existiert ein wesentlicher Unterschied zu der bauplanungsrechtlichen Zulässigkeit von privilegierten Vorhaben i.S.d. § 35 Abs. 1 BauGB. Dieser besteht darin, dass im Falle des § 35 Abs. 2 BauGB öffentliche Belange nicht nur, wie im Falle des § 35 Abs. 1 BauGB, „nicht entgegenstehen" dürfen, sondern diese öffentlichen Belange vielmehr nicht **beeinträchtigt sein** dürfen. Die Schranke für nicht privilegierte Vorhaben ist daher deutlich höher angesetzt als bei den privilegierten Vorhaben.

Zu berücksichtigen ist, dass der Gesetzgeber davon ausgeht, dass der Außenbereich von Bebauung freizuhalten ist. Daher führt regelmäßig jede Beeinträchtigung öffentlicher Belange zur bauplanungsrechtlichen Unzulässigkeit.

> Eine **Beeinträchtigung öffentlicher Belange** liegt bereits dann vor, wenn einer der in § 35 Abs. 3 BauGB genannten oder ein sonstiger, für die Bebauung des Außenbereichs erheblicher Gesichtspunkt nicht unwesentlich nachteilig berührt wird.¹⁴⁷

Wird eine derartige Beeinträchtigung festgestellt, so führt dies dazu, dass **jede weitere Abwägung** des Vorhabens auch mit sonstigen privaten Belangen des Bauherrn **ausgeschlossen** ist. In diesem Fall ist das Vorhaben bauplanungsrechtlich unzulässig, wobei den Baugenehmigungsbehörden und Gemeinden kein Beurteilungsspielraum zukommt.¹⁴⁸

(1) Teilprivilegierte Vorhaben, § 35 Abs. 4 BauGB: Beim Vorliegen eines nicht privilegierten Vorhabens ist § 35 Abs. 4 BauGB zu beachten. Diese Norm privilegiert bestimmte Vorhaben dergestalt, dass ihnen **einzelne öffentliche Belange nicht entgegengehalten** werden können. Daher spricht man von **teilprivilegierten Vorhaben**. Die Teilprivilegierung lässt sich darauf zurückführen, dass bei den von § 35 Abs. 4 BauGB erfassten Vorhaben ein Bezug zu bestehenden Gebäuden gegeben ist, so dass sie keine gravierenden Auswirkungen auf die öffentlichen Belange haben, die ansonsten in der Regel berührt sind.¹⁴⁸ Der Regelung des § 35 Abs. 4 BauGB liegen **Erwägungen des Bestandsschutzes** zugrunde.¹⁴⁹

》 Lesen Sie § 35 Abs. 4 BauGB 《

---

147 *Brenner* Öffentliches Baurecht Rn. 669 m.w.N.
148 *Brenner* Öffentliches Baurecht Rn. 669.
149 S. vertiefend Tettinger/Erbguth/Mann-*Erbguth* Besonderes Verwaltungsrecht Rn. 1131 ff.

> Das Kriterium der zulässigerweise erfolgten Errichtung ist auch in den Teilprivilegierungstatbeständen des § 35 Abs. 4 S. 1 Nr. 2, 3, 5 und 6 BauGB enthalten.
> Merken Sie sich, dass bei diesen Tatbeständen die gleiche Interpretation dieser Formulierung wie bei § 35 Abs. 4 S. 1 Nr. 1 lit. d) BauGB zu erfolgen hat. «

382 (a) **Nutzungsänderung bei land- oder forstwirtschaftlich genutzten Anlagen, § 35 Abs. 4 S. 1 Nr. 1 BauGB**: Bei Vorliegen der in § 35 Abs. 4 S. 1 Nr. 1 BauGB enumerativ aufgezählten Voraussetzungen wird die Änderung der bisherigen Nutzung eines privilegierten land- oder forstwirtschaftlichen Zwecken dienenden Gebäudes ermöglicht. Diese Norm soll den **Strukturwandel in der Landwirtschaft** erleichtern, indem es den Landwirten ermöglicht wird, von der Nutzung des Gebäudes als privilegiertes Vorhaben zu einer nichtprivilegierten Nutzung zu wechseln.[150]

JURIQ-Klausurtipp

In Prüfungsarbeiten kommt § 35 Abs. 4 S. 1 Nr. 1 lit. d) BauGB besondere Bedeutung zu. Nach dieser Vorschrift muss das in seiner Nutzung geänderte Gebäude vor mehr als sieben Jahren zulässigerweise errichtet worden sein.

Zulässigerweise errichtet i.S.d. § 35 Abs. 4 S. 1 Nr. 1 BauGB ist ein Vorhaben, das entweder wegen des Vorliegens einer Baugenehmigung formell legalisiert wurde (formelle Legalität), oder im Falle des Nichtvorliegens einer Baugenehmigung jedenfalls zu einem bestimmten Zeitpunkt, d.h. irgendwann in der Vergangenheit, mit den materiellen Vorschriften des Baurechts im Einklang stand (materielle Baurechtskonformität).[151] (S. zur Illegalität Rn. 517 ff).

383 (b) **Ersatzbau für ein mängelbehaftetes Gebäude, § 35 Abs. 4 S. 1 Nr. 2 BauGB**: § 35 Abs. 4 S. 1 Nr. 2 BauGB erklärt es für zulässig, ein zulässigerweise errichtetes Wohngebäude durch einen gleichartigen Neubau zu ersetzen anstatt eine möglicherweise inadäquate Modernisierungsmaßnahme vorzunehmen.

Hinweis

§ 35 Abs. 4 S. 1 Nr. 2 BauGB erfasst nur Wohngebäude und damit keine anderen Arten von Gebäuden.

384 Zunächst muss das Gebäude **zulässigerweise errichtet** worden sein (zur Definition Rn. 382) Ferner muss das Gebäude erhebliche **Missstände oder Mängel** aufweisen. Wann diese vorhanden sind, folgt aus § 177 Abs. 2 bzw. Abs. 3 BauGB.[151] Darüber hinaus ist erforderlich, dass das Gebäude **seit längerer Zeit vom Eigentümer genutzt** worden ist. Dies ist gegeben, wenn die Nutzung zumindest einen Zeitraum von zwei oder drei Jahren überschreitet.[152] Des Weiteren darf das neu zu errichtende Gebäude für den bisherigen **Eigenbedarf des Eigentümers oder seiner Familie** genutzt werden. Es darf nur ein Gebäude errichtet werden, das in Bezug auf Volumen, Nutzung und Funktion **gleichartig** ist. Maßgeblich ist insoweit das gleiche Bauvolumen und die gleiche Anzahl an Zimmern, nicht jedoch die innere Aufteilung der Zimmer.[151]

---

150 *Brenner* Öffentliches Baurecht Rn. 675.
151 *Brenner* Öffentliches Baurecht Rn. 677.
152 *BVerwG* NJW 1982, 2512.

Eine **Durchbrechung des Erfordernisses der Errichtung an gleicher Stelle** ist in § 35 Abs. 4 S. 3 BauGB normiert. Hiernach sind **geringfügige Abweichungen** vom bisherigen Standort möglich. Ob eine Geringfügigkeit vorliegt, ist nicht nur quantitativ metrisch, sondern insbesondere in **qualitativer Sicht** zu verstehen. Maßgeblich ist hierbei, welche Auswirkungen die Abweichung auf die öffentlichen Belange hat.¹⁵³ **385**

Beispiel A nimmt einen Ersatzbau vor. Das bisherige Gebäude war wegen seiner Lage nur schwer zu erkennen. Der Ersatzbau befindet sich lediglich fünf Meter weiter oberhalb, jedoch an einer weitaus exponierteren Stelle.

Isoliert betrachtet sind fünf Meter eine quantitativ geringfügige Abweichung. Der weitaus exponiertere Standort hingegen führt qualitativ betrachtet zu einer Verneinung der Geringfügigkeit. ■

(c) **Wiederaufbau von durch außergewöhnliche Ereignisse zerstörten Gebäuden, § 35 Abs. 4 S. 1 Nr. 3 BauGB**: § 35 Abs. 4 S. 1 Nr. 3 BauGB begünstigt den Ersatzbau für ein durch **außergewöhnliche Ereignisse** zerstörtes Gebäude. **386**

Eine **Zerstörung durch ein außergewöhnliches Ereignis** ist dann gegeben, wenn das Gebäude durch einen Unglücksfall zerstört wurde, der mit einem Brand oder einem Naturereignis vergleichbar ist.¹⁵³

Beispiel Zerstörung durch eine Gasexplosion, durch Einwirkungen militärischer Manöver oder durch einen Flugzeugabsturz. ■

Die Voraussetzung der **Gleichartigkeit des Ersatzbaus an gleicher Stelle**, sowie die erforderliche **zulässigerweise erfolgte Errichtung**, entsprechen den Voraussetzungen des § 35 Abs. 4 S. 1 Nr. 2 BauGB (s. o. Rn. 382). Auch im Rahmen des § 35 Abs. 4 S. 1 Nr. 3 BauGB sind geringfügige Abweichungen vom Standort gemäß § 35 Abs. 4 S. 3 BauGB zulässig.

Der Wiederaufbau muss **alsbald** erfolgen. Zur Bestimmung dieses Merkmals ist auf die Verkehrsauffassung abzustellen,¹⁵³ wobei das von der **Rechtsprechung** entwickelte **Zeitmodell**¹⁵⁴ (s. auch Rn. 40) heranzuziehen ist: **387**
- Im **ersten Jahr** nach der Zerstörung ist mit einem Wiederaufbau zu rechnen,
- im **zweiten Jahr** ist ein Wiederaufbau noch zu erwarten und
- **nach Ablauf dieses Zeitraums** muss der Bauherr besondere Gründe darlegen, warum das Gebäude noch nicht wieder errichtet wurde.

(d) **Erweiterung von Wohngebäuden, § 35 Abs. 4 S. 1 Nr. 5 BauGB**: § 35 Abs. 4 S. 1 Nr. 5 BauGB ermöglicht die Erweiterung von Gebäuden auf bis zu **höchstens zwei Wohnungen**, sofern das Gebäude **zulässigerweise errichtet** worden ist, die **Erweiterung** ferner **angemessen** ist und die Errichtung einer weiteren Wohnung zur **Eigennutzung** erfolgt. Die Grenze der zulässigen Erweiterung ist überschritten, wenn eine qualitative Änderung des Gebäudes erfolgt.¹⁵⁵ **388**

---

153 *Brenner* Öffentliches Baurecht Rn. 679.
154 BVerwGE 64, 42, 45.
155 *Brenner* Öffentliches Baurecht Rn. 683.

Beispiele Die Umwandlung eines Kleinsiedlungshauses in eine Villa ist nicht von § 35 Abs. 4 S. 1 Nr. 5 BauGB erfasst.

Auch die Errichtung eines vom bisherigen Wohngebäude abgesetzten selbständigen Gebäudes stellt bereits begrifflich keine Erweiterung dar, so dass die Voraussetzung des § 35 Abs. 4 S. 1 Nr. 5 BauGB ebenfalls nicht erfüllt ist. ∎

389 (e) **Erweiterung von gewerblichen Betrieben, § 35 Abs. 4 S. 1 Nr. 6 BauGB**: Durch § 35 Abs. 4 S. 1 Nr. 6 BauGB wird die angemessene Erweiterung von zulässigerweise im Außenbereich errichteten Gewerbebetrieben begünstigt.[156] In Bezug auf die Bestimmung der **Angemessenheit** sind das vorhandene Gebäude einerseits und der Zuschnitt des Betriebes maßgeblich.[156]

Beispiele Keine angemessene Erweiterung eines Gewerbetriebs liegt vor, wenn
- sich der Betrieb um das Doppelte seines bisherigen Baubestandes erweitert,
- in kurzen Abständen einzelne, an sich angemessene Erweiterungen, insgesamt betrachtet jedoch unangemessene Erweiterungen gegeben sind oder wenn
- der Gewerbebetrieb durch die Erweiterung eine Dimension erhält, die ihn gewerbegebiets- bzw. industriegebietstypisch macht. ∎

> **JURIQ-Klausurtipp**
>
> Außerhalb der Teilprivilegierung muss die Außenbereichsverträglichkeit gegeben sein. Dies bedeutet, dass alle anderen öffentlichen Belange, die nicht in § 35 Abs. 4 BauGB genannt sind, in einer Falllösung zu prüfen sind. Beachten Sie, dass § 35 Abs. 4 BauGB als Ausnahmevorschrift eng auszulegen ist und eine Analogie nicht in Betracht kommt.

» Lesen Sie § 35 Abs. 6 BauGB. «

390 (2) **Außenbereichssatzung, § 35 Abs. 6 BauGB**: Durch § 35 Abs. 6 S. 1 BauGB wird der Gemeinde die Möglichkeit gegeben, für **bebaute Bereiche im Außenbereich**, die **nicht überwiegend landwirtschaftlich geprägt** sind und in denen eine **Wohnbebauung von einigem Gewicht** vorhanden ist, durch **Satzung** zu bestimmen, dass Wohnzwecken dienenden **Vorhaben i.S.d. § 35 Abs. 2 BauGB** nicht entgegengehalten werden kann, dass sie einer Darstellung im Flächennutzungsplan über Flächen für die Landwirtschaft oder Wald widersprechen oder die Entstehung oder Verfestigung einer Splittersiedlung befürchten lassen. Eine Wohnbebauung von einigem Gewicht kann regelmäßig bereits bei vier bzw. fünf Wohngebäuden angenommen werden.[157] Letztlich bewirkt dies eine **Öffnung des Außenbereichs** für Wohnvorhaben.[158] Die Satzung kann gemäß § 35 Abs. 6 S. 2 BauGB auch auf kleine, d.h. der Struktur einer Splitterbebauung im Außenbereich entsprechende Handwerks- und Gewerbebetriebe erstreckt werden. Aus dem Wortlaut („auch") folgt, dass das primäre Ziel der Außenbereichssatzung die Förderung der Wohnnutzung auf nicht überwiegend landwirtschaftlich geprägten Flächen sein muss.

---

156 *Brenner* Öffentliches Baurecht Rn. 685.
157 *Bayerischer VGH* NVwZ-RR 2004, 13.
158 *Brenner* Öffentliches Baurecht Rn. 688.

> **Hinweis**
>
> Zwar ist durch die Außenbereichssatzung i.S.d. § 35 Abs. 6 BauGB eine **weitere Möglichkeit der Teilprivilegierung eines sonstigen Vorhabens** gemäß § 35 Abs. 2 gegeben, jedoch erfolgt im Gegensatz zu § 34 Abs. 4 S. 1 Nr. 1, 2 BauGB keine Aufwertung der Fläche zu einem Innenbereich gemäß § 34 BauGB. Daher richtet sich auch bei Wirksamkeit der Außenbereichssatzung die **bauplanungsrechtliche Zulässigkeit immer nach § 35 BauGB**.
>
> § 35 Abs. 6 BauGB ermöglicht **lediglich** die Überwindung von zwei öffentlichen Belangen i.S.d. § 35 Abs. 3 BauGB, nämlich die des Widerspruchs zu den Darstellungen des Flächennutzungsplanes (§ 35 Abs. 3 Nr. 1 BauGB) und die des Befürchtenlassens der Entstehung, Verfestigung oder Erweiterung einer Splittersiedlung.

In Bezug auf den beeinträchtigten Belang i.S.d. **§ 35 Abs. 3 Nr. 7 BauGB** ist zu beachten, dass § 35 Abs. 6 BauGB **nur die Verdichtung einer Splittersiedlung** für zulässig erklärt. Hieraus lässt sich schließen, dass durch eine Außenbereichssatzung gemäß § 35 Abs. 6 BauGB gerade **keine Erweiterung der Splitterbebauung in den bisher nicht in Anspruch genommenen Außenbereich** erfolgen kann.[159] Wie bei der Innenbereichssatzung gemäß § 34 Abs. 4 S. 1 Nr. 1, Nr. 2 BauGB muss auch die Außenbereichssatzung gemäß § 35 Abs. 6 S. 4 Nr. 1 BauGB mit einer **geordneten städtebaulichen Entwicklung** vereinbar sein. Dies ist der Fall, wenn sie das Ergebnis einer ordnungsgemäßen Abwägung der Gemeinde zwischen öffentlichen und berührten privaten Belangen ist.[160]

bb) Gesicherte Erschließung

Ferner setzt § 35 Abs. 2 BauGB voraus, dass die **Erschließung** des nicht privilegierten Vorhabens gesichert ist. Hier gelten obige Ausführungen entsprechend (s.o. Rn. 301).

cc) Sog. Schonungsgebot und sog. Rückbauverpflichtung

Des Weiteren sind die in **§ 35 Abs. 5 S. 1 bis 3 BauGB** genannten Anforderungen einzuhalten. Auch kann wiederum auf die obigen Ausführungen, die die fehlende Klausurrelevanz betonen (s.o. Rn. 372), verwiesen werden.

III. Zulässigkeit von Vorhaben während der Planaufstellung, § 33 BauGB

1. Überblick

Sollte die Prüfung ergeben, dass das in Frage stehende Vorhaben nach den §§ 30, 34, 35 BauGB bauplanungsrechtlich unzulässig ist, kann dieses dennoch gemäß § 33 BauGB zulässig sein. § 33 BauGB enthält insoweit einen **positiven Zulässigkeitstatbestand**,[161] nach dem in Gebieten, für die ein Beschluss über die Aufstellung eines Bebauungsplanes gefasst wurde, ein Vorhaben unter bestimmten Umständen bauplanungsrechtlich zulässig sein kann.

---

159 Jäde/Dirnberger/Weiss-*Jäde* BauGB BauNBO § 35 Rn. 279.
160 Jäde/Dirnberger/Weiss-*Jäde* BauGB BauNBO § 35 Rn. 294.
161 Battis/Krautzberger/Löhr-*Reidt* BauGB § 33 Rn. 1.

> **JURIQ-Klausurtipp**
>
> Wegen der Eigenschaft als positiver Zulässigkeitstatbestand kann die Ablehnung einer Baugenehmigung nicht auf § 33 BauGB gestützt werden.[162] Schreiben Sie daher nicht, dass der Zulässigkeit des Vorhabens § 33 BauGB entgegenstehen könnte.
>
> § 33 BauGB ist in Bezug auf die §§ 30, 34, 35 BauGB **subsidiär**.[163] § 33 BauGB kann nur zur Anwendung kommen, wenn das Vorhaben zurzeit nicht nach den §§ 30, 34, 35 BauGB bauplanungsrechtlich zulässig ist. In Prüfungsarbeiten muss vor einem Rückgriff auf § 33 BauGB daher stets die Darstellung erfolgen, dass die Voraussetzungen der §§ 30, 34, 35 BauGB nicht erfüllt sind.
>
> Ob § 33 BauGB geprüft werden muss ist dem Sachverhalt zu entnehmen. Eine Prüfung dieser Vorschrift ist insbesondere erforderlich, wenn eine oder mehrere Voraussetzungen des § 33 BauGB (s.o. Rn. 242 ff.) erfüllt sind.

Diese Vorschrift führt zu einer **Vorverlagerung des maßgeblichen Beurteilungszeitpunkts** für die bauplanungsrechtliche Zulässigkeit eines Vorhabens.[164] Sie bezweckte, dass eine Bebauung, die einem zukünftigen Bebauungsplan entspricht, bereits in dem Zeitraum zwischen dessen endgültiger Konzeption und dem Inkrafttreten nach § 10 BauGB zuzulassen, wodurch der Bauwillige nicht darunter leiden soll, dass sich das Bebauungsplanverfahren noch eine gewisse Zeit hinzieht.[165]

2. Voraussetzungen

395 Die Prüfung, ob ein Vorhaben nach § 33 BauGB zulässig ist, erfolgt in vier Schritten:

> **PRÜFUNGSSCHEMA**
>
> **Zulässigkeit eines Vorhabens nach § 33 BauGB**
>
> 1. Formelle Planreife, § 33 Abs. 1 Nr. 1 BauGB
> 2. Materielle Planreife, § 33 Abs. 1 Nr. 2 BauGB
> 3. Schriftliches Anerkenntnis der Festsetzungen i.S.d. § 33 Abs. 1 Nr. 3 BauGB
> 4. Gesicherte Erschließung, § 33 Abs. 1 Nr. 4 BauGB

a) Formelle Planreife, § 33 Abs. 1 Nr. 1 BauGB

396 Zunächst muss die **formelle Planreife**[164] gemäß **§ 33 Abs. 1 Nr. 1 BauGB** gegeben sein. Erforderlich ist hierfür, dass die Öffentlichkeit sowie die Behörden und sonstigen Träger öffentlicher Belange nach § 3 Abs. 2, § 4 Abs. 2 und § 4a Abs. 2 bis 5 BauGB beteiligt worden sind (s.o. Rn. 129 ff.).

397 Eine **Ausnahme** von diesem Erfordernis sieht **§ 33 Abs. 2 BauGB** vor. Hiernach kann ein Vorhaben auch bereits **vor Erreichen der formellen Planreife** ausnahmsweise zulässig sein. Voraussetzung ist dabei jedoch das Vorliegen der **materiellen Planreife** (s. Rn. 398). In dieser

---

162 Battis/Krautzberger/Löhr-*Reidt* BauGB § 33 Rn. 1.
163 *Brenner* Öffentliches Baurecht Rn. 567.
164 *Brenner* Öffentliches Baurecht Rn. 568.
165 *BVerwG* BauR 2003, 55.

Konstellation kann nach einer Änderung oder Ergänzung des Bebauungsplanentwurfs vor dessen erneuter Auslegung und Einholung von Stellungnahmen gemäß § 4a Abs. 3 S. 1 BauGB ein Vorhaben zulässig sein, soweit sich die Änderungen oder Ergänzungen nicht auf das Vorhaben beziehen und wenn ferner die Voraussetzungen des § 33 Abs. 1 Nr. 2 bis 4 BauGB erfüllt sind. Im Hinblick auf die Rechtsfolge enthält § 33 Abs. 2 BauGB im Gegensatz zu § 33 Abs. 1 BauGB, wie aus dem Wortlaut folgt (§ 33 Abs. 1 BauGB: „ist … zulässig"; § 33 Abs. 2 BauGB: „kann … zugelassen werden") jedoch keinen Rechtsanspruch auf die Zulassung. Es handelt sich um eine **Ermessensentscheidung**.

> **Hinweis**
>
> Eine **weitere Ausnahme** ist in **§ 33 Abs. 3 BauGB** normiert. Diese Ausnahme bezieht sich auf die wegen der geringen Prüfungsrelevanz nicht behandelten Verfahren (vereinfachtes Verfahren § 13 BauGB, beschleunigtes Verfahren, § 13a BauGB).

b) Materielle Planreife, § 33 Abs. 1 Nr. 2 BauGB

Erforderlich ist weiterhin die **materielle Planreife**[166] gemäß § 33 Abs. 1 Nr. 2 BauGB. Diese setzt die Annahme voraus, dass das Vorhaben den zukünftigen Festsetzungen des Bebauungsplanes nicht entgegensteht. Ob dies der Fall ist, ist anhand einer **Prognose** zu bestimmen, wobei ein **strenger Maßstab** anzulegen ist. Hierbei muss die begründete Annahme bestehen, dass der vorliegende **Planentwurf in seinem konkret vorgesehenen Inhalt in Kraft treten wird**. **398**

c) Schriftliches Anerkenntnis der Festsetzungen durch den Antragsteller für sich und seine Rechtsnachfolger, § 33 Abs. 1 Nr. 3 BauGB

Als nächste Voraussetzung muss der **Antragsteller**, d.h. der **Bauherr**, die geplanten **Festsetzungen des Bebauungsplanes für sich und seine Rechtsnachfolger schriftlich anerkennen**, § 33 Abs. 1 Nr. 3 BauGB. **399**

d) Gesicherte Erschließung, § 33 Abs. 1 Nr. 4 BauGB

Die Erschließung i.S.d. §§ 123 ff. BauGB muss gemäß § 33 Abs. 1 Nr. 4 BauGB gesichert sein.

IV. Gemeindliches Einvernehmen, § 36 BauGB

1. Überblick

a) Allgemeines

Nach § 36 Abs. 1 S. 1 BauGB entscheidet die Baugenehmigungsbehörde im bauaufsichtlichen Verfahren über die Zulässigkeit von Vorhaben nach den §§ 31, 34, 35 BauGB im **Einvernehmen** mit der Gemeinde.[167] Es besteht also eine **Mitwirkungsbefugnis der Gemeinde**, die auf ihrer Planungshoheit als Teil der kommunalen Selbstverwaltungsgarantie gemäß Art. 28 Abs. 2 GG (s.o. Rn. 23) beruht.[168] **400**

---
166 *Brenner* Öffentliches Baurecht Rn. 568.
167 S. dazu *Dippel* NVwZ 2011, 769; *Schoch* NVwZ 2012, 777; *Konrad* JA 2001, 588; *Lasotta* DVBl 1998, 255.
168 Battis/Krautzberger/Löhr-*Reidt* BauGB § 36 Rn. 1.

Das Einvernehmen dient dazu, die **gemeindliche Planungshoheit** zu **sichern** und die Gemeinde in ihrer Eigenschaft als Trägerin der Planungshoheit - und damit als Trägerin eigener Rechte - in das **Baugenehmigungsverfahren einzubeziehen**.[169] Eine derartige Sicherung der Planungshoheit ist erforderlich, da die Gemeinde zwar Trägerin der Bauleitplanung ist, über die Zulässigkeit von Vorhaben im Einzelfall jedoch die staatlich weisungsunterworfene Baurechtsbehörde entscheidet. Aufgrund dieser Erwägungen ist ein gemeindliches Einvernehmen auch in den Fällen des § 36 Abs. 1 S. 2 BauGB vorgesehen.

> **Hinweis**
>
> Im Falle des **§ 30 BauGB** ist die Planungshoheit der Gemeinde nicht betroffen, da der Maßstab für die Zulässigkeit von Vorhaben in diesen Konstellationen durch den gemeindlichen Bebauungsplan bereits vorgegeben ist.[170]

> Unter **Einvernehmen** wird eine Willensübereinstimmung zwischen Baugenehmigungsbehörde und Gemeinde verstanden.[171]

Ohne positiv hergestelltes Einvernehmen der Gemeinde darf ein einvernehmensbedürftiges Vorhaben von der Baugenehmigungsbehörde nicht genehmigt oder zugelassen werden.[172]

Einvernehmen bedeutet, da nicht der Begriff des Benehmens Verwendung findet, nicht nur eine Beteiligung in Form einer Anhörung, sondern **Zustimmung**.[173] Ohne diese Zustimmung darf die Baugenehmigung nicht erteilt werden.

b) Problematische Konstellationen

401 In Prüfungsarbeiten sind folgende zwei problematischen Konstellationen häufig anzutreffen:

aa) Erfordernis der Erteilung des Einvernehmens bei Identität von unterer Baurechtsbehörde und Gemeinde

402 Die Einvernehmensregelung des § 36 Abs. 1 BauGB ist auf den Fall zugeschnitten, dass es sich bei der Baugenehmigungsbehörde nicht um eine Behörde der Gemeinde handelt.[174]

Umstritten ist daher, ob das Einvernehmen der **Gemeinde** auch dann erforderlich ist, wenn sie mit der im Baugenehmigungsverfahren grundsätzlich entscheidenden **unteren Baurechtsbehörde** (s.u. Rn. 404 f.) **identisch** ist.

---

169 *VGH Baden-Württemberg* VBlBW 2004, 56.
170 Battis/Krautzberger/Löhr-*Reidt* BauGB § 36 Rn. 1.
171 *VGH Baden-Württemberg* VBlBW 2004, 148.
172 *Finkelnburg/Ortloff/Kment* Öffentliches Baurecht Band I § 28 Rn. 3 m.w.N.
173 *Bracher/Reidt/Schiller* Bauplanungsrecht Rn. 1955.
174 Battis/Krautzberger/Löhr-*Reidt* BauGB § 36 Rn. 12

Gemeindliches Einvernehmen, § 36 BauGB 4 C IV

> Lesen Sie § 46 LBO und § 15 LVG und machen Sie sich klar, warum diese Identität bestehen kann. «

JURIQ-Klausurtipp

Dieses Problem stellt sich bei **Stadtkreisen** i.S.d. § 3 Abs. 1 GemO und **Großen Kreisstädten** i.S.d. § 3 Abs. 2 GemO. Gemäß § 46 Abs. 1 Nr. 3 LBO sind untere Baurechtsbehörden die unteren Verwaltungsbehörden. In Landkreisen ist dies gemäß § 15 Abs. 1 Nr. 1 Var. 1 LVG das Landratsamt. Gemäß § 15 Abs. 1 Nr. 2 LVG ist in Stadtkreisen die Gemeinde untere Verwaltungsbehörde. Im Fall einer Großen Kreisstadt ist nach § 15 Abs. 1 Nr. 1 Var. 2 LVG die Gemeinde untere Verwaltungsbehörde, da kein Ausschluss für den Bereich des Baurechts in § 19 LVG normiert ist.

Eine Identität liegt ebenfalls im Fall **§ 46 Abs. 1 Nr. 3, Abs. 2 LBO** vor. Diese Konstellation ist jedoch weniger klausurrelevant als die beiden vorherigen.

Daher ist eine **Identität** von Gemeinde und unterer Baurechtsbehörde, d.h. als untere Verwaltungsbehörde, möglich.

(1) Auffassung: Keine Entbehrlichkeit des gemeindlichen Einvernehmens

Teilweise wird davon ausgegangen, dass im Falle der Identität zwischen Gemeinde und Baurechtsbehörde die Erteilung des gemeindlichen Einvernehmens gemäß § 36 Abs. 1 S. 1 BauGB nicht entbehrlich sei.[175]

403

Hierfür spreche, dass die **Baurechtsbehörde** im Baugenehmigungsverfahren gemäß § 58 LBO eine **Pflichtaufgabe nach Weisung** vornehme, wohingegen die Erteilung des gemeindlichen **Einvernehmens** gemäß § 36 Abs. 1 S. 1 BauGB eine **weisungsfreie Selbstverwaltungsangelegenheit** darstelle. Ein Verzicht auf das Erfordernis des gemeindlichen Einvernehmens würde die kommunalrechtlich geregelte Zuständigkeit hierfür ausschließen.

Weiterhin bestünden **innerhalb** der Gemeinde **unterschiedliche Zuständigkeiten**.[176] Für die **Erteilung des Einvernehmens** sei der **Gemeinderat** gemäß § 24 Abs. 2 S. 2 GemO zuständig, da es sich hierbei nicht um ein Geschäft der laufenden Verwaltung gemäß § 44 Abs. 2 S. 1 GemO handle. Für die Erteilung der Baugenehmigung als Pflichtaufgabe nach Weisung gemäß § 15 Abs. 2 LVG hingegen sei der Bürgermeister gemäß § 44 Abs. 3 S. 1 Hs. 1 GemO zuständig.

Weiterhin erstrecke sich das gemeindliche Prüfungsrecht über den Rechtskreis der Gemeinde hinaus und eröffne eine erweiterte **objektiv-rechtliche Kontrollmöglichkeit**, welche sich insbesondere im Anwendungsbereich des **§ 31 BauGB** zu einem echten **Mitentscheidungsrecht** der Gemeinde verdichte.[177]

---

[175] *Finkelnburg/Ortloff/Kment* Öffentliches Baurecht Band I Rn. 9 m.w.N.; *Müller* BauR 1982, 7; *Dürr* JuS 2007, 328, 333 f.
[176] *VGH Baden-Württemberg* VBlBW 2004, 148.
[177] *Finkelnburg/Ortloff/Kment* Öffentliches Baurecht Band I Rn. 9 m.w.N.

(2) Auffassung: Entbehrlichkeit des gemeindlichen Einvernehmens

404 **Herrschend** wird,[178] nun auch vom Bundesverwaltungsgericht,[179] vertreten, dass in einer derartigen Konstellation ein gemeindliches **Einvernehmen entbehrlich** sei.[180]

§ 36 BauGB schütze die Gemeinde vor baurechtlichen Entscheidungen anderer Rechtsträger.[179] Ein „**Einvernehmen mit sich selbst**" sei **nicht möglich**.[181]

Hierfür wird zunächst der Zweck des § 36 BauGB angeführt.[182] Dieser Zweck bestehe in der Sicherung der Planungshoheit der Gemeinde durch die Ausübung des Mitwirkungsrechtes. Dieser **Zweck** sei **erfüllt**, wenn Gemeinde und untere Baurechtsbehörde identisch seien.

Dies gelte **auch**, wenn innerhalb der Gemeinde **verschiedene Organe** für die Erteilung des Einvernehmens einerseits und für die Erteilung der Baugenehmigung andererseits zuständig seien. Dafür, dass die gemeindlichen Planungsbelange hinreichend geschützt werden, müsse die Gemeinde selbst oder der Landesgesetzgebers durch nähere kommunalrechtliche Regelungen sorgen, da der Bundesgesetzgeber keine Veranlassung für die Einführung eines gesonderten Verfahrens zur internen Abstimmung zwischen verschiedenen Organen der Gemeinde sah.[183]

> **Hinweis**
>
> Aus Art. 28 Abs. 2 GG und dem Grundsatz der Organtreue folgt jedoch eine Informationspflicht des Bürgermeisters gegenüber dem Gemeinderat.[184]

Weiterhin wird angeführt, dass die Gemeinde im Falle der Identität mit der Baurechtsbehörde **nicht berechtigt** sei, sich selbst den **Anwendungsbereich des § 36 Abs. 1 S. 1 BauGB zu eröffnen** und hierauf gründend einen Bauantrag später mit der Begründung abzulehnen, dass das Einvernehmen zu versagen sei.[182]

bb) Geltung des gemeindlichen Einvernehmens bei einer Bebauungsgenehmigung für die spätere Baugenehmigung

 405 Umstritten ist weiterhin, ob das Einvernehmen der Gemeinde, das sie bei einem Bauvorbescheid in Form einer **Bebauungsgenehmigung** erteilt hat, **für** die **spätere Baugenehmigung fortgilt**.

(1) Auffassung: Erfordernis einer erneuten Erteilung

406 Eine Auffassung vertritt, dass das **Einvernehmen** für die spätere Baugenehmigung **erneut** zu erteilen sei.

---

178 Vgl. exemplarisch Battis/Krautzberger/Löhr-*Reidt* BauGB § 36 Rn. 11 und *Brenner* Öffentliches Baurecht Rn. 794.
179 *BVerwGE* 121, 339 unter Aufgabe der vorherigen Rechtsprechung, vgl. *BVerwGE* 28, 268.
180 S. auch *Budroweit* NVwZ 2005 1013.
181 *Jäde* KommJur 2005, 368.
182 *BVerwGE* 121, 339.
183 Vgl. zum Ganzen *BVerwGE* 121, 339.
184 *VGH Baden-Württemberg* VBlBW 2012, 339.

Hierfür wird angeführt, dass sich die **Wirkung der Bebauungsgenehmigung** nur auf das Verhältnis zwischen Baugenehmigungsbehörde und Bauherr beziehe und eben nicht auf das Verhältnis zwischen Genehmigungsbehörde und Gemeinde.[185]

Auch **Sinn und Zweck** des Einvernehmenserfordernisses würden hierfür sprechen. Durch die Notwendigkeit eines erneuten Einvernehmens werde der Gemeinde die Möglichkeit gesichert, im Baugenehmigungsverfahren selbst zu prüfen und zu entscheiden, ob das zur Genehmigung gestellte Vorhaben in allen bauplanungsrechtlich wesentlichen Punkten mit dem übereinstimmt, zu dem der Bauvorbescheid ergangen sei.[186] Liege eine solche Übereinstimmung vor, dürfte die Gemeinde im Baugenehmigungsverfahren auch gegenüber dem Bauherrn an ihr zuvor im Bauvorbescheidsverfahren erteiltes Einvernehmen gebunden sein, so dass die Versagung des Einvernehmens im Baugenehmigungsverfahren dann unzulässig wäre. Ferner umfasse die Bebauungsgenehmigung nur einen Teil der Genehmigungsfragen.[187]

(2) Auffassung: Kein Erfordernis einer erneuten Erteilung

Demgegenüber geht eine andere Auffassung davon aus, dass **keine erneute Erteilung** des gemeindlichen Einvernehmens zu erfolgen hat.[188]

407

Hierfür spreche zunächst die **Funktion der Bebauungsgenehmigung**. Die Bebauungsgenehmigung enthalte als vorwegnehmender Teil der Vollgenehmigung bereits eine abschließende Entscheidung über die bauplanungsrechtliche Zulässigkeit des Vorhabens, soweit Bestandskraft gegeben ist.[189]

Weiterhin sei der **Schutzzweck des § 36 BauGB**, die Sicherung der Planungshoheit der Gemeinde, erfüllt. Durch die Beteiligung der Gemeinde an der Entscheidung über die Bebauungsgenehmigung, die alle von § 36 BauGB erfassten bauplanungsrechtlichen Fragen erfasse, erfolge die Sicherung der Planungshoheit. Alles andere sei bloße Förmelei.[188]

2. Anforderungen an das gemeindliche Einvernehmen, § 36 Abs. 2 BauGB

§ 36 Abs. 2 BauGB enthält sowohl formell- wie auch materiell-rechtliche Anforderungen an das Einvernehmen der Gemeinde:

408

a) Formell-rechtliche Anforderungen

Der Gemeinde wird formell-rechtlich gemäß § 36 Abs. 2 S. 2 Hs. 2 BauGB eine **Frist von zwei Monaten** ab Eingang des Ersuchens der Baugenehmigungsbehörde eingeräumt. Nach Ablauf dieser **Ausschlussfrist**, für die keine Wiedereinsetzung in den vorherigen Stand gemäß § 60 Abs. 1 VwGO verlangt werden kann, gilt das Einvernehmen als erteilt. Es kommt zu einer **Fiktion** der Erteilung des Einvernehmens nach § 36 Abs. 2 S. 2 Hs. 1 BauGB.

409

---

[185] *Hessischer VGH* NVwZ 1990, 1185, 1186.
[186] *OVG Berlin-Brandenburg* BauR 1997, 90, 91; zustimmend, wenn auch offenlassend, *VGH Baden-Württemberg* VBlBW 1998, 458.
[187] *Kenntner* Öffentliches Recht in Baden-Württemberg Rn. 671.
[188] *Brenner* Öffentliches Baurecht Rn. 797.
[189] Vgl. *Dolde/Menke* NJW 1999, 2150, 2156 f.

b) Materiell-rechtliche Anforderungen

410 Materiell-rechtlich normiert § 36 Abs. 2 S. 1 BauGB, dass das gemeindliche Einvernehmen **nur** aus den sich aus §§ 31, 33, 34 und 35 BauGB genannten Gründen versagt werden darf. Eine Versagung ist also nur aus **bauplanungsrechtlichen Gründen** zulässig.

> **Hinweis**
>
> Eine Versagung aus anderen Gründen, wie z.B. aus bauordnungsrechtlichen Gründen ist daher unzulässig.
>
> Sollte der Gemeinde in §§ 31, 33, 34 oder 35 BauGB ein Ermessen eingeräumt sein, so kann sie dieses eigenständig ausüben.[190]

3. Rechtsnatur des gemeindlichen Einvernehmens

411 Im Hinblick auf die Rechtsnatur stellt das Einvernehmen der Gemeinde gemäß § 36 Abs. 1 S. 1 BauGB nach h.M. keinen Verwaltungsakt, sondern lediglich einen **verwaltungsinternen Mitwirkungsakt** dar.[191] Diese Rechtsnatur ist gegeben, da nur die Baurechtsbehörde durch die Erteilung oder Versagung der Baugenehmigung nach außen in Erscheinung tritt.

» Wiederholen Sie den mehrstufigen Verwaltungsakt. «

412 Bei der Baugenehmigung handelt es sich im Falle des § 36 BauGB um einen **mehrstufigen Verwaltungsakt**[192], der die vorherige verwaltungsinterne Erteilung des gemeindlichen Einvernehmens voraussetzt.[193]

> **JURIQ-Klausurtipp**
>
> Gegenüber dem Bürger tritt nur der Verwaltungsakt der Baugenehmigungsbehörde hervor.[194] Die Erteilung des gemeindlichen Einvernehmens gemäß § 36 BauGB stellt gegenüber dem Bürger wegen des kongruenten Prüfungsumfangs **keinen Verwaltungsakt** dar. Daher kann dieser **keine isolierte Erteilung des Einvernehmens** einklagen.
>
> Vielmehr muss der durch die (unberechtigte) Verweigerung des gemeindlichen Einvernehmens betroffene Bauherr bei der Versagung der Baugenehmigung eine Verpflichtungsklage auf Erteilung der Baugenehmigung gemäß § 42 Abs. 1 Alt. 2 VwGO erheben um Rechtsschutz zu erreichen.

4. Bindungswirkungen des (nicht) erteilten Einvernehmens

a) Keine positive Bindungswirkung

413 Erteilt die Gemeinde ihr Einvernehmen, so hat dies für die Baurechtsbehörde **keine positive Bindungswirkung**. Die Baugenehmigungsbehörde ist daher nicht gezwungen ihrerseits dem Vorhaben in bauplanungsrechtlicher Hinsicht zuzustimmen und eine Genehmigung zu ertei-

---

190 *Bayerischer VGH* BayVBl 2010, 27.
191 *Brenner* Öffentliches Baurecht Rn. 793.
192 Vgl. zum mehrstufigen Verwaltungsakt *Maurer* Allgemeines Verwaltungsrecht § 9 Rn. 30.
193 Battis/Krautzberger/Löhr-*Reidt* BauGB § 36 Rn. 5 m.w.N.
194 *BVerwGE* 22, 342; *BVerwGE* 28, 145.

Gemeindliches Einvernehmen, § 36 BauGB 4 C IV

len.[195] Es gilt das **Zwei-Schlüssel-Prinzip**, d.h. die Baugenehmigungsbehörde muss selbständig prüfen, ob die Genehmigungsvoraussetzungen erfüllt sind.[195] Die Baugenehmigung kann erst bei einer Willensübereinstimmung von Gemeinde und Baurechtsbehörde erteilt werden.[196]

b) Negative Bindungswirkung

Sollte das gemeindliche Einvernehmen fehlen bzw. seitens der Gemeinde verweigert worden sein, so ist die Baugenehmigungsbehörde an diese Entscheidung, mag sie auch rechtswidrig sein, **grundsätzlich gebunden**.[197] Sie ist daher gehindert eine Baugenehmigung zu erteilen.[198]

414 »Lesen Sie § 54 Abs. 4 LBO.«

c) Ersetzung, § 36 Abs. 1 S. 3 BauGB und § 54 Abs. 4 S. 1 LBO

Eine derartige **negative Bindungswirkung** besteht jedoch **nicht mehr**, wenn die Baurechtsbehörde die Verweigerung der Erteilung des Einvernehmens für **rechtswidrig erachtet** und dieses **ersetzt**.

415

Die **Ersetzungsmöglichkeit** ist zum einen in **§ 36 Abs. 2 S. 3 BauGB** und zum anderen in **§ 54 Abs. 4 S. 1 LBO** geregelt. **§ 54 Abs. 4 S. 1 LBO** normiert jetzt, dass die zuständige Genehmigungsbehörde ein u.a. nach § 36 Abs. 1 S. 1 und 2 BauGB erforderliches Einvernehmen im Falle der rechtswidrigen Verweigerung der Gemeinde zu ersetzen „hat".

> **Hinweis**
>
> In der früheren Fassung des § 54 Abs. 4 S. 1 LBO konnte das Einvernehmen ersetzt werden („kann"). Der Streit, ob der Genehmigungsbehörde dadurch ein Ermessen eingeräumt wurde,[199] hat sich wegen der Änderung des § 54 Abs. 4 S. 1 LBO für die landesrechtliche Ersetzung erledigt. Es ist kein Verstoß von Landes- gegen Bundesrecht gegeben und Art. 31 GG ist daher nicht einschlägig. Das Verfahren nach § 36 Abs. 2 S. 3 BauGB und das Verfahren nach § 54 Abs. 4 S. 1 LBO stehen sich nämlich als selbständige Verfahren gegenüber.[200] In Klausurfällen ersetzt eine nach Landesrecht handelnde Behörde das Einvernehmen, so dass § 54 Abs. 4 S. 1 LBO anzuwenden ist.
>
> Wurde ein rechtswidrig verweigertes Einvernehmen nicht ersetzt, so kann das **Verwaltungsgericht** in der gerichtlichen Entscheidung das Einvernehmen ersetzten.[201]

Bei der Ersetzung des rechtswidrig verweigerten gemeindlichen Einvernehmens handelt es sich, wie sich aus § 54 Abs. 4 S. 3 LBO ergibt, um einen gesetzlich geregelten Fall der **Ersatzvornahme**. Dies stellt eine rechtsaufsichtliche Maßnahme gegenüber der Gemeinde dar, so dass **ihr gegenüber** ein **Verwaltungsakt** i.S.d. § 35 S. 1 LVwVfG gegeben ist.

---

195 Battis/Krautzberger/Löhr-*Reidt* BauGB § 36 Rn. 6.
196 *BVerwGE* 22, 342.
197 Battis/Krautzberger/Löhr-*Reidt* BauGB § 36 Rn. 10.
198 Battis/Krautzberger/Löhr-*Reidt* BauGB § 36 Rn. 9.
199 S. zum Streitstand *Dippel* NVwZ 2011, 769, 774.
200 Battis/Krautzberger/Löhr-*Reidt* BauGB § 36 Rn. 14.
201 *Brenner* Öffentliches Baurecht Rn. 795.

5. Zeitliche Bindungswirkung

416 Das von der Gemeinde einmal erteilte oder als erteilt geltende Einvernehmen der Gemeinde ist nicht frei widerruflich sondern bindend. Hierfür spricht der Begriff des „Einvernehmens"[202] sowie der Sinn und Zweck der Vorschrift. Dieser besteht darin, dass innerhalb der Frist klare Verhältnisse über die Einvernehmenserklärung der Gemeinde geschaffen werden.

> **Online-Wissens-Check**
>
> **Welche Rechtsnatur hat das gemeindliche Einvernehmen?**
>
> Überprüfen Sie jetzt online Ihr Wissen zu den in diesem Abschnitt erarbeiteten Themen. Unter **www.juracademy.de/skripte/login** steht Ihnen ein Online-Wissens-Check speziell zu diesem Skript zur Verfügung, den Sie kostenlos nutzen können. Den Zugangscode hierzu finden Sie auf der Codeseite.

---

[202] *Kenntner* Öffentliches Recht in Baden-Württemberg Rn. 674.

D. Übungsfall Nr. 2

„Eine Strandbar im Dorf"

L verbringt seine Zeit überwiegend am Meer. Von seinen Großeltern erbt er ein unbebautes Grundstück in der kreisangehörigen baden-württembergischen Gemeinde T. Der Flächennutzungsplan der Gemeinde T stellt das Grundstück als Sonderbaufläche für den Gemeinbedarf (Sportplatz) dar. Ein Bebauungsplan für das Gebiet, in dem das Grundstück des L liegt, existiert nicht. Am 14.1.2014 beschließt der Gemeinderat, einen Bebauungsplan aufzustellen. In diesem soll das Grundstück des L als Anlage für sportliche Zwecke festgesetzt werden.

Die nähere Umgebung des Grundstücks des L ist, bis auf Ausnahme des Grundstücks des L, durchgehend bebaut. Neben mehreren Bauernhöfen befinden sich dort eine Baumschule, eine Kirche und mehrere Wohngebäude sowie eine Bäckerei und eine Metzgerei. Die Gebäude sind zwischen 5 und 12 Metern hoch.

Um zumindest die Standatmosphäre, die er sehr schätzt, auf seinem Grundstück erleben zu können plant L, ein 90 m² großes Gebäude auf dem Grundstück zu errichten. Dort will er eine Bar im Stil einer Strandbar eröffnen. Dort sollen regelmäßig Bands auftreten. An den Tagen, an denen keine Bands auftreten, will L DJs engagieren, die für die erforderliche Stimmung sorgen. Alleine wegen der hohen Kosten für die Musik verlangt L ein Eintrittsgeld zwischen 10 und 25 Euro. Bei den von ihm geplanten Beach-Partys soll das Tanzen und Feiern und nicht der Getränkeausschank im Vordergrund stehen. Im Sommer sollen die Veranstaltungen im Freien stattfinden. Da Beach-Bars in der weiteren Umgebung, ebenso wie Diskotheken, nicht vorhanden sind, rechnet L mit einem sehr großen Einzugsgebiet. Er ist der Auffassung, dass sich zumindest daraus, dass er ansonsten mit dem Grundstück nichts anfangen könne, die bauplanungsrechtliche Zulässigkeit ergebe.

Die Gemeinde T geht davon aus, dass das Vorhaben des L bauplanungsrechtlich unzulässig sei. Es entspreche nicht der Umgebung. Jedenfalls sei es in wegen des weiten Einzugsgebiets unzulässig. Zumindest aber verletze es die gemeindlichen Planungsabsichten.

Aufgabe: Prüfen Sie die bauplanungsrechtliche Zulässigkeit der geplanten Strandbar.

Lösung

A. Vereinbarkeit mit dem Bauplanungsrecht, §§ 29 ff. BauGB

Fraglich ist, ob die geplante Strandbar bauplanungsrechtlich gemäß §§ 29 ff. BauGB zulässig ist. Hierfür müsste der Anwendungsbereich der §§ 30 ff. BauGB eröffnet sein (I.), das Vorhaben müsste nach der Bestimmung des maßgeblichen Bereichs (II.) mit der einschlägigen Vorschrift des Bauplanungsrechts übereinstimmen (III.), ihm dürfen keine weiteren bauplanungsrechtlichen Vorschriften entgegenstehen (IV.) und die Gemeinde dürfte ihr Einvernehmen nicht rechtmäßig verweigern dürfen (V.).

I. Eröffnung des Anwendungsbereichs der §§ 30 ff. BauGB

Zunächst müsste der Anwendungsbereich der §§ 30 ff. BauGB eröffnet sein. Dies setzt das Vorliegen einer baulichen Anlage i.S.d. § 29 Abs. 1 BauGB (1.) sowie einen bauplanungsrechtlich relevanten Vorgang (2.) voraus.

1. Bauliche Anlage i.S.d. § 29 Abs. 1 BauGB

Zunächst müsste eine bauliche Anlage i.S.d. § 29 Abs. 1 BauGB gegeben sein. Dieser spezifisch bauplanungsrechtliche Begriff der baulichen Anlage setzt eine auf Dauer mit dem Erdboden verbundene künstliche Anlage voraus, die aus Baustoffen und Bauteilen hergestellt worden ist und eine planungs- bzw. bodenrechtliche Relevanz aufweist. Planungsrechtliche Relevanz hat eine Anlage, wenn sie Belange i.S.v. § 1 Abs. 5 und 6 BauGB derart berührt, dass das Bedürfnis nach einer ihre Zulässigkeit regelnden verbindlichen Bauleitplanung hervorgerufen wird. Das von L beabsichtige Vorhaben ist ein Gebäude und somit eine künstliche auf Dauer mit dem Boden verbundene Anlage. Im Rahmen der Veranstaltung, die im Rahmen der Nutzung der Anlage erfolgen und ihr damit zugerechnet werden, kommt es zumindest durch die im Sommer im Freien stattfindenden Feiern zu einer Geräusch- oder Lärmentwicklung. Daher werden die Belange der gesunden Wohn- und Arbeitsverhältnisse i.S.d. § 1 Abs. 6 Nr. 1 BauGB berührt und es wird ein Bedürfnis nach einer die Zulässigkeit der Anlage regelnden verbindlichen Bauleitplanung hervorgerufen. Mithin ist stellt das Vorhaben des L eine bauliche Anlage i.S.d. § 29 Abs. 1 BauGB dar.

2. Bauplanungsrechtlich relevanter Vorgang

Das Vorhaben des L ist die erstmalige Herstellung einer Anlage und damit eine Errichtung i.S.d. § 29 Abs. 1 BauGB, so dass ein bauplanungsrechtlich relevanter Vorgang gegeben ist.

3. Fazit

Der Anwendungsbereich der §§ 30 ff. BauGB ist daher eröffnet.

II. Bestimmung des maßgeblichen Bereichs

Um die Anwendbarkeit der jeweiligen Vorschrift der §§ 30 ff. BauGB zu bestimmen, ist zu ermitteln, in welchem Bereich sich das Grundstück, auf dem das Vorhaben realisiert werden soll, befindet. Das BauGB kennt zwei Bereichstypen, nämlich den ganz oder teilweise beplanten und den gänzlich unbeplanten Bereich.

Ein Bebauungsplan für das Gebiet in dem das Grundstück des L liegt, existiert nicht. Das Grundstück des L liegt daher im unbeplanten Bereich, so dass § 30 BauGB keine Anwendung findet. Ein Planaufstellungsbeschluss ist lediglich ein Verfahrensschritt im Bebauungsplanverfahren, so dass es bei der getroffenen Einstufung bleibt.

Das Grundstück des L könnte sich im Innenbereich gemäß § 34 BauGB befinden. Dies ist zu bejahen, wenn es sich innerhalb eines im Zusammenhang bebauten Ortsteils befindet. Ein im Zusammenhang bebauter Ortsteil i.S.d. § 34 Abs. 1 S. 1 BauGB ist gegeben, wenn die Bebauung trotz vorhandener Baulücken den Eindruck der Geschlossenheit und Zusammengehörigkeit erweckt, nach der Zahl der vorhandenen Bauten ein gewisses Gewicht besitzt und Ausdruck einer organischen Siedlungsstruktur ist. Die Bebauung in der Umgebung des Grundstücks des L ist durchgehend. Dessen Grundstück ist das einzige unbebaute Grundstück und somit die einzige Baulücke im Gebiet. Eine organische Siedlungsstruktur ist durch die vorhandene Bebauung in der Umgebung gegeben. Folglich ist ein im Zusammenhang bebauter Ortsteil gegeben und das Grundstück liegt daher im Innenbereich gemäß § 34 BauGB.

III. Vereinbarkeit mit § 34 BauGB

Das Vorhaben müsste mit § 34 BauGB vereinbar sein. Hierfür ist zu ermitteln, ob § 34 Abs. 1 oder Abs. 2 BauGB anwendbar ist (1.) und das Vorhaben müsste den vorgegebenen Anforderungen entsprechen (2.).

1. Anwendbarkeit von § 34 Abs. 1 bzw. Abs. 2 und Abs. 1 BauGB

Zunächst ist zu bestimmen, welcher Absatz des § 34 BauGB Anwendung findet. Wenn das Gebiet, in dem das Vorhaben liegt oder realisiert werden soll, einem der Baugebiete der BauNVO entspricht, ist hinsichtlich der Art der baulichen Nutzung § 34 Abs. 2 BauGB im Verhältnis zu § 34 Abs. 1 BauGB lex specialis. Insbesondere im Hinblick auf das Maß der baulichen Nutzung muss sich das Vorhaben nach § 34 Abs. 1 BauGB einfügen.

Aus diesem Grund ist zu ermitteln, ob die Umgebung einem Baugebiet i.S.d. BauNVO entspricht. Es könnte sich um ein Dorfgebiet i.S.d. § 5 BauNVO handeln. In der näheren Umgebung sind mehrere Bauernhöfe, also landwirtschaftliche Betriebe i.S.d § 201 BauGB, die der Regelbebauung des § 5 Abs. 2 Nr. 1 BauNVO entsprechen, vorhanden. Die Baumschule stellt einen Gartenbaubetrieb i.S.d. § 5 Abs. 2 Nr. 8 BauGB dar. Die Kirche ist eine Anlage für kirchliche Zwecke gemäß § 5 Abs. 2 Nr. 7 BauNVO. Die Bäckerei und die Metzgerei sind Einzelhandelsbetriebe i.S.d. § 5 Abs. 2 Nr. 5. Die vorhandene Wohnbebauung stellt, sofern diese nicht zu den landwirtschaftlichen Betrieben dazugehörig i.S.d. § 5 Abs. 2 Nr. 1 BauNVO ist, sonstige Wohnbebauung i.S.d. § 5 Abs. 2 Nr. 3 BauNVO dar. Daher handelt es sich um ein faktisches Dorfgebiet i.S.d. § 5 BauNVO. Somit ist § 34 Abs. 2 BauGB in Bezug auf die Art der baulichen Nutzung lex specialis.

2. Zulässigkeit des Vorhabens hinsichtlich seiner Art gemäß § 34 Abs. 2 BauGB

Fraglich ist, ob das Vorhaben hinsichtlich seiner Art nach § 34 Abs. 2 BauGB zulässig ist. Dies ist zu bejahen, wenn es sich gemäß § 34 Abs. 2 Hs. 2 BauGB i.V.m. § 5 Abs. 2 BauNVO um einen Fall der Regelbebauung (a) oder um eine Ausnahmebebauung i.S.d. § 34 Abs. 2 Hs. 2 Alt. 1 BauGB i.V.m. § 31 Abs. 1 BauGB i.V.m. § 5 Abs. 3 BauNVO handelt (b) oder wenn sich die Zulässigkeit im Wege einer Befreiung gemäß § 34 Abs. 2 Hs. 2 Alt. 2 BauGB i.V.m. § 31 Abs. 2 BauGB ergibt (c).

a) Regelbebauung, § 34 Abs. 2 Hs. 2 BauGB i.V.m. § 5 Abs. 2 BauNVO

Bei dem Vorhaben des L könnte es sich um eine Regelbebauung gemäß § 34 Abs. 2 Hs. 2 BauGB i.V.m. § 5 Abs. 2 BauNVO handeln. In Betracht kommt das Vorliegen einer Schankwirtschaft i.S.d. § 5 Abs. 2 Nr. 5 Var. 2 BauNVO. Schankwirtschaften sind dadurch gekennzeichnet, dass Getränke zum Verzehr an Ort und Stelle angeboten werden, wobei dies den Hauptzweck darstellen muss. Beim Vorhaben des L stellt der Ausschank von Getränken jedoch lediglich einen Nebenzweck dar. Der Hauptzweck ist auf die Unterhaltung der Gäste ausgerichtet. Daher handelt es sich nicht um eine Schankwirtschaft i.S.d. § 5 Abs. 2 Nr. 5 Var. 2 BauNVO.

Die Einschlägigkeit weiterer Ziffern des § 5 Abs. 2 BauNVO ist nicht ersichtlich, so dass es sich nicht um einen Fall der Regelbebauung gemäß § 34 Abs. 2 Hs. 2 BauGB i.V.m. § 5 Abs. 2 BauNVO handelt.

b) Ausnahmebebauung, § 34 Abs. 2 Hs. 2 Alt. 1 BauGB i.V.m. § 31 Abs. 1 BauGB i.V.m. § 5 Abs. 3 BauNVO

Es könnte sich um eine Ausnahmebebauung gemäß § 34 Abs. 2 Hs. 2 Alt. 1 BauGB i.V.m. § 31 Abs. 1 BauGB i.V.m. § 5 Abs. 3 BauNVO handeln. Dies ist zu bejahen, wenn sich bei dem Vorhaben des L um eine nicht kerngebietstypische (bb) Vergnügungsstätte (aa) i.S.d. § 4a Abs. 3 Nr. 2 BauNVO handelt.

aa) Vergnügungsstätte

Zunächst müsste es sich um eine Vergnügungsstätte handeln. Vergnügungsstätten sind in Abgrenzung zur Schankwirtschaft solche Anlagen, bei denen die kommerzielle Unterhaltung der Besucher im Vordergrund steht. Beim Vorhaben des L stehen das Feiern und die Unterhaltung der Gäste im Vordergrund. Der Getränkeausschank stellt, wie geprüft, nicht den Hauptzweck dar (s.o. A, III, 2, a). Folglich handelt es sich um eine Vergnügungsstätte.

bb) nicht kerngebietstypisch

Diese Vergnügungsstätte müsste nicht kerngebietstypisch sein. Kerngebietstypisch ist eine Vergnügungsstätte dann, wenn sie als zentraler Dienstleistungsbetrieb auf dem Unterhaltungssektor einen größeren Einzugsbereich besitzt und für ein größeres Publikum erreichbar sein soll. L verlangt für den Besuch seines Vorhabens ein Eintrittsgeld zwischen 10 und 25 Euro, weswegen der kommerzielle Faktor zu bejahen ist. Weiterhin sind vorliegend weder Beach-Bars und die ihnen funktional gleichzusetzende Diskotheken in der weiteren Umgebung vorhanden. Daher sind ein größerer Einzugsbereich, den auch L annimmt, sowie die Erreichbarkeit für ein größeres Publikum zu bejahen. Somit handelt es sich um eine kerngebietstypische Vergnügungsstätte.

§ 34 Abs. 2 Hs. 2 Alt. 1 BauGB i.V.m. § 31 Abs. 1 BauGB i.V.m. § 5 Abs. 3 BauNVO ist daher nicht einschlägig.

cc) Zwischenergebnis

Bei dem Vorhaben des L handelt es sich folglich um keinen Fall einer zulässigen Ausnahmebebauung.

c) Befreiung, § 34 Abs. 2 Hs. 2 Alt. 2 BauGB i.V.m. § 31 Abs. 2 BauGB

Eine bauplanungsrechtliche Zulässigkeit könnte sich durch die Erteilung einer Befreiung gemäß § 34 Abs. 2 Hs. 2 Alt. 2 BauGB i.V.m. § 31 Abs. 2 BauGB ergeben. Hierfür müsste zunächst ein Befreiungstatbestand des § 34 Abs. 2 BauGB einschlägig sein. In Betracht kommt alleine das Vorliegen einer Härte gemäß § 34 Abs. 2 Hs. 2 Alt. 2 BauGB i.V.m. § 31 Abs. 2 Nr. 3 BauGB. Eine Härte ist gegeben, wenn der Einzelfall in bodenrechtlicher Hinsicht Besonderheiten aufweist, die zur Folge hätten, dass das aufgrund seiner Lage, seiner Größe oder seines Zuschnittes nicht oder nur höchst begrenzt baulich genutzt werden könnte. Offenbar nicht beabsichtigt ist die Härte, wenn die betreffenden Konsequenzen nicht berücksichtigt worden oder nicht berücksichtigt werden konnten. L kann das Grundstück wegen seiner weit entfernten Arbeitsstätte lediglich nicht wie von ihm beabsichtigt wirtschaftlich nutzen. Bodenrechtliche Besonderheiten sind nicht ersichtlich. Es liegt daher keine grundstücksbezogene Härte vor. Daher ist die Erteilung einer Befreiung gemäß § 34 Abs. 2 Hs. 2 Alt. 2 BauGB i.V.m. § 31 Abs. 2 Nr. 3 BauGB nicht möglich.

3. Fazit

Das Vorhaben des L ist bauplanungsrechtlich unzulässig.

IV. Vereinbarkeit mit weiteren bauplanungsrechtlichen Vorschriften

Im Anwendungsbereich des § 34 BauGB existiert keine dem § 35 Abs. 3 S. 1 Nr. 1 BauGB vergleichbare Regelung, so dass es dem Vorhaben des L im Übrigen nicht entgegensteht, dass dieses den Darstellungen des Flächennutzungsplans widerspricht.

§ 33 BauGB regelt einen positiven Zulassungstatbestand, wegen der Planaufstellungsbeschluss der Gemeinde T dem Vorhaben des L nicht im Übrigen entgegensteht.

V. Einvernehmen der Gemeinde, § 36 BauGB

Wegen der Unzulässigkeit des Vorhabens gemäß § 34 BauGB wird die Gemeinde T ihr Einvernehmen rechtmäßig gemäß § 36 Abs. 2 BauGB verweigern. Durch die Rechtmäßigkeit der zu erwartenden Verweigerung des Einvernehmens kann dieses auch nicht gemäß § 54 Abs. 4 S. 1 LBO ersetzt werden.

B. Ergebnis

Die Errichtung der Strandbar ist somit bauplanungsrechtlich unzulässig.

5. Teil
Präventive Bauüberwachung:
Die Baugenehmigung

A. Überblick

419 In diesem und dem nächsten Teil wird das Bauordnungsrecht behandelt. Die Gesetzgebungskompetenz hierfür liegt, wie dargestellt (s.o. Rn. 24 f.), bei den Ländern. Das Bauordnungsrecht ist im Wesentlichen ein besonderer Ausschnitt aus dem Sicherheitsrecht, das auf die spezifische Gefahrenabwehr bei baulichen Anlagen gerichtet ist. Es ist vorrangig auf die **Wahrung der öffentlichen Sicherheit und Ordnung auf dem Gebiet des Bauwesens** bezogen, wobei auch weitere Zielsetzungen, wie z.B. solche sozialpolitischer, bau- und energiewirtschaftlicher Art, vorhanden sind.[1] Das Bauordnungsrecht ist **objektbezogenes Recht** in Form eines **primär (baubezogenen) Gefahrenabwehrrechts** (s. bereits Rn. 12 f.).[1] Sollten die spezifischen baurechtlichen Gefahrenabwehrvorschriften keine Regelungen enthalten, so findet daher das allgemeine Gefahrenabwehrrecht subsidiär Anwendung.[2]

I. Formelles und materielles Bauordnungsrecht

420 Das Bauordnungsrecht wird in das formelle und das materielle Bauordnungsrecht unterteilt:

421 Im Bereich des **formellen Bauordnungsrechts** werden Fragen der Organisation, der Befugnisse und Zuständigkeiten der Behörden sowie das Verfahren, speziell das Verfahren zur Erteilung einer Baugenehmigung, geregelt.[1]

422 Das **materielle Bauordnungsrecht** hingegen normiert insbesondere **inhaltliche Anforderungen an das Bauwerk**. Dies betrifft neben Anforderungen an die Konstruktion und Gestaltung des Bauwerks auch Vorschriften zur Sicherung wohlfahrts- und sozialpflegerischer, sowie ökologischer Standards. Hierzu zählen insbesondere das Verunstaltungsgebot, § 11 Abs. 1 und 2 LBO, die Regelungen über Werbeflächen, §§ 2 Abs. 9, 11 Abs. 3 und 4 LBO, die Abstandsregelungen, §§ 5 bis 7 LBO, und die Regelungen über Stellplätze und Garagen, § 37 LBO. Ferner finden sich in diesem Bereich des Bauordnungsrechts auch spezifische Ermächtigungen zum Erlass von Rechtsverordnungen und Satzungen auf dem Gebiet des Bauordnungsrechts, weshalb dies als Sonderordnungsrecht bezeichnet wird.

II. Präventive und repressive Bauüberwachung

423 § 47 Abs. 1 S. 1 LBO weist den Baurechtsbehörden die Aufgabe zu, darauf zu achten, dass die baurechtlichen Vorschriften sowie andere öffentlich-rechtliche Vorschriften über die Errichtung und den Abbruch von Anlagen und Einrichtungen i.S.d. § 1 LBO eingehalten und die auf Grund dieser Vorschriften erlassenen Anordnungen befolgt werden. Somit nehmen die Behörden Aufgaben der **Bauüberwachung** wahr. Dies kann in zwei Formen, der präventiven und der repressiven Bauüberwachung, erfolgen:

---
1 *Brenner* Öffentliches Baurecht Rn. 734.
2 Vgl. *Kenntner* Öffentliches Recht in Baden-Württemberg Rn. 3.

424 **Präventive Bauüberwachung** ist gegeben, wenn die Behörde in Wahrung ihrer Aufgaben tätig wird, bevor ein Verstoß festgestellt wurde. Es handelt sich um **Bauüberwachung im engeren Sinn**.[3] Das typische Handlungsinstrument im Bereich der präventiven Bauüberwachung ist die Baugenehmigung.

Den Gegensatz hierzu stellt die **repressive Bauüberwachung** dar. Hierbei wird die Behörde in Wahrnehmung ihrer Aufgaben tätig, nachdem ein Verstoß gegen öffentlich-rechtliche Vorschriften festgestellt wurde. Typische bauordnungsrechtliche Eingriffsmaßnahmen sind die **Baueinstellung**, § 64 LBO, die **Abbruchsanordnung**, § 65 S. 1 LBO, und die **Nutzungsuntersagung**, § 65 S. 2 LBO.

B. Die Baugenehmigung als präventives Verbot mit Erlaubnisvorbehalt

425 Wegen der durch Art. 14 Abs. 1 GG gewährleisteten Baufreiheit (s. hierzu Rn. 20 ff.) haben Grundstückeigentümer das Recht, ihr Grundstück im Rahmen des geltenden Baurechts zu bebauen oder sonst zu nutzen. Zum Zwecke der Sicherstellung, dass das geltende Baurecht eingehalten wird, sind die viele Vorhaben genehmigungspflichtig. Dies bedeutet, dass der Bauherr vor der Verwirklichung des Bauvorhabens bei der zuständigen Baurechtsbehörde eine Baugenehmigung beantragen muss. Aufgrund dieses Bauantrages prüft die Baurechtsbehörde, ob von ihr zu beachtende öffentlich-rechtliche Vorschriften entgegenstehen oder nicht. Der Bauherr unterliegt bis **zur Erteilung der Baugenehmigung** einem **formellen Bauverbot**. Dies stellt somit ein präventives **Verbot mit Erlaubnisvorbehalt**[4] dar.[5]

> **Hinweis**
>
> Ein **präventives Verbot mit Erlaubnisvorbehalt** richtet lediglich ein formelles Verbot auf, das eine Vorabprüfung durch die Verwaltung ermöglicht, ob eine **prinzipiell erwünschte Tätigkeit** im konkreten Einzelfall den geltenden materiell-rechtlichen Anforderungen genügt. Sind die Voraussetzungen erfüllt, so besteht ein **grundrechtlich abgesicherter Anspruch** auf Erteilung der Gestattung. Daher kann dieser nach h.M. nur als **gebundene Entscheidung** ergehen.[6]
>
> Ein **repressives Verbot mit Befreiungsvorbehalt** hingegen bezieht auf eine gesetzlich allgemein missbilligte und deshalb **prinzipiell untersagte Verhaltensweise**. Derartige Verhaltensweisen dürfen durch die zuständige Behörde nur ausnahmsweise für zulässig erklärt werden. Die Gestattungserteilung steht im pflichtgemäßen **Ermessen** der Behörde, vgl. z.B. §§ 10 Abs. 1, 15 WHG, 9 BWaldG, und ist **nicht grundgesetzlich abgesichert**.

Dieses **formelle Bauverbot** wird **aufgehoben**, wenn die Baurechtsbehörde ihre Prüfung mit dem Ergebnis abschließt, dass dem Vorhaben keine zu prüfenden öffentlich-rechtlichen Vorschriften entgegenstehen und sie die **Baugenehmigung erteilt**.

---

[3] *Brenner* Öffentliches Baurecht Rn. 804.
[4] S. vertiefend Erichsen/Ehlers-*Ruffert* Allgemeines Verwaltungsrecht § 21 Rn. 55 f.
[5] *BVerwGE* 48, 242.
[6] Vgl. *BVerfGE* 49, 89, 144 ff.

C. Die Rechtsnatur und Rechtswirkungen der Baugenehmigung

Die **Baugenehmigung** ist das zentrale **Instrument der präventiven Rechtmäßigkeitskontrolle** im öffentlichen Baurecht. Gemäß § 58 Abs. 1 S. 1 LBO ist die Baugenehmigung zu erteilen, wenn dem genehmigungspflichtigen Vorhaben keine von der Baurechtsbehörde zu prüfenden öffentlich-rechtlichen Vorschriften entgegenstehen. Es handelt sich somit, wie aus dem Wortlaut („ist") folgt, um eine **gebundene Entscheidung**. Daher hat der Bauherr, wenn die Voraussetzungen des § 58 LBO erfüllt sind, einen **Anspruch** auf die Erteilung der Baugenehmigung.

> **Hinweis**
>
> Der Bauherr kann u.U. jedoch lediglich einen Anspruch auf ermessensfehlerfreie Entscheidung haben. Dies ist der Fall, wenn die zu prüfenden öffentlich-rechtlichen Vorschriften i.S.d. § 58 Abs. 1 S. 1 LBO ein Ermessen einräumen. Ein derartiges Ermessen räumt z.B. § 31 BauGB ein. In den dort geregelten Fällen kommt der Baurechtsbehörde hinsichtlich der Erteilung von Befreiungen und Ausnahmen ein Ermessen zu. Dies hat zur Folge dass der Bauherr nur einen Anspruch auf ermessensfehlerfreie Entscheidung und keinen Anspruch auf die Erteilung einer Baugenehmigung hat.

Die Baugenehmigung stellt einen **Verwaltungsakt i.S.d. § 35 S. 1 LVwVfG** dar. Da die Baugenehmigung erst auf Antrag gemäß § 53 Abs. 1 S. 2 LBO erteilt wird handelt es sich um einen **mitwirkungsbedürftigen Verwaltungsakt**. Die Baugenehmigung entfaltet gegenüber dem Bauherren eine begünstigende und gegenüber dem Nachbarn eine belastende Rechtswirkung, so dass es sich um einen **Verwaltungsakt mit Doppelwirkung** i.S.d § 80a VwGO handelt.

Die Baugenehmigung besteht aus **zwei Teilen**, einem **feststellenden** und einem **verfügenden**, den Bau freigebenden **Teil**:[7]

Baugenehmigung

Feststellende Regelung	Gestaltende Regelung
Dem Vorhaben stehen keine von der Baurechtsbehörde zu prüfenden öffentlich-rechtlichen Vorschriften entgegen, § 58 Abs. 1 S. 1 LBO	Freigabe des Vorhabens zur Bauausführung, § 59 Abs. 1 LBO

Der **feststellende Teil** enthält die Feststellung, dass dem Vorhaben keine von der Baurechtsbehörde zu prüfenden öffentlich-rechtlichen Vorschriften entgegenstehen, d.h. dass das Vorhaben **materiell rechtmäßig** ist. Im **verfügenden Teil** erteilt die Baurechtsbehörde die Freigabe des Bauvorhabens. Aufgrund dessen darf auch nicht vor Zugang der Baugenehmigung

---
7 *Brenner* Öffentliches Baurecht Rn. 749.

begonnen werden, vgl. § 59 Abs. 1 S. 1 LBO. Enthalten ist neben der Gestattung des Bauens auch die Gestaltung der dauernden Nutzung des gemäß der Baugenehmigung gebauten und unterhaltenen Vorhabens.[8]

430 Bei der Baugenehmigung handelt es sich um eine **grundstücksbezogene Genehmigung**,[9] die nicht nur für den Bauherren, sondern gemäß § 58 Abs. 2 LBO auch für **und gegen den Rechtsnachfolger des Bauherrn** gilt.

431 Gemäß § 58 Abs. 3 LBO wird die Baugenehmigung **unbeschadet der Rechte Dritter** erteilt, so dass private Rechte Dritter unberührt bleiben. Die Genehmigungsbehörde muss daher keine schuldrechtlichen, dinglichen oder sonstigen private Rechte Dritter in Bezug auf das Grundstück in ihrer Prüfung über die Zulässigkeit des Vorhabens berücksichtigen. Hieraus folgt, dass private Rechte Dritter durch die Erteilung einer Baugenehmigung nicht berührt werden.[10]

> **Beispiel** Wegen einer fehlerhaften Eintragung der Grundstücksgrenze im Lageplan wird eine Baugenehmigung erteilt, in deren Folge es zu einer Überbauung des Nachbargrundstücks kommt.[11] Dies berührt die Rechtmäßigkeit der Baugenehmigung nicht. Der Nachbar muss sich zivilrechtlich, gestützt auf § 1004 Abs. 1 BGB, hiergegen zur Wehr setzen. ■

» Lesen Sie § 62 LBO. «

432 Durch § 62 LBO erfolgt eine **Begrenzung** der Baugenehmigung **in zeitlicher Hinsicht**. Gemäß § 62 Abs. 1 LBO erlischt die Baugenehmigung, wenn nicht innerhalb von drei Jahren nach deren Erteilung mit dem Bau begonnen wird oder wenn die Bauausführung für ein Jahr unterbrochen wird. Begonnen wird der Bau mit der Aushebung der Baugrube.[12] Diese Frist kann auf schriftlichen Antrag jeweils auf bis zu drei Jahre verlängert werden, § 62 Abs. 1 S. 1 LBO, wobei auch eine rückwirkende Verlängerung möglich ist. Voraussetzung für die rückwirkende Verlängerung ist jedoch, dass der Antrag vor Fristablauf bei der Baurechtsbehörde eingegangen ist, § 62 Abs. 2 S. 2 LBO. Die Frist des § 62 Abs. 1 LBO wird durch die Erhebung eines Nachbarwiderspruchs unterbrochen, da ansonsten der Bauherr vor Ablauf des Rechtsmittelverfahrens mit dem Bau beginnen müsste.[13]

> **Hinweis**
>
> Die Baugenehmigung erlischt auch, wenn wegen Abweichung hinsichtlich Standort, Nutzungsart oder Gestaltung **keine Identität zwischen Bauwerk und Baugenehmigung** mehr gegeben ist.[14] Ferner erlischt sie im Falle eines Verzichts des Bauherrn, welcher konkludent, z.B. durch die Einreichung eines neuen Bauantrags unter Aufgabe des ursprünglich beantragten Bauvorhabens, erfolgen kann.[15] Dieser Verzicht ist unanfechtbar und unwiderruflich.[16]

---

8 *Dürr* Baurecht Baden-Württemberg Rn. 257.
9 *Brenner* Öffentliches Baurecht Rn. 752.
10 *Bayerischer VGH* BauR 2001, 774.
11 *VGH Baden-Württemberg* NJW 1996, 3429.
12 *Sauter* LBO § 62 Rn. 7 „erster Spatenstich".
13 *VGH Baden-Württemberg* VBlBW 1999, 269.
14 *VGH Baden-Württemberg* VBlBW 1982, 199 für die Errichtung eines dreigeschossigen Anbaus mit Wohnräumen bei der Genehmigung eines zwei geschossigen Garagenanbaus mit Trockenraum im Obergeschoss.
15 *VGH Baden-Württemberg* VBlBW 1996, 23.
16 *Dürr* Baurecht Baden-Württemberg Rn. 258.

Uneinigkeit besteht bei der Beurteilung der Frage, ob – respektive wie lange – eine Baugenehmigung bei einer **Aufgabe der bisherigen Nutzung** weiter gilt (s. hierzu ausführlich Rn. 40).[17]

433

D. Besondere Formen der Baugenehmigung

Es gibt vier besondere Formen der Baugenehmigung: den Bauvorbescheid (§ 57 LBO), die Teilbaugenehmigung (§ 61 LBO), die Typengenehmigung (§ 68 LBO) und die Ausführungsgenehmigung (§ 69 LBO). Im Folgenden werden die beiden prüfungsrelevanten Formen, der Bauvorbescheid und die Teilbaugenehmigung, dargestellt.[18]

434

I. Bauvorbescheid

Der Bauvorbescheid ist in **§ 57 Abs. 1 S. 1 LBO legal definiert**. Er stellt einen **vorweggenommenen Teil der feststellenden Regelung der Baugenehmigung** dar.[19] Ein Bauvorbescheid ergeht aufgrund einer Bauvoranfrage des Bauherrn und hat einzelne Fragen der Zulässigkeit des Vorhabens zum Gegenstand. Er stellt also keine umfassende Zusage, sondern vielmehr nur einen Ausschnitt aus einer umfassenden Baugenehmigung dar.[20]

435 ❯❯ Lesen Sie § 57 LBO. ❮❮

> **Hinweis**
>
> Wird in einem Bauvorbescheid über die **bauplanungsrechtliche Zulässigkeit** eines Vorhabens entschieden, so wird der Bauvorbescheid als **Bebauungsgenehmigung** bezeichnet.[21]

Die Baurechtsbehörde entscheidet mit dem Bauvorbescheid verbindlich und abschließend, dass dem **Vorhaben im Zeitpunkt der Entscheidung keine öffentlich-rechtlichen Vorschriften entgegenstehen** (§ 57 Abs. 2 i.V.m. § 58 Abs. 1 S. 1 LBO). Durch den Bauvorbescheid wird eine **Bindungswirkung** für die Behörde im Hinblick auf das spätere Baugenehmigungsverfahren erreicht. Dies bedeutet, dass die Baurechtsbehörde im späteren Baugenehmigungsverfahren nicht erneut über die im Bauvorbescheid behandelten Punkte entscheidet. Sie übernimmt vielmehr den Inhalt des Bauvorbescheides nachrichtlich.

436

In **zeitlicher Hinsicht** gilt nach § 57 Abs. 1 S. 2 LBO der Bauvorbescheid **drei Jahre**, d.h. vor Ablauf der Drei-Jahres-Frist muss eine Entscheidung über den Bauantrag ergehen. Wegen der Verweisung in § 57 Abs. 2 LBO auf § 62 Abs. 2 LBO besteht die Möglichkeit den Bauantrag nach einem schriftlichen Antrag – auch rückwirkend – um drei Jahre verlängern zu lassen, wobei dies nur möglich ist, wenn das Vorhaben weiterhin genehmigungsfähig ist.

437

---

17 Vgl. *Dürr* Baurecht Baden-Württemberg Rn. 259.
18 Zur Typengenehmigung i.S.d. § 68 LBO und zur Ausführungsgenehmigung für fliegende Bauten i.S.d. § 69 LBO s. *Brenner* Öffentliches Baurecht Rn. 763 f.
19 *Dürr* Baurecht Baden-Württemberg Rn. 274 m.w.N.
20 *Brenner* Öffentliches Baurecht Rn. 758.
21 *Brenner* Öffentliches Baurecht Rn. 759.

438 > **Hinweis**
>
> Trotz der Formulierung in § 57 Abs. 1 LBO („kann") hat der Bauherr einen **Rechtsanspruch auf einen Bauvorbescheid**, wenn öffentlich-rechtliche Vorschriften dem Vorhaben nicht entgegenstehen.[22] Dies folgt aus dem Verweis in § 57 Abs. 2 LBO auf § 58 Abs. 1 LBO.[23] Im Falle des § 58 Abs. 1 LBO handelt es sich um eine gebundene Entscheidung. Der Wortlaut ist insofern missverständlich.[24]

439 Der Bauvorbescheid enthält noch **keine Baufreigabe**.[25] Sollte der Bauherr dennoch vor Erteilung einer Baugenehmigung mit der Realisierung des Vorhabens beginnen, handelt er zumindest formell und ggf. materiell baurechtswidrig, so dass Maßnahmen der repressiven Bauaufsicht ergehen können.

Der Bauvorbescheid unterscheidet sich von der **Zusicherung** i.S.d. § 38 LVwVfG, also von der Zusage der Behörde, einen Verwaltungsakt zu erlassen, dadurch, dass die Zusicherung gemäß § 38 Abs. 3 LVwVfG an die **aktuelle Rechtslage** gebunden ist, wohingegen der sich ein Bauvorbescheid gegenüber nachfolgenden Änderungen der Rechtslage durchsetzt. Dies folgt daraus, dass der **Bauvorbescheid** einen Verwaltungsakt darstellt und die Wirksamkeit eines Verwaltungsakts durch eine **spätere Änderung der Sach- und Rechtslage nicht berührt** wird.[26] Ihm kann, was aus § 14 Abs. 3 BauGB folgt, z.B. eine später erlassene Veränderungssperre nicht entgegengesetzt werden.[27] Die Baurechtsbehörde kann in derartigen Konstellationen den Bauvorbescheid jedoch unter den Voraussetzungen des § 49 Abs. 2 Nr. 4 LVwVfG widerrufen.[28]

II. Teilbaugenehmigung

» Lesen Sie § 61 LBO. «

440 Die in § 61 Abs. 1 S. 1 LBO geregelte Teilbaugenehmigung normiert, dass bei einem eingereichten Bauantrag der Beginn der Bauarbeiten für die **Baugrube** und für **einzelne Bauteile oder Bauabschnitte** auf schriftlichen Antrag schon vor der Erteilung der Baugenehmigung schriftlich gestattet werden kann. Die Teilbaugenehmigung **stellt** im Gegensatz zum Bauvorbescheid **fest**, dass dem Vorhaben **im beantragten Umfang öffentlich-rechtliche Vorschriften nicht entgegenstehen** (§ 61 Abs. 1 S. 2 i.V.m. § 58 Abs. 1 LBO), wodurch die **Ausführung des Bauvorhabens** gemäß § 61 Abs. 1 S. 2 i.V.m. § 59 Abs. 1 S. 1 LBO **freigeben** wird.

Da die Teilbaugenehmigung einzelne Teile des Bauvorhabens als materiell rechtmäßig feststellt und daher die Bauausführung freigibt, liegt in ihr bereits die **grundsätzliche Billigung der Gesamtmaßnahme**.[29] Deswegen ist die Prüfung der Gesamtmaßnahme sowohl in bauplanungs- wie auch in bauordnungsrechtlicher Hinsicht vor Erlass der Teilbaugenehmigung erforderlich. Die Teilbaugenehmigung **bindet die Behörde**.[29] In Bezug auf die bereits ent-

---

22 *Dürr* Baurecht Baden-Württemberg Rn. 275.
23 *VGH Baden-Württemberg* VBlBW 2006, 66.
24 *Kenntner* Öffentliches Recht in Baden-Württemberg Rn. 714.
25 *Brenner* Öffentliches Baurecht Rn. 709.
26 BVerwGE 69, 1.
27 *Brenner* Öffentliches Baurecht Rn. 760.
28 *Dürr* Baurecht Baden-Württemberg Rn. 274.
29 *Brenner* Öffentliches Baurecht Rn. 761.

schiedenen Fragen darf die Behörde, auch im Falle der **Änderung der Sach- oder Rechtslage**, die spätere Baugenehmigung nicht versagen.

Wie aus dem Wortlaut des § 61 Abs. 1 S. 1 LBO („kann") folgt, steht der Behörde ein **Ermessen** zu. Dies gilt auch dann, wenn dem Vorhaben, soweit dessen Genehmigung beantragt worden ist, keine öffentlich-rechtlichen Vorschriften entgegenstehen.

E. Anspruch auf Erteilung einer Baugenehmigung

Bei der Baugenehmigung handelt sich (s.o. Rn. 426) um eine im Grundsatz gebundene Entscheidung. Die Baugenehmigung ist gemäß § 58 Abs. 1 S. LBO zu erteilen, wenn dem Vorhaben keine öffentlich-rechtlichen Vorschriften entgegenstehen, die im bauaufsichtlichen Genehmigungsverfahren zu prüfen sind.

441

Ob ein Bauherr Anspruch auf Erteilung einer (abgelehnten oder unterlassenen) Baugenehmigung hat, prüfen Sie wie folgt:[30]

---

[30] S. auch *Dürr* JuS 2007, 328, wobei jedoch darauf hinzuweisen ist, dass die Klagebefugnis nicht, wie dort dargestellt, aus Art. 14 Abs. 1 bzw. Art. 2 Abs. 1 GG, sondern aus dem einfachen Recht folgt; *Frenz* JuS 2009, 902.

Anspruch auf Erteilung einer Baugenehmigung

I. Rechtsgrundlage, § 58 Abs. 1 S. 1 LBO

II. Formelle Voraussetzungen
  1. Ordnungsgemäßer Bauantrag, § 53 LBO
  2. Zuständigkeit
     a) Sachliche Zuständigkeit der Baurechtsbehörde, § 48 LBO
     b) Örtliche Zuständigkeit der Baurechtsbehörde, § 3 Abs. 1 Nr. 1 LVwVfG
  3. Verfahren: Ordnungsgemäße Nachbarbeteiligung, § 55 LBO
  4. Form: Schriftform der Baugenehmigung, § 58 Abs. 1 S. 3 LBO

III. Materielle Voraussetzungen
  1. Genehmigungspflichtigkeit des Vorhabens:
     a) Bauliche Anlage gem. § 2 Abs. 1 LBO
     b) Genehmigungspflichtigkeit, § 49 LBO
        Entfällt bei
        aa) Verfahrensfreien Vorhaben, § 50 LBO (i.V.m. dem Anhang zu § 50 LBO)
        bb) Kenntnisgabepflichtigen Vorhaben, § 51 LBO
        cc) Konzentrationswirkung
  2. Genehmigungsfähigkeit des Vorhabens
     a) Anwendungsbereich der §§ 49 ff. LBO: Unterscheidung zwischen
        aa) Kenntnisgabeverfahren, § 51 LBO und
        bb) Baugenehmigungsverfahren, § 58 LBO
     b) Vereinbarkeit des Vorhabens mit Bauplanungsrecht, §§ 29 ff. BauGB
        (s. hierzu 1. Prüfungsschema im 4. Teil)
     c) Vereinbarkeit des Vorhabens mit örtlichen Bauvorschriften, § 74 LBO i.V.m. der örtlichen Bauvorschrift (Satzung)
     d) Vereinbarkeit des Vorhabens mit Bauordnungsrecht
        Entweder
        aa) Vereinfachtes Verfahren, § 52 LBO
           (1) Voraussetzungen, § 52 Abs. 1 i.V.m. § 51 Abs. 1 LBO
           (2) Prüfungsumfang, § 52 Abs. 2 LBO
              (a) Bauplanungsrecht, § 52 Abs. 2 Nr. 1 LBO: §§ 29 bis 38 BauGB (nur Verweis nach oben)
              (b) Abstandsflächenrecht, § 52 Abs. 2 Nr. 2 LBO: §§ 5 bis 7 LBO
              (c) Fachrecht, § 52 Abs. 2 Nr. 3 LBO
        oder
        bb) Baugenehmigungsverfahren, § 58 LBO
           (1) Vereinbarkeit des Vorhabens mit §§ 3 ff. LBO, insbesondere § 3 Abs. 1 LBO
           (2) Vereinbarkeit des Vorhabens mit anderen öffentlich-rechtlichen Vorschriften

> **JURIQ-Klausurtipp**
>
> Auch hier muss Ihre Prüfung mit einem **exakten Obersatz** beginnen: Lautet die Fallfrage, dass Sie prüfen sollen, ob ein Anspruch auf Erteilung der Baugenehmigung besteht, so ist wie folgt zu formulieren: „…(Name des Bauherrn nennen) hat gemäß § 58 Abs. 1 S. 1 LBO einen Anspruch auf Erteilung der Baugenehmigung, wenn dem geplanten Vorhaben keine von der Baurechtsbehörde zu prüfenden öffentlich-rechtlichen Vorschriften entgegenstehen. Dies ist der Fall, wenn die formellen und materiellen Anspruchsvoraussetzungen vorliegen, insbesondere wenn das Vorhaben genehmigungspflichtig und -fähig ist."

I. Rechtsgrundlage, § 58 Abs. 1 S. 1 LBO

Die Prüfung beginnt mit der Nennung der Rechtsgrundlage. Ist die Erteilung oder die Rechtmäßigkeit einer erteilten Baugenehmigung fraglich, so ist die einschlägige Vorschrift § 58 Abs. 1 S. 1 LBO. **442**

II. Formelle Voraussetzungen

1. Ordnungsgemäßer Bauantrag, § 53 LBO

Beim Baugenehmigungsverfahren handelt es sich um ein Antragsverfahren. Der Antrag auf Erteilung einer Baugenehmigung wird als **Bauantrag** bezeichnet.[31] Der Bauantrag legt den Gegenstand des Baugenehmigungsverfahrens fest. Dieser muss inhaltlich so klar gestellt sein, dass die Baurechtsbehörde Gegenstand und Umfang ihrer behördlichen Prüfungspflichten erkennen kann, so dass sie ihrerseits einen entsprechenden, inhaltlich bestimmten, das Genehmigungsverfahren abschließenden, Verwaltungsakt erlassen kann. **443**

> **JURIQ-Klausurtipp**
>
> Sollte der Bauantrag fehlen, ist dies gemäß § 45 Abs. 1 Nr. 1 LVwVfG unbeachtlich, sofern er rechtzeitig i.S.d. § 45 Abs. 2 LVwVfG nachträglich gestellt wird. Sollte der Bauantrag jedoch völlig fehlen, ist die Baugenehmigung im Falle ihrer Erteilung rechtswidrig.

Der Bauantrag ist gemäß § 53 Abs. 1 S. 1 LBO **bei der Gemeinde** einzureichen. Für den Fall, dass die Gemeinde nicht selbst Baurechtsbehörde ist, hat diese den Bauantrag und die Bauvorlagen unter Zurückbehaltung einer Ausfertigung innerhalb von drei Tagen gemäß § 53 Abs. 3 LBO an die Baurechtsbehörde weiterzuleiten. In Bezug auf die Form muss der Bauantrag **schriftlich, mit allen erforderlichen Bauvorlagen** bei der Gemeinde eingereicht werden, § 53 Abs. 1 S. 1 und 2 LBO. Ferner sind der **Bauantrag vom Bauherrn und vom Entwurfsverfasser** und die **Bauanlagen nur vom Entwurfsverfasser zu unterschreiben**, § 53 Abs. 2 S. 1 LBO. **444**

---

31 *Brenner* Öffentliches Baurecht Rn. 788.

> **Hinweis**
>
> Die LBO enthält in den §§ 41 ff. LBO nähere Regelungen über die am Bau Beteiligten. Es gibt regelmäßig **vier am Bau Beteiligte**, die baurechtlich verantwortlich sind: den **Bauherrn**, § 42 LBO, den **Entwurfsverfasser**, § 43 LBO, den **Unternehmer**, § 44 LBO sowie den im Gesetz nur teilweise vorgesehenen **Bauleiter**, § 45 LBO.[32]

> Bauherr i.S.d. § 42 Abs. 1 LBO ist, wer auf seine Verantwortung eine bauliche Anlage vorbereitet oder ausführt oder vorbereiten und ausführen lässt.[33]
>
> Entwurfsverfasser i.S.d. § 43 Abs. 1 LBO ist eine sachkundige und erfahrene Person, die das jeweilige Bauvorhaben vorbereitet, i.d.R. der Architekt oder der Ingenieur.[34]

2. Zuständigkeit

445 Ferner muss die Zuständigkeit der Baurechtsbehörde gegeben sein. Dies unterteilt sich in die sachliche und die örtliche Zuständigkeit.

a) Sachliche Zuständigkeit, § 48 LBO

>> Lesen Sie die §§ 46, 48 LBO. Nutzen Sie die Chance und wiederholen Sie den Aufbau der Landesverwaltung. «

446 Für die Durchführung des Genehmigungsverfahrens sind gemäß § 48 Abs. 1 LBO die unteren Baurechtsbehörden zuständig, soweit nichts anderes bestimmt ist. **Untere Baurechtsbehörden** sind nach § 46 Abs. 1 Nr. 3 LBO zunächst die unteren Verwaltungsbehörden. Wer untere Verwaltungsbehörde ist, bestimmt sich nach **§ 15 LVG**.

Unter Verwaltungsbehörden sind
- in **Landkreisen** gemäß § 1 Abs. 3 LKrO die **Landratsämter** gemäß § 15 Abs. 1 Nr. 1 Var. 1 LVG
- in **Großen Kreisstädten** nach § 3 Abs. 2 GemO nach § 15 Abs. 1 Nr. 1 Var. 2 LBO die **Gemeinden**, da kein Ausschluss für den Bereich des Baurechts in § 19 LVG normiert ist.
- in **Stadtkreisen** nach § 3 Abs. 1 GemO gemäß § 15 Abs. 1 Nr. 2 LVG die **Gemeinde**.

Nach § 46 Abs. 2 LBO sind ferner Gemeinden und Verwaltungsgemeinschaften untere Baurechtsbehörde, wenn sie ausreichend mit Fachkräften besetzt sind und das Regierungspräsidium dies auf Antrag der Gemeinde bzw. der Verwaltungsgemeinschaft festgestellt hat. Der Grund für die genannten Voraussetzungen liegt darin, dass gerade kleinere Gemeinden oftmals nicht über ausreichendes Fachpersonal verfügen.

> **Hinweis**
>
> Wird die Gemeinde als untere Baurechtsbehörde tätig, so ist strikt diese Aufgabe vom gemeindlichen Selbstverwaltungsbereich zu trennen:[35]
>
> Die **Baurechtszuständigkeit** nach **§ 46 LBO** ist eine Staatsaufgabe, die den unteren Baurechtsbehörden – und damit auch der Gemeinde – gemäß § 47 Abs. 4 S. 1 LBO als **Pflicht-**

---

32 S. hierzu *Brenner* Öffentliches Baurecht Rn. 771 ff.
33 *Brenner* Öffentliches Baurecht Rn. 772.
34 *Brenner* Öffentliches Baurecht Rn. 773.
35 *Kenntner* Öffentliches Recht in Baden-Württemberg Rn. 686.

Formelle Voraussetzungen 5 E II

> aufgabe nach Weisung übertragen werden. Aus diesem Grund steht die Organkompetenz dem Bürgermeister gemäß §§ 15 Abs. 2 LVG, 44 Abs. 3 GemO zu. Gemäß § 118 Abs. 2 GemO unterliegen die Gemeinden, wenn sie als untere Verwaltungsbehörde tätig werden, daher der **Fachaufsicht**. Nach § 47 Abs. 5 S. 2 LBO besteht ein **Selbsteintrittsrecht** der höheren Baurechtsbehörde, wenn die untere Baurechtsbehörde einer Weisung keine Folge leistet.
>
> Bei **Planungsaufgaben** hingegen handelt es sich um **Selbstverwaltungsangelegenheiten**, so dass die Organkompetenz dem Gemeinderat zusteht (s. Rn. 115). Gemäß § 118 Abs. 1 GemO unterliegen die Gemeinden dabei der **Rechtsaufsicht**.

b) Örtliche Zuständigkeit, § 3 Abs. 1 Nr. 1 LVwVfG

447 Die örtliche Zuständigkeit ist im Gegensatz zur sachlichen Zuständigkeit nicht in der LBO geregelt.

Aus diesem Grunde ist auf den subsidiär (vgl. § 1 Abs. 1 LVwVfG) anwendbaren § 3 LVwVfG abzustellen. In der Regel wird § 3 Abs. 1 Nr. 1 LVwVfG einschlägig sein, wonach bei Angelegenheiten, die sich auf unbewegliches Vermögen oder auf ein ortsgebundenes Recht oder Rechtsverhältnis beziehen, die Behörde örtlich zuständig ist, in deren Bezirk das Vermögen oder der Ort liegt. Maßgeblich ist daher **die Lage des betreffenden Grundstücks**. Für das Bauplanungsrecht enthält § 206 BauGB eine inhaltsgleiche Regelung. Dieser ist jedoch für die Erteilung einer Baugenehmigung nicht einschlägig, da es sich bei dieser von der Natur her um Gefahrenabwehrrecht handelt.

» Lesen Sie § 3 Abs. 1 und § 1 Abs. 1 LVwVfG «

3. Ordnungsgemäße Nachbarbeteiligung, § 55 LBO

448 Nach § 55 Abs. 1 S. 1 LBO sind die Angrenzer innerhalb von fünf Arbeitstagen ab dem Eingang der vollständigen Bauvorlagen von der Gemeinde von dem Bauvorhaben zu benachrichtigen. Diese Benachrichtigung wird als **Angrenzerbenachrichtigung** bezeichnet.

» Lesen Sie § 55 LBO. Beachten Sie, dass § 55 Abs. 1 S. 2 LBO in zwei Konstellationen eine Angrenzerbenachrichtigung für nicht erforderlich erklärt. «

> Nach der Legaldefinition des § 55 Abs. 1 S. 1 LBO sind **Angrenzer** die Eigentümer angrenzender Grundstücke.

449 Ferner kann die Gemeinde gemäß § 55 Abs. 1 S. 3 LBO auch die sonstigen Nachbarn innerhalb der Frist des § 55 Abs. 1 S. 1 (fünf Arbeitstage) benachrichtigen.

> Nach der Legaldefinition des § 55 Abs. 1 S. 3 LBO sind **sonstige Nachbarn** die sonstigen Eigentümer benachbarter Grundstückstücke, d.h. solche die keine Angrenzer i.S.d. § 55 Abs. 1 S. 1 LBO sind.

> Sonstiger **Nachbar** ist jeder, der in den von der Norm geschützten rechtlichen Interessen betroffen sein kann.[36]

---

36 *Brenner* Öffentliches Baurecht Rn. 792.

> **Hinweis**
>
> Dieser materielle Nachbarbegriff ist mit dem im Rahmen der Klagebefugnis gemäß § 42 Abs. 2 VwGO (analog) zu prüfenden prozessrechtlichen Nachbarbegriff identisch (s. Rn. 652 f.)

Die **räumliche Ausdehnung** hängt daher sowohl vom **Schutzzweck der Norm**, als auch vom **Störungspotential der Anlage** ab.[37] Dies hat zur Folge, dass bei einer Anlage mit geringem Störungspotential der **Kreis der Nachbarn** kleiner ist als bei einer Anlage mit hohem Störungspotential. Bezeichnet werden hierdurch die **Nachbarn in räumlicher Hinsicht**.

Erforderlich ist, dass öffentlich-rechtlich geschützten nachbarlichen Belange berührt sein können. Auch hier gilt die Frist des § 55 Abs. 1 S. 1 (fünf Arbeitstage), § 55 Abs. 1 S. 3 a.E. LBO. Die Benachrichtigung der sonstigen Nachbarn ist im Gegensatz zur Angrenzerbenachrichtigung nicht verpflichtend, sondern steht **im pflichtgemäßen Ermessen** der Gemeinde.

> **Hinweis**
>
> Die fakultative Nachbarbeteiligung gemäß § 55 Abs. 1 S. 3 LBO bezweckt, dass die Gemeinde von Einwendungen auch von nicht angrenzenden Betroffenen möglichst frühzeitig Kenntnis erlangt und diese ins Verfahren einfließen lassen kann. Ferner erstreckt sich die materielle Präklusion gemäß § 55 Abs. 2 LBO (dazu Rn. 664) auch auf die benachrichtigten sonstigen Nachbarn i.S.d. § 55 Abs. 1 S. 3 LBO.

450 Die Angrenzer und sonstigen Nachbarn müssen gemäß § 55 Abs. 2 S. 1 LBO ihre **Einwendungen innerhalb von vier Wochen** (und nicht nach einem Monat!) **nach der** erforderlich förmlichen **Zustellung der Benachrichtigung** schriftlich oder zur Niederschrift vorbringen. Zur Wahrung dieser Frist ist es erforderlich, aber auch ausreichend, dass die Einwendungen dem Grunde nach konkretisiert sind, d.h. es muss erkennbar sein, in welcher Hinsicht sich der Angrenzer oder der sonstige Nachbar in seinen Rechten verletzt fühlt.[38] Ein bloßes „Nein" oder ein nicht weiter konkretisierter Einspruch genügen zur Fristwahrung daher nicht.[39]

451 § 55 Abs. 2 LBO normiert, dass die Angrenzer und sonstigen Nachbarn mit allen Einwendungen, die nicht fristgerecht vorgebracht worden sind, ausgeschlossen sind. Es handelt sich um eine **materielle Präklusion** (s. hierzu Rn. 664 f.). Auf die Folge der materiellen Präklusion ist **in der Benachrichtigung hinzuweisen**, § 55 Abs. 2 S. 3 LBO.

> **Hinweis**
>
> Sollte dieser **Hinweis unterbleiben** oder ist er **fehlerhaft**, so tritt **keine Präklusion** ein.[40]

---

[37] *Kenntner* Öffentliches Recht in Baden-Württemberg Rn. 747.
[38] *Dürr* Baurecht Baden-Württemberg Rn. 268.
[39] *VGH Baden-Württemberg* VBlBW 2000, 115.
[40] *Sauter* LBO § 55 Rn. 45.

Formelle Voraussetzungen 5 E II

Für den Eintritt der Präklusion ist ferner erforderlich, dass die Baupläne **Art und Umfang der Betroffenheit** der Angrenzer und der sonstigen Nachbarn erkennen lassen.[41] Durch diese Wirkung soll die **Rechtssicherheit des Bauherrn** erhöht werden.[42] Der Bauherr soll frühzeitig abschätzen können, welche Prozessrisiken auf ihn zukommen könnten.[42]

Anschließend leitet die Gemeinde gemäß § 54 Abs. 2 S. 4 LBO die eingegangenen Einwendungen mit ihrer Stellungnahme innerhalb von zwei Wochen an die Baurechtsbehörde weiter. Der Stellungnahme der Gemeinde kommt nur im Fall des § 36 BauGB eine rechtliche Bedeutung zu.

452

> **JURIQ-Klausurtipp**
>
> Wegen des Verweises in § 57 Abs. 2 LBO auf § 55 Abs. 1 und 2 LBO gelten diese Anforderungen auch für den Bauvorbescheid, so dass diese auch im Rahmen der **Prüfung eines Bauvorbescheides** zu erörtern sind.
>
> Eine fehlende oder fehlerhafte Nachbarbeteiligung führt zwar zur **Rechtswidrigkeit der Baugenehmigung**, dieser Mangel wird jedoch durch eine **spätere Anhörung** im **Widerspruchsverfahren geheilt**.[43]

4. Schriftform, § 58 Abs. 1 S. 3 LBO, und Begründung, § 58 Abs. 1 S. 5 LBO

Abweichend vom allgemeinen Grundsatz des § 37 Abs. 2 S. 1 LVwVfG, wonach ein Verwaltungsakt schriftlich, elektronisch, mündlich oder in anderer Weise erlassen werden darf, bedarf die Baugenehmigung gemäß § 58 Abs. 1 S. 3 LBO der **Schriftform**.

453 ❱❱ Lesen Sie § 37 LVwVfG. ❰❰

Ebenfalls abweichend von der allgemeinen Regelung des § 39 Abs. 1 S. 2 LVwVfG, wonach die wesentlichen tatsächlichen und rechtlichen Gründe, die die Behörde zu ihrer Entscheidung bewogen haben, mitzuteilen sind, besteht für eine Baugenehmigung eine **begrenzte Begründungspflicht**: Gemäß § 58 Abs. 1 S. 5 LBO ist die Baugenehmigung nur insoweit zu begründen, als sie Abweichungen, Ausnahmen oder Befreiungen von nachbarschützenden Vorschriften enthält und der Nachbar Einwendungen erhoben hat.

❱❱ Lesen Sie § 39 LVwVfG. ❰❰

> **Hinweis**
>
> Die Baurechtsbehörde hat über den Bauantrag gemäß § 54 Abs. 5 LBO innerhalb von zwei Monaten nach Eingang der vollständigen Bauvorlagen und allen erforderlichen Stellungnahmen und Mitwirkungen zu entscheiden. Die Überschreitung dieser Frist hat zwar keine unmittelbaren Auswirkungen, jedoch setzt sich die Baurechtsbehörde dann der Gefahr von Amtshaftungsansprüchen wegen eines verzögerten Baubeginns aus.

---

41 *VGH Baden-Württemberg* VBlBW 1998, 380; *VGH Baden-Württemberg* 2000, 115.
42 *Brenner* Öffentliches Baurecht Rn. 791.
43 *Sauter* LBO § 55 Rn. 45.

III. Materielle Voraussetzungen

454 Die Baugenehmigung ist gemäß § 58 Abs. 1 S. 1 LBO zu erteilen, wenn dem genehmigungspflichtigen Vorhaben keine von der Baurechtsbehörde zu prüfenden öffentlich-rechtlichen Vorschriften entgegenstehen. Dies ist zu bejahen, wenn ein **genehmigungspflichtiges und genehmigungsfähiges Vorhaben** gegeben ist.

> **PRÜFUNGSSCHEMA**
>
> **Materielle Voraussetzungen für die Erteilung einer Baugenehmigung**
> 1. In einem ersten Schritt wird geprüft, ob eine Genehmigung überhaupt erforderlich ist (**Genehmigungspflichtigkeit**).
> 2. Wird diese Frage bejaht, wird in einem zweiten Schritt geprüft, ob das in Frage stehende Anliegen genehmigt werden darf (**Genehmigungsfähigkeit**).

1. Genehmigungspflichtigkeit des Vorhabens

455 Zunächst muss ein genehmigungspflichtiges Vorhaben gegeben sein, vgl. § 58 Abs. 1 S. 1 LBO.

a) Eröffnung des Anwendungsbereichs der LBO, § 1 f. LBO

456 Für eine Genehmigungspflichtigkeit muss der Anwendungsbereich der LBO gemäß § 1 LBO eröffnet sein. Danach gilt die LBO für bauliche Anlagen und Bauprodukte, § 1 Abs. 1 S. 1 LBO, für Grundstücke, andere Anlagen und Einrichtungen, an die in der LBO oder auf Grund der LBO Anforderungen gestellt werden, § 1 Abs. 1 S. 2 LBO, sowie für Anlagen i.S.d. § 1 Abs. 2 LBO, soweit an diese durch örtliche Bauvorschriften i.S.d. § 74 LBO Anforderungen gestellt werden, § 1 Abs. 1 S. 3 LBO.

457 Zunächst ist die LBO gemäß § 1 Abs. 1 S. 1 LBO für alle baulichen Anlagen und Bauprodukte anwendbar. Der **Begriff der baulichen Anlage** ist in **§ 2 Abs. 1 LBO** legal definiert. Was **Bauprodukte** sind bestimmt **§ 2 Abs. 10 LBO**.

> **Hinweis**
>
> Beachten Sie, dass die Begriffe der baulichen Anlage nach dem BauGB und der LBO nicht identisch sind (Rn. 269).

b) Vorhaben i.S.d. § 49 LBO

» Lesen Sie die §§ 50, 51, 69 und 70 LBO. «

458 Nach § 49 LBO bedürfen die **Errichtung** und der **Abbruch** baulicher Anlagen sowie der in § 50 LBO aufgeführten anderen Anlagen und Einrichtungen der Baugenehmigung, soweit in §§ 50, 51, 69 oder 70 nichts anderes bestimmt ist.

> **Hinweis**
>
> Ob eine **Genehmigungspflichtigkeit** nach § 49 LBO gegeben ist, bestimmt sich daher anhand einer **Negativabgrenzung**: Eine solche ist gegeben, wenn die §§ 50, 51, 69, 70 LBO nicht einschlägig sind.

> **Errichtung** meint die erstmalige Herstellung einer baulichen Anlage.[44]

> **Hinweis**
>
> Dem Errichten steht gemäß **§ 2 Abs. 12 LBO** das Herstellen, Aufstellen, Anbringen, Einbauen, Einrichten, Instandhalten, Ändern und die **Nutzungsänderung** gleich. Dem Abbruch wird das Beseitigen gleichgestellt. Daher bedürfen auch diese Maßnahmen einer Baugenehmigung. Bei Nutzungsänderungen wird dies in Klausuren leider oftmals übersehen.

459

Beispiele Errichtung eines Gebäudes, Ablagern von Betriebsmittel auf einem Grundstück (Lagerplatz i.S.d. § 2 Abs. 2 Nr. 3 Var. 3 LBO), Errichtung eines Sportplatzes (Sportfläche i.S.d. § 2 Abs. 2 Nr. 4 Alt. 1 LBO) ∎

Besondere Bedeutung kommt der Abgrenzung von Änderung und bloßen Instandhaltungsarbeiten zu, da Instandhaltungsarbeiten gemäß § 50 Abs. 4 LBO verfahrensfrei sind und daher keiner Baugenehmigung bedürfen.

460

> **Änderung** ist der Eingriff in eine bereits vorhandene bauliche Anlage in Form von Umbau, Anbau oder Erweiterung, ohne dass der baulichen Anlage eine andere Zweckbestimmung zukommt.

Beispiele Errichtung eines Dachgiebels, Aufbau auf dem Dach eines Bungalows. ∎

> **Instandhaltungsarbeiten** sind Arbeiten, die den Bestand der baulichen Anlage unter Wahrung des bisherigen Nutzungszwecks unangetastet lassen.[45]

Beispiele Beseitigung von Schäden oder Mängeln, Wiederherrichten von schadhaften Bauteilen. ∎

Maßgeblich für die **Abgrenzung** ist, ob die **Identität des Bauwerks gewahrt** bleibt und das ursprüngliche Gebäude unverändert erscheint.

461

> Eine **Nutzungsänderung** ist gegeben, wenn der Vergleich der bisherigen Nutzung und der neuen beabsichtigen Nutzung ergibt, dass die Variationsbreite der bisherigen Nutzung überschritten wird und deshalb die Genehmigungsfrage aus öffentlich-rechtlicher Sicht neu aufgeworfen wird, da letztlich eine neue Qualität der Anlage gegeben ist.

---

[44] *Stollmann* Öffentliches Baurecht § 13 Rn. 12.
[45] *Dürr* Baurecht Baden-Württemberg Rn. 238.

Beispiele Eine bisherige Gaststätte soll als Büro fungieren, Gewerberäume sollen als Wohnraum dienen. ■

> **Hinweis**
>
> Eine Nutzungsänderung geht zwar oft mit einer baulichen Änderung einher, dies ist jedoch nicht zwingend erforderlich, d.h. auch bei einer Nutzungsänderung ohne bauliche Veränderung ist eine Baugenehmigung erforderlich. Dies folgt daraus, dass das öffentliche Baurecht die bauliche Anlage nicht isoliert betrachtet.[46] Vielmehr beziehen sich fast alle baurechtlichen Anforderungen auf eine bestimmte Nutzung.

462 Durch das **vereinfachte Baugenehmigungsverfahren** gemäß § 52 LBO ändert sich nichts an der generellen Genehmigungspflichtigkeit eines Vorhabens. Die Durchführung eines vereinfachten Baugenehmigungsverfahrens hat lediglich Auswirkungen auf den Umfang der materiell-rechtlichen Prüfung durch die Behörde im Baugenehmigungsverfahren.[47]

c) Kein verfahrensfreies Vorhaben, § 50 LBO

463 § 50 LBO regelt verfahrensfreie Vorhaben. Derartige Vorhaben, die im **Anhang zu § 50 LBO** zu finden sind, sind **von jeglichem Zulassungsverfahren frei**, so dass der Grundstückseigentümer ohne irgendeine Beteiligung der Baurechtsbehörde, der Gemeinde oder der Nachbarn diese Vorhaben errichten darf.[48] Verfahrensfrei ist zunächst die Errichtung der Anlagen und Einrichtungen, die im **Anhang zu § 50 LBO** aufgeführt sind, § 50 Abs. 1 LBO.

Beispiele Gartenhäuser in Gartenhausgebieten (Nr. 1 Lit. f), Blitzschutzanlagen (Nr. 5 Lit e), Werbeanlage im Innenbereich bis 1 m² Ansichtsfläche (Nr. 9 Lit. a). ■

464 Verfahrensfrei sind ferner gemäß **§ 50 Abs. 2 Nutzungsänderungen**, sofern für die neue Nutzung keine weitergehenden Anforderungen gelten als für die bisherige Nutzung (§ 50 Abs. 2 Nr. 1 LBO) oder wenn zusätzlicher Wohnraum in Gebäuden geringer Höhe geschaffen wird (§ 50 Abs. 2 Nr. 2 LBO).

> **Hinweis**
>
> **Weitergehende Anforderungen** im Sinne des § 50 Abs. 2 Nr. 1 LBO gelten nicht nur, wenn andere Vorschriften für die Nutzung maßgeblich sind, sondern **bereits** das neue Vorhaben **nach derselben Vorschrift anders zu beurteilen** ist.[49]

465 Der **Abbruch** ist verfahrensfrei bei Anlagen, die im Anhang zu § 50 LBO genannt sind (§ 50 Abs. 3 Nr. 1 LBO), bei freistehenden Gebäuden der Gebäudeklassen 1 bis 3 (§ 50 Abs. 3 Nr. 2 LBO) und bei sonstigen Anlagen, die keine Gebäude darstellen und die maximal 10 m hoch sind (§ 50 Abs. 3 Nr. 3 LBO). **Instandhaltungsarbeiten** sind (s. Rn. 460) ebenfalls **verfahrensfrei**, § 50 Abs. 4 LBO.

---

46 *Brenner* Öffentliches Baurecht Rn. 781.
47 *Tettinger/Erbguth/Mann-Erbguth* Besonderes Verwaltungsrecht Rn. 1219a.
48 *Dürr* Baurecht Baden-Württemberg Rn. 244.
49 *VGH Baden-Württemberg* VBlBW 1984, 209.

Die Befreiung dieser Vorhaben von der Genehmigungspflicht bedeutet jedoch **keine Freistellung von den Anforderungen, die durch öffentlich-rechtliche Vorschriften an das Vorhaben gestellt werden**, vgl. § 50 Abs. 5 LBO. Ebenso besteht die **Pflicht weitere Genehmigungen, die nach anderen Vorschriften erforderlich, einzuholen**. 466

> **Hinweis**
>
> Die Baurechtsbehörde sieht bei einem genehmigungsfreien Vorhaben lediglich davon ab, das Vorhaben präventiv auf dessen Rechtmäßigkeit hin zu überprüfen. Sollte das Vorhaben **gegen öffentlich-rechtliche Vorschriften verstoßen**, so ist ein **repressives Einschreiten möglich**.

d) Kein kenntnisgabepflichtiges Vorhaben, § 51 LBO

Das Kenntnisgabeverfahren kann **gemäß § 51 Abs. 1 und 2 LBO bei bestimmten Vorhaben**, insbesondere bei Wohnbauvorhaben innerhalb eines qualifizierten Bebauungsplans i.S.d. § 30 Abs. 1 BauGB und außerhalb des Geltungsbereichs einer Veränderungssperre i.S.d. § 14 BauGB (§ 51 Abs. 1 Nr. 1, Abs. 2 LBO), durchgeführt werden. 467 ≫ Lesen Sie § 51 LBO. ≪

> **Hinweis**
>
> Im Rahmen der Änderung der LBO[50] (**LBO 2015**) wurde § 51 LBO erheblich geändert. § 51 Abs. 2 LBO wurde um einen Satz 2 ergänzt, der bestimmt, dass kenntnisgabepflichtige Vorhaben den Festsetzungen des Bebauungsplans nicht widersprechen dürfen. § 51 Abs. 5 a.F. der **Abweichungen, Ausnahmen und Befreiungen** ermöglichte, wurde **gestrichen**. Daher ist das Kenntnisgabeverfahren nur noch möglich, wenn ein Vorhaben den Festsetzungen eines qualifizierten Bebauungsplan vollständig entspricht.[51] Hierdurch reduziert sich die Bedeutung des Kenntnisgabeverfahrens erheblich.[52]

Der Unterschied des Kenntnisgabeverfahrens zum Baugenehmigungsverfahren besteht darin, dass diese Vorhaben der Baurechtsbehörde nur durch **Vorlage der Baupläne** zur Kenntnis gebracht werden müssen.[53] Eine Genehmigung oder eine sonstige Zulassung erfolgt nicht.[53] Der Bauherr kann vielmehr nach einem Monat mit dem Bau beginnen, sofern die Baurechtsbehörde den Baubeginn nicht untersagt. Da im Kenntnisgabeverfahren keine Baugenehmigung existiert, die zugunsten des Bauherrn bestandskräftig werden kann, besteht die Möglichkeit, dass **auf Antrag des Bauherrn** auch bei Vorhaben i.S.d. § 51 LBO ein **Baugenehmigungsverfahren durchgeführt** werden kann, vgl. § 51 Abs. 5. 468

Auch im Rahmen des Kenntnisgabeverfahrens ist **keine Freistellung von den Anforderungen, die durch öffentlich-rechtliche Vorschriften an das Vorhaben gestellt werden** gegeben, vgl. § 51 Abs. 4 LBO. Ebenso besteht die **Pflicht weitere Genehmigungen, die nach anderen Vorschriften erforderlich sind einzuholen**.

---

50 Gesetz vom 11.11.2014 (GBl. S. 501). In-Kraft-getreten am 1.3.2015.
51 *Ulrich* Landesbauordnung für Baden-Württemberg 2015 S. 7.
52 *Ulrich* Landesbauordnung für Baden-Württemberg 2015 S. 7 „Faktisches Ende des Kenntnisgabeverfahrens".
53 *Dürr* Baurecht Baden-Württemberg Rn. 240.

> **Hinweis**
>
> Sollte das Vorhaben **gegen öffentlich-rechtliche Vorschriften**, denen gemäß § 51 Abs. 4 LBO entsprochen werden muss, **verstoßen**, so ist ein **repressives Einschreiten** weiterhin möglich.

e) Keine Konzentrationswirkung

469 Das Erfordernis einer Baugenehmigung kann aufgrund einer **formellen Konzentrationswirkung** entfallen. Dies ist der Fall, wenn **durch** eine **ausdrückliche gesetzliche Anordnung anstelle mehrerer Genehmigungsverfahren nur ein Genehmigungsverfahren** durchzuführen ist. Im Rahmen dieses alleinigen Genehmigungsverfahrens werden **alle verschiedenen materiellen Anforderungen von einer Behörde geprüft**, wobei es zu einer Kooperation der Genehmigungsbehörde mit der zuständigen Behörde kommt.[54]

> **Hinweis**
>
> Einen Fall der **materiellen Konzentrationswirkung** enthält § 38 BauGB. Hiernach sind für bestimmte Planfeststellungsverfahren die §§ 29 bis 37 BauGB nicht anwendbar, wenn die Gemeinde beteiligt wird. Städtebauliche Belange sind im Rahmen der Abwägung zu berücksichtigen.[55]

470 Neben einem **Planfeststellungsbeschluss** ist nach § 75 Abs. 1 S. 1 Hs. 2 (L)VwVfG eine andere behördliche Genehmigung nicht erforderlich. Die Planfeststellung ersetzt grundsätzliche sämtliche nach anderen Rechtsvorschriften erforderlichen Genehmigungen, Erlaubnisse und Zulassungen.[56] Der Planfeststellungsbeschluss tritt an die Stelle der zumeist zahlreichen fachrechtlichen Genehmigungen.[57] Es handelt sich daher um einen Fall der **formellen Konzentrationswirkung**.[58] Eine materielle Konzentrationswirkung ist nicht gegeben, da die Planfeststellungsbehörde das materielle Recht grundsätzlich im selben Umfang wie die Behörden, deren Entscheidungen im Planfeststellungsverfahren ersetzt werden, zu beachten hat.[59]

» Lesen Sie § 13 BImSchG. «

471 Einen weiteren Fall der formellen Konzentrationswirkung enthält **§ 13 BImSchG**.[60] Hiernach schließt eine Genehmigung nach § 6 BImSchG alle anderen Gestattungen und somit auch eine Baugenehmigung ein.

---

54 S. vertiefend *Odendahl* NVwZ 2002, 686; *Ortloff* NVwZ 2003, 1218; *Repkewitz* UPR 2003, 420.
55 *Ferner/Kröniger/Aschke* BauGB BauNVO § 38 BauGB Rn. 3.
56 *Kopp/Ramsauer* VwVfG § 75 Rn. 12.
57 *Kopp/Ramsauer* VwVfG § 75 Rn. 12.
58 *Kopp/Ramsauer* VwVfG § 75 Rn. 15.
59 H.M. vgl. *Kopp/Ramsauer* VwVfG § 75 Rn. 15 m.w.N.; a.A. *Ronellenfitsch* VerwArch 1989 95; *Erbguth* NVwZ 1989, 619.
60 Vgl. hierzu *Schmidt/Kahl/Gärditz* Umweltrecht § 7 Rn. 85 f.

Materielle Voraussetzungen   5 E III

> **Hinweis**
> Welche Anlagen genehmigungsbedürftig i.S.d. § 4 BImSchG sind, ist in § 1 4. BImSchV i.V.m. Anhang 1 (Sartorius Nr. 296a) geregelt.

Beispiel Unternehmer F will eine Industrieanlage errichten, die zugleich genehmigungsbedürftig nach § 4 Abs. 1 S. 1 BImSchG ist.

Die immissionsschutzrechtliche Genehmigung schließt gemäß § 13 BImSchG die Baugenehmigung mit ein. Dies hat zur Folge, dass die Bundesimmissionsschutzbehörde im Genehmigungsverfahren die Voraussetzungen des BauGB und der LBO mit prüfen muss. ■

Sollte **keine entsprechende gesetzliche Regelung** vorhanden sein, so sind **beide Genehmigungen nebeneinander** erforderlich. 472

Beispiel Da im GastG keine entsprechende Regelung enthalten ist, ist u.U. eine Baugenehmigung nach § 58 Abs. 1 S. 1 LBO und eine Gaststättengenehmigung nach § 2 Abs. 1 S. 1 GastG erforderlich. ■

2. Genehmigungsfähigkeit des Vorhabens

Sollte die Prüfung ergeben haben, dass das in Frage stehende Vorhaben keiner Genehmigung bedarf, so ist die Prüfung zu beenden. Bei einem genehmigungsfreien Vorhaben hat der Bauherr keinen Anspruch auf eine Baugenehmigung, da diese gerade nicht erforderlich ist, vgl. § 58 Abs. 1 S. 1 („dem genehmigungspflichtigen Vorhaben"). Ergibt die Prüfung hingegen, dass das Vorhaben genehmigungspflichtig ist, so ist die Prüfung fortzusetzen. 473

a) Umfang der von der Baurechtshörde zu prüfenden Vorschriften

Welche Vorschriften von der Baurechtsbehörde – und damit von Ihnen – zu prüfen sind ergibt sich aus **§ 58 Abs. 1 S. 2 LBO**. Danach sind solche Vorschriften nicht zu prüfen, über deren Einhaltung eine andere Behörde in einem gesonderten Verfahren durch Verwaltungsakt entscheidet. Zu den zu prüfenden Vorschriften zählen daher in erster Linie solche des Bauplanungs- und Bauordnungsrechts. Jedoch können auch durch Spezialgesetze Anforderungen an bauliche Anlagen gestellt werden.[61] 474

Beispiel Bei einer baulichen Anlage, die zugleich eine nicht genehmigungsbedürftige Anlage i.S.d. § 3 Abs. 5 BImSchG ist, begründet § 22 Abs. 1 S. 1 bestimmte Betreiberpflichten. Da es sich nicht um eine genehmigungsbedürftige Anlage i.S.d. § 4 BImSchG i.V.m. § 1 4. BImSchV und Anhang 1 handelt, erfolgt kein Ausschluss dieser Prüfung durch § 58 Abs. 1 S. 2 LBO, so dass die Einhaltung der Betreiberpflichten von der Baugenehmigungsbehörde im Baugenehmigungsverfahren zu prüfen ist. ■

---
61 Ennuschat/Ibler/Remmert-*Remmert* Öffentliches Recht in Baden-Württemberg § 3 Rn. 252.

> **Hinweis**
>
> Ob straßenrechtliche, immissionsschutzrechtliche, wasserrechtliche oder sonstige Vorschriften einem eigenständigen Genehmigungsverfahren unterliegen oder im Verfahren der Baugenehmigung zu prüfen sind, ist durch die Auslegung des einschlägigen Fachrechts zu ermitteln.[62]

Da die Baugenehmigung gemäß **§ 58 Abs. 3 LBO** unbeschadet privater Rechter Dritter ergeht, zählen **privatrechtliche Vorschriften nicht** zum Prüfungsumfang.[63] Daher muss der **Bauherr nicht Eigentümer des zu bebauenden Grundstücks** sein.[63] In diesem Fall wird die Baufreiheit nicht durch Art. 14 Abs. 1 GG, sondern durch Art. 2 Abs. 1 GG gewährleistet.[64]

475 Die Frage, ob die Baugenehmigung den **Schlusspunkt** des behördlichen Zulassungsverfahrens darstellt und daher erst erlassen werden darf, wenn zuvor alle anderen sonst noch notwendigen behördlichen Entscheidungen vorliegen,[65] wird teilweise unterschiedlich beantwortet.

Für eine derartige Sichtweise ließe sich anführen, dass es bei bodenrechtlich relevanten Vorgängen erst auf der Grundlage einer Baugenehmigung zur Schaffung von Fakten durch die Errichtungen von Bauwerken kommt.[66]

Dies wird herrschend abgelehnt und das **Separationsmodell** vertreten. Danach stehen das Baugenehmigungsverfahren und zusätzlich erforderliche Verwaltungsverfahren nebeneinander und sind unabhängig voneinander durchzuführen.[67] Hierfür kann angeführt werden, dass sich im Wortlaut des § 58 Abs. 1 LBO keine Stütze dafür zu finden ist, dass die Baugenehmigung den Schlusspunkt bilden müsse.[68] Dagegen spreche auch § 58 Abs. 1 S. 2 LBO, wonach im Baugenehmigungsverfahren solche Vorschriften nicht zu prüfen sind, über deren Einhaltung eine andere Behörde in einem gesonderten Verfahren durch Verwaltungsakt entscheidet.[69] Daher sind die Verfahren voneinander unabhängig und können sowohl nach als auch nebeneinander durchgeführt werden. Auch besitzt die Baugenehmigung keinen Vorrang vor den anderen für das Vorhaben notwendigen Genehmigungen oder Erlaubnissen, sondern liegt auf derselben Ebene wie diese.[70]

b) Vereinbarkeit des Vorhabens mit dem Bauplanungsrecht, §§ 29 ff. BauGB

476 Zunächst ist zu prüfen, ob das Vorhaben bauplanungsrechtlich zulässig ist. Die bauplanungsrechtliche Zulässigkeit wurde oben bereits behandelt, so dass auf die obigen Darstellungen (s.o. Rn. 268 ff.) verwiesen wird.

---

[62] *Kenntner* Öffentliches Recht in Baden-Württemberg Rn. 775.
[63] *Kenntner* Öffentliches Recht in Baden-Württemberg Rn. 701.
[64] Zutreffend in der Sache, jedoch am falschen Prüfungspunkt *Dürr* JuS 2007, 358, 259.
[65] Vgl. zur Schlusspunkttheorie *Ortloff* NVwZ 2003, 660; *Mampel* BauR 2002, 719.
[66] Vgl. Ennuschat/Ibler/Remmert-*Remmert* Öffentliches Recht in Baden-Württemberg § 3 Rn. 252.
[67] *VGH Baden-Württemberg* VBlBW 1996, 343; *VGH Baden-Württemberg* ZfBR 2003, 47, 48; *VGH Baden-Württemberg* VBlBW, 2010 155, 156; *Dürr* Baurecht Baden-Württemberg Rn. 246; Ennuschat/Ibler/Remmert-*Remmert* Öffentliches Recht in Baden-Württemberg § 3 Rn. 252.
[68] *VGH Baden-Württemberg* VBlBW 1996, 343.
[69] *Dürr* Baurecht Baden-Württemberg Rn. 246.
[70] *VGH* Baden-Württemberg VBlBW 1996 343.

Materielle Voraussetzungen 5 E III

> **Hinweis**
>
> Auch im vereinfachten Verfahren nach § 52 LBO hat eine uneingeschränkte Überprüfung der bauplanungsrechtlichen Zulässigkeit des Vorhabens zu erfolgen,[71] so dass an dieser Stelle noch keine Unterscheidung zwischen dem vereinfachten Verfahren, § 52 LBO, und dem Baugenehmigungsverfahren, § 58 LBO, erfolgen muss. Diese Unterscheidung hat Relevanz im Bereich des Bauordnungsrechts.

c) Vereinbarkeit des Vorhabens mit örtlichen Bauvorschriften

477 Ferner ist die **Vereinbarkeit des Vorhabens mit den örtlichen Bauvorschriften** zu prüfen. Dies gilt sowohl für das **vereinfachte Baugenehmigungsverfahren**, wie auch für das **reguläre Baugenehmigungsverfahren** gemäß § 58 LBO. Derartige örtliche Bauvorschriften sind in **§ 74 LBO** geregelt. Die Gemeinde kann derartige Regelungen erlassen, d.h. ihr kommt Ermessen zu. Derartige örtliche Bauvorschriften werden als **Satzung** erlassen. Nähere Regelungen zum Inhalt und zum Erlass finden sich in § 74 Abs. 6 und 7 LBO.

d) Vereinbarkeit des Vorhabens mit dem Bauordnungsrecht

478 Welche bauordnungsrechtlichen Vorschriften in Bezug auf das Vorhaben zu prüfen sind bestimmen §§ 49 ff. LBO. Es ist zwischen dem vereinfachten Baugenehmigungsverfahren, § 52 LBO, und dem Baugenehmigungsverfahren, § 58 LBO, zu unterscheiden.

e) Vereinfachtes Baugenehmigungsverfahren, § 52 LBO

aa) Voraussetzungen, § 52 Abs. 1 i.V.m. § 51 Abs. 1 LBO

» Lesen Sie § 52 LBO «

480 Das vereinfachte Baugenehmigungsverfahren kann, wie aus der **Verweisung auf § 51 Abs. 1 LBO in § 52 Abs. 1 LBO** ersichtlich wird, bei Vorhaben durchgeführt werden, die den **gleichen gegenständlichen Anwendungsbereich wie das Kenntnisgabeverfahren** haben. Daher wird auf die obigen Ausführungen (s.o. Rn. 467 ff.) verwiesen. Im Rahmen des vereinfachten Baugenehmigungsverfahrens ist jedoch, da § 52 Abs. 1 LBO nur auf § 51 Abs. 1 LBO (und gerade nicht auf § 51 Abs. 2 LBO) verweist, **keine Beschränkung des räumlichen Anwendungsbereichs** gegeben. Daher ist dieses **Verfahren nicht nur bei Vorhaben im beplanten Bereich**, sondern auch **innerhalb der im Zusammenhang bebauten Ortsteile**, § 34 BauGB, und im **Außenbereich**, § 35 BauGB, möglich.

bb) Prüfungsumfang, § 52 Abs. 2 LBO

481 Das vereinfachte Baugenehmigungsverfahren bezweckt eine Verfahrensvereinfachung.[72] Es hat im Vergleich zum normalen Baugenehmigungsverfahren einen in § 52 Abs. 2 LBO festgelegten, **eingeschränkten Prüfungsumfang**. Zu prüfen sind lediglich:
1. Die Übereinstimmung mit bestimmten Vorschriften des Bauplanungsrechts, § 52 Abs. 2 Nr. 1 LBO i.V.m. §§ 14 und 29–38 BauGB
2. Die Übereinstimmung mit dem Abstandsflächenrecht, § 52 Abs. 2 Nr. 2 LBO: §§ 5 bis 7 LBO
3. Die Übereinstimmung mit Fachrecht, § 52 Abs. 2 Nr. 3 LBO.

---
71 *Brenner* Öffentliches Baurecht Rn. 799.
72 *Brenner* Öffentliches Baurecht Rn. 798.

Wegen des beschränkten Prüfungsumfangs hat sie nicht wie eine Baugenehmigung den Charakter einer umfassend Unbedenklichkeitsbescheinigung, sondern nur den einer beschränkten öffentlich-rechtlichen Unbedenklichkeitsbescheinigung.

(1) Bauplanungsrecht, § 52 Abs. 2 Nr. 1 LBO i.V.m. §§ 14, 29 bis 38 BauGB

> **Hinweis**
>
> § 52 Abs. 2 Nr. 1 LBO fordert die Überprüfung der Übereinstimmung mit den bauplanungsrechtlichen Vorschriften der §§ 14 und 29 bis 38 BauGB. Da diese Prüfung sowohl im Rahmen des vereinfachten Verfahrens gemäß § 52 LBO, wie auch im Baugenehmigungsverfahren gemäß § 58 LBO erfolgen muss, wurde diese Prüfung nach vorne verlagert. An dieser Stelle genügt bei diesem Aufbau ein Verweis nach oben und die Darstellung, dass eine Verletzung nicht gegeben ist.

(2) Abstandsflächenrecht, § 52 Abs. 2 Nr. 2 LBO i.V.m. §§ 5 bis 7 LBO

» Lesen Sie die §§ 5 bis 7 LBO. «

482 Nach § 52 Abs. 2 LBO ist die Übereinstimmung mit **den abstandsflächenrechtlichen Regelungen der §§ 5 bis 7 LBO** zu prüfen.

> **JURIQ-Klausurtipp**
>
> Detailwissen wird an dieser Stelle nicht von Ihnen verlangt. Verlangt werden vielmehr der Umgang mit „unbekannten" Normen und gewisse rechnerische Grundfähigkeiten.
>
> Denken Sie daran, dass bei der Prüfung der Abstandsflächen auch Abweichungen von § 5 Abs. 7 LBO durch gemeindliche Satzung gemäß § 74 Abs. 1 Nr. 7 LBO zu berücksichtigen sind.
>
> Um sich unnötige Rechenarbeit zu vermeiden, sollten Sie immer zuerst prüfen, ob die **Mindestabstandsfläche** nach § 5 Abs. 7 S. 2 von 2 bzw. 2,50 Metern eingehalten ist.

(3) Fachrecht, § 52 Abs. 2 Nr. 3 LBO

483 § 52 Abs. 2 Nr. 3 LBO regelt die **Erforderlichkeit der Prüfung von Fachrecht**. Hierbei wird zwischen dem unbeplanten, § 34 BauGB, dem (einfach, § 30 Abs. 3 BauGB oder qualifiziert, § 30 Abs. 1 BauGB) beplanten Innenbereich und dem Außenbereich, § 35 BauGB, unterschieden.

484 Gemäß **§ 52 Abs. 2 Nr. 3a) LBO** werden andere **öffentlich-rechtliche Vorschriften** in Fachgesetzen **nur geprüft**, wenn diese **Vorschriften Anforderungen an eine Baugenehmigung stellen**. Dies ist der Fall,[73]

- wenn wegen der Baugenehmigung eine Entscheidung nach den anderen öffentlich-rechtlichen Vorschriften entfällt oder ersetzt wird.

Beispiel § 79 Abs. 4 Naturschutzgesetz Baden-Württemberg ∎

- wenn die anderen öffentlich-rechtlichen Vorschriften Zustimmungs- oder Beteiligungspflichten vorsehen

Beispiel § 7 Abs. 3 Denkmalschutzgesetz Baden-Württemberg ∎

---
[73] *Stein* Die neue Landesbauordnung für Baden-Württemberg 2010 Synopse, 4 f.

Materielle Voraussetzungen   5 E III

- wenn die anderen öffentlich-rechtlichen Vorschriften die Berücksichtigung fachgesetzlicher materieller Belange im Rahmen der Baugenehmigung verlangen

Beispiel § 22 Abs. 3 Straßengesetz Baden-Württemberg ∎

> **Hinweis**
>
> Weitere öffentlich-rechtliche Vorschrift sind im Rahmen des § 52 Abs. 3 LBO nicht zu prüfen.[74] Jedoch müssen diese, wie im Kenntnisgabeverfahren(vgl. § 51 Abs. 4 LBO) eingehalten werden. Für deren Einhaltung trägt der Bauherr die Verantwortung. Sollte nach der Erteilung der Baugenehmigung im vereinfachten Verfahren ein Verstoß gegen öffentlich-rechtliche Vorschriften festgestellt werden, so muss der Bauherr ggf. mit repressiven bauaufsichtsrechtlichen Maßnahmen rechnen.

Abweichend vom Grundsatz des § 52 Abs. 2 Nr. 3 lit. a) LBO fordert **§ 52 Abs. 2 Nr. 4 lit. b)**, dass **bei Vorhaben im Außenbereich auch im vereinfachten Verfahren** die **Prüfung im Umfang des § 58 Abs. 1 S. 2 LBO** zu erfolgen hat, d.h. sonstige öffentlich-rechtliche Vorschriften dürfen nicht entgegenstehen. Dies hat seinen **Grund** darin, dass bei Vorhaben im Außenbereich z.B. **Belange des Naturschutzes** oder des **Baunebenrechts** sowohl im Rahmen des § 35 BauGB, wie **auch** im Rahmen des **Fachrechts von Bedeutung** sein können, so dass die Erteilung einer Baugenehmigung im vereinfachten Verfahren gemäß § 52 LBO ohne die Prüfung des Fachrechts nicht sinnvoll erscheint und somit in diesen Fälle eine Beteiligung der betroffenen Fachbehörden erforderlich ist.[75] Dies stellt jedoch keinen zusätzlichen Aufwand dar, da bei der nach § 52 Abs. 2 Nr. 1 LBO erforderlichen Prüfung der bauplanungsrechtlichen Zulässigkeit des Vorhabens nach § 35 Abs. 2 und 3 BauGB u.a. einer Prüfung bedarf, ob öffentliche Belange beeinträchtigt sind. Daher bedarf es gemäß § 53 Abs. 4 LBO ohnehin einer Anhörung bestimmter Stellen.

485

f) Baugenehmigungsverfahren, § 58 LBO

Sollte die Prüfung ergeben haben, dass es sich nicht um ein vereinfachtes Verfahren gemäß § 52 LBO handelt, ist das Baugenehmigungsverfahren gemäß § 58 LBO relevant.

486

aa) Vereinbarkeit des Vorhabens mit §§ 3 ff. LBO

Ein einem ersten Schritt prüfen Sie **vollumfänglich** die Vereinbarkeit mit dem Bauordnungsrecht.

487

(1) Bauordnungsrechtliche Generalklausel, § 3 Abs. 1 LBO

Das materielle Bauordnungsrecht stellt in erster Linie **spezifisches Gefahrenabwehrrecht** dar (s. Rn. 419). In den §§ 3 ff. LBO sind die materiell-rechtlichen Anforderungen an bauliche Anlagen i.S.d. § 2 Abs. 1 LBO geregelt. **§ 3 Abs. 1 LBO** stellt die **bauordnungsrechtliche Generalklausel des materiellen Bauordnungsrechts** dar.[76] Nach § 3 Abs. 1 S. 1 LBO sind bauliche Anlagen sowie Grundstücke, andere Anlagen und Einrichtungen i.S.d. § 2 Abs. 1 LBO so anzu-

488

---

[74] Vgl. zur missverständlichen Gesetzesbegründung *Stein* Die neue Landesbauordnung für Baden-Württemberg 2010 Synopse, 6.
[75] *Stein* Die neue Landesbauordnung für Baden-Württemberg 2010 Synopse, 5.
[76] Tettinger/Erbguth/Mann-*Erbguth* Besonderes Verwaltungsrecht Rn. 1186.

ordnen und zu errichten, dass die öffentliche Sicherheit oder Ordnung insbesondere Leben, Gesundheit oder die natürlichen Lebensgrundlagen, nicht bedroht werden und dass sie ihrem Zweck entsprechend ohne Missstände benutzbar sind. Dies gilt gemäß § 3 Abs. 1 S. 2 LBO auch für den Abbruch baulicher Anlagen und, da dem Errichten das Herstellen, Aufstellen, Anbringen, Einbauen, Einrichten, Instandhalten, Ändern und die Nutzungsänderung gleichsteht, auch auf für diese Handlungen.

>> Wiederholen Sie die polizeirechtlichen Begriffe der öffentlichen Sicherheit und Ordnung. <<

> **Hinweis**
>
> Die Begriffe der öffentlichen Sicherheit und Ordnung entsprechen denen des allgemeinen Gefahrenabwehrrechts.

>> Lesen Sie die §§ 5, 11, 37 und 74 LBO. <<

489 Die §§ 3 ff. LBO haben in der Praxis eine große Bedeutung. Relevant für Prüfungsarbeiten sind vor allem die §§ 5, 11, 37, 74 LBO.[77] Hinsichtlich des Abstandsflächenrechts (§§ 5 ff. LBO) und den örtlichen Bauvorschriften wird auf Rn. 482 und Rn. 93 f. verwiesen.

(2) Verunstaltungsverbot, § 11 LBO

490 § 11 LBO regelt das Verunstaltungsverbot. Nach § 11 Abs. 1 LBO darf eine bauliche Anlage das Orts- und Landschaftsbild nicht verunstalten, noch darf diese selbst nach § 11 Abs. 2 LBO verunstaltet wirken.

> Eine **Verunstaltung** liegt dann vor, wenn der Anblick bei einem nicht unbeträchtlichen, in durchschnittlichem Maße für ästhetische Eindrücke aufgeschlossenen Betrachter nachhaltigen Protest auslöst,[78] die Grenze zur Hässlichkeit klar überschritten, also mehr als nur unschön ist und die Anlage den Wunsch nach Abhilfe herausfordert.[79]

> **JURIQ-Klausurtipp**
>
> In der Fallbearbeitung kann die Beurteilung der Frage, ob eine Verunstaltung gegeben ist, Schwierigkeiten bereiten, da sich einheitliche Maßstäbe nicht bilden lassen und es sich um eine **Einzelfallentscheidung** handelt.[80] Wichtig ist, dass es sich um ein Tatbestandsmerkmal handelt, das der **vollen gerichtlichen Kontrolle** unterliegt.[80] Durch § 11 LBO wird es der Baurechtsbehörde nicht gestattet dem Bauherrn ästhetische Vorstellungen aufzuzwingen.[81] In der Fallbearbeitung müssen Sie anhand der Angaben im Sachverhalt argumentieren, warum die bauliche Anlage nicht nur unschön, sondern vielmehr „eindeutig hässlich" ist.

Beispiele Eine **Verunstaltung** wurde in folgenden Fällen **bejaht**:
- Großflächige grelle Werbetafel, die den „Eindruck einer naturnahen grünen optischen Ruhezone massiv zerstört".[79]
- Kunststofffenster in einem Jugendstilhaus[82]

---

[77] S. zu den hier nicht dargestellten Vorschriften *Dürr* Baurecht Baden-Württemberg Rn. 229 ff.
[78] *BVerwG* NJW 1995, 2648.
[79] *VGH Baden-Württemberg* VBlBW 2009, 466.
[80] *Kenntner* Öffentliches Recht in Baden-Württemberg Rn. 732.
[81] *Dürr* Baurecht Baden-Württemberg Rn. 202.
[82] *OVG Hamburg* BauR 1984, 625.

Materielle Voraussetzungen												5 E III

- Großflächige Wandmalerei im Villengebiet[83]
- Im Acht-Sekunden-Takt wechselnde Lichtwerbung mit einer Größe von 3,8 x 2,5 Metern an einer vormals werbefreien Hauswand.[84]

In folgenden Konstellationen wurde sie **verneint**:
- Von der Umgebung abweichende Dachform[85]
- Litfaßsäule im Wohngebiet[86]

(3) Werbeanlagen, §§ 2 Abs. 9, 11 Abs. 3, Abs. 4 LBO

Von besonderer Klausurrelevanz sind Werbeanlagen. Der Begriff der Werbeanlagen ist in **§ 2 Abs. 9 LBO** legal definiert. Hierunter sind auch Beschriftungen oder Bemalungen zu verstehen. 491

> **Hinweis**
>
> Auch Beschriftungen oder Bemalungen sind, obwohl sie keine bauliche Anlage darstellen, nach § 49 LBO genehmigungspflichtig, wenn sie nicht die Voraussetzungen der Nr. 9 des Anhangs zu § 50 LBO erfüllen.
>
> Werbeanlagen können, wenn sie in einem funktionalen Zusammenhang mit einer gewerblichen oder sonstigen Nutzung auf dem Grundstück stehen, eine Nebenanlage i.S.d. § 14 BauNVO sein.[87] Ist dies nicht der Fall, so sind sie eine Hauptanlage, deren Zulässigkeit sich nach § 2 ff. BauNVO richtet.[88]

Besondere Bedeutung kommt bei Werbeanlagen dem **Verunstaltungsgebot** gemäß § 11 LBO (s. Rn. 490) zu.[89] Gemeinden können durch örtliche Bauvorschriften (s. Rn. 93 f.) nach § 74 Abs. 1 Nr. 2 LBO besondere Regelungen für Werbeanlagen treffen. Diese müssen jedoch auf bestimmte Gebiete beschränkt sein.[87]

(4) Stellplatzanforderungen, § 37 LBO

Geeignete Stellplätze müssen nach § 37 Abs. 1, Abs. 2 LBO **in ausreichender Zahl** vorhanden sein. Für Wohngebäude ist ein Stellplatz erforderlich (notwendiger Stellplatz, vgl. § 37 Abs. 1 S. 1 LBO). Für andere Gebäude finden sich Regelungen in der VwV-Stellplätze,[90] die eine norminterpretierende Verwaltungsvorschrift darstellen.[91] Auch bei baulichen Vorhaben in einer Fußgängerzone gelten die Stellplatzanforderungen, da auch diese Vorhaben einen Kfz-Verkehr hervorrufen, wobei es möglich ist die Stellplätze außerhalb der Fußgängerzone anzulegen, sich an einer Gemeinschaftsanlage zu beteiligen oder einen Ablösebetrag nach § 37 Abs. 5 LBO zu zahlen.[92] 492

---

[83] *Hessischer VGH* BRS 57 Nr. 179.
[84] *Hessischer VGH* BRS 56 Nr 126.
[85] *OVG Nordrhein-Westfalen* BRS 35 Nr. 130.
[86] *Hamburgisches OVG* NVwZ-RR 1998, 616.
[87] *Dürr* Baurecht Baden-Württemberg Rn. 204.
[88] *BVerwG* BauR 1993, 315.
[89] Vgl. *Dürr* Baurecht Baden-Württemberg Rn. 203.
[90] Vom 18.12.1986 (GABl 1987, 1) geändert durch die VwV-Stellplätze vom 16.4.1996 (GABl 1996, 289).
[91] *VGH Baden-Württemberg* VBlBW 2001, 373.
[92] Vgl. *Dürr* Baurecht Baden-Württemberg Rn. 221.

bb) Vereinbarkeit des Vorhabens mit anderen öffentlich-rechtlichen Vorschriften

493 In einem letzten Schritt wird die **Vereinbarkeit des Vorhabens mit anderen öffentlich-rechtlichen Vorschriften** geprüft. Derartige Vorschriften sind insbesondere Normen des Wasserrechts, des Straßenrechts, des Gaststättenrechts, des Naturschutzrechts, des Immissionsschutzrechts und des Denkmalschutzrechts.

> **JURIQ-Klausurtipp**
>
> Sollten derartige Vorschriften in einer Prüfungsarbeit zu erörtern sein, werden Sie hinreichende Anhaltspunkte im Sachverhalt finden. Fehlen derartige Hinweise, genügt es, wenn Sie an dieser Stelle erwähnen, dass die Vereinbarkeit des Vorhabens mit anderen öffentlich-rechtlichen Vorschriften in Ermangelung entgegenstehender Angaben als gegeben anzusehen ist.

F. Mögliche Entscheidungen der Baurechtsbehörde, Nebenbestimmungen, Baulasten

494 Das Baugenehmigungsverfahren ist abgeschlossen, wenn die Behörde über die beantragte Baugenehmigung **entschieden** hat.

I. Ablehnende Entscheidung der Baurechtsbehörde

495 Sollten dem Vorhaben öffentlich-rechtliche Vorschriften entgegenstehen, so hat der Bauherr keinen Anspruch auf Erteilung einer Baugenehmigung, weswegen die Baurechtsbehörde keine Baugenehmigung erteilen darf. Diese ablehnende Entscheidung stellt einen Verwaltungsakt i.S.d. § 35 S. 1 LVwVfG dar. Hierdurch ist der Bauherr jedoch nicht daran gehindert einen **neuen Bauantrag** zu stellen. Nur der **verfügende Teil**, d.h. die ablehnende Entscheidung der Baurechtsbehörde, enthält die **Regelung, dass die Baugenehmigung nicht erteilt wird**. Nur diese Regelung erwächst in **Bestandskraft**. Die Begründung hingegen, die diese Regelung trägt, erläutert diese nur und wird daher **nicht bestandskräftig**.

II. Erteilung der Baugenehmigung

496 Stehen dem Bauvorhaben keine öffentlich-rechtlichen Vorschriften entgegen, so hat der Bauherr einen Anspruch auf Erteilung der Baugenehmigung. Die Baugenehmigung ist **schriftlich**, § 58 Abs. 1 S. 3 LBO, und **im Umfang des § 58 Abs. 1 S. 5 LBO begründet** (s. zu beiden Voraussetzungen Rn. 453) **durch Bekanntgabe gegenüber dem Bauherrn** zu erteilen.

III. Erteilung der Baugenehmigung unter Beifügung von Nebenbestimmungen

497 Sollte das Ergebnis der Prüfung ergeben, dass für das Vorhaben zum Zeitpunkt der Entscheidung noch nicht alle Voraussetzungen erfüllt sind, kann die Baugenehmigungsbehörde die Baugenehmigung ablehnen. Sie hat jedoch auch die Möglichkeit, die Baugenehmigung zwar zu erteilen und zur Sicherstellung der Erfüllung der (noch) fehlenden Voraussetzungen der Baugenehmigung **Nebenbestimmungen** beifügen.

Erteilung der Baugenehmigung unter Beifügung von Nebenbestimmungen 5 F III

498 Die **LBO** enthält **keine Regelungen** in Bezug auf Nebenbestimmungen zu Baugenehmigungen, so dass **subsidiär** gemäß § 1 Abs. 1 LVwVfG das **LVwVfG Anwendung** findet.[93] Die Nebenbestimmungen sollen in derartigen Konstellationen sicherstellen, dass die Voraussetzungen für die Erteilung der Baugenehmigung erfüllt werden. Daher ist das Beifügen einer Nebenbestimmung grundsätzlich gemäß § 36 Abs. 1 LVwVfG zulässig. Nach **§ 58 Abs. 6 LBO** können **Auflagen auch nachträglich** im Interesse der Gefahrenabwehr ergehen.

499 Relevante Nebenbestimmungen sind insbesondere die **Bedingung, § 36 Abs. 2 Nr. 2 LVwVfG**, und die **Auflage, § 36 Abs. 2 Nr. 4 LVwVfG**. Sollte der Baurechtsbehörde im Rahmen einer Entscheidung ein Ermessen zukommen, so richtet sich die Zulässigkeit einer Nebenbestimmung nach § 36 Abs. 2 LVwVfG.

» Wiederholen Sie die Zulässigkeit von Nebenbestimmungen und die isolierte Anfechtbarkeit von Nebenbestimmungen. «

Keine Nebenbestimmung ist die sog. **modifizierende Auflage**[94]. Die Terminologie zur modifizierenden Auflage ist uneinheitlich.[95]

Eine modifizierende Auflage ist keine selbständige Auflage i.S.d. § 36 Abs. 2 Nr. 4 LVwVfG,[96] da im Falle einer modifizierenden Auflage **qualitativ etwas anderes** erteilt wird, als beantragt worden ist. Zur oftmals schwierigen **Abgrenzung** der selbständigen von der modifizierenden Auflage kann auf folgende **Faustformel** zurückgegriffen werden:[97] Bei einer echten Auflage erklärt die Behörde dem Antragsteller „Ja (Genehmigung), aber noch (Auflage)", bei einer modifizierenden Auflage hingegen „Nein (Versagung der beantragten Genehmigung), aber (andere als beantragte Genehmigung)". Aus diesem Grund wird die so verstandene modifizierende Auflage auch als **modifizierende Genehmigung** bezeichnet.[98]

Beispiel Eine **modifizierende Genehmigung** ist gegeben, wenn im *Beispiel* die Baurechtsbehörde anstelle des beantragten Zweifamilienhauses mit drei Vollgeschossen und Flachdach die Errichtung eines Zweifamilienhauses mit zwei Vollgeschossen (Minus) und Satteldach (Aliud) genehmigt hätte. ■

500 Teilweise wird von einer modifizierenden Auflage auch gesprochen, wenn der Bürger eine Begünstigung erhält, die im Vergleich zur beantragten Begünstigung einen wesentlich veränderten Inhalt hat, also ein *aliud* ist, und zugleich für den Fall, dass der Antragsteller von der Begünstigung Gebrauch macht, ihm gegenüber eine (ggf. vollstreckbare) **Anordnung** ausgesprochen wird.[99]

Beispiel Eine **modifizierende Auflage** liegt dann vor, wenn der Bauherr eine Baugenehmigung für eine Anlage mit 24 cm Wandstärke stellt, jedoch eine Baugenehmigung für eine Anlage mit 32 cm Wandstärke erhält und zur Errichtung einer Wand mit einer Stärke von 32 cm im Wege einer Auflage verpflichtet wird. Die erteilte Baugenehmigung stellt dann ein aliud dar. Ferner ist eine Auflage gegeben.[100] ■

---

93 *Kenntner* Öffentliches Recht in Baden-Württemberg Rn. 708.
94 Von der Literatur wird die eigenständige dogmatische Bedeutung abgesprochen, vgl. *Ehlers* VerwArch 1976, 369, 382; *Hoffmann* DVBl 1977, 514; *Lange* AÖR Bd. 102 (1977), 337, 345; *Gern/Wachenheim* JuS 198,0 276, 277 f.; *Brenner* JuS 1996, 281, 285 f.
95 *Schenke* Verwaltungsprozessrecht Rn. 289.
96 Der Begriff der modifizierenden Auflage ist daher irreführend, vgl. *Axer* Jura 2001, 748, 750 und *Schenke* Verwaltungsprozessrecht Rn. 290.
97 Grundlegend *Weyreuther* DVBl 1969, 295, 296; die Faustformel stammt von *Kintz* Öffentliches Recht im Assessorexamen Rn. 204.
98 *Hufen* Verwaltungsprozessrecht § 14 Rn. 48.
99 So *Schenke* Verwaltungsprozessrecht Rn. 288.
100 *Beispiel* nach *Schenke* Verwaltungsprozessrecht Rn. 289.

> **Hinweis**
>
> Die Abgrenzung zwischen einer modifizierenden Auflage und einer Nebenbestimmung ist, wie die Frage der isolierten Anfechtbarkeit einer Nebenbestimmung (s. Rn. 621 ff.), ein Klassiker in baurechtlichen Klausuren. Die Frage ob eine modifizierende Auflage oder eine echte Auflage gegeben ist, hat Auswirkungen auf die statthafte Klageart. Beide Problemfelder müssen Sie beherrschen.

IV. Baulast

501 Das Baugrundstück unterliegt seinerseits den bauordnungsrechtlichen Anforderungen an Grundstücke, wie auch an die Art und Weise seiner Bebauung. Diese Anforderungen sind häufig nicht oder nur schwer erfüllbar.

> **Beispiel** B ist Eigentümer eines kleinen Grundstücks auf dem er ein Zweifamilienhaus errichten möchte. Aus Platzgründen ist es ihm jedoch nicht möglich die gemäß § 37 Abs. 1 S. 1 LBO erforderlichen Stellplätze auf seinem Grundstück herzustellen. Nachbar D erklärt sich schriftlich gegenüber der Baurechtsbehörde bereit, gegen Entgelt D zwei Stellplätze für dessen Haus zur Verfügung zu stellen. ∎

» Lesen Sie §§ 71 f. LBO. «

502 Um diese fehlenden tatsächlichen Voraussetzungen für die Erteilung einer Baugenehmigung zu schaffen, besteht die Möglichkeit, dass der Grundstückseigentümer durch **Erklärung gegenüber der Baurechtsbehörde** öffentlich-rechtliche Verpflichtungen zu einem sein Grundstück betreffenden Handeln, Dulden oder Unterlassen übernimmt, die sich nicht schon aus öffentlich-rechtlichen Vorschriften ergeben. Derartige **Baulasten** sind in § 71 LBO geregelt und in § 71 Abs. 1 S. 1 LBO **legal definiert**. Um Wirksamkeit zu erlangen, hat die Erklärung des Grundstückeigentümers zu erfolgen, § 71 Abs. 2 LBO. Die Baulast wirkt auch gegenüber dem Rechtsnachfolger, vgl. § 71 Abs. 1 S. 2 LBO aus. Die Baulast wird gemäß § 72 LBO in das von der Gemeinde zu führende Baulastenverzeichnis eingetragen und dadurch wirksam. Eine Baulast **erlischt** gemäß § 71 Abs. 3 S. 1 LBO durch den schriftlichen **Verzicht der Baurechtsbehörde**, der nach § 71 Abs. 3 S. 1 LBO auszusprechen ist, wenn **an der Baulast kein öffentliches Interesse mehr** besteht. Der Unterschied zur Grunddienstbarkeit besteht darin, dass die Baulast auch durch ein gemeinsames Handeln des Grundstückseigentümers und des begünstigten Nachbarn alleine nicht mehr beseitigt werden kann. Vielmehr ist ein Handeln der Baurechtsbehörde erforderlich.

Im *Beispiel* wird durch die schriftliche Erklärung des Nachbarn D gegenüber der Aufsichtsbehörde, § 71 Abs. 1 LBO, der Mangel an Stellplätzen ausgeglichen. Mit Eintragung in das Baulastenverzeichnis, § 72 Abs. 1 LBO, wird diese wirksam mit der Konsequenz, dass die Baurechtsbehörde dies bei ihrer Entscheidung über die Baugenehmigung berücksichtigen wird.

G. Übungsfall 3

„Ja zu Jägern, aber nein zu Schützen im Außenbereich?"

Der Schützenverein, die renommierte Schützengesellschaft e.V., der kreisangehörigen baden-württembergischen Gemeinde N plant ihren Schießbetrieb auszubauen. Zu diesem Zweck soll auf einem in ihrem Eigentum stehenden Grundstück im Außenbereich eine Schießhalle mit insgesamt zehn 100-m-Schießständen erbaut werden. Die Breite des Gebäudes soll 60, die Länge 115 Meter betragen. Das Grundstück liegt im Außenbereich.

Der Zutritt zur neuen Schießhalle ist ausschließlich den Mitgliedern der Gesellschaft vorbehalten. Es sollen neben Schießübungen für die Jäger, die Mitglieder der Gesellschaft sind, insbesondere das Sportschießen betrieben werden. Im Sportschießen sollen regelmäßig Wettkämpfe stattfinden. Jäger haben zwei Mal im Monat die Möglichkeit zu trainieren. Für die Sportschützen findet zwei Mal pro Woche ein Training statt.

Die Schützengesellschaft beantragt bei der Gemeinde N ordnungsgemäß eine Baugenehmigung für die geplante Schießhalle.

Die Baugenehmigung wird vom örtlich zuständigen Landratsamt abgelehnt. Zur Begründung wird angeführt, dass der Außenbereich von Bebauung grundsätzlich freizuhalten sei. Nur so sei dessen Erholungsfunktion gewährleistet. Der Außenbereich diene nicht der Befriedigung rein privater Interessen. Weiterhin weise der Flächennutzungsplan das Gebiet als Dorfgebiet aus.

Oberschützenmeister H, der erste Vorstand der Schützengesellschaft, ist anderer Auffassung. Er geht davon aus, dass die neue Schießhalle geradezu notwendig fern ab von jeder Bebauung erbaut werden müsse. Nur in diesem Fall gebe es keine Nachbarschaft, die eventuell gestört werden könne. Ferner seien immerhin 20 Prozent der Mitglieder der Schützengesellschaft Jäger. Auf Jäger könne die Allgemeinheit nicht verzichten, da diese durch die Ausübung der Jagd zu einem den Verhältnissen angepassten artenreichen und gesunden Wildbestand beitragen würden.

Aufgabe: Prüfen Sie, ob ein Anspruch auf Erteilung der beantragten Baugenehmigung besteht.

Bearbeitervermerk: Die tatsächlichen Angaben des H sind als zutreffend zu unterstellen. Gehen Sie davon aus, dass die Erschließung gesichert ist.

Lösung:

A. Anspruch auf Erteilung einer Baugenehmigung

Fraglich ist, ob ein Anspruch der Schützengesellschaft auf Erteilung einer Baugenehmigung besteht. Dies ist zu bejahen, wenn eine Anspruchsgrundlage existiert (I) und deren Voraussetzungen erfüllt sind (II). Auf die formelle Rechtmäßigkeit der ablehnenden Entscheidung kommt es nicht an, denn diese verhilft dem geltend gemachten Anspruch nicht zum Erfolg.

I. Anspruchsgrundlage, § 58 Abs. 1 S. 1 LBO

Gemäß § 58 Abs. 1 S. 1 LBO ist die Baugenehmigung zu erteilen, wenn dem genehmigungspflichtigen Vorhaben keine von der Baurechtsbehörde zu prüfenden öffentlich-rechtlichen Vorschriften entgegenstehen. Ist dies zu bejahen, dann handelt es sich um eine gebundene Entscheidung und es besteht ein Anspruch auf Erteilung der Baugenehmigung.

II. Materielle Rechtmäßigkeit

Fraglich ist, ob die Voraussetzungen des § 58 Abs. 1 S. 1 LBO gegeben sind. Dies ist zu bejahen, wenn es sich um ein genehmigungspflichtiges bauliches Vorhaben i.S.d. § 2 Abs. 1 LBO (1.) handelt, dass genehmigungsfähig (2.) ist.

1. Genehmigungspflichtiges Vorhaben, §§ 58 Abs. 1 S. 1, 49 i.V.m. § 2 Abs. 1 S. 1 LBO

Zunächst müsste es sich bei der geplanten Schießhalle um genehmigungspflichtiges Vorhaben gemäß §§ 58 Abs. 1 S. 1, 49 i.V.m. § 2 Abs. 1 S. 1 LBO handeln. Dies ist der Fall, wenn es sich um eine bauliche Anlage i.S.d. § 2 Abs. 1 S. 1 LBO handelt (a), ein Vorhaben gemäß § 49 LBO gegeben ist (b) und dieses genehmigungspflichtig nach § 49 LBO ist (c).

a) Bauliche Anlage, § 2 Abs. 1 S. 1 LBO

Bei der geplanten Schießhalle handelt es sich um eine unmittelbar mit dem Erdboden verbundene, aus Bauprodukten hergestellte Anlage und somit um eine bauliche Anlage i.S.d. § 2 Abs. 1 S. 1 LBO.

b) Vorhaben i.S.d. § 49 LBO

Die Schützengesellschaft plant die erstmalige Herstellung einer baulichen Anlage und mithin deren Errichtung, so dass ein Vorhaben i.S.d. § 49 LBO gegeben ist.

c) Genehmigungspflichtigkeit, § 49 LBO

Das Vorhaben müsste weiterhin genehmigungspflichtig nach § 49 LBO sein. Die Genehmigungspflichtigkeit nach § 49 LBO ist gegeben, wenn für das Vorhaben nicht in den §§ 50, 51, 69 oder 70 LBO ein anderes Verfahren vorgesehen ist. Die Genehmigungspflichtigkeit eines Vorhabens bestimmt sich also anhand einer Negativabgrenzung. Im Betracht kommen vorliegend alleine § 50 LBO (aa) und § 51 LBO (bb).

aa) Verfahrensfreies Vorhaben, § 50 LBO i.V.m. dem Anhang zu § 50 LBO

Es könnte ein verfahrensfreies Vorhaben gemäß § 50 LBO i.V.m. dem Anhang zu § 50 LBO gegeben sein. Hierfür müsste eine der Ziffern des Anhangs zu § 50 LBO einschlägig sein. Dies ist jedoch bereits wegen der Breite des Gebäudes von 60 Metern und der Länge von 115 Metern zu verneinen, da im Anhang zu § 50 LBO nur kleinräumige Gebäude aufgeführt sind.

bb) Kenntnisgabepflichtiges Vorhaben, § 51 LBO

Auch das Vorliegen eines lediglich kenntnisgabepflichtigen Vorhabens scheidet aus, da das Vorhaben im Außenbereich gemäß § 35 BauGB realisiert werden soll und damit die Voraussetzungen des § 51 Abs. 2 LBO, der zumindest die Belegenheit des Grundstücks im Geltungsbereich eines Bebauungsplans erfordert, nicht erfüllt sind.

cc) Fazit

Mangels Einschlägigkeit der §§ 50, 51 LBO handelt es sich somit um ein genehmigungspflichtiges Vorhaben gemäß § 49 LBO.

2. Genehmigungsfähigkeit des Vorhabens

Fraglich ist, ob die geplante Schießhalle genehmigungsfähig ist. Die Genehmigungsfähigkeit ist gegeben, wenn das Vorhaben sowohl bauplanungsrechtlich (a), wie auch bauordnungsrechtlich (b) zulässig ist.

a) Bauplanungsrechtliche Zulässigkeit

Zu untersuchen ist zunächst, ob das Vorhaben bauplanungsrechtlich gemäß §§ 29 ff. BauGB zulässig ist. Hierfür müsste der Anwendungsbereich der §§ 30 ff. BauGB eröffnet sein (aa), das Vorhaben müsste nach der Bestimmung des maßgeblichen Bereichs (bb) mit der einschlägigen Vorschrift des Bauplanungsrechts übereinstimmen (cc), und die Gemeinde dürfte ihr Einvernehmen nicht rechtmäßig verweigern dürfen (dd).

aa) Eröffnung des Anwendungsbereichs der §§ 30 ff. BauGB

Zunächst müsste der Anwendungsbereich der §§ 30 ff. BauGB eröffnet sein. Dies setzt das Vorliegen einer baulichen Anlage i.S.d. § 29 Abs. 1 BauGB (1) sowie einen bauplanungsrechtlich relevanten Vorgang (2) voraus.

(1) Zunächst müsste eine bauliche Anlage i.S.d. § 29 Abs. 1 BauGB gegeben sein. Dieser spezifisch bauplanungsrechtliche Begriff der baulichen Anlage setzt eine auf Dauer mit dem Erdboden verbundene künstliche Anlage voraus, die aus Baustoffen und Bauteilen hergestellt worden ist und eine planungs- bzw. bodenrechtliche Relevanz aufweist. Planungsrechtliche Relevanz hat eine Anlage, wenn sie Belange i.S.v. § 1 Abs. 5 und 6 BauGB derart berührt, dass das Bedürfnis nach einer ihre Zulässigkeit regelnden verbindlichen Bauleitplanung hervorgerufen wird. Das von der Schützengesellschaft beabsichtige Vorhaben ist ein Gebäude und somit eine künstliche auf Dauer mit dem Boden verbundene Anlage. Möglich ist, dass das Vorhaben Auswirkungen auf Tiere i.S.d. § 1 Abs. 6 Nr. 7 lit a hat. Wegen der Breite von 60 Metern und der Länge von 115 Metern der geplanten Schießhalle und den möglicherweise gegebenen Immissionen durch den Schießbetrieb ist eine bauplanungsrechtliche Relevanz gegeben.

(2) Das Vorhaben des Schützengesellschaft stellt die erstmalige Herstellung einer Anlage und damit eine Errichtung i.S.d. § 29 Abs. 1 BauGB, so dass ein bauplanungsrechtlich relevanter Vorgang gegeben ist.

(3) Der Anwendungsbereich der §§ 30 ff. BauGB ist daher eröffnet.

bb) Bestimmung des Maßgeblichen Bereichs

Das Vorhaben soll im Außenbereich realisiert werden, so dass § 35 BauGB vorliegend Anwendung findet.

cc) Vereinbarkeit mit § 35 BauGB

Fraglich ist, ob das Vorhaben mit § 35 BauGB vereinbar ist. Bei der Schießhalle könnte es sich um ein privilegiertes Vorhaben (1) oder um ein nicht privilegiertes Vorhaben handeln (2).

(1) Privilegiertes Vorhaben, § 35 Abs. 1 BauGB

Bei der Schießhalle könnte es sich um ein privilegiertes Vorhaben gemäß § 35 Abs. 1 BauGB handeln. In Betracht kommt eine Privilegierung alleine aus § 35 Abs. 1 Nr. 4 BauGB. Hierfür ist zunächst erforderlich, dass das Vorhaben wegen seiner besonderen Anforderungen an die Umgebung, wegen seiner nachteiligen Wirkung auf die Umgebung oder wegen seiner besonderen Zweckbestimmung nur im Außenbereich ausgeführt werden soll. Bei dieser Vorschrift handelt es sich um eine Generalklausel, die die privilegierten Vorhaben nicht gegenständlich umschreibt. Es hat eine Bewertung aller Umstände des Einzelfalles zu erfolgen. Die Privilegierung greift ein, wenn das Vorhaben wegen seiner Eigenart, seines Umfangs und seiner konkreten Gestaltung in Anbetracht des betroffenen Innenbereichs der Gemeinde nur im Außenbereich ausgeführt werden soll.

Aus dem Wortlaut der Generalklausel des § 35 Abs. 1 Nr. 4 BauGB („soll") folgt, dass die Privilegierung restriktiv zu handhaben ist. Aus diesem Terminus lässt sich folgern, dass nicht jedes Vorhaben, das sinnvoll nur im Außenbereich errichtet werden sollte, dort auch errichtet werden darf. Eine Errichtung hat nur dann zu erfolgen, wenn die Funktion des Außenbereichs, d.h. die Wahrung seiner naturgegebenen Bodennutzung und seine Erholungsfunktion für die Allgemeinheit, erhalten bleibt. Ein Vorhaben ist unzulässig, wenn es unter Ausschluss der Allgemeinheit der Ruhe und Erholung nur weniger Personen dient. Dies wäre dem Außenbereich nicht mehr wesensgemäß. Es sind somit nur solche Vorhaben privilegiert, die über eine individuelle und die Allgemeinheit ausschließende Nutzung des Außenbereichs hinausgehen.

Fraglich ist, ob dies bei einer Schießhalle zu bejahen ist. Eine Privilegierung einer Schießhalle kann im Einzelfall gegeben sein, wenn das Vorhaben bestimmte Voraussetzungen erfüllt. Dies folgt daraus, dass ein allgemeines Interesse daran besteht, Personen die Möglichkeit zu Schießübungen zu ermöglichen, die als Jäger oder aus anderen Gründen berechtigt sind, Schusswaffen zu führen. Voraussetzung ist, dass bei der Errichtung des Vorhabens im Außenbereich nicht die Befriedigung individueller Interessen im Vordergrund steht oder die Anlage nicht einem Personenkreis offensteht, der die Annahme eines (überwiegenden) allgemeinen Interesses rechtfertigt. Dies beurteilt sich nach den Umständen des konkreten Einzelfalls.

Für das Vorliegen eines allgemeinen Interesses spricht, dass Jäger Mitglieder der Gesellschaft sind. Jäger sorgen, entsprechend § 1 Abs. 2 S. 1 BJagdG, für einen den Verhältnissen angepassten artenreichen und gesunden Wildbestandes sowie für die Pflege und Sicherung seiner Lebensgrundlagen. Daher dient deren Tätigkeit einem Allgemeininteresse.

Gegen das Vorliegen eines Allgemein- und für das Vorliegen eines außenbereichsfremden Individualinteresses spricht jedoch, dass der Anteil an Jägern in der Schützengesellschaft mit 20 Prozent vergleichsweise gering ist. Ferner haben Jäger lediglich zwei Mal pro Monat die Möglichkeit zu trainieren, wohingegen die Sportschützen, die 80 Prozent der Mitglieder der Gesellschaft ausmachen, zwei Mal pro Woche trainieren können. Gegen das Vorliegen eines allgemeinen Interesses spricht weiterhin, dass die Nutzung der Schießhalle nur den Mitgliedern der Schützengesellschaft vorbehalten ist. Es handelt sich somit um ein die Allgemeinheit ausschließendes Individualinteresse. Daher fehlt es an einem öffentlichen Interesse und somit scheidet eine Privilegierung des Vorhabens gemäß § 35 Abs. 1 Nr. 4 BauGB aus.

(2) Nicht privilegiertes Vorhaben, § 35 Abs. 2 BauGB

Die Schießhalle stellt mangels Einschlägigkeit des § 35 Abs. 1 BauGB ein nicht privilegiertes Vorhaben gemäß § 35 Abs. 2 BauGB dar. Nicht privilegierte Vorhaben sind zulässig, wenn deren Ausführung oder Benutzung keine öffentlichen Belange beeinträchtigt (a) und die Erschließung gesichert ist (b).

(a) Fraglich ist, ob das Vorhaben öffentliche Belange beeinträchtigt. Dem Wortlaut des § 35 Abs. 2 BauGB, der eine Beeinträchtigung und nicht wie § 35 Abs. 1 S. 1 BauGB ein Entgegenstehen erfordert, lässt sich entnehmen, dass der Außenbereich grundsätzlich von Bebauung freizuhalten ist. Der Gesetzgeber hat für privilegierte Vorhaben im Außenbereich höhere Anforderungen gestellt, als für privilegierte. Eine Beeinträchtigung öffentlicher Belange ist bereits dann gegeben, wenn einer der in § 35 Abs. 3 BauGB genannten oder ein sonstiger, für die Bebauung des Außenbereichs erheblicher Gesichtspunkt, nicht unwesentlich nachteilig berührt wird.

Vorliegend könnte der öffentliche Belang des § 35 Abs. 3 S. 1 Nr. 1 BauGB entgegenstehen. Dadurch, dass der Flächennutzungsplan das Gebiet, auf dem das Vorhaben realisiert werden soll, als Dorfgebiet ausweist, ist ein Widerspruch zu den Darstellungen des Flächennutzungsplans und damit eine Beeinträchtigung des öffentlichen Belangs i.S.d. § 35 Abs. 3 Nr. 1 BauGB gegeben.

Daher ist vorliegend eine Beeinträchtigung von öffentlichen Belangen gegeben und die bauplanungsrechtliche Zulässigkeit des Vorhabens folgt daher nicht aus § 35 Abs. 2 BauGB.

(b) Im Übrigen ist die Erschließung gemäß §§ 123 ff. BauGB gesichert.

(3) Fazit

Das Vorhaben ist folglich bauplanungsrechtlich unzulässig.

dd) Einvernehmen der Gemeinde, § 36 BauGB

Wegen der Unzulässigkeit des Vorhabens nach § 35 BauGB wird die Gemeinde N ihr Einvernehmen rechtmäßig gemäß § 36 Abs. 2 BauGB verweigern. Diese rechtmäßige Verweigerung des Einvernehmens kann nicht gemäß § 54 Abs. 4 S. 1 LBO ersetzt werden.

b) Bauordnungsrechtliche Zulässigkeit

Bedenken gegen die bauordnungsrechtliche Zulässigkeit bestehen nicht.

c) Fazit

Das Vorhaben ist bauplanungsrechtlich unzulässig. Daher stehen ihm von der Baurechtsbehörde zu prüfende öffentlich-rechtliche Vorschriften entgegen. Das Vorhaben ist somit nicht genehmigungsfähig.

III. Ergebnis

Die Schützengesellschaft hat daher keinen Anspruch auf Erteilung der Baugenehmigung gemäß § 58 Abs. 1 S. 1 BauGB.

6. Teil
Repressive Bauüberwachung: Bauaufsichtliche Eingriffsverfügungen

A. Überblick

In diesem Teil wird die **repressive Bauüberwachung** behandelt. Hierbei kommt den Baurechtsbehörden die Aufgabe zu, das Baugeschehen und die Nutzung baulicher Anlagen im Hinblick darauf zu überwachen, dass die öffentlich-rechtlichen Vorschriften eingehalten werden, weshalb man auch von **Bauüberwachung im weiteren Sinn** spricht.[1] Im Rahmen der repressiven Bauüberwachung kann die Baurechtsbehörde Maßnahmen erlassen, wenn ein Vorhaben unter Verstoß gegen öffentlich-rechtliche Vorschriften realisiert worden ist bzw. wird.

505

§ 47 Abs. 1 S. 1 LBO enthält eine **Aufgabeneröffnung** für bauaufsichtliche Maßnahmen. Hiernach haben die Baurechtsbehörden darauf zu achten, dass die baurechtlichen Vorschriften sowie die anderen öffentlich-rechtlichen Vorschriften über die Errichtung und den Abbruch von Anlagen und Einrichtungen i.S.d. § 1 LBO eingehalten und die auf Grund dieser Vorschriften erlassenen Anordnungen befolgt werden. Zur Wahrnehmung dieser Aufgaben haben die Baurechtsbehörden, basierend auf der Ermächtigungsgrundlage des § 47 Abs. 1 S. 2 LBO, diejenigen Maßnahmen treffen, die nach pflichtgemäßem Ermessen erforderlich sind. Hierbei handelt es sich um die **bauordnungsrechtliche Generalklausel**.[1] Diese ist gegenüber den spezielleren Befugnissen der §§ 64 f. LBO **subsidiär**.

506

Die **§§ 64 f. LBO** ermöglichen die sog. **bauordnungsrechtlichen Standardmaßnahmen**, die Baueinstellung, die Nutzungsuntersagung und die Abbruchsanordnung.

507

Bauordnungsrechtliche Eingriffsverfügungen		
Stilllegungsverfügung, § 64 LBO • Untersagung der weiteren Realisierung des Vorhaben • Formelle Illegalität genügt	**Abbruchsanordnung, § 65 S. 1 LBO** • Anordnung des Abbruchs • Formelle und materielle Illegalität erforderlich • Nur als ultima ratio	**Nutzungsuntersagung, § 65 S. 2 LBO** • Verbot der baurechtswidrigen Nutzung • Umstritten, ob formelle oder formelle und materielle Illegalität erforderlich

Durch die **Baueinstellung**, § 64 LBO, kann die Baurechtsbehörde, wenn sie während der Realisierung des Vorhabens Verstöße gegen öffentlich-rechtliche Vorschriften feststellt, die **Einstellung der Bauarbeiten** verlangen.[2] Dies gilt insbesondere dann, wenn mit der Realisierung des Vorhabens bereits vor der Baufreigabe begonnen wird, wenn von den genehmigten Bauvorlagen abgewichen oder wenn gegen baurechtliche Vorschriften

---
1 *Brenner* Öffentliches Baurecht Rn. 804.
2 *Brenner* Öffentliches Baurecht Rn. 808.

verstoßen wird.³ Durch die Baueinstellung wird verhindert, dass ein rechtswidriger Zustand entsteht bzw. dass sich dieser verfestigt, da sich ein derartiger Zustand in den meisten Fällen nur noch unter erheblichen Schwierigkeiten beseitigen lässt.⁴

508 Die **Nutzungsuntersagung**, § 65 S. 2 LBO, kommt in Betracht, wenn bauliche Anlagen im Widerspruch zu öffentlich-rechtlichen Vorschriften genutzt werden. In diesem Fall kann die **weitere baurechtswidrige Nutzung der baulichen Anlage untersagt** werden. Hierdurch wird der Zweck verfolgt, dass ein **baurechtmäßiger Zustand wiederhergestellt** wird.

509 Eine **Abbruchsanordnung** gemäß § 65 S. 1 LBO, die auch häufig als **Abrissverfügung oder Abrissanordnung** bezeichnet wird,⁵ ergeht, wenn ein Vorhaben unter Verstoß gegen öffentlich-rechtliche Vorschriften errichtet wurde. Nicht erforderlich ist, dass die bauliche Anlage bereits fertig gestellt ist.⁵ Mit der Abbruchsanordnung **ordnet** die Behörde die **Beseitigung des Vorhabens** an und verfolgt damit das **Ziel**, einen **baurechtmäßigen Zustand wiederherzustellen**. Die Abbruchsanordnung ist die schwerwiegendste bauordnungsrechtliche Standardmaßnahme und kommt daher, wie aus dem Wortlaut des § 65 S. 1 LBO („wenn nicht auf andere Weise rechtmäßige Zustände wiederhergestellt werden können") folgt, nur als **ultima ratio**⁶ in Betracht.

> **JURIQ-Klausurtipp**
>
> Auch hier müssen Sie einen möglichst exakten **Obersatz** formulieren. Im Falle einer rein materiell-rechtlichen Prüfung bzw. zur Beurteilung der Rechtswidrigkeit im Rahmen der Begründetheit einer Klage könnte dieser lauten: „Die Verfügung der … (hier die erlassende Behörde nennen) ist rechtmäßig, wenn sie auf einer tauglichen Ermächtigungsgrundlage beruht, sie formell und materiell rechtmäßig und ermessensfehlerfrei ergangen ist.

---

3 *Brenner* Öffentliches Baurecht Rn. 808.
4 Vgl. *Brenner* Öffentliches Baurecht Rn. 808.
5 *Brenner* Öffentliches Baurecht Rn. 813.
6 *Kenntner* Öffentliches Recht in Baden-Württemberg Rn. 717 „schärfstes Schwert der Baurechtsbehörden".

B. Rechtmäßigkeit einer bauaufsichtlichen Verfügung

Für die Prüfung der Rechtmäßigkeit einer bauaufsichtlichen Verfügung bietet sich folgendes Schema an: 510

> **Rechtmäßigkeit einer bauaufsichtlichen Verfügung**
>
> I. Ermächtigungsgrundlage
>
> II. Formelle Rechtmäßigkeit
>   1. Zuständigkeit
>   2. Verfahren
>   3. Form
>
> III. Materielle Rechtmäßigkeit
>   Tatbestandsvoraussetzungen der Maßnahme der repressiven Bauüberwachung
>   1. Baueinstellung, § 64 Abs. 1 LBO
>   Formelle Illegalität in Form eines Anfangsverdachts
>   2. Nutzungsuntersagung, § 65 S. 2 LBO
>   lediglich formelle (h.M.) oder sowohl formelle und materielle Illegalität (t.v.A.) als Voraussetzung   Rn. 526
>   3. Abbruchsanordnung, § 65 S. 1 LBO
>   Formelle und materielle Illegalität notwendig
>
> IV. Ermessen
>   1. Ermessensentscheidung
>   2. Ermessensfehler
>   3. Grenzen des Ermessens
>   a) Verhältnismäßigkeitsgrundsatz
>   b) Gleichheitssatz, Art. 3 Abs. 1 GG
>   c) Behördliche Duldung oder Verwirkung
>   Ausschluss?   Rn. 548 ff.
>   4. Richtiger Adressat

PRÜFUNGSSCHEMA

I. Ermächtigungsgrundlage

Die grundlegende Ermächtigungsgrundlage für bauaufsichtliche Weisungen stellt § 47 Abs. 1 S. 2 LBO dar. Hiernach haben die Baurechtsbehörden zur Wahrnehmung ihrer Aufgaben i.S.d. § 47 Abs. 1 S. 1 LBO diejenigen Maßnahmen zu treffen, die nach pflichtgemäßem Ermessen erforderlich sind. 511

> **Hinweis**
>
> Die bauordnungsrechtliche Generalklausel des § 47 Abs. 1 S. 2 LBO findet nur Anwendung, soweit nicht die spezielleren Normen der §§ 64 f. LBO Anwendung einschlägig sind. Diese sind daher vorrangig zu prüfen.

512 § 47 Abs. 1 S. 2 LBO stellt eine sonderpolizeiliche Regelung dar. Daher ist nicht ausgeschlossen, dass **ergänzend** die **Grundsätze des allgemeinen Polizei- und Ordnungsrechts** zur Anwendung kommen, **sofern** in § 47 Abs. 1 S. 2 LBO oder in anderen Vorschriften der LBO **keine oder keine abschließenden Regelungen** getroffen werden.

> **JURIQ-Klausurtipp**
>
> Erörtern Sie die Frage, ob eine formelle und bzw. oder materielle Illegalität gegeben ist nicht im Wege einer Vorprüfung, sondern prüfen Sie innerhalb der Voraussetzungen der in Betracht kommenden Ermächtigungsgrundlage.

II. Formelle Rechtmäßigkeit

Die Prüfung der formellen Rechtmäßigkeit erfolgt in drei Schritten:

1. Zuständigkeit

513 Zunächst ist zu prüfen, ob die bauaufsichtliche Verfügung von einer Behörde erlassen wurde, die **sachlich und örtlich zuständig** ist. Hier gilt das zur Zuständigkeit im Rahmen der Erteilung einer Baugenehmigung Gesagte entsprechend (s.o. Rn. 445 f.).

> **JURIQ-Klausurtipp**
>
> Für den Fall eines Verstoßes gegen die sachliche und bzw. oder örtliche Zuständigkeit müssen Sie unbedingt an § 44 Abs. 2 Nr. 3, Abs. 3 Nr. 1 LVwVfG denken.

2. Verfahren

514 Die einschlägigen Verfahrensvorschriften müssen beachtet worden sein. Besondere Relevanz hat hier die **vorherige Anhörung Beteiligter gemäß § 28 LVwVfG**, die **grundsätzlich erfolgen** muss. Im Falle einer Baueinstellung nach § 64 LBO wird eine Anhörung wegen des Zeitdrucks zur Sicherung der Effizienz der Maßnahme jedoch gemäß § 28 Abs. 2 Nr. 1 LVwVfG regelmäßig entbehrlich sein.[7]

> **Hinweis**
>
> Im Falle eines Verstoßes besteht eine Heilungsmöglichkeit gemäß § 45 Abs. 1 Nr. 3 LVwVfG.

3. Form

515 Eine repressive bauaufsichtliche Maßnahme ist grundsätzlich an **keine Form** gebunden. Sie kann gemäß § 37 Abs. 2 S. 1 LVwVfG schriftlich, mündlich oder in anderer Weise ergehen. Zu beachten ist jedoch, dass im Falle der Mündlichkeit eine schriftliche Bestätigung erfolgen

---

[7] *Brenner* Öffentliches Baurecht Rn. 811.

muss, wenn hieran ein berechtigtes Interesse besteht und der Betroffene dies verlangt, § 37 Abs. 2 S. 1 LVwVfG. Sollte die bauaufsichtliche **Verfügung schriftlich abgefasst** sein, so ist diese gemäß § 39 LVwVfG zu **begründen**.

> **JURIQ-Klausurtipp**
>
> Denken Sie auch wieder an die Heilungsmöglichkeit. Im Falle einer fehlenden, aber wegen der Schriftlichkeit der Verfügung erforderlichen Begründung richtet sich diese nach § 45 Abs. 1 Nr. 2 LVwVfG.

III. Materielle Rechtmäßigkeit

Die Prüfung der materiellen Rechtmäßigkeit der bauaufsichtlichen Maßnahme erfolgt in zwei Schritten:

516

1. Vorliegen eines baurechtswidrigen Zustandes

Zunächst muss ein **baurechtswidriger Zustand** gegeben sein. Dies ist zu bejahen, wenn bei der Realisierung eines der in § 47 Abs. 1 S. 1 (i.V.m. § 1) LBO genannten Vorhaben ein Verstoß gegen öffentlich-rechtliche Vorschriften gegeben ist oder wenn auf Grund dieser Vorschrift erlassene Anordnungen nicht befolgt werden.

517

Ein Vorhaben kann entweder formell und/oder materiell baurechtswidrig sein.

a) Formelle Baurechtswidrigkeit

> **Formelle Baurechtswidrigkeit** (auch als **formelle Illegalität** bezeichnet) ist gegeben, wenn für die genehmigungspflichtige Anlage keine Baugenehmigung besteht oder die Anlage in Abweichung von einer erteilten Baugenehmigung ausgeführt wird.[8]

518

Eine formelle Illegalität des Vorhabens ist in folgenden Konstellationen zu bejahen:[9]
- Ein genehmigungspflichtiges Vorhaben oder ein Vorhaben im Rahmen eines Kenntnisgabeverfahrens für das gemäß § 51 Abs. 6 LBO eine Baugenehmigung beantragt worden ist, ist ohne die erforderliche Baugenehmigung errichtet worden oder wird ohne die erforderliche Baugenehmigung errichtet, weil
  - die Baugenehmigung von Anfang an fehlt (**Schwarzbau**),
  - nachträglich, vor allem durch Aufhebung, unwirksam geworden ist,
  - das Vorhaben von der erteilten Genehmigung erheblich abweicht.
- Der Bauherr hält die Vorgaben über Abweichungen, Ausnahmen und Befreiungen von den Vorschriften der LBO (§ 52 Abs. 4 LBO) des an sich genehmigungsfreien Vorhabens nicht ein.

---

[8] Hoppe/Bönker/Grotefels-*Grotefels* Öffentliches Baurecht § 16 Rn. 85.
[9] Vgl. zum Ganzen Hoppe/Bönker/Grotefels-*Grotefels* Öffentliches Baurecht § 16 Rn. 85.

b) Materielle Baurechtswidrigkeit

519 Materielle Baurechtswidrigkeit (auch als materielle Illegalität bezeichnet) liegt vor, wenn die Anlage nicht genehmigungsfähig ist. Dies ist der Fall, wenn es nicht den Vorschriften des materiellen Baurechts entspricht,[10] d.h. gegen Normen des Bauplanungs-, Bauordnungsrechts oder des sonstigen öffentlichen Rechts verstößt.

> **Hinweis**
>
> Für die Lösung einer Prüfungsarbeit bedeutet dies, dass Sie an dieser Stelle die Genehmigungsfähigkeit einer baulichen Anlage prüfen müssen (s. dazu Rn. 441 ff.).

520 Welche **Voraussetzungen** an die **materielle Legalität** zu stellen sind, ist **umstritten**.[11] Es handelt sich um die Frage, **wann** die materielle Legalität gegeben sein muss.

521 Die **Rechtsprechung** geht davon aus, dass ein durch Art. 14 Abs. 1 GG bewirkter Bestandsschutz bereits dann gegeben sein könne, wenn der Bestand zu **irgendeinem Zeitpunkt**, d.h. irgendwann in der Vergangenheit, genehmigt worden oder jedenfalls genehmigungsfähig gewesen, d.h. **materiell legal**, sei.[12] Unerheblich sei danach, ob die Anlage zum Zeitpunkt ihrer Errichtung oder erst später mit dem materiellen Recht im Einklang stand. Dabei müsse die Nutzung während eines **gewissen, beachtlichen Zeitraums** materiell rechtmäßig gewesen sein.[13] Eine **später eintretende materielle Illegalität** sei **unschädlich**.

Zur Begründung[14] wird ausgeführt, dass es auf die **formelle Legalität** zum Zeitpunkt der Errichtung der Anlage **nicht** ankommen könne, da das Baugenehmigungsverfahren nur dazu diene, vor Errichtung der Anlage die materielle Legalität zu überprüfen. Wenn die Anlage materiell rechtmäßig sei, bestehe ein Anspruch auf Erteilung der Baugenehmigung, so dass die **materielle Legalität maßgeblich** sei. Sei die Anlage dann zu **irgendeinem Zeitpunkt** materiell legal, so sei der Zweck des Baugenehmigungsverfahrens, nämlich die Verhinderung materiell illegaler Anlagen, erreicht. Die Anlage unterliege wegen der derartigen materiellen Legalität dem Bestandsschutz. Auf eine **materielle Illegalität zum Zeitpunkt des behördlichen Einschreitens** könne **nicht** abgestellt werden, da die zu diesem Zeitpunkt geltende Rechtslage zuvor nicht bestanden habe.

522 In der **Literatur** wird teilweise gefordert, dass die materielle Legalität **im Zeitpunkt der Errichtung bzw. im Zeitpunkt des behördlichen Handelns maßgeblich** sei.[15]

Sei die Anlage zum **Zeitpunkt des** behördlichen **Einschreitens** materiell legal, so könne nachträglich eine Baugenehmigung beantragt und der einer Beseitigungsnorm entgegenstehende rechtmäßige Zustand (z.B. i.S.d. §65 S. 1 Hs. 2 LBO) herbeigeführt werden. Die **Beseitigungsvorschriften** würden maßgeblich auf den **Zeitpunkt der Errichtung** abstellen, so dass die dama-

---

10 Hoppe/Bönker/Grotefels-*Grotefels* Öffentliches Baurecht § 16 Rn. 85.
11 Unklar bleibt, warum *Dürr* Baurecht Baden-Württemberg Rn. 160 feststellt, dass hinsichtlich dieser Frage „Einigkeit" bestehe.
12 *BVerfG* NVwZ 2001, 424; *VGH Baden-Württemberg* NJW 1984, 319.
13 *BVerwG* BauR 1979 228, 229; s.a. *Lieder* ThürVBl 2004, 53, 59 f.
14 *BVerwGE* 3, 351.
15 *Brenner* Öffentliches Baurecht Rn. 708 ff.; *Brohm* Öffentliches Baurecht Rn. 432 ff. Bereits *Scholz* VerwArch 1915, 222.

lige materielle Legalität maßgeblich sei. Ein Abstellen auf eine **zwischenzeitlich gegebene Legalität**, die jedoch weder zum Zeitpunkt der Errichtung, noch zum Zeitpunkt des behördlichen Einschreitens gegeben sei, folge nicht aus dem einfachen Recht, sondern sei eine **verdeckte Reaktivierung des verfassungsrechtlich vermittelten Bestandsschutzes**.[16]

2. Tatbestandsvoraussetzungen der Maßnahme der repressiven Bauüberwachung

a) Stilllegungsverfügung, § 64 Abs. 1 S. 1 LBO

Gemäß § 64 Abs. 1 S. 1 LBO kann die Baurechtsbehörde die **Einstellung von laufenden Arbeiten** anordnen, wenn die Anlagen im Widerspruch zu öffentlich-rechtlichen Vorschriften errichtet oder abgebrochen werden. § 64 S. 2 LBO enthält nicht abschließende („insbesondere") Fälle, in denen Anlagen im Widerspruch zu öffentlich-rechtlichen Vorschriften errichtet oder abgebrochen werden.

523

Ausreichend ist hierfür bei genehmigungs- oder zustimmungsbedürftigen Bauvorhaben die **formelle Illegalität**, wobei es nicht darauf ankommt, ob das Vorhaben materiell-rechtlich genehmigungsfähig ist.[17] Die formelle Illegalität reicht bereits aus, da die Stilllegungsverfügung von vergleichsweise geringer Intensität ist und sie jederzeit wieder aufgehoben werden kann. Daher kann **auch bei materiell rechtmäßigen Vorhaben** die Baueinstellung verfügt werden, z.B. wenn die **erforderliche Baugenehmigung fehlt**.[17]

Auch im **Kenntnisgabeverfahren** gemäß § 51 LBO kann eine Stilllegungsverfügung ergehen, obwohl keine Baugenehmigung erteilt wird. Dies ist dann der Fall, wenn die Baurechtsbehörde, sei es von Amts wegen oder durch Nachbareinwendungen, nach einem zulässigen Baubeginn feststellt, dass das Vorhaben materiell baurechtswidrig ist. § 64 LBO greift auch bei nur materieller Rechtswidrigkeit ein, sofern dem Bauherrn nicht durch eine Baugenehmigung die Rechtmäßigkeit des Vorhabens zugesichert worden ist.[18]

524

> **Hinweis**
>
> Bei Vorhaben, die einer **formellen Legalisierung nicht bedürfen** ist die Baueinstellung bei **materieller Illegalität** zulässig.[19]
>
> In der Praxis ist, was für Assessorklausuren von Bedeutung ist, eine Stilllegungsverfügung bereits im Falle eines **Anfangsverdachts**, also bei ernsthaftem Zweifel,[20] hinsichtlich der formellen oder materiellen Illegalität möglich.[21]
>
> Die Rechtsprechung geht davon aus, dass § 65 S. 2 LBO auch die Ermächtigungsgrundlage für eine **Entfernungsanordnung** ist.[22] In einer solchen wird angeordnet, dass die für eine unzulässige Nutzung eingebrachten Gegenstände zu entfernen sind.

---

16 *Brenner* Öffentliches Baurecht Rn. 711.
17 *Brenner* Öffentliches Baurecht Rn. 809.
18 *Dürr* Baurecht Baden-Württemberg Rn. 287 m.w.N.
19 Hoppe/Bönker/Grotefels-*Grotefels* Öffentliches Baurecht § 16 Rn. 86.
20 *VGH Baden-Württemberg* VBlBW 1994, 196.
21 *Kenntner* Öffentliches in Baden-Württemberg Rn. 717 m.w.N.
22 *VGH Baden-Württemberg* VBlBW 1985, S. 457.

525 Es kann die **Einstellung von laufenden Arbeiten** angeordnet werden. Eine Stilllegungsverfügung ist bereits dann zulässig, wenn **konkrete Anhaltspunkte** auf einen unmittelbar bevorstehenden Baubeginn hindeuten. Die zeitliche Obergrenze für eine Stilllegungsverfügung stellt der Abschluss der Bauarbeiten dar. Ab diesem Zeitpunkt kommen nur noch Maßnahmen nach § 65 LBO (Nutzungsuntersagung und Abbruchsanordnung, s.u. Rn. 526 ff.) in Betracht.

> **Hinweis**
>
> Ergeht eine Einstellungsverfügung, so kann die Baurechtsbehörde die Baustelle nach § 64 Abs. 2 LBO versiegeln und Baustoffe, Bauteile, Baugeräte, Baumaschinen und Bauhilfsmittel beschlagnahmen. Bei der **Versiegelung** und **Beschlagnahme** handelt es sich um Maßnahmen in der **Verwaltungsvollstreckung**, so dass gemäß § 80 Abs. 2 S. 1 Nr. 3 VwGO i.V.m. § 12 LVwVG Widerspruch und Anfechtungsklage hiergegen **keine aufschiebende Wirkung** haben.[23]

b) Nutzungsuntersagung, § 65 S. 2 LBO

526 Unter welchen **Voraussetzungen** eine Nutzungsuntersagung erlassen werden darf, ist umstritten.[24]

Teilweise wird davon ausgegangen, dass der Erlass einer Nutzungsuntersagung bereits auf der **Tatbestandsseite** voraussetzt, dass die Nutzung des Vorhabens **sowohl formell wie auch materiell baurechtswidrig** sein müsse.[25]

Hierfür wird angeführt, dass der Wortlaut des § 65 S. 2 LBO dem des § 65 S. 1 LBO entspreche und in beiden Fällen ein Widerspruch zu öffentlich-rechtlichen Vorschriften erforderlich sei. Daher müssten beide Konstellation gleich behandelt werden, woraus das Erfordernis sowohl der formellen und materiellen Illegalität auch für die Nutzungsuntersagung folge.[26] Ferner komme der Nutzung ein hohes Gewicht und eine große wirtschaftliche Bedeutung zu und Maßnahmen könnten einschneidend wirken.[27] Würde lediglich die formelle Illegalität gefordert, so wäre eine Nutzungsuntersagung generell und nicht nur im Einzelfall unverhältnismäßig, da durch eine Genehmigung (oder im Falle einer bloßen Anzeigepflicht durch das Nachholen des entsprechenden Verfahrens) auf einfacherem Wege rechtmäßige Zustände herbeigeführt werden könnten.

Herrschend wird hingegen vertreten, dass im Rahmen des **Tatbestandes** bereits die **formelle Baurechtswidrigkeit** genüge.[28] Hierfür wird angeführt, dass die Nutzungsuntersagung jederzeit wieder rückgängig gemacht werden könne. Es erfolge **keine Substanzeinwirkung**. Bei einer Nutzungsuntersagung sei der Eingriff **nicht so intensiv** wie bei einer Abbruchsan-

---
23 *VGH Baden-Württemberg* VBlBW 1989, 106.
24 *Stollmann* Öffentliches Baurecht § 19 Rn. 18 m.w.N.
25 *VGH Baden-Württemberg* NVwZ 1997, 601, 602; *VGH Baden-Württemberg* BauR 198,5 537; differenzierend *Seiler* JuS 2001, 263, 265.
26 *Finkelnburg/Ortloff/Otto* Öffentliches Baurecht Band II 197.
27 *VGH Baden-Württemberg* NVwZ 1997, 601, 602.
28 *Thüringer OVG* ThürVBl 1994, 111; *VGH Baden-Württemberg* NVwZ 1990, 480; *Sächsisches OVG* SächsVBl 1993, 160; *Kenntner* Öffentliches Recht in Baden-Württemberg Rn. 719; einschränkend *VGH Baden-Württemberg* DÖV 2007, 569.

Materielle Rechtmäßigkeit   6 B III

ordnung. Ferner wird auf den **Wortlaut des § 65 S. 1 LBO** abgestellt. Nur dieser setzt ausdrücklich voraus, dass nicht auf andere Weise, also regelmäßig durch die Erteilung einer Baugenehmigung rechtmäßige Zustände herbeigeführt werden können.[29] Nur im Falle der materiellen Illegalität könne eine Baugenehmigung nicht erteilt und somit könnten keine rechtmäßigen Zustände auf andere Weise herbeigeführt werden. Im Rahmen der **Verhältnismäßigkeit** sei jedoch die **materielle Legalität zu berücksichtigen**. Wenn die Anlage materiell rechtmäßig ist, so sei eine Nutzungsuntersagung unverhältnismäßig.

Dieses Problem, ein Klassiker in baurechtlichen Klausuren, hat folgende **Konsequenzen für den Aufbau** Ihre Fallbearbeitung:[30]

PRÜFUNGSSCHEMA

Die Prüfung der materiellen Rechtmäßigkeit einer Nutzungsuntersagung gemäß § 65 S. 2 LBO

I. **Im Falle der materiellen Illegalität der Anlage:**
   1. prüfen Sie im Rahmen der ersten Auffassung die materielle Illegalität und stellen fest, dass eine Nutzungsuntersagung nach dieser Auffassung ergehen kann.
   2. bei der zweiten Auffassung stellen Sie im Rahmen der Verhältnismäßigkeit dar, dass die Genehmigungsfähigkeit nicht gegeben ist und verweisen auf Ihre obige Prüfung im Rahmen der ersten Auffassung.
   3. Anschließend stellen Sie fest, dass mangels Entscheidungserheblichkeit eine Stellungnahme unterbleiben kann

II. **Im Falle der materiellen Legalität der Anlage:**
   1. prüfen Sie bei der ersten Auffassung die formelle Illegalität und die materielle Legalität und stellen fest, dass eine Nutzungsuntersagung nach dieser Ansicht nicht ergehen darf.
   Hinweis: Da in einem Gutachten ein Verweis nach unten unzulässig ist, dürfen Sie nicht darstellen, dass wegen der materiellen Legalität nach der zweiten Auffassung eine Nutzungsuntersagung unverhältnismäßig ist.
   2. Im Rahmen der zweiten Auffassung prüfen Sie lediglich die formelle Illegalität.
   3. Folgen Sie dann der zweiten Auffassung können Sie im Rahmen der Prüfung der Verhältnismäßigkeit auf Ihre Ausführungen bei der ersten Auffassung verweisen und dort darstellen, dass eine Nutzungsuntersagung wegen der Genehmigungsfähigkeit unverhältnismäßig ist.

Hinweis

Die **materielle Legalität** bzw. Illegalität ist daher, ungeachtet welcher Auffassung Sie folgen, auch im Falle einer Nutzungsuntersagung **immer zu prüfen**.

Problematisch ist, wenn die **Nutzungsuntersagung zur Wohnungslosigkeit führt.** Sollte eine Nutzungsuntersagung einer Anlage zu Wohnzwecken zur Wohnungslosigkeit von Personen führen, so sind sowohl die **formelle wie auch** die **materielle Illegalität** notwendig, um

527

---

29 Vgl. *Brenner* Öffentliches Baurecht Rn. 825.
30 S. auch *Schmidt* Öffentliches Baurecht Rn. 410.

einen Widerspruch zu öffentlich-rechtlichen Vorschriften zu begründen.[31] Dies folgt der Rechtsprechung zufolge daraus, dass in einer derartigen Konstellation der alleinige Mittelpunkt der privaten Existenz betroffen ist.

> **JURIQ-Klausurtipp**
>
> Das Erfordernis der materiellen Illegalität stellt in dieser Konstellation nicht nur einen Fall der Ermessenslenkung dar. Es handelt sich vielmehr um ein echtes Tatbestandsmerkmal.

528 Für den Fall, dass mit der Nutzungsuntersagung eine **gewerbliche Tätigkeit** oder eine Nutzung von ähnlichem Gewicht beeinträchtigt wird, so wird eine endgültige Nutzungsuntersagung regelmäßig **unverhältnismäßig** sein.[32]

> **Hinweis**
>
> Dies gilt jedoch nicht für nur vorläufige Untersagungen durch die bei einer nicht erkennbar rechtmäßigen Nutzung diese bis zu einer Klärung im Genehmigungsverfahren unterbunden und dem Schwarznutzer der ungesetzliche Vorteil entzogen werden soll.[32]

c) Abbruchsanordnung, § 65 S. 1 LBO

529 Mit **Abbruchsanordnung** gemäß § 65 S. 1 LBO kann die Behörde sowohl gegen vorhandene, aber auch gegen noch nicht fertig gestellte rechtswidrige bauliche Anlagen vorgehen.[33]

530 Die Abbruchsanordnung stellt den **schwerwiegendsten Eingriff** im Bereich der bauordnungsrechtlichen Standardmaßnahmen dar, da der Abriss einer baulichen Anlage nicht mehr rückgängig gemacht werden kann. Durch diese Maßnahme ist ein besonders intensiver Eingriff in die Eigentumsfreiheit aus Art. 14 Abs. 1 GG gegeben. Daher sind sowohl die **formelle** wie auch die **materielle Illegalität** erforderlich, um einen Widerspruch zu öffentlich-rechtlichen Vorschriften zu begründen. Dass auch die materielle Illegalität erforderlich ist, lässt sich aus der Formulierung „wenn nicht auf andere Weise rechtmäßige Zustände hergestellt werden können" in § 65 S. 1 LBO ableiten.[33] Der rechtmäßige Zustand nur in Bezug auf die formelle Illegalität kann nämlich auch durch die Erteilung einer Baugenehmigung, die die formelle Illegalität entfallen lässt, hergestellt werden. Daher muss auch die materielle Illegalität gegeben sein.

Eine Abbruchsverfügung kommt also nur in Betracht, wenn
1. das Vorhaben nicht durch eine Baugenehmigung gedeckt ist (**formelle Illegalität**) und
2. es je nach Sichtweise (Rn. 520) seit seiner Errichtung durchgängig im Widerspruch zum materiellen Recht steht (**durchgängige materielle Illegalität**)[34] oder die materielle Illegalität im **Zeitpunkt der Errichtung oder im Zeitpunkt des behördlichen Einschreitens** gegeben ist und wenn
3. rechtmäßige Zustände **nicht auf andere Weise** herbeigeführt werden können.

---

[31] *Bayerischer VGH* BayVBl 2006, 702.
[32] *Kenntner* Öffentliches Recht in Baden-Württemberg Rn. 719.
[33] *Brenner* Öffentliches Baurecht Rn. 814.
[34] *VGH Baden-Württemberg* NJW 1984, 319.

aa) Konstellationen der Illegalität

In Bezug auf die Illegalität ist zwischen **drei Fallkonstellationen** zu unterscheiden: 531

(1) Formell illegales, aber materiell legales Vorhaben

Ist ein **formell baurechtswidriges, jedoch materiell baurechtmäßiges Vorhaben** gegeben, kommt der **Erlass einer Abbruchsanordnung nicht in Betracht**, denn in dieser Konstellation müsste die Baurechtsbehörde dieses wegen der materiellen Legalität des Vorhabens sofort wieder genehmigen. Es kann somit i.S.d. § 65 S. 1 LBO auf andere Weise ein rechtmäßiger Zustand herbeigeführt werden.[35] Dies gilt auch, wenn zuvor ein Bauantrag bestandskräftig abgelehnt worden ist, da der ablehnende Bescheid alleine die bestandskräftige Regelung enthält, dass eine Baugenehmigung nicht erteilt wird. Die zur Ablehnung führenden Gründe hingegen werden nicht bestandskräftig. Daher wird die Baurechtsbehörde regelmäßig die Stellung eines Bauantrags verlangen.[35] Ergehen können also **nur** eine **Stilllegungsverfügung**, § 64 LBO, oder eine **Nutzungsuntersagung**, § 65 S. 2 LBO. 532

(2) Formell legales, aber materiell illegales Vorhaben

Sollte ein **formell legales, aber materiell illegales Vorhaben** gegeben sein, **scheidet** der Erlass einer **Abbruchsanordnung** ebenfalls **aus**.[36] Die Baugenehmigung enthält nämlich die rechtsverbindliche Feststellung, dass das Vorhaben nicht gegen öffentlich-rechtliche Vorschriften verstößt. Sie hat eine legalisierende Wirkung. 533

Eine Abbruchsanordnung ist in dieser Konstellation erst möglich, nachdem eine bestandskräftige oder sofort vollziehbare **Rücknahme der Baugenehmigung** gemäß **§ 48 LVwVfG** erfolgt ist.[36] Dann entfällt die Wirkung der Baugenehmigung und das Vorhaben ist **daher auch formell illegal**.

(3) Formell und materiell illegales Vorhaben

Sollte ein **formell** und **materiell illegales Vorhaben** gegeben sein, so ist der Erlass einer Abbruchsanordnung gemäß **§ 65 S. 1 LBO zulässig**. 534

bb) Keine Möglichkeit der Herstellung rechtmäßiger Zustände auf andere Weise

Die weitere **Tatbestandsvoraussetzung**[37] des § 65 LBO ist, dass nicht auf andere Weise rechtmäßige Zustände hergestellt werden können. Dies ist der Fall, wenn baurechtmäßige Zustände durch relativ mildere Mittel herbeigeführt werden können. 535

> **JURIQ-Klausurtipp**
>
> An dieser Stelle in der Klausur muss im Rahmen des **Tatbestands** (und nicht erst im Rahmen der Verhältnismäßigkeit!) geprüft werden, ob gegebene Gesetzesverstöße durch Befreiungen oder Ausnahmen nach z.B. nach § 31 BauGB bzw. § 56 LBO oder Abweichungen nach § 56 LBO geheilt werden können oder entsprechende Nebenbestimmungen ausreichen.[38]

---

35 *Brenner* Öffentliches Baurecht Rn. 814.
36 *Brenner* Öffentliches Baurecht Rn. 815.
37 *Sauter* LBO § 65 Rn. 22; *VGH Baden-Württemberg* VBlBW 2004, 263.
38 *VGH Baden-Württemberg* VBlBW 2004, 263.

Rechtmäßige Zustände können wie folgt relativ milder hergestellt werden: [39]

- bei einem genehmigungsfähigen, d.h. materiell rechtmäßigen, Bau durch die **nachträgliche Erteilung einer Baugenehmigung**
- durch eine (teilweise) **Nutzungsuntersagung** gemäß § 65 S. 2 LBO,
- durch die **Bewilligung einer Ausnahme oder Befreiung** gemäß § 31 BauGB bzw. § 56 LBO oder
- durch einen **teilweisen statt eines vollständigen Abbruchs**
- durch entsprechende **Nebenbestimmungen** i.S.d. § 36 LVwVfG

d) Baurechtliche Generalklausel, § 47 Abs. 1 S. 2 LBO

536 Da die baurechtliche Generalklausel § 47 Abs. 1 S. 2 LBO subsidiär zu den spezielleren Befugnissen nach § 64 ff. LBO ist (s.o. Rn. 506), ist deren Anwendungsbereich abzugrenzen.

Beispiel Weil § 65 LBO voraussetzt, dass die Anlage von Anfang an rechtswidrig war, kommt § 47 Abs. 1 S. 2 LBO nur bei einer **später eingetretenen Baurechtswidrigkeit** in Betracht.[40] Die Anlage wurde zwar rechtmäßig errichtet, befindet sich aber wegen mangelhafter Unterhaltung in einem § 3 Abs. 1 LBO widersprechenden Zustand.[41] ■

§ 47 Abs. 1 S. 2 LBO stellt ferner die Ermächtigungsgrundlage für den Erlass einer **Aufräumverfügung** dar.[40] Durch diese wird die Verpflichtung, auf dem Grundstück herumliegende Bauteile und sonstigen Unrat zu beseitigen, begründet.

Weiterhin ermöglicht § 47 Abs. 1 S. 2 LBO – anders als § 65 LBO – der Baurechtsbehörde nicht nur repressiv, sondern bereits **präventiv** vorzugehen, indem ein bevorstehendes genehmigungspflichtiges, aber bislang nicht genehmigtes Vorhaben untersagt wird.[41] Dies gilt auch für eine beabsichtigte Nutzung. In diesem Fall ergeht eine **Nutzungsaufnahmeuntersagung**.[42]

Beispiel Untersagung des beabsichtigten Aufstellens eines Wohnwagens im Außenbereich ■

Ferner bildet § 47 Abs. 1 S. 2 LBO die Ermächtigungsgrundlage für eine **Verkleinerungsverfügung**.[40] § 65 LBO ist hierfür nicht einschlägig, da durch eine derartige Verfügung der Bauherr nicht nur zum teilweisen Abbruch verpflichtet wird, sondern auch dazu verpflichtet wird die verbleibenden Gebäudeteile wieder in einen ordnungsgemäßen Zustand zu versetzten.[43]

IV. Ermessen

537 Die Maßnahme der Baurechtsbehörde wird im Hinblick auf deren Ermessensfehlerfreiheit in vier Punkten geprüft:

---

39 *Brenner* Öffentliches Baurecht Rn. 818; *VGH Baden-Württemberg* VBlBW 2004, 263.
40 *Dürr* Baurecht Baden-Württemberg Rn. 288.
41 Ennuschat/Ibler/Remmert-*Remmert* Öffentliches Recht in Baden-Württemberg § 3 Rn. 274.
42 *VGH Baden-Württemberg* VBlBW 2011, 28.
43 *VGH Baden-Württemberg* BRS 27 Nr. 200.

1. Ermessensentscheidung

Zunächst ist festzustellen, dass der Baurechtsbehörde **Ermessen** zukommt. Dies folgt zum einen aus der Formulierung „nach pflichtgemäßem Ermessen" in § 47 Abs. 1 S. 2 LBO, zum anderen aus der Formulierung „kann" in §§ 64, 65 S. 1 und 2 LBO.

538 » Wiederholen Sie das Ermessen. «

Ob es sich hierbei um einen **Fall des intendierten Ermessens** handelt, ist umstritten.

539

Ein Fall **des intendierten Ermessens** ist gegeben, wenn eine ermessenseinräumende Vorschrift dahingehend auszulegen ist, dass sie für den Regelfall von einer Ermessensausübung in einem bestimmten Sinne ausgeht, also wenn ein bestimmtes Ergebnis gewollt ist.[44] Im **Regelfall** bedarf es **keiner spezifischen Ermessensabwägung**.[45] Nur wenn vom Regelfall abweichende Umstände gegeben sind darf von diesem abgewichen werden.

Zunächst wird vertreten, dass es sich bei bauordnungsrechtlichen Verfügungen um einen Fall des **intendierten Ermessens** handelt, so dass im Regelfall eingeschritten werden soll.[46] Hierfür wird angeführt, dass ein Einschreiten nach der Intention des Gesetzgebers der Regelfall sei. Das öffentliche Baurecht verfolge ein ordnungspolitisches Anliegen.[47] Die Baurechtsbehörde könne ihre Aufgabe nach § 47 Abs. 1 S. 1 LBO nur erfüllen, wenn sie im Regelfall einschreite.[47] Ein Einschreiten sei der Regelfall, da sich im Falle eines rechtswidrigen Zustandes keine Gründe „für und wider" das Einschreiten bestünden.[48] Hierdurch erfolge eine Art. 3 Abs. 1 GG entsprechende Gleichbehandlung der Regelfälle.[49] Ein **Nichteinschreiten könne nur dann** geboten sein, wenn ganz konkrete Anhaltspunkte dafür sprechen würden, den rechtswidrigen Zustand ausnahmsweise in Kauf zu nehmen.[50]

Es wird aber auch davon ausgegangen, dass es sich **nicht** um ein **intendiertes Ermessen** handelt.[51] Hierfür spricht, dass es sich beim Bauordnungsrecht primär um Ordnungsrecht handle und im Ordnungsrecht gelte der Opportunitätsgrundsatz.[52] Würde im Regelfall ein Einschreiten verlangt, so käme es ferner zu einem Vollzugsdefizit, da nicht in jedem Regelfall eingeschritten werden könne. Nur auf diese Weise sei den Umständen des Einzelfalls genügt.

> **Hinweis**
>
> Ob es ein **intendiertes Ermessen** gibt ist **umstritten**. In der **Literatur** stößt diese Rechtsfigur auf Zurückhaltung[53] oder Ablehnung.[54] Es wird angeführt,[55] dass im Falle der Ermessenseinräumung gerade die Umstände des Einzelfalls unter Beachtung der gesetzgeberischen Intention zu berücksichtigen seien. Gehe der Gesetzgeber im Regelfall von einer bestimmten

---

[44] *Maurer* Allgemeines Verwaltungsrecht § 7 Rn. 12; BVerwGE 105, 55.
[45] *Maurer* Allgemeines Verwaltungsrecht § 7 Rn. 12.
[46] *Brenner* Öffentliches Baurecht Rn. 810, 819; *VGH Baden-Württemberg* VBlBW 2003, 123; *OVG Saarland* BauR 2010, 449, 450; *Thüringer OVG* BauR 2011, 244.
[47] *Brenner* Öffentliches Baurecht Rn. 810.
[48] *BVerwG* NvwZ 2002, 1250.
[49] *VGH Baden-Württemberg* VBlBW 2004, 383.
[50] *BVerwG* NVwZ 2002, 1250 m.w.N.
[51] Bönker/Hoppe/Grotefels-*Grotefels* Öffentliches Baurecht § 16 Rn. 95.
[52] Vgl. *Finkelnburg/Ortloff/Otto* Öffentliches Baurecht Band 2 183.
[53] Z.B. *Sachs* StBS § 40 Rn. 28 ff; *Volkmann* DVBl 1996, 281 ff.
[54] *Maurer* Allgemeines Verwaltungsrecht § 7 Rn. 12; *Borowski* DVBl 2000, 149; *Erbguth* JuS 2002, 333.
[55] Vgl. *Maurer* Allgemeines Verwaltungsrecht § 7 Rn. 12.

> Entscheidung aus, von der nur ausnahmsweise abgewichen werden soll, so könne er eine „Soll"-Vorschrift erlassen. Die Rechtsfigur des intendierten Ermessens verwische die Grenze zwischen „Kann" und „Soll" Vorschrift. Im Falle eines intendierten Ermessens bedarf es nach der Rechtsprechung keiner besonderen Begründung nach § 39 (L)VwVfG, wenn kein vom Regelfall abweichender Sachverhalt vorliegt, da sich das Ergebnis dann „von selbst verstehe".[56]
>
> Besondere Bedeutung hat dieses Problemfeld bei der Frage, ob ein Anspruch auf Einschreiten der Baurechtsbehörde besteht (s. hierzu Rn. 694 ff.).

540 Es besteht sowohl ein (wenn auch nach der erstgenannten Auffassung intendiertes) **Entschließungsermessen** (Entscheidung der Behörde, „ob" sie handelt) wie auch **Auswahlermessen** (Entscheidung der Behörde, „wie" sie handelt, d.h. gegen wen und mit welchen Mitteln sie handelt).[57] Dabei hat, wird ein intendiertes Ermessen verneint, die Baurechtsbehörde alle in Betracht kommenden öffentlichen und privaten Umstände abzuwägen.[58]

2. Ermessensfehler

» Wiederholen Sie die Ermessensfehlerlehre. «

541 Danach ist zu überprüfen, ob die Baurechtsbehörde ermessensfehlerhaft gehandelt hat. Als **Ermessensfehler** kommen der **Ermessensnichtgebrauch**, die **Ermessenüberschreitung** und der **Ermessensfehlgebrauch** in Betracht.

3. Grenzen des Ermessens

542 Das Ermessen der Baurechtsbehörde ist nicht grenzenlos gewährleistet, sondern ist seinerseits beschränkt. Als Ermessensgrenzen kommen in Betracht:

a) Verhältnismäßigkeitsgrundsatz

» Wiederholen Sie den Verhältnismäßigkeitsgrundsatz. «

543 Besondere Bedeutung kommt dem Verhältnismäßigkeitsgrundsatz zu, wobei bei dessen Prüfung zwischen den einzelnen bauordnungsrechtlichen Standardmaßnahmen zu unterscheiden ist.

PRÜFUNGSSCHEMA

Prüfung der Verhältnismäßigkeit

I. Legitimer Zweck: Wiederherstellung eines baurechtmäßigen Zustandes

II. Geeignetheit

III. Erforderlichkeit

IV. Angemessenheit (Verhältnismäßigkeit i.e.S.)

---

56 *BVerwGE* 105, 55; *BVerwGE* 72, 1, 6; *BVerwGE* 91, 82, 90.
57 *Finkelnburg/Ortloff/Otto* Öffentliches Baurecht Band 2 S. 183.
58 *Dürr* Baurecht Baden-Württemberg Rn. 279 m.w.N.

aa) Stilllegungsverfügung, § 64 LBO

Eine Stilllegungsverfügung darf als Ausnahme vom oben dargestellten Grundsatz wegen **Unverhältnismäßigkeit** und damit wegen **Ermessensfehlerhaftigkeit** nicht ergehen, wenn der Bauherr den **Bauantrag gestellt** hat, das **Vorhaben aus Sicht der Baurechtsbehörde genehmigungsfähig** ist und der **Genehmigungserteilung auch im Übrigen keine Hindernisse entgegenstehen**. Die materiell-rechtliche Genehmigungsfähigkeit ist im Ermessen zu berücksichtigen. Es handelt sich um eine **Tatbestandswirkung**.[59]

544

> **JURIQ-Klausurtipp**
>
> Dass das Vorhaben aus Sicht der Baurechtsbehörde genehmigungsfähig ist, erkennen Sie z.B. daran, dass die Baurechtsbehörde später eine Baugenehmigung erteilt.

bb) Nutzungsuntersagung, § 65 S. 2 LBO

Ausnahmsweise ist trotz des tatbestandlichen Vorliegens der formellen Illegalität eine Nutzungsuntersagung dann nicht gerechtfertigt, wenn der Bauherr den **Bauantrag gestellt** hat, das **Vorhaben aus Sicht der Baurechtsbehörde genehmigungsfähig** ist und der **Genehmigungserteilung auch im Übrigen keine Hindernisse entgegenstehen**.

545

cc) Abbruchsanordnung, § 65 S. 1 LBO

Besondere Bedeutung kommt dem **Verhältnismäßigkeitsgrundsatz** bei einer Abbruchsanordnung nach § 65 S. 1 LBO zu, da der Abriss einer baulichen Anlage irreversibel ist und die Abbruchsanordnung den schwerwiegendsten Eingriff darstellt.

546

> **JURIQ-Klausurtipp**
>
> Im Falle einer Abbruchsanordnung haben Sie die möglichen relativ milderen Mittel bereits im Rahmen des Tatbestandes (s. Rn. 535) geprüft. Daher können Sie im Rahmen der Prüfung der Verhältnismäßig unter der Erforderlichkeit auf die **Erörterung der relativ milderen Mittel im Tatbestand verweisen**. Die Erörterung der Verhältnismäßigkeit i.e.S., d.h. die der Angemessenheit, muss besonders sorgsam erfolgen.

Die Unverhältnismäßigkeit einer Abbruchsanordnung ist ferner gegeben, wenn das Vorhaben **nur geringfügig** gegen öffentlich-rechtliche Vorschriften verstößt.[60]

Beispiel Die erforderliche Abstandsfläche wird um lediglich 3 cm überschritten. ■

Bei **Schwarzbauten** (s. Rn. 518) steht die Verhältnismäßigkeit auch dem Abbruch größerer Bauwerken nicht entgegen, da der Bauherr bewusst auf eigenes Risiko gebaut hat und deshalb eine größere Einbuße hinnehmen muss.[61]

---

[59] *Brenner* Öffentliches Baurecht Rn. 809.
[60] *Brenner* Öffentliches Baurecht Rn. 818.
[61] *Dürr* Baurecht Baden-Württemberg Rn. 280 m.w.N.

» Wiederholen Sie den allgemeinen Gleichheitssatz im Skript „Grundrechte" und die Selbstbindung der Verwaltung. «

b) Allgemeiner Gleichheitssatz, Art. 3 Abs. 1 GG

547 Ein häufig in Klausuren vorgebrachter Einwand von Adressaten einer baurechtlichen Verfügung besteht darin, dass die Behörde **willkürlich** handle, da sie nicht gegen alle Betroffenen gleichzeitig eine Verfügung erlasse, sondern zunächst nur gegen Einzelne oder sogar nur gegen eine einzige Person vorgehe.

Der Grundsatz der **Selbstbindung der Verwaltung** begründet grundsätzlich nicht die Unzulässigkeit eines derartigen Vorgehens, da dieser Grundsatz nur ein positives Tun erfasst. Im Falle des Nichtvorgehens steht jedoch ein Unterlassen des Einschreitens in Frage. Da **kein Anspruch auf Gleichbehandlung im Unrecht** besteht, kann diese nicht dazu führen, dass eine Verfügung aufgehoben wird.[62] Die Behörde muss rechtswidrige Zustände, die bei einer Vielzahl von Grundstücken vorliegen, nicht stets flächendeckend bekämpfen.[63] Sie darf auch anlassbezogen vorgehen und sich auf die Regelung von Einzelfällen beschränken, wobei das **Vorliegen eines sachlichen Grundes** für die Ungleichbehandlung erforderlich ist.[62] Zulässig ist es daher wenn **nach objektiven Kriterien**, wie z.B. dem Alter des Baus oder dessen Lage, **differenziert** wird.[64]

Eine Verletzung des allgemeinen Gleichheitssatzes des Art. 3 Abs. 1 GG liegt **erst** vor, wenn sich für die Differenzierung **überhaupt kein sachlicher Grund** mehr finden lässt und die Behörde ohne erkennbares System vorgeht.[65]

Beispiele
- Gleichzeitig mit dem Erlass der Abbruchsanordnung wird der Bau gleichartiger Vorhaben genehmigt.
- Die Behörde vergleicht einen Bau, für den eine Abbruchsanordnung erlassen wurde, mit einem anderen, aber gleichartigen Bau und duldet diesen gleichartigen Bau. ∎

> **Hinweis**
>
> Eine Berufung auf Art. 3 Abs. 1 GG setzt voraus, dass das Vorhaben auf das Bezug genommen wird, nicht nur im Zuständigkeitsbereich der Baurechtsbehörde, sondern auch in der räumlichen Nähe liegt, da ansonsten keine Ungleichbehandlung von wesentlich Gleichem gegeben ist.[66]

c) Behördliche Duldung oder Verwirkung

548 Umstritten ist, ob der Erlass einer bauaufsichtlichen Verfügung ausgeschlossen ist, weil die Behörde den baurechtswidrigen Zustand **geduldet** hat bzw. weil sie ihr Recht auf den Erlass einer derartigen Verfügung **verwirkt** hat.

---

62 *Kenntner* Öffentliches Recht in Baden-Württemberg Rn. 723.
63 *BVerwG* NVwZ-RR 1992, 360.
64 *VGH Baden-Württemberg* NVwZ-RR 1997, 465.
65 *Kenntner* Öffentliches Recht in Baden-Württemberg Rn. 723 m.w.N; *Dürr* Baurecht Baden-Württemberg Rn. 281 m.w.N.
66 *VGH Baden-Württemberg* NJW 1984, 319.

aa) Behördliche Duldung

Ob durch eine langjährige behördliche Duldung eines baurechtswidrigen Zustandes der Erlass einer bauordnungsrechtlichen Verfügung ausgeschlossen wird, wird unterschiedlich beurteilt.

549

(1) **Teilweise** wird davon ausgegangen, dass eine länger währende behördliche Duldung den **Erlass einer bauordnungsrechtlichen Verfügung ausschließe**. Sie führe zu einer Situation, die einem der **Baugenehmigung angenäherten Zustand** gleiche.[67] Sollte die Behörde später ihre Verwaltungspraxis ändern, so stehe einem repressiven Vorgehen das langjährig unbeanstandet bestehende Vorhaben entgegen.[67]

(2) **Herrschend** wird vertreten, dass eine behördliche Duldung dem Erlass einer bauaufsichtlichen Maßnahme **nicht entgegenstehe**.[68] Eine langjährige Duldung begründet kein Gewohnheitsrecht dergestalt, dass baurechtswidrige Vorhaben zeitlich unbegrenzt weiterbestehen und weitergenutzt werden dürfen. Wäre dies der Fall, so bestünde die Gefahr, dass ansonsten gesetzliche Vorschriften umgangen werden. Der Baurechtsbehörde stehe es frei, sich auch nach längerer Zeit zu entschließen, nun tätig zu werden. Die Behörde muss dann jedoch die Gründe darlegen, die eine Änderung ihres Verhaltens rechtfertigen.[69]

bb) Verwirkung

Die Behörde kann die Befugnis zum Erlass einer bauordnungsrechtlichen Verfügung verwirken. Die Verwirkung eines Rechts setzt **allgemein** voraus, dass der Verpflichtete, infolge eines bestimmten Verhaltens des Berechtigten, darauf vertrauen durfte, dass dieser das Recht nach so langer Zeit nicht mehr geltend machen würde (**Vertrauensgrundlage**), dass der Verpflichtete tatsächlich darauf vertraut hat, dass das Recht nicht mehr ausgeübt würde (**Vertrauenstatbestand**) und dass er sich infolge dessen in seinen Vorkehrungen und Maßnahmen so eingerichtet hat, dass ihm durch die verspätete Durchsetzung des Rechts ein unzumutbarer Nachteil entstehen würde (**Vertrauensbetätigung**).[70] Im **Baurecht** kann eine Verwirkung eintreten, wenn die Behörde trotz Kenntnis des baurechtswidrigen Zustandes jahrelang nichts unternimmt und durch ein entsprechendes Verhalten den Eindruck erweckt hat, dass sie sich mit dem rechtswidrigen Zustand abgefunden habe.[71]

550

> **Hinweis**
>
> Der bloße Zeitablauf genügt daher nie für eine Verwirkung.[72]

Ob der Grundsatz der **Verwirkung** zugunsten des Betroffenen angeführt werden kann ist strittig. Die Argumentation verläuft ähnlich wie in Bezug auf die behördliche Duldung.[73] Folgende zusätzliche Argumente werden vorgebracht:

551

---

[67] *OVG Berlin-Brandenburg* DÖV 1983, 644.
[68] *Stollmann* Öffentliches Baurecht § 19 Rn. 37 m.w.N.
[69] *Brenner* Öffentliches Baurecht Rn. 820.
[70] St. Rspr. vgl. *VGH Baden-Württemberg* NVwZ-RR 1995, 465.
[71] *Dürr* Baurecht Baden-Württemberg Rn. 282 m.w.N.
[72] *Hessischer VGH* NJW 1984, 318.
[73] Vgl. *VGH Baden-Württemberg* BRS 32 Nr. 186.

(1) **Teilweise** wird von der **Möglichkeit einer Verwirkung** ausgegangen.[74] Hierfür wird angeführt, dass der Grundsatz von **Treu und Glauben**, aus dem die Verwirkung abgeleitet wird, auch für Behörden gelte.[75]

(2) Von der **Rechtsprechung** wird davon ausgegangen, dass eine **Verwirkung nicht** zugunsten des Betroffenen eingreife.[76] Hierfür wird angeführt, dass es sich bei der Eingriffsbefugnis der Baurechtsbehörde nicht um ein verzichtbares subjektives Recht, sondern vielmehr um ein im öffentlichen Interesse bestehendes Recht handle.[77] Ferner dürfe der Schwarzbauende **nicht** auf die Duldung des rechtswidrigen Zustandes **vertrauen**, so dass ein dennoch entstandenes Vertrauen nicht schutzwürdig sei.[78]

4. Richtiger Adressat

552 Der Baurechtsbehörde kommt ein Auswahlermessen zu. Im Rahmen dieses Auswahlermessens muss der richtige Adressat der Verfügung ausgewählt werden. In der LBO finden sich keine diesbezüglichen Regelungen. Daher gelten die **allgemeinen Grundsätze der gefahrenabwehrrechtlichen Störerhaftung nach §§ 6, 7 PolG**.[79] Die bauaufsichtliche Verfügung ist an denjenigen zu richten, der für den baurechtswidrigen Zustand **verantwortlich** ist. Als **Störer** kommen der Verhaltensstörer, § 6 PolG, oder der Zustandsstörer, § 7 PolG, in Betracht. **In der Regel** ist der **Bauherr** i.S.d. § 42 LBO **als Verhaltensstörer** heranzuziehen. Sollte dieser jedoch unbekannt sein, kann der **Eigentümer** – für den Fall, dass er nicht mit dem Bauherrn identisch ist – als **Zustandsstörer** in Anspruch genommen werden.

a) Stilllegungsverfügung, § 64 LBO

553 Im Fall einer Stilllegungsverfügung ist der richtige Adressat der **Bauherr** i.S.d. § 42 LBO und bzw. oder der **Unternehmer** i.S.d. § 44 LBO, da beide dafür verantwortlich sind, dass das Vorhaben entsprechend den genehmigten Bauvorlagen ausgeführt wird.[80]

b) Nutzungsuntersagung, § 65 S. 2 LBO

554 Eine **Nutzungsuntersagung** bei vermieteten baulichen Anlagen kann sowohl gegenüber dem Eigentümer wie auch gegenüber dem Mieter ergehen.[81] Die an den Eigentümer gerichtete Nutzungsuntersagung verbietet ihm jedoch lediglich die Selbstnutzung sowie eine Neuvermietung. Einen Kündigungsgrund stellt eine Nutzungsuntersagung jedoch nicht dar.[82] **Regelmäßig** wird sie daher an den jeweiligen **Mieter** gerichtet werden, da dieser als **Handlungsstörer** für die rechtswidrige Nutzung verantwortlich ist und er daher die Gefahrenschwelle selbst überschreitet.[83]

---

74 *VG Freiburg* VBlBW 1998, 152.
75 *Dürr* Baurecht Baden-Württemberg Rn. 282.
76 *VGH Baden-Württemberg* BauR 2009, 485; *OVG Nordrhein-Westfalen* NVwZ-RR 2009, 364; *Bayerischer VGH* BRS 22 Nr. 210; *Hessischer VGH* BRS 44 Nr. 198; *Niedersächsisches OVG* NdsVBl 2002, 62; *Finkelnburg/Ortloff/Otto* Öffentliches Baurecht Band II § 13 S. 189.
77 *Bayerischer VGH* BayVBl 1996, 634 geht sogar von einer gefestigten Erkenntnis aus.
78 *Finkelnburg/Ortloff/Otto* Öffentliches Baurecht Band II § 13 S. 189.
79 *VGH Baden-Württemberg* VBlBW 1970, 57; *VGH Baden-Württemberg* NVwZ-RR 1989, 593.
80 *Brenner* Öffentliches Baurecht Rn. 810.
81 *Dürr* Baurecht Baden-Württemberg Rn. 285 m.w.N.
82 *BVerwGE* 40, 101, 103; *Hessischer VGH* BRS 40 Nr. 229.
83 *OVG Nordrhein-Westfalen* NWVBl 1993, 232.

c) Abbruchsanordnung, § 65 S. 1 LBO

Eine **Abbruchsanordnung** muss im Falle des **Miteigentums** nicht gegen alle Miteigentümer gerichtet werden, denn der Umstand, dass der Adressat alleine nicht verfügungsberechtigt ist, ändert nichts an der Rechtmäßigkeit der Anordnung, sondern nur an deren Vollstreckbarkeit.[84]

Um im Falle des Miteigentums dennoch **vollstrecken** zu können, muss die Baurechtsbehörde gegenüber den anderen Miteigentümern eine auf § 47 Abs. 1 S. 2 LBO gestützte **Duldungsverfügung** erlassen. Andernfalls besteht ein Vollstreckungshindernis (s. zur Verwaltungsvollstreckung Rn. 558 ff.). Möglich ist es auch, gegen alle Miteigentümer selbständige Abbruchsanordnungen zu erlassen.

Wenn die zu beseitigende bauliche Anlage **vermietet** ist, kann sich der Eigentümer nicht darauf berufen, dass er wegen des Mietverhältnisses den Abbruch nicht durchführen könne, denn eine Abbruchverfügung stellt einen **außerordentlichen Kündigungsgrund** nach § 543 BGB dar.[85] Weigert sich der Mieter auszuziehen, so muss ihm gegenüber eine auf § 47 Abs. 1 S. 2 LBO basierende **Duldungsverfügung** ergehen.[86]

> **Hinweis**
>
> Da bauaufsichtliche Verfügungen sachbezogene Verwaltungsakte sind,[87] vgl. § 58 Abs. 2 LBO, gelten sie auch für den **vertraglich oder gesetzlichen Rechtsnachfolger**.[88] Die Veräußerung des Gebäudes oder der Tod des Adressaten einer bauaufsichtlichen Verfügung beeinträchtigt somit nicht die Rechtmäßigkeit einer derartigen Verfügung.

C. Die Durchsetzung bauordnungsrechtlicher Verfügungen

Bauordnungsrechtliche Verfügungen können sowohl im Wege der Verwaltungsvollstreckung, wie auch durch eine unmittelbare Ausführung durchgesetzt werden.

I. Abgrenzung zwischen Verwaltungsvollstreckung und unmittelbarer Ausführung

Die Verwaltungsvollstreckung und die unmittelbare Ausführung unterscheiden sich dadurch, dass im Rahmen der **Verwaltungsvollstreckung** der Adressat eines Verwaltungsakts dazu gezwungen werden soll, dass er die durch den Verwaltungsakt aufgegebene Verpflichtung erfüllt. Für die Verwaltungsvollstreckung ist immer ein Grundverwaltungsakt (**Grundverfü-**

---

84 *Dürr* Baurecht Baden-Württemberg Rn. 283 m.w.N.
85 *Dürr* Baurecht Baden-Württemberg Rn. 284 m.w.N (sog. Abrisskündigung); a.A. *BVerwG* BauR 2013, 75, weil einer bauaufsichtlichen Verfügung keine privatrechtsgestaltender Wirkung zukomme; dies beeinflusse die Rechtmäßigkeit der Abbruchsanordnung jedoch nicht.
86 *BVerwG* NVwZ 1995 272; *VGH Baden-Württemberg* NuR 1985, 70.
87 *BVerwG* NJW 1971, 1624; *VGH Baden-Württemberg* NVwZ 1992, 392; *Hessischer VGH* NVwZ 1998, 1315.
88 H.M. vgl. *Dürr* Baurecht Baden-Württemberg Rn. 284; a.A. Ennuschat/Ibler/Remmert-*Remmert* Öffentliches Recht in Baden-Württemberg § 3 Rn. 266.

gung), d.h. eine vorhergehende bauordnungsrechtliche Verfügung erforderlich, da es in Baden-Württemberg keinen sofortigen Vollzug, wie z.B. in § 6 Abs. 2 BVwVG, gibt.[89]

Bei einer **unmittelbaren Ausführung** hingegen **fehlt** eine zu vollstreckenden **Grundverfügung**. Daher stellt die unmittelbare Ausführung kein Institut des Vollstreckungsrechts dar.[90]

II. Verwaltungsvollstreckung nach §§ 18 ff. LVwVG

» Wiederholen Sie die Verwaltungsvollstreckung. «

558 Im Wege der Verwaltungsvollstreckung können bauaufsichtliche Verfügungen im Falle ihrer Nichtbeachtung **zwangsweise durchgesetzt werden**. Da die LBO keine entsprechenden Regelungen enthält gelten die **allgemeinen Grundsätze der Verwaltungsvollstreckung**.[91]

Für die Vollstreckung von Verwaltungsakten, die auf ein Handeln, ausgenommen einer Geldleistung,[92] Dulden oder Unterlassen gerichtet sind, vgl. § 18 LVwVG, kommen als **Zwangsmittel** das **Zwangsgeld** und die **Zwangshaft** nach § 19 Abs. 1 Nr. 1 LVwVG, die **Ersatzvornahme** nach § 19 Abs. 1 Nr. 2 LVwVG und der **unmittelbare Zwang** nach § 19 Abs. 1 Nr. 3 LVwVG in Betracht.

Das Verwaltungsvollstreckungsverfahren hat eine **Beuge- und keine Sanktionsfunktion**.[93] Durch den Erlass eines vollziehbaren **Grundverwaltungsakts**, also der bauordnungsrechtlichen Verfügung, schafft sich die Behörde selbst einen Vollstreckungstitel (**Selbsttitulierung**), den sie anschließend selbst vollstrecken kann (**Selbstvollstreckung**).[94]

Zu unterscheiden ist zwischen dem **gestreckten Verfahren** und dem **abgekürzten Verfahren**.[95] Das **gestreckte Verfahren** stellt den **Normalfall** der Verwaltungsvollstreckung dar, weswegen ihm die höhere Klausurrelevanz zukommt. Ein abgekürztes Verfahren ist nach § 21 LVwVG bei Gefahr im Verzug möglich. In diesem ist eine Verwaltungsvollstreckung ohne bestandskräftigen Grundverwaltungsakt, vgl. § 21 i.V.m. § 2 Abs. 1 Nr. 1 LVwVG, und ohne Androhung und Festsetzung, § 21 i.V.m. § 20 Abs. 1 LVwVG, möglich.

559 Die **Rechtmäßigkeit der Vollstreckung einer bauaufsichtlichen Verfügung**, die in einem dreistufigen Verfahren (**Androhung, Festsetzung, Anwendung**) erfolgt,[96] prüfen Sie wie folgt:

---

89 *Würtenberger/Heckmann* Polizeirecht in Baden-Württemberg Rn. 749.
90 *Belz/Mußmann* Polizeigesetz für Baden-Württemberg § 8 Rn. 5.
91 Hoppe/Bönker/Grotefels-*Grotefels* § 16 Öffentliches Baurecht Rn. 103.
92 Für diese nicht klausurrelevante Konstellationen erfolgt die Verwaltungsvollstreckung im Betreibungsverfahren nach §§ 13 ff. LVwVG.
93 *Kenntner* Öffentliches Recht in Baden-Württemberg Rn. 89.
94 *Kenntner* Öffentliches Recht in Baden-Württemberg Rn. 88.
95 *Schenke* Polizei- und Ordnungsrecht Rn. 539 ff und 564.
96 *Kenntner* Öffentliches Recht für Baden-Württemberg Rn. 91.

Verwaltungsvollstreckung nach §§ 18 ff. LVwVG

Rechtmäßigkeit einer Vollstreckungsmaßnahme

A. Gestrecktes Verfahren

I. Ermächtigungsgrundlage
1. Zwangsgeld: § 23 LVwVG
2. Zwangshaft: § 24 LVwVG
3. Ersatzvornahme: § 25 LVwVG
4. Unmittelbarer Zwang: § 26 LVwVG

II. Formelle Rechtmäßigkeit
1. Zuständigkeit, § 4 Abs. 1 LVwVG: Grundsätzlich die Behörde, die den (Grund-)Verwaltungsakt erlassen hat.
2. Verfahren

insbesondere Anhörung, § 28 LVwVfG
kann entfallen nach § 28 Abs. 2 Nr. 5 LVwVfG bei Maßnahmen *in* der Verwaltungsvollstreckung
Hinweis: Beim Erlass eines Kostenbescheids handelt es sich nicht um eine Maßnahme in der Verwaltungsvollstreckung[97]

III. Materielle Rechtmäßigkeit
1. Grundverfügung = Bauordnungsrechtliche Verfügung
   a) Wirksamkeit:
      aa) keine Nichtigkeit, § 44 LVwVfG, da ein nichtiger Verwaltungsakt nach § 43 Abs. 3 LVwVfG unwirksam ist.
      bb) Bekanntgabe, § 43 Abs. 1 S. 1 LVwVfG i.V.m. § 41 LVwVfG
   b) Formelle Vollstreckbarkeit, § 2 LVwVG
      aa) Unanfechtbarkeit, § 2 Nr. 1 LVwVG
      bb) Sofortige Vollziehbarkeit, § 2 Nr. 2 LVwVG i.V.m. § 80 Abs. 2 S. 1 VwGO, d.h. Fall des § 80 Abs. 2 S. 1 VwGO
   c) (P) Rechtmäßigkeit der Grundverfügung als Voraussetzung - Konnexitätsgrundsatz?
      aa) h.M.: nein
      bb) t.v.A.: Immer oder zumindest in den Fällen des § 80 Abs. 2 S. 1 VwGO
   d) Vollstreckbarer Inhalt, § 18 LVwVG
2. Androhung des Zwangsmittels, § 20 Abs. 1 LVwVG
3. Festsetzung, § 23 LVwVG i.V.m. § 20 Abs. 4 LVwVG: nur beim Zwangsgeld erforderlich
4. Anwendung
   a) Voraussetzungen
      aa) Zwangsgeld, § 23 LVwVG: typisch bei unvertretbaren Handlungen (Umkehrschluss aus § 25 LVwVG)
      bb) Zwangshaft, § 24 Abs. 1 S. 1 LVwVG: u.A. Uneinbringlichkeit des Zwangsgeldes
      cc) Ersatzvornahme, § 25 LVwVG
         (1) Vertretbare Handlung
         (2) Verpflichtung durch Verwaltungsakt (s.o. 1.)
   b) Keine Vollstreckungshindernisse, § 11 LVwVG
      aa) Keine Erfüllung der Verpflichtung (= Erledigung), § 11 Alt. 1 LVwVG
      bb) Keine rechtliche oder tatsächliche Unmöglichkeit, § 11 Alt. 2 LVwVG
   c) Ermessen
      aa) Ermessensentscheidung, § 2 Abs. 1 VwVG („können")
      bb) Ermessensfehler
      cc) Verhältnismäßigkeit, § 19 Abs. 3 LVwVG
      dd) Richtiger Adressat

B. Abgekürztes Verfahren

Wie A.

Wie A.

1. Grundverfügung nur im Fall des § 6 Abs. 2 BVwVG entbehrlich

Wie A.

Unanfechtbarkeit nach § 2 Nr. 1 LVwVG entbehrlich nach § 21 LVwVG

Wie A.

a) Androhung kann entfallen, § 21 LVwVG i.V.m. § 20 Abs. 1 LVwVG
b) Festsetzung kann entfallen, § 21 LVwVG i.V.m. § 20 Abs. 1 LVwVG, da die Festsetzung I.R.d. Androhung nach § 20 Abs. 1 LVwVG erfolgt.

Wie A.

Wie A.

---

[97] *VGH Baden-Württemberg* VBlBW 1996, 262.

Besondere Bedeutung kommt der umstrittenen Frage zu, ob im Verwaltungsvollstreckungsverfahren lediglich die Wirksamkeit[98] oder zusätzlich immer die Rechtmäßigkeit der Grundverfügung[99] oder zumindest in den Fällen des § 80 Abs. 2 S. 1[100] (i.V.m. § 2 Nr. 2 LVwVG) erforderlich ist (**Konnexitätsgrundsatz**).[101] Bei der Erörterung dieses Problems können und müssen Sie bei der t.v.A. inzident die Rechtmäßigkeit der bauordnungsrechtlichen Verfügung prüfen.

Ist jedoch ein **Kostenbescheid** Gegenstand der Prüfung, so müssen inzident die Rechtmäßigkeit des Grundverwaltungsakts prüfen, da § 31 Abs. 1 LVwVG („nach diesem Gesetz") einen rechtmäßigen Grundverwaltungsakt voraussetzt.

560 Von besonderer Bedeutung ist die Herbeiführung der formellen Vollstreckbarkeit durch die **Anordnung der sofortigen Vollziehung** gemäß § 80 Abs. 2 S. 1 Nr. 4 VwGO. Diesbezüglich ist wie folgt zu unterscheiden:

- Für die **Stilllegungsverfügung** nach § 64 LBO besteht regelmäßig ein besonderes öffentliches Interesse an der sofortigen Vollziehung i.S.d. § 80 Abs. 2 S. 1 Nr. 4 VwGO, da nur hierdurch die Schaffung vollendeter Tatsachen verhindert werden kann.[102] Interessen des Bauherrn stehen der Anordnung der sofortigen Vollziehung grundsätzlich nicht entgegen, da es ihm zuzumuten ist, das förmliche Genehmigungsverfahren durchzuführen.[103]
- Eine **Nutzungsuntersagung** nach § 65 S. 2 LBO kann grundsätzlich sofort vollzogen werden, um die Effektivität des bauaufsichtlichen Genehmigungsverfahrens zu wahren.[104] Maßgeblich sind für diese Beurteilung die Umstände des Einzelfalls.[105]
- Bei einer **Abbruchanordnung** gemäß § 65 S. 1 LBO kann die sofortige Vollziehung **nur in Ausnahmefällen** zulässig sein, da hierdurch endgültige Zustände geschaffen werden, die im Falle der Rechtswidrigkeit der Abbruchverfügung nicht mehr rückgängig gemacht werden können.[106] Eine derartige ausnahmsweise Zulässigkeit der Anordnung der sofortigen Vollziehung kann gegeben sein, wenn die Anlage ohne wesentliche Substanzverletzung beseitigt werden kann oder wenn von ihr eine erhebliche negative Vorbildwirkung ausgeht.[107]

III. Unmittelbare Ausführung, § 8 Abs. 1 PolG

561 Möglich ist auch die unmittelbare Ausführung einer (fiktiven) bauordnungsrechtlichen Verfügung auf der Grundlage von § 8 Abs. 1 PolG. Dem steht nicht entgegen, dass § 8 Abs. 1 PolG „die Polizei" nennt. Hierunter sind alle Behörden zu verstehen, deren Aufgabe in der Gefahrenabwehr besteht.[108] Das Bauordnungsrecht bezweckt (primär) Gefahrenabwehr.

---

98 Vgl. *BVerfG* NVwZ 1999, 290, 292.
99 *Knemeyer* Polizei- und Ordnungsrecht Rn. 358.
100 *Würtenberger/Heckmann* Polizeirecht in Baden-Württemberg, Rn. 755 ff. Überraschenderweise auch *Kenntner* Öffentliches Recht in Baden-Württemberg Rn. 89.
101 Vgl. hierzu *Schenke* Polizei- und Ordnungsrecht, Rn. 540 ff.
102 Hoppe/Bönker/Grotefels-*Grotefels* Öffentliches Baurecht § 15 Rn. 103.
103 *Jäde* Bauaufsichtliche Maßnahmen Rn. 319 f. m.w.N.
104 Hoppe/Bönker/Grotefels-*Grotefels* Öffentliches Baurecht § 16 Rn. 103.
105 *Jäde* Bauaufsichtliche Maßnahmen Rn. 286 ff.
106 *Jäde* Bauaufsichtliche Maßnahmen Rn. 245 ff.
107 *Niedersächsisches OVG* NuR 1994, 611.
108 *BVerwGE* 141, 311; *Belz/Mußmann* Polizeigesetz für Baden-Württemberg Rn. 2; s. hierzu vertiefend *Würtenberger/Heckmann* Polizeirecht in Baden-Württemberg Rn. 130 ff.

Im Regelfall[109] reicht es aus dem Störer das zur Gefahrenabwehr gebotene Verhalten durch einen Verwaltungsakt aufzugeben. Ein derartiges Vorgehen scheidet jedoch aus, wenn ein sofortiges Eingreifen zur effizienten Gefahrenabwehr erforderlich ist,[110] also wenn ein **Eilfall** vorliegt.

> **Rechtmäßigkeit einer unmittelbaren Ausführung gemäß § 8 Abs. 1 PolG**
>
> I. **Vorliegen der Voraussetzungen für den Erlass einer fingierten bzw. fiktiven Grundverfügung**[111]
>   An dieser Stelle hat eine vollumfängliche Prüfung der (bauordnungsrechtlichen) Ermächtigungsgrundlage zu erfolgen.
>
> II. **Der Verantwortliche** (nur der Störer §§ 6, 7 PolG – nicht der Nichtstörer, § 9 PolG) kann zur Gefahrenabwehr nicht (§ 8 Abs. 1 S. 1 Hs. 2 Alt. 1 PolG) oder nicht mehr rechtzeitig (§ 8 Abs. 1 S. 1 Hs. 2 Alt. 2 PolG) erreicht werden **(Eilfall).**
>
> III. **Rechtsfolgen:**
>   1. **Primärebene:** Die Maßnahme darf durch die Behörde selbst oder durch einen Beauftragten unmittelbar ausgeführt werden.
>   2. **Sekundärebene:** Kostentragungspflicht des Verantwortlichen im Falle der Rechtmäßigkeit[112] der unmittelbaren Ausführung.

Wichtig ist im Falle der unmittelbaren Ausführung die umstrittene Frage, welche **Rechtsnatur** diese hat, da davon die statthafte Klageart abhängt.[113] Die h.M. in der **Literatur** geht davon aus, dass es sich um einen **Realakt** handelt, weil sie die Rechtsfigur eines adressatenlosen Verwaltungsakts ablehnt.[113] Die **Rechtsprechung** vertritt, dass die Bestimmung des Adressaten durch eine nachträgliche Bekanntgabe erfolgt und die unmittelbare Ausführung eine Duldungspflicht, die die Regelungswirkung i.S.d. § 35 S. 1 LVwVfG darstellt, begründet.[114] Es handle sich um einen **Verwaltungsakt**.

---

109 *Kenntner* Öffentliches Recht in Baden-Württemberg Rn. 95: „Vor die Tat setzt der Rechtsstaat das Wort".
110 *Würtenberger/Heckmann* Polizeirecht in Baden-Württemberg Rn. 792 ff.
111 *Würtenberger/Heckmann* Polizeirecht in Baden-Württemberg Rn. 793.
112 S. hierzu *Würtenberger/Heckmann* Polizeirecht in Baden-Württemberg Rn. 911 ff.
113 *Würtenberger/Heckmann* Polizeirecht in Baden-Württemberg Rn. 793 ff.
114 *VGH Baden-Württemberg* VBlBW 1992, 337, 338.

7. Teil
Rechtsschutzfragen im Bereich der präventiven und repressiven Bauaufsicht

》 Nehmen Sie unbedingt Ihr bevorzugtes Buch zum Verwaltungsprozessrecht zur Hand. Die folgenden Darstellungen beschränken sich auf baurechtstypische Rechtsfragen. Erforderlich sind Kenntnisse des Verwaltungsprozessrechts. 《

562 Die Bedeutung des Verwaltungsprozessrechts in baurechtlichen Klausuren ist sehr groß, da nahezu jede baurechtliche Klausur hat eine prozessuale Fragestellung hat. Daher wird in diesem Teil der Rechtsschutz gesondert behandelt.

Es ist zwischen dem Rechtschutz gegen Flächennutzungspläne (Rn. 563 ff.) und Bebauungspläne (Rn. 569 ff.), dem Rechtsschutz im Bereich der präventiven (Rn. 598 ff.) und der repressiven Bauaufsicht (Rn. 686 ff.) zu unterscheiden. Besondere Bedeutung kommt dem Nachbarrechtsschutz zu.

A. Rechtsschutz gegen Flächennutzungspläne

I. Für die Gemeinde

563 Sollte es zu einer Versagung der Genehmigung des Flächennutzungsplanes durch die höhere Verwaltungsbehörde kommen, so kann die Gemeinde hiergegen mit der **Verpflichtungsklage in Form der Versagungsgegenklage** gemäß § 42 Abs. 1 Alt. 2 Unteralt. 2 VwGO vorgehen. Dies ist möglich, da die abgelehnte Genehmigung für die Gemeinde einen sie belastenden Verwaltungsakt darstellt. Die erforderliche Klagebefugnis der Gemeinde folgt aus einem möglichen Anspruch auf Genehmigung aus § 6 Abs. 1, 2 BauGB und einer möglichen Verletzung der gemeindlichen Selbstverwaltungsgarantie aus Art. 28 Abs. 2 GG. Diese Klage ist gemäß § 113 Abs. 5 S. 1 VwGO begründet, wenn der Gemeinde ein Anspruch auf Genehmigung des Flächennutzungsplanes zusteht, also wenn die Gemeinde den Flächennutzungsplan sowohl formell wie auch materiell rechtmäßig erlassen hat. Da der höheren Verwaltungsbehörde bei der Erteilung bzw. Verweigerung der Genehmigung des Flächennutzungsplanes gemäß § 6 Abs. 1 VwGO kein Ermessen zukommt, ist die Spruchreife i.S.d. § 113 Abs. 4 S. 1 VwGO gegeben.

> **JURIQ-Klausurtipp**
>
> Im Rahmen der **Klagebefugnis** gemäß § 42 Abs. 2 VwGO für eine **Verpflichtungsklage** kann die auf das Auffanggrundrecht des Art. 2 Abs. 1 GG abstellende **Adressatentheorie keine Anwendung** finden. Bei einer Verpflichtungsklage ist die Klagebefugnis gegeben, wenn der Kläger einen an ihn selbst gerichteten begünstigenden Verwaltungsakt erstrebt. Sie müssen also auf einen möglichen **Anspruch** des Klägers abstellen.
>
> Für die Gemeinde scheidet eine Berufung auf Art. 2 Abs. 1 GG ferner aus, da sie gemäß Art. 1 Abs. 3 GG grundrechtsverpflichtet ist und damit nicht zugleich grundrechtsberechtigt sein kann (**Konfusion**).

II. Für Dritte

1. Grundsätzliche Unzulässigkeit eines Normenkontrollverfahrens

Da der Flächennutzungsplan einen Plan sui generis darstellt (s.o. Rn. 79) ist dessen inhaltliche Überprüfung im Wege des verwaltungsgerichtlichen Normenkontrollverfahrens gemäß § 47 VwGO grundsätzlich **unstatthaft**.[1]

Eine gerichtliche Überprüfung ist jedoch im Wege einer **Inzidentkontrolle** möglich, die insbesondere bei der Frage der Beachtung des Entwicklungsgebots im Rahmen einer oberverwaltungsgerichtlichen Kontrolle eines Bebauungsplanes oder bei einer Verpflichtungsklage gegen die Versagung einer Baugenehmigung vor dem Verwaltungsgericht erfolgen kann.

2. Ausnahmsweise Zulässigkeit eines Normenkontrollverfahrens gegen Flächennutzungspläne mit den Rechtswirkungen des § 35 Abs. 3 S. 3 BauGB

Umstritten ist, ob ein Normenkontrollverfahren nach § 47 VwGO gegen Flächennutzungspläne, die die Rechtswirkungen des § 35 Abs. 3 S. 3 BauGB entfalten, wie z.B. bei der Ausweisung einer Konzentrationsfläche für Windenergieanlagen, (s. Rn. 74) möglich ist.

> **Hinweis**
>
> Dieses Problem stellt sich, da mit der Zuweisung eines privilegierten Vorhabens i.S.d. § 35 Abs. 1 Nr. 2 bis 6 BauGB auf bestimmte Außenbereichsstandorte wegen der Regelung des § 35 Abs. 3 S. 3 BauGB quasi spiegelbildlich die Aussage getroffen wird, dass derartige Vorhaben außerhalb der gewählten Standorte unzulässig sind.

(1) **Teilweise** wird die Möglichkeit eines Normenkontrollverfahrens gegen derartige Flächennutzungspläne **verneint**.[2]

Hier wird angeführt, dass durch eine Ausweisung an anderer Stelle im Flächennutzungsplan **kein Anspruch auf Zulassung** eines Vorhabens begründet werde. Vielmehr könne diesem Vorhaben lediglich ein öffentlicher Belang entgegenstehen.

Weiterhin unterlägen Flächennutzungspläne nicht der Normenkontrolle gemäß § 47 Nr. 1 VwGO. § 47 Abs. 1 Nr. 1 VwGO erfasse **nur Satzungen nach dem BauGB**. Ein Normenkontrollverfahren im Städtebaurecht gegen andere Regelungen als Satzungen, insbesondere gegen den Flächennutzungsplan, sei daher nicht möglich.

§ 47 Abs. 1 Nr. 1 VwGO sei im Bereich des Städtebaurechts **abschließend**. Wegen der bundeseinheitlichen Regelung des § 47 Abs. 1 Nr. 1 VwGO könne nicht angenommen werden, dass der Bundesgesetzgeber dem Landesrecht die Möglichkeit habe offenlassen wollen, den Flächennutzungsplan durch die allgemeine landesrechtliche Normenkontrolle nach § 47 Abs. 1 Nr. 2 VwGO dennoch einer Überprüfung im Normenkontrollverfahren zuzuführen.

>> Lesen Sie § 35 Abs. 3 S. 3 BauGB und machen Sie sich klar warum das dargestellte Problem besteht. Nur wenn Sie einen Streitstand verstehen, können Sie diesen in einer Klausur überzeugend darstellen. <<

---

[1] *Brenner* Öffentliches Baurecht Rn. 445.
[2] *Niedersächsisches OVG* NVwZ-RR 2007, 444, vgl. auch *Herrmann* NVwZ 2009, 1185.

Ferner sei die **Möglichkeit eines inzidenten Rechtsschutzes** im Rahmen einer Klage auf Erteilung der jeweiligen Genehmigung **ausreichend**.

Heute wird diese Frage von der **herrschenden Meinung** bejaht.

> » Ein Verweis auf eine (vermeintlich) herrschende Meinung ersetzt keinesfalls eine Argumentation. Überzeugen können Sie Ihren Korrektor nur mit Sachargumenten. «

Innerhalb dieser Auffassung ist umstritten, ob sich die Statthaftigkeit des Normenkontrollverfahrens **aus § 47 Abs. 1 Nr. 1 VwGO analog oder aus § 47 Abs. 1 Nr. 2 VwGO** ergibt.

567 Dem **Bundesverwaltungsgericht** zufolge ist der Flächennutzungsplan **analog § 47 Abs. 1 Nr. 1 VwGO** einer Überprüfung zugänglich, wenn sich der Antragsgegenstand auf Darstellungen des Flächennutzungsplanes bezieht, in der die planerische Entscheidung der Gemeinde zum Ausdruck kommt, mit der Ausweisung von Flächen für privilegierte Nutzungen nach § 35 Abs. 1 Nr. 2 bis 6 BauGB die Ausschlusswirkung des § 35 Abs. 3 S. 3 BauGB an Standorten außerhalb der ausgewiesenen Flächen eintreten zu lassen.³

> ### Hinweis
>
> Die Analogie wird vom Bundesverwaltungsgericht nur auf solche Darstellungen bezogen, in denen der Wille der Gemeinde zum Ausdruck kommt, das mit der Ausweisung im o.g. Sinne die **Ausschlusswirkung** des § 35 Abs. 3 S. 3 BauGB an Standorten außerhalb der ausgewiesen Flächen (**Negativflächen**) eintreten soll. Nur in derartigen Konstellation ist die unmittelbare Außenwirkung eines Flächennutzungsplanes gegeben, die die Analogie zu § 47 Abs. 1 Nr. 1 VwGO rechtfertigt.
>
> § 47 Abs. 1 Nr. 1 VwGO findet daher keine analoge Anwendung auf einfache Konzentrationsflächen, die lediglich den dargestellten Standort gegenüber anderen Nutzungen dahingehend sichern, dass auf der Fläche nur andere Nutzungen ausgeschlossen werden, aber darin gerade nicht ausgesagt wird, dass privilegierte Anlagen ausschließlich dort zulässig sind.⁴

Die **Analogie** zu § 47 Abs. 1 Nr. 1 VwGO sei erforderlich, weil seit der Einführung des § 35 Abs. 3 S. 3 BauGB und der damit verbundenen unmittelbaren Rechtswirkung derartiger Flächennutzungspläne nachträglich eine **planwidrige Regelungslücke** entstanden und eine **vergleichbare Interessenlage**⁵ entstanden sei.

Eine Anwendung des **§ 47 Abs. 1 Nr. 2 VwGO scheide aus**, da der Gesetzgeber in § 47 Abs. 1 Nr. 1 VwGO eine Sonderregelung für den Rechtsschutz im Bereich des Städtebaurechts getroffen habe. § 47 Abs. 1 Nr. 1 VwGO bezwecke einen effektiven, rechtzeitigen und bundeseinheitlich ausgestalteten Rechtsschutz bei Satzungen und Verordnungen nach dem BauGB.

Ein Flächennutzungsplan mit dem Inhalt des § 35 Abs. 3 S. 3 BauGB treffe eine abschließende Planaussage. Die Ausweisung von Konzentrationsflächen weise eine **Ausschlusswirkung** auf: Nach § 35 Abs. 1 Nr. 2 bis 6 BauGB privilegierte Vorhaben seien bauplanungsrechtlich unzulässig, wenn der Flächennutzungsplan ihrer Verwirklichung an einer anderen als der beantragten Stelle vorsehe. In diesem Fall stünden öffentliche Belange gemäß § 35 Abs. 3 S. 3 BauGB

---

3 *BVerwGE* 128, 382 ff., s. die Nachweise bei *Kopp/Schenke* VwGO § 47 Rn. 21 Fn. 55; vgl. auch *Bringewat* NVwZ 2013, 984.
4 *Brenner* Öffentliches Baurecht Rn. 446.
5 Korrekterweise müsste es sich um eine vergleichbare Wertungs- und nicht um eine reine Interessenlage handeln, da von einem Interesse nicht unvermittelt auf ein Sollen geschlossen werden kann. Vgl. hierzu statt aller *Rath* Das Verhältnis des Wertes und des Sollens zum Sein, passim.

entgegen. Die Zuweisung bestimmter privilegierter Vorhaben auf bestimmte Außenbereichsstandorte sage also im **Umkehrschluss** aus, dass derartige Vorhaben außerhalb der gewählten Standorte unzulässig sind. Es sei daher eine **unmittelbare Auswirkung** auf die Zulässigkeit von Vorhaben gegeben.

Die Regelung des § 35 Abs. 3 S. 3 BauGB verleihe den genannten Darstellungen dadurch eine derartige **Verbindlichkeit**, dass diese einem **Bebauungsplan gleichkommt**. Dies werde auch in der Regelung des § 5 Abs. 2b BauGB deutlich, nach der für solche Darstellungen ein sachlicher Teilflächennutzungsplan aufgestellt werden kann. Wegen dieser **ausnahmsweise** gegebenen **Gleichstellung** könne sich das Normenkontrollverfahren auf Flächennutzungspläne mit den Wirkungen des § 35 Abs. 3 S. 3 BauGB beziehen.

Hierfür kann auch die **Möglichkeit der Zurückstellung** von Baugesuchen nach § 15 Abs. 3 BauGB mit Blick auf Flächennutzungspläne mit den Rechtswirkungen des § 35 Abs. 3 S. 3 BauGB angeführt werden, wodurch derartigen Plänen ebenfalls Außenwirkung zukommt. Der Gesetzgeber hat dadurch für die Planung von Konzentrationsflächen ein bislang den Bebauungsplänen vorbehaltenes Sicherungsmittel zur Verfügung gestellt.

Ein **Teil der Rechtsprechung**[6] geht mit **Teilen der Literatur**[7] von der Statthaftigkeit des Normenkontrollantrags nach **§ 47 Abs. 1 Nr. 2 VwGO** i.V.m mit dem landesrechtlichen Ausführungsgesetz, d.h. in Baden-Württemberg **i.V.m. § 4 AGVwGO**, aus.

568

Die Darstellung einer Konzentrationszone mit einer Ausschlusswirkung i.S.v. § 35 Abs. 3 S. 3 BauGB unterfalle dem Begriff der **Rechtsvorschrift** gemäß § 47 Abs. 1 Nr. 2 VwGO. Für die Einstufung einer Bestimmung als Rechtsvorschrift komme es (auch) darauf an, ob es sich um eine abstrakt-generelle Regelung mit verbindlicher **Außenwirksamkeit** handelt.[8] Bei Darstellungen i.S.d. § 35 Abs. 3 S. 3 BauGB erfülle der Flächennutzungsplan eine dem Bebauungsplan vergleichbare Funktion. Derartige Darstellungen sind **abstrakt-generelle Regelungen** mit verbindlicher **Außenwirkung** und somit eine der Normenkontrolle unterliegende Rechtsvorschrift.

> **Hinweis**
>
> Die dargestellt ausnahmsweise gegebene Möglichkeit der Normenkontrolle müssen Sie kennen. Kommentieren Sie sich in Ihrem Gesetzestext neben § 47 Abs. 1 VwGO, § 35 Abs. 3 S. 3 BauGB. So übersehen Sie dies in einer Klausur nicht versehentlich.
>
> In einer Klausur kann die Frage nach dem Rechtsschutz gegen Flächennutzungspläne daher nicht pauschal, sondern nur mit Blick auf die Darstellungen des Flächennutzungsplanes beantwortet werden.

---

[6] *OVG Rheinland-Pfalz* NVwZ 2006, 1442.
[7] *Kment* NVwZ 2004, 314, 315; *Loibl* UPR 2004, 419, 422; *Guckelberger* DÖV 2006, 973, 981.
[8] Umstritten ist, ob materielle oder formelle Kriterien für das Vorliegen einer Rechtsvorschrift i.S. des § 47 Abs. 1 Nr. 2 VwGO maßgeblich sind, vgl. *Kopp/Schenke* VwGO § 47 Rn. 27 m.w.N.

B. Rechtsschutz gegen Bebauungspläne

569 Der Bebauungsplan wird gemäß § 10 Abs. 1 BauGB als Satzung beschlossen. Eine Satzung ist eine Rechtsvorschrift, die von einer dem Staat zugeordneten juristischen Person des öffentlichen Rechts im Rahmen der ihr gesetzlich verliehenen Autonomie mit Wirkung für die ihr angehörenden Personen erlassen wird.[9] Der Bebauungsplan stellt daher eine Rechtsnorm dar.

Es kommen drei **Arten des Rechtsschutzes** in Betracht:
1. Ein verwaltungsgerichtliches Normenkontrollverfahren gemäß § 47 Abs. 1 Nr. 1 VwGO (s. Rn. 570 ff.) bzw. ein vorläufiger Rechtsschutz im verwaltungsgerichtlichen Normenkontrollverfahren gemäß § 47 Abs. 6 VwGO,

> **Hinweis**
>
> Das Verfahren des vorläufigen Rechtsschutz im verwaltungsgerichtlichen Normenkontrollverfahren gemäß § 47 Abs. 6 VwGO hat eine sehr geringe Prüfungsrelevanz und wird daher nicht dargestellt.

2. eine inzidente Kontrolle im Rahmen eines verwaltungsgerichtlichen Klage (s.u. Rn. 597),
3. eine Verfassungsbeschwerde (s.u. Rn. 593).

I. Verwaltungsgerichtliche Normenkontrolle, § 47 Abs. 1 Nr. 1 VwGO

1. Überblick

570 Das Normenkontrollverfahren nach § 47 VwGO hat eine **doppelte Funktion**. Es stellt sowohl ein **objektives Rechtsbeanstandungsverfahren** als auch ein **subjektives Rechtsschutzverfahren** dar:[10]

Ein **objektives Rechtsbeanstandungsverfahren** ist es insoweit, als über die Wirksamkeit einer Regelung mit allgemein verbindlicher Wirkung (Wirkung inter omnes) entschieden wird, vgl. § 47 Abs. 5 S. 2 VwGO. Sie dient damit der Rechtssicherheit und vor allem auch der Verfahrensökonomie durch die Vermeidung weiterer (Einzel-)Prozesse und somit auch der Entlastung der Verwaltungsgerichte.

Dem **subjektiven Rechtsschutz** dient sie insoweit, als sie nur auf Antrag durchgeführt wird und, soweit dieser von einer natürlichen oder juristischen Person gestellt wird, nur zulässig ist, wenn im Rahmen der Zulässigkeit eine mögliche Rechtsverletzung geltend gemacht werden kann.

---

9 *Wienbracke* Allgemeines Verwaltungsrecht Rn. 14.
10 Vgl. *Kopp/Schenke* VwGO § 47 Rn. 3 m.w.N.

Verwaltungsgerichtliche Normenkontrolle, § 47 Abs. 1 Nr. 1 VwGO

Das verwaltungsgerichtliche Normenkontrollverfahren gemäß § 47 VwGO

A. Zulässigkeit
  - **I. Eröffnung des Verwaltungsrechtswegs, § 47 Abs. 1 i.V.m. § 40 Abs. 1 VwGO**
    1. Öffentlich-rechtliche Streitigkeit
    2. Nichtverfassungsrechtlicher Art
  - **II. Statthaftigkeit des Antrags**
    1. § 47 Abs. 1 Nr. 1 VwGO (bei Flächennutzungs- und Bebauungsplänen)
    2. § 47 Abs. 2 Nr. 2 VwGO
  - **III. Voraussetzungen des § 47 Abs. 2 VwGO**
    1. Antragsberechtigung
       a) Natürliche Personen
       b) Juristische Personen
       c) Behörde
    2. Antragsbefugnis
       - Subjektive öffentliche Rechte aus § 1 Abs. 7 BauGB   Rn. 580 ff
       - Nicht bei Behörden. Objektives Kontrollinteresse (zu prüfen unter V. 3.)
    3. Antragsfrist
    4. (ggf.) keine Präklusion gem. § 47 Abs. 2a VwGO
  - **IV. Antragsgegner, § 47 Abs. 2 S. 2 VwGO**
  - **V. Rechtsschutzbedürfnis**
    1. Natürliche Personen
    2. Juristische Personen
    3. Behörde: objektives Kontrollinteresse

B. Begründetheit

PRÜFUNGSSCHEMA

JURIQ-Klausurtipp

571

Ihre Prüfungsarbeit leiten Sie immer mit einem möglichst präzisen **Obersatz** ein. Eine stilistische Unterscheidung ergibt sich bezüglich der Formulierung, ob eine Klage „**Erfolg**" oder nur „**Aussicht auf Erfolg**" hat.

Für die **erstgenannte Formulierung** spricht, dass eine Klage Erfolg und eben nicht nur Aussicht auf Erfolg haben wird, wenn sie zulässig und begründet. Die Formulierung: „**Aussicht auf Erfolg**" ist nur dann zutreffend, wenn man von der Möglichkeit eines Fehlurteils ausgeht, also unterstellt der Richter könnte die Klage trotz gegebener Zulässigkeit und Begründetheit abweisen.

In einer Prüfungsarbeit halten Sie sich, wenn dies möglich ist, an die **Formulierung der Fallfrage** oder die der **Aufgabenstellung**, denn der Klausurverfasser hat sich darin bereits entschieden.

2. Zulässigkeit

Die Zulässigkeit eines Normenkontrollantrags prüfen Sie wie folgt:[11]

a) Eröffnung des Verwaltungsrechtswegs, § 47 Abs. 1 VwGO i.V.m. § 40 Abs. 1 VwGO

572 Zunächst ist zu prüfen, ob die Gerichtsbarkeit des zur Entscheidung berufenen Oberverwaltungsgerichts gegeben ist.

> **Tipp für Assessorklausuren**
>
> Dieser Prüfungspunkt ist in Assessorklausuren nur ausnahmsweise anzusprechen.[12]

Mit der Gerichtsbarkeit ist die Prüfung der Rechtswegzuständigkeit nach § 40 Abs. 1 VwGO gemeint,[13] so dass Sie prüfen, ob der **Verwaltungsrechtsweg gemäß § 40 Abs. 1 VwGO eröffnet** ist.

> **Hinweis**
>
> In Baden-Württemberg führt das Oberverwaltungsgericht gemäß § 184 VwGO i.V.m. § 1 Abs. 1 S. 1 AGVwGO die Bezeichnung **Verwaltungsgerichtshof Baden-Württemberg**.

Bei der Überprüfung eines **Bebauungsplan**s ist dies zu bejahen, da ein **Rechtssatz** zur Überprüfung gestellt ist, **zu dessen Vollzug im Verwaltungsrechtsweg anfechtbare oder mit der Verpflichtungsklage erzwingbare Verwaltungsakte ergehen können**.[14]

> **JURIQ-Klausurtipp**
>
> Bei der Fallbearbeitung gilt der **Grundsatz**, dass **Unproblematisches kurz**[15] und **Problematisches ausführlicher** behandelt werden soll. Merken Sie sich daher den o.g. Satz, denn so können Sie den Korrektor davon überzeugen, dass Sie diesen Grundsatz der Fallbearbeitung beherrschen. Halten Sie diesen Grundsatz strikt ein. Weiterhin ist der vorliegende Prüfungspunkt der Eintritt in die Bewertung Ihrer Leistung und entspricht einer **Art des ersten Eindrucks**. Verstöße gegen diesen Grundsatz führen weiterhin zu einer **falschen Schwerpunktsetzung** und letztlich wird Ihnen in einer Klausur dann die ohnehin knapp bemessene **Zeit fehlen**.

b) Statthaftigkeit, § 47 Abs. 1 Nr. 1 oder Nr. 2 VwGO

573 Gegenstand eines verwaltungsgerichtlichen Normenkontrollverfahrens sind im Rahmen der Zuständigkeit des Verwaltungsgerichtshofs gemäß **§ 47 Abs. 1 Nr. 1 VwGO** Satzungen, die nach den Vorschriften des BauGB erlassen worden sind. Ein Bebauungsplan ist, eine

---

11 S. vertiefend *Ehlers* Jura 2005, 173.
12 *Kintz* Öffentliches Recht im Assessorexamen Rn. 571.
13 *Kopp/Schenke* VwGO § 47 Rn. 17 m.w.N.
14 Angelehnt an die Formulierung von *Kopp/Schenke* VwGO § 47 Rn. 17.
15 *Goethe* West-östlicher Divan: „Getretner Quark wird breit, nicht stark".

Satzung, vgl. § 10 Abs. 1 BauGB, die nach den Vorschriften des BauGB erlassen worden ist. Daher ist ein verwaltungsgerichtliches Normenkontrollverfahren gegen einen Bebauungsplan statthaft.[16]

> **Hinweis**
>
> Die Statthaftigkeit ist auch gegeben im Falle von Veränderungssperren, § 16 Abs. 1 BauGB (s. hierzu Rn. 242 ff.), Vorkaufsrechtssatzungen, § 25 Abs. 1 BauGB, Innenbereichssatzungen, § 34 Abs. 1 BauGB und Außenbereichssatzungen, § 35 Abs. 6 BauGB.
>
> Nach h.M. findet § 47 Abs. 1 Nr. 1 VwGO analog oder § 47 Abs. 1 Nr. 2 VwGO direkt Anwendung auf Flächennutzungspläne, wenn darin Konzentrationszonen mit Ausschlusswirkung gemäß § 35 Abs. 3 S. 3 BauGB (s. hierzu die Darstellung dieses Problems bei Rn. 565.)

Aus dem Wortlaut des § 47 Abs. 1 Nr. 1 VwGO „erlassen worden sind" folgt, dass der Bebauungsplan **erlassen**, d.h. **verkündet** worden sein muss.[17] Im Falle eines Bebauungsplans erfolgt dies durch die **ortsübliche Bekanntmachung** (s. hierzu Rn. 164 f.). Ob die **Verkündung rechtmäßig** erfolgt ist, ist **unerheblich**, da eine Norm erlassen i.S.d. § 47 VwGO ist, wenn sie aus der Sicht des Normgebers Geltung für sich in Anspruch nimmt.[18] Für die Statthaftigkeit des Antrags genügt es, daher wenn die Gemeinde den Bebauungsplan **als wirksam behandelt und anwendet**.[19] Die Statthaftigkeit ist damit auch gegeben, wenn in Frage steht, ob der Bebauungsplan in **formell rechtmäßiger Weise verkündet** worden ist.[20] Ein rein präventiver Rechtsschutz **gegen Planentwürfe** ist hingegen **unstatthaft**.[19]

574

> **Hinweis**
>
> Die anzutreffende Formulierung, dass es nicht notwendig sei, dass die Rechtsvorschriften i.S.d. § 47 bereits in Kraft getreten sind,[21] ist im Falle eines Bebauungsplans vor folgendem Hintergrund zu verstehen:
>
> **Grundsätzlich** treten Satzungen gemäß § 4 Abs. 2 S. 2 Hs. 1 GemO am Tag der Bekanntmachung in Kraft, jedoch nur, wenn kein anderer Zeitpunkt bestimmt ist, § 4 Abs. 2 S. 2 Hs. 2 GemO. Die Zeitpunkte der Bekanntmachung und des Inkrafttretens müssen daher nicht notwendigerweise zusammenfallen.
>
> In § 10 Abs. 3 S. 4 BauGB hat der Gesetzgeber jedoch vorgeschrieben, dass **Bebauungspläne** mit der Bekanntmachung Inkrafttreten. Der **Zeitpunkt des Inkrafttretens** eines Bebauungsplans steht somit grundsätzlich **nicht zur Disposition der Gemeinde**.[22] Die Regelung geht davon aus, dass mit dem Satzungsbeschluss der Gemeinde regelmäßig die Erwartung verbunden ist, dass der Bebauungsplan auch alsbald in Kraft gesetzt wird.[23]

---

16 Nach *BVerfGE* 70 35, 70 ist die Statthaftigkeit ausnahmsweise auch für Bebauungspläne, die nicht in Satzungsform, sondern in Form eines Parlamentsgesetzes erlassen worden sind, gegeben. Zur Kritik an dieser Rechtsprechung vgl. Schenke *DVBl* 1985, 1367, 1368 und *Kosmider* JuS 1988, 447, 450.
17 *Kopp/Schenke* VwGO § 47 Rn. 15; *BVerwG* NVwZ 1992 1089; s. jedoch a. *BVerwG* NVwZ 1993, 468.
18 *Ehlers* Jura 2005, 171, 173.
19 *Brenner* Öffentliches Baurecht Rn. 451.
20 *BVerwG* NVwZ 199, 2 1088.
21 Exemplarisch *Kopp/Schenke* VwGO § 47 Rn. 15.
22 Vgl. *BVerwG* NVwZ-RR 2002, 256.
23 *BVerwG* NVwZ 2001, 236.

>> Lesen Sie
§ 33 BauGB <<

575 Uneinigkeit besteht hinsichtlich der Frage, ob **Bebauungspläne i.S.d. § 33 BauGB** Gegenstand eines Normenkontrollverfahrens nach § 47 Abs. 1 Nr. 1 VwGO sein können.

Teilweise wird eine **analoge oder erweiternde Auslegung des § 47 Abs. 1 Nr. 1 VwGO** vertreten, da derartige Bebauungspläne bereits Planreife hätten und Grundlage für die Erteilung von Baugenehmigungen sein können.[24]

Herrschend wird Normenkontrollfähigkeit **verneint**.[25] Hierfür lässt sich anführen, dass nach § 47 Abs. 1 VwGO über die "Gültigkeit" der dort bezeichneten Rechtsvorschriften zu entscheiden ist und dass Geltung nur existente, d.h. bekanntgemachte Rechtsvorschriften und gerade nicht Entwürfe von Rechtsvorschriften beanspruchen.[26] Auch die nach § 47 Abs. 2 S. 1 VwGO für den Normenkontrollantrag einzuhaltende Zwei-Jahres-Frist knüpft an die Bekanntmachung der Rechtsvorschrift an.[27] Ferner kann ein „planreifer" Bebauungsplan im laufenden Bebauungsplanverfahren noch geändert werden.

576 Ein Normenkontrollantrag nach § 47 Abs. 1 VwGO setzt grundsätzlich voraus, dass der zu überprüfende **Bebauungsplan noch in Kraft** ist.[28] Ausnahmsweise ist die Statthaftigkeit jedoch auch im Falle einer bereits aufgehobenen Rechtsnorm gegeben, wenn diese Norm **noch Rechtswirkungen** entfaltet.[28] Dies ist der Fall, wenn in der Vergangenheit liegende Sachverhalte noch nach ihr zu entscheiden sind.[29] Erforderlich ist dann jedoch ein **berechtigtes Interesse** an der Feststellung, dass der Bebauungsplan unwirksam war: Die begehrte Feststellung muss entweder **präjudizierende Wirkung** für Entschädigungs- oder Schadenersatzansprüche haben[30] oder es muss **Wiederholungsgefahr** bestehen.[31]

>> Wiederholen Sie die Prüfung der Zulässigkeit der Fortsetzungsfeststellungsklage und vergegenwärtigen Sie die Anforderungen, die an das qualifizierte Feststellungsinteresse zu stellen sind. <<

> **Hinweis**
>
> Diese Anforderungen entsprechen denen i.R.d. Zulässigkeit einer Fortsetzungsfeststellungsklage gemäß § 113 Abs. 1 SW. 4 VwGO.

Sofern der Bebauungsplan erst nach Erhebung des Normenkontrollantrags außer Kraft tritt bleibt das Normenkontrollverfahren statthaft. Dies folgt aus dem Wortlaut des § 47 Abs. 2 S. 1 („verletzt zu sein").

c) Antragsberechtigung, § 47 Abs. 2 S. 1 und S. 2 VwGO

577 Nach § 47 Abs. 2 S. 1 VwGO können natürliche Personen, juristische Personen und Behörden den Antrag auf Normenkontrolle stellen, so dass diese Antragsberechtigte sein können.

---

24 *Jäde* BayVBl 1985, 225 und BayVBl 2003, 449; ebenso *Uechtritz* BauR 1999 572, 587.
25 *BVerwG* NVwZ 2002, 256.: Bader/Funke-Kaiser/Stuhlfauth/v. Albedyll-*v. Albedyll* VwGO, § 47, Rn. 9; *Kopp/Schenke*, VwGO, § 47 Rn. 22, 26 – wobei jedoch eine Ausnahme gemacht wird, wenn der Antragssteller durch Nachbarklagen gegen derartige Baugenehmigungen keinen hinreichenden Rechtsschutz erlangen könnte, vgl. *BVerwG* NVwZ 2002 256.
26 *Bayerischer VGH* BayVBl 136, 137.
27 *Bayerischer VGH* BayVBl 136, 137.
28 Bader/Funke-Kaiser/Stuhlfauth/v. Albedyll-*v. Albedyll* VwGO § 47 Rn. 9.
29 *BVerwGE* 56, 172, 175; *BVerwG* NVwZ-RR 2002, 152.
30 *BVerwGE* 8,6 12, 15; *BVerwG* BauR 2005, 176.
31 *OVG Rheinland-Pfalz* DVBl 2013, 330.

JURIQ-Klausurtipp

Achten Sie – nicht nur im vorliegenden Zusammenhang – auf eine exakte Terminologie:

Im Verfahren nach § 47 VwGO gibt es einen Antragsteller und keinen Kläger. Gleiches gilt auch für das vorläufige Rechtsschutzverfahren nach § 80 Abs. 5 VwGO (ggf. i.V.m. § 80a) und das Verfahren im einstweiligen Rechtsschutz nach § 123 VwGO sowie bei der abstrakten Normenkontrolle nach Art. 93 Abs. 1 Nr. 2 GG i.V.m. §§ 13 Nr. 6, 76 ff. BVerfGG. Daher darf in diesen Verfahren nie der Begriff der Klage verwendet werden. Es muss also Antragsbefugnis etc. lauten.

Auch bei einer Verfassungsbeschwerde gemäß Art. 93 Abs. 1 Nr. 4a GG i.V.m. §§ 13 Nr. 8, 90 ff BVerfGG gibt es keinen Kläger, sondern einen Beschwerdeführer, so dass Sie die Bezeichnung der Beschwerdefähigkeit und der Beschwerdebefugnis verwenden müssen

Hinweis

Der Gesetzgeber hat im Normenkontrollverfahren nach § 47 VwGO in Abkehr vom ansonsten geltenden Rechtsträgerprinzip das sog. Behördenprinzip festgelegt.[32]

d) Antragsbefugnis, § 47 Abs. 2 S. 1 VwGO

aa) Bei natürlichen oder juristischen Personen

Die Antragsbefugnis gemäß § 47 Abs. 2 VwGO verlangt, dass der Antragsteller geltend macht, durch die Rechtsvorschrift oder deren Anwendung in seinen Rechten verletzt zu sein oder in absehbarer Zeit verletzt zu werden. Es gelten, wenn auch **mit Modifikationen**, die gleichen **Grundsätze wie im Rahmen der Klagebefugnis nach § 42 Abs. 2 VwGO**.[33] Ein **Unterschied** besteht darin, dass es genügt, dass der Antragsteller geltend macht „in absehbarer Zeit" in seinen Rechten verletzt zu sein.[33] Die Anforderungen, die an die Möglichkeit einer Rechtsverletzung gestellt werden sind zumindest nicht höher als in § 42 Abs. 2 VwGO.[34]

578

> Die **Antragsbefugnis** (einer natürlichen oder juristischen Person) ist gegeben, wenn die Möglichkeit einer Verletzung in subjektiven öffentlichen Rechten besteht, diese also nicht offensichtlich und eindeutig nach jeder Betrachtungsweise ausgeschlossen ist.[35]

Folgende subjektiven Rechte sind von besonderer Bedeutung:

(1) Eigentumsfreiheit, Art. 14 Abs. 1 GG

Die Antragsbefugnis kann zunächst aus einer möglichen Verletzung der Eigentumsfreiheit gemäß Art. 14 Abs. 1 GG (s. hierzu Rn. 20 ff.) folgen. Antragsbefugt i.S.d. § 47 Abs. 2 S. 1 VwGO ist derjenige, der im Zeitpunkt des Satzungsbeschlusses **(Mit-)Eigentümer** eines im Planbereich gelegenen Grundstücks ist und sich gegen eine bauplanerische Festsetzung wendet, die unmittelbar sein Grundstück betrifft.[36]

579

---

32 Dies ist jedoch nicht unstrittig, vgl. *Kopp/Schenke* VwGO § 47 Rn. 38.
33 *Kopp/Schenke* VwGO § 47 Rn. 46.
34 *Kintz* Öffentliches Recht im Assessorexamen Rn. 573 m.w.N.
35 *BVerwG* NVwZ 2001, 1038.
36 *BVerwG* NVwZ 2000, 1413.

Hinweis für Assessorklausuren

Veräußert der sich gegen die Wirksamkeit eines Bebauungsplans wendende Grundstückseigentümer im Laufe des Verfahrens sein Grundstück und lehnt es der Erwerber ab, den Prozess im eigenen Namen fortzuführen, bleibt es bei der Prozessführungsbefugnis des ursprünglichen Eigentümers gemäß §§ 173 S. 1 VwGO i.V.m. § 265 Abs. 2 ZPO analog.

Die Möglichkeit einer Verletzung der Eigentumsfreiheit liegt dann vor, wenn der Antragsteller durch den Bebauungsplan an der beabsichtigten baulichen oder sonstigen **Nutzung seines Grundstücks gehindert** wird. In diesem Fall besteht die Möglichkeit einer Verletzung von Art. 14 Abs. 1 GG in Form der Baufreiheit.

Beispiel Der Bebauungsplan weist ein Grundstück im Innenbereich, das der Eigentümer mit einem Wohnhaus bebauen wollte, als Fläche für Gartenbau aus. ■

Aber **auch** für den Fall, dass die im **Bebauungsplan** festgesetzte Nutzungsart der im Zeitpunkt der Planaufstellung **tatsächlichen Nutzung des Grundstücks entspricht**, ist die Antragsbefugnis aus Art. 14 Abs. 1 GG gegeben, da der gemäß § 10 BauGB als Satzung erlassene Bebauungsplan als Inhalts- und Schrankenbestimmung des Eigentums rechtswirksam sein muss.[37] Ob dies der Fall ist, kann der von den Festsetzungen eines Bebauungsplans betroffene Grundeigentümer grundsätzlich im Normenkontrollverfahren überprüfen lassen.[37]

Hinweis

Dies stellt keinen Verstoß gegen den Grundsatz, dass die Klagebefugnis oder vorliegend die Antragsbefugnis primär aus einfachgesetzlichen Vorschriften folgt (s.o. Rn. 22).

Der Bebauungsplan selbst stellt als untergesetzliche Rechtsvorschrift eine Inhalts- und Schrankenbestimmung (s. Rn. 60) dar und betrifft daher unmittelbar die Eigentumsfreiheit des Art. 14 Abs. 1 GG. Der gemäß § 10 BauGB als Satzung erlassene Bebauungsplan muss daher rechtswirksam sein. Ob dies der Fall ist, kann der von den Festsetzungen eines Bebauungsplans betroffene Grundeigentümer grundsätzlich im Normenkontrollverfahren überprüfen lassen.[37]

Die **Antragsbefugnis** eines (Mit-)Eigentümers resultiert daher nicht erst aus der einfachgesetzlichen Vorschrift des § 1 Abs. 7 BauGB, sondern vielmehr **direkt aus Art. 14 Abs. 1 S. 1 GG**.[38]

An dieser Stelle ist das oben erörterte Problem, ob lediglich **obligatorisch Berechtigter** in personeller Hinsicht vom Schutz des Baurechts umfasst sind (Rn. 29 ff.), darzustellen.

(2) Subjektive Rechte aus § 1 Abs. 7 BauGB

580 Ob § 1 Abs. 7 BauGB den von der Bauleitplanung Betroffenen ein **subjektives Recht auf angemessene Berücksichtigung ihrer Belange im Rahmen der Abwägung** einräumt, ist umstritten.

---

37 *BVerwG* NVwZ 1993, 561.
38 Vgl. *Kopp/Schenke* VwGO § 47 Rn. 54 m.w.N.

(aa) **Teilweise** wird bzw. wurde davon ausgegangen, dass § 1 Abs. 7 BauGB **kein** derartiges **subjektives Recht** vermittle.[39]

Dies folge aus der **Änderung des § 47 Abs. 2 VwGO**: In der früheren Fassung des § 47 Abs. 2 VwGO[40] war der Begriff des Nachteils enthalten, der durch das 6. VwGOÄndG geändert wurde. Nunmehr genügt nicht ein bloßer Nachteil für die Begründung der Antragsbefugnis, sondern eine **Rechtsverletzung** ab. Durch diese Änderung komme der Wille des Gesetzgebers zum Ausdruck die Rechtsschutzmöglichkeiten gegen Bebauungspläne einzuschränken.[41]

Das Abwägungsgebot des § Abs. 7 BauGB habe nach seinem Wortlaut einen **rein objektivrechtlichen Charakter** und vermittle daher keine subjektiven Rechte.[39]

Es könne **keine Parallele zum Fernstraßenrecht**, in dem das Abwägungsgebot gemäß § 17 S. 2 FStG, ein subjektives Recht vermittle, gezogen werden.[42] Dies folge aus der Rechtsform. Im Fernstraßenrecht ergehe der Planfeststellungsbeschluss in der Rechtsform des Verwaltungsakts, wohingegen ein Bebauungsplan als Satzung ergehe. **Bebauungspläne** seien im Falle der Rechtswidrigkeit **nichtig**, so dass es keiner gerichtlichen Aufhebung bedürfe. Die fernstraßenrechtlichen **Verwaltungsakte** im Planfeststellungsverfahren hingegen könnten **bestandskräftig** werden. Deren Rechtswidrigkeit müsse gegebenenfalls im Klageweg durchgesetzt werden. Da der Bebauungsplan im Gegensatz zum Planfeststellungsverfahren keine Anlagenzulassungsentscheidung enthalte, sei ein vorgezogener Rechtsschutz nicht erforderlich.

(bb) **Herrschend** wird davon ausgegangen, dass **§ 1 Abs. 7 BauGB** ein **subjektives Recht** vermittle.[43]

Hierfür spreche der **Wortlaut** des § 1 Abs. 7 BauGB, der ausweislich der Einbeziehung **privater Belange** drittschützend i.S.d. Schutznormtheorie sei.[44]

Dies lässt sich nicht durch die Änderung des § 47 VwGO entkräften, da es sich um eine prozessrechtliche Vorschrift handle.[44] **Maßgeblich** für das Vorliegen eines subjektiven Rechts sei das **materielle Recht** und mithin § 1 Abs. 7 BauGB.

Dass die dem § 1 Abs. 7 BauGB entsprechenden Norm des Fachplanungsrecht in der Rechtsform des Verwaltungsakts ergingen, ändere an dieser Einschätzung nichts.[44] Der **Wortlaut der fachplanungsrechtlichen Vorschriften**, vgl. § 17 S. 2 FStrG,[45] § 18 Abs. 1 S. 2 AEG, § 14 Abs. 1 WaStrG, sei nahezu **gleich** zu § 1 Abs. 7 BauGB. Weiterhin könne z.B. gemäß § 17b Abs. 2 S. 1 FStrG der **Planfeststellungsbeschluss durch einen Bebauungsplan ersetzt** werden, was ebenfalls für die Gleichbehandlung spreche. Dass im Falle eines Bebauungsplans im Gegensatz zum planfeststellungsrechtlichen Verwaltungsakt **keine Bestandskraft** eintreten könne ändere am Vorliegen eines subjektiven Rechts nichts. Dies sei vielmehr eine **Frage des Rechtsschutzbedürfnisses**.

---

39 *BVerwGE* 54, 211; *OVG Nordrhein-Westfalen* NVwZ 1997, 694.
40 In Kraft bis zum 31.12.1996.
41 *OVG Nordrhein-Westfalen* NVwZ 1997, 694.
42 *BVerwGE* 54, 211.
43 *BVerwG* NVwZ 1995, 598; *VGH Baden-Württemberg* VBlBW 1997, 426; vgl. a. *Dürr* NVwZ 1996, 105, 109; *Redeker* NVwZ 1996, 521, 526 ; *Schenke* Verwaltungsprozessrecht Rn. 894.
44 *VGH Baden-Württemberg* VBlBW 1997, 426.
45 Vgl. zum Straßenrecht statt aller *v. Mannstein*, Die Nutzung der öffentlichen Straßen (zum straßenrechtlichen Planfeststellungsverfahren S. 328 ff.). *Dr. Fritz von Mannstein* gilt, nicht nur für langwährende Zusammenarbeit, mein ganz herzlicher Dank.

Weiterhin erfolge **keine Aufwertung bloßer tatsächlicher Belange** zu Rechten. § 1 Abs. 7 BauGB vermittle nämlich keinen Anspruch auf unmittelbare Durchsetzung von Belangen, sondern nur auf eine angemessene Berücksichtigung dieser innerhalb der Abwägung.

> **Hinweis**
>
> § 1 Abs. 7 BauGB begründet nicht **nur für Eigentümer**, sondern **auch für obligatorisch Berechtigte**, wie z.B. Mieter und Pächter, ein subjektives öffentliches Recht, da auch deren private Belange im Rahmen der Abwägung zu beachten sind. Dies stellt eine Parallele zum Abwägungsgebot des § 17 S. 2 FStrG dar.

Abwägungsrelevante privatrechtliche Belange sind alle nicht nur geringfügig betroffenen schutzwürdigen Interessen des Antragstellers.

581 Diese Belange müssen **schutzwürdig** sein.[46] Dies ist zu verneinen, wenn der Antragsteller persönliche keine oder lediglich geringfügige Nachteile erleidet.

Beispiele Die Schutzwürdigkeit fehlt in folgenden Konstellationen:
- Ein ortsansässiger Unternehmer wendet sich wegen befürchteter Konkurrenz gegen die Ausweisung eines großflächigen Sondergebietes. Hier entfällt die Schutzwürdigkeit, da Konkurrentenschutz nicht vom BauGB bezweckt wird.
- Der Eigentümer eines ohne Baugenehmigung errichten Hauses wendet sich gegen einen Bebauungsplan, der in seiner Nachbarschaft einen Sportplatz ausweist.
- Wenn damit gerechnet werden musste, dass ein derartiges Geschehen erfolgen wird.
- Rechtswidrige Belange.
- Belange, bei denen es sich nicht um städtebaulich beachtliche Interessen handelt. ■

> **Hinweis**
>
> Zum antragsbefugten Personenkreis zählen **nicht nur** natürliche **Personen**, die ein **Grundstück im Plangebiet** haben, sondern **auch außerhalb des Plangebiets** wohnende Personen, sofern sie durch den Bebauungsplan in abwägungsrelevanten Belangen betroffen sind.[47]

(3) Rücksichtnahmegebot

582 Aus dem Rücksichtnahmegebot (s. Rn. 655 ff.) kann sich ein subjektives öffentliches Recht und damit die Antragsbefugnis ergeben.[48]

bb) Bei Behörden

583 Nach dem Wortlaut des § 47 Abs. 2 S. 1 Var. 2 VwGO gilt das Erfordernis einer Verletzung in subjektiven Rechten für Behörden, für die eine Rechtsverletzung ohnehin nicht in Betracht kommt, nicht. Um Popularanträge zu vermeiden, muss jedoch als ungeschriebene Einschrän-

---
46 *BVerwG* BauR 2011, 1947; *VGH Baden-Württemberg* NVwZ 1992, 189.
47 *Dürr* Baurecht Baden-Württemberg Rn. 330 m.w.N.
48 *Schenke* Verwaltungsprozessrecht Rn. 897.

kung nach h.M. ein **objektives Kontrollinteresse**[49] in Form eines besonders qualifizierten Verhältnisses zu der betreffenden Norm[50] gegeben sein.

> Eine Behörde hat ein **objektives Kontrollinteresse**, wenn sie beanstandete Norm anzuwenden hat oder durch deren Vollzug in ihrem Tätigkeitsbereich betroffen wird, d.h. wenn sie die Norm bei der Wahrnehmung ihrer Aufgaben zu beachten hat.[51]

e) Beiladung, § 47 Abs. 2 S. 4 i.V.m. § 65 Abs. 1 VwGO

Eine Beiladung ist im Normenkontrollverfahren dadurch, dass der Entscheidungsausspruch inter omnes wirkt, nicht notwendig.[52] Gemäß § 47 Abs. 2 S. 4 VwGO ist eine einfache Beiladung möglich, um den Betroffenen eine Verfahrensbeteiligung zu ermöglichen.

584

f) Antragsfrist, § 47 Abs. 2 S. 1 VwGO

Der Antrag ist gemäß § 47 Abs. 2 S. 1 VwGO innerhalb einer Frist von **einem Jahr seit Bekanntmachung** des Bebauungsplanes gemäß § 10 Abs. 3 BauGB zu stellen. Diese Frist bezweckt die Sicherung des Bestandes von Bebauungsplänen. Für die Fristberechnung gilt die allgemeine Regelung des § 57 VwGO.

585

> **Hinweis für Assessorklausuren**
>
> Im Falle der unverschuldeten Fristversäumung kann nach h.M. keine Wiedereinsetzung gemäß § 60 VwGO gewährt werden, da es sich um eine echte Ausschlussfrist handelt, auf die § 60 VwGO keine Anwendung findet.

g) Keine Präklusion gemäß § 47 Abs. 2a VwGO

Gemäß § 47 Abs. 2a VwGO ist ein Antrag einer natürlichen oder juristischen Person, die einen Bebauungsplan oder eine Satzung nach § 34 Abs. 4 S. 1 Nr. 2 und Nr. 3 oder § 35 Abs. 6 BauGB zum Gegenstand hat, unzulässig, wenn die den Antrag stellende Person nur Einwendungen geltend macht, die sie im Rahmen der öffentlichen Auslegung (§ 3 Abs. 2 BauGB) oder im Rahmen der Beteiligung der betroffenen Öffentlichkeit (§ 13 Abs. 2 Nr. 2 und § 13a Abs. 2 Nr. 1 BauGB) nicht oder verspätet geltend gemacht hat, aber hätte geltend machen können. Auf diese Rechtsfolge muss jedoch im Rahmen der Beteiligung hingewiesen worden sein.

586

h) Rechtsschutzbedürfnis

Auch im verwaltungsgerichtlichen Normenkontrollverfahren muss ein Rechtsschutzbedürfnis gegeben sein.[53]

587

---

[49] *Kopp/Schenke* VwGO § 47 Rn. 82, 94.
[50] *Kintz* Öffentliches Recht im Assessorexamen Rn. 582.
[51] *BVerwG* NVwZ 2011, 1468.
[52] *Kenntner* Öffentliches Recht in Baden-Württemberg Rn. 762.
[53] *Würtenberger* Verwaltungsprozessrecht Rn. 461.

Es ist regelmäßig gegeben, wenn der Bebauungsplan von den Behörden als gültig angesehen wird und die Feststellung der Nichtigkeit eine Rechtsverletzung des Antragstellers verhindert, beseitigt oder zumindest abmildert.[54]

Es fehlt, wenn der Antragsteller durch die Nichtigerklärung des Bebauungsplanes seine Rechtsstellung nicht verbessern würde:[55]

Beispiele
- Die im Bebauungsplan ausgewiesene Bebauung wurde bereits verwirklicht. Die Erklärung des Verwaltungsgerichtshofs, dass der Bebauungsplan unwirksam ist, verbessert in diesem Fall die Rechtsstellung des Antragstellers nicht. Dies ändert an der Bestandskraft der bereits erteilten Baugenehmigungen nichts. Es besteht zwar die Möglichkeit einer Rücknahme der erteilten Baugenehmigungen. Diese scheitert wegen der Errichtung der Gebäude jedoch am Vertrauensschutz.
- Der Antragsteller nutzt den Bebauungsplan für sich aus, um zu verhindern, dass sein Nachbargrundstück bebaut wird, und stellt daher einen Antrag gemäß § 47 Abs. 1 Nr. 1 VwGO. ■

3. Begründetheit

588 Der Normenkontrollantrag ist begründet, wenn die angegriffene Rechtsvorschrift gegen zwingendes höherrangiges formelles oder materielles Recht verstößt, wobei der Verwaltungsgerichtshof den Grundsatz der Planerhaltung gemäß §§ 214 f. BauGB zu beachten hat. Auf eine **Verletzung in subjektiven öffentlichen Rechten** kommt es gerade **nicht** an. Als **Prüfungsmaßstab** kommen sowohl Bundes- und Landesrecht sowie Grundrechte in Betracht.

589 Ob auch **europäisches Gemeinschaftsrecht** Prüfungsmaßstab ist, ist umstritten.[56]

Teilweise wird davon ausgegangen, dass es kein Prüfungsmaßstab sei, weil die im Wege des Normenkontrollverfahrens angegriffene Regelung im Falle eines Verstoßes gegen Gemeinschaftsrecht nur anwendbar und gerade nicht unwirksam sei.

Herrschend wird vertreten, dass der Umstand, dass der Ausspruch lediglich der Unanwendbarkeit im Falle eines Verstoßes gegen europäisches Gemeinschaftsrecht zur Folge habe, nicht dagegen spreche, dieses als Prüfungsmaßstab heranzuziehen. Die Unanwendbarkeitserklärung sei als Minus von der in § 47 Abs. 5 S. 2 Hs. 1 VwGO normierten Unwirksamkeitserklärung enthalten. Auch der Zweck des Normenkontrollverfahrens spreche hierfür. Ein Ausschluss der Überprüfung am Maßstab des Gemeinschaftsrechts entspreche dem Äquivalenzprinzip.

> **Hinweis**
>
> Bei Zugrundelegung der h.M. wird im Falle eines Verstoßes gegen europäisches Gemeinschaftsrecht der Bebauungsplan entgegen[57] § 47 Abs. 5 S. 2 Hs. 1 VwGO nicht für nichtig, sondern **für unanwendbar erklärt**.

---

54 *Kopp/Schenke* VwGO § 47 Rn. 89.
55 *Stollmann* Öffentliches Baurecht § 9 Rn. 18.
56 Vgl. hierzu *Ehlers* DVBl 2004, 1441, 1445.
57 Oder analog, vgl. *Würtenberger* Verwaltungsprozessrecht Rn. 467a.

In verfahrensrechtlicher Hinsicht ist der **Prüfungsumfang** insbesondere auf die Überprüfung der Einhaltung der Normen über die Aufstellung von Bebauungsplänen, über die Genehmigung und Bekanntmachung, sowie auf die Einhaltung der kommunalrechtlichen Vorschriften ausgerichtet. **Materiell-rechtlich** wird sich die Prüfung i.d.R. auf das Verhältnis von Flächennutzungs- und Bebauungsplan und auf die Einhaltung der Grundsätze der Bauleitplanung beziehen. Besondere Bedeutung hat dabei die Prüfung des § 1 Abs. 7 BauGB. Da es sich beim prinzipalen Normenkontrollverfahren um ein objektives Beanstandungsverfahren handelt, ist eine Rechtsverletzung nicht erforderlich.

590

> **Hinweis**
>
> Ob es sich bei dem in § 47 Abs. 3 VwGO normierten **Vorrang zugunsten der Landesverfassungsgerichtsbarkeit** um ein Erfordernis der Zulässigkeit oder Begründetheit handelt[58] und ob diesbezüglich eine **abstrakte oder konkrete Sichtweise** anzuwenden sei ist umstritten. Da in Baden-Württemberg, wie auch in allen anderen Bundesländern mit Ausnahme von Bayern, vgl. Art. 98 S. 4 Verfassung des Freistaates Bayern, und Hessen, vgl. Art. 132 der Verfassung des Landes Hessen, keine ausschließlich Zuständigkeit des Landesverfassungsgerichts geregelt ist, sind diese Probleme **ohne Klausurrelevanz**.

4. Inhalt der gerichtlichen Entscheidung

Erweist sich die zur Überprüfung gestellte Regelung als ungültig, so **erklärt** sie der Verwaltungsgerichtshof **für unwirksam**, § 47 Abs. 5 S. 1 VwGO. In Betracht kommt auch eine **Teilunwirksamkeit analog § 139 BGB** für den Fall, dass der fehlerhafte Teil objektiv eingrenzbar ist und davon ausgegangen werden kann, dass der Gemeinderat den nicht vom Fehler erfassten Teil auch dann erlassen hätte, wenn ihm bekannt gewesen wäre, dass der beanstandete Teil nicht in Kraft treten kann.[59] Abzustellen ist also auf den **hypothetischen Normgeberwillen**.[60]

591

5. Entscheidungsfolgen

Als Entscheidungsfolgen sieht § 47 Abs. 5 S. 2 VwGO vor, dass die **Unwirksamerklärung allgemeinverbindlich** und die **Entscheidungsformel** vom Antragsgegner **ebenso zu veröffentlichen ist, wie die Rechtsvorschrift bekannt zu machen wäre**. Gemäß § 47 Abs. 5 S. 3 VwGO i.V.m. § 183 VwGO bleiben **erteilte Baugenehmigungen** von der Unwirksamerklärung eines Bebauungsplans **unberührt**.

592

II. Verfassungsbeschwerde, Art. 93 Abs. 1 Nr. 4a GG i.V.m. § 13 Nr. 8a, 90 ff. BVerfGG

Nach der Rechtsprechung des Bundesverfassungsgerichts ist eine Verfassungsbeschwerde gegen einen Bebauungsplan **grundsätzlich möglich**.[61]

593

---

58 Vgl. *Kopp/Schenke* VwGO § 47 Rn. 101.
59 *BVerwG* NVwZ 1997, 896.
60 *Kenntner* Öffentliches Recht in Baden-Württemberg Rn. 642.
61 *BVerfGE* 70 35.

594 Im Rahmen der **Beschwerdebefugnis** ist die Möglichkeit einer Verletzung in einem Grundrecht (oder grundrechtsgleichen Recht) zu prüfen. Als möglicherweise verletztes Grundrecht kommt die Eigentumsfreiheit, Art. 14 GG, (s.o. Rn. 7, 579) in Betracht.

595 Zu beachten ist weiterhin die **Rechtswegerschöpfung** gemäß § 90 Abs. 2 BVerfGG. Eine Verfassungsbeschwerde ist nur zulässig, wenn eine Normenkontrolle gemäß § 47 VwGO durchgeführt worden ist und wenn der Rechtsweg erschöpft ist. Sollten die Festsetzungen des Bebauungsplanes noch einer Umsetzung durch eine Baugenehmigung bedürfen um einen Nachteil zu begründen, so muss die Baugenehmigung abgewartet und zunächst hiergegen Rechtsmittel eingelegt werden.

596 Geht man mit der h.M. davon aus, dass unter den Begriff des Gesetzes i.S.d. § 93 Abs. 3 BVerfGG auch Satzungen fallen, hinsichtlich derer ein Verfahren nach § 47 Abs. 1 VwGO möglich ist (insbesondere Satzungen nach dem BauGB, vgl. § 47 Abs. 1 Nr. 1 VwGO), so gilt die **Jahresfrist** gemäß § 93 Abs. 3 BVerfGG.[62] Bei einem Bebauungsplan handelt es sich um eine Satzung, § 10 Abs. 1 BauGB. Dass ein Verfahren nach § 47 Abs. 1 Nr. 1 VwGO möglich ist, steht dem nicht entgegen.

III. Inzidentkontrolle

597 Die Rechtmäßigkeit eines Bebauungsplanes kann auch **inzident** überprüft werden. Dies ist dann der Fall, wenn die Überprüfung der Rechtmäßigkeit des Bebauungsplanes **im Rahmen eines anhängigen Rechtsstreits** stattfindet. Denkbar ist eine Inzidentkontrolle im Rahmen einer **Anfechtungsklage** gemäß § 42 Abs. 1 Alt. 1 VwGO (s. hierzu Rn. 627 ff.) oder einer **Verpflichtungsklage** gemäß § 42 Abs. 1 Alt. 2 VwGO (s. Rn. 599 ff.). Im Rahmen einer **Feststellungsklage** gemäß § 43 VwGO kann jedoch **keine Überprüfung** eines Bebauungsplanes erfolgen. Es fehlt am erforderlichen konkreten Rechtsverhältnis, denn es handelt sich um die Klärung einer abstrakten Rechtsfrage.

> **Hinweis**
>
> Die inzidente Überprüfung ist häufig Gegenstand baurechtlicher Klausuren.

> **Online-Wissens-Check**
>
> **Welche Rechtsbehelfe hat der Bürger gegen einen Bebauungsplan?**
>
> Überprüfen Sie jetzt online Ihr Wissen zu den in diesem Abschnitt erarbeiteten Themen. Unter **www.juracademy.de/skripte/login** steht Ihnen ein Online-Wissens-Check speziell zu diesem Skript zur Verfügung, den Sie kostenlos nutzen können. Den Zugangscode hierzu finden Sie auf der Codeseite.

---

62 Maunz/Schmidt-Bleibtreu/Bethge-*Hömig* BVerfGG § 93 Rn. 70.

C. Rechtsschutz im Bereich der präventiven Bauaufsicht

Im Folgenden werden die Rechtsschutzprobleme im Bereich der präventiven Bauaufsicht anhand der Baugenehmigung aufgezeigt.

> **Hinweis**
>
> Da eine vollständige Darstellung des Verwaltungsprozessrechts den Rahmen dieser Schrift überschreiten würde, erfolgt vorliegend eine exemplarische Darstellung anhand der Verpflichtungs- und der Anfechtungsklage. Hinsichtlich der weiteren Klage- und Verfahrensarten wird auf die verwaltungsprozessrechtliche Literatur und die dort zu findenden Aufbauschemata[63] verwiesen.

I. Rechtsschutz des Bauherrn

1. Rechtsschutzbegehren: Erteilung einer Baugenehmigung

Eine Verpflichtungsklage gemäß § 42 Abs. 1 Alt. 2 VwGO können Sie – nicht nur im Rahmen einer Klage auf Erteilung einer begehrten Baugenehmigung – wie folgt prüfen:

---

[63] Ausgezeichnete Schemata finden nicht nur Rechtsreferendare bei *Kintz* Öffentliches Recht im Assessorexamen Rn. 895 ff.

Verpflichtungsklage

A. Zulässigkeit

I. Eröffnung des Verwaltungsrechtsweges

Allgemein:
1. Keine aufdrängende Sonderzuweisung
2. Generalklausel, § 40 Abs. 1 VwGO
   In der vorliegenden Konstellation:
   § 40 Abs. 1 S. 1 VwGO (+), da sich die Hauptfrage des Streits nach der öffentlich-rechtlichen Norm des § 58 Abs. 1 S. 1 LBO richtet.
3. Keine abdrängende Sonderzuweisung

II. Statthaftigkeit der Verpflichtungsklage, § 42 Abs. 1 Alt. 2 VwGO

Allgemein:
Der Kläger begehrt, dass der Beklagte zum Erlass eines von der Behörde abgelehnten (= **Versagungsgegenklage**) oder unterlassenen Verwaltungsakts (= **Untätigkeitsklage**) verpflichtet wird.
In den vorliegenden Konstellationen:

- Konstellation 1 (ganz oder teilweise abgelehnter Antrag auf Erteilung einer Baugenehmigung):
  Der Kläger begehrt den Erlass eines (ganz oder teilweise) abgelehnten Verwaltungsaktes in Form einer Baugenehmigung, so dass die Verpflichtungsklage in Form der Versagungsgegenklage gem. § 42 Abs. 1 Alt. 2 Unteralt. 1 VwGO die statthafte Klage ist.

- Konstellation 2 (Baurechtsbehörde hat über den Bauantrag nicht entschieden):
  Der Kläger begehrt den Erlass einen Verwaltungsaktes in Form einer Baugenehmigung, da die Baurechtsbehörde über den Bauantrag nicht entschieden hat, so dass die Verpflichtungsklage in Form der Untätigkeitsklage gem. § 42 Abs. 1 Alt. 2 Unteralt. 2 VwGO die statthafte Klageart ist.

III. Klagebefugnis, § 42 Abs. 2 VwGO

Allgemein:
Möglichkeit der Verletzung in einem subjektiven-öffentlichen Recht = Subjektives öffentliches Recht des Klägers auf Erlass des Verwaltungsakts.
In der vorliegenden Konstellation:
Möglichkeit der Verletzung im subjektiven öffentlichen Recht des Klägers auf Erlass der begehrten Baugenehmigung aus § 58 Abs. 1 S. 1 LBO.

IV. Ordnungsgemäße und erfolglose Durchführung eines Vorverfahrens, § 68 VwGO

Ausnahme: Untätigkeitsklage, § 75 VwGO

V. Klagefrist, § 74 VwGO

1. Versagungsgegenklage, § 74 VwGO: grundsätzlich ein Monat; außer im Fall einer unvollständigen oder unrichtigen Rechtsbehelfsbelehrung, dann ein Jahr
2. Untätigkeitsklage, § 75 VwGO: Mindestwartefrist von drei Monaten
3. bei Verfristung: Wiedereinsetzung gemäß § 60 VwGO möglich

VI. Partei- und Prozessfähigkeit, § 61 f. VwGO

VII. Postulationsfähigkeit, § 67 VwGO

VIII. Beiladung, § 65 VwGO

Rechtsschutz des Bauherrn 7 C I

IX. **Keine anderweitige Rechtshängigkeit**, § 173 VwGO i.V.m. § 17 Abs. 1 S. 2 GVG
X. **Keine entgegenstehende Rechtskraft**, § 121 VwGO
XI. **Allgemeines Rechtsschutzbedürfnis**
XII. **Zuständigkeit des Gerichts**, §§ 45 ff. VwGO

B. Begründetheit

Die Klage ist begründet, wenn sie sich gegen den richtigen Klagegegner i.S.d. § 78 VwGO richtet, die Ablehnung der Baugenehmigung oder die Unterlassung deren Erteilung rechtswidrig ist, der Kläger hierdurch in seinen Rechten verletzt ist und die Sache spruchreif ist, § 113 Abs. 5 S. 1 VwGO.

I. **Richtiger Klagegegner**, § 78 VwGO.
II. **Anspruch des Klägers auf Erlass des begehrten Verwaltungsakts**
   1. **Anspruchsgrundlage**, hier: § 58 Abs. 1 S. 1 VwGO
   2. **Formelle Mängel** des erlassenen Verwaltungsakt, d.h. einer ablehnenden Entscheidung der Baurechtsbehörde, sind **ohne Bedeutung**
   3. **Materielle Anspruchsvoraussetzungen**, d.h. Prüfung des § 58 Abs. 1 S. 1 LBO
   4. **Rechtsfolge**:
      a) bei einem **gebundenen Verwaltungsakt**, grundsätzlich im Fall des § 58 Abs. 1 S. 1 LBO:
         aa) Bei **Vorliegen** der Anspruchsvoraussetzungen: **Stattgabe**, d.h. Verpflichtung zum Erlass des begehrten Verwaltungsakts
         bb) Bei **Fehlen** der Anspruchsvoraussetzungen: **Klageabweisung**
      b) bei einem **Ermessensverwaltungsakt**, im Fall des § 58 Abs. 1 S. 1 LBO liegt eine solche vor, wenn die Erteilung von **Ausnahmen oder Befreiungen** im Ermessen der Baurechtsbehörde steht
         aa) bei **Spruchreife**, d.h. im Falle einer **Ermessensreduktion auf Null**: **Stattgabe**, d.h. Verpflichtung zum Erlass des begehrten Verwaltungsakts
         bb) **ohne Spruchreife** aber bei Vorliegen von **Ermessensfehlern**: **Bescheidungsurteil**, § 113 Abs. 5 S. 2 VwGO
III. **Rechtsverletzung des Klägers**
   Allgemein: in einem seiner subjektiven öffentlichen Rechte
   In der hier vorliegenden Konstellation: Verletzung im subjektiv-öffentlichen Recht auf Erteilung einer Baugenehmigung aus § 58 Abs. 1 S. 1 LBO

PRÜFUNGSSCHEMA

Eine **typische Fallkonstellation** in einer baurechtlichen Klausur besteht darin, dass die Baurechtsbehörde einen Bauantrag des Bauherrn (ganz oder teilweise) ablehnt oder dass sie über einen Bauantrag nicht entschieden hat.

a) Zulässigkeit

aa) Eröffnung des Verwaltungsrechtsweges, § 40 Abs. 1 S. 1 VwGO

600 Die Eröffnung des Verwaltungsrechtswegs richtet sich im Baurecht mangels aufdrängender Sonderzuweisung[64] nach § 40 Abs. 1 S. 1 VwGO. Eine **öffentlich-rechtliche Streitigkeit** liegt nach der modifizierten Subjektstheorie vor, da sich die Hauptfrage des Streits nach der öffentlich-rechtlichen Vorschrift des § 58 Abs. 1 S. 1 LBO richtet. Durch diese wird ausschließlich ein Träger öffentlicher Gewalt besonders berechtigt und verpflichtet.

> **Hinweis**
>
> Begründen Sie die Eröffnung des Verwaltungsrechtswegs nicht damit, dass Grundrechte betroffen sind. Grundrechte sind nicht rechtswegbestimmend, da auch die Zivilgerichte im Wege der mittelbaren Drittwirkung Grundrechte zu beachten haben.

Baurechtliche Streitigkeiten sind auch **nichtverfassungsrechtlicher** Art i.S.d. § 40 Abs. 1 S. 1 VwGO, denn am Streit sind weder zwei unmittelbar am Verfassungsleben beteiligte Personen beteiligt (formelle Verfassungsunmittelbarkeit), noch stellt die Hauptfrage des Streits die Auslegung und Anwendung der Verfassung dar (materielle Verfassungsunmittelbarkeit).[65]

> **JURIQ-Klausurtipp**
>
> Wie die Abgrenzung zwischen einer öffentlich-rechtlichen und einer privatrechtlichen Streitigkeit zu erfolgen hat, ist umstritten.[66] Auf die hierzu vertretenen Auffassungen ist jedoch nur einzugehen, wenn sich bezüglich der Abgrenzung Probleme ergeben.[67] Stellen Sie diese Auffassungen in Konstellationen dar, in denen das Vorliegen einer öffentlich-rechtlichen Streitigkeit gleichsam auf der Hand liegt, so wirkt sich dies auf die Bewertung Ihrer Arbeit negativ aus,[67] da die erste juristische Klausurleistung[68] darin besteht, **Wesentliches von Unwesentlichem** zu trennen.[69] Fassen sie sich daher bei der Prüfung der Eröffnung des Verwaltungsrechtswegs in der gebotenen Weise kurz, wenn diese unproblematisch[70] ist.
>
> Schreiben Sie bei der Prüfung der Eröffnung des Verwaltungsrechtswegs auch nicht, wie es leider häufig erfolgt, dass sich die Streitigkeit nach den Normen der LBO und des BauGB richtet. Dies ist unpräzise und nicht belegt. Es ist nicht zwingend, dass alle Normen, die in einem grundsätzlich dem öffentlichen Recht zuzuordnenden Gesetz enthalten sind, zur Zuständigkeit der Verwaltungsgerichte gehören.[69] Besonders deutlich zeigt sich

---

64 Aufdrängende Sonderzuweisungen sind z.B. für Klagen aus dem öffentlichen Dienstrecht gegeben: für Beamte § 54 Abs. 1 BeamtStG und der fortgeltende, vgl. § 63 Abs. 3 S. 2 BeamtStG, § 126 Abs. 1 BRRG, für Richter § 46 DRiG i.V.m. den zuvor genannten §§, für Soldaten § 82 Abs. 1 SG.
65 Ob eine doppelte Verfassungsunmittelbarkeit gegeben sein muss, ist zwar strittig, wird jedoch ganz herrschend angenommen, vgl. *Schenke* Verwaltungsprozessrecht Rn. 125 ff.
66 *Schenke* Verwaltungsprozessrecht Rn. 99 ff.
67 *Schenke* Verwaltungsprozessrecht Rn. 99.
68 Sehr gute Hinweise zur Bearbeitung von Klausuren finden Sie – auch wenn Sie (noch) keine Assessorklausuren schreiben – bei *Kintz* Öffentliches Recht im Assessorexamen Rn. 1 ff.
69 *Kenntner* Öffentliches Recht in Baden-Württemberg S. 16.
70 Problematisch sind insbesondere Störungsabwehr- und Unterlassungsansprüche, Maßnahmen im Bereich der Leistungsverwaltung, bei Hausrechtsmaßnahmen und Realakten, vgl. hierzu *Schenke* Verwaltungsprozessrecht Rn. 116 ff.

Rechtsschutz des Bauherrn

> dies im Falle des polizeirechtlichen Entschädigungsanspruchs nach § 55 PolG, denn diesbezügliche Streitigkeiten sind nach § 58 PolG den ordentlichen Gerichten zugewiesen.
>
> Einer knappen und präzisen Prüfung kommt besondere Bedeutung zu, da sie ansonsten gleich zu Beginn der Klausur einen schlechten (und eventuell auch bleibenden) Eindruck beim Korrektor hinterlassen können.[71]
>
> Jedenfalls in Assessorklausuren hat keine Darstellung der doppelten Verfassungsunmittelbarkeit zu erfolgen, wenn diese nicht gegeben ist.[72]

bb) Statthaftigkeit der Verpflichtungsklage, §§ 42 Abs. 1 Alt. 2 VwGO

601 Welche Klageart statthaft ist, bestimmt sich gem. §§ 86, 88 VwGO nach dem tatsächlichen Begehren des Klägers, wie es sich bei verständiger rechtlicher Würdigung darstellt.

Begehrt der Kläger die Erteilung einer Baugenehmigung, die einen Verwaltungsakt i.S.d. § 35 S. 1 LVwVfG darstellt, so ist die **Verpflichtungsklage** gemäß § 42 Abs. 1 Alt. 2 VwGO statthaft. Die Verpflichtungsklage kann, sofern die Baurechtsbehörde einen Bauantrag (ganz oder teilweise) abgelehnt hat, in Form der **Versagungsgegenklage** gemäß § 42 Abs. 1 Alt. 2 Unteralt. 1 VwGO **oder**, wenn die Behörde es unterlassen hat, über einen Bauantrag zu entscheiden, in Form der **Untätigkeitsklage** gemäß § 42 Abs. 1 Alt. 2 Unteralt. 2 VwGO statthaft sein.[73]

> **JURIQ-Klausurtipp**
>
> Differenzieren Sie sauber zwischen dem Vorliegen von **Alternativen und Varianten**: Alternativen sind – untechnisch ausgedrückt – gegeben, wenn in der Norm zwei Möglichkeiten, Varianten dann, wenn in der Norm drei oder mehr Möglichkeiten gegeben sind. Korrektoren legen auf diese Unterscheidung großen Wert.

cc) Klagebefugnis, § 42 Abs. 2 VwGO

602 Im Rahmen einer Verpflichtungsklage ist das Vorliegen der Klagebefugnis nach § 42 Abs. 2 VwGO erforderlich. Die **Klagebefugnis** i.S.d. § 42 Abs. 2 VwGO, die den Ausschluss von Popularklagen bezweckt,[74] ist gegeben, wenn die Möglichkeit besteht, dass der Kläger durch die (ganze oder teilweise) Ablehnung seines Bauantrages oder durch das Unterlassen in seinen Rechten verletzt ist.[75] Die **Möglichkeit** einer Verletzung in eigenen Rechten (zum Begriff des Rechts s. Rn. 632) besteht, sofern eine Verletzung **nicht offensichtlich und eindeutig nach jeder Betrachtungsweise ausgeschlossen** ist.[76] Bei einer Verpflichtungsklage ist darauf abzustellen, ob dem Kläger im o.g. Sinn ein Anspruch auf den Erlass des von ihm begehrten Verwaltungsakts zusteht.

---

71 Ebenso, wenn auch etwas milder („unglücklicher Eindruck"), *Kenntner* Öffentliches Recht in Baden-Württemberg S. 16.
72 *Kenntner* Öffentliches Recht in Baden-Württemberg, S. 16.
73 S. zu den Arten der Verpflichtungsklage *Schenke* Verwaltungsprozessrecht Rn. 263.
74 *Schenke* Verwaltungsprozessrecht Rn. 490.
75 So die herrschende Möglichkeitstheorie, vgl. hierzu und auch zur teilweise vertretenen Schlüssigkeitstheorie *Schenke* Verwaltungsprozessrecht Rn. 494.
76 *Schenke* Verwaltungsprozessrecht Rn. 494.

Die rechtswidrige Ablehnung der Baugenehmigung oder das Unterlassen einer Entscheidung über den Bauantrag des Klägers begründet die Möglichkeit einer Verletzung in dessen subjektiven öffentlichen Recht aus § 58 Abs. 1 S. 1 LBO. Bei der Entscheidung über die Erteilung einer Baugenehmigung handelt es sich um eine gebundene Entscheidung, so dass grundsätzlich ein Anspruch auf Erteilung einer Baugenehmigung besteht (s. Rn. 425).

> **JURIQ-Klausurtipps**
>
> Eine beliebte „Klausurfalle" ist es, dass der **Bauherr nicht zugleich Eigentümer** des Grundstücks ist, auf dem das bauliche Vorhaben realisiert werden soll. Hier müssen Sie zunächst auf § 42 LBO abstellen. In dessen Abs. 1 ist zwar der Begriff des Bauherren genannt, jedoch nicht legal definiert. Bauherr ist, wer auf seine Verantwortung ein Bauvorhaben vorbereitet oder ausführt bzw. vorbereiten oder ausführen lässt. Entscheidend ist die von einem entsprechenden Willen getragene Letztentscheidungsbefugnis über das Baugeschehen.[77] Abzustellen ist dann auf **§ 58 Abs. 3 LBO**, wonach die Baugenehmigung unbeschadet der Rechte Dritter erteilt wird. Hieraus wird deutlich, dass der Eigentümer und der materiell Berechtigte identisch sein können, dies jedoch nicht sein müssen. Bauherren können daher auch obligatorisch Berechtigte, wie Mieter, Pächter, Nießbraucher oder Erbbauberechtigte sein, jedoch nur, wenn sie die tatsächliche Herrschaft über das Baugeschehen ausüben und den Willen zur Letztverantwortung haben.[78]
>
> Im Falle einer **Verpflichtungsklage** dürfen Sie **nicht** mit der **Adressatentheorie**, wonach für den Fall eines an den Kläger gerichteten Verwaltungsakts dieser zumindest in seiner allgemeinen Handlungsfreiheit aus Art. 2 Abs. 1 GG verletzt sein, argumentieren, denn auf die Ablehnung des Antrags darf nicht abgestellt werden:[79] Art. 2 Abs. 1 GG begründet nämlich prinzipiell nur ein Abwehr- und kein Leistungsrecht. Würde man dies anders sehen, so könnte ein Kläger durch die Provozierung einer Ablehnung für den Fall, dass ihm der begehrte Anspruch nicht zusteht, die ansonsten nicht gegeben Klagebefugnis herbeiführen. Weiterhin würde § 42 Abs. 2 VwGO im Fall einer Versagungsgegenklage ansonsten überflüssig, da § 68 Abs. 2 VwGO bereits die Ablehnung eines Antrags voraussetzt.

dd) Widerspruchsverfahren, § 68 ff. VwGO

603 Ein Widerspruchsverfahren muss vor Erhebung der Verpflichtungsklage gemäß § 68 Abs. 2 i.V.m. § 68 Abs. 1 VwGO grundsätzlich erfolglos durchgeführt werden.[80] Ausnahmen von diesem Grundsatz sieht § 68 Abs. 1 S. 2 VwGO vor. In Baden-Württemberg ist insbesondere § 68 Abs. 1 S. 2 Alt. 1 VwGO i.V.m. § 17 Abs. 1 S. 1 AGVwGO von Bedeutung, wonach ein Vorverfahren entbehrlich ist, wenn das Regierungspräsidium den Verwaltungsakt erlassen oder abgelehnt hat.

ee) Klagefrist, § 74 VwGO

604 Sollte der Antrag auf Erteilung einer Baugenehmigung (ganz oder teilweise) abgelehnt werden, so ist die Klage innerhalb eines Monats nach Zustellung des Widerspruchsbescheids, § 74 Abs. 2, Abs. 1 S. 1 VwGO, oder wenn ein Widerspruchsverfahren nach § 68 Abs. 1 S. 2

---

77 Schlotterbeck/v. Arnim/Hager-*Hager* LBO § 42 Rn. 3.
78 Schlotterbeck/v. Arnim/Hager-*Hager* LBO § 42 Rn. 8.
79 Zutreffend *Schenke* Verwaltungsprozessrecht Rn. 512; a.A. *Schmidt Glaeser/Horn* Verwaltungsprozessrecht Rn. 512.
80 S. *Schenke* Verwaltungsprozessrecht Rn. 639.

Rechtsschutz des Bauherrn 7 C I

VwGO gemäß § 74 Abs. 1 S. 2 VwGO entbehrlich ist nach Bekanntgabe des Verwaltungsakts zu erheben. § 74 Abs. 2 VwGO erfasst die Konstellation der Versagungsgegenklage.[81] § 74 Abs. 1 S. 1 VwGO erfordert die ordnungsgemäße förmliche Zustellung des Widerspruchsbescheids.[82]

> **Hinweis für Assessorklausuren**
>
> Die Zustellung des Widerspruchsbescheids richtet sich nach dem **BundesVwZG** – auch wenn sich das Verfahren ansonsten nach dem Landesrecht richtet.[83] Dies stellt einen häufigen Fehler in Assessorklausuren dar.[84]
>
> An dieser Stelle der Klausur können Probleme aus dem Zustellungsrecht zu erörtern sein. Beachten Sie, dass Ihnen in der Zweiten Juristischen Staatsprüfung in den öffentlich-rechtlichen Aufsichtsarbeiten in Baden-Württemberg Thomas/Putzo, ZPO nicht zur Verfügung steht.[85] In § 3 Abs. 2, § 5 Abs. 2 BVwZG wird die entsprechende Anwendung der §§ 177 ff. ZPO angeordnet. Das Zustellungsrecht nach §§ 177 ff. ZPO müssen Sie daher ohne Zuhilfenahme des Kommentars beherrschen. Besonders prüfungsrelevant ist § 180 ZPO.[86]

Die Klagefrist von einem Monat nach Zustellung des Widerspruchsbescheids beginnt jedoch gemäß § 58 Abs. 1 VwGO nur zu laufen, wenn die Rechtsbehelfsbelehrung ordnungsgemäß erteilt worden ist. Ist die Rechtsbehelfsbelehrung nicht oder nicht ordnungsgemäß erteilt worden, so besteht eine Frist von einem Jahr nach Zustellung nach § 58 Abs. 2 S. 1 VwGO. Die Fristberechnung, die in Klausuren sehr beliebt ist,[87] erfolgt nach §§ 57 Abs. 2 VwGO i.V.m. § 222 ZPO, 187 ff. BGB.

> **JURIQ-Klausurtipp**
>
> Ist in der Ihnen vorgelegten Arbeit im Sachverhalt bzw. in der Akte der Passus enthalten, dass die Rechtsbehelfsbelehrung ordnungsgemäß erteilt worden ist, so beziehen Sie sich in Ihrer Lösung darauf und stellen fest, dass die Monatsfrist gilt, §§ 74 Abs. 2, Abs. 1, § 58 Abs. 2 S. 1 VwGO.
>
> Ist hingegen die **Rechtsbefehlsbelehrung** – was insbesondere in Assessorklausuren der Fall ist – **abgedruckt**, so müssen Sie die Rechtsbehelfsbelehrung sorgfältig darauf überprüfen, ob diese ordnungsgemäß ist. Fehlerhaft ist eine Belehrung auch dann, wenn den in § 58 Abs. 1 VwGO geforderten Angaben ein unrichtiger oder irreführender Zusatz beigefügt ist, der generell geeignet ist, die Einlegung des Rechtsbehelfs nennenswert zu erschweren.[88]
>
> In **Assessorklausuren** muss im Falle der Verfristung immer an die **Wiedereinsetzung** in die Klagefrist nach § 60 VwGO gedacht werden.

---

81 *Schenke* Verwaltungsprozessrecht Rn. 703.
82 S. *Kopp/Schenke* VwGO § 74 Rn. 5.
83 *BVerwGE* 105, 288.
84 *Kintz* Öffentliches Recht im Assessorexamen Rn. 272.
85 Verwaltungsvorschrift des Justizministeriums über die Hilfsmittel in den juristischen Staatsprüfungen und der Rechtspflegerprüfung vom 25. April 2012, Nr. II, A, 3.
86 *Kintz* Öffentliches Recht im Assessorexamen Rn. 276.
87 Zumindest auf Seiten der Klausurverfasser.
88 *Kintz* Öffentliches Recht im Assessorexamen Rn. 282.

Ist die Konstellation einer Untätigkeitsklage gegeben, so gilt § 75 VwGO. Nach § 75 S. 2 VwGO kann die Klage nicht vor Ablauf von drei Monaten seit der Einlegung des Widerspruchs oder seit dem Antrag auf Vornahme des Verwaltungsakts erhoben werden, außer wenn wegen besonderer Umstände des Falles eine kürzere Frist geboten ist, vgl. § 75 S. 2 VwGO. Eine kürzere Frist in diesem Sinn ist z.B. gegeben, wenn der Kläger ohne eine alsbaldige Entscheidung einen schweren und irreparablen Schaden erleiden würde.[89]

> **JURIQ-Klausurtipp**
>
> Beachten Sie, dass es sich bei § 75 VwGO nicht um eine **Sperrfrist** handelt.[90] Bei § 75 VwGO handelt es sich um eine echte Sachurteilsvoraussetzung, so dass für deren Beurteilung der Zeitpunkt der letzten mündlichen Verhandlung maßgeblich ist.[91] Dies kann zur Folge haben, dass eine Klage zunächst unzulässig ist, dann jedoch im Verlauf der Verhandlung durch den Zeitablauf bis zur letzten mündlichen Verhandlung zulässig wird (sog. **Hineinwachsen der Klage in die Zulässigkeit**).[91] Um eine Unzulässigkeit der Klage zu vermeiden, wird das Gericht bei einer verfrüht erhobenen Klage das Verfahren analog § 75 S. 3 VwGO durch Beschluss bis zum Ablauf der Drei-Monats-Frist aussetzen.[92]

Die Untätigkeitsklage erfordert weiterhin, dass **kein zureichender Grund** dafür vorliegt, dass **nicht in angemessener Frist entschieden** worden ist, § 75 S. 3 VwGO. Grundsätzlich hat eine Behörde so rasch zu entscheiden, wie es ihr ohne Nachteil für die gebotene Gründlichkeit möglich ist.[90] Ein zureichender Grund für die Verzögerung ist z.B. der besondere Umfang oder die besonderen Schwierigkeiten der Sachaufklärung.[93] Eine krankheits- oder urlaubsbedingte Abwesenheit des zuständigen Sachbearbeiters stellt keinen zureichenden Grund dar, da die Verwaltung in derartigen Fällen für eine ausreichende Vertretung zu sorgen hat.[94]

ff) Partei- und Prozessfähigkeit, § 61 VwGO

605 Sollte eine **natürliche Person** klagen, so ist diese gemäß § 61 Nr. 1 Alt. 1 VwGO partei- und gemäß § 62 Abs. 1 Nr. 1 1. Alt VwGO i.V.m. §§ 2, 104 ff. BGB prozessfähig.

Ist hingegen eine **juristische Person** oder eine **BGB-Gesellschaft** Klägerin, so folgt die Parteifähigkeit aus § 61 Nr. 1 Alt. 2 VwGO und die Prozessfähigkeit aus § 62 Abs. 3 VwGO, wobei eine Vertretung erforderlich ist.

Die Partei- und Prozessfähigkeit des Klagegegners bestimmt sich danach, welche Behörde die Erteilung einer Baugenehmigung abgelehnt hat.

---

89 *Schenke* Verwaltungsprozessrecht Rn. 715.
90 *Kopp/Schenke* VwGO § 75 Rn. 8.
91 *Schenke* Verwaltungsprozessrecht Rn. 717.
92 *BVerwGE* 23, 235, 138; *Deckenbrock/Patzer* Jura 2003, 476, 481; a.A. *Menger/Erichsen* VerwArch Bd. 58 (1967), 70, 80.
93 *Kintz* Öffentliches Recht im Assessorexamen Rn. 269. Vgl. auch die Bsp. bei *Kopp/Schenke* VwGO § 75 Rn. 13 ff.
94 *Kintz* Öffentliches Recht im Assessorexamen Rn. 269.

gg) Beiladung, § 65 VwGO

Durch die Beiladung nach § 65 VwGO wird die **Beteiligtenstellung** des Beigeladen nach § 63 Nr. 3 VwGO begründet. Die hiermit bezweckte Einbeziehung Dritter in das Verfahren dient der **Wahrnehmung ihrer Interessen**, einer **umfassenden Streitaufklärung** sowie wegen der durch §§ 121 Nr. 1, 63 Nr. 3 VwGO bewirkten **Rechtskrafterstreckung** auch der **Prozessökonomie**.[95] Zu unterscheiden ist zwischen der einfachen, § 65 Abs. 1 VwGO, und der notwendigen Beiladung gemäß § 65 Abs. 2 VwGO.

606

Die **einfache Beiladung** kann nach dem **Ermessen** des Gerichts auf Antrag oder von Amts wegen erfolgen, wenn Personen durch die Entscheidung in deren rechtlichen Interessen berührt werden, § 65 Abs. 1 VwGO. Dies gilt jedoch nur, wenn kein Fall der notwendigen Beiladung gegeben ist.[95] Da § 65 Abs. 1 VwGO den Begriff des rechtlichen Interesses und nicht den des Rechts verwendet, ist es nicht erforderlich, dass der Betroffene in seiner Rechtsstellung berührt wird.[95] Andererseits muss es sich gerade um ein rechtliches Interesse handeln, weswegen rein wirtschaftliche, soziale oder ideelle Interessen nicht ausreichen.[96]

Bei **Nachbarn** kommt, auch wenn sie im Baugenehmigungsverfahren Einwendungen erhoben haben, **grundsätzlich** nur eine einfache Beiladung in Betracht.[97] Nachbarn werden nämlich nicht durch das Urteil des Verwaltungsgerichts, also nicht „durch die Entscheidung" i.S.d. § 65 Abs. 1 VwGO, sondern erst durch die daraufhin ergehende Baugenehmigung in ihren Rechten verletzt.[98]

Eine Beiladung muss zwingend, also **notwendig**, erfolgen, wenn an dem streitigen Rechtsverhältnis Dritte derart beteiligt sind, dass die Entscheidung auch ihnen gegenüber **nur einheitlich ergehen kann**, § 65 Abs. 2 VwGO. Dies ist dann zu bejahen, wenn der Dritte durch die Entscheidung negativ betroffen wird, also **unmittelbar Rechte** des Dritten gestaltet, bestätigt, festgestellt, verändert oder aufgehoben werden.[99]

Soweit die Baugenehmigung nach § 36 Abs. 1 BauGB (s. Rn. 400 ff.) nur im Einvernehmen mit der Gemeinde erteilt werden darf, muss die Gemeinde nach § 65 Abs. 2 VwGO notwendig beigeladen werden.[100] Der Grund hierfür liegt darin, dass durch das verwaltungsgerichtliche Urteil das gemeindliche Einvernehmen ersetzt wird.[101]

> **Hinweis**
>
> Versagt die Gemeinde ihr Einvernehmen nach § 36 Abs. 1 S. 1 BauGB, so handelt es sich hierbei nicht um einen Verwaltungsakt (s. Rn. 411 f.). Daher muss eine Verpflichtungsklage auf Erteilung der begehrten Baugenehmigung erhoben werden.[102]

---

95 *Schenke* Verwaltungsprozessrecht Rn. 464.
96 *Kopp/Schenke* VwGO § 65 Rn. 9 ff.
97 *Brenner* Öffentliches Baurecht Rn. 828; *Dürr* JuS 2007, 328, 329; *VGH Baden-Württemberg* NJW 1977, 1308; a.A. *Redeker/v. Oertzen* VwGO § 65 Rn. 9a.
98 *Bosch/Schmidt/Vondung* Praktische Einführung in das verwaltungsgerichtliche Verfahren Rn. 138.
99 *Kopp/Schenke* VwGO § 65 Rn. 17.
100 *Brenner* Öffentliches Baurecht Rn. 828; *Dürr* JuS 2007, 328, 329.
101 *Dürr* JuS 2007, 328, 329.
102 *Brenner* Öffentliches Baurecht Rn. 828.

Wird durch die Entscheidung über das Klagebegehren des Bauherrn jedoch in die **Rechtsstellung** des Nachbarn **eingegriffen**, weil sie diesem gegenüber nicht nur feststellende, sondern auch gestaltende Wirkung hat, so muss der **Nachbar** notwendig beigeladen werden.[103]

b) Begründetheit

607 Die Klage ist begründet, wenn sie sich gegen den richtigen Beklagten i.S.d. § 78 VwGO richtet, die Ablehnung oder Unterlassung des Verwaltungsakts rechtswidrig, der Kläger dadurch in seinen Rechten verletzt ist und die Spruchreife gegeben ist, § 113 Abs. 5 S. 1 VwGO. Letzteres ist dann der Fall, wenn der Kläger einen **Anspruch** auf den Verwaltungsakt (hier in Form der Baugenehmigung) hat,[104] da in diesem Fall ist die **Spruchreife** i.S.d. § 113 Abs. 5 S. 1 letzter Hs. VwGO gegeben ist.

Spruchreife ist gegeben, wenn das Verwaltungsgericht zu einer abschließenden Entscheidung über den Erlass des Verwaltungsakts in der Lage ist.[105] Sie **fehlt** hingegen, wenn der Verwaltung ein **Ermessens- oder Beurteilungsspielraum** zusteht,[105] der Kläger also **keinen Anspruch** auf Erlass des von ihm begehrten Verwaltungsakts hat. In diesem Fall ergeht gemäß im Fall eines Ermessensfehlers i.S.d. § 114 S. 1 VwGO nach § 113 Abs. 5 S. 2 VwGO ein **Bescheidungsurteil**, durch welches die Behörde verpflichtet wird unter Beachtung der Rechtsauffassung des Gerichts erneut zu bescheiden. Im Fall einer **Ermessensentscheidung** ist die **Spruchreife** nur im Fall einer **Ermessensreduktion auf Null** gegeben. In diesem Fall hat der Kläger einen Anspruch auf Erlass des von ihm begehrten Verwaltungsakts.

aa) Passivlegitimation des Beklagten

608 > **Hinweis**
>
> Umstritten ist, ob § 78 VwGO die Passivlegitimation oder die passive Prozessführungsbefugnis regelt.[106] Die **h.M.** geht davon aus, dass die im Rahmen der Begründetheit zu prüfende **Passivlegitimation** geregelt wird.[107] Die Passivlegitimation liegt vor, wenn der Beklagte befugt ist, über den Streitgegenstand zu verfügen.[108] Eine **t.v.A.** sieht hierin die im Rahmen der Zulässigkeit zu prüfende **passive Prozessführungsbefugnis**.[109] Die umstrittene Einordnung hat also Auswirkungen auf den Klausuraufbau. Da es sich um ein Aufbauproblem handelt und solche nicht zu begründen sind, können Sie sich der nach Ihrer Ansicht zutreffenden Auffassung anschließen und entsprechend aufbauen. Für eine mündliche Prüfung müssen Sie dieses Problem jedoch beherrschen.[110] Vorliegend wird der h.M. gefolgt.

---

103 *Finkelnburg/Ortloff/Otto* Öffentliches Baurecht Band II S. 268.
104 *Schenke* Verwaltungsprozessrecht Rn. 841.
105 *Schenke* Verwaltungsprozessrecht Rn. 838.
106 *Schenke* Verwaltungsprozessrecht Rn. 544 ff.
107 *BVerwGE* 116, 78, 83; *Bayerischer VGH* BayVBl 1990, 312; Rn. Bader/Funke-Kaiser/v. Aberdyll-*Funke-Kaiser* VwGO, § 78 Rn. 1; *Schmitt Glaeser/Horn* Verwaltungsprozessrecht Rn. 238; *Würtenberger* Verwaltungsprozessrecht Rn. 596.
108 *Kintz* Öffentliches Recht in Baden-Württemberg.
109 *Hessischer VGH* NVwZ-RR 2005, 519; *Kopp/Schenke* VwGO § 78 Rn. 1; *Schenke* Verwaltungsprozessrecht Rn. 546; *Hufen* Verwaltungsprozessrecht § 12 Rn. 40ff; *Ehlers* Jura 2004, 30, 35.
110 S. vertiefend *Rozek* JuS 2007, 601, 602.

Rechtsschutz des Bauherrn

Wer **passivlegitimiert** i.S.d. § 78 VwGO ist, richtet sich danach, wer Rechtsträger der Behörde ist, die den Verwaltungsakt erlassen oder den beantragten Verwaltungsakt unterlassen i.S.d. § 78 Abs. 1 Nr. 1 VwGO hat. Das Behördenprinzip nach § 78 Abs. 1 Nr. 2 VwGO gilt in Ermangelung einer entsprechenden landesrechtlichen Regelung Baden-Württemberg nicht. Es gilt das **Rechtsträgerprinzip**.

> **JURIQ-Klausurtipp**
>
> Im Rahmen der Passivlegitimation ist nicht zu erörtern, ob die handelnde Behörde tatsächlich zuständig war, da dies eine Frage der formellen Rechtmäßigkeit des Verwaltungsakts, nicht aber eine solche nach dem richtigen Beklagten ist.[111]

bb) Anspruch des Klägers auf den Erlass des von ihm begehrten Verwaltungsakts

Im Anschluss ist zu prüfen, ob ein Anspruch auf Erteilung der Baugenehmigung gegeben ist. Dies bestimmt sich nach dem obigen Prüfungsschema (s.o. Rn. 441).

609

> **Hinweis**
>
> **Formelle Mängel** des ergangenen, ablehnenden Bescheids oder des Widerspruchsbescheids sind für die Verpflichtungsklage **ohne Bedeutung** – und damit nicht zu prüfen –, da diese den vom Kläger geltend gemachten Anspruch nicht zum Erfolg verhelfen können.[112] Bei einer Verpflichtungsklage ist die ablehnende behördliche Entscheidung im engeren Sinn nicht Gegenstand des Verfahrens, da über den Anspruch ohne Rücksicht auf Mängel des Verwaltungsverfahrens zu entscheiden ist.[113]

Die Rechtsfolge besteht, da es sich im Fall des § 58 Abs. 1 S. 1 LBO um eine **gebundenen Entscheidung** handelt, bei **Vorliegen** der Anspruchsvoraussetzungen in der **Stattgabe**, d.h. Verpflichtung zum Erlass des begehrten Verwaltungsakts und bei **Fehlen** der Anspruchsvoraussetzungen in der **Klageabweisung**.

Sollte die Erteilung von **Ausnahmen** nach §§ 31 Abs. 1 BauGB, 56 Abs. 3, Abs. 4 LBO und **Befreiungen** nach §§ 31 Abs. 2 BauGB, 56 Abs. 5 LBO in Frage stehen, so handelt es sich um eine **Ermessensentscheidung** mit der Folge, dass **grundsätzlich** ein **Bescheidungsurteil** zu ergehen hat.[114]

> **Hinweis**
>
> Ob ein Bescheidungs- oder Verpflichtungsurteil ergeht hängt von der Beantwortung der umstrittenen Frage ab, ob auf die Erteilung einer Ausnahme oder Befreiung ein Anspruch besteht (s. Rn. 317 ff.)

---

111 *Kintz* Öffentliches Recht im Assessorexamen Rn. 298.
112 *Kintz* Öffentliches Recht im Assessorexamen Rn. 365.
113 *BVerwG* DÖV 1985, 407, 408.
114 *Brenner* Öffentliches Baurecht Rn. 829.

cc) Rechtsverletzung des Klägers

610 Die Rechtsverletzung des Klägers i.S.d. § 113 Abs. 5 S. 1 BauGB ist gegeben, wenn der Kläger dem Personenkreis angehört, dem gegenüber die Rechtsnorm den Erlass eines begünstigenden Verwaltungsakts erlaubt. Dies ist im Fall eines Anspruchs auf Erteilung einer Baugenehmigung zu bejahen.

> **JURIQ-Klausurtipp**
>
> Problematisch und daher in einer Fallbearbeitung ausführlich darzustellen ist die subjektive Rechtsverletzung, wenn der vom Kläger begehrte Verwaltungsakt gegenüber einem Dritten ergehen soll, also wenn eine Drittbeteiligungskonstellation gegeben ist.[115] In diesem Fall müssen Sie erörtern, ob die einschlägige Norm drittschützenden Charakter hat. Nur wenn dies der Fall ist und, sollte es sich um eine Ermessensvorschrift handeln, wenn eine Ermessensreduktion auf Null gegeben ist, ist die Rechtsverletzung des Klägers zu bejahen.

2. Rechtsschutzbegehren: Feststellung der vormaligen Verpflichtung zur Erteilung einer Baugenehmigung

a) Überblick

»Wiederholen Sie die Fortsetzungsfeststellungsklage.«

611 Möglich ist auch, dass Sie das Bestehen eines Anspruchs auf Erteilung einer Baugenehmigung im Falle der Erledigung im Rahmen einer Fortsetzungsfeststellungsklage § 113 Abs. 1 S. 4 VwGO analog zu prüfen haben.

Diese Klageart wird als **Fortsetzungsfeststellungsklage** bezeichnet, da sie von ihrem Rechtsschutzziel eine Feststellungsklage ist, sich jedoch hinsichtlich ihrer Zulässigkeitsvoraussetzungen und teilweise hinsichtlich ihres Streitgegenstands mit der Anfechtungsklage deckt.[116] Mit ihr wird eine Anfechtungs- oder Verpflichtungsklage, die wegen der Erledigung des Verwaltungsakts unstatthaft ist, mit teilweise abweichenden Sachurteilsvoraussetzungen quasi fortgesetzt.[117]

b) Erledigung eines belastenden oder begünstigenden Verwaltungsakts vor oder nach Klageerhebung, § 113 Abs. 1 S. 4 VwGO analog

612 Der Verwaltungsakt, also die Baugenehmigung, muss sich **erledigt** haben. Was unter dem Begriff der Erledigung zu verstehen ist, wird durch § 43 Abs. 2 VwGO konkretisiert.[118] Nach dieser Vorschrift bleibt ein Verwaltungsakt wirksam, soweit und solange er nicht zurückgenommen, widerrufen, anderweitig aufgehoben oder durch Zeitablauf oder auf andere Weise erledigt ist. Eine Erledigung auf andere Weise ist gegeben, wenn die Aufhebung des Verwaltungsakts sinnlos geworden ist, weil von **ihm keinerlei Rechtswirkungen mehr ausgehen**.[119]

> Eine **Erledigung** ist gegeben, wenn die mit dem Verwaltungsakt verbundene rechtliche oder tatsächliche wesentliche Beschwer nachträglich weggefallen ist.

---

115 *Kintz* Öffentliches Recht im Assessorexamen Rn. 373.
116 *Schenke* Verwaltungsprozessrecht Rn. 309.
117 Daher wird die Fortsetzungsfeststellungsklage auch als amputiert Anfechtungs- und amputierte Verpflichtungsklage bezeichnet, vgl. *Schenke* Verwaltungsprozessrecht Rn. 862 ff.
118 *Schenke* Verwaltungsprozessrecht Rn. 310.
119 Vgl. hierzu *Kopp/Schenke* VwGO § 113 Rn. 102.

> **Hinweis**
>
> Der **bloße Vollzug** eines Verwaltungsakts führt **nicht** zur **Erledigung**.[120] Dies folgt aus § 113 Abs. 1 S. 2 VwGO, denn der dort geregelte Vollzugsfolgenbeseitigungsanspruch setzt die vorherige Aufhebung eines vollzogenen, rechtswidrigen, aber zunächst wirksamen Verwaltungsakts voraus.[120] Eine Erledigung ist daher im Falle des Vollzugs erst gegeben, wenn die **Vollzugsfolgen nicht mehr rückgängig** gemacht werden können.[121]

Eine Erledigung kann im Baurecht insbesondere in folgenden Konstellationen eintreten:

- durch den **Wegfall des Regelungsobjekts**[122]

Beispiel Das Gebäude für das eine genehmigungspflichtige Nutzungsänderung beantragt wurde, ist z.B. durch einen Brand vollständig zerstört worden. ∎

- durch die **endgültige Aufgabe des Vorhabens**[123]

Beispiel Der Bauherr gibt unter ausdrücklicher Erklärung seines Verzichtswillens sein Vorhaben, auf einem seiner zwei Grundstücke ein eigengenutztes Wohngebäude zu errichten, auf, weil er mit der Errichtung eines solchen auf seinem zweiten Grundstück begonnen hat. ∎

- durch die **inhaltliche Überholung** der Regelung durch eine neue Sachentscheidung[124],
- durch einen einseitigen **Verzicht**[125],
- durch die **Änderung der Sach- oder Rechtslage**, wenn diese den **Verwaltungsakt ausnahmsweise gegenstandslos** werden lässt.[126]

Beispiel Die Gemeinde hat während der Anhängigkeit des Klageverfahrens einen Bebauungsplan mit einer Veränderungssperre für das betreffende Gebiet beschlossen, dessen Festsetzungen einem Vorhaben entgegenstehen. Um eine entgegenstehende Bebauung zu verhindern, wird eine Veränderungssperre beschlossen.

In diesem Fall ist das Vorhaben unzulässig und die Veränderungssperre verhindert dessen Verwirklichung. Auf Grund der Festsetzungen im Bebauungsplan hat sich das Klagebegehren, eine Baugenehmigung zu erhalten, nach Klageerhebung erledigt, so dass nur noch im Wege der Fortsetzungsfeststellungsklage die Feststellung beantragt werden kann, dass das Vorhaben nach der alten Rechtslage zulässig gewesen war. ∎

613 § 113 Abs. 1 S. 4 VwGO erfasst **direkt** den Fall der **Erledigung** eines *belastenden* Verwaltungsakts *vor* Klageerhebung.[127] Er erfasst in **analoger Anwendung** auch die Konstellation der **Erledigung** eines *begünstigenden* Verwaltungsakts *nach* Klageerhebung[128] und die der **Erledigung** eines *belastenden* oder *begünstigenden* Verwaltungsakts *vor* Klageerhebung.[129]

---

120 *Schenke* Verwaltungsprozessrecht Rn. 314.
121 *Kopp/Schenke* VwGO § 113 Rn. 104.
122 Vgl. *BVerwGE* 140, 221; *VGH Baden-Württemberg* NVwZ-RR 1990, 171, 172; *VGH Baden-Württemberg* NVwZ-RR 2009, 715.
123 *Kopp/Schenke* VwGO § 113 Rn. 103.
124 Vgl. *BVerwGE* 143, 87.
125 *BVerwGE* 84, 209, 211 f.; *VGH Baden-Württemberg* NVwZ 1995, 280.
126 *BVerwGE* 143, 87; *VGH Baden-Württemberg* NVwZ 1995, 280.
127 S. *Schenke* Verwaltungsprozessrecht Rn. 321.
128 *BVerwGE* 52, 313, 316; *BVerwGE* 81, 365; 365; *Schenke* Verwaltungsprozessrecht Rn. 330.
129 *Schenke* Verwaltungsprozessrecht Rn. 323 ff. m.w.N.

Im Falle der Erledigung einer Baugenehmigung findet somit § 113 Abs. 1 S. 4 VwGO analog Anwendung.[130]

c) Begründetheit

614 Die auf eine mögliche Verpflichtungsklage folgende Fortsetzungsfeststellungsklage, also im Falle eines erledigten begünstigenden Verwaltungsakts, wie dies bei einer erledigten Baugenehmigung gegeben ist, ist begründet, wenn sie sich gegen den richtigen Beklagten richtet und der Beklagte verpflichtet war, den begehrten Verwaltungsakt zu erlassen. Hinsichtlich des Aufbaus wird auf das unten dargestellte Aufbauschema zur Verpflichtungsklage und auf die Ausführungen unter Rn. 607 ff. verwiesen.

3. Rechtsschutzbegehren: Aufhebung einer Nebenbestimmung

615 Sollte die Baurechtsbehörde zwar die begehrte Baugenehmigung erteilt haben, dieser jedoch **belastende Nebenbestimmungen** hinzugefügt haben, so stellt sich die Frage, wie der Bauherr hiergegen gerichtlich vorgehen kann. Es handelt sich um den Problemkreis der **isolierten Anfechtbarkeit von Nebenbestimmungen**, also ob der Bauherr nur gegen eine ihn belastende Nebenbestimmung eine Anfechtungsklage erheben kann.

616 a) Eine **Mindermeinung** geht davon aus, dass gegen **alle Nebenbestimmungen**, also auch gegen die Auflage, nur im Wege einer **Verpflichtungsklage** auf uneingeschränkte Begünstigung vorgegangen werden könne.[131] Als Argument dient die Behauptung, dass alle Nebenbestimmungen unselbstständige Bestandteile eines Verwaltungsakts seien, weswegen ein isoliertes Vorgehen gegen diese nicht möglich sei.

617 b) Eine weitere **Mindermeinung** geht davon aus, dass eine **isolierte Anfechtungsklage** bei **allen** Arten der **Nebenbestimmungen** zulässig sei.[132] Hierfür wird angeführt, dass aus der in § 113 Abs. 1 S. 1 VwGO enthaltenen Möglichkeit der Teilaufhebung (vgl. den Wortlaut „soweit") die Möglichkeit der Teilanfechtung folge.

618 c) **Teilweise** wird nach der **Art der Nebenbestimmung** unterschieden.[133] Eine isolierte **Anfechtungsklage** komme nur im Falle einer **Auflage** in Betracht; bei den übrigen Arten der Nebenbestimmungen, also bei einer **Befristung, Bedingung** und einem **Widerrufsvorbehalt**, sei eine **Verpflichtungsklage** auf Erteilung der Genehmigung ohne die belastende Nebenbestimmung zu erheben. Hierfür wird angeführt, dass nur die Auflage eine vom Verwaltungsakt abtrennbare Nebenbestimmung sei und woraus die Möglichkeit der isolierten Anfechtung folge. Die Auflage sei zwar vom Hauptverwaltungsakt abhängig, dessen Wirksamkeit hänge jedoch nicht von der Auflage ab. Sie sei daher eine eigenständige rechtliche Regelung.[134] Alle anderen Arten der Nebenbestimmungen seien integraler Bestandteil des Verwaltungsakts und daher nicht von diesem abtrennbar.

---

130 Die gelegentlich anzutreffende Formulierung, dass § 113 Abs. 1 S. 4 VwGO analog analog Anwendung findet ist zwar anschaulich, jedoch fehlerhaft, da es eine doppelte Analogie nicht geben kann.
131 *Fehn* DÖV 1988, 202, 207 ff.; *Stadie* DVBl 1991, 613.
132 Stelkens/Bonk/Sachs-*Stelkens* VwVfG § 36 Rn. 59.
133 *Axer* Jura 2001, 748, 752; Kopp/Ramsauer VwVfG § 36 Rn. 63; *Pietzcker* NVwZ 1995 15, 20; *Remmert* VerwArch Bd. 88 (1997), 112, 135; *Strömer* DVBl 1996, 81; *Sieckmann* DÖV 1998, 525, 532 (für die Auflage und den Auflagenvorbehalt); *Stein* DVP, 2010 459; *VGH Baden-Württemberg* VBlBW, 1994, 23 und 443; *Hessischer VGH* NVwZ-RR 1992, 460; früher auch *BVerwGE* 36, 145, 154; *BVerwG* DÖV 1974, 380, 381; *BVerwG* DÖV 1974, 563.
134 Bosch/Schmidt/*Vondung* Praktische Einführung in das verwaltungsgerichtliche Verfahren Rn. 495.

d) Ferner wird in der **Literatur** die Auffassung vertreten, dass nicht nach der Art der Nebenbestimmung zu unterscheiden sei, so dass zunächst **alle Arten** der Nebenbestimmung **grundsätzlich** mit der **Anfechtungsklage** angegriffen werden können. Maßgeblich sei das **Verhältnis der Nebenbestimmung zum Haupt-Verwaltungsakt**.[135] Aus der Möglichkeit der Teilaufhebung in § 113 Abs. 1 S. 4 VwGO folge die Möglichkeit der Teilanfechtung.[136] Im Falle eines **Ermessens-Verwaltungsakts** sei eine isolierte Anfechtbarkeit nicht möglich, da der Verwaltungsakt und die Nebenbestimmung auf einer einheitlichen Ermessensentscheidung beruhen und die Verwaltung ansonsten einen Verwaltungsakt gelten lassen müsste, den sie in dieser Form nicht erlassen hätte.[137]

e) Das **Bundesverwaltungsgericht** vertritt, dass **alle Arten** der Nebenbestimmung grundsätzlich mit der Anfechtungsklage angreifbar seien.[138] Zwischen gebundenen und Ermessensentscheidungen sei nicht zu differenzieren. Im Rahmen der **Zulässigkeit** der Anfechtungsklage sei die Teilbarkeit im **prozessualen Sinn** entscheidend. Diese sei gegeben, wenn eine isolierte Aufhebbarkeit nicht offenkundig von vornherein ausscheidet.[138] Im Rahmen der **Begründetheit** sei die Teilbarkeit im **materiell-rechtlichen Sinn** maßgeblich. Erforderlich ist hierfür, dass der nach der isolierten Aufhebung der Nebenbestimmung **übriggebliebene Verwaltungsakt** sinnvoller- und rechtmäßiger Weise bestehen kann.

4. Rechtsschutzbegehren: Erteilung einer Baugenehmigung im Falle einer modifizierenden Genehmigung oder Auflage

Sollte die Baurechtsbehörde dem Antragsteller eine **modifizierende Genehmigung oder eine modifizierende Auflage** (s.o. Rn. 499) erteilt haben, so muss der Bauherr eine Verpflichtungsklage in Form der **Versagungsgegenklage** gemäß § 42 Abs. 1 Alt. 2 VwGO erheben.[139] Ein Vorgehen im Wege einer Anfechtungsklage, die auf die (Teil-)Aufhebung der modifizierenden Auflage bzw. Genehmigung gerichtet ist, scheidet aus, da eine (Teil-)Aufhebung nicht dazu führt, dass der Kläger den von ihm begünstigten Verwaltungsakt erhält.[140] Es würde nämlich eine insgesamt ablehnende Entscheidung ergehen, da der verbleibende Entscheidungsrest nach der isolierten Kassation keinen Sinn mehr ergibt.[141]

> **Beispiel** Beantragt der Antragsteller die Erteilung einer Baugenehmigung für ein Haus mit einem Satteldach, wird ihm jedoch ein Haus mit einem Flachdach genehmigt, so wäre der verbleibende Entscheidungsrest ein Haus ohne Dach.[142]

Daher muss der Bauherr eine **Verpflichtungsklage**, die auf die Verpflichtung zur Erteilung der beantragten Baugenehmigung gerichtet ist, erheben.[143] Bezüglich des Aufbaus wird auf das obige Aufbauschema zur Verpflichtungsklage und auf die Ausführungen unter Rn. 607 ff. verwiesen.

---

135 *Kopp/Schenke* VwGO § 42 Rn. 22 und 24 m.w.N.
136 *Kopp/Schenke* VwGO § 42 Rn. 22.
137 *Schenke* Verwaltungsprozessrecht Rn. 294 spricht von einem aufgedrängten Verwaltungsakt.
138 Grundlegend *BVerwGE* 112, 221.
139 Vgl. *Schenke* Verwaltungsprozessrecht Rn. 301 m.w.N., s. jedoch a. *Kopp/Schenke* § 42 Rn. 23.
140 *Schenke* Verwaltungsprozessrecht Rn. 301.
141 *Pietzner/Ronellenfitsch* Das Assessorexamen im öffentlichen Recht § 9 Rn. 23; s.a. *BVerwG* NVwZ 1984, 366.
142 *Kenntner* Öffentliches Recht in Baden-Württemberg Rn. 709.
143 *Schenke* Verwaltungsprozessrecht Rn. 301 m.w.N.

》 Wiederholen Sie die einstweilige Anordnung. 《

5. Rechtsschutzbegehren: Erteilung einer Baugenehmigung im Verfahren des einstweiligen Rechtsschutzes gemäß § 123 Abs. 1 S. 2 VwGO

622 Sollte der Bauherr die Erteilung der Baugenehmigung im Verfahren des einstweiligen Rechtsschutzes begehren, so muss er den Erlass einer **einstweiligen Anordnung** in Form einer **Regelungsanordnung** gemäß § 123 Abs. 1 S. 2 VwGO beantragen, da er die Erweiterung seines Rechtskreises begehrt. Dieses Vorgehen wird jedoch regelmäßig erfolglos bleiben, da die Erteilung der Baugenehmigung eine **unzulässige Vorwegnahme der Hauptsache** darstellt. Eine **Ausnahme vom Verbot der Vorwegnahme der Hauptsache** scheint, wenn eine Baugenehmigung Gegenstand des Verfahrens ist, nur **schwer denkbar**,[144] da die Errichtung eines Gebäudes regelmäßig mit einem zum Teil erheblichen Zeitaufwand verbunden ist. Denkbar ist jedoch eine Ausnahme von diesem Verbot, wenn die Erteilung einer Baugenehmigung für eine genehmigungspflichtige Nutzungsänderung (s. hierzu Rn. 461 ff.) Verfahrensgegenstand ist und der Antragsteller ohne die beantragte Nutzungsänderung seine berufliche Tätigkeit nicht mehr ausführen kann.

6. Rechtsschutzbegehren: Feststellung der Genehmigungsfreiheit

623 Besteht zwischen der Baurechtsbehörde und dem Bauherrn (oder zwischen Bauherrn und Nachbarn) Streit, ob ein beabsichtigtes, begonnenes oder bereits errichtetes Bauvorhaben genehmigungsfrei ist, so kann der Bauherr eine Feststellungsklage gemäß § 43 VwGO erheben. In der verwaltungsgerichtlichen Entscheidung wird festgestellt, dass das in Frage stehende Vorhaben genehmigungsfrei ist.[145] An dieser Feststellung hat der Kläger ein Feststellungsinteresse i.S.d. § 43 Abs. 1 Hs. 2 VwGO, da es ihm nicht zugemutet werden kann, behördliche Eingriffsverfügungen abzuwarten.[146]

> **Hinweis**
>
> Diese Konstellation ist für eine Klausur ungeeignet, da dort nur die §§ 49 bis 51 LBO geprüft würden und der Umfang und Schwierigkeitsgrad einer derartigen Klausur erheblich zu gering wäre. Möglich wäre nur, dass diese Konstellation als Teilfrage geprüft wird.

7. Rechtsschutzbegehren: Anfechtung einer Zurückstellung des Baugesuchs nach § 15 Abs. 1 BauGB

624 Stellt die Baugenehmigungsbehörde den Bauantrag auf einen Antrag der Gemeinde nach § 15 Abs. 1 BauGB zurück, so stellt dies einen Verwaltungsakt dar, gegen den der Bauherr mit Widerspruch und Anfechtungsklage vorgehen kann.[147] (S. zur Prüfung der Anfechtungsklage Rn. 627 ff.).

---

[144] Möglich wäre dass der Bauherr eine Baugenehmigung zur Errichtung eines binnen weniger Tage vollständig errichteten Fertighauses beantragt und er (und seine Familie) ohne diese Errichtung obdachlos würden.
[145] S. zur Tenorierung einer Feststellungsklage *Kintz* Öffentliches Recht im Assessorexamen Rn. 70 f.
[146] *Finkelnburg/Ortloff/Otto* Öffentliches Baurecht Band II S. 269.
[147] *Finkelnburg/Ortloff/Otto* Öffentliches Baurecht Band II S. 269 m.w.N.; a.A. *VGH Baden-Württemberg* NVwZ-RR 2003, 333.

8. Rechtsschutzbegehren: Anfechtung einer Aufhebung der Baugenehmigung

Wird die erteilte Baugenehmigung nach § 48 LVwVfG zurückgenommen oder nach § 49 LVwVfG widerrufen, so kann der Bauherr hiergegen mit Widerspruch und Anfechtungsklage vorgehen, da es sich bei der Zurücknahme oder dem Widerruf um belastende Verwaltungsakte handelt.

625

> **JURIQ-Klausurtipp**
>
> Im Rahmen der Begründetheit der Anfechtungsklage ist bei der Prüfung des § 48 Abs. 1 S. 1 LVwVfG die Rechtswidrigkeit der Baugenehmigung inzident, bei der Prüfung des § 49 Abs. 1 S. 1 LVwVfG inzident die Rechtmäßigkeit der Baugenehmigung zu prüfen (s. zur Prüfung der Anfechtungsklage auch hier Rn. 627 ff.).

II. Rechtsschutz des Nachbarn

> **Hinweis**
>
> In der Praxis haben Nachbarklagen eine große Bedeutung und mehrpolige Rechtsverhältnisse weisen bestimmte Schwierigkeit und Besonderheiten auf. Entsprechend hoch ist daher die Klausurrelevanz. Widmen Sie diesem Abschnitt besondere Aufmerksamkeit. Die Inhalte dieses Abschnittes müssen Sie für eine baurechtliche Klausur unbedingt beherrschen können.

626

Hinsichtlich des Rechtsschutzes des Nachbarn ist zwischen **zwei grundlegenden Konstellationen** zu unterscheiden: In der ersten, in diesem Teil behandelten Konstellation, begehrt der Nachbar einen **Genehmigungsabwehranspruch**, der die Aufhebung der Baugenehmigung zum Gegenstand hat. In der zweiten Konstellation (s. Rn. 691 ff) begehrt der Nachbar den **Erlass einer bauordnungsrechtlichen Verfügung**, also einer Stilllegungsverfügung, Nutzungsuntersagung oder Abbruchsanordnung, die gegenüber dem Bauherrn ergehen soll. Dabei macht der Nachbar einen **Anspruch auf Einschreiten** geltend.

1. Rechtsschutzbegehren: Aufhebung der dem Bauherrn erteilten Baugenehmigung

In Klausurfällen wehrt sich ein Nachbar häufig gegen die dem Bauherrn erteilte Baugenehmigung, weil er sich in seinen Rechten verletzt sieht. In diesen Fällen ist eine Anfechtungsklage statthaft, die wie folgt zu prüfen ist:

627

(Dritt-)Anfechtungsklage

A. Zulässigkeit

I. Eröffnung des Verwaltungsrechtsweges

Allgemein:
1. Aufdrängende Sonderzuweisung
2. Generalklausel, § 40 Abs. 1 S. 1 VwGO
3. Abdrängende Sonderzuweisung

In der vorliegenden Konstellation:
Generalklausel, § 40 Abs. 1 S. 1 VwGO: Die Hauptfrage des Streits richtet sich nach der öffentlich-rechtlichen Normen des § 58 Abs. 1 S. 1 LBO (s. Rn. 600)

II. Statthafte Klageart

Allgemein:
Der Kläger begehrt die Aufhebung eines ihn belastenden Verwaltungsaktes:
- Der Verwaltungsakt muss erlassen und bekannt gegeben worden sein,
- seine Nichtigkeit ist unerheblich, aber
- er darf sich nicht erledigt haben.

In der hier vorliegenden Konstellation:
Der Kläger begehrt die Aufhebung der dem Bauherren erteilten, diesen begünstigenden, und den Kläger belastenden Baugenehmigung (Verwaltungsakt mit Doppelwirkung), so dass die Anfechtungsklage gem. § 42 Abs. 1 Alt. 1 VwGO (Drittanfechtungsklage) die statthafte Klage ist.

III. Klagebefugnis, § 42 Abs. 2 VwGO

Allgemein: Möglichkeit der Verletzung in eigenen subjektiven öffentlichen Rechten des Klägers, Vorrang von einfachgesetzlichen Normen vor Grundrechten

In der hier vorliegenden Konstellation:
– Adressatentheorie nicht anwendbar
  Mögliche Verletzung einer nachbarschützenden Vorschrift Rn. 630 ff.

IV. Ordnungsgemäße und erfolglose Durchführung des Vorverfahrens, § 68 ff. VwGO

Ausnahme: Untätigkeitsklage, § 75 VwGO

V. Klagefrist, § 74 VwGO

VI. Partei- und Prozessfähigkeit, § 61 f. VwGO

VII. Postulationsfähigkeit, § 67 VwGO

VIII. Keine anderweitige Rechtshängigkeit, § 173 VwGO i.V.m. § 17 GVG

IX. Keine entgegenstehende Rechtskraft, § 121 VwGO

X. Allgemeines Rechtsschutzbedürfnis

XI. Zuständigkeit des Gerichts, §§ 45 ff. VwGO

B. Begründetheit

Die Klage ist begründet, wenn sie sich gegen den richtigen Beklagten richtet, der angefochtene Verwaltungsakt rechtswidrig und der Kläger dadurch in seinen Rechten verletzt ist, § 113 Abs. 1 S. 1 VwGO.

I. **Passivlegitimation**, § 78 VwGO
II. **Allgemein: Rechtswidrigkeit des Verwaltungsaktes**
  1. Ermächtigungsgrundlage
  2. (bei Anhaltspunkten) Wirksamkeit der Ermächtigungsgrundlage
  3. Formelle Rechtmäßigkeit
     a) Zuständigkeit der Erlassbehörde
     b) Verfahren:
        aa) Anhördung, § 28 (L)VwVfG
        bb) Bekanntgabe, §§ 43, 44 (L)VwVfG, ggf. Heilbarkeit, § 45 (L)VwVfG oder Unbeachtlichkeit, § 46 (L)VwVfG
        cc) Form, insbesondere Begründung. § 39 (L)VwVfG
  4. Materielle Rechtmäßigkeit (Maßgeblichen Zeitpunkt beachten, Rn. 703)
     a) Befugnis zum Erlass eines Verwaltungsakts
     b) Tatbestandsvoraussetzungen der Ermächtigungsgrundlage
     c) Inhaltliche Bestimmtheit des Verwaltungsakts, § 37 (L)VwVfG
     d) Rechtsfolge:
        aa) bei einer gebundenen Entscheidung:
           (1) Bei **Vorliegen** der Anspruchsvoraussetzungen: **Stattgabe**, d.h. Aufhebung des angefochtenen Verwaltungsakts
           (2) Bei **Fehlen** der Anspruchsvoraussetzungen: **Klageabweisung**
           In der vorliegenden Konstellation: Unter B.I.4.b: Rechtswidrigkeit der dem Bauherrn erteilten Baugenehmigung, § 58 Abs. 1 S. 1 LBO
        bb) bei einer Ermessensentscheidung:
           (1) Ermessensfehler
           (2) Verhältnismäßigkeit
III. **Rechtsverletzung des Klägers**
    Allgemein: Verletzung des Klägers in einem seiner subjektiven öffentlichen Rechte
    In der vorliegenden Konstellation: da **Drittbeteiligungskonstellation**
    Stattgabe nur bei der **Verletzung einer drittschützenden Norm,** die zugunsten des Nachbarn Drittschutz entwickelt.

a) Zulässigkeit

Mit der **Anfechtungsklage** gemäß § 42 Abs. 1 Alt. 1 VwGO wird die gerichtliche Aufhebung eines belastenden Verwaltungsakts begehrt.[148] Sie ist eine auf eine unmittelbare gerichtliche Umgestaltung der Rechtslage gerichtet **prozessuale Gestaltungsklage**, mit welcher der Kläger einen materiell-rechtlichen Anspruch auf verwaltungsbehördliche Aufhebung eines ihn in seinen Rechten verletzenden Verwaltungsakts geltend macht.[149] Neben der Aufhebung des Verwaltungsakts wird zugleich die Feststellung einer durch ihn begründeten subjektiven Rechtsverletzung begehrt.[149]

628

---
148 S. vertiefend *Ehlers* Jura 2004, 30, 176.
149 *Schenke* Verwaltungsprozessrecht Rn. 178.

aa) Statthafte Klageart

629 Die Anfechtungsklage ist gemäß § 42 Abs. 1 Alt. 1 VwGO statthaft, wenn der Kläger die Aufhebung eines ihn belastenden Verwaltungsakts begehrt. Die dem Bauherrn erteilte Baugenehmigung stellt einen Verwaltungsakt i.S.d. § 35 S. 1 VwVfG dar, wobei es sich um einen **Verwaltungsakt mit Dritt- oder Doppelwirkung** handelt.[150] Verwaltungsakte mit Drittwirkung sind solche, die nicht nur für den Adressaten, sondern auch für Dritte rechtliche Auswirkungen haben.[151] Die Baugenehmigung begünstigt den Bauherrn und belastet den Nachbarn.[151] Sie stellt das Paradebeispiel eines Verwaltungsakts mit Drittwirkung dar.[151] Begehrt der Nachbar die Aufhebung einer an den Bauherrn gerichteten Baugenehmigung handelt es sich um eine **Nachbaranfechtungsklage**.[152]

> **Hinweis**
>
> Die Verpflichtungsklage gemäß § 42 Abs. 1 Alt. 2 VwGO ist nur statthaft, wenn die (Nachbar-)Anfechtungsklage den Nachbarn nicht angemessen schützt. Die ist z.B. der Fall, wenn die Behörde dem Nachbarn zugesagt hat, von bestimmten Vorschriften nicht abzuweichen.

bb) Klagebefugnis, § 42 Abs. 2 VwGO

630 Sollte ein Nachbar im Wege der (Nachbar-)Anfechtungsklage gegen eine Baugenehmigung vorgehen wollen, so ist es erforderlich, dass die Baugenehmigung nicht nur rechtswidrig ist. Vielmehr muss der Nachbar durch diese Rechtswidrigkeit in einem **subjektiven Recht** verletzt sein, § 113 Abs. 1 S. 1 VwGO.

631 Im Rahmen der Zulässigkeit der Anfechtungsklage muss der Nachbar gemäß § 42 Abs. 2 VwGO **klagebefugt** sein. Das Erfordernis einer Klagebefugnis bezweckt den **Ausschluss** von **Popularklagen**. Dies bedeutet, dass sich der Einzelne nicht zum Sachwalter öffentlicher Interessen oder rechtlich geschützter Dritter machen soll.[153] In Nachbarkonstellationen wird der hiermit bezweckte Ausschluss besonders deutlich: Der Nachbar kann **keine Verletzung von ihn nicht schützenden Vorschriften** geltend machen, da er sich ansonsten zu einem Sachwalter im o.g. Sinne aufschwingen würde.

> **JURIQ-Klausurtipp**
>
> Im öffentlichen Baurecht steht der **Nachbar** nur als **Dritter** im Rechtsverhältnis zwischen dem Bauherrn und der Behörde und somit außerhalb dieses Rechtsverhältnisses.[154] Deshalb ist bei einer Nachbarklage besonders sorgfältig zu prüfen, ob der Nachbar durch das Bauvorhaben in eigenen subjektiv-öffentlichen Rechten verletzt wird.[154]

Zu ermitteln ist anhand der oben dargestellten **Möglichkeitstheorie** (s. Rn. 602), ob eine Verletzung des Nachbarn in eigenen subjektiven öffentlichen Rechten möglich ist.

---

[150] *Maurer* Allgemeines Verwaltungsrecht § 9 Rn. 50 und § 11 Rn. 66.
[151] *Maurer* Allgemeines Verwaltungsrecht § 9 Rn. 50.
[152] *Brenner* Öffentliches Baurecht Rn. 836.
[153] *Schenke* Verwaltungsprozessrecht Rn. 490.
[154] *Muckel* JuS 2000, 132.

JURIQ-Klausurtipp

Argumentieren Sie in **Drittbeteiligungsfällen** auf **keinen Fall** mit der sog. **Adressatentheorie**. Diese ist in dieser Fallkonstellation gerade **nicht anwendbar**, da der Dritte, d.h. der Nachbar, **nicht Adressat** der Baugenehmigung ist. Ratsam ist es jedoch kurz auf die Unanwendbarkeit der Adressatentheorie hinzuweisen. Verwenden Sie jedoch, im Falle der Anwendbarkeit, nicht den Ausdruck „Theorie", sondern paraphrasieren Sie die Adressatentheorie.

Ein **subjektives Recht** liegt dann vor, wenn die Norm ein **Interesse eines Rechtssubjekts schützen soll** und diesem zur Durchsetzung dieses Interesses eine **Rechts- oder Willensmacht** eingeräumt wird.[155] Maßgeblich sind auch hier (s. bereits Rn. 22 ff.) einfachgesetzlich Normen. Der Nachbar muss sich auf eine mögliche Verletzung einer Vorschrift berufen, die ihm ein subjektives öffentliches Recht vermittelt. Dies ist der Fall, wenn die Baugenehmigung möglicherweise gegen **nachbarschützende Vorschriften** verstößt.[156]

632

Klagebefugnis des Nachbarn

633

1. Die betreffende Norm hat nachbarschützenden Charakter.
2. Der Nachbar fällt in den sachlichen und persönlichen Schutzbereich dieser Norm.
3. Eine Verletzung dieser Norm ist möglich, also nicht offensichtlich und eindeutig nach jeder Betrachtungsweise ausgeschlossen.

PRÜFUNGSSCHEMA

cc) Qualifikation einer Norm als dritt- bzw. nachbarschützend (Schutznormtheorie)

Zunächst ist zu ermitteln, ob die in Frage stehende einfachgesetzliche Vorschrift dritt- bzw. nachbarschützend ist. Ob eine Norm Drittschutz vermittelt, wird nach der **Schutznormtheorie**[157] ermittelt.

634

> Eine Rechtsnorm vermittelt **Drittschutz**, wenn diese nicht nur dem Allgemeininteresse, sondern zumindest auch dem Schutz eines erkennbaren und abgrenzbaren Personenkreises zu dienen bestimmt ist (Schutznormtheorie)[158] und ihm die Rechtsmacht einräumt, die Schutzwirkung gegenüber der Behörde durchzusetzen.[159]

Bei der Suche nach nachbarschützenden Vorschriften ist folgende **Reihenfolge** einzuhalten:[160]

635

---

155 So die heute herrschende Kombinationstheorie, vgl. *Schenke* Verwaltungsprozessrecht Rn. 496 m.w.N.
156 *Dürr* Baurecht Baden-Württemberg Rn. 294.
157 St. Rspr vgl. *BVerwG* BauR 2008, 1427; *Kopp/Schenke* VwGO § 42 Rn. 83 m.w.N. Die Auffassung, die auf die tatsächliche Betroffenheit abgestellt hat, hat sich nicht durchgesetzt, s. Tettinger/Erbguth/Mann-*Erbguth* Besonders Verwaltungsrecht Rn. 1299 m.w.N.
158 Tettinger/Erbguth/Mann-*Erbguth* Besonderes Verwaltungsrecht Rn. 1299.
159 *Muckel* JuS 2000, 132.
160 S. zum Ganzen *Muckel* JuS 2000, 132.

> **PRÜFUNGSSCHEMA**
>
> **Ermittlung von nachbarschützenden Vorschriften**
>
> 1. Zunächst müssen alle möglicherweise einschlägigen **einfach-gesetzlichen Vorschriften** dahingehend untersucht werden, ob es eine **(generell) nachbarschützende Norm** für den zu beurteilenden Fall gibt. Dort ist insbesondere der Gebietserhaltungsanspruch **vor** dem **Gebietsprägungserhaltungsanspruch** zu prüfen,[161] da letzterer die Verneinung des Gebietserhaltungsanspruchs voraussetzt.
> 2. Wenn dies zu verneinen ist, ist zu prüfen, ob einzelne Bestimmungen des einfachen Rechts auf den Fall anwendbar sind, in denen das Gebot der **Rücksichtnahme** zum Ausdruck kommt (sog. **partiell nachbarschützende Normen**).
> 3. Nur wenn auch dies zu verneinen ist, kann erörtert werden, ob sich Nachbarschutz ausnahmsweise unmittelbar aus dem **Verfassungsrecht** ergibt. Dies ist nach h.M. im Ergebnis jedoch zu verneinen.

636 Ob eine Rechtsnorm Drittschutz verleiht, ist durch **Auslegung**, die unter Berücksichtigung der gesamten Rechtsordnung zu erfolgen hat, anhand der anerkannten Auslegungsmethoden, also des **Wortlauts**, des **Sinn und Zwecks**, der **Systematik** der Norm und der **Entstehungsgeschichte**, zu ermitteln.[162] Das Ziel dieser Auslegung der Vorschrift anhand der Schutznormtheorie besteht darin, zu ermitteln, ob die Vorschrift eine **Rücksichtnahme auf nachbarliche Interessen gebietet**.[163]

637 Auszulegen ist in dieser **Reihenfolge**:
1. Zunächst ist auf den **Wortlaut** der in Frage stehenden Vorschrift einzugehen. Entscheidend ist, dass sich aus **individualisierenden Tatbestandsmerkmalen** der Vorschrift ein **Personenkreis** entnehmen lässt, der sich von der **Allgemeinheit unterscheidet**.[164]

> **Hinweis**
>
> Sollte in einer Vorschrift etwa auf „öffentliche Belange" oder auf die „öffentliche Sicherheit" abgestellt werden, so schließt dies das Bestehen eines subjektiven Rechts nicht aus, da sich öffentliche Interessen und Individualinteressen nicht zwangsläufig ausschließen.[165]

2. **Anschließend** ist anhand des Sinns und Zweck der Vorschrift, der Systematik der Norm und der Entstehungsgeschichte auszulegen.[166]

---

161 *Decker* JA 2007, 55 bezeichnet dies als die neue Prüfungsreihenfolge.
162 *Kopp/Schenke* VwGO § 42 Rn. 83; anders die ältere Schutznormtheorie (vgl. *Bühler*, Die subjektiven öffentlichen Rechte, S. 44 f.), die auf die Erforschung des wahren Willens des historischen Gesetzgebers abstellte.
163 *Kopp/Schenke* VwGO § 42 Rn. 83.
164 *Kintz* Öffentliches Recht im Assessorexamen Rn. 230.
165 *Schmidt* JuS 1999, 1107, 1110.
166 Welcher Auslegungsmethode der Vorrang zukommt, ist freilich umstritten.

Bei dieser Auslegung ist wie folgt vorzugehen:[167]

638

> **Auslegung anhand der Schutznormtheorie**
>
> 1. Zunächst ist festzustellen, dass die in Frage stehende Vorschrift eine Person **objektiv begünstigt**.
> 2. Danach ist zu ermitteln, ob die Vorschrift diese **Begünstigung auch bezweckt**.
> 3. In einem letzten Schritt ist zu prüfen, ob die Vorschrift **auf die Durchsetzbarkeit der Begünstigung gerichtet** ist. Nicht ausreichend ist, wenn die Begünstigung einen bloßen Rechtsreflex als Folge der Anwendung der Norm darstellt.[168]

PRÜFUNGS-SCHEMA

dd) Generell nachbarschützende einfachgesetzliche Vorschriften des materiellen Baurechts

Folgende Vorschriften des einfachgesetzlichen materiellen Baurechts vermitteln Drittschutz:[169]

639

(1) Nachbarschutz im Bauplanungsrecht

Im Bauplanungsrecht ist eine Vielzahl von Vorschriften als generell drittschützend anerkannt:[170] Nachbarschutz lässt sich aus den abstrakten Festsetzungen des Bebauungsplans sowie den konkreten Zulassungstatbeständen ableiten.[171]

640

(a) Nachbarschutz nach Maßgabe des Bebauungsplans: Die **Festsetzungen** des Bebauungsplans **über die Art der baulichen Nutzung**, § 9 Abs. 1 Nr. 1 BauGB i.V.m. §§ 2 bis 14 BauNVO, sind kraft Bundesrechts nachbarschützend.[172] Diese Vorschriften dienen dem Ausgleich der wechselseitig garantierten Nutzungsberechtigungen und Nutzungsbeschränkungen zwischen den im Planbereich liegenden Grundstücken. Die Vorteile des einen und die Nachteile des anderen Grundstückseigentümers korrespondieren miteinander, so dass eine „bodenrechtliche Schicksalsgemeinschaft" entsteht (s. bereits Rn. 27).[173]

Die Grundstückseigentümer im Plangebiet haben daher einen **Gebietserhaltungsanspruch**. Hierdurch kann jeder Planbetroffene das Eindringen einer gebietsfremden Nutzung verhindern und sich gegen die Genehmigung eines Bauvorhabens im Baugebiet zur Wehr setzten. Dadurch kann das mit dem Eindringen einer gebietsfremden verbundene Risiko einer schleichenden Umwandlung des Gebiets verhindert werden.[174] Dies bedeutet, dass sich Nachbarn gegen Nutzungen, die nicht allgemein nach § 30 Abs. 1, Abs. 3 BauGB oder ausnahmsweise nach § 31 Abs. 1 BauGB zulässig sind, zur Wehr setzen können.[175] Für die Geltendmachung dieses Gebietsgewährleistungsanspruchs ist **keine konkrete Betrof-**

641

---

167 Tettinger/Erguth/Mann-*Erbguth* Besonderes Verwaltungsrecht Rn. 1299.
168 *Muckel* JuS 2000, 132, 133.
169 S. umfassend *Brenner* Öffentliches Baurecht Rn. 786 ff. jeweils m.w.N.
170 S. zum Ganzen *Muckel* JuS 2000, 132, 133 ff.
171 *Brenner* Öffentliches Baurecht Rn. 840.
172 BVerwGE 44, 244; BVerwGE 94, 151; BVerwGE 101, 364; s. vertiefend *Dürr* KommJur 2005, 201, 205 f.
173 BVerwGE 94, 151.
174 BVerwG NVwZ 2000, 678, 679.
175 Tettinger/Erbguth/Mann-*Erbguth* Besonders Verwaltungsrecht Rn. 1306.

fenheit, d.h. ein spürbarer Nachteil, erforderlich, weil dieser Anspruch auf der plangebundenen, rein formalen Kategorie einer nachbarlichen Wechselbeziehung basiert.[176]

> **Hinweis**
>
> Der Gebietsgewährleistungsanspruch gilt nur für den Nachbarn, dessen **Grundstück im Plangebiet** und nicht außerhalb des Plangebiets liegt.[177] **Gebietsübergreifender Nachbarschutz** wird **nur im Rahmen des Rücksichtnahmegebots** gewährleistet.[178] Dabei kommt es auf die Vorschriften an, die über die Zulässigkeit des Vorhabens entscheiden.[179]

642 Vom Gebietserhaltungsanspruch ist der **Gebietsprägungserhaltungsanspruch** abzugrenzen.[180] Dieser stellt eine speziellere Ausprägung des Gebietsprägungserhaltungsanspruchs dar.[181] Gewährleistet wird die Erhaltung der typischen Prägung der jeweiligen Gebietsart.

Vom Gebietsgewährleistungsanspruch unterscheidet er sich dadurch, dass er nur dann einschlägig ist, wenn Bauvorhaben **bauplanungsrechtlich** in dem in Frage stehenden **Gebiet** an sich mit der Gebietsart **generell vereinbar** wäre – was im Falle des Gebietserhaltungsanspruchs zu verneinen ist –, es jedoch **generell gebietsunverträglich** ist, weil das Vorhaben der **allgemeinen Zweckbestimmung des Gebiets widerspricht**.[182] Aus diesem Grund kann der **Gebietsprägungserhaltungsanspruch erst nach dem Gebietserhaltungsanspruch** geprüft werden. Wie beim Gebietserhaltungsanspruch ist auch hier ein qualifiziertes und individualisiertes Betroffensein i.S.d. subjektiv-rechtlichen Dimension des Rücksichtnahmegebots nicht erforderlich. Ist der Gebietsprägungserhaltungsanspruch einschlägig, bedarf es keines Rückgriffs auf das Rücksichtnahmegebot.

643 **Sonstige Festsetzungen** im Bebauungsplan haben i.d.R. nur nachbarschützenden Charakter, wenn sich aus dem Bebauungsplan, insbesondere aus dessen schriftlicher Begründung nach § 9 Abs. 8 BauGB,[177] selbst ergibt, dass durch die Festsetzungen auch private Belange geschützt werden sollen.[183]

> **JURIQ-Klausurtipp**
>
> Sie müssen daher den Sachverhalt oder die Akte Ihrer Arbeit darauf überprüfen, ob die Gemeinde einzelnen Festsetzungen einen nachbarschützenden Charakter zugesprochen hat.

644 Festsetzungen über das **Maß der baulichen Nutzung**, § 9 Abs. 1 Nr. 1 BauGB i.V.m. §§ 16 ff. BauNVO, kommt, da sie ausschließlich städtebauliche Bedeutung haben, **regelmäßig kein nachbarschützender Charakter** zu. Ihr Ziel besteht nur in der Auflockerung der Bebauung.[184]

---

176 *Brenner* Öffentliches Baurecht Rn. 841.
177 *Kenntner* Öffentliches Recht in Baden-Württemberg Rn. 742.
178 *BVerwG* NVwZ 2008, 427; *VGH Baden-Württemberg* VBlBW 2011, 395; *VGH Baden-Württemberg* BauR 2011, 1800.
179 *Schmidt* Öffentliches Baurecht Rn. 473.
180 *BVerwGE* 116, 155, 158; *BVerwGE* 142, 1, 3 ff; *BVerwG* NVwZ 2008, 786, 787.
181 S. vertiefend *Decker* JA 2007, 55.
182 *Decker* JA 2007, 55.
183 *BVerwG* DVBl 1987, 476.
184 *Brenner* Öffentliches Baurecht Rn. 843; eine Ausnahme findet sich bei *Dürr* KommJur 2005, 201, 205.

Jedoch kann sich auch hier aus dem Bebauungsplan selbst ergeben, dass Festsetzungen über das Maß der baulichen Nutzung gerade zum Schutz bestimmter Nachbarn erlassen worden sind.[185]

Beispiel Zum Schutz der Aussicht auf den Bodensee aus den Gebäuden in der zweiten Reihe der Bebauung wird die Höhe der Gebäude in der erste Reihe der Bebauung begrenzt.[186]

Baugrenzen entfalten nur zugunsten der Nachbarn von gegenüberliegenden, d.h. direkt angrenzenden, Grundstücken Nachbarschutz.[187]

645 (b) § 31 BauGB: § 31 BauGB gewährleistet bei der Erteilung von Ausnahmen nach § 31 Abs. 1 BauGB (s. hierzu Rn. 303 f.) oder Befreiungen nach § 31 Abs. 2 BauGB, die die Würdigung nachbarlicher Interessen voraussetzt (s. hierzu Rn. 305 ff.), generellen Nachbarschutz, nur wenn **Ausnahmen und Befreiungen von speziell nachbarschützenden Festsetzungen** des Bebauungsplan erteilt wurden.[188]

> **Hinweis**
>
> Wurde rechtswidrig eine Ausnahme oder Befreiung von **nicht nachbarschützenden Festsetzungen** des Bebauungsplan erteilt, so kommt nur partieller Nachbarschutz über das **Rücksichtnahmegebot** in Betracht.[189]

646 (c) § 34 BauGB: Im Rahmen des § 34 BauGB ist hinsichtlich des nachbarschützenden Charakters zu unterscheiden:

§ 34 Abs. 1 BauGB entfaltet **keinen generellen Nachbarschutz**, da die Norm ausschließlich der städtebaulichen Ordnung und Entwicklung dient und daher nur Interessen der Allgemeinheit schützt.[190]

> **Hinweis**
>
> Da in dem Tatbestandsmerkmal des „Einfügens" i.S.d. § 34 Abs. 1 BauGB das **Rücksichtnahmegebot** enthalten ist (s. hierzu Rn. 323 ff.), wird hierüber partieller Nachbarschutz gewährleistet.[191]

§ 34 Abs. 2 BauGB, der hinsichtlich der der Art baulichen Nutzung auf die Vorschriften der BauNVO verweist, hingegen entfaltet generellen Nachbarschutz, da dieser Vorschrift eine **planersetzende Funktion** (s. Rn. 282) zukommt.[192] Es gilt das oben (Rn. 641) Dargestellte. Es besteht also ein **Gebietserhaltungsanspruch**.

---

185 *Kenntner* Öffentliches Recht in Baden-Württemberg Rn. 742; Tettinger/Erbguth/Mann-*Erbguth* Besonderes Verwaltungsrecht Rn. 1306.
186 *Kenntner* Öffentliches Recht in Baden-Württemberg Rn. 742.
187 VGH Baden-Württemberg VBlBW 2003, 470.
188 *Dürr* KommJur 2005, 201, 208; BVerwG NVwZ 1987, 409, 410; BVerwG NJW 1990, 1192, 1193.
189 *Muckel* JuS 2000, 132, 133 m.w.N; *Brohm* Öffentliches Baurecht § 19 Rn. 21 f.
190 *Muckel* JuS 2000, 132, 133 m.w.N.; kritisch *Dürr* DÖV 1997, 845, 851; *Kenntner* Öffentliches Recht in Baden-Württemberg Rn. 746 Fn 737.
191 *Ortloff* NVwZ 1999, 955, 961 m.w.N.
192 BVerwG DVBl 1994, 284, 286; BVerwG NVwZ 2002 552, 553.

647 **(d) § 35 BauGB**: § 35 Abs. 1, Abs. 2 BauGB kommt **keine generell nachbarschützende Funktion zu.**[193]

> **Hinweis**
>
> Im Anwendungsbereich des § 35 BauGB wird nur partieller Nachbarschutz nach dem **Rücksichtnahmegebot** gewährleistet.[194]

(2) Nachbarschutz im Bauordnungsrecht

648 Im **Bauordnungsrecht** haben insbesondere die folgenden Vorschriften generell nachbarschützenden Charakter:[195]

649 **(a) Die bauordnungsrechtliche Generalklausel**, § 3 LBO.[196] Diese Vorschrift vermittelt generellen Drittschutz, da im Begriff der öffentlichen Sicherheit u.a. private Rechtsgüter des Einzelnen, wie Leben und Gesundheit, und somit subjektive Rechte enthalten sind.

650 **(b) Vorschriften über die Abstandsflächen**, § 5 f. LBO, vermitteln generellen Drittschutz, soweit sie der Belichtung, Belüftung und Besonnung und dem Brandschutz dienen.[197] Dies lässt sich aus dem Sinn und Zweck der Vorschriften ableiten.[198] Teilweise wird vertreten, dass auch der Schutz der Privatsphäre bezweckt und der Sozialabstand gewahrt werden solle.[199]

> **Hinweis**
>
> Uneinigkeit herrscht hinsichtlich der Frage, in welchem **Verhältnis** das **Abstandsflächenrecht** zum **Rücksichtnahmegebot** steht.
>
> Die **Rechtsprechung** ging davon aus, dass ein Vorhaben dann nicht rücksichtslos sei, wenn die Abstandsflächen eingehalten werden.[200]
>
> In der **Literatur** wurde angeführt, dass das Gebot der Rücksichtnahme nicht durch das Abstandsflächenrecht verdrängt werde und das Rücksichtnahmegebot Vorrang vor dem landesbauordnungsrechtlichen Abstandsflächenrecht habe.[201] Hierfür spreche, dass das Bauplanungs- und das Bauordnungsrecht unterschiedliche Ziele verfolgten. Ferner fehle den Ländern die Gesetzgebungskompetenz zur Regelung des Rücksichtnahmegebots, das in bundesrechtlichen Normen verankert ist.
>
> Das **Bundesverwaltungsgericht** stimmte den o.g. Ausführungen zwar zu, betont jedoch, dass die bisherige Rechtsprechung im Ergebnis zutreffe, da das Rücksichtnahmegebot im Regelfall aus tatsächlichen Gründen nicht verletzt sei, wenn das Vorhaben die Abstandsflächen einhalte.[202]

---

193 *Muckel* JuS 2000, 132, 133.
194 S. vertiefend *Brohm* Öffentliches Baurecht § 21 Rn. 28 ff.
195 S. auch die *Übersicht* bei Dürr Baurecht in Baden-Württemberg Rn. 315.
196 *VGH Baden-Württemberg* NVwZ-RR 1992, 348.
197 *VGH Baden-Württemberg* VBlBW 1996, 145; *VGH Baden-Württemberg* 1995, 57 und 321.
198 *Konrad* JA 2002 967, 968.
199 *Ortloff* NVwZ 2005, 1381, 1384 f.
200 *BVerwG* NVwZ 1986, 468.
201 *Mampel* ZfBR 1997, 227.
202 *BVerwG* NVwZ 1999, 879, 880.

(c) **Stellplätze, § 37 LBO:** Die Stellplatzvorschrift des § 37 LBO ist als solche nicht nachbarschützend, soweit sie dem öffentlichen Interesse an der Entlastung des öffentlichen Straßenraums dient.[203] Wenn und soweit jedoch durch die Nutzung von Stellplätzen und Garagen gemäß § 37 Abs. 7 S. 2 LBO die Gesundheit nicht geschädigt, das Wohnen und Arbeiten, die Ruhe und Erholung in der Umgebung durch Lärm, Abgase und Gerüche nicht erheblich gestört werden darf, kommt dieser Vorschrift eine nachbarschützende Funktion zu.[204]

(d) **Verunstaltungsgebot, § 11 LBO:** Dem Verunstaltungsgebot gemäß § 11 LBO kommt nach **h.M. keine nachbarschützende Funktion** zu, da der bauordnungsrechtliche Verunstaltungsschutz nur dem öffentlichen Interesse an einer ästhetisch hinnehmbaren Einfügung des Bauvorhabens in seine Umgebung dient.[205] In der **Literatur** wird diesem **teilweise** jedoch in „krassen Fällen"[206] eine nachbarschützende Funktion zuerkannt.[207] Angeführt wird hierfür, dass eine Verunstaltung nicht nur die Umgebung allgemein störe, sondern auch konkret beeinträchtigend auf ein Nachbargrundstück einwirken könne.[208] Hiergegen spricht jedoch der Wortlaut des § 11 LBO. Ferner ist der Schutz des Nachbarn nicht bezweckt, sondern ein bloßer Rechtsreflex, der zur Begründung eines subjektiven Rechts gerade nicht genügt (s. Rn. 631).

(e) **Brandschutzvorschrift, § 15 LBO** Die Brandschutzvorschrift des § 15 LBO ist nachbarschützend, da sie bezweckt, dass sich ein Feuer nicht ausbreitet, wodurch der Nachbar geschützt werden soll.[209]

> **Hinweis**
>
> Die Rechtsprechung versagt dem Nachbar eine Berufung auf drittschützende Vorschriften, die er selbst nicht eingehalten hat, da es treuwidrig wäre, die Einhaltung von Vorschriften zu fordern, die selbst nicht eingehalten werden.[210] Es besteht in derartigen Fällen ein **Rügeausschluss**.
>
> Dieser Ausschluss findet seine **Grenze** jedoch darin, dass die Verletzung durch das angegriffene Verhalten des Nachbarn nicht schwerer wiegt als der eigene Verstoß und in gefahrenrechtlicher Hinsicht keine untragbaren Zustände entstehen.[211]

(3) Nachbareigenschaft

Der Kläger kann sich nur auf die zuvor geprüfte drittschützende Norm berufen, wenn sein Anliegen in den **sachlichen und persönlichen Schutzbereich** der betreffenden Norm fällt,[212] also wenn er ein Nachbar ist. Da es keine allgemeingültige Definition des Nachbarbegriffs im

---

203 *Ortloff* NVwZ 2000, 750, 756.
204 *VGH Baden-Württemberg* VBlBW 2000, 76.
205 *Hessischer VGH* ZfBR 1996, 104; *Schoch* Jura 2004, 317, 323 m.w.N.
206 So wörtlich *Muckel* JuS 2000, 132, 135.
207 *Muckel* JuS 2000, 132, 135 m.w.N.
208 Dies gründet auf der Theorie der tatsächlichen Beeinträchtigung und lässt sich unter Anwendung der Schutznormtheorie wohl nur schwer rechtfertigen.
209 *OVG Rheinland-Pfalz* BRS 36 Nr. 202.
210 *Kenntner* Öffentliches Recht in Baden-Württemberg Rn. 751.
211 *Kenntner* Öffentliches Recht in Baden-Württemberg Rn. 751 m.w.N.
212 *Stollmann* Öffentliches Baurecht § 20 Rn. 18.

öffentlichen Baurecht gibt,[213] muss der Kreis der abwehrberechtigten Personen im Einzelfall **durch Auslegung der betreffenden nachbarschützenden Vorschrift** ermittelt werden.[214] Es hat eine **Eingrenzung in räumlicher und persönlicher Hinsicht** zu erfolgen:[215]

653 (a) In **räumlicher Hinsicht** muss das Gebiet, auf das sich die **nachbarschützende Vorschrift ihrem Schutzzweck nach auswirken kann**, ermittelt werden.

> **Hinweis**
>
> Der im Rahmen der Klagebefugnis gemäß § 42 Abs. 2 VwGO (analog) zu prüfenden prozessrechtlichen Nachbarbegriff ist identisch mit dem materiellen Nachbarbegriff (s. dazu Rn. 449).

654 (b) In **persönlicher Hinsicht** sind Eigentümer und ihnen gleichgestellte Personen erfasst.

> **JURIQ-Klausurtipp**
>
> An dieser Stelle wird die **Streitfrage** relevant, ob **obligatorisch Berechtigte** durch das Baurecht geschützt sind (s. die Darstellung bei Rn. 29 ff.). Wenn Sie mit der h.M. diese Frage verneinen, so müssen Sie beachten, dass sich ein obligatorisch Berechtigter auf eine nicht grundstücksbezogene nachbarschützende Vorschrift, wie z.B. § 5 Abs. 1 Nr. 1 BImSchG, berufen kann.

ee) Partieller Nachbarschutz durch das Gebot der Rücksichtnahme

655 Ergibt sich ein Nachbarschutz nicht aus generell nachbarschützenden Vorschriften, so ist zu prüfen, ob es sonstige Rechtsvorschriften gibt, die zwar keinen generellen Nachbarschutz bezwecken, jedoch einen **partiellen Nachbarschutz im Einzelfall** bezwecken.[216] Es ist subsidiär auf das **Gebot der Rücksichtnahme**[217] abzustellen.

(1) Das Rücksichtnahmegebot als grundsätzlich nur objektiv-rechtliches, einfachgesetzliches Prinzip

656 Bei diesem von der Rechtsprechung entwickelten Gebot wird das Verhältnis eines baulichen Vorhabens zu den anderen bereits vorhandenen baulichen Anlagen beurteilt. Es handelt sich um ein **grundsätzlich nur objektiv-rechtlich** zu beachtendes Prinzip. Subjektive öffentliche Rechte werden also grundsätzlich nicht begründet. Das **Rücksichtnahmegebot** richtet sich **alleine nach einfachgesetzlichen Vorschriften des Baurechts** und ist **keine selbstständige Anspruchsgrundlage**.[218] Außerhalb einfachgesetzlicher Vorschrift besteht kein Rücksichtnah-

---

213 Auch die Definition des BVerwG, dass Nachbar nicht nur der Angrenzer i.S.d. § 55 LBO, sondern jeder sei, der von der Errichtung oder Nutzung der baulichen Anlage in seinen rechtlichen Interessen betroffen wird, (*BVerwGE* 28, 131) hilft insofern nicht weiter.
214 *Stollmann* Öffentliches Baurecht § 20 Rn. 18.
215 *Stollmann* Öffentliches Baurecht § 20 Rn. 19 ff.
216 *Muckel* JuS 2000, 132, 133.
217 S. vertiefend *Jäde* JuS 1999, 961; *BVerwGE* 52, 122.
218 *BVerwG* NVwZ 1987, 409.

megebot.²¹⁹ Es existiert kein außergesetzliches Rücksichtnahmegebot.²²⁰ Es lässt sich insbesondere nicht aus Grundrechten ableiten.²²⁰

Das Rücksichtnahmegebot soll einen **angemessenen Ausgleich zwischen den Belangen des Bauherrn und seiner Umgebung** bewirken.²²¹ Jeder Bauherr muss berücksichtigen, welche Auswirkungen die Realisierung seines Vorhabens auf die Umgebung hat. Unter Umständen muss er sogar ein nach baurechtlichen Normen zulässiges Vorhaben unterlassen, wenn dadurch eine schwere Beeinträchtigung der Umgebung eintritt. Das Rücksichtnahmegebot verlangt eine **Abwägung der Belange aller betroffenen Personen**, wobei der Bauherr Rücksicht nehmen muss, wenn die Abwägung zugunsten der Umgebung ausfällt.²²² Eine derartige **Rücksichtnahme** ist **geboten**, wenn der Nachbar einer ihm im Hinblick auf die Situation **billigerweise nicht mehr zumutbaren Beeinträchtigung ausgesetzt** ist.²²³

657

(2) Die nachbarschützende Funktion des Rücksichtnahmegebots

Das Rücksichtnahmegebot kann nur in Einzelfällen **nachbarschützende Wirkung entfalten**.

658

> **Nachbarschützende Wirkung** kommt dem **Rücksichtnahmegebot** zu, soweit in individualisierter und zugleich qualifizierter Weise auf schutzwürdige Interessen eines von der Allgemeinheit abgrenzbaren Personenkreises Rücksicht zu nehmen ist und die besondere rechtliche Schutzwürdigkeit des Nachbarn anzuerkennen ist.²²⁴

Im Hinblick auf die **individualisierte** Rücksichtnahme stellte das Bundesverwaltungsgericht **früher** darauf ab, ob der **geschützte Personenkreis klar erkennbar** ist.²²⁵ **Später** wurde für erforderlich erachtet, dass sich aus **individualisierenden Tatbestandsmerkmalen** der Norm ein **Personenkreis** entnehmen lässt, der sich **von der Allgemeinheit unterscheidet**.²²⁶

Für das **qualifizierte** Betroffensein sind folgende Faktoren im Rahmen der zu erfolgenden **Abwägung** maßgeblich:²²⁷
- die **Schutzwürdigkeit** des Nachbarn
- die **Intensität** der Beeinträchtigung, insbesondere ein handgreifliches Betroffensein
- die **Interessen** des Bauherrn sowie
- das was beiden Seiten **billigerweise zumutbar** oder nicht zumutbar ist.

Je empfindlicher und schutzwürdiger also die Stellung desjenigen ist, dem die Rücksichtnahme im gegebenen Zusammenhang zugutekommt, umso mehr kann er an Rücksichtnahme verlangen. Je verständlicher und unabweisbarer die mit dem Vorhaben verfolgten Interessen sind, umso weniger braucht derjenige, der das Vorhaben verwirklichen will, Rücksicht zu nehmen.

---

219 *BVerwG* NVwZ-RR 1997, 682; a.A. *Dürr* KommJur 2005, 201, 203 f., der als normativen Geltungsgrund für das Rücksichtnahmegebot § 242 BGB ansieht.
220 *Brenner* Öffentliches Baurecht Rn. 846.
221 *Dürr* Baurecht Baden-Württemberg Rn. 301.
222 *BVerwG* NVwZ 1994, 687.
223 *Dürr* Baurecht Baden-Württemberg Rn. 301 m.w.N.
224 *BVerwGE* 52, 122; *BVerwGE* 67, 334; *BVerwGE* 82 343; ausdrücklich *BVerwG* NVwZ 1999, 879.
225 *BVerwGE* 98, 235.
226 *BVerwG* NVwZ 1987, 409.
227 *Muckel* JuS 2000, 132, 134 m.w.N. Grundlegend *BVerwGE* 52, 122, 126.

Eine qualifizierte und individualisierte Betroffenheit fehlt z.B., wenn im Falle der Überschreitung der Abstandsflächen durch den Schattenwurf ein Sonnen auf der Terrasse des Nachbarn für einen Zeitraum von einer Stunde nicht möglich ist. Hier fehlt es an der qualifizierten Betroffenheit.

> **Hinweis**
>
> Das Kriterium der Betroffenheit in qualifizierter und individualisierter Weise hat große Bedeutung für ihre Prüfung.

(3) Die Verankerung des Rücksichtnahmegebots in einfach-gesetzliche Norm

In folgenden Vorschriften ist das Rücksichtnahmegebot verankert und vermittelt dadurch partiellen Nachbarschutz:[228]

659 (a) **Das Rücksichtnahmegebot im beplanten Bereich gemäß § 30 Abs. 1, Abs. 3 BauGB:** Im beplanten Bereich kommt das Rücksichtnahmegebot für ein beplantes Gebiet zunächst in **§ 15 Abs. 1 S. 2 BauNVO** („unzumutbar") zum Ausdruck.[229] Daher kann ein Vorhaben, das nicht nachbarschützende Vorschriften verletzt, dennoch wegen eines Verstoßes gegen das Rücksichtnahmegebot unzulässig sein.

660 Es kommt für den Fall einer **Befreiung** in **§ 31 Abs. 2 BauGB** zum Ausdruck.[230] Begründet wird dies mit dem Wortlaut der Norm („**unter Würdigung nachbarlicher Interessen**") und deren Zielrichtung, die nicht nur die städtebauliche Ordnung, sondern auch den Schutz der Interessen des Nachbarn bezweckt.[230] Daher kann ein Nachbar bei einer rechtswidrigen Befreiung von einer nicht nachbarschützenden Vorschrift geltend machen, im Einzelfall in seinen Rechten verletzt zu sein.[231] Hierbei kann er die Ermessensentscheidung nach § 31 Abs. 2 BauGB jedoch nur begrenzt auf Ermessensfehler überprüfen lassen, nämlich nur darauf, dass seine nachbarlichen Interessen unzureichend gewürdigt wurden.[232]

661 (b) **Das Rücksichtnahmegebot im unbeplanten Innenbereich gemäß § 34 BauGB:** Im unbeplanten Innenbereich wird das Rücksichtnahmegebot als besondere Ausprägung des Tatbestandsmerkmals des „**Sich-Einfügens**" gemäß § 34 Abs. 1 BauGB angesehen.[233] Hiernach kann sich ein Vorhaben, obwohl es sich in jeder Hinsicht innerhalb des aus seiner Umgebung vorgegebenen Rahmens hält, dennoch nicht einfügen, wenn es an der gebotenen Rücksichtnahme auf die sonstige, insbesondere in der unmittelbaren Umgebung vorhandene, Bebauung fehlen lässt. Das Rücksichtnahmegebot lässt sich daher als ein **verschärfendes Korrektiv** verstehen.[234] Es kann insbesondere bei einer erdrückenden Wirkung eines Gebäudes einschlägig sein.[235]

---

[228] S. vertiefend *Konrad* JA 2006, 59; *Decker* JA 2003, 246; *Schoch* Jura 2004, 317.
[229] *BVerwGE* 67, 334, 338 f.
[230] *BVerwG* NVwZ 1987, 409.
[231] *Muckel* JuS 2000, 132, 134.
[232] *BVerwG* NVwZ-RR 1999, 8.
[233] *BVerwGE* 67, 334, 337; *BVerwG* 89, 69, 76; *BVerwG* DVBl 1981, 928, 930.
[234] *Brenner* Öffentliches Baurecht Rn. 848 m.w.N.
[235] *BVerwG* DVBl 1981, 928.

Beispiele Das Rücksichtnahmegebot ist im Falle eines im Gebiet grundsätzlich zulässigen Getränkemarkts zugunsten des Eigentümers eines nur wenige Meter entfernten Wohngebäudes verletzt, da nach der allgemeinen Lebenserfahrung von einem **Getränkemarkt** erheblicher Lärm, insbesondere beim Verladen und Transport von Ware und Leergut durch Kunden und Lieferanten, ausgeht.[236]

Gegen das Rücksichtnahmegebot verstößt auch eine **Drogenberatungsstelle** in einem überwiegend durch Wohnnutzung geprägten Gebiet, wenn die Klienten nur wenige Meter entfernt von einem Wohngebäude vor der Drogenberatungsstelle suchttypisches Verhalten an den Tag legen.[237]

(c) Das Gebot der Rücksichtnahme im unbeplanten Außenbereich gemäß § 35 BauGB: **662** Im unbeplanten Außenbereich ist das Rücksichtnahmegebot in § 35 Abs. 3 BauGB,[238] als ungeschriebener öffentlicher Belang, der insbesondere im Begriff der schädlichen Umwelteinwirkungen nach § 35 Abs. 3 S. 1 Nr. 3 BauGB (vgl. § 3 Abs. 1 BImSchG, der ausdrücklich die „Nachbarschaft" nennt) enthalten ist.[239]

> **Hinweis**
>
> Im unbeplanten Außenbereich hat ein Landwirt, der ein privilegiertes Vorhaben gemäß § 35 Abs. 1 Nr. 1 BauGB betreibt, einen Abwehranspruch gegen eine **heranrückende Wohnbebauung**, die unzumutbaren Immissionen ausgesetzt wäre und damit immissionsschutzrechtliche Abwehransprüche gegenüber dem Landwirt geltend machen und somit die Privilegierung des Landwirts gefährden könnte.[240] Diese Konstellation der **heranrückenden Wohnbebauung** ist ein Klassiker des Baurechts.
>
> Auf nicht genehmigte Vorhaben muss allerdings keine Rücksicht genommen werden, da diese es ihrerseits an der erforderlichen Rücksicht fehlen lassen.[241]
>
> Beachten Sie **unbedingt**, dass das Rücksichtnahmegebot **nicht** zur einer **allgemeinen Billigkeitslösung im Bereich des Baunachbarrechts** führen darf.[242]

ff) Nachbarschutz durch Grundrechte

Nach der **früheren Rechtsprechung** des Bundesverwaltungsgerichts konnte sich der Nachbar im Rahmen der Klagebefugnis im Baurecht unmittelbar auf **Art. 14 Abs. 1 GG** berufen, wenn das Eigentum am Grundstück durch bauliche Maßnahmen auf dem Nachbargrundstück **schwer und unerträglich beeinträchtigt** wird.[243] **663**

Diese Rechtsprechung hat das Bundesverwaltungsgericht jedoch zu Recht **aufgegeben**.[244] Dies hat seinen Grund zum einen in der zuvor dargestellten Argumentation (Rn. 22 ff.): Die Eigentumsfreiheit ist ein **normgeprägtes Grundrecht**, vgl. Art. 14 Abs. 1 S. 2 GG. Zur Begrün-

---

236 *BVerwG* NVwZ 1989, 666.
237 *Niedersächsisches OVG* BauR 2007, 1214.
238 *BVerwG* NVwZ-RR 2001, 82.
239 *Brenner* Öffentliches Baurecht Rn. 851 m.w.N.
240 *BVerwG* NVwZ-RR 1999, 423, 424.
241 *BVerwG* BauR 1992, 491.
242 *Dürr* Baurecht Baden-Württemberg Rn. 303.
243 *BVerwGE* 32, 173; *BVerwGE* 44, 244; *BVerwGE* 50, 282.
244 *BVerwGE* 89, 69; *BVerwGE* 101, 364.

dung von subjektiven Rechten bedarf es daher der **Ausgestaltung durch den Gesetzgeber in Form von einfach-gesetzlichen Vorschriften**.

Zum anderen besteht auch **keine Rechtsschutzlücke**, die eine Heranziehung des Art. 14 Abs. 1 GG erforderlich macht. Diese Rechtsschutzlücke wird durch das **Rücksichtnahmegebot geschlossen**, da jeder Eingriff in Art. 14 Abs. 1 GG zugleich eine Verletzung des Rücksichtnahmegebots darstellt.[245]

Auch ein Rückgriff auf **Art. 2 Abs. 2 GG** ist **ausgeschlossen**, da bereits im weiten Vorfeld einer Gesundheitsgefährdung der Schutz des § 22 BImSchG oder das Rücksichtnahmegebot eingreift.[246] Ebenso ist eine Berufung auf die nur subsidiär anwendbare allgemeine Handlungsfreiheit aus Art. 2 Abs. 1 GG ausgeschlossen.[247]

gg) Präklusion, § 55 Abs. 2 S. 2 LBO

664 Wegen der oben dargestellten Nachbarbeteiligung am Baugenehmigungsverfahrens (Rn. 450 ff.) kann es zum Eintritt einer **materiellen Präklusion** kommen. Ist der Kläger materiell präkludiert, so führt dies dazu, dass die Möglichkeit einer Verletzung in eigenen subjektiven Rechten, soweit diese präkludiert sind, und somit die **Klagebefugnis** gemäß § 42 Abs. 2 VwGO **entfällt**.[248] Die Klage wird dann unzulässig und nicht erst unbegründet.[249]

> **Hinweis für Assessorklausuren**
>
> Macht der Kläger jedoch geltend, dass die Voraussetzungen der materiellen Präklusion nicht gegeben seien, so kann die Klage nicht unter Hinweis auf die Präklusion als unzulässig abgewiesen werden,[250] denn in diesem Fall erscheint eine Rechtsverletzung noch möglich.[249]

665 Im Falle einer materiellen Präklusion ist der Verfahrensbeteiligte nicht nur im Verwaltungsverfahren nach dem Ablauf der Frist mit seinem Vorbringen ausgeschlossen (formelle Präklusion), sondern **auch im verwaltungsgerichtlichen Verfahren**.[251] Die Vorschrift des § 55 Abs. 2 S. 2 LBO ist **verfassungsgemäß**.[252] Wegen der weitreichenden Folgen ist sie jedoch **sehr restriktiv zu handhaben**.[253] Erforderlich ist die **exakte Einhaltung** der zur materiellen Präklusion führenden **Verfahrensvorgaben**.[254]

hh) Verzicht und Verwirkung im Nachbarrecht

Die Klagebefugnis des Nachbarn kann auch wegen eines Verzichts oder einer Verwirkung zu verneinen sein.

---

245 *BVerwGE* 86 89; a.A. *Dürr* VBlBW 2000, 457.
246 Vgl. *VGH Baden-Württemberg* NVwZ-RR 1995, 561.
247 BVerwGE 54, 211.
248 *Bosch/Schmidt/Vondung* Praktische Einführung in das verwaltungsgerichtliche Verfahren Rn. 551.
249 *Bosch/Schmidt/Vondung* Praktische Einführung in das verwaltungsgerichtliche Verfahren Rn. 553.
250 *BVerwGE* 66, 99.
251 *Bosch/Schmidt/Vondung* Praktische Einführung in das verwaltungsgerichtliche Verfahren Rn. 551.
252 *VGH Baden-Württemberg* VBlBW 1998, 464 m.w.N.
253 *Kenntner* Öffentliches Recht in Baden-Württemberg Rn. 750.
254 *VGH Baden-Württemberg* VBlBW 2008, 223.

Rechtsschutz des Nachbarn 7 C II

(1) Verzicht

Auf ihm zustehende öffentlich-rechtliche Abwehransprüche kann der Nachbar **verzichten**.[255] Ein nachbarlicher Verzicht entbindet die Baurechtsbehörde nicht davon, dass sie die Baugenehmigung ablehnen muss, wenn deren Erteilung gegen die Vorschrift verstoßen würde, auf die verzichtet wurde und diese neben nachbarrechtlichen auch öffentliche Belange schützt.[256] Ein Verzicht ist **nur beachtlich**, wenn er **gegenüber der Baurechtsbehörde erklärt** wurde.[257] Dies folgt aus § 58 Abs. 3 LBO, da hiernach privatrechtliche Vereinbarungen unbeachtlich sind.[258]

666

Ein Verzicht setzt eine **eindeutige Verzichtserklärung** voraus, weswegen es für die Annahme eines Verzichts nicht ausreicht, dass der Nachbar im Anhörungsverfahren keine Einwendungen erhebt[259] oder seine Einwendungen zurücknimmt.[260] In einer Unterschrift unter die Baupläne kann regelmäßig ein Verzicht gesehen werden.[260] Ein Verzicht ist nach Erteilung der Baugenehmigung **unwiderruflich**.[259] Möglich ist jedoch eine Anfechtung analog §§ 119 ff. BGB.[260] Zumindest aus der Wertung des § 58 Abs. 3 LBO[261] kann entnommen werden, dass ein Verzicht auch den **Rechtsnachfolger bindet**.[262]

(2) Verwirkung

Ob die Verwirkung zur Verneinung der Klagebefugnis oder zum Entfallen des Rechtsschutzbedürfnisses führt, ist umstritten.[263] Da es sich um eine Aufbaufrage handelt, ist dieses Problem nicht darzustellen. Durch den Ort der Prüfung ergibt sich, welcher Auffassung sind folgen. Jedenfalls ist die Verwirkung im Rahmen der Zulässigkeit und nicht erst im Rahmen der Begründetheit der Klage zu prüfen.

Nach der Rechtsprechung kann das Recht des Nachbarn, sich auf ihn schützende Vorschriften zu berufen, durch **Verwirkung** untergehen.[264] Verwirkung liegt vor, wenn seit der Möglichkeit, ein subjektives Recht geltend zu machen, **längere Zeit verstrichen** ist und **infolge besonderer Umstände** die spätere Geltendmachung **gegen Treu und Glauben** verstoßen würde.[265]

667

Es ist zwischen der **formellen und der materiellen Verwirkung** zu unterscheiden.[266] Beide Arten der Verwirkung setzten nicht voraus, dass es sich bei der baulichen Anlage um ein genehmigtes Bauvorhaben handelt, so dass eine Verwirkung **auch bezüglich eines formell illegalen Vorhabens** eintreten kann.[267]

668

---

255 *BVerwG* BRS 28 Nr. 125; *VGH Baden-Württemberg* NVwZ-RR 1996, 310; s. zum Ganzen *Dürr* Baurecht in Baden-Württemberg Rn. 317.
256 *BVerwG* NVwZ 2000, 1050; *VGH Baden-Württemberg* NVwZ-RR 1996, 310.
257 *VGH Baden-Württemberg* NVwZ 1983, 229.
258 *VGH Baden-Württemberg* BRS 22 Nr. 176.
259 *VGH Baden-Württemberg* BRS 27 Nr. 164.
260 *VGH Baden-Württemberg* BRS 32 Nr. 164.
261 *Dürr* Baurecht Baden-Württemberg Rn. 317.
262 *Hessischer VGH* BRS 56 Nr. 181.
263 Vgl. *Schmidt* Öffentliches Baurecht Rn. 490 m.w.N.
264 *BVerwGE* 44, 294; *BVerwGE* 78 35; *VGH Baden-Württemberg* VBlBW 1992, 103; *VGH Baden-Württemberg* BauR 2012, 1637.
265 *BVerfGE* 32, 305; *BVerwG* NVwZ-RR 2004, 314.
266 *Dürr* Baurecht Baden-Württemberg Rn. 318.
267 *BVerwG* BauR 1997, 281; *BVerwG* NJW 1998, 328.

669 Eine **formelle Verwirkung** ist dann gegeben, wenn der Nachbar trotz sicherer Kenntnis vom Bauvorhaben **ein Jahr** lang **nichts unternimmt**, insbesondere wenn er keine Rechtsmittel einlegt.[268] Die Verwirkung **folgt aus dem nachbarrechtlichen Gemeinschaftsverhältnis**, das den Nachbarn verpflichtet, seine Einwendungen nicht unangemessen spät zu erheben. Zur Beurteilung, wann eine Einwendung unangemessen spät erhoben wird, wird auf die Jahresfrist analog § 58 Abs. 2 VwGO zurückgegriffen.[269] Die Jahresfrist beginnt jedoch nicht dann zu laufen, wenn der Nachbar die tatsächliche Kenntnis vom Bauvorhaben erlangt, sondern bereits dann, wenn dieser das Bauvorhaben hätte zur Kenntnis nehmen müssen.[270]

670 Eine **materielle Verwirkung** ist hingegen gegeben, wenn der Nachbar durch sein Verhalten gegenüber dem Bauherrn den **berechtigten Eindruck** hervorruft, er werde gegen das Bauvorhaben keine Einwendungen erheben.[271] Eine derartige Verwirkung kann auch vor Ablauf der Jahresfrist eintreten.[269] Auch die materielle Verwirkung wirkt gegenüber dem **Rechtsnachfolger**.[272]

> **Beispiel** Eine materielle Verwirkung ist gegeben, wenn der Nachbar Widerspruch einlegt, obwohl er vom Bauherrn als Ausgleich für die zu erwartenden Beeinträchtigungen zuvor eine Entschädigung von 3,2 Millionen Euro erhalten hat.[273]

671 Ein Fall der materiellen Verwirkung kann auch im Falle des Erwerbs von **Sperrgrundstücken** gegeben sein.[274] Ein derartiger Erwerb liegt vor, wenn das Grundstück **alleine zum Zwecke der Erlangung der Klagebefugnis** und der damit verbundenen Möglichkeit einer gerichtlichen Überprüfung des benachbarten baulichen Vorhabens **ohne jegliche Nutzungsabsicht** erworben wird. In diesem Fall wird die Eigentümerstellung missbräuchlich erworben.

ii) Notwendige Beiladung, § 65 Abs. 2 VwGO

672 Der Bauherr ist im Falle der Nachbaranfechtungsklage notwendig gemäß § 65 Abs. 2 VwGO beizuladen. Er wird durch die Entscheidung unmittelbar betroffen, da die ihm erteilte Baugenehmigung aufgehoben werden kann.[275]

jj) Weitere Voraussetzungen

673 Hinsichtlich der weiteren Voraussetzungen gilt das zur Verpflichtungsklage (s.o. Rn. 599 ff.) wegen der Übereinstimmung der Voraussetzungen Dargestellte.

b) Begründetheit

674 Die Anfechtungsklage ist begründet, wenn sich gegen den richtigen Klagegegner i.S.d. § 78 VwGO richtet, die angegriffene Baugenehmigung rechtswidrig und der Nachbar dadurch in seinen Rechten verletzt ist, § 113 Abs. 1 S. 1 VwGO.

---

268 *BVerwGE* 44, 294; *BVerwGE* 78, 35; *VGH Baden-Württemberg* VBlBW 1992, 103; *VGH Baden-Württemberg* BauR 2012, 1637.
269 *Dürr* Baurecht Baden-Württemberg Rn. 318.
270 *BVerwG* NVwZ 1988, 532.
271 *BVerwG* NVwZ 1991, 1182.
272 *VGH Baden-Württemberg* VBlBW 1992, 103.
273 *OVG Nordrhein-Westfalen* BauR 2004, 62.
274 *BVerwGE* 112, 135, 137 ff.
275 Vgl. *Brenner* Öffentliches Baurecht Rn. 862.

Rechtsschutz des Nachbarn 7 C II

aa) Rechtswidrigkeit der Baugenehmigung

Die Rechtswidrigkeit der Baugenehmigung wird, wie oben dargestellt (s.o. Rn. 442), geprüft. **675**

> **JURIQ-Klausurtipp**
>
> Uneinigkeit herrscht über den Umfang der Prüfung im Rahmen der Begründet in Fällen des Nachbarschutzes. Es ist zwischen universitären Klausuren und **Klausuren in der Ersten Juristischen Prüfung** und **Assessorklausuren zu differenzieren**:
>
> Die **Rechtsprechung** prüft unter dem ersten Prüfungspunkt (Rechtswidrigkeit des Verwaltungsaktes) **ausschließlich Verstöße gegen drittschützende Normen**, da es bei der Anfechtungsklage nicht auf die objektive Rechtmäßig- bzw. Rechtswidrigkeit ankommt, sondern alleine darauf, ob der Dritte durch den angefochtenen Verwaltungsakt in eigenen Rechten verletzt ist, § 113 Abs. 1 S. 1 VwGO. Diese Art der Prüfung ist in **Assessorklausuren** vorzunehmen.[276] Das sogleich dargestellte Vorgehen ist in Assessorklausuren fehlerhaft.[276]
>
> Zwar trifft diese Begründung auch auf **universitäre Klausuren** und solchen in der **Ersten Juristischen Prüfung** zu, dennoch sollte die **Rechtmäßig- bzw. Rechtswidrigkeit** des Verwaltungsaktes, hier die der **Baugenehmigung, vollumfänglich** (und nicht nur im Hinblick auf eine Verletzung von nachbarschützenden Vorschriften) **geprüft** werden. Ob die in Frage stehenden Vorschriften drittschützend sind, ist damit im Rahmen der Prüfung der Rechtswidrig- bzw. Rechtmäßigkeit der Baugenehmigung noch unbeachtlich. Der **nachbarschützende Charakter der jeweiligen Vorschriften** ist erst im zweiten Prüfungspunkt (**Rechtsverletzung des Klägers**) zu erörtern. Eine **Rechtsverletzung** des Klägers kann **nur aus nachbarschützenden Vorschriften** folgen, da sich der Nachbar auf nicht nachbarschützende Vorschriften gerade nicht berufen kann. Für dieses Vorgehen spricht, dass Sie in einem **Gutachten alle aufgeworfenen Rechtsfragen** zu erörtern haben. Auf jeden Fall müssen Sie die Rechtmäßig- bzw. Rechtswidrigkeit des Verwaltungsaktes auf vollumfänglich prüfen, wenn der Sachverhalt Angaben zur möglichen Verletzung von nicht drittschützenden Normen enthält. Sollte Ihnen jedoch, was tunlichst zu vermeiden ist, die Bearbeitungszeit knapp werden, so können Sie als absolute Notlösung nur die Verletzung von nachbarschützenden Vorschriften prüfen, wenn nicht das zuvor Dargestellte gegeben ist.

bb) Rechtsverletzung des Nachbarn

Durch die rechtswidrige Baugenehmigung muss der Nachbar weiterhin in eigenen subjektiven Rechten verletzt sein, § 113 Abs. 1 S. 1 VwGO Dies ist, da es sich um einen Drittbeteiligungsfall handelt, dann gegeben, wenn gegen eine Vorschrift verstoßen worden ist, die zugunsten des Nachbarn Drittschutz entfaltet. **676**

> **JURIQ-Klausurtipp**
>
> In Ihrer Klausurlösung verweisen Sie auf den im Rahmen der Klagebefugnis festgestellten drittschützenden Charakter der maßgeblichen Vorschrift (s.o. Rn. 630) und auf die zuvor im Rahmen der Begründetheit festgestellte Rechtswidrigkeit.

---

276 *Kintz* Öffentliches Recht im Assessorexamen Rn. 349.

2. Rechtsschutzbegehren: Aussetzung der Vollziehung der Baugenehmigung

677 Sollte die Baurechtsbehörde dem Bauherrn eine Baugenehmigung erteilt haben, so kann der Nachbar – bei der Baugenehmigung handelt es sich um einen Verwaltungsakt mit Doppelwirkung i.S.d. § 80a VwGO (s.o. Rn. 427) – neben oder sogar vor Erhebung der (Nachbar-)Anfechtungsklage gemäß § 42 Abs. 1 Alt. 1 VwGO gegen diese auch im **Verfahren des vorläufigen Rechtsschutzes gemäß §§ 80, 80a VwGO** (Schluss aus der Kollisionsnorm des § 123 Abs. 5 VwGO) vorgehen.

> » Lesen Sie § 80 Abs. 2 S. 1 Nr. 3 VwGO und § 212a Abs. 1 BauGB und wiederholen Sie das Verfahren des vorläufigen Rechtsschutzes gemäß §§ 80 Abs. 5, 80a VwGO. «

a) Keine aufschiebende Wirkung von Widerspruch und Anfechtungsklage, § 80 Abs. 2 S. 1 Nr. 3 VwGO i.V.m. § 212a Abs. 1 BauGB

678 Widerspruch und Anfechtungsklage eines Dritten gegen die **bauaufsichtliche Zulassung**, also gegen eine **Baugenehmigung**, des Vorhabens gemäß § 80 Abs. 2 S. 1 Nr. 3 VwGO i.V.m. § 212a Abs. 1 BauGB haben **keine aufschiebende Wirkung**. Der Bauherr kann also mit der Verwirklichung seines Vorhabens auch dann beginnen, wenn der Nachbar einen förmlichen Rechtsbehelf eingelegt hat.[277]

Ob das Entfallen der aufschiebenden Wirkung gemäß **§ 212a Abs. 1 BauGB** auch für den **Bauvorbescheid** gilt, ist umstritten.

679 **Teilweise** wird von einem Entfallen der aufschiebenden Wirkung gemäß § 212a Abs. 1 BauGB auch im Falle eines Bauvorbescheids **ausgegangen**.[278] Hierfür wird angeführt, dass der Bauvorbescheid hinsichtlich der in ihm entschiedenen Einzelfragen die Baurechtsbehörde und im Falle seiner Bestandskraft auch den Nachbarn binde. Damit sei über die betreffenden Fragen abschließend entschieden. § 212a Abs. 1 BauGB zwecke weiterhin eine generelle Beschleunigung des Baugenehmigungsverfahrens. Ohne das Entfallen der aufschiebenden Wirkung könne keine beschleunigte Vorabklärung von Einzelfragen zum Bauvorhaben erfolgen.

Herrschend wird diese Frage **verneint**.[279] Hierfür spricht der **Wortlaut** des § 212a Abs. 1 BauGB, der von einer „Zulassung" spricht. Bei einem Bauvorbescheid handelt es sich jedoch um einen **ausschließlich feststellenden** Verwaltungsakt,[280] den verfügenden Teil, nämlich die Gestattung des Bauens, enthält ein Bauvorbescheid nicht.[281] Alleine auf der Grundlage eines Bauvorbescheids darf nicht gebaut werden, weshalb kein Bedürfnis für ein Entfallen der aufschiebenden Wirkung gegeben sei.[281] Weiterhin ist § 212a BauGB eine **Ausnahmevorschrift** vom Grundsatz der aufschiebenden Wirkung von Widerspruch und Anfechtungsklage gemäß § 80 Abs. 1 VwGO, weshalb eine **enge Auslegung** zu erfolgen hat.[282]

---

277 S. vertiefend *Huber* NVwZ 2004, 915.
278 *Neuffer* Das neue Baurecht, § 10 BauGB-MaßnahmenG Rn. 2 für die wortlautgleiche Vorgängervorschrift des § 212a Abs. 1 BauGB.
279 *VGH Baden-Württemberg* VBlBW 199,7 105; Battis/Krautzberger/Löhr-*Battis* BauGB § 212a Rn. 2; Ferner/Kröninger/Aschke-*Kirchmeier* BauGB § 212a Rn. 6; *Jäde* UPR 1991 50, 59.
280 Ferner/Kröninger/Aschke-*Kirchmeier* BauGB § 212a Rn. 6.
281 *VGH Baden-Württemberg* VBlBW 1997, 105.
282 *VGH Baden-Württemberg* VBlBW 1997, 105; *VGH Baden-Württemberg* ZfBR 1996, 170.

Rechtsschutz des Nachbarn   7 C II

Beispiel S hat von der Baurechtsbehörde die Genehmigung zur Errichtung eines Wohnhauses im Außenbereich erteilt bekommen. Landwirt T ist Eigentümer eines benachbarten Grundstücks im Außenbereich. Auf seinem Grundstück betreibt er einen landwirtschaftlichen Betrieb in Form eines Schweinezuchtbetriebes. T geht berechtigterweise davon aus, dass sein stark immissionsträchtiger Betrieb durch immissionsschutzrechtliche Regelungen derart reglementiert wird, dass seine Existenz in ernster Gefahr sei. Aus diesem Grund will T die Verwirklichung des Vorhabens verhindern. ■

Um im *Beispiel* das Vorhaben des S zu verhindern, muss T zunächst regelmäßig erfolglos Widerspruch gemäß §§ 68 ff. VwGO eingelegt haben. **680**

> **Hinweis**
>
> Ob ein Antrag nach § 80a Abs. 3 S. 2 i.V.m. § 80 Abs. 5 VwGO schon vor Einlegung des Widerspruchs zulässig ist, ist umstritten.[283]

Dann kann er eine Anfechtungsklage einlegen, diese hat jedoch gemäß **§ 80 Abs. 2 S. 1 Nr. 3 VwGO i.V.m. § 212a BauGB keine aufschiebende Wirkung**. Wenn T die Verwirklichung des Bauvorhabens zumindest vorläufig verhindern möchte, muss er bei der Baurechtsbehörde einen Antrag auf Aussetzung der Vollziehung der Baugenehmigung nach §§ 80a Abs. 1 Nr. 2 Hs. 1, 80 Abs. 4 VwGO stellen. Ein derartiger Antrag kann auch schon vor Erhebung der Anfechtungsklage gestellt werden.[284] Ferner kann er vorläufigen Rechtsschutz beim zuständigen Verwaltungsgericht, auch vor Erhebung der Anfechtungsklage, vgl. § 80 Abs. 5 S. 2 VwGO, erlangen.

> **Hinweis**
>
> Bei Verwaltungsakten mit Drittwirkung ist **umstritten**, ob vorläufiger Rechtsschutz durch eine **Anordnung bzw. Wiederherstellung der aufschiebenden Wirkung gemäß § 80a Abs. 3 S. 2 i.V.m. § 80 Abs. 5 S. 1 VwGO**[285] oder durch eine **Aussetzung gemäß § 80a Abs. 3 S. 1 i.V.m. Abs. 1 Nr. 2 Alt. 2 VwGO**[286] zu erfolgen hat.
>
> Ersteres ist in Baden-Württemberg verbreiteter. Hierfür spricht zunächst, dass bei einer Aussetzung nach § 80a Abs. 3 S. 1 i.V.m. Abs. 1 Nr. 2 Alt. 2 VwGO die **Verweisung in § 80a Abs. 3 S. 2** auf § 80 Abs. 5 VwGO leer liefe.[287] Ferner ist kein Grund für eine inhaltliche und terminologische Differenzierung zwischen einem einseitig belastenden und einem Verwaltungsakt mit Drittwirkung erkennbar.[287] Weiterhin kann die Regelung des § 17e Abs. 3 S. 1 FStrG angeführt werden, der ausdrücklich regelt, dass sich vorläufiger Rechtsschutz in einem Drittbeteiligungsfall nach § 80 Abs. 5 S. 1 VwGO richtet.[287]

T kann, abhängig davon, welcher Auffassung Sie folgen, entweder einen Antrag auf Aussetzung der Vollziehung nach §§ 80a Abs. 3 S. 1 Var. 3 Abs. 1 Nr. 2 Hs. 1, 80 Abs. 4 VwGO oder einen Antrag auf **Anordnung der aufschiebenden Wirkung** gemäß §§ 80a Abs. 3 S. 2, 80 Abs. 5 VwGO stellen.

---

283 Vgl. *Schenke* Verwaltungsprozessrecht Rn. 992 m.w.N.
284 *Schenke* Verwaltungsprozessrecht Rn. 992.
285 *BVerwG* NVwZ 1995, 903; *VGH Baden-Württemberg* NVwZ 1991, 1000.
286 *Budroweit/Wuttke* JuS 2006, 876, 878.
287 *Schenke* Verwaltungsprozessrecht Rn. 989.

> **JURIQ-Klausurtipp**
>
> Achten Sie unbedingt auf eine exakte Terminologie: In den Fällen des § 80 Abs. 2 S. 1 Nr. 1 bis 3 VwGO wird gemäß § 80 Abs. 5 S. 1 Alt. 1 VwGO die aufschiebende Wirkung des Widerspruchs oder der Anfechtungsklage **angeordnet**. Im Fall des § 80 Abs. 2 S. 1 Nr. 4 VwGO hingegen wird diese gemäß § 80 Abs. 5 S. 1 Alt. 2 VwGO **wiederhergestellt**. Der Grund dafür liegt darin, dass in den Fällen des § 80 Abs. 2 S. 1 Nr. 1 bis Nr. 3 VwGO die aufschiebende Wirkung wegen des gesetzlich geregelten Entfallens der aufschiebenden Wirkung niemals eintreten konnte. Im Fall des § 80 Abs. 2 S. 1 Nr. 4 VwGO hingegen ist eine besondere Anordnung der sofortigen Vollziehung erfolgt, so dass für eine juristische Sekunde ein Widerspruch oder eine Anfechtungsklage aufschiebende Wirkung hätte haben können.
>
> Denken Sie bei der dieser Prüfung unbedingt an den Streitstand, ob ein Antrag auf vorläufigen Rechtsschutz beim Verwaltungsgericht voraussetzt, dass der Nachbar zuvor wegen der **Verweisung in § 80a Abs. 3 S. 2** auch auf § 80 Abs. 6 VwGO erfolglos einen Antrag nach §§ 80a Abs. 1 Nr. 2, 80 Abs. 6 VwGO (sog. **Aussetzungsantrag**) bei der Behörde stellen muss.[288] Es geht um die Frage, ob es sich bei der **Verweisung in § 80a Abs. 3 S. 2 VwGO** auch auf § 80 Abs. 6 VwGO um eine **Rechtsgrund-** oder **Rechtsfolgenverweisung** handelt.[289] Dieser Streit ist ohne Bedeutung, wenn dem Nachbarn keine Abschrift der Baugenehmigung zugestellt worden ist und er erst mit dem Baubeginn von der Existenz der Baugenehmigung erfährt, denn dann **droht die „Vollstreckung"** i.S.d. § 80 Abs. 6 S. 2 Nr. 2 VwGO (s. hierzu Übungsfall Nr. 4).[290]

b) Antragsbefugnis, § 42 Abs. 2 VwGO analog

681 Eine Analogie zu § 42 Abs. 2 VwGO ist erforderlich, da auch im vorläufigen Rechtsschutzverfahren Popularanträge vermieden werden sollen. Weiterhin dient dieses Verfahren der Absicherung des im Hauptsacheverfahren geltend gemachten Rechts. Eine derartige Absicherung würde gefährdet, wenn der Antragsteller im Hauptsacheverfahren nicht, wie erforderlich, gemäß § 42 Abs. 2 VwGO klagebefugt wäre. Inhaltlich stimmen die Anforderungen mit denen der Klagebefugnis (s. Rn. 630 ff.) überein.

682 Im Rahmen der **Begründetheit** der Verfahren nach §§ 80a Abs. 1 Nr. 2, 80 Abs. 4 VwGO, §§ 80a Abs. 3 S. 1 Var. 3 Abs. 1 Nr. 2 Hs. 1, 80 Abs. 4 VwGO und §§ 80a Abs. 3 S. 2, 80 Abs. 5 VwGO wird eine **umfassende Interessenabwägung unter Berücksichtigung der Situation des Drittbeteiligungsfalles** vorgenommen.[291] Abzuwägen sind hierbei die Interessen des Bauherrn an der Vollziehung der Genehmigung (sog. **Vollziehungsinteresse**) mit den Interessen des Nachbarn an der Aussetzung der Vollziehung der Genehmigung (sog. **Suspensivinteresse**).[292] Es hat zumindest hinsichtlich der tatsächlichen Fragen lediglich eine summarische Prüfung zu erfolgen.[292]

---

288 S. *Kintz* Öffentliches Recht im Assessorexamen Rn. 497.
289 Vgl. *Kopp/Schenke* VwGO § 80a Rn. 21, § 80 Rn. 148.
290 *Kintz* Öffentliches Recht im Assessorexamen Rn. 497.
291 S. *Schenke* Verwaltungsprozessrecht Rn. 999 ff.
292 *Schenke* Verwaltungsprozessrecht Rn. 1001.

> **JURIQ-Klausurtipp**
>
> Bei der Lösung einer Klausur muss auch im Rahmen einer summarischen Prüfung eine vollständige Prüfung erfolgen, da Sie, außer eventuell in Assessorklausuren, keine Sachaufklärung betreiben müssen.

Die **Grundlage** für diese **Abwägung** ist zunächst § 80 Abs. 4 S. 3 Alt. 1 VwGO zu entnehmen, der auf die **Rechtmäßigkeit des Verwaltungsakts** abstellt.[293] Ebenfalls ist auf **den Zweck des Verfahrens**, das der Absicherung der Hauptsache dient, abzustellen. Im Hauptsacheverfahren, das eine Anfechtungsklage zum Gegenstand hat, ist ebenfalls die Rechtmäßig- bzw. Rechtswidrigkeit des Verwaltungsakts maßgeblich.

683

Zu beachten sind jedoch die **Besonderheiten des Drittbeteiligungsfalls**.[294] Die **objektive Rechtswidrigkeit** kann in einer derartigen Konstellation **nicht maßgeblich** sein.

》 Lesen Sie die Entscheidung *BVerfG* NVwZ 2009, 240. Die Kenntnis hiervon ist obligatorisch. 《

Bei der **Abwägung** ist das **Interesse des Drittanfechtenden nicht von vornherein gewichtiger als das Interesse des Genehmigungsempfängers**. Eine einseitige Bevorzugung des Dritten würde entgegen den **Freiheitsrechten** und dem **Gleichheitssatz** des Genehmigungsempfängers zu einer **ungerechtfertigten Privilegierung des Dritten** führen. Die Interessen des Genehmigungsempfängers und des Dritten stehen sich **grundsätzlich gleichrangig** gegenüber. Auch das Gebot des effektiven Rechtsschutzes gemäß **Art. 19 Abs. 4 GG** erfordert es nicht, dass nur auf die objektive Rechtswidrigkeit abgestellt wird. Vielmehr muss die **Verletzung eines subjektiven Rechts** des Antragstellers hinzukommen. Art. 19 Abs. 4 GG gewährleistet dem Einzelnen Rechtsschutz nur für die Verletzung seiner Rechte durch die öffentliche Gewalt und garantiert dem Bürger damit **keine allgemeine Rechtmäßigkeitskontrolle der Verwaltung**. Auch aus der allgemeinen Handlungsfreiheit des Art. 2 Abs. 1 GG folgt **kein allgemeiner Gesetzesvollziehungsanspruch**, dessen Einhaltung der Einzelne auf der Grundlage von Art. 19 Abs. 4 GG von den Gerichten kontrollieren lassen könnte.

Zusätzlich zur objektiven Rechtswidrigkeit des Verwaltungsakts muss die **Verletzung einer drittschützenden Vorschrift** gegeben sein.

---

293 *Schenke* Verwaltungsprozessrecht Rn. 1001.
294 S. zum Ganzen *BVerfG* NVwZ 2009, 240.

> **PRÜFUNGSSCHEMA**
>
> **Begründetheit eines Antrags im vorläufigen Rechtsschutz gemäß § 80a Abs. 3 S. 2 i.V.m. § 80 Abs. 5 VwGO**
>
> 1. **Fall:** Der Verwaltungsakt ist **offensichtlich rechtmäßig**:
>   Das Vollzugsinteresse des Genehmigungsempfängers überwiegt
> 2. **Fall:** Der Verwaltungsakt ist **offensichtlich rechtswidrig**:
>   a) **Unterfall 1:** Konstellation des § 80a Abs. 1 VwGO, d.h. Vorliegen eines den **Adressaten** *begünstigenden*, den **Dritten** *belastenden* Verwaltungsakts:
>   z.B. Baugenehmigung
>   Das **Suspensivinteresse** des **Dritten** überwiegt nur, wenn die Genehmigung gegen eine **drittschützende Vorschrift** verstößt
>   b) **Unterfall 2:** Konstellation des § 80a Abs. 2 VwGO, d.h. Vorliegen eines den **Adressaten** *belastenden*, den **Dritten** *begünstigenden* Verwaltungsakts:
>   z.B. Nutzungsuntersagung oder Abbruchsanordnung
>   Das **Suspensivinteresse** des **Adressaten** überwiegt, wenn der Verwaltungsakt **offensichtlich rechtswidrig** ist.

Sollte der **Verwaltungsakt** also **offensichtlich rechtmäßig** sein, so überwiegt das **Vollzugsinteresse** des Bauherrn. Sollte der Verwaltungsakt hingegen **offensichtlich rechtswidrig** sein, so überwiegt das **Interesse** des Nachbarn **an der Aussetzung** nur, wenn **gegen eine drittschützende Norm verstoßen** worden ist.

> **Hinweis für Assessorklausuren**
>
> Nur in Assessorklausuren kann sich die umstrittene Frage stellen, welchem Interesse der Vorrang einzuräumen ist, wenn dem Suspensivinteresse des Dritten und dem Vollzugsinteresse des Genehmigungsempfängers das annähernd gleiche Gewicht zukommt.[295]

684 Im *Beispiel* ist die dem S erteilte Baugenehmigung offensichtlich rechtswidrig, da sein nicht privilegiertes Vorhaben öffentliche Belange i.S.d. § 35 Abs. 3 BauGB beeinträchtigt, denn T kann sich auf den in § 35 Abs. 3 BauGB enthaltenen partiellen Nachbarschutz durch das Rücksichtnahmegebot (s. Rn. 662) berufen. Mithin überwiegt das Interesse des T an der Aussetzung der Vollziehung das Interesse des S an der Vollziehung der Baugenehmigung.

Sollte das Verwaltungsgericht die Vollziehung der Baugenehmigung aussetzen, so darf S nicht mit dem Bau beginnen bzw. diesen weiterführen. S hat nun seinerseits die Möglichkeit, beim Verwaltungsgericht einen Antrag zu stellen. Dieser wäre dann darauf gerichtet, dass die **Aussetzung der Vollziehung der Baugenehmigung gemäß § 80a Abs. 3 S. 1 Var. 2 VwGO aufgehoben** wird.

685 Wenn S sich über die Anordnung der Behörde oder des Verwaltungsgerichts, dass die Vollziehung der Baugenehmigung ausgesetzt wird, hinwegsetzt und somit mit der Verwirklichung des Vorhabens beginnt bzw. weiterbaut (**faktischer Vollzug**), kann die Baurechtsbehörde bzw. das Verwaltungsgericht gemäß **§§ 80a Abs. 1 Nr. 2, 80a Abs. 3 S. 1 VwGO** eine **vorläufige Sicherungsanordnung** zugunsten des T erlassen.

---

[295] *Kintz* Öffentliches Recht im Assessorexamen Rn. 499.

Rechtsschutz des Bauherrn gegen bauaufsichtliche Verfügungen

> **Hinweis**
>
> Ob im Falle des faktischen Vollzugs § 80 Abs. 5 VwGO oder § 123 VwGO Anwendung findet ist umstritten.[296] Fälle des faktischen Vollzugs eignen sich jedoch nur als Zusatzfrage. Im Rahmen der Zulässigkeit ist nämlich festzustellen, dass ein Fall des faktischen Vollzuges gegeben ist. Aus der Zulässigkeit des Antrags folgt dessen Begründetheit.

D. Rechtsschutz im Bereich der repressiven Bauaufsicht

686 Wegen des zunehmenden Fortfalls der Genehmigungspflichtigkeit von Vorhaben erlangen bauaufsichtliche Verfügungen immer mehr Bedeutung. Gegen derartige Verfügungen kann nicht nur der Bauherr, der der eigentliche Adressat der Verfügung ist, sondern auch ein Nachbar in seinen Rechten verletzt sein.

I. Rechtsschutz des Bauherrn gegen bauaufsichtliche Verfügungen

1. Rechtsschutzbegehren: Aufhebung der bauaufsichtlichen Verfügung

687 Sollte gegenüber dem Bauherrn durch die Baurechtsbehörde eine auf § 47 Abs. 1 S. 2 LBO oder den spezielleren §§ 64 f. LBO basierende, einen belastenden Verwaltungsakt i.S.d. § 35 S. 1 LVwVfG darstellende, Verfügung ergehen, so kann der Bauherr nach der erfolglosen Durchführung eines **Vorverfahrens gemäß §§ 68 ff. VwGO** mit der **Anfechtungsklage gemäß § 42 Abs. 1 Alt. 1 VwGO** vorgehen.

» Wiederholen Sie das oben dargestellte Schema zur Prüfung der Anfechtungsklage. «

2. Rechtsschutzbegehren: Wiederherstellung der aufschiebenden Wirkung der Anfechtungsklage

688 Im Gegensatz zu den Rechtsbehelfen gegen eine Baugenehmigung hat die Anfechtungsklage des Bauherrn gegen eine bauaufsichtliche Verfügung **aufschiebende Wirkung gemäß § 80 Abs. 1 S. 1 VwGO**.

> **Hinweis**
>
> Beachten Sie, dass § 212a BauGB hier keine Anwendung findet. Die aufschiebende Wirkung von Widerspruch und Anfechtungsklage entfällt nach § 212a BauGB nur bei der bauaufsichtlichen Zulassung.

3. Rechtsschutzbegehren: Aufhebung einer Vollstreckungsmaßnahme

689 Wenn sich der Bauherr gegen eine Vollstreckungsmaßnahme der Baurechtsbehörde wehren will, richtet sich der statthafte Rechtsbehelf im Hauptsacheverfahren nach der **Rechtsnatur der Vollstreckungsmaßnahme**. Handelt es sich bei der **Vollstreckungsmaßnahme** um einen

---

296 S. hierzu *Schenke* Verwaltungsprozessrecht Rn. 1015 ff. m.w.N.; *Kintz* Öffentliches Recht im Assessorexamen Rn. 492 m.w.N.

Verwaltungsakt i.S.d. § 35 S. 1 LVwVfG, so kommt im Hauptsacheverfahren die **Anfechtungsklage** gemäß § 42 Abs. 1 Alt. 1 VwGO in Betracht oder, wenn die **Erledigung** des Verwaltungsakts gegeben ist, die **Fortsetzungsfeststellungsklage** nach § 113 Abs. 1 S. 4 VwGO (ggf. analog. § 113 Abs. 1 S. 4 VwGO für den Fall der Erledigung vor Klageerhebung).

>> Lesen Sie § 12 LVwVG. <<

Im Verfahren des **vorläufigen Rechtsschutzes** ist § 80 Abs. 5 S. 1 VwGO einschlägig. Das Verfahren des vorläufigen Rechtsschutzes nach § 80 Abs. 5 S. 1 VwGO kommt deshalb in Betracht, weil Rechtsbehelfe gegen **Maßnahmen**, die **in der Verwaltungsvollstreckung** getroffen werden, gemäß § 80 Abs. 1 S. 1 Nr. 3 VwGO i.V.m. § 12 LVwVG **keine aufschiebende Wirkung** haben. Ungeachtet des Antrages kann der Bauherr außerdem **Aussetzung der Vollziehung** bei der Baurechtsbehörde gemäß § 12 S. 2 LVwVG i.V.m. § 80 Abs. 4 VwGO beantragen.

690 Sollte es sich bei der Vollstreckungsmaßnahme um einen **Realakt** handeln, so kommt die allgemeine **Leistungsklage** im **Hauptsacheverfahren** und des Verfahren nach § 123 VwGO im **einstweiligen Rechtsschutz** in Betracht.

II. Rechtsschutz des Nachbarn gegen bauaufsichtliche Verfügungen

1. Rechtsschutzbegehren: Erlass einer bauaufsichtlichen Verfügung

691 Gerade im Fall von nur kenntnisgabepflichtigen Vorhaben (s.o. Rn. 463 ff.) nimmt das Bedürfnis von Nachbarn, die Baurechtsbehörde zu einem repressiven Vorgehen zu veranlassen, zu. Nach § 47 Abs. 1 S. 2 LBO (i.V.m. der Maßnahme) steht die Entscheidung der Behörde, gegen ein baurechtswidriges Vorhaben vorzugehen, in deren Ermessen (s.o. Rn. 538).

a) Zulässigkeit

>> Wiederholen Sie das oben dargestellte Schema zur Prüfung der Verpflichtungsklage. <<

692 Wenn der Nachbar die Behörde zu einem entsprechenden Tätigwerden veranlassen möchte, muss er zunächst einen **Antrag bei der Behörde** stellen und muss dann, wenn dieser Antrag abgelehnt worden ist, erfolglos ein **Widerspruchsverfahren** gemäß §§ 68 ff. VwGO durchführen. Anschließend kann er beim zuständigen Verwaltungsgericht eine **Verpflichtungsklage** in Form der **Versagungsgegenklage** gemäß § 42 Abs. 1 Alt. 2 VwGO oder eine **Untätigkeitsklage** nach § 75 VwGO erheben.

aa) Statthaftigkeit der Verpflichtungsklage, § 42 Abs. 1 Alt. 2 VwGO

693 **Hinweis**

Beachten Sie das Verhältnis der Verpflichtungs- zur Anfechtungsklage. In Klausuren wird viel oft die Statthaftigkeit einer Verpflichtungsklage bejaht, obwohl eine Anfechtungsklage statthaft wäre.

Grundsätzlich ist eine **Anfechtungsklage** gegen die dem Bauherrn erteilte Baugenehmigung die statthafte Klageart. Die **Anfechtungsklage** ist statthaft, wenn sich ein Dritter, der seine Rechte durch einen **noch nicht bestandskräftigen Verwaltungsakt** verletzt sieht, gegen die in diesem Verwaltungsakt enthaltene Begünstigung des Adressaten gerichtlich zur

Wehr setzt.²⁹⁷ Begehrt der Kläger dennoch ein **Einschreiten der Verwaltung** im Wege einer Verpflichtungsklage, so ist, wenn nach einem richterlichen Hinweis auf Stellung eines sachdienlichen Antrags gemäß § 86 Abs. 3 VwGO der Verpflichtungsantrag aufrecht erhalten wird, der Antrag in einen Anfechtungsantrag **umzudeuten**.²⁹⁸ Dies stellt keinen Verstoß gegen § 88 VwGO dar, da der Anfechtungsantrag als Minus im Verpflichtungsantrag enthalten ist.

Ausnahmsweise ist die **Verpflichtungsklage** statthaft, wenn kein Verwaltungsakt existiert, gegen den sich der Nachbar gerichtlich zur Wehr setzen kann. Eine **Verpflichtungsklage** kommt daher **nur in folgenden Konstellation** in Betracht:²⁹⁹
1. Der Nachbar war mit seiner zuvor erhobenen Anfechtungsklage erfolgreich, trotz der Aufhebung der Baugenehmigung besteht das illegale Bauwerk weiter.
2. Der Bauherr hat sein Vorhaben teilweise oder völlig abweichend von der erteilten Baugenehmigung verwirklicht.
3. Es handelt sich bei dem Vorhaben um einen Schwarzbau, d.h. der Bauherr hat ohne die notwendige Baugenehmigung gebaut.
4. Der Bauherr benötigt keine Baugenehmigung, da es sich um ein genehmigungsfreies oder lediglich kenntnisgabepflichtiges Vorhaben handelt, dessen Verwirklichung verletzt jedoch materielles Baurecht.

bb) Klagebefugnis, § 42 Abs. 2 VwGO

Auch Verpflichtungsklagen setzen die **Klagebefugnis** gemäß § 42 Abs. 2 VwGO voraus (s. hierzu Rn. 602). Dem Kläger muss also ein möglicher **Anspruch auf Einschreiten** der Baurechtsbehörde zustehen. Da die bauordnungsrechtlichen Befugnisnormen jedoch durchweg als **Ermessensentscheidung** ausgestaltet sind (s. Rn. 630 ff.) kommt ein Anspruch auf Einschreiten nur im Falle einer **Ermessensreduzierung auf Null** in Betracht. Ansonsten steht dem Kläger lediglich ein Recht auf ermessensfehlerfreie Entscheidung und gerade kein Anspruch auf Einschreiten zu. **694**

Die Frage, wann eine **Ermessensreduzierung auf Null im Bauordnungsrecht** gegeben ist, wird uneinheitlich beantwortet.

Teilweise wird eine Ermessensreduzierung auf Null bei **jedem Verstoß gegen nachbarschützende Vorschriften** angenommen.³⁰⁰ **695**

Zur Begründung wird angeführt, dass es sich bei dem durch das Bauordnungsrecht eingeräumten Ermessen um einen **Fall des intendierten Ermessens** handle, weswegen regelmäßig ein Einschreiten erforderlich sei. Nur in Ausnahmefällen könne daher von einem Einschreiten abgesehen werden.²⁹⁹ Weiterhin bestünde ansonsten die Gefahr, dass ein Nachbar, der gegen ein genehmigungsfreies Vorhaben vorgeht, schlechter gestellt wird, als ein solcher, der wegen einer erteilten Genehmigung gegen diese im Wege der Anfechtungsklage vorgehen kann.³⁰¹

---

297 *Schenke* Verwaltungsprozessrecht Rn. 270, 271.
298 *Schenke* Verwaltungsprozessrecht Rn. 270.
299 *Schoch* Jura 2004, 317, 324.
300 *Schoch* Jura 2004, 317, 324; *OVG Berlin-Brandenburg* LKV 2002, 184; *OVG Berlin-Brandenburg* LKV 2003, 276, 278; *Thüringer OVG* LKV 2002, 185; s.a. *Mampel* DVBl 1999, 1403; *Mampel* BayVBl 2001, 417.
301 *Muckel* JuS 2000, 132, 136.

> **Hinweis**
>
> Ob es sich bei dem durch bauordnungsrechtliche Ermächtigungsgrundlagen um einen Fall des intendierten Ermessens handelt, ist umstritten (s. Rn. 539) und keineswegs so eindeutig, wie es von der t.v.A. proklamiert wird.

696 **Herrschend** wird vertreten, dass ein Verstoß gegen nachbarschützende Vorschriften keine Ermessensreduzierung auf Null bewirke. Erforderlich sei vielmehr eine **schwere Gefahr für ein wichtiges Rechtsgut**, wie z.B. Leben oder Gesundheit, des Nachbarn oder ein **schwerer Verstoß gegen nachbarschützende Vorschriften**.[302] Zur Begründung wird zunächst auf Art. 14 Abs. 1 GG rekurriert und festgestellt, dass eine Verletzung nicht gegeben sei:[303] Der Gesetzgeber habe das Eigentum durch die nachbarschützenden Vorschriften zwar ausgestaltet, gleichzeitig habe er jedoch auch geregelt, dass der Schutz der so begründeten Eigentumsrechte in das Ermessen der Baurechtsbehörde gestellt sei. Eine Inhaltsbestimmung könne die Eigentumsfreiheit nicht verletzten. Den durch das Rechtsstaatsgebot des Art. 20 Abs. 3 GG gestellten Anforderungen sei durch ein pflichtgemäßes Ermessen genüge getan. Auch aus Art. 19 Abs. 4 GG lasse sich ein Anspruch auf Einschreiten nicht herleiten, denn dieser setze subjektive Rechte voraus und begründe sie nicht. Daher finde die allgemeine Lehre zur Ermessensreduzierung auf Null Anwendung.

> **JURIQ-Klausurtipp**
>
> In einer Klausur sollten Sie wegen der geringen Anforderungen, die an die Möglichkeit einer Rechtsverletzung zu stellen sind, die Möglichkeit einer Ermessensreduzierung auf Null im Rahmen der **Klagebefugnis**, sofern diese nicht völlig abwegig ist, **bejahen** und im Rahmen der Prüfung der **Begründetheit das oben dargestellte Problem erörtern**. Ist eine schwere Gefahr für ein wichtiges Rechtsgut oder ein schwerer Verstoß gegen nachbarschützende Vorschriften gegeben, so **erübrigt sich eine Stellungnahme**. Sollte dies nicht der Fall sein, so müssen Sie sich für eine Auffassung entscheiden.

b) Begründetheit

697 Die Klage ist begründet, wenn sie sich gegen den richtigen Beklagten i.S.d. § 78 VwGO richtet, die Ablehnung oder Unterlassung des Verwaltungsakts rechtswidrig, der Kläger dadurch in seinen Rechten verletzt ist und die Spruchreife gegeben ist, § 113 Abs. 5 S. 1 VwGO. Letzteres ist dann der Fall, wenn der Kläger einen **Anspruch** auf den Verwaltungsakt (hier in Form der bauordnungsrechtlichen Verfügung) hat (s. zum Inhalt Rn. 607).[304]

Nachdem Sie die Voraussetzungen für den Erlass einer bauordnungsrechtlichen Verfügung (s. Rn. 523 ff.) geprüft haben, müssen Sie die oben dargestellte Frage, wann eine Ermessensreduktion auf Null und damit ein Anspruch auf Einschreiten gegeben ist (Rn. 695 f.), erörtern. Nur in diesem Fall ist die Spruchreife i.S.d. § 113 Abs. 5 S. 1 VwGO gegeben und es kann ein

---

[302] *BVerwGE* 11, 95; *Bayerischer VerfGH* NVwZ-RR 1994, 631, 632; st. Rspr. des *VGH Baden-Württemberg* vgl. *VGH Baden-Württemberg* VBlBW 1992, 103, 104; *Degenhart* NJW 1996, 1433, 1436 f.; *Brenner* Öffentliches Baurecht Rn. 865; *Brohm* Öffentliches Baurecht § 30 Rn. 24.
[303] *BVerwGE* 11, 95.
[304] *Schenke* Verwaltungsprozessrecht Rn. 841.

Verpflichtungsurteil ergehen. Ansonsten bleibt es bei einem Anspruch auf ermessensfehlerfreie Entscheidung und es kann nur ein Bescheidungsurteil gemäß § 113 Abs. 5 S. 2 VwGO ergehen.

2. Rechtsschutzbegehren: Erlass einer einstweiligen Anordnung

698 Wenn der Nachbar bei der Baurechtsbehörde den Erlass einer bauaufsichtlichen Maßnahme beantragt hat und er schon vor Erlass der behördlichen Maßnahme gerichtlichen Rechtsschutz in Anspruch nehmen möchte, um einen möglichst effektiven Rechtsschutz zu erlangen, so ist dieses Ziel über einen **Antrag auf Erlass einer einstweiligen Anordnung** in Form der Regelungsanordnung gemäß § 123 Abs. 1 S. 2 VwGO zu erreichen. Eine Ausnahme vom grundsätzlichen Verbot der Vorwegnahme der Hauptsache ist möglich, wenn dem Antragsteller ohne den Erlass einer einstweiligen Anordnung schwere unzumutbare Nachteile bestünden. Maßgeblich sind hierfür die Umstände des Ihnen vorgelegten Sachverhalts respektive der Akte.

Online-Wissens-Check

Wissen Sie, wann eine einfachgesetzliche Vorschrift Drittschutz vermittelt und welche Vorschriften des Bauplanungs- und des Bauordnungsrecht drittschützend sind?

Überprüfen Sie jetzt online Ihr Wissen zu den in diesem Abschnitt erarbeiteten Themen. Unter **www.juracademy.de/skripte/login** steht Ihnen ein Online-Wissens-Check speziell zu diesem Skript zur Verfügung, den Sie kostenlos nutzen können. Den Zugangscode hierzu finden Sie auf der Codeseite.

E. Der maßgebliche Zeitpunkt für die Beurteilung der Sach- und Rechtslage

699 Gerade in anspruchsvolleren Klausuren **ändert** sich während des Verfahrens die **Sach- und bzw. oder die Rechtslage**. Für Ihre Prüfung müssen Sie immer die maßgebliche Sach- und Rechtslage zur Beurteilung zugrunde legen und dies begründen. Dieses Problemfeld hat eine sowohl prozess- wie auch materiell-rechtliche Dimension.[305]

>> Lesen Sie *Schenke* Verwaltungsprozessrecht Rn. 782 ff. zur Einführung in diese Problematik. <<

I. Der grundsätzlich maßgebliche Zeitpunkt

700 Welcher Zeitpunkt im o.g. Sinne prozessrechtlich maßgeblich ist, ist umstritten.[306] Zur besseren Orientierung soll folgendes Schaubild dienen, das die h.M. abbildet:[307]

---

[305] *Schenke* Verwaltungsprozessrecht Rn. 783.
[306] *Schenke* Verwaltungsprozessrecht Rn. 782 ff.
[307] Vgl. *Kintz* Öffentliches Recht im Assessorexamen Rn. 323 ff., 368 ff., 376, 379, 382 ff.

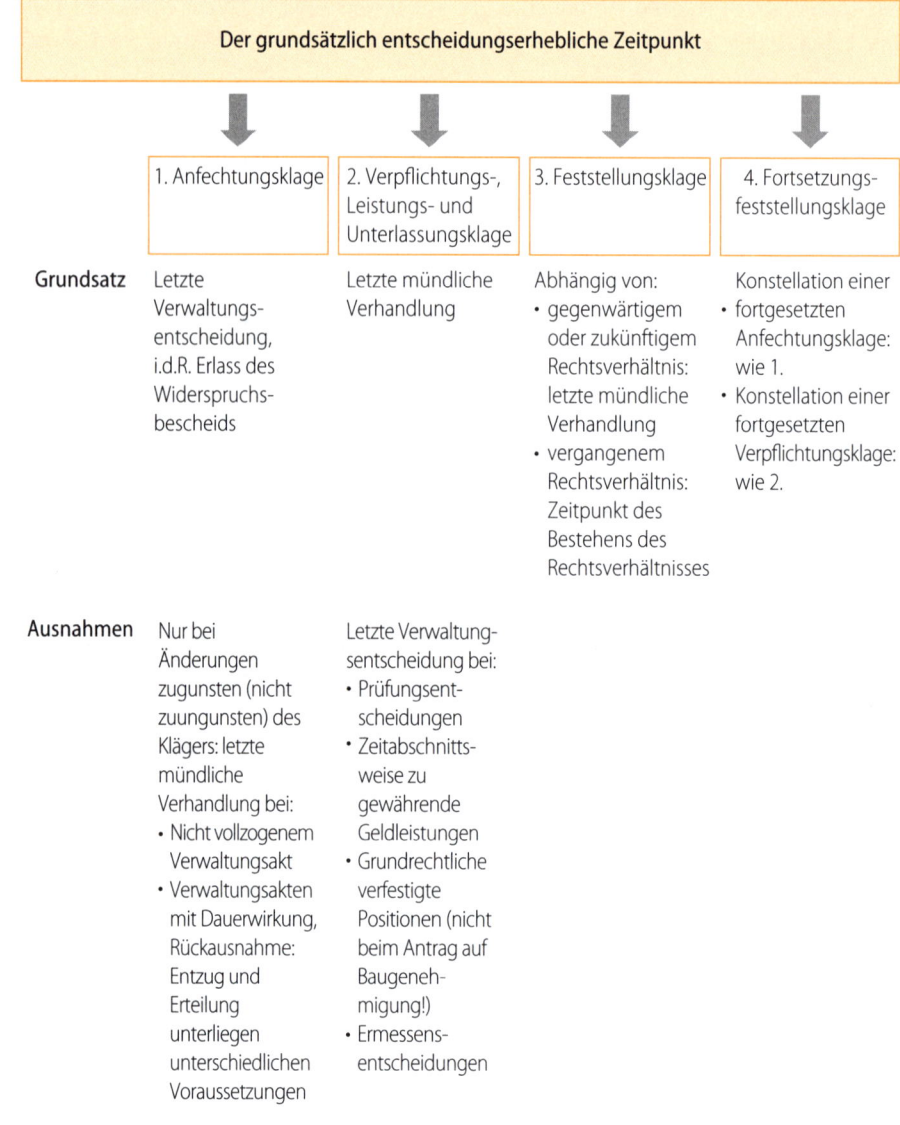

II. Der maßgebliche Zeitpunkt zur Beurteilung der Sach- und Rechtslage im Baurecht

701 **Maßgeblich** für die Beurteilung der Sach- und Rechtslage ist jedoch nicht das Prozessrecht, sondern das **materielle Recht**.[308] Im **Baurecht** gelten folgende **materiell-rechtlichen Besonderheiten**, wobei zwischen den einzelnen Klagearten zu unterscheiden ist:

1. Normenkontrollverfahren

702 Für die Beurteilung der Sach- und Rechtslage kommt es im Rahmen eines prinzipalen **Normenkontrollverfahrens** grundsätzlich auf den **Zeitpunkt der letzten mündlichen Verhand-**

---

308 Vgl. *BVerwG* NVwZ-RR 2008, 437 m.w.N.; *Hessicher VGH* NVwZ-RR 2009, 750.

lung vor dem Verwaltungsgerichtshof an.[309] Hinsichtlich der Beurteilung eines **Fehlers bei der Abwägung** normiert § 214 Abs. 3 S. 1 BauGB, dass diesbezüglich die **Sach- und Rechtslage bei Beschlussfassung** über den Bebauungsplan maßgeblich ist.

2. Anfechtungsklage gegen eine Baugenehmigung

Für die **Beurteilung der Sach- und Rechtslage** im Rahmen einer Anfechtung einer Baugenehmigung ist der Zeitpunkt der Entscheidung über den Genehmigungsantrag, also dasjenige materielle Recht, welches im Zeitpunkt der Entscheidung gilt, maßgeblich.[310] Abzustellen ist auf den Zeitpunkt der **Genehmigungserteilung**, wobei **nachträgliche Änderungen** *zugunsten* des Bauherrn zu **berücksichtigen**, spätere Änderungen zu seinen *Ungunsten* jedoch **unbeachtlich** sind.[311]

703

§ 14 Abs. 3 BauGB ist **Grundlage dieser Beurteilung**:[312] Aus dieser Vorschrift lässt sich schließen, dass der Bauherr mit der Erteilung der Baugenehmigung eine (relativ) gesicherte Rechtsposition erhält. § 14 Abs. 3 BauGB bestimmt, dass Vorhaben, die vor dem Inkrafttreten der Veränderungssperre baurechtlich genehmigt worden sind, von der Veränderungssperre nicht berührt werden. Daraus wird erkennbar, dass die Bindungswirkung der Baugenehmigung nicht durchbrochen werden soll, wenn eine Veränderungssperre das der Genehmigungserteilung zugrunde gelegte Bebauungsrecht ändert.

Eine Berücksichtigung der geänderten Sach- und Rechtslage **zu Ungunsten** des Bauherrn würde einen **Entzug einer durch Art. 14 Abs. 1 GG gesicherten Position** darstellen.[313] Hierfür bedarf es nach dem **Grundsatz des Vorbehalts des Gesetzes** einer ausdrücklichen Ermächtigungsgrundlage. Änderungen **zugunsten** des Bauherrn sind zu **berücksichtigen**, da es sinnwidrig wäre eine Baugenehmigung aufzuheben, wenn einem neuen Bauantrag entsprochen werden müsste.[314]

3. Verpflichtungsklage auf Erteilung einer Baugenehmigung

Maßgebliche Sach- und Rechtslage für die Beurteilung einer **Verpflichtungsklage** auf Erteilung einer Baugenehmigung ist der Zeitpunkt der **letzten mündlichen Verhandlung**.[315] Zwischenzeitlich eingetretene **Veränderungen** sind sowohl **zugunsten** wie auch **zulasten** des Bauherrn **beachtlich**.[316] Es bleibt bei der oben dargestellten grundsätzlichen Beurteilung.[317] Sollte also z.B. ein Bebauungsplan erlassen werden, der zur Unzulässigkeit des baulichen Vorhabens führt, so ist das Vorhaben nicht mehr genehmigungsfähig. Eine **Ausnahme** von dieser Beurteilung wegen einer durch **Art. 14 Abs. 1 GG** verfestigten Grundrechtsposition ist **nicht** gegeben, da Art. 14 Abs. 1 GG zwar die Baufreiheit (s. Rn. 20 ff.), nicht jedoch Genehmigungsansprüche schützt. Seinen Grund hat dies darin, dass es sich bei dem Erfordernis einer Baugenehmigung um ein präventives Verbot mit Erlaubnisvorbehalt handelt (s. Rn. 419).

704

---

309 *Schenke* Verwaltungsprozessrecht Rn. 913.
310 *Brenner* Öffentliches Baurecht Rn. 817.
311 *BVerwG* NVwZ-RR 2008, 437; *Hessicher VGH* NVwZ-RR 2009, 750.
312 *BVerwG* NVwZ-RR 2008, 437.
313 *VGH Baden-Württemberg* VBlBW 2011, 67.
314 *BVerwGE* 22, 129; *VGH Baden-Württemberg* VBlBW 1995, 481; *Hessischer VGH* NVwZ-RR 2006, 230.
315 *BVerwGE* 61, 128; *BVerwGE* 41, 227.
316 *Dürr* Baurecht Baden-Württemberg Rn. 342.
317 *BVerwG* NVwZ-RR 2003, 719, 720.

705 Tritt eine Änderung der Sach- oder Rechtslage ein, so muss im Wege einer **Fortsetzungsfeststellungsklage** analog § 113 Abs. 1 S. 4 VwGO die Feststellung, dass die Baurechtsbehörde verpflichtet war, die beantragte Genehmigung zu erteilen, beantragt werden (s. Rn. 623). Diesem verwaltungsgerichtlichen Verfahren kommt präjudizielle Wirkung für einen nachfolgenden, vor den Zivilgerichten geltend zu machenden, Schadensersatz- oder Entschädigungsanspruch zu, so dass ein Fortsetzungsfeststellungsinteresse gegeben ist.[318]

4. Anfechtungsklage gegen eine bauordnungsrechtliche Verfügung

706 Bei einer Klage gegen eine bauordnungsrechtliche Verfügung, wie z.B. eine Abbruchanordnung gemäß § 65 S. 1 LBO, ist, da es sich um eine **Anfechtungsklage** handelt, hinsichtlich der maßgeblichen Sach- und Rechtslage auf den **Zeitpunkt der letzten Verwaltungsentscheidung**, also grundsätzlich auf den Widerspruchsbescheid, abzustellen.[319]

Änderungen *zugunsten* des Bauherrn sind zu **berücksichtigen**.[320] Andernfalls würde in sinnwidriger Weise die Rechtmäßigkeit einer Abbruchanordnung bestätigt werden, obwohl dem Kläger auf einen neuen Bauantrag hin eine Baugenehmigung erteilt werden müsste.[320] Änderungen *zulasten* des Bauherrn sind auch hier **unbeachtlich**.[321]

---

318 *Dürr* Baurecht Baden-Württemberg Rn. 342 m.w.N.
319 *BVerwGE* 61, 209; *BVerwGE* 82, 260.
320 *Dürr* Baurecht Baden-Württemberg Rn. 345.
321 *BVerwGE* 5, 531; *VGH Baden-Württemberg* BauR 1988, 566.

F. Übungsfall Nr. 4

„Bling Bling"

B ist Eigentümer eines Grundstücks im unbeplanten Außenbereich in der kreisangehörigen Stadt S. Er ist ein großer Freund erneuerbarer Energien und beantragt daher ordnungsgemäß am 8.12.2014 bei der Gemeinde S eine Baugenehmigung zur Errichtung einer Windenergieanlage. Die Windenergieanlage besteht aus einem 9,5 Meter hohen Mast und einen Rotor mit einem Durchmesser von 3 Metern. B möchte die von der Anlage erzeugte Energie ausschließlich für sich nutzen.

Das örtlich zuständige Landratsamt erteilt B, nachdem die Gemeinde ihr Einvernehmen erteilt hat, am 22.1.2015 die beantragte Baugenehmigung.

Drei Werktage, nachdem der Gemeinde die vollständigen Bauunterlagen zugegangen sind, wird H, der Eigentümer eines Grundstücks ist, das zwar unmittelbar an das Grundstück des B angrenzt, sich jedoch im unbeplanten Innenbereich befindet, von der Gemeinde über das Vorhaben des B benachrichtigt. Die Windkraftanlage wird in 60 Meter Entfernung zum Grundstück des H errichtet werden.

Die Bebauung in der näheren Umgebung des Grundstücks des H entspricht der eines reinen Wohngebiets. H ist gegen die Errichtung der Windenergieanlage durch B. Noch am Tag des Erhalts der Benachrichtigung über das Vorhaben erhebt H seine Einwendungen zur Niederschrift bei der Gemeinde.

H erachtet das Vorhaben des B für rechtswidrig. Sein Grundstück hat einen nicht besonders großen Garten und das Wohnzimmer, die Küche im Erdgeschoss sowie das Wohn- und Schlafzimmer im Dachgeschoss sind der Windkraftanlage zugewandt. Die der Windkraftanlage zugewandte Seite des Hauses ist großflächig verglast. H wird seiner Auffassung nach durch Windenergieanlage erheblich gestört werden. Er befürchtet, was zutrifft, dass es durch die Bewegung des Rotors zu einer Reflektion des Sonnenlichts komme. Diese Reflektion führe dazu, dass es in seinem Wohnzimmer zu einem blitzartigen Hell- und Dunkelwerden komme. Dies sei nicht hinnehmbar. Aber auch wenn die Sonne hinter der Anlage stehe, werde er beeinträchtigt, denn zumindest in den Sommermonaten könnten für die Dauer von zwei bis drei Stunden pro Tag Schlagschatten im Haus des H entstehen, die dann durch die Räume der Wohnung wandern und von allem Reflektierenden in der Wohnung gespiegelt werden. Dieser Effekt sei mit Disko-Effekten vergleichbar. Ferner sei es egal, wo sich H auf seinem Grundstück befindet, da er immer der dauernden Drehbewegung des Rotors ausgesetzt sei. Er befürchtet einen Drehschwindel. Weiterhin erfolge durch Windenergieanlagen eine Verspargelung und dadurch eine Verunstaltung der Landschaft.

Das von H ordnungsgemäß durchgeführte Widerspruchsverfahren bleibt erfolglos. Als er auch noch erfährt, dass sein Widerspruch keine aufschiebende Wirkung hat, begehrt er beim örtlich zuständigen Verwaltungsgericht Karlsruhe, dass die aufschiebende Wirkung seines Widerspruchs schnellstmöglich angeordnet wird. Dies gilt umso mehr, als B bereits mit der Errichtung der Anlage beginnt.

Als H dem B mitteilt, dass er gerichtlich vorgehen werde, erwidert B nur, dass H einfach die Rollläden seines Hauses herunterlassen solle. Dies sei zumutbar.

Aufgabe: Prüfen Sie, ob der Antrag des H Erfolg hat.

708 Lösung

Der Antrag des H hat Erfolg, wenn er zulässig (A.) und begründet (B.) ist.

A. Zulässigkeit

Fraglich ist, ob der Antrag zulässig ist. Der Antrag ist zulässig, wenn der Verwaltungsrechtsweg eröffnet (I.), der Antrag statthaft (II.), H antragsbefugt gemäß § 42 Abs. 2 VwGO ist (III.) und das Rechtschutzbedürfnis des H gegeben ist (IV.).

I. Verwaltungsrechtsweg

Zunächst müsste der Verwaltungsrechtsweg eröffnet sein. Dies bestimmt sich mangels Einschlägigkeit einer aufdrängenden Sonderzuweisung nach § 40 Abs. 1 S. 1 VwGO. Hiernach ist der Verwaltungsrechtsweg eröffnet, wenn eine öffentlich-rechtliche Streitigkeit nicht verfassungsrechtlicher Art vorliegt. Die streitentscheidende Vorschrift des § 58 Abs. 1 S. 1 LBO berechtigen und verpflichten einseitig die Baurechtsbehörde als Hoheitsträger in Form des Verwaltungsakts zu handeln, so dass es sich um öffentlich-rechtliche Streitigkeit handelt. In Ermangelung der doppelten Verfassungsunmittelbarkeit ist die Streitigkeit auch nicht-verfassungsrechtlicher Art, so dass der Verwaltungsrechtsweg eröffnet ist.

II. Statthaftigkeit des Antrags

Fraglich ist, welcher Antrag statthaft ist. Dies richtet analog §§ 86, 88 VwGO sich nach dem Begehren des Antragstellers, wie es sich bei einer verständigen rechtlichen Würdigung darstellt. H begehrt die Anordnung der aufschiebenden Wirkung des von ihm eingelegten Widerspruchs.

In Betracht kommt ein Antrag auf vorläufigen Rechtsschutz gemäß § 80a Abs. 3 S. 2 i.V.m. § 80 Abs. 5 S. 1 VwGO der, wie aus § 123 Abs. 5 VwGO folgt, gegenüber einem Verfahren nach § 123 VwGO vorrangig ist.

Ein derartiger Antrag ist statthaft, wenn sich der Antragsteller gegen die Vollziehung eines ihn belastenden, nicht bestandskräftigen und nicht erledigten Verwaltungsakts zur Wehr setzt. Die dem B erteilte Baugenehmigung stellt einen diesen begünstigenden, den H belastenden Verwaltungsakt, also einen Verwaltungsakt mit Doppelwirkung i.S.d. § 80a Abs. 1 VwGO, dar. Dieser ist weder bestandskräftig, noch hat er sich erledigt.

Es müsste ferner ein Fall des § 80 Abs. 2 S. 1 VwGO gegeben sein. Grundsätzlich haben Widerspruch und Anfechtungsklage gemäß § 80 Abs. 1 S. 1 VwGO aufschiebende Wirkung. Dies gilt auch für Verwaltungsakte mit Doppelwirkung i.S.d. § 80a VwGO gilt, vgl. § 80 Abs. 1 S. 2 VwGO. Die aufschiebende Wirkung entfällt jedoch in den durch Bundesgesetz und bei Landesrecht durch Landesgesetz vorgeschriebenen Fällen gemäß § 80 Abs. 2 S. 1 Nr. 3 VwGO. Gemäß § 212a Abs. 1 BauGB haben Widerspruch und Anfechtungsklage eines Dritten gegen die bauaufsichtliche Zulassung eines Verfahrens keine aufschiebende Wirkung. Vorliegend steht eine Baugenehmigung und somit bauaufsichtliche Zulassung und damit ein Fall des § 80 Abs. 2 S. 1 Nr. 3 VwGO i.V.m. § 212a Abs. 1 BauGB vor.

Daher ist ein Antrag auf Anordnung der aufschiebenden Wirkung gemäß § 80a Abs. 3 S. 1 Var. 3 S. 2 i.V.m. § 80 Abs. 5 S. 1 VwGO statthaft.

III. Antragsbefugnis, § 42 Abs. 2 VwGO analog

H müsste antragsbefugt analog § 42 Abs. 2 VwGO sein. Eine Analogie zu § 42 Abs. 2 VwGO ist erforderlich, da auch im vorläufigen Rechtsschutzverfahren Popularanträge vermieden werden sollen. Weiterhin dient dieses Verfahren der Absicherung des im Hauptsacheverfahren geltend gemachten Rechts. Eine derartige Absicherung würde gefährdet, wenn der Kläger im Hauptsacheverfahren nicht, wie erforderlich, gemäß § 42 Abs. 2 VwGO klagebefugt wäre. Es muss daher die Möglichkeit einer Verletzung in subjektiven öffentlichen Rechten gegeben sein. Eine derartige Möglichkeit besteht, wenn eine Verletzung in subjektiven öffentlichen Rechten nicht offensichtlich und eindeutig nach jeder Betrachtungsweise ausgeschlossen ist. H ist nicht Adressat der Baugenehmigung, so dass die Antragsbefugnis nicht aus der Stellung als Adressat einer belastenden Regelung abgestellt werden kann.

Es ist zu ermitteln, ob durch eine einfachgesetzliche Vorschrift ein subjektives öffentliches Recht zugunsten des H begründet wird, diese also drittschützend ist. Eine Rechtsnorm vermittelt Drittschutz, wenn sie nicht nur dem Allgemeininteresse, sondern zumindest auch dem Schutz eines erkennbaren und abgrenzbaren Personenkreises zu dienen bestimmt ist.

Die die baurechtliche Zulässigkeit eines Vorhabens regelnden Normen könnten ein subjektives öffentliches Recht begründen. Es ist auf den Ort der Verwirklichung des Vorhabens abzustellen. Vorliegend möchte B die Windenergieanlage im Außenbereich gemäß § 35 BauGB errichten. § 35 Abs. 1, Abs. 2 BauGB vermittelt keinen generellen Drittschutz.

Ein subjektives öffentliches Recht zugunsten des H könnte sich aus § 35 BauGB i.V.m. dem Gebot der Rücksichtnahme ergeben. Es handelt sich dabei um partiellen Drittschutz. Im unbeplanten Außenbereich ist das Rücksichtnahmegebot in § 35 Abs. 3 BauGB als ungeschriebener öffentlicher Belang, der insbesondere im Begriff der schädlichen Umwelteinwirkungen nach § 35 Abs. 3 S. 1 Nr. 3 BauGB enthalten ist, verankert § 3 Abs. 1 BImSchG der den Begriff der schädlichen Umwelteinwirkungen i.S.d. BImSchG definiert enthält ausdrücklich den Begriff der Nachbarschaft. Es ist nicht offensichtlich und eindeutig ausgeschlossen, dass H durch das von der Windenergieanlage erzeugten alternierenden Licht- und Schattenspiel, den von ihm beschriebenen Diskoeffekt und wegen eines möglichen Drehschwindels in qualifizierter und zugleich individualisierter Weise betroffen ist.

Es ist auch nicht offensichtlich und eindeutig nach jeder Sichtweise ausgeschlossen, dass das Rücksichtnahmegebot nicht gebietsübergreifend gilt, weswegen es unerheblich ist, dass sich die beiden Grundstücke in unterschiedlichen Gebieten befinden. Dies steht einer möglichen Berufung auf das Rücksichtnahmegebot somit nicht entgegen.

H ist als Eigentümer eines unmittelbar an das Grundstück des B angrenzenden Grundstücks sowohl in persönlicher, wie auch in räumlicher Hinsicht Nachbar.

Eine Verletzung des H aus § 35 BauGB i.V.m. dem Gebot der Rücksichtnahme ist somit nicht offensichtlich und eindeutig nach jeder Betrachtungsweise ausgeschlossen und daher möglich.

Dadurch, dass H seine Einwendungen fristgerecht gemäß § 55 Abs. 2 S. 1 LBO eingebracht hat, ist auch keine Präklusion gemäß § 55 Abs. 2 S. 2 LBO gegeben.

Die Antragsbefugnis des H analog § 42 Abs. 2 VwGO ist daher zu bejahen.

IV. Rechtsschutzbedürfnis

Das Rechtsschutzbedürfnis ist dadurch, dass H ordnungsgemäß einen Rechtsbehelf in Form eines Widerspruchs gemäß §§ 68 ff. VwGO, dem gemäß § 80 Abs. 2 S. 1 Nr. 3 VwGO i.V.m. § 212a BauGB keine aufschiebende Wirkung zukommt, erfolglos eingelegt hat, zu bejahen.

Fraglich ist, ob ein Antrag auf vorläufigen Rechtsschutz beim Verwaltungsgericht voraussetzt, dass der Nachbar zuvor wegen der Verweisung in § 80a Abs. 3 S. 2 auch auf § 80 Abs. 6 VwGO erfolglos einen Antrag nach §§ 80a Abs. 1 Nr. 2, 80 Abs. 6 VwGO, bei der Behörde stellen muss. Es handelt sich hierbei um die Frage, ob es sich bei der Verweisung in § 80a Abs. 3 S. 2 VwGO auf auch auf § 80 Abs. 6 VwGO um eine Rechtsgrund- oder Rechtsfolgenverweisung handelt.

Zunächst könnte man davon ausgehen, dass ein vorheriger Aussetzungsantrag bei der Behörde erforderlich ist. Hierfür spricht der Wortlaut des § 80a Abs. 3 S. 2 VwGO, der eine entsprechende Anwendung der Absätze 5 bis 8 des § 80 VwGO und somit auch eine solche des § 80 Abs. 6 VwGO anordnet. Verwaltungsakte mit Drittwirkung, die die Anforderung von öffentlichen Abgaben oder Kosten i.S.d. § 80 Abs. 2 S. 1 Nr. 1 VwGO, worauf § 80 Abs. 6 S. 1 VwGO verweist, zum Gegenstand haben sind jedoch nur schwer denkbar. Die Verweisung läuft daher weitgehend leer und hätte somit nahezu keinen Anwendungsbereich. Daher müsste es sich bei Zugrundelegung dieser Sichtweise bei der Verweisung um eine Rechtsfolgenverweisung handeln.

Man könnte jedoch auch davon ausgehen, dass es sich bei der Verweisung in § 80a Abs. 3 S. 2 VwGO auch auf § 80 Abs. 6 VwGO um ein Redaktionsversehen des Gesetzgebers handelt. Jedenfalls handelt es sich bei Zugrundelegung dieser Sichtweise um eine Rechtsgrundverweisung. Daher wäre ein Aussetzungsantrag nur in den seltenen Fällen eines Verwaltungsakts mit Doppelwirkung in Abgaben- und Kostenangelegenheiten erforderlich.

Eine Stellungnahme kann dahingestellt bleiben, wenn beide Auffassungen zum gleichen Ergebnis gelangen. Dies ist der Fall, wenn § 80 Abs. 6 S. 2 VwGO einschlägig ist, denn dann ist auch nach der erstgenannten Auffassung ein vorheriger Aussetzungsantrag entbehrlich.

§ 80 Abs. 6 S. 2 Nr. 2 VwGO müsste einschlägig sein. Dies ist zu bejahen, wenn die Vollstreckung droht. Im Wege eines erst-recht Schlusses muss einer drohenden Vollstreckung eine bereits begonnene Vollstreckung gleichgesetzt werden. Bei einer Baugenehmigung handelt es sich um einen begünstigenden Verwaltungsakt. Der Begriff der Vollstreckung ist daher weit zu verstehen. Nicht erfasst wird jedoch die Vollstreckung auf einer zivilrechtlichen Grundlage. Im Falle eine Baugenehmigung droht die Vollstreckung daher bereits, wenn der Nachbar erst mit dem Baubeginn von der Existenz der Baugenehmigung erfährt oder wenn der Bauherr bereits mit der Verwirklichung des Vorhabens beginnt. Vorliegend beginnt B bereits mit der Errichtung der Windenergieanlage. Daher droht die Vollstreckung nicht nur, sondern ist bereits im Gange. Daher ist ein Fall des § 80 Abs. 6 S. 2 Nr. 2 VwGO gegeben und somit kann die oben dargestellte Streitfrage unentschieden bleiben.

V. Zuständigkeit

Das Verwaltungsgericht Karlsruhe hat im Hauptsacheverfahren über die Drittanfechtungsklage des H zu entscheiden, so dass es gemäß § 80a Abs. 3 S. 2 i.V.m. § 80 Abs. 5 S. 1 VwGO für die Entscheidung über den Antrag auf Gewährung vorläufigen Rechtsschutzes zuständig ist.

VI. Beiladung, § 65 Abs. 2 VwGO

Die Entscheidung kann wegen des Gegebenseins eines Verwaltungsakts mit Doppelwirkung (s.o. A. II) auch gegenüber B nur einheitlich ergehen, so dass dieser gemäß § 65 Abs. 2 VwGO notwendig beizuladen ist.

VII. Fazit

Der Antrag ist somit zulässig.

B. Begründetheit

Fraglich ist, ob der Antrag des H begründet ist. Es hat eine umfassende Interessenabwägung unter Berücksichtigung der Situation des Drittbeteiligungsfalles zu erfolgen. Abzuwägen sind hierbei die Interessen des Bauherrn an der Vollziehung der Genehmigung, das Vollziehungsinteresse, mit den Interessen des Nachbarn an der Aussetzung der Vollziehung der Genehmigung, dem Suspensivinteresse. Es hat zumindest hinsichtlich der tatsächlichen Fragen lediglich eine summarische Prüfung zu erfolgen.

Die Grundlage für diese Abwägung ist zunächst § 80 Abs. 4 S. 3 Alt. 1 VwGO zu entnehmen, der auf die Rechtmäßigkeit des Verwaltungsakts abstellt. Weiterhin ist auf den Zweck des Verfahrens, das der Absicherung der Hauptsache dient, abzustellen. Im Hauptsacheverfahren, das eine Anfechtungsklage zum Gegenstand hat, ist ebenfalls die Rechtmäßig- bzw. Rechtswidrigkeit des Verwaltungsakts maßgeblich.

Zu beachten sind jedoch die Besonderheiten des Drittbeteiligungsfalls. Die objektive Rechtswidrigkeit kann in einer derartigen Konstellation nicht maßgeblich sein. Bei der Abwägung ist das Interesse des Drittanfechtenden nicht von vornherein gewichtiger als das Interesse des Genehmigungsempfängers. Eine einseitige Bevorzugung des Dritten würde entgegen den Freiheitsrechten und dem Gleichheitssatz gemäß Art. 3 Abs. 1 GG des Genehmigungsempfängers zu einer ungerechtfertigten Privilegierung des Dritten führen. Die Interessen des Genehmigungsempfängers und des Dritten stehen sich grundsätzlich gleichrangig gegenüber. Auch das Gebot des effektiven Rechtsschutzes gemäß Art. 19 Abs. 4 GG erfordert es nicht, dass nur auf die objektive Rechtswidrigkeit abgestellt wird. Vielmehr muss die Verletzung eines subjektiven Rechts des Antragstellers hinzukommen. Art. 19 Abs. 4 GG gewährleistet dem Einzelnen Rechtsschutz nur im Falle der Verletzung seiner Rechte durch die öffentliche Gewalt und garantiert dem Bürger damit keine allgemeine Rechtmäßigkeitskontrolle der Verwaltung. Auch aus der allgemeinen Handlungsfreiheit des Art. 2 Abs. 1 GG folgt kein allgemeiner Gesetzesvollziehungsanspruch, dessen Einhaltung der Einzelne auf der Grundlage von Art. 19 Abs. 4 GG von den Gerichten kontrollieren lassen könnte. Zusätzlich zur objektiven Rechtswidrigkeit des Verwaltungsakts muss daher die Verletzung einer drittschützenden Vorschrift gegeben sein.

Das Suspensivinteresse des H überwiegt demnach, wenn die dem B erteilte Baugenehmigung aufgrund einer summarischen Prüfung offensichtlich rechtswidrig (I.) und H dadurch in einem seiner subjektiven öffentlichen Rechte verletzt ist (II.). Das Vollzugsinteresse hingegen überwiegt, wenn die Baugenehmigung offensichtlich rechtmäßig ist.

I. Rechtmäßig-/Rechtswidrigkeit der Baugenehmigung

Fraglich ist, ob die B erteilte Baugenehmigung rechtmäßig ist. Dies ist zu bejahen, wenn eine Ermächtigungsgrundlage für den Verwaltungsakt gegeben ist (1.) und die Baugenehmigung sowohl formell (2.) wie auch materiell (3.) rechtmäßig ist.

1. Ermächtigungsgrundlage, § 58 Abs. 1 S. 1 LBO

Die Ermächtigungsgrundlage für die Erteilung einer Baugenehmigung stellt § 58 Abs. 1 S. 1 LBO dar. Diese umfasst die Befugnis zum Erlass eines Verwaltungsakts.

2. Formelle Rechtmäßigkeit

Fraglich ist, ob die Baugenehmigung formell rechtmäßig ist. Die formelle Rechtmäßigkeit liegt vor, wenn die Zuständigkeit gegeben ist (a), die Vorschriften über das Verfahren (b) und die Form (c) eingehalten worden sind.

a) Zuständigkeit

Das Landratsamt müsste zunächst gemäß § 48 Abs. 1 LBO zuständig sein. Welche Behörde als untere Baurechtsbehörde tätig wird, bestimmt sich nach der Zugehörigkeit der Gemeinde zu einem Landkreis. Die Gemeinde S ist eine kreisangehörige Gemeinde. Daher ist das Landratsamt als untere Baurechtsbehörde gemäß §§ 48 Abs. 1, 46 Abs. 1 Nr. 3 LBO, 15 Abs. 1 Nr. 1 Var. 1 LVG sachlich zuständig. Die örtliche Zuständigkeit ist laut Sachverhalt gegeben. Somit sind sowohl die sachliche wie auch die örtliche Zuständigkeit des Landratsamts gegeben.

b) Verfahren

B hat einen gemäß § 53 Abs. 1, 2 LBO ordnungsgemäßen Bauantrag gestellt und die gemäß § 55 Abs. 1 S. 1 LBO erforderliche Benachrichtigung der Angrenzer, also auch die des H, ist innerhalb von fünf Arbeitstagen nach Eingang der vollständigen Bauvorlagen gemäß § 55 Abs. 1 S. 1 LBO erfolgt. Das Verfahren ist daher ordnungsgemäß durchgeführt worden.

c) Form

Die Baugenehmigung wurde gemäß § 58 Abs. 1 S. 3 LBO schriftlich und somit entsprechend der vorgeschriebenen Form erteilt.

d) Fazit

Die dem B erteilte Baugenehmigung ist somit formell rechtmäßig.

3. Materielle Rechtmäßigkeit

Fraglich ist, ob die Erteilung einer Baugenehmigung materiell rechtmäßig ist. Die materielle Rechtmäßigkeit liegt vor, wenn die Voraussetzungen des § 58 Abs. 1 S. 1 LBO vorliegen, also das Vorhaben genehmigungspflichtig (a) und genehmigungsfähig ist (b).

a) Genehmigungspflichtigkeit des Vorhabens

Das Vorhaben des B müsste zunächst genehmigungspflichtig gemäß §§ 58 Abs. 1 S. 1, 49 i.V.m. § 2 Abs. 1 S. 1 LBO sein. Dies ist der Fall, wenn es sich um eine bauliche Anlage i.S.d. § 2 Abs. 1 S. 1 LBO handelt (aa), ein Vorhaben gemäß § 49 S. 1 LBO gegeben ist (bb) und dieses genehmigungspflichtig nach § 49 LBO ist (cc).

aa) Bauliche Anlage, § 2 Abs. 1 S. 1 LBO

Bei der geplanten Windenergieanlage handelt es sich um eine unmittelbar mit dem Erdboden verbundene, aus Bauprodukten hergestellte Anlage und somit um eine bauliche Anlage i.S.d. § 2 Abs. 1 S. 1 LBO.

bb) Vorhaben i.S.d. § 49 LBO

B plant die erstmalige Herstellung einer baulichen Anlage und mithin deren Errichtung, sodass ein Vorhaben i.S.d. § 49 LBO gegeben ist.

cc) Genehmigungspflichtigkeit, § 49 LBO

Das Vorhaben müsste weiterhin genehmigungspflichtig nach § 49 LBO sein. Die Genehmigungspflichtigkeit nach § 49 LBO ist gegeben, wenn für das Vorhaben nicht in den §§ 50, 51, 69 oder 70 LBO ein anderes Verfahren vorgesehen ist. Die Genehmigungspflichtigkeit eines Vorhabens bestimmt sich also anhand einer Negativabgrenzung. Im Betracht kommen vorliegend alleine § 50 LBO (1) und § 51 LBO (2).

(1) Es könnte ein verfahrensfreies Vorhaben gemäß § 50 LBO i.V.m. dem Anhang zu § 50 LBO gegeben sein. Hierfür müsste eine der Ziffern des Anhangs zu § 50 LBO einschlägig sein. Die Verfahrensfreiheit könnte aus § 50 Abs. 1 LBO i.V.m. Nr. 3 lit. d des Anhangs zu § 50 Abs. 1 LBO folgen. Hiernach sind Windenergieanlagen mit bis zu 10 m Höhe verfahrensfrei. Der Mast der Windenergieanlage an sich ist nur 9,5 m hoch. Zur Masthöhe muss jedoch noch der Radius des Rotors, vorliegend 1,5 m hinzugerechnet werden, so dass die Gesamthöhe 11 Meter beträgt. Ein verfahrensfreies Vorhaben i.S.d. § 50 Abs. 1 LBO i.V.m. Nr. 3 lit. d des Anhangs zu § 50 Abs. 1 LBO ist daher nicht gegeben.

(2) Auch das Vorliegen eines lediglich kenntnisgabepflichtigen Vorhabens i.S.d. § 51 LBO scheidet aus, da das Vorhaben im Außenbereich gemäß § 35 BauGB realisiert werden soll und damit die Voraussetzungen des § 51 Abs. 2 LBO, der zumindest die Belegenheit des Grundstücks im Geltungsbereich eines Bebauungsplans erfordert, nicht erfüllt sind.

(3) Mangels Einschlägigkeit der §§ 50, 51 LBO handelt es sich somit um ein genehmigungspflichtiges Vorhaben gemäß § 49 LBO.

b) Genehmigungsfähigkeit des Vorhabens

Das Vorhaben müsste genehmigungsfähig sein. Die Genehmigungsfähigkeit ist gegeben, wenn das Vorhaben sowohl bauplanungsrechtlich (aa), wie auch bauordnungsrechtlich (bb) zulässig ist.

aa) Bauplanungsrechtliche Zulässigkeit, §§ 29 ff. BauGB

Zu untersuchen ist zunächst, ob das Vorhaben bauplanungsrechtlich gemäß §§ 29 ff. BauGB zulässig ist. Hierfür müsste der Anwendungsbereich der §§ 30 ff. BauGB eröffnet sein (1), das Vorhaben müsste nach der Bestimmung des maßgeblichen Bereichs (2) mit der einschlägigen Vorschrift des Bauplanungsrechts übereinstimmen (3), und die Gemeinde dürfte ihr Einvernehmen nicht rechtmäßig verweigern dürfen (4).

(1) Eröffnung des Anwendungsbereichs der §§ 30 ff. BauGB

Zunächst müsste der Anwendungsbereich der §§ 30 ff. BauGB eröffnet sein. Dies setzt das Vorliegen einer baulichen Anlage i.S.d. § 29 Abs. 1 BauGB (a) sowie einen bauplanungsrechtlich relevanten Vorgang (b) voraus.

(a) Zunächst müsste eine bauliche Anlage i.S.d. § 29 Abs. 1 BauGB gegeben sein. Dieser spezifisch bauplanungsrechtliche Begriff der baulichen Anlage setzt eine auf Dauer mit dem Erdboden verbundene künstliche Anlage voraus, die aus Baustoffen und Bauteilen hergestellt worden ist und eine planungs- bzw. bodenrechtliche Relevanz aufweist. Planungsrechtliche Relevanz hat eine Anlage, wenn sie Belange i.S.v. § 1 Abs. 5 und 6 BauGB derart berührt, dass das Bedürfnis nach einer ihre Zulässigkeit regelnden verbindlichen Bauleitplanung hervorgerufen wird. Von dem Vorhaben des B werden die gesunden Wohnverhältnisse des H i.S.d. § 1 Abs. 6 Nr. 1 BauGB und die Belange des Umweltschutzes gemäß § 1 Abs. 6 Nr. 7 lit. f in Form der Nutzung erneuerbarer Energien betroffen. Somit ist die planungsrechtliche Relevanz gegeben. Es wird ein Bedürfnis nach regelnder Bauleitplanung hervorgerufen.

(b) Das Vorhaben des B stellt die erstmalige Herstellung einer Anlage und damit eine Errichtung i.S.d. § 29 Abs. 1 BauGB, so dass ein bauplanungsrechtlich relevanter Vorgang gegeben ist.

(c) Der Anwendungsbereich der §§ 30 ff. BauGB ist daher eröffnet.

(2) Bestimmung des maßgeblichen Bereichs

Zunächst ist der maßgebliche Bereich des Vorhabens zu bestimmen. Es handelt sich um einen unbeplanten Außenbereich, so dass § 35 BauGB einschlägig ist.

(3) Vereinbarkeit mit § 35 BauGB

Fraglich ist, ob das Vorhaben mit § 35 BauGB vereinbar ist. Es könnte sich um ein privilegiertes Vorhaben gemäß § 35 Abs. 1 BauGB handeln (a). Ein solches ist bauplanungsrechtlich zulässig, wenn öffentliche Belange nicht entgegenstehen (b) und die Erschließung gemäß §§ 123 ff. BauGB gesichert ist (c).

(a) Privilegiertes Vorhaben, § 35 Abs. 1 BauGB

Die Windenergieanlage dient der Nutzung der Windenergie i.S.d. § 35 Abs. 1 Nr. 5 BauGB und ist daher privilegiert. Das Kriterium des Dienens ist dadurch, dass der Standort für eine Windenergieanlage optimal ist, erfüllt.

(b) Kein Entgegenstehen von öffentlichen Belangen

Obwohl der Wortlaut des § 35 Abs. 3 BauGB von einer „Beeinträchtigung" der öffentlichen Belange spricht, gilt § 35 Abs. 3 BauGB auch bei privilegierten Vorhaben.

Im Rahmen der Prüfung des § 35 Abs. 3 BauGB hat eine Abwägung zu erfolgen, bei der zwischen privilegierten und nicht privilegierten Vorhaben zu unterscheiden ist. Bei einem privilegierten Vorhaben ist die gesetzgeberische Entscheidung, derartige Vorhaben im Außenbereich grundsätzlich zuzulassen, besonders zu berücksichtigen. Die Privilegierung des Vorhabens nach § 35 Abs. 1 BauGB führt dazu, dass sich das Vorhaben grundsätzlich gegenüber den entgegenstehenden öffentlichen Belangen durchsetzt.

Es könnte eine Verunstaltung des Landschaftsbildes gemäß § 35 Abs. 3 S. 1 Nr. 5 BauGB gegeben sein. Eine Verunstaltung des Landschaftsbildes liegt vor, wenn das Bauvorhaben dem Landschaftsbild in ästhetischer Weise grob unangemessen ist und auch von einem für ästhetische Eindrücke offenen Betrachter als belastend empfunden wird. Dies ist in der Regel dann der Fall, wenn das Vorhaben einen auffälligen Fremdkörper zu einer im Wesentlichen einheitlichen Außenbereichsnutzung darstellt. Dadurch, dass in der näheren Umgebung bereits zahlreiche Windenergieanlagen vorhanden sind, und dadurch, dass der Gesetzgeber Windenergieanlagen dem Außenbereich zugeordnet hat, ist dies zu verneinen. Öffentliche Belange stehen mithin nicht entgegen.

Es könnte ein Verstoß gegen § 35 BauGB i.V.m. dem Gebot der Rücksichtnahme gegeben sein. Bei diesem von der Rechtsprechung entwickelten Gebot wird das Verhältnis eines baulichen Vorhabens zu den anderen bereits vorhandenen baulichen Anlagen beurteilt. Es handelt sich um ein grundsätzlich nur objektiv-rechtlich zu beachtendes Prinzip. Subjektive öffentliche Rechte werden also grundsätzlich nicht begründet. Das Rücksichtnahmegebot richtet sich alleine nach einfachgesetzlichen Vorschriften des Baurechts und ist keine selbstständige Anspruchsgrundlage. Außerhalb einfachgesetzlicher Vorschrift besteht kein Rücksichtnahmegebot. Es existiert also kein außergesetzliches Rücksichtnahmegebot. Es lässt sich insbesondere auch nicht aus Grundrechten ableiten.

Das Rücksichtnahmegebot soll einen angemessenen Ausgleich zwischen den Belangen des Bauherrn und seiner Umgebung bewirken. Jeder Bauherr muss berücksichtigen, welche Auswirkungen die Realisierung seines Vorhabens auf die Umgebung hat. Unter Umständen muss er sogar ein nach baurechtlichen Normen zulässiges Vorhaben unterlassen, wenn dadurch eine schwere Beeinträchtigung der Umgebung eintritt. Das Rücksichtnahmegebot verlangt eine Abwägung der Belange aller betroffenen Personen, wobei der Bauherr Rücksicht nehmen muss, wenn die Abwägung zugunsten der Umgebung ausfällt. Eine derartige Rücksichtnahme ist geboten, wenn der Nachbar einer ihm im Hinblick auf die Situation billigerweise nicht mehr zumutbaren Beeinträchtigung ausgesetzt ist.

Das Rücksichtnahmegebot kann jedoch in Einzelfällen daneben nachbarschützende Wirkung entfalten. Nachbarschützende Wirkung kommt dem Rücksichtnahmegebot zu, soweit in individualisierter und zugleich qualifizierter Weise auf schutzwürdige Interessen eines von der Allgemeinheit abgrenzbaren Personenkreises Rücksicht zu nehmen ist und die besondere rechtliche Schutzwürdigkeit des Nachbarn anzuerkennen ist.

Fraglich ist, ob H qualifiziert und individualisiert betroffen ist. Im Hinblick auf die individualisierte Rücksichtnahme ist erforderlich, dass sich aus individualisierenden Tatbestandsmerkmalen der Norm ein Personenkreis entnehmen lässt, der sich von der Allgemeinheit unterscheidet. Für das qualifizierte Betroffensein ist im Rahmen der zu erfolgenden Abwägung die Schutzwürdigkeit des Nachbarn, die Intensität der Beeinträchtigung, insbesondere ein handgreifliches Betroffensein, die Interessen des Bauherrn sowie das, was beiden Seiten billigerweise zumutbar oder nicht zumutbar ist, von Bedeutung.

Die Wohnnutzung des Grundstücks des H wird durch von der Windkraftanlage ausgehende Lichteffekte nachteilig betroffen. Steht die Sonne hinter dem Rotor, laufen bewegte Schatten über die Grundstücke der Antragsteller. Sie verursachen dadurch dort, je nach Umlaufgeschwindigkeit des Rotors, einen verschieden schnellen Wechsel von Schatten und Licht. Dadurch stören sie das Wohnen erheblich. Durch die Fenster sind diese Effekte auch in allen Wohnräumen wahrnehmbar, die der Windkraftanlage zugewandt sind. Diese Schatten wandern durch den ganzen Raum und werden von Wänden, Fenstern etc. widergespiegelt. Derartige Schlagschatten treten zumindest in den Sommermonaten für eine Zeitdauer von bis zu drei Stunden auf. Solche Erscheinungen sind zwar von verhältnismäßig geringen Dauer. Wegen der beschriebenen Intensität ihrer Lästigkeit aber erheblich und unzumutbar. Dies gilt gerade, da alle Wohn- und Schlafräume des H dem Vorhaben des B zugewandt und daher diesen Auswirkungen ausgesetzt sind.

Beeinträchtigt wird die Wohnnutzung ferner durch den von H beschriebenen Disco-Effekt. Dabei wird Sonnenlicht von den Rotorflügeln als Blitzlicht reflektiert und auf die Grundstücke geworfen. Diese Effekte können unabhängig vom Stand der Sonne und dem Stand der Rotorblätter auftreten können. Sie treten in den der Anlage zugewandten Wohnräumen auf und werden von spiegelnden Flächen vervielfältigt.

Die Rücksichtslosigkeit des Vorhabens folgt auch durch die Eigenart der Anlage als solcher. Sie liegt den besonders intensiv genutzten Wohnbereichen gegenüber und ist wegen der überwiegenden Verglasung der dem Vorhaben zugewandten Seite des Gebäudes des H im Wohnzimmer, in der Küche und im Garten sichtbar. H hat also nahezu immer die Anlage des B im Blick. Die dauernde Bewegung im oder am Rande des Blickfeldes kann bereits nach kurzer Zeit unerträglich werden. Dies kann Irritationen in Form eines Drehschwindels hervorrufen. Eine Konzentration auf andere Tätigkeiten wird wegen der steten, kaum vermeidbaren Ablenkung erschwert, da ein sich bewegendes Moment den Blick des Menschen biologisch determiniert nahezu zwanghaft auf sich zieht.

Der Aufenthalt in geschlossenen Räumen bei heruntergelassenen Rollläden während des Tages stellt keine zumutbare Alternative dar, um sich dieser Einwirkung der Anlage zu entziehen.

Daher ist H qualifiziert und sogleich individualisiert betroffen. Das Vorhaben verstößt daher gegen das in § 35 Abs. 3 BauGB verankerte Rücksichtnahmegebot.

(d) Gesicherte Erschließung, §§ 123 ff. BauGB

Es ist, mangels entgegenstehende Angaben, davon auszugehen, dass die Erschließung gemäß §§ 123 ff. BauGB gesichert ist.

(4) Bestimmung des maßgeblichen Bereichs

Die Gemeinde S hat ihr Einvernehmen daher rechtswidrig entgegen § 36 Abs. 1 BauGB erteilt.

bb) Fazit

Die Errichtung der Windenergieanlage ist bauplanungsrechtlich unzulässig.

c) Verstoß gegen Bauordnungsrecht

Die Vorhaben des B stellt zwar eine bauliche Anlage i.S.d. § 2 Abs. 1 LBO dar, ein Verstoß gegen Bauordnungsrecht ist indes nicht ersichtlich.

d) Fazit

Der Errichtung der Windenergieanlage stehen somit von der Baurechtsbehörde zu prüfende öffentlich-rechtliche Vorschriften entgegen.

II. Rechtsverletzung des H

Wegen der Rechtswidrigkeit der Baugenehmigung ist eine Rechtsverletzung des H gegeben.

III. Ergebnis

Der Antrag auf Anordnung der aufschiebenden Wirkung des Widerspruchs gemäß § 80a Abs. 3 S. 1 Var. 3 S. 2 i.V.m. § 80 Abs. 5 S. 1 VwGO hat folglich Erfolg.

Sachverzeichnis

Die Zahlen verweisen auf die Randnummern.

Abbruchsanordnung   509, 529
– Fallkonstellationen   530
– Intensität   530
– maßgeblicher Zeitpunkt   534
– Vertrauensschutz   533
– Voraussetzungen   530
Abgrenzungssatzung   290
Abrissverfügung   509
Abrundungssatzung   292
Abstandsflächen   482
Abwägung
– Abwägungsmängel   146
– Mangel auf der äußeren Seite   219
– Mangel auf der inneren Seite   219
Abwägungsausfall   149
Abwägungsdefizit   150
Abwägungsdirektive   182
Abwägungsdisproportionalität   153, 240
Abwägungsfehleinschätzung   151
Abwägungsfehlerlehre   146
Abwägungsgebot   199
– öffentliche Belange   200
– Phasen der Abwägung   141
– Private Belange   200
– subjektives Recht   580
Abwägungsmängel   146
– maßgeblichen Zeitpunkt   702
Adressatentheorie   631
Anerkenntnis   399
Angrenzerbenachrichtigung   448
Anstoßfunktion   131
Atypiklehre   305
Aufräumverfügung   536
Ausnahmen   303
Außenbereich   288
– Begriff   288
Außenbereichsinsel   286

Bauantrag   443
– Form   444
Bauaufsicht
– repressive   562

bauaufsichtliche Verfügung
– Rechtmäßigkeit   510
Baueinstellung   507
Bauflächen   105
Baufreiheit   20
– einfachgesetzliche Ausgestaltung   22
– potenzielle   21
Baugebiet
– i.S.d. BauNVO   328
Baugebiete   106
Baugenehmigung
– Anspruch auf   441
– Anspruchsgrundlage   442
– Begründungspflicht   453
– besondere Formen   434
– Erteilung   496
– Form   453
– Nebenbestimmungen   497 f.
– Rechtsnatur   426
– Rechtswirkungen   426
– Zuständigkeit   445
Baugenehmigungsverfahren   486
– Prüfungsumfang des vereinfachten   481
– vereinfachtes   462
   Voraussetzungen des einfachen   480
Bauherr   444
Baulast   502
Bauleitplan   55
– Bebauungsplan   55
– Flächennutzungsplan   55
Bauleitplanung
– Sicherung   240
– zweistufiges System   57
Bauliche Anlage
– Änderung   270, 460
– bauplanungsrechtlich relevanten Vorgänge   270
– Begriff   269
– Errichtung   270, 458
– Instandhaltungsarbeiten   460
– Nutzungsänderung   270
– Planungsbedürftigkeit   270

Sachverzeichnis

Bauordnungsrecht 12, 419
- Abgrenzung zum Bauplanungsrecht 14
- Anwendbarkeit 268
- formelles 12, 421
- materielles 12, 422
- Zusammenhang mit dem Bauplanungsrecht 14

bauordnungsrechtliche Generalklausel 487, 506

Bauplanungsrecht 11
- Abgrenzung zum Bauordnungsrecht 14
- Ausnahmen von der Anwendbarkeit 273
- Zusammenhang mit dem Bauordnungsrecht 14

Baurecht
- Begriff 4
- einfach-gesetzliche Rechtsquellen 45
- im weiteren Sinn 4
- öffentliches 9
- privates 6
- Prüfungsrelevanz 1

Baurechtsbehörde
- Untere 446

Baurechtswidrigkeit
- formelle 518
- materielle 519

Bauüberwachung 423
- im engeren Sinn 424
- im weiteren Sinn 505
- präventive 424
- repressive 505

Bauverbot 425

Bauvorbescheid 435
- Änderung der Sach- und Rechtslage 439
- Rechtsanspruch auf 438

Beachtlichkeit
- absolute 213

Bebauungsplan 60
- Anpassungspflicht 185
- Aufhebung 108
- Ausfertigung 162
- Ausnahmen 303
- außer-Kraft-treten 108
- Bedeutung der Festsetzungen des einfachen 280
- Beschränkungen der Ausnahmen 304
- Bestimmtheitsgebot 188
- einfacher 101, 279
- Erforderlichkeit 170
- Fehlerhaftigkeit eines qualifizierten 190
- Form 166
- Funktion 61, 87
- funktionsloser 109
- Genehmigungsbedürftigkeit durch die höhere Verwaltungsbehörde 160
- Genehmigungspflicht 158
- Heilungsmöglichkeit 231
- inhaltlich unterschiedliche Arten 98
- Innenentwicklung 103
- Inzidentkontrolle 597
- Kritierien zur Ermittlung der Erforderlichkeit 70
- Mindestvoraussetzungen für einen qualifizierten 99, 278
- ortsübliche Bekanntmachung 164
- planreifer 575
- qualifizierter 99, 295
- Rechtmäßigkeit des Satzungsbeschlusses 166
- Rechtsfolge eines Verstoßes gegen das Entwicklungsgebot 184
- Rechtsfolge eines Verstoßes gegen das Erfordernis der Ausfertigung 163
- Rechtsfolge eines Verstoßes gegen das Erfordernis der ortsüblichen Bekanntmachung 165
- Rechtsfolge eines Verstoßes gegen die Begründungspflicht 157
- Rechtsfolge eines Verstoßes gegen die Genehmigungsbedürftigkeit 161
- Rechtsnatur 97
- Rechtsschutz 569
- selbständiger 70
- Sinn und Zweck der Ausfertigung 162
- Unterschied zwischen qualifiziertem und einfachen 321
- unwirksamer 108
- Unwirksamkeit 59
- Verbotswirkung 172
- Vereinbarkeit mit den Festsetzungen 296
- Voraussetzungen einer Befreiung (Dispens) 305
- vorhabenbezogener 102
- vorzeitiger 67
- zulässiger Inhalt 89, 189

Bebauungsplanung
- einstufige 62

Bebauungszusammenhang 283, 285
- äußerste Grenze 287
- prägende Wirkung 286

Beeinträchtigung öffentlicher Belange 380

Befreiung 305
- Anspruch auf Erteilung 319

Sachverzeichnis

Beherrschbarkeit von Immissionen und Emissionen 207
Behörde
– Bringschuld 136
Behördenbeteiligung
– formelle 134
– frühzeitige 126
– Inhalt der formellen 136
– Mängel 227
– Rechtsfolge eines Verstoßes gegen die frühzeitige 128
– Zweck der frühzeitigen 126
– zweistufige 120
Bekanntmachung
– ortsübliche 129
Belange
– kein Entgegenstehen öffentlicher 359
– keine Beeinträchtigung öffentlicher 378
– öffentliche 311
Bereich
– ganz oder teilweise beplanter 277
– gänzlich unbeplanter 281
Beseitigungsanordnung 509, 529
Bestandsschutz 32
– aktiver 37
– allgemein 33
– baurechtlicher 34
– einfach-aktiver 42
– erweiterter 43
– Grundlage 38
– passiver 36
– qualifiziert-aktiver 43
– Voraussetzungen für den passiven baurechtlichen 39
Bodenrecht 24

Dispens 305
Drittschutz 634
– eigentumsrechtlicher 142
Duldung
– behördliche 549

EAG Bau 2004 140, 192, 338
Eigenart der näheren Umgebung 325
Eigentümer 27
Eigentumsfreiheit 579
Einfügen 323, 326
einstweilige Anordnung 621

Einvernehmen
– Erteilung bei Identität von unterer Baurechtsbehörde und Gemeinde 402
– Geltung bei einer Bebauungsgenehmigung für die spätere Baugenehmigung 405
– gemeindliches 400
– negative Bindungswirkung 414 f.
– positive Bindungswirkung 413
– problematische Konstellationen 401
– Rechtsnatur 411
– Voraussetzungen 408
– zeitliche Bindungswirkung 416
Entfernungsanordnung 524
Entwicklungsgebot 59, 63, 183
– Ausnahme 68
– Verstöße 64
Entwicklungsprinzip 56
Entwicklungssatzung 291
Entwurfsverfasser 444
Erforderlichkeit
– städtebauliche 170
Ermessen
– Fehler 541
– Grenzen 542
– intendiertes 539
– städtebauliches 169
Ermessensentscheidung
– Auswahlermessen 538
– Entschließungsermessen 538
Ersatzbau 383
Ersatzvornahme 415
Erschließung 333
– gesicherte 301, 371, 392

Fachrecht 483
Fehlerfolgen 210
Finalprogramm 202
Flächennutzungsplan 58
– Abweichungen von den Darstellungen 64
– Anpassungspflicht 81
– Arten der Darstellungen 75
– Entwicklungsgebot 82
– Form 76
– Funktionen 71
– gemeindeumfassender 77
– Inhalt 72
– mittelbare Außenwirkung 84
– mittelbare Wirkung durch andere Normen 84

Sachverzeichnis

- räumlicher Geltungsbereich 77
- Rechtliche Bindung der Gemeinde 82
- Rechtsnatur 79
- Rechtsschutz der Gemeinde gegen 563
- Rechtsschutz von Dritten gegen 564
- Rechtswirkungen 80
- Rechtswirkungen gegenüber Dritten 83
- Widerspruch zu den Darstellungen des 362

Fortsetzungsfeststellungsklage 611
Funktionslosigkeit eines Bebauungsplans 109

Gebietserhaltungsanspruch 641
Gebietsprägungserhaltungsanspruch 642
Gebot der Gebietsverträglichkeit 298
Gebot der planerischen Konfliktbewältigung 204
Gebot der Rücksichtnahme 655
Gebotswirkung 179
Gefälligkeitsplanung 175
Generalklausel
- bauordnungsrechtliche 506

Gesetzgebungskompetenz
- des Bundes 24
- des Landes 25

Gleichheitssatz 547
Gründe des Wohls der Allgemeinheit 307
Grundsatz der Planerhaltung 114, 210
Grundsätze des allgemeinen Polizei- und Ordnungsrechts 512
Grundzüge der Planung 232, 306

individuelle Härtemilderung 310
Inhalts- und Schrankenbestimmungen 60, 88
Innenbereich 282
Innenbereichssatzungen 289
Inzidentkontrolle
- Anfechtungsklage 597
- Feststellungsklage 597
- Verpflichtungsklage 597

Klarstellungssatzung 290
Kompetenz
- Organkompetenz 115
- Verbandskompetenz 114

Konfliktvermeidung 207
Konzentrationswirkung 469 f.
Konzentrationszone 84

Mängel
- Behördenbeteiligung 227
materielle Präklusion 451
Mieter 29
modifizierende Genehmigung 621

Nachbar 29
- Begriff 652
- in räumlicher Hinsicht 449
- sonstiger 449
Nachbaranfechtungsklage 629
Nachbarbeteiligung
- Frist für Einwendungen 450
Nachbarschutz
- in persönlicher Hinsicht 26
Natürliche Eigenart der Landschaft 367
Naturschutz 366
Nebenbestimmungen 499, 615
negative Vorbildwirkung 330
Negativplanung 176
Nichtigkeitsdogma 114, 210
Normenkontrolle
- Antragsfrist 585
- Begründetheit 588
- Präklusion 586
- Prüfungsmaßstab 588
- Rechtsschutzbedürfnis 587
Normenkontrollverfahren 570
- Antragsbefugnis 578
- Gegenstand 573
Normverwerfungskompetenz 296
Numerus clausus der Festsetzungen 90
Nutzungsänderung 461
Nutzungsaufnahmeverfügung 536
Nutzungsuntersagung 508
- Voraussetzungen 526
- Wohnungslosigkeit als Folge 527

obligatorisch Berechtigte 29
Öffentlichkeits- und Behördenbeteiligung 120
Öffentlichkeitsbeteiligung
- Auslegung 131
- formelle 129
- Frühzeitige 121
- Mängel 226
- öffentliche 123
- Phasen der formellen 129
- Rechtsfolge eines Verstoßes 125

Sachverzeichnis

- Verstoß   124 f., 137
- Zweck der Auslegung   131
- zweistufige   120

Optimierungsgebote   182

Ordnung
- relative   8

Ordnungsprinzip   56

Organkompetenz   115

örtliche Bauvorschriften   93

Ortsbild
- Beeinträchtigung   335

Ortsteil
- Begriff   282
- erforderliche Zahl der Gebäude   284
- im Zusammenhang bebauter   282

Pächter   29
Paradigmenwechsel   221
Parallelverfahren   65
- Anwendbarkeit   66
- Konstellationen   66

Parzellenschärfe   60
Planaufstellung   394
Planaufstellungsbeschluss   116, 248
- Folgen des Fehlens   117

Planbereich   116
Planbestimmtheit   91
Planentwurf   138
Planergänzendes Verfahren   231
planersetzende Funktion   282
Plangewährleistungsanspruch   180 f.
Planklarheit   91
Planmäßigkeit
- Grundsatz der   173

Planrechtfertigung   172
Planreife
- Ausnahme von der formellen   397
- formelle   396
- materielle   398

Planung
- Grundzüge   306

Planungsanspruch   180
Planungsbefugnis   168 f.
Planungshoheit   23
Planungsleitlinien
- allgemeine   196
- besondere   197

Planungspflicht   168, 179

Raumordnung
- Anpassen an die Ziele der   187
- Bedeutung der Ziele   186
- Ziele der   185

Rechtsbeziehungen
- zivilrechtliche   6

Rechtsquellen
- Einfach-gesetzliche   45

Rechtsschutz
- des Bauherrn   599
- gegen bauaufsichtliche Verfügungen   686

Rückbauverpflichtung   372, 393
Rücksichtnahmegebot   205, 300, 332, 582, 655
- Drittschutz im Bereich des Bauordnungsrechts   648
- interkommunales   192
- nachbarschützende Wirkung   658
- planungsrechtliche Dimension   205 f.

Rügeobliegenheit   234
- hinreichend deutliche Erklärung   234

sachlicher Teilflächennutzungsplan
- Normenkontrolle   565

Satzungsbeschluss   155
- Rechtsfolge eines Verstoßes   156

schädliche Umwelteinwirkungen   364
Schlusspunkttheorie   475
Schonungsgebot   372, 393
Schutznormtheorie   634
Scoping   118
Selbstverwaltungsgarantie   23
Separationsmodell   475
Sperrgrundstück   671
Splittersiedlung   368
- Entstehung, Verfestigung oder Erweiterung   368

städtebauliche Harmonie   331
städtebauliche Vertretbarkeit   309
Stilllegungsverfügung   544
- Begrenzung in zeitlicher Hinsicht   525
- im Kenntnisgabeverfahren   524
- Voraussetzung   523

Störer   552

Teilbaugenehmigung   440
Träger sonstiger öffentlicher Belange   127
Trennung unverträglicher Nutzungen   207

Umgebung
- nähere   324

Sachverzeichnis

Umweltbericht 118
Umweltprüfung 118
– Rechtsfolge eines Verstoßes 118
Umweltschutz 198
Unbeachtlichkeit
– externe 213
– interne 213
Unbeachtlichkeit eines Verstoßes 215

Veränderungssperre 242
– Außer-Kraft-setzen 259
– Erforderlichkeit 251
– Erneuter Beschluss 258
– Form 246
– Geltungsdauer 257
– Planaufstellungsbeschluss 248
– Planbereich 249
– Rechtsfolge 254
– Rechtsschutz 260
– Verfahren 245
– Verlängerung der Geltungsdauer 257
– zulässiger Inhalt 252
– Zuständigkeit 244
Verbandskompetenz 114
Verfahrens- und Formvorschriften des BauGB 214
Verfahrensgrundnorm 139 f.
Verfassungsbeschwerde
– Beschwerdebefugnis 594
– Frist 596
– grundsätzliche Möglichkeit der Erhebung gegen einen Bebauungsplan 593
– Rechtswegerschöpfung 595
Verhältnismäßigkeit
– Abbruchsanordnung 546
– Nutzungsuntersagung 545
Verhältnismäßigkeitsgrundsatz 543
Verhinderungsplanung 176
Verkleinerungsverfügung 536
Verpflichtungsklage
– keine Anwendung der Adressatentheorie 563
Versorgungsbereiche
– zentrale 338
vertretbar
– städtebaulich 309
Verunstaltung des Orts- und Landschaftsbildes 367
Verwaltungsakt
– mehrstufiger 412
– mit Doppelwirkung 427
– mitwirkungsbedürftiger 427

Verwaltungsbehörde
– höhere 159
Verwaltungsrecht
– besonderes 1
Verwaltungsvollstreckung 558
Verwirkung 551
Vorbeugung
– planerische 207
Vorhaben
– Abwägung bei nicht privilegierten 379
– Abwägung bei privilegierten 361
– Genehmigungsfähigkeit 473
– Genehmigungspflichtigkeit 455
– im Bereich eines einfachen Bebauungsplans im Außenbereich 342
– im Bereich eines einfachen Bebauungsplans im Innenbereich 320
– im Bereich eines qualifizierten Bebauungsplans 295
– im unbeplanten Innen- oder Außenbereich 322
– kenntnisgabepflichtige 467
– privilegiertes 345, 348
– Rechtsanspruch auf Zulassung eines nicht privilegierten 376
– teilprivilegierte 346, 381
– Unterteilung der sonstigen 374
– Vereinbarkeit mit dem Bauordnungsrecht 478
– verfahrensfreie 463
– weitere 272
– Zulässigkeit 274
– Zulässigkeit eines nicht privilegierten 373
– Zulässigkeit während der Planaufstellung 394
Vorrangfläche 84
Vorratsplanung 174
Vorstellungsreife 121

Wesentlichkeitsschwelle 312
Wohn- und Arbeitsverhältnisse 334
Wohnbebauung
– heranrückende 662

Zurückstellung von Baugesuchen 261
– Antrag der Gemeinde 263
– Unzulässigkeit 265
– Voraussetzungen 262
Zustand
– baurechtswidriger 517